Heike Amos
Karrieren ostdeutscher Physikerinnen
in Wissenschaft und Forschung
1970 bis 2000

Quellen und Darstellungen zur Zeitgeschichte

Herausgegeben vom Institut für Zeitgeschichte

Band 124

Heike Amos

Karrieren ostdeutscher Physikerinnen in Wissenschaft und Forschung 1970 bis 2000

DE GRUYTER
OLDENBOURG

ISBN 978-3-11-099182-6
E-ISBN (PDF) 978-3-11-063788-5
E-ISBN (EPUB) 978-3-11-063396-2
ISSN 0481-3545

Library of Congress Control Number: 2020941501

Bibliografische Information der Deutschen Nationalbibliothek
Die Deutsche Nationalbibliothek verzeichnet diese Publikation in der Deutschen Nationalbibliografie; detaillierte bibliografische Daten sind im Internet über http://dnb.dnb.de abrufbar.

© 2022 Walter de Gruyter GmbH, Berlin/Boston
Dieser Band ist text- und seitenidentisch mit der 2020 erschienenen gebundenen Ausgabe.
Titelbild: Bundesarchiv, Bild 183-1983-0303-001 / Waltraud Grubitzsch
Satz: Meta Systems Publishing & Printservices GmbH, Wustermark
Druck und Bindung: CPI books GmbH, Leck

www.degruyter.com

Inhalt

Teil A

I.	Einleitung	3
II.	Frauen studieren Physik und leben die Wissenschaft als Beruf – drei Berichte	9
III.	Frauen in die Naturwissenschaften! Die 1950er bis 1970er Jahre	23
	1. Gesellschaftliche, rechtliche und hochschulpolitische Rahmenbedingungen	23
	2. Fakten und Zahlen aus der Physik	34
	3. Aufbruchstimmung in den 1950er Jahren	49
	4. „Frauenförderung als System" – die 1960er Jahre	61
	5. Fortschritt und Stillstand in der Gleichstellung – die 1970er Jahre	77
IV.	Der Druck von „oben" nimmt zu – Frauenförderung als Chefsache – die 1980er Jahre	99
	1. Entwicklung des Hochschulpersonals	99
	2. „Frauen zu Hochschullehrern"!	112
	3. Naturwissenschaftlerinnen an der Akademie der Wissenschaften – Ausnahme und Nische	123
	4. Ministerweisung an die Rektoren vom August 1987	142
	5. Politikberatung? – Forschung über Wissenschaftlerinnen	152
	6. US-amerikanische Forschungen	168
	7. Blick nach Westen: Freie und Technische Universität in West-Berlin 1980–2000	171
V.	Wendejahre im ostdeutschen Hochschulsystem 1989/90	195
	1. Halboffizielle, unabhängige Wissenschaftlerinnenkreise und ein kritischer Blick zurück	195
	2. Ost trifft auf West – doppelte Enttäuschung auf beiden Seiten	207
VI.	Umgestaltung Ost – die 1990er Jahre	217
	1. Evaluierung und „Erneuerung" auf Kosten der Physikerinnen?	217

1.1. Das Ende der Akademie der Wissenschaften 1989–1994 217
1.2. Abwicklung, Berentung, Personalreduzierung,
      Neubewerbung 229
2. Physikerinnen in den neuen Bundesländern 243
   2.1. Ost-Berlin 245
   2.2. Sachsen 261
   2.3. Thüringen 272
   2.4. Brandenburg 280

VII. Ein Blick ins Ausland und zu Entwicklungen in der Physik bis heute   291

VIII. Resümee 305

Teil B: Die Interviews

Einführende Erläuterungen 323
1. Soziale Herkunft und die Entscheidung für die Physik 326
2. Studium und die Entscheidung für eine Karriere in der
   Wissenschaft. Frauenförderung in der DDR 346
3. Karriereverlauf in der DDR und nach 1990 359
4. Mehr Repräsentanz von und Chancengleichheit für
   Physikerinnen 393
5. Eine Gruppenbiographie 413

Tabellenverzeichnis 419

Abkürzungsverzeichnis 421

Quellen und Literatur 425

Personenregister 441

Teil A

I. Einleitung

In Wissenschaft und Forschung gehörte und gehört die Physik zu den naturwissenschaftlichen Disziplinen, die bis heute zu den „härtesten" und männerdominierten Fächern zählt. Physiker und Physikerinnen verfügen in der Gesellschaft wie im akademischen Bereich über großes Ansehen. Mit ihnen verbinden sich Eigenschaften wie ein hohes Maß an logischem und abstraktem Denken, technisches Verständnis und Vorstellungsvermögen, Beharrlichkeit und Durchhaltevermögen, die Frauen allgemein und Wissenschaftlerinnen im Besonderen bis in das 20. Jahrhundert hinein weitgehend abgesprochen wurden. In den 2010er Jahren lag in Deutschland der Anteil promovierter Physikerinnen bei 20 Prozent, aber nur jede zehnte Physikprofessur war mit einer Frau besetzt. Die Physik zählt unter den Wissenschaftsdisziplinen nach wie vor zu den Schlusslichtern in Sachen Gendergerechtigkeit. Vor diesem Hintergrund erwuchs das Interesse ganz konkret danach zu fragen, wie sich Karrieren, Status und Stellung von Physikerinnen vor und nach der für Deutschland wichtigen Zäsur von 1989/90 in den ostdeutschen Bundesländern darstellten bzw. veränderten, und wie die Wissenschaftlerinnen selbst diesen Bruch in ihrem beruflichen und persönlichen Leben wahrnahmen. Der Blick richtete sich damit zunächst auf die DDR und die Frage, ob es ihr mit ihren seit den 1960er Jahren angeordneten Maßnahmen in der Wissenschaftlerinnen-Förderung in Form von Verordnungen, Berichtspflichten und Propaganda gelang, Standards durchzusetzen und Erfolge zu verzeichnen, die eine erhöhte Chancengleichheit für Frauen auch in der Physik garantierten. War das „Frauenförderungssystem" nur Ideologie und/oder stellten sich emanzipatorische Fortschritte auch für Wissenschaftlerinnen ein? Parallel dazu interessierten die Physikerinnen selbst, wie und ob sie die Chance ergriffen und ausfüllten, den Beruf als Wissenschaftlerin im Hochschul- und Forschungsbereich der DDR zu leben. Daran schloss sich die Frage an, ob Erfolge in der DDR-Wissenschaftlerinnen-Förderung und die Karrieren der ostdeutschen Physikerinnen die Deutsche Einheit überdauerten bzw. welche Änderungen im Positiven wie im Negativen eintraten. Allgemein bekannt ist, dass die Angleichung des Wissenschaftssystems in den neuen Bundesländern an das der alten Bundesländer nach 1990 – die Systemtransformation – keine verbesserte Chancengleichheit für Wissenschaftlerinnen und speziell Physikerinnen mit sich brachte.

Zu Beginn der Untersuchungen stand die zentrale, in der Literatur immer wieder nachzulesende These[1] im Raum, dass der Einigungs- und Transformationsprozess in Deutschland trotz des Wissens um die Problematik „Chancengleichheit für Frauen" eher zur Verschlechterung der Karrieresituation für Wissenschaftlerinnen in Forschung und Wissenschaft in Ostdeutschland geführt hat. Diese Annahme bewahrheitete sich für ostdeutsche Physikerinnen nicht. Der Transforma-

---

[1] Vgl. Irene Lischka, S. 291 ff.; Anke Burkhardt, (K)ein Platz für Wissenschaftlerinnen, S. 339 ff.; Mitchell G. Ash, S. 124 ff.

tionsprozess in personalpolitischer Hinsicht – gekennzeichnet durch Berentung und Vorruhestand, Personalreduzierung durch Bedarfs- und Änderungskündigung sowie politische und fachliche Evaluation – traf ostdeutsche Physiker und Physikerinnen gleichermaßen und ging nicht einseitig zu Lasten der Wissenschaftlerinnen. Der tatsächliche anteilige und quantitative Einbruch – d. h. der zahlenmäßige Rückgang ostdeutscher Physiker und Physikerinnen im Hochschul- und Forschungsbetrieb – erfolgte erst in den späten 2000er Jahren mit ihrem Ausscheiden aus dem Berufsleben. Die Physik im ostdeutschen Hochschulbereich und in der Forschung wurde „männlicher und westdeutscher". Eine Trendwende setzte erst im Verlauf der 2010er Jahre in Ost und West ein.

Die Gruppe der Physikerinnen im Hochschulbereich und an der außeruniversitären Forschungseinrichtung der Akademie der Wissenschaften (AdW) in der DDR war klein. Dieser „exklusive Kreis" umfasste 1989 im Hochschulbereich rund 150 bis 200 Physikerinnen von insgesamt 1.700, das entsprach zwölf Prozent. An den 17 Physikinstituten der AdW waren zum Ende der DDR 3.100 Physiker und Physikerinnen beschäftigt, darunter 480 Frauen, anteilig knapp 16 Prozent. Im Jahr 1989 kommt man somit auf unter 700 Physikerinnen in Wissenschaft und Forschung in der DDR.

Die vorliegende Studie beruht auf der Analyse schriftlicher ungedruckter Quellen aus einer Vielzahl von Archiven, schriftlicher gedruckter Quellen sowie selbst erarbeiteter mündlicher Quellen, sogenannter Egodokumente, in Form von 41 leitfadengestützten Interviews. Selbstverständlich wurde die umfassend vorhandene Literatur systematisch ausgewertet.

Der zeitliche Forschungsrahmen umfasst rund 30 Jahre, von 1970 bis 2000, der Schwerpunkt lag auf den 1980er/90er Jahren. Die deutsch-deutsche Zäsur 1989/90 und die anschließende inhaltliche, strukturelle und personelle Umgestaltung des Hochschul- und außeruniversitären Forschungswesens in den fünf neuen Bundesländern und in Ost-Berlin nach dem Vorbild der alten Bundesrepublik stehen im Mittelpunkt des Interesses. Auf dieser Quellen- und Literaturbasis erfolgt die Darstellung der institutionalisierten Rahmenbedingungen – staatliche und hochschulpolitische Maßgaben und Programme – der Förderung und Integration von Naturwissenschaftlerinnen zwischen 1970 und 2000 in Forschung und Wissenschaft und deren Erfolg bzw. Misserfolg. Berücksichtigung finden Verlauf und Phasen des Transformationsprozesses und Eigenheiten der jeweiligen ostdeutschen Bundesländer bzw. Berlins. Es sind Aussagen und Wertungen möglich über Nähe und Distanz der Physikerinnen zum politischen System der DDR oder über ihren Verbleib im Forschungs- und Hochschulsystem bzw. ihre Abwanderung in die Wirtschaft und ins Ausland.

Große Teile der schriftlichen unveröffentlichten Quellen fanden sich im Bundesarchiv Berlin im Bestand des DDR-Ministeriums für Hoch- und Fachschulwesen sowie im Bestand Berufungsakten, die uneingeschränkt bis 1990 eingesehen werden können. Beachtenswert ist der Bestand der Berufungsakten. Hier sind die Personal- bzw. Qualifizierungsakten einer sehr großen Anzahl von Wissenschaftlern und Wissenschaftlerinnen ab der Berufung zur Dozentur gesammelt. Nicht geklärt werden konnte, warum diese Akten für Wissenschaftlerinnen von der AdW fast ausnahmslos fehlten. In der Stiftung Archiv der Parteien und Massenorganisationen der DDR im Bundesarchiv, Berlin, waren die Bestände der SED-Parteispitze, der ZK-Abteilungen Wissenschaft, Hoch- und Fachschulwesen sowie Frauen und der Bestand Bundesvorstand FDGB von Interesse. Im letzteren sind die einschlägigen Unterlagen zur Wissenschaftlerinnen-Förderung archiviert, da die institutionalisierte Frauenförderung bei der Gewerkschaft angesiedelt war. Im Zuge der Forschungen wurden sieben Universitätsarchive besucht: in Berlin die Archive der Humboldt-Universität, der Technischen und der Freien Universität; die Archive der Universitäten in Greifswald und Potsdam sowie die der Technischen Universitäten Dresden und Ilmenau. Des Weiteren wurden Quellenstudien im Archiv der Berlin-Brandenburgischen Akademie der Wissenschaften (ABBAW) und im Archiv der Rosa-Luxemburg-Stiftung, Parteiarchiv „Die Linke", auch Berlin, vorgenommen. Eine Recherche im Archiv des Bundesbeauftragten für die Unterlagen des Staatssicherheitsdienstes der ehemaligen Deutschen Demokratischen Republik (BStU) sollte auf mögliche MfS-Belastung von Physikerinnen einen klärenden Blick werfen. Das Archiv der Deutschen Physikalischen Gesellschaft (DPG), Berlin, besitzt keine Unterlagen für die hier relevanten Jahre der DDR. Der Arbeitskreis Chancengleichheit der DPG stellte aufbereitete Ergebnisse der Physikerinnen- und Physikerumfrage der DPG vom Sommer 2000 zur Verfügung, die die berufliche und persönliche Situation, auch differenziert nach ost- und westdeutsch, für das Ende des Untersuchungszeitraums aufzeigten.

Auf eine heute irritierende Besonderheit nicht nur in den ungedruckten Quellen aus DDR-Provenienz soll kurz verwiesen werden. Die DDR wie auch die Bundesrepublik kannte und verwendete bei den gängigen Titeln und Bezeichnungen im akademischen Bereich keine weibliche Form. In Urkunden, Zeugnissen oder Anschreiben aller Art hieß es durchgängig „Professor", „Dozent" oder „Hochschullehrer". Daran ist auch abzulesen, welche Sensibilisierung in der Gesellschaft allein in Sachen Gendergerechtigkeit der deutschen Sprache in den letzten 30 Jahren vor sich gegangen ist.

Schwierigkeiten taten sich bei den Recherchen im Archiv der ehemaligen Akademie der Wissenschaften der DDR und in einigen ostdeutschen Universitätsarchiven auf. Im Akademie-Archiv sind Findbücher und Unterlagen der 1950/60er und beginnenden 1970er Jahre gut geführt und umfangreich vorhanden. Das gilt nicht für die 1970/80er Jahre. Als Gründe benannten die Mitarbeiterinnen vor Ort, dass Mitte der 1970er Jahre die letzte organisierte größere Übergabe von Schriftgut an das Archiv stattgefunden habe. Eine nächste war für 1990 geplant. Mit dem Zusammenbruch der DDR und der Abwicklung der Akademie-Institute fand diese Schriftgutübergabe nicht statt, keine Instanz fühlte sich verantwortlich. In diesem Auflösungsprozess wurden containerweise schriftliche Unterlagen bewusst oder unbewusst entsorgt. In jenen Bereichen, in denen dennoch Schriftgut an das Archiv zur Abgabe kam, stehen diese Materialien heute noch (2019) ungesichtet und unsortiert im Depot. Aufgrund der Personalknappheit wird sich an dieser Situation auch in nächster Zeit nichts ändern. Personenbezogene Unterlagen wurden nicht ausgehändigt, sie unterliegen dem Datenschutz. Ähnlich gelagert stellte sich die Situation in Universitätsarchiven dar, z. B. im Archiv der Humboldt-Universität. Auch hier standen Findbücher und Akten für die 1950er bis Anfang der 1970er Jahre in gutem Zustand bereit, für die 1980er und beginnenden 1990er Jahre hingegen nicht. Findkarteien und Akten für beispielsweise das Rektorat, für den Direktor Kader und Qualifizierung, für die Gewerkschaft und für die Sektion Physik waren für die 1980er Jahre nicht vorhanden bzw. konnten nicht ausgehändigt werden. Auch hier hieß es: Wegen des Fehlens von qualifiziertem Personal sind die DDR-Bestände nicht gesichtet und nicht verzeichnet. Aus Datenschutz- und Persönlichkeitsschutzgründen wurden zudem alle Akten der 1990er Jahre nicht zur Einsichtnahme bereitgestellt. Der Antrag, eine Ausnahmeregelung für Teile von Unterlagen beim Präsidenten der Humboldt-Universität zu erwirken, wurde abschlägig beschieden. Einen guten Eindruck hinterließen das Archiv der Technischen Universität Dresden und das der Technischen Universität Ilmenau sowie das Archiv der West-Berliner Freien Universität. Der Standortvorteil Berlin, die Autorin arbeitet in Berlin, wurde genutzt, um auch einen Blick auf die beiden „westdeutschen" Universitäten, die Technische Universität und die Freie Universität West-Berlins, und deren Archive zu werfen. Anhand von dort zugänglichen Quellen konnten z. B. Stand und Stellung sowie die Problematik Chancengleichheit westdeutsch-sozialisierter Physikerinnen im Universitätsbetrieb, die Auseinandersetzung um das Implementieren von Gleichstellungsbeauftragten oder das gegenseitige Wahrnehmen westdeutsch- und ostdeutsch sozialisierter Wissenschaftlerinnen in den 1980/90er Jahren nachvollzogen werden.

Der Nachteil fehlender Archivquellen aus ostdeutschen Universitätsarchiven und dem Archiv der ehemaligen Akademie der Wissenschaften für die 1990er Jahre wurde durch die Aussagen der 41 Interviewten und mit Unterlagen der jeweiligen Zentralen bzw. Dezentralen Gleichstellungsbeauftragten von den Universitäten, Hochschulen und Forschungsinstituten ausgeglichen. Gleichstellungspläne, diverse Statistiken, Stellungnahmen in Form von gedruckten Artikeln, Erfahrungs-, Erinnerungs- und Rechenschaftsberichte, Interviews sowie universitätsinterne bzw. von Gleichstellungsbeauftragten intern herausgegebene Zeitschriften gaben Auskunft über den Transformationsprozess der ostdeutschen Universitäten und Forschungsinstitute im Fach Physik und im Zusammenhang mit dem Thema Gleichstellung. Mittels dieser Unterlagen wurden Erkenntnisse gewonnen über Evaluierungsmaßnahmen, Phasen und Ergebnisse des Transformationsprozesses im Bereich Physik. Dabei wurden Unterschiede zwischen den ostdeutschen Bundesländern und Berlin herausgearbeitet. Positiv hervorzuheben ist bezüglich der Begleitung des Transformationsprozesses im Zusammenhang mit der Gleichstellungsproblematik die umfassende Dokumenten- und Literatursammlung im Zentrum für transdisziplinäre Geschlechterstudien der Humboldt-Universität in Berlin. Es wurden mit zwölf ehemaligen bzw. amtierenden Zentralen oder Dezentralen Gleichstellungsbeauftragten von Universitäten, Hochschulen und Forschungsinstituten ausführliche Gespräche geführt. In der Studie konnten insgesamt 51 Lebensläufe und Berufskarrieren allein von ostdeutschen Physikerinnen, die in der DDR Karriere machten bzw. diese zumindest begannen und nach 1990 mehr oder weniger erfolgreich fortsetzten, ausgewertet werden. Das geschah auf der Grundlage der 41 leitfadengestützten Interviews – davon 32 mit ostdeutschen Wissenschaftlerinnen, vier westdeutsch sozialisierten Physikerinnen und fünf Physikern[2] –, auf der Grundlage von Personal- bzw. Berufungsakten aus dem Archivbestand des DDR-Hochschulministeriums sowie mittels gedruckter und veröffentlichter Porträts. Als Resultat dieser Analyse wurden zu verallgemeinernde Spezifika der beruflichen Karriere von ostdeutschen Physikerinnen herausgearbeitet, die am Ende des Buches in einer zusammenfassenden „Gruppenbiographie" nachzulesen sind.

Wissenschaftliche Arbeiten zur Geschlechterforschung im Kontext von akademischer Berufsausübung können in Deutschland auf eine fast 50-jährige Tradition zurückblicken. In der alten Bundesrepublik erschienen in den 1980er Jahren zunächst die beiden Bände „Frauen an den Universitäten" von Ulla Bock und „Töchter der Alma Mater" von Bärbel Clemens sowie 1989 ein Band „Qualifikationsprozesse und Arbeitssituation von Frauen" im deutsch-deutschen Vergleich von Dieter Voigt mit Einzelstudien über Karrieren von hoch qualifizierten, akademisch ausgebildeten Frauen. In der DDR widmeten sich Soziologinnen vom Zentralinstitut für Hochschulbildung in Berlin-Karlshorst seit den 1980er Jahren wissenschaftlich tätigen Frauen im Hochschulwesen. Hier sind die vielfältigen, sehr guten, zum Teil nicht veröffentlichten Studien von Karin Hildebrandt, Anke Burkhardt und Ruth Heidi Stein zu nennen. Das Zentralinstitut, seit 1996 Institut für Hochschulforschung Halle-Wittenberg, und die dort verbliebenen Wissenschaftlerinnen begleiteten und dokumentierten in den 1990er Jahren mit ihren Projektberichten den Verlauf der strukturellen und personellen Veränderungen im Transformationsprozess der neuen Bundesländer auch unter geschlechtsspezifischem Aspekt. Ab den 1990er Jahren weitete sich die Frauen- und Geschlechterforschung, eingeschlossen die über Wissenschaftlerinnen, aus. Die Studien, Gutachten und Expertisen, veröffentlicht in einer Vielzahl von Zeitschriften und Sammelbänden, wurden in der 2005 erschienenen Bibliographie von Karin Aleksander zusammengestellt. In den 1990er Jahren erschienen weitere historische Untersuchungen, die das Frauenstudium und die akademische Berufsausübung von Frauen in Deutschland von 1900 bis 1945 in den Mittelpunkt stellten. Hervorzuheben ist die umfassende Studie von Claudia Huerkamp „Bildungsbürgerinnen" aus dem Jahr 1996. Hinzu kam die quantitative Analyse über das Frauenstudium in Deutschland von Lothar Mertens. Zahlreiche historische Studien widmeten sich dem Vordringen von Frauen in den einzelnen Professionen, zumeist aber für einen Untersuchungszeitraum, der bis zum Jahr 1945 reichte. Genannt seien die Arbeiten von Annette Vogt über die Wissenschaftlerinnen an den Kaiser-Wilhelm-Instituten, die von Theresa Wobbe über „Frauen in Akademie und Wissenschaft" oder die Studien von Renate Tobies über Frauen in der Mathematik und den Naturwissenschaften. Auch zum allgemein-

---

[2] Zu der konkreten Beschreibung des Samples der Interviewten vgl. Teil B: Die Interviews.

theoretischen und historischem Diskurs über die Rolle des Geschlechts in Professionalisierungsprozessen liegen vielfältige Arbeiten z. B. von Angelika Wetterer vor. In den 2000er Jahren wurden des Weiteren die Monographien von Gunilla-Friederike Budde über die Akademikerinnen in der DDR bis Anfang der 1970er Jahre, dargestellt an vier Berufsgruppen – Wissenschaftlerinnen, Richterinnen, Ärztinnen und Lehrerinnen – und die von Karin Zachmann über die (mehr oder weniger große) Erfolgsgeschichte von DDR-Frauen in den Ingenieurberufen publiziert. Zeitgleich erschien von Bärbel Maul die historische Studie über Akademikerinnen im Beruf in der Nachkriegszeit (1945–1970), die deutsch-deutsch vergleichend angelegt ist. Zu Universitätsjubiläen sind in der jüngsten Vergangenheit eine ganze Reihe an Bänden entstanden. Hier herauszuheben sind die Geschichte der Universität Jena „Traditionen – Brüche – Wandlungen" von 2009 oder die „Geschichte der Universität Unter den Linden", mit ihrem Band 3 für die Zeit 1945 bis 2010, aus dem Jahr 2012, auch wenn das Thema Wissenschaftlerinnen kaum Erwähnung fand.

Die Arbeit ist in zwei Teile gegliedert. Teil A befasst sich mit der Thematik hauptsächlich auf der Grundlage der Analyse von oben beschriebenen ungedruckten Quellen. Für den Forschungszeitraum der 1990er Jahre und deren Darstellung wurden hin und wieder auch Interviewaussagen hinzugezogen. Der Teil B widmet sich der Auswertung der 41 Interviews. Hierzu eine technische Anmerkung: Alle wörtlichen Zitate von Aussagen der Interviewten werden in der Studie in Kursivdruck gesetzt, um den Quellenwert herauszustellen.

Die Studie entstand im Zeitraum zwischen August 2015 und Februar 2019 am Institut für Zeitgeschichte, Abteilung Berlin. Sie wurde von der Deutschen Forschungsgemeinschaft (DFG) finanziert. Allen interviewten Frauen und Männern möchte ich herzlich danken.

Heike Amos
Mai 2019

II. Frauen studieren Physik und leben die Wissenschaft als Beruf – drei Berichte

Anhand von Autobiographien, Biographien, Interviews, Lebensläufen in Personalakten u. a. speziellen Quellendokumenten soll hier einleitend ein erster Eindruck vermittelt werden über Studium, Berufseinstieg und -ausübung von drei in der Gegenwart bekannten Physikerinnen aus der DDR. Je eine Biographie steht exemplarisch für die 1950er, 1960er und 1970er Jahre. Es handelt sich zum einen um die studierte Physikerin, dann Mathematikprofessorin an der Akademie der Wissenschaften (AdW) der DDR und zeitlich parallel auch wirkenden Schriftstellerin Helga Bunke bzw. Helga Königsdorf (1938–2014). Zum anderen erinnerte sich die Physikprofessorin von der Technischen Universität Ilmenau Dagmar Schipanski (Jg. 1943) an Studium und Beruf in der DDR. Das dritte Beispiel gibt die studierte und promovierte Physikerin Angela Merkel (Jg. 1954), die ihren Berufseinstieg als Wissenschaftlerin auch an der Akademie der Wissenschaften erlebte.

Helga Königsdorf, verheiratete Bunke, wurde 1938 in Gera/Thüringen geboren. Sie stammte – so ihr Erzählen 1994 im Interview mit Günter Gaus – aus einer, wie man früher gesagt hätte, besser gestellten, gut situierten bürgerlichen Familie. Ihr Vater war Unternehmer und betrieb zugleich eine größere Landwirtschaft. Die Großmutter väterlicherseits war Jüdin.[1] Im Lebenslauf ihrer Personalakte von 1970 schrieb Helga Königsdorf zu ihrer Herkunft: Ich wurde „als Tochter des Landwirts Siegfried Königsdorf" geboren. „Obwohl bürgerlicher Herkunft nahm mein Vater, beeindruckt durch seine Erfahrungen während der Zeit des Faschismus, sofort aktiv am antifaschistischen Neuaufbau teil. Er war Mitglied der SED […] und zeitweilig zweiter Landesvorsitzender des VdgB des Landes Thüringen."[2] In ihrer Autobiographie aus dem Jahr 2002[3] schrieb Königsdorf zu ihrer Herkunft „aus gutem Hause": „Meine Vorfahren sind in den Gründerjahren zu einem gewissen Reichtum gekommen." Der Großvater mütterlicherseits hinterließ jedem Kind eine eigene Teppichfabrik, und diese Generation baute und bewohnte große Villen. Bürgerlicher Lebensstil hielt Einzug, „man war neureich".[4] Erinnerungen an Helga Königsdorf Schulzeit lasen sich so: Sie sei eine sehr gute Schülerin gewesen. „Es wurde stillschweigend vorausgesetzt, dass ich die Beste war".[5] Die Entscheidung Physik zu studieren traf ihr Vater: „Mein Vater ging pragmatisch vor. Er fragte gar nicht erst nach meinen Wünschen, sondern erkundigte sich in der Studienabteilung nach meinen Möglichkeiten. […] Und er erhielt Auskunft. Ich hätte gute Aussichten in der Physik, weil ich ein Mädchen wäre und die Quote erheblich verbes-

---

[1] Vgl. Interview: Günter Gaus im Gespräch mit Helga Königsdorf am 31. Mai 1994, http://www.rbb-online.de/zurperson/interview_archiv/koenigsdorf_helga.html. Zuletzt abgerufen am 27. November 2019.
[2] Vgl. Berufungsakte Helga Bunke, in: BAB DR 3 B 10671.
[3] Vgl. Helga Königsdorf, Landschaft in wechselndem Licht. Erinnerungen, Berlin 2002.
[4] Ebenda, S. 11, 34 f.
[5] Ebenda, S. 61.

sern könnte. […] Sah ich von meiner schnellen Auffassungsgabe und meinem guten Kurzzeitgedächtnis ab, […] entdeckte ich bei mir keine besonderen Neigungen oder Fähigkeiten. Eigentlich traute ich mir alles zu, ich hatte aber keine besonderen Interessen […] Atomphysik war damals sehr im Gespräch. Nicht einmal die Atombombenabwürfe schadeten ihrem Ansehen. Atomphysiker waren oft in der Zeitung abgebildet. Sie trugen einen weißen Kittel und sahen immer irgendwie bedeutend aus. Ich wollte Atomphysikerin werden. Der große Bruder einer Mitschülerin war Physikstudent. […] Als ihm seine Schwester von meinen Absichten erzählte, ließ er mir ausrichten, Physik sei für Mädchen prinzipiell zu schwer." Auch der Physiklehrer sah damals die „ganze Physik als überflüssig für Mädchen". Aus Trotz schrieb ich daraufhin meine Bewerbung für ein Physikstudium.[6] 1955 begann Helga Königsdorf Physik an der Friedrich-Schiller-Universität in Jena zu studieren. Ein Jahr später wechselte sie, da die Familie nach Berlin zog, an die Humboldt-Universität und beendete dort 1961 ihr Studium mit einem „sehr guten" Diplom. Sie galt als „Physik-Beststudentin".[7] „Das Studium absolvierte ich mit ähnlicher Leichtigkeit wie die Schule. Mein Physiklehrer hatte recht gehabt. Mein Vorwissen war katastrophal. Ich hatte bis dahin nicht gewusst, dass es Gleich- und Wechselstrom gibt. Die Übungen schrieb ich meist ab. Die Abschlussprüfung nach dem ersten Studienjahr war gut bis mittelmäßig. […] Das einzige [weitere] Mädchen im Studienjahr gehörte zu einer anderen Seminargruppe. […] Physik verlangte gleichzeitig experimentelle Fähigkeiten wie auch mathematische Begabung. Und das schreckt viele ab. […] In den Übungen zur theoretischen Physik verstand ich meistens nicht einmal die Aufgabe, die es zu lösen gab. Wenn ich am Aushang las: ‚Berechnen Sie einen Kreisel' und keine weitere Erklärung, stand ich davor wie der Ochs vorm neuen Tor. Die Ausbildung in der theoretischen Physik war sowieso gestört, weil die Dozenten dauernd wechselten. […] Erst kamen sie unpünktlich, dann gar nicht mehr, und schließlich erhielten wir die Auskunft, sie wären republikflüchtig. […] In meinem Studium war ich drauf und dran, den Anschluss zu verlieren. […] Ich gewöhnte mir an, in den Lesesälen mit Fachbüchern zu arbeiten. Nach kurzer Zeit hatte ich herausgefunden, dass die meisten Dinge besser und konzentrierter in den Lehrbüchern standen, und ich beschloss, zu keiner Vorlesung mehr zu gehen, da ich mit den Büchern selbst intensiver arbeiten konnte. […] In einem Buch fand ich die Berechnung des Kreisels, die mich im Herbst so deprimiert hatte. Und ich begriff, dass es nicht nur wichtig war, etwas zu wissen […] Aber man musste wissen, wo es stand."[8] Noch während des Studiums heiratete 1958 Helga Königsdorf den angehenden Mathematiker Olaf Bunke. „Ich hätte mit dem Heiraten warten können. Aber als Verheiratete fühlte ich mich in meiner Männergesellschaft im Studium und später im Institut viel selbstsicherer.

---

[6] Ebenda, S. 84 f. In einem Interview erwähnte Helga Königsdorf, sie hätte sich auch vorstellen können, Germanistik zu studieren. Vgl. Interview: Günter Gaus im Gespräch mit Helga Königsdorf am 31. Mai 1994.
[7] Vgl. Lebenslauf und Gutachten 1970, in: Berufungsakte, in: BAB DR 3 10671.
[8] Helga Königsdorf, Landschaft, S. 94, 104–107.

Niemand konnte mir mehr unterstellen, ich sei auf diesen oder jenen aus."⁹ „Im dritten Studienjahr musste ich mich um eine Diplomarbeit bewerben [...] Ich wollte mich auf Halbleiterphysik spezialisieren, was damals gerade sehr im Kommen war. Der Professor [dort] sah mich kurz an und sagte dann: ‚Sie können gerne versuchsweise kommen. Aber ich warne Sie! Bei einem Wissenschaftler kann der Arbeitsschutz nicht paragraphengetreu zur Anwendung kommen. Wir arbeiten mit Röntgenstrahlen. Wenn Sie noch Kinder haben wollen [...]' Ich bedachte meine Möglichkeiten wie beim Schachspiel. [...] Und wie beim Schachspiel fiel es mir schwer, den geordneten Rückzug anzutreten. Aber ich wusste schon, dass alles andere nur dumm gewesen wäre."¹⁰ „Meine Diplomprüfung [1961] in Experimentalphysik machte ich bei Professor Raute [...] Ich hatte durchweg sehr gut geantwortet, bis er plötzlich nach der Farbe der Hauptlinie des Wasserstoffspektrums fragte. Ich gestand, dass ich das nicht wüsste. [...] ‚So leid mir das tut, [meinte der Professor] ich muss Sie durchfallen lassen. Eben war ich noch überzeugt, ich könnte Ihnen eine Eins geben. [...] Wohin gehen Sie denn? Haben Sie schon eine Stelle?' – ‚Ja, ich gehe in die Mathematik. [...] Ja, ins Mathematische Institut [an der AdW].' – ‚Na, dann bleibe ich bei meiner Eins.'"¹¹

Von 1961 bis 1991 war Helga Königsdorf an der Akademie der Wissenschaften, dort am Institut für Angewandte Mathematik und Mechanik tätig. 1963 wurde ihr Sohn und 1966 ihre Tochter geboren. Ihr Mann, Olaf Bunke, war von 1969 bis 2003 ordentlicher Professor für Mathematik und Mathematische Statistik an der Humboldt-Universität in Berlin.¹² „Unser Sohn wurde am ersten Weihnachtsfeiertag geboren. [...] Ich nahm den mir zustehenden Schwangerschaftsurlaub, fünf Wochen vor und sechs Wochen nach der Geburt, und war pünktlich wieder im Institut. Mein Vater hatte sich bereit erklärt, nachmittags auf die Anwesenheit meiner Mutter zu verzichten, so dass sie meinen Sohn betreuen konnte. Vormittags arbeitete ich zu Hause. Es war mir selbstverständlich in dieser Zeit, dass ich O.[laf Bunke, meinem Mann] bei allen Karrierevorstellungen den Vortritt ließ. Er habilitierte [1966] und wurde an der Universität zum Professor berufen."¹³ 1963 promovierte Helga Königsdorf und 1972 habilitierte sie. Ihr Spezialgebiet wurde die „Wahrscheinlichkeitsrechnung und Mathematische Statistik". Seit 1974 – also mit 36 Jahren – hatte sie eine Professur für Mathematik an der AdW inne. Sie war dort jahrelang auch eine der wenigen weiblichen Abteilungsleiterinnen und sie hielt Vorlesungen an der Humboldt-Universität.¹⁴ Wissenschaftliche Karriere und Familie zu vereinbaren, schien auch im Rückblick nicht unproblematisch: „Eigentlich hatte ich es gut. Eine Oma, die bereitwillig die Kinder betreute, einen Mann,

---

⁹ Ebenda, S. 117.
¹⁰ Ebenda, S. 118 f.
¹¹ Ebenda, S. 129.
¹² Vgl. Lebenslauf 1970, in: Berufungsakte, in: BAB DR 3 10671.
¹³ Helga Königsdorf, Landschaft, S. 143 f.
¹⁴ Vgl. Lebenslauf, Gutachten 1970, HU-Schreiben, 19. September 1974, in: Berufungsakte, in: BAB DR 3 10671. Als Wissenschaftlerin machte sie mehrwöchige Studien- und Vorlesungsreisen in die UdSSR, ČSSR, VR Polen, VR Rumänien und nach Kuba. Vgl. ebenda.

der mit zupackte und eine Haushilfe. Und ich nutzte jede nur mögliche technische Erleichterung. [...] Und trotzdem war eine Überlastungssituation vorprogrammiert, unter der alle Mitbeteiligten leiden mussten. Damals wurde es üblich, an den Abenden zu arbeiten. Ich war immer mit schlechtem Gewissen belastet. Einmal, weil ich die Kinder in der Kindereinrichtung abgab, zum anderen, weil ich zu wenig zur fachlichen Arbeit kam."[15]

1970 wurde Helga Königsdorf Mitglied der SED. Sie blieb es bis in die 1990er Jahre. Die Gründe des Beitritts benannte sie rückblickend: „Ich hatte damals eine staatliche Leitungsfunktion übernommen. Ich habe eine wissenschaftliche Abteilung geleitet und wollte den Anschluss an das internationale wissenschaftliche Leben mit dieser Gruppe sehr schnell erreichen. Da brauchte ich einfach diese Mitgliedschaft, weil man sonst irgendwelche Beschlüsse über seine eigene Arbeit dauernd im Nachhinein serviert bekommen hätte." Und außerdem – „es waren sehr interessante Leute da [in der SED], und mit denen wollte ich gerne in der Diskussion sein. [...] Ich hegte damals noch keinen prinzipiellen Widerspruch gegen das System, und da war das eigentlich nur ein folgerichtiger Schritt für mich. Ich bin dann später natürlich in Konflikte, in Widerspruch gekommen, vor allen Dingen durch das Schreiben."[16] Anfang der 1970er Jahre gehörte die Königsdorf zeitweise auch der Frauenkommission der AdW an: „Als ich in die Frauenkommission kam, passierte lange Zeit gar nichts. Dann führten wir eine Tagung durch, auf der wir uns dagegen wehrten, als geförderte Frauen angesehen zu werden, weil dem etwas Negatives anhing. In Wirklichkeit mussten wir gleiches wie die Männer leisten, wenn nicht mehr. Das war das Ende meiner Zeit in der Frauenkommission. Ich wurde mit höheren Aufgaben betraut und als Mitglied in die [SED]-Kreisleitung gewählt."[17]

1978 veröffentlichte die Königsdorf ihren ersten belletristischen Erzählband.[18] Seit dieser Zeit war sie zugleich Wissenschaftlerin und publizierte unter Helga Bunke. Als Schriftstellerin veröffentlichte sie unter dem Namen Helga Königsdorf: Die Unterschiede zwischen „beiden Disziplinen, Literatur und Mathematik, sind gar nicht so groß" – meinte sie, „beide sind keiner Wirklichkeit verpflichtet [...] Das eine siedelt nur auf der logisch abstrakten Ebene, das andere auf der Gefühlsebene."[19] 1991 ließ sich Helga Königsdorf vorzeitig emeritieren und wurde freischaffend tätig.

Sechs Jahre später als Helga Königsdorf beendete *Dagmar Schipanski* ihr Studium. Von 1962 bis 1967 studierte Dagmar Schipanski an der Technischen Hochschule „Otto von Guericke" in Magdeburg „Angewandte Physik". Dagmar Schipanski wurde 1943 nahe Eisenach geboren. Ihr Vater, ein Pfarrer, fiel im Krieg. Ihre Mutter war als Lehrerin tätig und heiratete nach dem Krieg einen Ingenieur

---

[15] Helga Königsdorf, Landschaft, S. 149.
[16] Interview: Günter Gaus im Gespräch mit Helga Königsdorf am 31. Mai 1994.
[17] Helga Königsdorf, Landschaft, S. 168.
[18] Vgl. Helga Königsdorf, Meine ungehörigen Träume. Geschichten, Berlin (Ost) 1978.
[19] Interview: Günter Gaus im Gespräch mit Helga Königsdorf, 31. Mai 1994.

und späteren Betriebsleiter. Die Familie zog nach Ilmenau.[20] Dagmar Schipanski schloss ihr Studium 1967 mit dem Titel „Diplomingenieur" und dem Prädikat „sehr gut" ab.[21] Im Interview 2016 erinnerte sie sich an die Entscheidung für ein Studienfach: *„Ich war in der Schule sehr gut, meine Interessen waren sehr breit gefächert. Ich habe mein Abitur [1962] mit ‚Auszeichnung' gemacht. Da konnte man alles wählen als Studienfach."*[22] So habe sie z. B. auch 1962 für *„die gute Beherrschung der russischen Sprache und aktive Arbeit"* in der Gesellschaft für Deutsch-Sowjetische Freundschaft die Auszeichnung mit der „Johann-Gottfried-Herder-Medaille in Gold" erhalten.[23] Sie entschied sich, Physik zu studieren. Viele Studienrichtungen seien damals sehr ideologisch durchdrungen gewesen. So hätte sie sich auch gerne für Theaterwissenschaften entschieden, aber dies habe man *„nicht frei studieren"* können. *„Und Physik ist eine Grundlagenwissenschaft, sie ist im Osten und Westen gleich. Damals war die Physik die Fachrichtung, die wirklich neue große Ergebnisse brachte. Deutschland hatte in der Physik viele Nobelpreisträger, das hatte uns auch beeindruckt.*[24] *Zu dieser Zeit kam die Halbleitertechnik auf, das war was ganz Neues. 1948 war der Transistor entdeckt worden. 1962 habe ich Abitur gemacht und da wusste ich, Halbleitertechnik wird was ganz Großes. Ich bin Pfarrerstochter, mein Vater ist [im Krieg] gefallen. Aufgrund der Pfarrerstochter bin ich erst einmal nicht zur Oberschule gekommen, obwohl ich sehr gut in der Schule war. Dann haben wir 'zig Eingaben gemacht beim Staatsrat und überall. Ich bin dann ein viertel Jahr später zur Oberschule zugelassen worden. Zuvor hatte ich angefangen, Sekretärin zu lernen. Ich bin nur zur Oberschule gekommen, weil mein zweiter Vater [Stiefvater] Halbjude war, und er ist von der Oberschule, auf die ich [zunächst] nicht kam, damals [in den 1930er Jahren] rausgeschmissen worden, weil er Halbjude war.*[25] *Und weil er drohte, das öffentlich zu machen, bin ich [dann doch] zur Oberschule zugelassen worden. Ich bin sehr gerne zur Schule gegangen. Ich habe mich in Theatergruppen engagiert. Ich war kulturell sehr aktiv, um mir nicht wieder den Weg zum Studium zu verstellen. […] Die Physik war was Reelles. Politischen Zauber wollte ich nicht mitmachen. Es ist mir von keiner Seite zu- oder abgeraten worden. Für mich stand fest, dass ich eine Naturwissenschaft mache, weil das handfest ist. Es hat mich auch sehr interessiert."*[26] Das Studium der „Angewandten Physik" an der damaligen TH für Schwermaschinenbau sei *„eine ganz harte Schule"* gewesen. Bei den Physikern hätten 30 Studierende angefangen, darunter vier Frauen. Insgesamt waren sie an der TH rund 400 Studenten gewesen, davon 20 Frauen und von diesen zehn in der

---

[20] Vgl. Berufungsakte, Personalbogen von 1985, in: BAB DR 3 B 7877.
[21] Vgl. ebenda, in: BAB DR 3 B 7877.
[22] Interview mit Frau Prof. Schipanski, 28. April 2016.
[23] Vgl. Berufungsakte, Lebenslauf, 1985, in: BAB DR 3 B 7877.
[24] Das 20. Jahrhundert „war das Jahrhundert der Physik, wenn Sie an die vielen Nobelpreisträger aus Deutschland denken, an die vielen wirklich originellen Entdeckungen und Erfindungen aus Deutschland. Das war eine Tradition, an die ich anknüpfen wollte" – so Schipanski im Interview: Deutschlandfunk: Zeitzeugen im Gespräch, 30. Mai 2013.
[25] Der Stiefvater war Jahrgang 1918.
[26] Interview mit Frau Prof. Schipanski, 28. April 2016.

Werkstoffwissenschaft und zehn in der Physik. *„Ich war eine sehr gute Studentin. Es war mein Wunsch zu promovieren. Ich war immer ein sehr zielstrebiger Mensch: Abitur machen, Physik studieren, Doktor machen. Vorbilder hatte ich nicht. Meine Mutter hat mir nur geraten, studiere etwas, damit du unabhängig bist, dass du weder im Beruf noch in der Ehe abhängig bist. Das habe ich durchgezogen. Für mich war die akademische Laufbahn immer meine Zielstellung. Das hängt auch damit zusammen, dass ich aus Ilmenau komme. Die Hochschule[27] war hier bestimmend und prägend. [...]"* [28] Zum Ende des Studiums 1967 heiratete Dagmar Schipanski. Ihr Mann war Diplomingenieur und Abteilungsleiter im VEB Technisches Glas Ilmenau. Im selben Jahr begann sie ihre Berufskarriere als wissenschaftliche Assistentin an der Technischen Hochschule Ilmenau. Bereits vier Jahre später wurde sie zur Oberassistentin ernannt. 1972 absolvierte sie einen Studienaufenthalt am Institut für Physik der Halbleiter der Sibirischen Abteilung der Akademie der Wissenschaften der Sowjetunion in Nowosibirsk.[29] An ihren Einstieg in die Wissenschaft an der TH erinnerte sich Dagmar Schipanski: *„Ich bin relativ schnell Oberassistentin [1971] geworden auf einer unbefristeten Stelle, wo ich auch 1976 promoviert habe. Mein Chef ist in der ganzen Welt rumgeschwirrt [...] und ich war zu Hause und habe die Vorlesungen in Halbleiterphysik gehalten. Da war ich noch nicht einmal promoviert. Deshalb habe ich die Oberassistentenstelle bekommen. Die habe ich dann mein DDR-Lebenlang behalten. Ich bin nicht mehr befördert worden. [...] 1985 habilitierte ich, erhielt 1986 eine a. o. Dozentur. Ich wäre in der DDR nie Professor geworden, ich wäre ewig auf der Oberassistentenstelle sitzen geblieben."*[30] Sowohl ihre Promotion als auch ihre Habilitation fertigte sie auf dem Gebiet der Festkörperelektronik an. *„Die Festkörperelektronik umfasst den Entwurf, die Herstellung und die Simulation von integrierten Schaltkreisen. Integrierte Schaltkreise sind in jedem elektronischen Gerät [...]"*[31]

Dagmar Schipanski war engagiertes Mitglied in allen gängigen DDR-Massenorganisationen wie FDJ, DSF, DFD, Kulturbund und FDGB, hielt aber aufgrund ihrer kirchlichen Überzeugung, sie blieb immer Kirchenmitglied, strikt Distanz zur SED. In einer „Kaderbeurteilung" 1985, im Vorfeld ihrer Dozentenberufung, hieß es dazu: „Bemerkenswert ist, dass in der Vielzahl von Beurteilungen und Einschätzungen nicht einmal explizit eine Wertung ihrer politischen und weltanschaulichen Positionen vorgenommen wird". Diese Notiz gibt zu erkennen, dass die „Beurteilung" in erster Linie Wert auf die wissenschaftliche Qualifikation legte. „Nach ihrer eigenen Einschätzung" – so der Kaderleiter nach einem Gespräch mit ihr – „fühlt [sie] sich mit ihrer Familie in unserer Gesellschaft wohl und unserem Staat verpflichtet. Ihre innersten Grundüberzeugungen als protestantischer Christ ohne besondere Aktivitäten innerhalb der Kirche meint sie am besten unter sozia-

---

[27] Technische Hochschule Ilmenau.
[28] Interview mit Frau Prof. Schipanski, 28. April 2016.
[29] Vgl. Berufungsakte, Lebenslauf, 1985, in: BAB DR 3 B 7877.
[30] Interview mit Frau Prof. Schipanski, 28. April 2016.
[31] Schipanski im Interview: Deutschlandfunk: Zeitzeugen im Gespräch, 30. Mai 2013.

listischen Verhältnissen realisieren zu können."[32] Ihre Lehr- und Forschungstätigkeit wurde insgesamt so hervorragend eingeschätzt, dass auch der Direktor für Kader und Qualifizierung der TH ihre Berufung zum Hochschuldozenten ohne Einschränkung befürwortete. Im Rückblick sagte Dagmar Schipanski: *„Ich war nicht in der SED, ich fand das DDR-System schon immer in seiner Grundstruktur nicht in Ordnung. Auch bis heute bin ich davon überzeugt, dass der Ansatz – alle Menschen sind gleich [hinsichtlich von Leistung und Kompetenz] – nicht stimmt; damit entstand eine Gleichmacherei, die immer in Zwang endet."*[33]

Dagmar Schipanski wurde unter der letzten DDR-Regierung am 15. September 1990 zur a. o. Professorin an der TH Ilmenau berufen.[34] Zwischen der Promotion 1976 und Habilitation 1985 bekam Dagmar Schipanski drei Kinder, Zwillinge wurden 1976 geboren und eine Tochter 1981. Nach den Geburten blieb sie jeweils ein Jahr bei vollem Gehalt zur Betreuung der Kleinkinder zu Hause.[35] In diesen beiden Jahren – 1976/77 und 1981/82 – ruhte ihre wissenschaftliche Lehrtätigkeit und alle sonstigen Leitungsfunktionen, aber die Betreuung ihrer Diplomanden und Doktoranden sowie ihre Verantwortlichkeit für Forschungsaufträge mit der Industrie liefen weiter. *„Dieses Ausscheiden nach einem Kind halte ich nach wie vor für eine sehr gelungene DDR-Maßnahme. Meine Kollegen waren auch sehr rücksichtsvoll. Wir haben uns gegenseitig unterstützt. Abends, wenn die Kinder geschlafen haben, bin ich noch ins Institut gelaufen, habe die Diplomanden betreut. Der Kontakt zur Hochschule ist in den Babyjahren nie abgebrochen."*[36] Bei der Habilitation, so Schipanski, sei sie von ihrem Sektionsdirektor sehr unterstützt worden. Er habe ihr immer gesagt, „ich hätte das Zeug dafür, ich soll es machen." [...] *„Die Arbeit an den Instituten in der DDR war nicht so hierarchisch, wie das in Westdeutschland ist. Ich habe mir immer gesagt, ich mache das, was ich erreichen kann."*[37] An der Sektion „Physik und Technik elektronischer Bauelemente" der TH seien unter den Wissenschaftlern kaum fünf Prozent Frauen gewesen. Im Studienfach Physik habe es knapp zehn Prozent Studentinnen gegeben, erinnert sich Dagmar Schipanski, und es habe sie damals wenig gewundert. *„Wir haben darüber nicht nachgedacht. Ich war immer von Männern umgeben. Es war mir angenehm. Ich war gleichberechtigter Partner dort. Ich bin voll anerkannt gewesen. Das ist bei Wissenschaftlern so, die arbeiten viel allein. Ich musste niemanden fragen, machst du das oder das, ich habe mich allein durchgebissen."*[38] Positiv für die Frauen – so Schipanski, ob Wissenschaftlerinnen oder Studentinnen, war, dass die TH Ilmenau eine eigene Kin-

---

[32] Stellungnahme: Direktor für Kader und Qualifizierung, TH Ilmenau, 23. September 1985, in: BAB DR 3 B 7877.
[33] Interview mit Frau Prof. Schipanski, 28. April 2016.
[34] Vgl. Berufungsurkunde, in: Personalakte, in: BAB DR 3 B 7877.
[35] Nach der Geburt von Zwillingen und ab 1981 (nach der Geburt eines 2. Kindes – „Babyjahr") galt diese Regelung in der DDR.
[36] Interview mit Frau Prof. Schipanski, 28. April 2016.
[37] Ebenda.
[38] Ebenda.

derkrippe bzw. Kindergarten mit Ganztagsbetreuung bis in die Abendstunden hatte. Für Studentinnen, die schwanger wurden, habe es Sonderstudienpläne gegeben, so dass die meisten mit Unterstützung ihrer Seminargruppe in der Regelstudienzeit ihr Studium abschließen konnten.[39] „*Ich habe meine Kinder erst spät bekommen* [mit 33 bzw. 38 Jahren]. *Ich habe erst promoviert und dann kamen die Kinder*". „*Es gab immer Frauenförderpläne, man hat* [von der staatlichen Leitung] *immer nachgefragt, aber es wirkte immer so aufgesetzt.*"[40]

In der Gewerkschaftsleitung ihrer Sektion an der TH sowie beim Demokratischen Frauenbund war Dagmar Schipanski in den 1970er Jahren auch für „Frauenförderung" zuständig. „Ich war von 1969 bis 1976 Mitglied des DFD-Bezirksvorstandes. In dieser Zeit habe ich zu den Belangen der wissenschaftlich arbeitenden Frauen in Diskussionen und Referaten Stellung genommen. Ich habe Zuarbeiten bei Analysen geleistet und bin aktiv für die Verwirklichung der Frau bei der Ausübung ihres Berufes eingetreten."[41] Dieses Engagement für Frauen in der Wissenschaft schien aber in ihrer Erinnerung wenig Eindruck hinterlassen zu haben, im Interview im April 2016 hat sie sich auch auf Nachfrage nicht an Konkretes erinnern können.

Physik als Wissenschaft „*ist etwas Schönes, Anschauliches*", schwärmte Dagmar Schipanski im Interview, „*man kann Experimente machen. Die Physik ist nicht auf einem so hohen Abstraktionsniveau. [...] Ich habe sehr viel Forschung gemacht. In den Semesterferien ist die Forschung gemacht worden. [...] Ich habe in der Halbleitertechnik geforscht, die war international in großer Entwicklung und sehr gefragt in der Industrie. Ich war immer in der Vertragsforschung. [...] Während des Semesters war viel Lehre und Betreuung von Diplomanden und Doktoranden, die haben auch schon Forschung gemacht. [...] Ich hielt Vorlesungen, drei Seminare pro Woche, und einen ganzen Tag in der Woche war ich im Praktikum. [...] Es wurde viel mehr Lehre vom wissenschaftlichen Personal gemacht in der DDR als nach der Wende. Da hieß es vier Wochenstunden Lehre – mehr nicht. [...] Ich habe sehr gerne Physik gemacht, Forschung und Lehre, das hätte ich auch weiter bis zur Rente getan.*"[42] Dagmar Schipanski blieb bis 1996 an der TU in Ilmenau,[43] 1995/96 dort als Rektorin. Dann wechselte sie in die Politik. Von 1999 bis 2004 wurde sie in Thüringen Ministerin für Wissenschaft, Forschung und Kunst und war bis 2009 Präsidentin des Thüringer Landtags.

---

[39] Vgl. ebenda.
[40] Ebenda.
[41] Berufungsakte, Lebenslauf, 1985, in: BAB DR 3 B 7877.
[42] Interview mit Frau Prof. Schipanski, 28. April 2016.
[43] In die Politik sei Dagmar Schipanski über die „Umgestaltung der Universität von der parteigeleiteten Struktur in eine akademische Selbstverwaltung" gekommen. „Ich war unmittelbar nach dem Mauerfall 1989/90 dann damit beschäftigt, eine Selbstverwaltung an der Universität aufzubauen mit vielen gleichgesinnten Kollegen, und von da aus bin ich dann in den Wissenschaftsrat berufen worden und dann ging das so gleitend hinüber in die Politikgestaltung." Schipanski im Interview: Deutschlandfunk: Zeitzeugen im Gespräch, 30. Mai 2013.

Elf Jahre später als Dagmar Schipanski studierte *Angela Merkel* Physik an der Universität Leipzig von 1973 bis 1978. Warum entschied sie sich für ein Studium der Physik? Danach gefragt, erinnerte sie sich 2003: Ihre Lieblingsfächer in der Schule seien Russisch und Englisch gewesen, nicht unbedingt Physik. Das Lernen habe ihr wirklich Spaß gemacht. „Die Schule machte mir überhaupt keine Schwierigkeiten. Mathe nicht, Russisch nicht, Deutsch nicht – weder Naturwissenschaften noch Sprachen. Ich habe ein sehr gutes Kurzzeitgedächtnis und ein etwas schlechteres Langzeitgedächtnis."[44] Mit der Physik in der Schule sei es eine Art „Hassliebe" gewesen: „Das war auch das einzige Fach, in dem ich mal eine Fünf bekommen habe. Es gibt da eine sogenannte Rechte-Hand-Regel, die mit Stromberechnung zu tun hat. Ich aber habe alles über die linke Hand gerechnet. […] Mich haben die physikalischen Theorien sehr interessiert. Ich wollte die Einstein'sche Relativitätstheorie verstehen, wollte begreifen, was die Leute um Robert Oppenheimer, die die Atombombe gebaut haben, dachten. […] Bei der Wahl des Studiums hat schließlich auch Ausschlag gegeben, dass ich für Physik eine [Studien-]Empfehlung bekommen konnte. Hätte ich Psychologie studieren wollen, hätte ich sicher keine erhalten."[45] Angela Merkel, geborene Kasner, wurde 1954 geboren. Sie stammt aus einer Pfarrerfamilie. Ihr Vater war angestellt im Pastoralkolleg Waldhof bei Templin. Ihre Mutter war Lehrerin, die aber aufgrund des Berufes ihres Mannes nicht im DDR-Schuldienst arbeiten durfte. Angela Merkel wuchs in Templin auf. 1973 machte sie dort Abitur. Sie war Mitglied in den gängigen Jugendorganisationen „Junge Pioniere" und FDJ, später auch in der Massenorganisationen FDGB. Die Jugendweihe machte sie 1968 als Pfarrerstochter nicht mit, sie ließ sich konfirmieren. Während der Schulzeit gewann sie Preise bei Russisch- und Mathematikolympiaden.[46] Ihre Leistungen in der Schule waren so gut, dass sie keine Schwierigkeiten hatte an die Oberschule zu kommen, um Abitur zu machen und studieren zu können. Möglicherweise war die Physik nicht ihre allererste Wahl. Wäre sie im Westen Deutschlands aufgewachsen, so meinte Angela Merkel, wäre sie wie ihre Mutter Lehrerin geworden oder hätte Sprachen oder Psychologie studiert.[47] Ihr Studium begann Angela Merkel 1973 in Leipzig. Sie habe aus der Kleinstadt raus und weit weg wollen. „Ein Studium in Berlin wäre mir einfach noch zu nahe am Elternhaus und an Templin gewesen." „Ich hatte mir das Physikstudium ausgesucht, weil ich das als echte Herausforderung begriffen habe. Ich wollte etwas schaffen, was mir nicht von vornherein leicht fiel. […] Und ich war neugierig, die großen physikalischen Theorien, auch die Philosophie dahinter, zu verstehen. Die ersten zwei Jahre waren sehr hart. Aber ich bin dann ganz gut zurechtgekommen. […] Experimentalphysik war nicht gerade meine Stärke. Mit dem Löten hatte ich Schwierigkeiten. Und meine Schaltpläne haben in der Praxis meistens nicht funktioniert. […] Das Theoretische war für mich fassbarer und

---

[44] Angela Merkel. Mein Weg, S. 49.
[45] Ebenda, S. 50.
[46] Vgl. Wolfgang Stock, S. 44, 189.
[47] Vgl. ebenda, S. 46; Angela Merkel. Mein Weg, S. 50.

machbarer. [...] Das Studium war eine leistungsorientierte, aber eine sehr unbeschwerte und eigentlich sorgenfreie Zeit. Vor allem war es eine weitgehend politikfreie Zeit. [...] Was den Beruf angeht, hatten wir uns alle vor Beginn des Studiums verpflichten müssen, nach dem Abschluss drei Jahre lang [...] dort hinzugehen, wo der sozialistische Staat uns brauchen würde.[48] Insgeheim hoffte aber jeder, sich dann aus der Sache rausmogeln zu können."[49] Dass das Studium bemerkenswert unpolitisch war – „Politik spielte in unserem Fach keine große Rolle, die Professoren waren auch überhaupt nicht politisiert"[50] – unterstrich Angela Merkel mehrfach. An der Sektion Physik der Leipziger Karl-Marx-Universität studierten pro Jahr 70 bis 80 Studenten. In diesem naturwissenschaftlichen Fach hatte Merkel mit einer Mehrheit von männlichen Kommilitonen zu tun. Sie lernte sich in einem von Männern dominierten Umfeld zu bewegen und zu behaupten. Noch während des Studiums heiratete sie 1977 den Physikstudenten Ulrich Merkel, einen Kommilitonen aus der Nachbarseminargruppe.[51] Auch ihr jüngerer Bruder war zu dieser Zeit in Leipzig, er studierte ebenfalls Physik.[52] „Es war eine gute Zeit in Leipzig, aber das Studium war schwer",[53] sagte Angela Merkel rückblickend, trotzdem – sie machte 1978 ihr Physikdiplom mit einem Einser-Examen.[54] Wie verlief ihre Entscheidung für die Wissenschaft: „In einen Chemiebetrieb in Bitterfeld wollte ich nicht gehen. Ich hatte mir auch angesehen, wie es in einem Berliner Kraftwerk zuging. Dort war mir die Kluft zwischen meinen theoretisch-physikalischen Arbeiten und dem Betriebsalltag des real existierenden Sozialismus reichlich klar geworden. Deshalb habe ich versucht, an der Uni eine Assistentenstelle zu bekommen."[55] Die Vorstellungsgespräche von Ulrich und Angela Merkel an der TH Ilmenau, durch die übliche Studienabsolventenvermittlung organisiert, verliefen recht traumatisch. An einem unangenehmen „Kaderleiter", der sie politisch mit ihren engen Kontakten zur evangelischen Leipziger Studentengemeinde unter Druck zu setzen versuchte und eine erste persönliche Begegnung mit Staatssicherheitsleuten scheiterte das angebotene Ilmenau.[56] Eine nächste Möglichkeit des Berufseinstiegs tat sich an der Akademie der Wissenschaften in Berlin auf.[57] Angela Merkel schätzte rückblickend zutreffend ein, dass ein Arbeitsplatz in der Forschung an der AdW für sie aus der Sicht der SED-Kaderfunktionäre „angemessener" schien: „Man konnte dort zwar

---

[48] Das war eine für alle Studenten der DDR zu unterschreibende Verpflichtungserklärung bei Studienaufnahme.
[49] Angela Merkel. Mein Weg, S. 56.
[50] Wolfgang Stock, S. 47; vgl. auch Jacqueline Boysen, S. 29.
[51] Vgl. Jacqueline Boysen, S. 28, 30.
[52] Vgl. Ralf Georg Reuth u. a., S. 89, 94.
[53] Wolfgang Stock, S. 48.
[54] Vgl. Angela Merkel. Mein Weg, S. 56.
[55] Ebenda, S. 57.
[56] Vgl. Wolfgang Stock, S. 48 f.
[57] „,Am Institut für Isotopen- und Strahlenschutz der Universität Leipzig, wo ich meine Diplomarbeit schrieb, hatte ich Kontakt zur Akademie der Wissenschaften Berlin. Dort wusste einer von einer freien Stelle – und auf die habe ich mich beworben.'" Ihr Mann fand parallel eine Doktorandenstelle an der Humboldt-Universität. Wolfgang Stock, S. 50.

forschen und promovieren [...], aber es fand keine Ausbildung statt. Man kam nicht mit Studenten in Kontakt. Aus Sicht des Staates war das also [politisch] ungefährlicher, weil sich Renitenz dort nicht fortpflanzen konnte."[58] Die AdW war die renommierte Forschungsstätte der DDR und die Akademie-Institute in Berlin für Wissenschaftler überaus attraktiv. Wer dort anfing zu arbeiten, zeichnete sich durch überdurchschnittliches Bildungs- und Fachniveau und eine ausgeprägte Leistungsbereitschaft aus.[59] Angela Merkel begann im Herbst 1978 ihre Tätigkeit als wissenschaftliche Mitarbeiterin am Zentralinstitut für physikalische Chemie (ZIPC) der AdW. Ihr Arbeitsplatz lag in Berlin-Adlershof. Das ZIPC betrieb Grundlagenforschung an der Schnittstelle zwischen Chemie und Physik. Man stellte Untersuchungen zur Festkörperchemie an und machte plasma- oder lasertechnische Experimente. Das Institut hatte eine solide Reputation. Die meisten wissenschaftlichen Mitarbeiter widmeten sich theoretischen Untersuchungen.[60]

Sowohl an der Universität als auch am Akademie-Institut war Angela Merkel aufgefallen als intelligent, fachlich hoch kompetent, strebsam, ehrgeizig.[61] Relativ zielstrebig zog sie ihre Promotion durch. Ab 1986 trägt sie den akademischen Titel „Dr. rer. nat".[62] Sie ist nun promovierte Physikerin. Sie war nun als Theoretikerin unter vorwiegend experimentell arbeitenden Kollegen beschäftigt. Am ZIPC arbeiteten in den 1980er Jahren rund 620 Mitarbeiter, davon 318 als Wissenschaftler und Wissenschaftlerinnen.[63] Von acht Grundlagenforschern in der Theoretischen Abteilung des ZIPC soll Angela Merkel viele Jahre die einzige Frau gewesen sein. Die Behauptung des Merkel-Biographen Wolfgang Stock – die meisten ihrer Kollegen am ZIPC waren SED-Mitglieder[64] – ist falsch. An den Physikinstituten der AdW genauso wie an den Physiksektionen der Universitäten betrug der SED-Anteil unter den Wissenschaftlern zwischen 15 und 20 Prozent.[65] Angela Merkel fiel an ihrem Arbeitsplatz politisch nicht negativ auf. Sie war eine junge und engagierte Wissenschaftlerin, so dass sie, nachdem sie privat und beruflich bereits nach Budapest, Moskau, Leningrad, Prag durch Polen und die Sowjetunion gereist war, 1986 eine erste berufliche und private – durch die Behörden genehmigte – Reise in die Bundesrepublik, nach Hamburg, Karlsruhe und Konstanz, antreten konnte.[66] Die Karriere als Wissenschaftlerin an der AdW endete für Angela Merkel im

---

58 Angela Merkel. Mein Weg, S. 59.
59 Vgl. Ralf Georg Reuth, S. 101 f.; Jacqueline Boysen, S. 31, 47.
60 Vgl. Jacqueline Boysen, S. 40.
61 Vgl. Ralf Georg Reuth, S. 94.
62 In ihrer Dissertation berechnete Merkel anhand theoretischer Modelle unterschiedliche Reaktionen von Kohlenwasserstoffen. Vgl. Jacqueline Boysen, S. 68 f.
63 Vgl. Gert Wangermann, Zur Entwicklung der Akademie der Wissenschaften der DDR, August 1990, in: ABBAW: VA-13045.
64 Vgl. Wolfgang Stock, S. 51.
65 Vgl. Jahresbericht 1980: Entwicklung und Förderung der Kader, in: ABBAW: Adlh. Nr. C 2775. Ein Beispiel: Am Zentralinstitut für Elektronenphysik der AdW in Berlin-Adlershof waren 1980 635 Mitarbeiter beschäftigt, darunter 78 in der SED organisiert (zwölf Prozent), aber fast alle, 631, im FDGB. Vgl. ebenda.
66 Vgl. Wolfgang Stock, S. 56 f.; Ralf Georg Reuth, S. 139 f.

Februar 1990. Sie wurde zunächst Pressesprecherin beim „Demokratischen Aufbruch" und ab April 1990 Stellvertretende Regierungssprecherin der Regierung unter Ministerpräsident Lothar de Maizière in Ost-Berlin. Ihre politische Karriere erreichte ihren Höhepunkt am 22. November 2005, als sie zur Bundeskanzlerin der Bundesrepublik Deutschland gewählt wurde.[67]

Ein kurzer abschließender und vergleichender Blick auf die Wissenschaftlerinnen-Karrieren drei mehr oder weniger prominenter Physikerinnen aus der DDR lässt Gemeinsamkeiten erkennen: Alle drei Frauen – Königsdorf, Jahrgang 1938, Schipanski, Jahrgang 1943 und Merkel, Jahrgang 1954 – stammen aus sogenannten kleinbürgerlichen Kreisen, ihre Väter bzw. Mütter hatten zum Teil eine akademische Bildung bzw. ein Vater war Unternehmer. Sie kommen nicht aus den in der DDR so propagierten und geförderten Arbeiterfamilien und auch nicht aus Familien mit naturwissenschaftlich-technischer Vorprägung. Die Familien sind in die DDR-Gesellschaft integriert, sie sind keine Außenseiter. Die Töchter sind hervorragende Schülerinnen. Sie machen ein Einser-Abitur und hätten – möglicherweise unter anderen gesellschaftlichen Bedingungen – auch eine andere Fachrichtung als die Physik – nämlich Germanistik, Theaterwissenschaften, Pädagogik – studiert. Trotzdem – sie haben eine ausgesprochene mathematisch-naturwissenschaftliche Begabung und die Entscheidung für ein Studium der Physik wurde aus großem Interesse an diesem Fach getroffen. Für die beiden Frauen aus Pfarrerhaushalten war es auch eine bewusste Wahl gegen ein ideologiebelastetes Studium. Alle drei absolvierten in der Regelstudienzeit ein Fünfjahresphysikstudium in Berlin, Magdeburg bzw. Leipzig. Auch hier waren sie hervorragende Studentinnen, sie legen ihr Diplom mit „sehr gut" ab. Im Studium und im Beruf sind sie mehrheitlich von Männern umgeben, was sie bei dieser Fachwahl auch erwartet hatten, aber damals wenig reflektierten. Sie heiraten früh, bereits während des Studiums. Ihre Ehemänner sind Akademiker und vom gleichen Fach. Zwei der Physikerinnen gründen eine Familie mit zwei bzw. drei Kindern. Sie entscheiden sich für eine wissenschaftliche Karriere – in Instituten der Akademie der Wissenschaften bzw. an einer Technischen Hochschule. Ehrgeizig und zielstrebig gehen sie ihre berufliche Karriere an. Sie promovieren – die Königsdorf im Alter von 25 Jahren, die Schipanski mit 33 und die Merkel mit 32 Jahren. Ihre wissenschaftlichen Spezialgebiete gehörten nicht zu Nischen- oder Exotenthemen. Zu Tagungen und zu Kongressen bzw. zur Weiterbildung reisen sie vorzugsweise ins sozialistische Ausland. Von Frauenförderung in der Wissenschaft hatten sie Kenntnis. Zwei der Wissenschaftlerinnen waren auch institutionell darin eingebunden. Direkt davon profitierten sie jedoch nicht, und sie schienen auch mit Zurückhaltung auf diese Art von Förderungen geblickt zu haben. Zwei Wissenschaftlerinnen habilitierten: Helga Königsdorf mit 34 Jahren, mit 36 Jahren ist sie Mathematikprofessorin; und Dagmar Schipanski mit 42 Jahren. Physikprofessorin kann Letztere erst zur Wendezeit werden, sie ist dann 47 Jahre alt.

---

[67] Eine Interviewanfrage vom April 2017 – mit Fragen über ihre Karriere als Physikerin und die Problematik der Wissenschaftlerinnen-Förderung in der DDR – lehnte die Bundeskanzlerin ab.

Während Königsdorf ein überzeugtes SED-Mitglied in der DDR war, hielten Schipanski und Merkel – auch begründet durch ihre Herkunft – politische Distanz zum SED-System. Opposition betreiben sie nicht. In der Wendezeit 1989/90 und danach verwirklichte Helga Königsdorf ihre Leidenschaft zur Literatur und wurde freie Schriftstellerin. Dagmar Schipanski wurde in den 1990er Jahren Professorin und Rektorin in Ilmenau, bevor sie in die Politik ging, und Angela Merkel wechselte sofort in der Wendezeit in die Politik.

III. Frauen in die Naturwissenschaften! Die 1950er bis 1970er Jahre

1. Gesellschaftliche, rechtliche und hochschulpolitische Rahmenbedingungen

Dem alten deutschen sozialdemokratischen und kommunistischen Anspruch folgend, war das Konzept der Gleichberechtigung von Mann und Frau seit Gründung der DDR ein ökonomisches. Die SED stützte sich dabei auf Überlegungen von August Bebel,[1] Friedrich Engels[2] oder Clara Zetkin.[3] Diese sahen am Ende des 19. Jahrhunderts die Lösung der Frauenfrage einseitig als Teil der Lösung der sozialen Frage durch die Befreiung der Arbeiter aus der ökonomischen Abhängigkeit des Kapitals. Mit der ökonomischen Befreiung der Frau und ihrer gleichberechtigten Integration in den Arbeitsprozess würde automatisch auch die soziale und individuelle Unabhängigkeit eintreten. Die Frage der Gleichberechtigung wurde vor allem auf den Aspekt der Frauenarbeit reduziert.[4] Es war in der SED-Führung nicht nur Ideologie und Propaganda, sondern Überzeugung, dass die „Teilnahme am Arbeitsprozess die Frau dem Mann gleichstelle und bisher bestehende Unterschiede aufhebe".[5] Hier spiegelten sich nicht nur deutsche Arbeiter- und Klassenkampftraditionen, sondern zeittypische mitteleuropäische Erfahrungen wider. Frauen aus der ökonomischen und finanziellen Abhängigkeit von Männern zu befreien, schien der durchaus richtige Ansatz für die Gleichberechtigung der Geschlechter zu sein und war auch deren erster Schritt. Darüberhinausgehende Vorstellungen von selbstbestimmter Lebensgestaltung, Selbstverwirklichung oder gleichberechtigter Teilhabe an Politik und allen Gesellschaftsbereichen waren in diesem Konzept weder angedacht noch vorgesehen.[6] Während ihrer gesamten Existenz war die DDR zudem dringend auf die Frauen als nötige Arbeitskräfte für die nicht sonderlich rentabel laufende Wirtschaft angewiesen. Relativ flache Einkommens- und Vermögensverhältnisse machten ein Mitverdienen von Frauen geboten, um den allgemeinen Le-

---

[1] Bebel 1879: „Von allen Parteien ist die sozialdemokratische Partei die einzige, welche die volle Gleichberechtigung der Frau, ihre Befreiung von jeder Abhängigkeit und Unterdrückung in ihr Programm aufgenommen hat, nicht aus agitatorischen Gründen, sondern aus Notwendigkeit. Es gibt keine Befreiung der Menschheit ohne die soziale Unabhängigkeit und Gleichstellung der Geschlechter." In: Bebel, S. 30.
[2] Vgl. Friedrich Engels 1884, in: Der Ursprung der Familie, S. 181 f.
[3] Clara Zetkin 1889: „Wie der Arbeiter vom Kapitalismus unterjocht wird, so die Frau vom Manne; und sie wird unterjocht bleiben, solange sie nicht wirtschaftlich unabhängig dasteht." In: „Für die Befreiung der Frau!", S. 3.
[4] Vgl. Bärbel Maul, S. 197–201.
[5] „Die Gleichberechtigung der Frau in der sozialistischen Gesellschaft wird durch die Teilnahme am Arbeitsprozess und die Mitwirkung an der Leitung von Staat und Wirtschaft voll verwirklicht." In: Gesetzbuch der Arbeit der DDR, 12. April 19961, in: GBl. der DDR, I, 1961, S. 27.
[6] Vgl. zuletzt auch Anna Kaminsky, S. 16 f.

bensstandard verbessern und anheben zu können. Die SED-Frauenpolitik und deren rechtliche und politische Weichenstellung lassen sich in der DDR-Zeit grob in drei Phasen unterteilen: 1. Integration der Frauen in den Arbeitsmarkt in der Nachkriegszeit und den 1950er Jahren; 2. Qualifizierung – Berufs- sowie Fachschul- und Hochschulbildung – der Frauen in den 1960er bis zu Beginn der 1970er Jahre und 3. weitreichende Regelungen der Vereinbarkeit von Beruf und Mutterschaft sowie Werbung um Frauen für Leitungspositionen in Wirtschaft, Wissenschaft und Politik in den 1970er/80er Jahren.[7] In der Verfassung der DDR von 1949, Artikel 7, wurde die Gleichberechtigung festgeschrieben: „Mann und Frau sind gleichberechtigt." Weichenstellend war der dann folgende Verfassungssatz: „Alle Gesetze und Bestimmungen, die der Gleichberechtigung der Frau entgegenstehen, sind aufgehoben."[8] In der Bundesrepublik stand im Grundgesetz von 1949 in Artikel 3, Satz 2 ebenfalls die Formulierung – „Männer und Frauen sind gleichberechtigt."[9] In Westdeutschland fehlte jedoch dieser Zusatzsatz, und so blieben im Widerspruch zum Gleichstellungsgrundsatz stehende Gesetze und Rechtsnormen noch jahrzehntelang gültig. Erst 1976 fielen die letzten Rechtsnormen, die die bundesdeutschen Frauen im Ehe- und Familienrecht benachteiligten.[10] In der DDR wurde die Gleichstellung von Mann und Frau in Ehe und Familie gesetzlich im September 1950 fixiert – 25 Jahre früher als in der BRD.[11]

Die SED-Frauenpolitik war seit den 1950er Jahren auf die maximale Einbeziehung der Frauen in die Erwerbsarbeit gerichtet sowie zum einen auf die Schaffung der dafür nötigen Bildung – Berufs-, Fach- und Hochschulausbildung – und zum anderen auf den Aufbau infrastruktureller Rahmenbedingungen – Kinderbetreuungseinrichtungen, Haushaltstag, später Babyjahr. Die Kriegsfolgen, die hohen Zahlen an „Republikfluchten" und die Expansion der Industrie forderten Arbeitskräfte, auch die weiblichen. Die Zuschreibung der Familienaufgaben an die Frau änderte sich weder normativ noch tatsächlich. Auf dem II. SED-Parteitag 1950 verkündete Walter Ulbricht das bildungspolitische Ziel, den Anteil weiblicher Fachschüler in kürzester Zeit auf 40 Prozent anzuheben. Zwei Jahre später beschlossen Partei und Regierung die Bildung von Frauenausschüssen in Industrie und Landwirtschaft, aber auch an Universitäten und Hochschulen. Staatliche Frauenförderpläne mussten erarbeitet und seit 1952 Bestandteile der Betriebskollektivverträge der Gewerkschaft, sprich des FDGB, werden. Der Betriebskollektivvertrag wurde zwischen Betriebsdirektor und Betriebsgewerkschaftsleitung abgeschlossen. Die Frauenausschüsse in den Betrieben, Institutionen und Hochschulen bestanden bis 1965 parallel zu den Frauenkommissionen des FDGB. Danach wur-

---

[7] Vgl. Anke Burkhardt, Uta Schlegel, Frauen an ostdeutschen Hochschulen, S. 11; Barbara Bertram, „Nicht zurück an den Kochtopf", S. 191–199.
[8] GBl. der DDR 1949, S. 6.
[9] Grundgesetz der Bundesrepublik Deutschland, 23. Mai 1949, in: BGBl. 1949, S. 1.
[10] Vgl. Erstes Gesetz zur Reform des Ehe- und Familienrechts, 14. Juni 1976, in: BGBl. 1976, I, S. 1421; Gisela Helwig, S. 48.
[11] Vgl. Gesetz über den Mutter und Kinderschutz und die Rechte der Frau, 27. September 1950, in: GBl. der DDR 1950, S. 1037.

den sie aufgelöst. Von diesem Zeitpunkt an existierten spezielle Frauenkommissionen angebunden nur bei der Gewerkschaft. 1957 widmete sich eine ZK-Konferenz der SED den Fragen der Vereinbarkeit von Beruf und Mutterschaft. Seit 1955 existierte im zentralen SED-Apparat die ZK-Abteilung Frauen. Im März 1960 richtete das Sekretariat des ZK der SED eine Frauenkommission ein. Seit 1967 war die Kommission beim Politbüro angesiedelt.[12] Auch wissenschaftliche Forschungen über „Probleme der Förderung von Frauen" wurden in den 1960er Jahren institutionalisiert: Bei der Deutschen Akademie der Wissenschaften in Ost-Berlin wurde auf Ministerratsbeschluss 1964 ein Beirat „Die Frau in der sozialistischen Gesellschaft" gegründet. Die Forschungsgruppe leitete zunächst die Juristin Dr. Anita Grandke. Ihr folgte seit 1968 die Gesellschaftswissenschaftlerin[13] Dr. Herta Kuhrig.[14] Ein Ministerratsbeschluss von 1966 forderte mehr Initiativen, um Forschungen über Frauenförderung zu betreiben.[15] Diese höchsten Partei- und Staatsgremien fühlten sich direkt für die Frauenfrage zuständig, sie zeigten zugleich auch das Dilemma des DDR-Gleichberechtigungsverständnisses: Speziell konstituierte und hierarchisch hoch angesiedelte mit Frauen besetzte Einrichtungen waren durchaus für die Konzipierung von Frauenpolitik zuständig. Sie vermochten jedoch weder den politischen Bedeutungsverlust der Förderung von Frauen zu verhindern noch den weiblichen Anteil und Einfluss in Spitzenpositionen der Gesellschaft zu erhöhen. Denn diese Gremien wurden nicht zum Zweck der Interessenvertretung etabliert, sondern zur Realisierung der Frauenpolitik im Verständnis der SED.[16] Im Nachhinein zeigte es sich als Nachteil, dass die Frauenrechtlerinnen und Kämpferinnen für die Gleichberechtigung in spezielle Gremien „abgedrängt" wurden, effektiver und zielführender wäre ihre Mitarbeit in allen politischen Entscheidungsgremien gewesen. Frauenförderung bildete keine Leitungspriorität.[17]

Der Anteil berufstätiger Frauen hatte sich zehn Jahre nach Gründung der DDR zwar deutlich erhöht, aber das weitere Ziel, Frauen für technische Berufe zu gewinnen und sie vor allem zu qualifizieren und in betriebliche bzw. staatliche Leitungspositionen zu bringen, war nicht erreicht. In den 1960er Jahren folgten daher weiter gesetzliche Regelungen, Kommuniqués und Aufrufe: 1961 ein Gesetz zur

---

[12] Vgl. Protokoll der Verhandlungen des II. Parteitages der SED, 1950, S. 382. Dokumente der SED. Band III, 1952, S. 690 f.; Hannelore Scholz, S. 259, 267; Anna Kaminsky, S. 40–43; Heike Amos, Politik und Organisation, S. 355–357; dies., Die SED-Deutschlandpolitik, S. 626.

[13] Das Studium der „Gesellschaftswissenschaften" beschränkte sich in den 1950er Jahren vorwiegend auf die Fächer Marxismus-Leninismus und Geschichte der Arbeiterbewegung.

[14] Die Forschungsgruppe wurde 1978 in das Institut für Soziologie und Sozialpolitik der AdW integriert; Professorin Kuhrig war von 1981 bis 1990 Vorsitzende des Wissenschaftlichen Rates „Die Frau in der sozialistischen Gesellschaft" an der AdW. Vgl. Archiv HU, Rektorat Nr. 665; Herta Kuhrig wird 75, S. 20. Im Archiv der Berlin-Brandenburgischen Akademie der Wissenschaften existiert kein Bestand über den Beirat.

[15] Vgl. Ministerratsbeschluss, 20. Oktober 1966, in: GBl. der DDR 1966, II, S. 777; Anne Hampele, S. 296–301.

[16] Vgl. Anne Hampele, S. 290–292.

[17] Vgl. Matthias Middell, S. 387.

"Förderung der werktätigen Frau" im Gesetzbuch der Arbeit.[18] Das Politbüro-Kommuniqué vom Dezember 1961 „Die Frau, der Frieden – der Sozialismus"[19] sollte die Öffentlichkeit mehr sensibilieren, die Rolle der Frau in Beruf, bei der Erziehung der Kinder und in Leitungspositionen stärker wahrzunehmen. Dieses Politbüro-Kommuniqué beschrieb programmatisch die SED-Frauenpolitik. Gleichberechtigung wurde zum unabdingbaren Prinzip des Marxismus-Leninismus, zur Sicherung des Friedens und des Aufbaus des Sozialismus sowie zur Angelegenheit der gesamten Gesellschaft erklärt. Hier handelte es sich nicht um das Aufnehmen tatsächlicher Probleme der Frauen in Beruf und Alltag. Während Kommuniqués, Gremien und Aufrufe also wenig mit den realen Problemen der Frauen zu tun hatten – es ging dort vielmehr um Ideologie und Propaganda im Sinne von „Aufgaben der Frauenausschüsse im Kampf für den Frieden und den Sieg des Sozialismus" –, regelten verschiedene Gesetze eine Vereinbarkeit von Berufstätigkeit und Familienleben. In der Durchführungsverordnung des Kommuniqués 1962 wurde die Qualifizierung von Frauen für naturwissenschaftliche und technische Berufe thematisiert, im selben Jahr eine intensivere Unterstützung der Mütter bei der Unterbringung der Kinder in Tageseinrichtungen angekündigt.[20] 1966 folgte eine Anordnung, die die Aus- und Weiterbildung für Frauen in technischen Berufen und ihren vermehrten Einsatz als Leiterinnen forderte.[21] 1967 wies das Hoch- und Fachschulministerium an, Frauen in Sonderklassen an den Fachschulen in Direkt- und Abendschulen als z. B. Ingenieurinnen oder Ingenieur-Ökonominnen oder als staatliche Leiterinnen weiterzubilden. Und drei Jahre später, 1970, folgte die weiterführende Verordnung über das Frauensonderstudium. Frauen konnten unter günstigeren Rahmenbedingungen – u. a. Fern- oder Teilzeitstudium, berufliche Freistellung und Arbeitszeitverkürzung, Wochenunterbringung der Kinder usw. – in Sonderklassen an Hoch- und Fachschulen studieren.[22] Seit 1968 erhielten bereits berufstätige Frauen mit einem abgeschlossenen Hochschulstudium die Möglichkeit, zu ihrer weiteren wissenschaftlichen Qualifikation – z. B. zum Promovieren – an Hochschulen bzw. Universitäten im Rahmen einer Aspirantur zurückzukehren.[23]

---

[18] Vgl. Gesetzbuch der Arbeit der DDR, 12. April 1961, in: GBl. der DDR, I, S. 27.
[19] Vgl. Kommuniqué vom 16. Dezember 1961, in: Dokumente der SED, Bd. VIII, S. 504–509.
[20] Vgl. Beschluss der Durchführung des Kommuniqués, 19. April 1962, in: GBl. der DDR 1962, II, S. 295; Ministerratsbeschluss, 22. September 1962, zur Unterbringung in Kindereinrichtungen, in: ebenda, S. 683.
[21] Vgl. Anordnung vom 7. Juli 1966, in: GBl. der DDR, 1966, Sonderdruck Nr. 545.
[22] Diplomphysik-Studiengänge bzw. auch alle anderen Naturwissenschaften wurden nicht als Frauensonderstudium an Hochschulen/Universitäten angeboten. Vgl. Anordnung vom 15. Juli 1967, in: GBl. der DDR 1967, II, Nr. 72; Anordnung 1 und 2 – Frauensonderstudium – 15. Mai und 1. November 1970, in: GBl. der DDR, 1970, II, S. 407, S. 644; BV des FDGB: Argumentation zum Sonderstudium der Frau, 26. Januar 1989, in: SAPMO-BA DY 53/963; Sammlung und Erläuterung der Rechtsvorschriften zum Frauensonderstudium, Stand 1987, in: BAB DR 3 2. Schicht 78/1.
[23] Diese Frauensonderaspirantur zählte zur planmäßigen Aspirantur und konnte als Teil- bzw. Vollaspirantur durchgeführt werden. Vgl. Anordnung vom 16. September 1968, in: GBl. der DDR, 1968, II, Nr. 101.

1. Gesellschaftliche, rechtliche und hochschulpolitische Rahmenbedingungen

Im Laufe der 1960er Jahre schien sich bei den Staats- und Parteifunktionen die Überzeugung durchzusetzen, dass mit den rechtlichen Voraussetzungen für die Gleichberechtigung diese umgesetzt war. Das Thema Frauenförderung im politischen Leben verschwand in den 1960er Jahren aus der öffentlichen Diskussion. Mit der nachgeholten beruflichen Ausbildung und Qualifizierung der Frau, also ihre Berufstätigkeit und ihre Familienverantwortung, schien die Gleichberechtigung hergestellt.[24] Und das verkündete der neu gewählte SED-Chef Erich Honecker auf dem VIII. Parteitag 1971: „Es ist in der Tat eine der größten Errungenschaften des Sozialismus, die Gleichberechtigung der Frau in unserem Staat sowohl gesetzlich als auch im Leben weitgehend verwirklicht zu haben."[25] Gesetzliche Rahmenbedingungen und die Berufstätigkeit der Frauen und ihre umfassende Bildung, Ausbildung bis hin zur Hochschulqualifizierung würde faktisch im Selbstlauf dazu führen, dass sie, gleich den Männern, Führungs- und Leitungspositionen in allen Bereichen der Gesellschaft nach und nach einnehmen. Die Frauenförderungspolitik geriet mehr und mehr zu einem ideologischen und legitimatorischen Muss.[26] In der Honecker-Ära folgte nun eine sozialpolitische Vergünstigung nach der anderen, um Berufstätigkeit und Familienaufgaben für die Frau zu erleichtern. Für die angehenden Fach- und Hochschulabsolventinnen kamen 1972 staatliche Anordnungen heraus, die Förderungen und finanzielle Unterstützungen für Studentinnen mit Kind vorsahen.[27] Eine weitere Vorschrift von 1976 regelte, dass den Studentinnen und Aspirantinnen mit Kind bei der Freistellung vom Studium bzw. von der Forschungsarbeit wegen Mutterschutz die Stipendien fortgezahlt wurden.[28] Im selben Jahr trat für alle Frauen der DDR die bezahlte Freistellung mit Arbeitsplatzgarantie für ein Jahr nach der Geburt des zweiten Kindes – „Babyjahr" – in Kraft. 1986 galt dieses Gesetz dann bereits nach der Geburt des ersten Kindes. Seit 1981 erhielten alle Direktstudenten ein elternunabhängiges Grundstipendium; und 1985 wurden die finanziellen Zuschläge zum Grundstipendium für Studenten mit Kindern erhöht.[29] Erst Mitte der 1980er Jahre schien es im Ministerium für Hoch- und Fachschulwesen aufzufallen, dass die Spitzen- und Leitungspositionen in der Wissenschaft und an den Universitäten nach wie vor zu über 90 Prozent in Männerhand verblieben waren. Nun wurden

---

[24] Ab den 1940er Geburtsjahrgängen galt die Gleichstellung der Geschlechter in Ausbildung und Beruf als verwirklicht. Vgl. Heike Trappe, S. 253.
[25] Honecker, in: Protokoll der Verhandlungen des VIII. Parteitages der SED, S. 82 f.
[26] Vgl. Anne Hampele, S. 295 f.
[27] Vgl. Anordnungen vom 10. Mai 1972, in: GBl. der DDR 1972, II, S. 320 f. Studentinnen mit Kind und werdende Mütter sollten alle Möglichkeiten bekommen, trotz der Belastung den planmäßigen Studienabschluss zu schaffen. Dazu sollten die Universitäten und Hochschulen auf Wunsch der Studentin Fördervereinbarungen mit ihr abschließen können. Vgl. ebenda.
[28] Vgl. die Anordnung vom 14. Juli 1976, in: GBl. der DDR, 1976, I, S. 369.
[29] Vgl. Verordnung zur Gewährung von Stipendien, 11. Juni 1981, und Verordnung über die Erhöhung der Unterstützung für Studenten und Lehrlingen mit Kind, 16. Juli 1985, in: GBl. der DDR 1981, I, S. 229, und GBl. der DDR 1985, I, S. 249; vgl. auch: ZK: Gewerkschaft Wissenschaft: Antwort an die Weltföderation der Wissenschaftler. Berliner Regionalzentrum Unter den Linden, 19. Mai 1987, in: SAPMO-BA DY 53/963.

nachdrücklicher „Orientierungen und Maßnahmen zur zielgerichteten Heranbildung leistungsfähiger Wissenschaftlerinnen und ihre Vorbereitung für den Einsatz in Leitungsfunktionen im Hochschulbereich" erlassen. Entsprechende gesetzliche Fördermaßnahmen traf das Ministerium im August 1988 und Januar 1989.[30] Um noch Auswirkungen zu zeigen, war es für die DDR-Entwicklung zu spät. Die Wende und die Deutsche Einheit brachte neue und andere Herausforderungen für die Wissenschaftlerinnen.

Es braucht hier nur kurz daran erinnert werden, dass es bezeichnend für die Haltung der SED-Führung zur Frauenfrage in den gesamten 40 Jahren der DDR-Zeit war, dass es bis 1989 keine einzige Frau zum Vollmitglied des Politbüros – also in den innersten Kreis der Macht – schaffte. Ab 1971 gab es – immerhin – zwei Kandidatinnen für das oberste Gremium der herrschenden Partei. Unter den zuletzt 34 ZK-Abteilungen des zentralen Parteiapparates der SED fanden sich im Zeitraum von 1971 bis 1989 fünf Abteilungsleiterinnen und 61 Abteilungsleiter. Auch die Spitzen der 15 SED-Bezirksleitungen waren fast frauenfrei – einzige Ausnahme Christa Zellmer, die in Frankfurt/O. 1988 als Erste Sekretärin der SED-Bezirksleitung eingesetzt wurde.[31]

Diese nicht vollständig aufgezählten Anordnungen und Gesetze widerspiegeln das Gleichberechtigungsverständnis in der DDR, speziell auch das der Führung von Staat und Partei: Gleichberechtigung wurde auf undemokratische, bürokratische und paternalistische Weise realisiert, das hieß von oben nach unten, ohne größere öffentliche Diskussion durchgesetzt. Frauen waren vor allem Objekt von Politik. Als Subjekte bzw. Akteure bezüglich der Frauen- und Gleichstellungspolitik traten sie, von Ausnahmen abgesehen,[32] eher wenig in Erscheinung. So wurde die qualifizierte Berufstätigkeit und ihre gesellschaftspolitische Absicherung in historisch kurzer Zeit realisiert. Gleichzeitig aber fand die Auseinandersetzung um Ziele und Strategien von Emanzipation und eine modernisierende Diskussion über eine neue Kultur des Geschlechterverhältnisses nicht statt und wurde zum Teil auch unterbunden.[33] Das minderte jedoch nicht historisch bedeutsame Fortschritte in der Gleichstellung in der DDR, die positiven Punkte überwogen die negativen, erklärte aber – da nicht selbst von den Frauen erkämpft – die nicht sonderliche Wertschätzung der Maßnahmen, eine mangelnde Sensibilisierung in Geschlechterfragen insgesamt, das Nichterkennen subtiler Diskriminierungs-

---

[30] Vgl. Anordnung vom 31. August 1988, in: GBl. der DDR, 1988, I, S. 229.
[31] Vgl. Andreas Malycha, S. 75–85; Heike Amos, Die SED-Deutschlandpolitik, S. 615–623. In der DDR gab es zwischen 1949 und 1980 vier Ministerinnen (Hilde Benjamin, Margot Honecker, Margarete Wittkowski und Else Zaisser), in der BRD zur gleichen Zeit sieben Ministerinnen. Vgl. Gisela Helwig, S. 114 f.
[32] Ausnahmen gab es: Hilde Benjamin, DDR-Justizministerin seit 1953, engagierte sich für die Familiengesetzgebung. Der erste Entwurf des https://de.wikipedia.org/wiki/Familiengesetzbuch_%28DDR%29" \o "Familiengesetzbuch (DDR) Familiengesetzes von 1965 ging auf sie zurück, worin die Gleichstellung nichtehelicher Kinder hergestellt, das Scheidungs- und Namensrecht reformiert und die Berufstätigkeit der Frauen weiter gefördert wurde. Vgl. Familiengesetzbuch, in: GBl. der DDR, 1966, I, S. 1 ff.; Andrea Feth, Hilde Benjamin, S. 206 ff.
[33] Vgl. Anne Hampele, S. 283 f.

mechanismen sowie ein wenig ausgeprägtes emanzipatorisches Bewusstsein. Die Frauen der DDR waren und hielten sich angesichts der von oben beschlossenen Maßnahmen für gleichberechtigt.[34]

Zu typischen Lebensumständen ostdeutscher Frauen seit den 1970er Jahren zählten – eine den Männern gleiche – Schul-, Berufs- bzw. Hochschulausbildung, eine über die Lebensspanne kontinuierliche, qualifizierte Vollzeiterwerbsarbeit im erlernten bzw. studierten Beruf mit einem Minimum an regionaler Mobilität, ganz überwiegend in unbefristeten Arbeitsrechtsverhältnissen mit langen Betriebs- bzw. Institutszugehörigkeiten. Anfang der 1980er Jahre waren über 90 Prozent der DDR-Frauen berufstätig;[35] in der BRD knapp 50 Prozent.[36] Frauen verfügten über Bedingungen und lebten in einem gesellschaftlichen Klima, das die Vereinbarkeit von Beruf und Familie mit Kindern als Normalität zuließ. DDR-Frauen waren bereits mit jungen Jahren ökonomisch – einschließlich steuer- und familienrechtlicher Flankierung – selbständig. Frühe Eheschließung, Geburt der Kinder meist vor dem 25. Lebensjahr – mit Selbstbestimmung über einen möglichen Schwangerschaftsabbruch – eine, mehr oder weniger, gleichberechtigt gelebte Partnerschaft mit häuslicher Arbeitsteilung und hohe Akzeptanz weiblicher Erwerbsarbeit sowie die positive Sicht bei Frauen und Männern, Kinderbetreuung außer Haus in Anspruch zu nehmen. Die DDR-Frauen leiteten ihr Selbstverständnis und Selbstbewusstsein von sich selbst und von ihren eigenen Leistungen ab, nicht mehr vom beruflichen bzw. gesellschaftlichen Status der Ehemänner. Das Muster der Hausfrauenehe wurde in der DDR nicht mehr gelebt, es galt als überholt und verpönt. Die Ehe war dezidiert unökonomisch angelegt, vor dem Hintergrund „flacher" Vermögensverhältnisse. Die Scheidungsrate war hoch, zumal diese leicht zu realisieren war und die Frauen nicht sozial an den Rand der Gesellschaft führte. Es gab einen vergleichsweise hohen Anteil alleinerziehender, berufstätiger Mütter. Insgesamt waren Lebensformen wie Alleinerziehende, Lebensgemeinschaften, Geschiedene, Ledige oder verheiratete Paare mit und ohne Kinder gesellschaftlich weit akzeptiert. Das überwiegend gelebte Lebensmuster der DDR-Frauen war somit zum einen charakterisiert von ökonomischer und reproduktiver Autonomie.[37]

---

[34] Vgl. Anke Burkhardt, Uta Schlegel, Frauen an ostdeutschen Hochschulen, S. 14–16.
[35] Vgl. Gisela Helwig, S. 32f. 1988 besaßen 14 Prozent der DDR-Frauen einen Hochschulabschluss (Männer: 35 Prozent), 39 Prozent einen Fachschulabschluss (Männer: 15 Prozent), 33 Prozent einen Facharbeiterabschluss, und 14 Prozent waren ohne jegliche Berufsausbildung. Vgl. Barbara Bertram, „Nicht zurück an den Kochtopf", S. 197.
[36] Die Bilanz der Entwicklung der Frauenarbeit in der BRD bis 1989 fiel zwiespältig aus: einerseits war die weibliche Erwerbsbeteiligung so hoch wie nie zuvor, andererseits, gemessen an anderen hochentwickelten westlichen Ländern, stieg sie nur sehr moderat. Bis 1989 orientierte sich nur noch eine Minderheit der Frauen am Leitbild der Nur-Hausfrau. Erwerbsunterbrechung durch Familie und Kinder reduzierte jedoch Chancen im Berufsleben. Die bundesdeutschen Institutionen blieben in ihren Zielstellungen konservativ widersprüchlich: Weder unterstützten sie eindeutig die männliche Ernährer-Ehe, noch sicherten sie den doppelten Lebensentwurf der Frauen ausreichend ab. Vgl. Friederike Maier, S. 257.
[37] Vgl. Anke Burkhardt, Uta Schlegel, Frauen an ostdeutschen Hochschulen, S. 16–19; Gerlinde Seidenspinner, S. 96–100.

Zum anderen aber existierten zu dieser modernen weiblichen Normalbiographie auch traditionelle und DDR-systemimmanente strukturelle Benachteiligungen der Frauen gegenüber Männern weiter. Obwohl die Möglichkeiten der Berufswahl für Mädchen und junge Frauen in der DDR sehr breit war, arbeiteten 75 Prozent von ihnen in typischen Frauenberufen – im Bildungs-, Gesundheits-, Sozialwesen und Handel – wo insgesamt auch weniger verdient wurde und sie über weniger Einkommen verfügten. Der Frauenanteil an Führungspositionen in Volkswirtschaft, Politik und Wissenschaft nahm nach oben hin drastisch ab – trotz aller staatlichen Appelle, Bemühungen und Vorgaben. Das lag nicht nur an traditionellen Vorbehalten, sondern – die an Frauen adressierte staatliche Familienpolitik wie Haushaltstag oder „Babyjahr" oder Arbeitszeitverkürzung bei zwei und mehr Kindern – machte ihren Einsatz weniger planbar und war insgesamt eingeschränkter, so dass für Leitungsposten eher Männer präferiert wurden. Frauen arbeiteten noch häufiger als Männer unter ihrem Ausbildungsabschluss, obwohl ihre Berufsqualifikation den Männern ebenbürtig war. Sie passten sich dem Arbeitsort ihrer Männer, dem Wohnort nahe den Kindereinrichtungen und Schulen an, um kürzere Wegzeiten zu haben, um ihre Dreifachbelastung, Beruf, Familie, Kinder zu stemmen.[38]

Neben politischen und rechtlichen Gleichstellungsmaßnahmen fanden mit der Entwicklung der DDR im Vergleich zur Bundesrepublik auch wichtige hochschulpolitische Umbrüche in den ersten 20 Jahren nach DDR-Gründung statt. Dafür stehen oft die Schlagworte Erste, Zweite und Dritte Hochschulreform. Die Erste und Zweite Hochschulreform haben ihre Benennung erst nachträglich – erst mit der Dritten – erhalten. Die Bezeichnung Erste bis Dritte Reform suggerierte einen von SED-Hochschulpolitikern so geplanten Prozess, was nicht zutraf.[39] Als Erste Hochschulreform wurde der Prozess der personellen Entnazifizierung im Hochschulbereich bezeichnet, der in Wellen bis März 1948 verlief. Etwa drei Viertel der Lehrkräfte wurden ausgetauscht, jedoch vollzog sich dies je nach Profession unterschiedlich.[40] Die rigorose Ausschaltung von ehemals NSDAP-Mitgliedern im juristischen Fach geschah z. B. zu fast 90 Prozent, während in den Naturwissenschaften und in der Medizin dies nicht griff.[41] Insgesamt gesehen fand ein umfassender Personalaustausch in der Sowjetischen Besatzungszone statt.[42] Die Zulassungspolitik zum Studium war noch dezentral organisiert, sie lag in den Händen der Universitäten und Landesbehörden, und grundsätzlich entschied das Leistungsprinzip. Die Aktionen „Arbeiter- und Bauernkinder an die Universität", d. h. nach dem Motto „Brechung des bürgerlichen Bildungsprivilegs", liefen an und ließen einmalig im Zeitraum von 1946 bis zirka 1956 den Prozentsatz sogenannter Arbeiterstudenten von fünf auf 30 Prozent ansteigen.[43] Ein Aufstieg von Arbeiter-

---

[38] Vgl. Anke Burkhardt, Uta Schlegel, Frauen an ostdeutschen Hochschulen, S. 18 f.
[39] Vgl. Tobias Kaiser, Heinz Mestrup, S. 687.
[40] Vgl. ebenda, S. 604, 608; Konrad Krause, S. 316 f.; Reiner Pommerin, S. 224, 227.
[41] Vgl. Ralph Jessen, „Bildungsbürger", S. 118–120; Henrik Eberle, S. 349, 356.
[42] Vgl. Annette Vogt, Vom Wiederaufbau der Berliner Universität, S. 165–175.
[43] Vgl. Tobias Kaiser, Heinz Mestrup, S. 606 f. Der Anteil der Arbeiterkinder unter den Studenten lag 1980 bei zehn Prozent. Vgl. Konrad Krause, S. 374.

und Bauernkindern fand einmalig in diesem Zeitfenster statt. Gewinner der Umgestaltung waren die Mittelschichten.[44] Die Universitäten und ihre akademischen Lehrkräfte wie auch die Studierenden blieben noch „bürgerlich" geprägt. Die Zahl der SED-Mitglieder unter Studenten und Professoren war gering. Der Anteil von SED-Mitgliedern in den 1950er Jahren unter dem Lehrkörper der Mathematisch-Naturwissenschaftlichen Fakultät – z. B. an der Jenaer Universität – betrug 25 Prozent.[45] Um die traditionell und bürgerlich geprägten Universitätsstrukturen aufzubrechen bedienten sich SED-Hochschulpolitiker mittels SMA-Befehl der Neugründung von Fakultäten: 1946 die Sozial-Pädagogische und die Gesellschaftswissenschaftliche Fakultät,[46] 1949 die Arbeiter- und Bauern-Fakultät (ABF). Lehrpersonal und Studierende dieser neuen Fakultäten waren überproportional SED-Mitglieder.[47] Seit 1948 mehrten sich Auseinandersetzungen um die Immatrikulationspolitik. Als neue Zulassungskriterien zum Studium kamen Kriterien wie „Bewerber aus Arbeiterkreisen und Absolventen der Vorstudienanstalten (ABF)" hinzu.[48] 1948/49 eskalierten Auseinandersetzungen um die studentische Selbstverwaltung an den Universitäten. Auf SED- und SMAD-Druck wurden die freien Wahlen zum Studentenrat mit oft „bürgerlichen" Einzelvertretern ersetzt durch Wahlen über Einheitslisten, an deren Ende nun FDJ- bzw. SED-Vertreter an der Spitze standen.[49] Weitere kleinere, jedoch wirkungsvolle Maßnahmen setzte die SED 1949 durch: Der Kurator einer Universität wurde ersetzt durch einen Verwaltungsdirektor und ein Studentendekan wurde installiert. Beide neuen Posten wurden nicht durch Wahl, sondern durch Ernennung des Landesvolksbildungsministers bestimmt. In der Mehrzahl erhielten diese Stellen SED-Mitglieder.[50] 1949 hatte man die Universitäten als Körperschaften des öffentlichen Rechts in staatliche Anstalten umgewandelt, seit März 1951 unterstanden die Universitäten dem Staatssekretariat für Hochschulwesen.[51]

Alle 1951/52 vom Ost-Berliner Hochschulministerium durchgesetzten weiteren Veränderungen wurden später als Zweite Hochschulreform bezeichnet. Im universitären Lehrbetrieb führte man das Zehn-Monate-Studienjahr ein, ersetzte da-

---

44 Vgl. Tobias Kaiser, Heinz Mestrup, S. 248.
45 Der Anteil der SED-Mitglieder unter den Studierenden betrug z. B. an der Universität Jena 1949 36 Prozent, unter den Professoren aller Fakultäten in den 1950er Jahren 32 Prozent. Vgl. Tobias Kaiser, Heinz Mestrup, S. 607, 624; Annette Vogt, Vom Wiederaufbau der Berliner Universität, S. 150 f.
46 Vgl. Konrad Krause, S. 322, 327, 331. Diese wurden 1951 wieder aufgelöst. Vgl. auch Reiner Pommerin, S. 236–240, 275.
47 An der Leipziger „GewiFa" waren 1947 125 Studierende eingeschrieben, 115 davon gehörten der SED an. Vgl. Konrad Krause, S. 334.
48 Vgl. Tobias Kaiser, Heinz Mestrup, S. 615 f.
49 Vgl. ebenda, S. 616–619; Konrad Krause, S. 336 f.; Reiner Pommerin, S. 244–246, 249.
50 Vgl. Tobias Kaiser, Heinz Mestrup, S. 619.
51 Vgl. Konrad Krause, S. 322; Reiner Pommerin, S. 254 f. Das StS für Hochschulwesen wurde 1958 in das StS für Hoch- und Fachschulwesen umgewandelt und 1967 in Ministerium für Hoch- und Fachschulwesen (MHF).

mit die bisherige Semesterstruktur.[52] Das Ein-Fach-Studium wurde verpflichtend, ebenso ein obligatorisches „gesellschaftliches Grundstudium" – also eine politisch-ideologische Schulung im Marxismus-Leninismus. Zu Pflichtfächern wurden Russisch und Sport erklärt. Die Studierenden wurden in feste Seminargruppen zusammengefasst, was bereits Zeitgenossen als „Verschulung" kritisierten. Durch vier Prorektorenstellen, die nicht durch Wahl, sondern durch Ernennung des Staatssekretariats für Hochschulwesen eingesetzt wurden, änderten sich Universitätsstrukturen. Der DDR-Ministerrat wies 1952 die Universitäten an, neue eigene Statuten unter der Leitlinie „Aufbau der Grundlagen des Sozialismus" zu erstellen, und es wurden verbindliche Vorlesungsprogramme, Prüfungspläne mit einer genauen Regelung des Studienganges für alle Fächer vorgeschrieben.[53]

Die 1960er Jahre waren geprägt von einem optimistischen Fortschrittsdenken. SED-Chef Ulbrichts Hoffnungen, mit einem Bündel von Reformen die DDR zu modernisieren und wettbewerbsfähiger im Vergleich zum Westen machen zu können, bezog auch Wissenschaft und Universitäten ein. Engere Verbindungen der Hochschul- mit der Wirtschaftspolitik sowie Universitäts- und Industrieentwicklung wurden nicht nur propagiert, sondern auch durchgesetzt. Gerade Naturwissenschaftler konnten sich mit dem Zeitgeist der 1960er Jahre identifizieren.[54] Vertragsforschung und Ausrichtung auf Industrieforschung wurden üblich. Die Kaderplanung ersetzte an allen Hochschulen der DDR das reguläre Berufungsverfahren. Ab den 1960er Jahren besetzten Wissenschaftler die Hochschullehrerstellen, die in der DDR selbst ausgebildet worden waren oder ihren akademischen Aufstieg in der DDR erlebt hatten.[55] In diesem Rahmen – auch vor dem Hintergrund von notwendigen Modernisierungsbemühungen[56] – kam es 1968/69 zur Dritten Hochschulreform. Sie hinterließ einen „Strukturbruch in der Berufsgeschichte der deutschen Hochschullehrerschaft".[57] Im Zuge der Hochschulreform wurde an den Universitäten das traditionelle Fakultäts- und Institutssystem aufgehoben, ein neues Dienstrecht geschaffen, die akademischen Grade neu geordnet, ein zentralistisches Einzelleitungsprinzip durch den Rektor[58] durchgesetzt und der SED-Einfluss gefestigt.[59] Kennzeichnend für die sozialistische Universität wurde die

---

[52] Zum Teil zurückgenommen wurde dies ab Mitte der 1980er Jahre. Das eingeführte 15-Wochen-Semester sollte wieder mehr Freiräume für ein Selbststudium schaffen und der „Verschulung der Universität" entgegenwirken. Vgl. Konrad Krause, S. 403.

[53] Vgl. Tobias Kaiser, Heinz Mestrup, S. 620–623; Konrad Krause, S. 322 f., 345–351; Reiner Pommerin, S. 254–257; Annette Vogt, Vom Wiederaufbau der Berliner Universität, S. 200–202.

[54] Vgl. Tobias Kaiser, Heinz Mestrup, S. 635; Reiner Pommerin, S. 293–296.

[55] Noch Mitte der 1960er Jahre bewerteten ZK-Abteilungen das wissenschaftliche Lehrpersonal an der TU-Dresden als „bürgerlich". Vgl. Reiner Pommerin, S. 303.

[56] Auch in der BRD wurde an den Universitäten Modernisierung und Reformen thematisiert, es ging um die satzungsmäßig zu überholende Ordinarienuniversität.

[57] Vgl. Ralph Jessen, Akademische Elite, S. 103 f.

[58] Das Einzelleiterprinzip setzte sich auf Sektionsebene, mit dem Sektionsdirektor (der inhaltlich als Dekan verstanden wurde) fort. Unterhalb der Sektionsebene gab es Lehrstühle und deren Inhaber.

[59] Vgl. Tobias Kaiser, Heinz Mestrup, S.687–693; Reiner Pommerin, S. 303–308; Matthias Middell, S. 311–328.

Allgegenwart von Parteisekretär, FDJ-Vertreter und Gewerkschaftsfunktionär mit vollem Stimmrecht in allen Gremien.[60] Sichtbares Symbol der Dritten Hochschulreform war die Abschaffung der Fakultäts- und Institutsstrukturen, einhergehend mit der „Abwicklung" bzw. „Konzentration" ganzer Fachrichtungen.[61] Anstelle der Fakultäten traten Sektionen. Aus der Mathematisch-Naturwissenschaftlichen Fakultät der Universität Jena z. B. entstanden die Sektionen Mathematik, Physik, Chemie, Biologie, auch Geowissenschaften.[62]

Zu den Veränderungen zählte auch die Neuordnung des Dienstrechts und der Dienstbezeichnungen, vor allem die Abschaffung der Habilitation. Ein System mit drei akademischen Graden wurde bestimmt: Diplom, Promotion A („Doktor eines Wissenschaftszweigs", Dr.) und Promotion B („Doktor der Wissenschaft", Dr. sc.), die von der Lehrbefähigung (Facultas Docenti) getrennt vergeben wurde. Die Promotion B wurde zu einem zusätzlichen akademischen Grad, der nicht mehr automatisch die Garantie für eine Berufung in sich einschloss. Die Facultas Docenti galt als Voraussetzung für eine Berufung. Mit der Einführung der unbefristeten Assistenz 1968 wurde „Assistent/Assistentin" zu einem akademischen Beruf im Universitäts- und Hochschulbereich.[63]

In den Naturwissenschaften – auch in der Physik – versprach man sich mit der Hochschulreform eine Modernisierung der universitären Grundstrukturen, eine langfristige finanzielle Absicherung der Grundlagenforschung und eine wechselseitige Befruchtung von Hochschule und Industrie. Die Naturwissenschaftler und Naturwissenschaftlerinnen sahen darin positive Momente in der Hochschulreform. Sie hatten diese neuen Struktureinheiten mit den verschiedenen Fachsektionen seit längerem gefordert.[64] Mit der Dritten Hochschulreform ging die Reform der Akademie der Wissenschaften einher. Die Forschung wurde noch intensiver an die Akademie-Institute verlagert und konzentriert, die frei von Lehrverpflichtungen waren. Die Universitäten und Hochschulen gerieten damit noch mehr in die Rolle der Ausbilder und Erzieher.

---

[60] Vgl. Matthias Middell, S. 321.
[61] Pharmazie z. B. konnte man an den sechs DDR-Universitäten studieren, ab 1969/70 dann nur noch in Berlin, Greifswald und Halle.
[62] Vgl. Tobias Kaiser, Heinz Mestrup, S. 694, 696. Lehre und Forschung in den Geowissenschaften wurde in Jena noch 1968 eingestellt. Als Fakultäten (Mathematik-Naturwissenschaften; Medizin; Philosophie und Geschichtswissenschaften; Wirtschafts- und Rechtswissenschaften; Kultur-, Sprach und Erziehungswissenschaften; Agrarwissenschaften) existierten diese als Struktureinheit mit anderer Bedeutung fort. Eine Fakultät setzte sich zusammen aus ausgewählten Professoren und wissenschaftlichen Mitarbeitern unterschiedlicher Sektionen. Sie hatten u. a. die Aufgabe Promotionsverfahren durchzuführen, Empfehlungen zur Wissenschaftsentwicklung auszusprechen, Vorschläge für Berufungen vorzubereiten. Entscheidungsbefugnisse hatte die Fakultät nicht mehr. Vgl. Konrad Krause, S. 370–379; Matthias Middell, S. 314, 323 f.
[63] Vgl. Konrad Krause, S. 354–357.
[64] Vgl. Tobias Kaiser, Heinz Mestrup, S. 698 f.

2. Fakten und Zahlen aus der Physik

Die Physik ist eine Naturwissenschaft, die alle experimentell und messend erfahrbaren Vorgänge sowie mathematisch beschreibbaren Erscheinungen in der unbelebten und zunehmend auch belebten Natur zum Gegenstand hat. Eine wesentliche Aufgabe der Physik ist es, aus der Fülle der Naturerscheinungen und Phänomene geeignete messbare Größen auszuwählen und diese durch Versuch und Irrtum in mathematische Beziehungen zu setzen, also mit sogenannten Naturgesetzen zu beschreiben. Die Phänomene, die in der Physik untersucht werden, sind vielfältig: Sie reichen beispielsweise vom Kosmos über das Licht bis zu Kristallstrukturen. Physik lässt sich zum einen je nach dem Tätigkeitsbereich der Wissenschaftler und Wissenschaftlerinnen unterteilen in Experimentelle Physik, die Versuche unter kontrollierten Bedingungen durchführt oder in Theoretische Physik, deren Aufgabe ist es, Beziehungen mathematisch zu formulieren und schließlich die Angewandte Physik, welche diese Zusammenhänge gezielt auf ihre technologische Verwertbarkeit hin untersucht, etwa indem neue Materialien oder Messgeräte entwickelt werden. Physik lässt sich zum Zweiten historisch-chronologisch in klassische und moderne Physik einteilen. Seit Entstehung der Wissenschaft Physik im heutigen Sinne, also seit dem 17. Jahrhundert, wurden die Naturphänomene mit den Sinnen oder einfachen technischen Geräten – wie Fernrohr und Prisma – nach den Gesetzen der klassischen Physik erforscht, geordnet und beschrieben. Um 1900 kam es zu einschneidenden Veränderungen, die zur modernen Physik führten. Komplexe technische Messgeräte eröffneten Einsichten in Welten der Mikrophysik – z. B. in die Atomkerne –, die bislang den Sinnen unzugänglich blieben. In diesen kleinen Dimensionen der Mikrowelt beeinflussen die Messgeräte die Messobjekte selbst und damit auch die Messresultate. Dabei werden Phänomene sichtbar, die aus der sinnlich erfahrbaren Welt nicht bekannt sind. Dies bedeutet, dass der Messvorgang mit seinen Auswirkungen auf die Messresultate in den Theorien mit berücksichtigt werden muss, und dass diese Theorien eher als mathematische Formeln denn als anschauliche Beschreibungen dargestellt werden. Zu den bekanntesten Theorien dieser modernen Physik zählen die Relativitätstheorie und die Quantenmechanik. Und zum Dritten kann die Physik unterteilt werden nach den untersuchten Gegenstandsbereichen, also z. B. in Festkörperphysik, Laserphysik, Kernphysik, Astrophysik, Elementarteilchenphysik und zahlreiche weitere Gebiete.[65]

In Deutschland hatten Frauen vor dem 20. Jahrhundert keine offiziellen Möglichkeiten, sich auf Universitäten zu bilden. Die Zulassung von Frauen zum Studium erfolgte in den einzelnen deutschen Ländern zwischen 1900 und 1909. Bis zum Ersten Weltkrieg wuchs die Zahl der Studentinnen kontinuierlich an, erreichte 1917/18 einen offiziellen Anteil von neun Prozent. Da die meisten eingeschriebenen männlichen Kommilitonen an der Front Dienst leisten mussten, waren

---

[65] Vgl. Helene Götschel, Die Welt der Elementarteilchen, S. 161–163; dies., Physik, S. 842.

Frauen an den Universitäten sehr viel präsenter: Vor Ort stellten sie ein Drittel der Studierenden. Anfang der 1920er Jahre ging, beschleunigt durch die Inflation und die ökonomische Nachkriegskrise, die gesamte Zahl der Studierenden zurück. Ende der 1920er Jahre folgte der nächste Schub einer Verschlechterung der Wissenschaftlersituation insgesamt durch die Folgen der Weltwirtschaftskrise. Erst Anfang der 1930er Jahre betrug die Studentinnenzahl anteilmäßig wieder 19 Prozent. Die ganze Weimarer Zeit hindurch diskutierten breite bürgerliche akademische Kreise mit Beunruhigung über den steigenden Anteil der Akademikerinnen. Diese hochqualifizierten Frauen stellten zusätzliche Konkurrenz auf dem ohnehin überfüllten Arbeitsmarkt dar und sie brachten die althergebrachte Geschlechterordnung durcheinander. Das gängige gesellschaftliche Vorurteil – die Frauen mit akademischer Bildung hätten es durch Herkunft oder durch ökonomische Absicherung ihres Ehemannes nicht nötig Geld zu verdienen, nähmen aber gleichwohl als „Doppelverdiener" den Männern Einkommen und Stellung weg – wurde populistisch gut ausgeschlachtet, bestätigte und vertiefte das allgemeine Ressentiment gegenüber unabhängigen, berufstätigen Frauen. Hinzu kam eine verlogene, öffentlich zur Schau gestellte Besorgnis um die Familie: Berufstätige Akademikerinnen würden ihren Pflichten als Gattin, Mutter und Hausfrau nur unzureichend nachkommen oder gar überhaupt keine Familie gründen wollen.[66] Bis weit in das 20. Jahrhundert hinein wurde zudem das Vorurteil kultiviert, Mathematik und Naturwissenschaften seien keine Wissenschaftsgebiete für Frauen.

In der Zeit des Nationalsozialismus' richteten sich die neuen Gesetze zuerst gegen die jüdischen Studierenden. 1933 wurde vorgeschrieben, dass pro Fakultät höchstens 1,5 Prozent der Neuimmatrikulierten bzw. fünf Prozent der Studierenden einer Fakultät „Nichtarier" sein durften. Als 1935 Voraussetzung für die Aufnahme eines Studiums die Teilnahme am Arbeitsdienst Vorbedingung wurde und der Arbeitsdienst an einen „Arier-Nachweis" gebunden war, hatten jüdische Abiturienten und Abiturientinnen keine Chance mehr, an deutschen Universitäten immatrikuliert zu werden. Es bedurfte des formalen Aktes von 1938 nicht mehr, der eine direkte Immatrikulation vom Nachweis, „Arier" zu sein, abhängig machte.[67] Ab 1934 regelte der NS-Staat, dass die Zahl der Frauen, die ein Hochschulstudium aufnehmen durften, auf zehn Prozent einer Jahrgangsstufe beschränkt werden sollte – obwohl zu dieser Zeit der Anteil der Abiturientinnen bei rund 25 Prozent lag. Vor Studienaufnahme musste ein halbjähriger Arbeitsdienst sowohl von Frauen und Männern abgeleistet werden. Wenn eine Abiturientin Mitte der 1930er Jahre unbedingt studieren wollte, konnte ihr das kaum verwehrt werden, falls sie „Arierin" war, sie selbst oder ihre Eltern das Studium finanzierten, und sie ihrer Arbeitsdienstpflicht nachkam.[68] 1934 studierten noch anteilmäßig 21 Prozent Frauen an deutschen Universitäten, 1939 betrug die Rate der neuimmatrikulierten Frauen

---

[66] Vgl. Claudia Huerkamp, Bildungsbürgerinnen, S. 75–80.
[67] Vgl. ebenda, S. 80, 88.
[68] Vgl. ebenda, S. 80 f., 83.

17 Prozent. Bereits in der zweiten Hälfte der 1930er Jahre zeichnete sich der kommende Akademikermangel ab. Allein um die anspruchsvollen ökonomischen Ziele – auch im Zuge der Aufrüstung und der „Störfreimachung" der deutschen Wirtschaft vom Ausland – zu erreichen, benötigte es ausgebildetes Personal. Seit 1937 warb die NS-Propaganda für höhere Schulbildung und ein Studium für begabte Mädchen und Frauen, und zwar gerade auch für technische und naturwissenschaftliche Fachrichtungen. Die Zahl der Studienanfänger stieg im ersten Kriegsjahr an, 1942/43 erreichte die Zahl der Studentinnen den absoluten und relativen Höchststand. 1943/44 lag der Studentinnenanteil bei 39 Prozent. Dieses Anwachsen hing mit der ideologischen Aufwertung des Frauenstudiums durch die NS-Propaganda zusammen sowie mit offensichtlicher Akademikerknappheit und verbesserten Berufsaussichten.[69] Entgegen allen zäh sich haltenden Vorurteilen studierten schon in den 1930er und 1940er Jahren mehr Frauen Mathematik und Naturwissenschaften, als ihr Anteil an allen Studierenden entsprach: 1931 lag der Frauenanteil an den mathematisch-naturwissenschaftlichen Fakultäten bei einem Viertel, in Zahlen bei 2.700 Studentinnen. Ihr Anteil an allen Universitätsstudentinnen entsprach hingegen 19 Prozent. In den einzelnen Disziplinen unterschieden sich die Werte: im Fach Physik waren es höchstens 10 Prozent, in Biologie 40 Prozent, in Geographie 33 Prozent und in Mathematik 20 Prozent. Frauen wählten durchaus Naturwissenschaften als Studienfach, sofern sie damit die berufliche Perspektive als Studienrätin verbinden konnten.[70]

Die Physik in Deutschland in der ersten Hälfte des 20. Jahrhunderts genoss größte nationale und internationale Reputation.[71] Erinnert sei hier nur an die deutschen Physiknobelpreisträger Wilhelm Conrad Röntgen, Ferdinand Braun, Max von Laue, Albert Einstein, Gustav Hertz, Werner Heisenberg, Max Born u. a., Frauen aus Deutschland waren nicht darunter.[72] Noch mit einer Ausnahmeregelung promovierte in der Physik 1899 Elsa Neumann[73] als erste Frau an der Berliner Universität. Von 1908 bis 1933 wurden 138 Dissertationen von Frauen in der Physik verfasst. Erst 1918 bzw. 1920 konnten Frauen auch habilitieren und sie erhielten damit gesetzlich-formal das Recht als akademische Lehrerin an Universitäten zu wirken. Im Fach Physik gab es bis 1933 drei Professorinnen:[74] Hedwig Kohn,[75] Lise Meitner und Herta Sponer.[76] Eine berufliche Karriere als Wissenschaftlerin an einer staat-

---

[69] Vgl. ebenda, S. 80, 88–90.
[70] Vgl. ebenda, S. 99 f.
[71] Gabriele Metzler, Deutsche Physiker in der internationalen Community, 1900–1960.
[72] Marie Curie (polnischer Herkunft, die in Frankreich wirkte) erhielt mit ihrem Ehemann zusammen 1903 den Nobelpreis in Physik.
[73] Vgl. Annette Vogt, Annette Pussert, Elsa Neumann – Berlins erstes Fräulein Doktor, Berlin 1999.
[74] Vgl. Agnes Sandner, S. 267–274.
[75] Von den Nationalsozialisten vertrieben emigrierte die dritte habilitierte Physikerin Deutschlands, Hedwig Kohn, 1939 von Breslau in die USA. Vgl. Brenda P. Winnewisser, Hedwig Kohn, S. 51–55.
[76] Vgl. Ruth Sime, Lise Meitner; Renate Tobies, Physikerinnen und spektroskopische Forschungen, S. 89–97; Marie-Ann Maushart, Hertha Sponer.

lichen deutschen Hochschule zu starten war schwer und blieb in der ersten Hälfte des 20. Jahrhunderts eine Ausnahme. Deutschlandweit gab es bis 1933 47 Privatdozentinnen, aber nur vier von ihnen wurden nichtverbeamtete außerordentliche Professorinnen. An der Vorläuferorganisation der Max-Planck-Gesellschaft, der Kaiser-Wilhelm-Gesellschaft, konnten Frauen zum Teil eher die Wissenschaft als Beruf leben. An verschiedenen Kaiser-Wilhelm-Instituten wurden bis 1945 13 Wissenschaftlerinnen mit der Leitung von Abteilungen betraut, darunter waren drei Physikerinnen, u. a. Lise Meitner, sowie zwei Chemikerinnen. Ein Bruch erfolgte 1933 mit Beginn der NS-Diktatur: Entlassungen, Vertreibungen und Brüche in vielen Karrieren sowie eine generell drastische Verschlechterung für die Positionen von Frauen im Wissenschaftsbetrieb. Frauen wurden vor allem aus qualifizierten höheren Positionen entfernt. Die Mehrzahl wissenschaftlicher Institutionen wurden „frauenfreie Räume". Erst mit Beginn des Krieges durften „arische" Wissenschaftlerinnen die sich auftuenden Lücken – männlichen Wissenschaftler leisteten Kriegsdienst – auffüllen. Von den sieben Abteilungsleiterinnen bis 1932 verloren fünf aufgrund der NS-Gesetze sofort ihre Stellung – Lise Meitner beispielsweise musste 1938 aus Deutschland flüchten. Zwischen 1934 und 1944 wurden sechs weitere Abteilungsleiterinnen benannt.[77]

Die Situation von Frauen an westdeutschen Hochschulen erholte sich nach 1945 zögerlich. Politische Denkweisen im Rahmen von „Doppelverdiener" und „Zölibatsklausel" – etliche Physiklehrerinnen beispielsweise, die heirateten, wurden aus dem Schuldienst entlassen – hielten sich zäh. Ein restriktives Frauenbild blieb noch lange nach dem Krieg in der BRD erhalten, ebenso die Sichtweise, dass naturwissenschaftliches Denken den Frauen wesensfremd[78] sei. Es dauerte eine ganze Generation bis ein Wechsel einsetzte.[79] Die Zahl der Studentinnen stieg langsam bis auf 20 Prozent Anfang der 1960er Jahre an. 1980 waren in der Bundesrepublik 36 Prozent aller Studenten weiblich, in der DDR knapp die Hälfte.[80] Der Anteil der Studentinnen 1988 im Fach Physik/Astronomie, Diplom- und ohne Lehramtsstudiengang, lag in der Bundesrepublik bei acht bis neun Prozent, in der DDR bei 25 Prozent.[81] Im universitären Fachbereich/Sektion Physik stellten wissenschaftliche Mitarbeiterinnen ihrem Anteil nach 4,5 Prozent in der BRD und zehn Prozent in der DDR. In der DDR wurden seit 1949 Diplomphysiker und -physikerinnen an sechs Universitäten ausgebildet – in Ost-Berlin, Leipzig, Halle, Jena, Rostock und Greifswald –, an drei Technischen Universitäten – TU Dresden, TU Karl-Marx-Stadt (Chemnitz) und TU Magdeburg – und an den Technischen Hochschulen Leuna-Merseburg. In den 1980er Jahren schlossen jährlich rund 300 bis 350 Männer und Frauen ihr

---

[77] Vgl. Annette Vogt, Die Kaiser-Wilhelm-Gesellschaft wagte es, S. 226, 232–240.
[78] Vgl. Theresa Wobbe, S. 127; Agnes Sandner, S. 271 f.; Bärbel Maul, S. 20–36; Waltraud Cornelissen, S. 53–69.
[79] Vgl. Anne Schlüter, „Wenn zwei das Gleiche tun ...", S. 23–30; Bärbel Maul, S. 36 f.
[80] Vgl. Bärbel Maul, S. 140–143, 237 f.
[81] Vgl. Hochschulabsolventen DDR und BRD im Vergleich 1989, in: Ruth Heidi Stein, Absolventen von Hochschulen, S. 13, 35; Bericht zum Einsatz weiblicher Hochschulkader 1981, in: SAPMO-BA DY 53/962; Gisela Helwig, S. 24 f.

Physikstudium mit einem Diplom ab. Die Physik-Diplomlehrerstudenten waren in diesen Zahlen nicht enthalten. Die Ausbildung der Physikdiplomlehrer und -lehrerinnen erfolgte an den genannten Universitäten gesondert. Darüber hinaus wurden die Physiklehrer für die Polytechnischen Oberschulen (10. Klasse) und die Erweiterten Oberschulen (12. Klasse/Abitur) an den Pädagogischen Hochschulen in Potsdam, Halle, Dresden, Erfurt und Güstrow ausgebildet.[82] Die niedrigen Zulassungszahlen zum Physikstudium – in der Bundesrepublik wurden mehr als viermal so viele Physiker zum Studium zugelassen[83] – beruhten auf einer bereits limitierten Zahl an Abiturienten, einer staatlichen Studienplatzlenkung und Zulassungsbeschränkung, gemessen an volkswirtschaftlich benötigten Arbeitskräften, und der Vorgabe, jedem Absolventen nach Studienabschluss eine der Ausbildung entsprechende Anstellung zu garantieren. Die DDR glich diese niedrige Zahl der Absolventen in der Physik mit einer umfangreichen spezialisierten Diplomingenieurausbildung aus.[84] Mit der Deutschen Einheit rechnete die Bundesanstalt für Arbeit in Nürnberg mit einer 50-prozentigen Arbeitslosigkeit von Physikern aus der ehemaligen DDR. Von den rund 10.000 1989 beschäftigten Physikern fürchteten 5.000 die Arbeitslosigkeit. Der Grund dafür war der Zusammenbruch der DDR-Industrie und die drastische Personalreduzierung im Forschungs- und Entwicklungsbereichs. Nürnberg warnte hinsichtlich der zu erwartenden Physiker-Arbeitslosigkeit vor dem endgültigen Verlust hoch qualifizierten wissenschaftlichen Personals für die deutsche Forschungslandschaft.[85]

Die Physiker- und Physikerinnenausbildung in der DDR erfolgte in einem fünfjährigen, d. h. 10-Semester-Studium nach einem für die DDR einheitlichem, vom Beirat Physik beim Ministerium für das Hoch- und Fachschulwesen ausgearbeiteten Studienplan. Dem Beirat gehörten Professoren aus allen in Physik ausbildenden Universitäten und Hochschulen sowie der Akademie der Wissenschaften an. Die Ausbildung zielte auf den flexibel einsetzbaren Physiker, der gleichermaßen für die Arbeit in der Grundlagenforschung, in der angewandten Forschung oder in der industriellen Forschung und Entwicklung geeignet war. Über den Einsatz nach Studienabschluss entschieden Leistung, persönliche Neigung sowie die staatliche Absolventenlenkung, gestützt auf die volkswirtschaftliche Notwendigkeit. Ein Kernstück des Physikstudiums bildete die solide und breite Grundlagenausbildung, die vor allem aus dem Kurs der Experimentalphysik bestand – 2 Semester zu je 6 Wochenstunden –, der im 4. Semester mit einer Einführung in die Quantenphysik und „Struktur der Materie" fortgesetzt wurde, dem Kurs in Theoretischer Physik – 5 Semester zu je 6 Wochenstunden – und physikalischen Praktika

---

[82] Vgl. Joachim Auth, S. 48; Physikstudium in der ehemaligen DDR, S. 401 f.; Ralf G. Hopsch, Physik-Ausbildung in der DDR, S. 317.

[83] Die bestandenen Diplomphysikerprüfungen lagen in der ersten Hälfte der 1980er Jahre in der BRD bei 1.200 bis 1.300 und stiegen zum Ende der 1980er Jahre sehr an auf 2.800. Vgl. Ingo Peschel, S. 18; Statistiken zum Physikstudium in der Bundesrepublik, S. 357.

[84] Vgl. Ralf G. Hopsch, S. 316; zu den Frauen in den Ingenieurwissenschaften vgl. Karin Zachmann.

[85] Vgl. Peter Welke, S. 403.

vom 1. bis zum 6. Semester. Im physikalischen Praktikum steigerten sich die Anforderungen von einfachen Messaufgaben in den ersten beiden Semestern – „Messpraktikum" – bis zu komplexeren physikalischen Experimenten im 5. und 6. Semester – „Fortgeschrittenenpraktikum". Elemente des Studiums waren weitere Praktika: das sogenannte Forschungspraktikum im 7. Semester, in dem der Studierende einen Tag pro Woche in einem Wissenschaftsbereich der Physik an der Universität ging, um dessen Methodenspektrum kennenzulernen. Es schloss das Industriepraktikum am Ende des 8. Semesters an. Es wurde für zwölf Wochen in einem Industriebetrieb durchgeführt.[86] Wesentlicher Bestandteil des Physikstudiums war die gründliche mathematische Ausbildung. Sie verteilte sich auf die ersten sechs Semester des Studiums. Ebenso wurde die Informatik als Grundlagenkurs vermittelt. Weiteres Kernelement des Studiums stellte die Anfertigung der Diplomarbeit im 9. und 10. Semester dar, die eine „echte Forschungsarbeit" war. Dem ging eine Spezialisierung mit dem 5. Semester voraus. Der Student war in der Diplomphase in den entsprechenden Wissenschaftsbereich der Hochschule integriert und sollte sich voll seiner Forschungsarbeit widmen. In der Regel hörten die Studierenden in diesem letzten Studienjahr nur noch einige wenige Spezialvorlesungen ihrer Wahl. Studium und Diplomarbeit – so die Einschätzung des Präsidenten der Physikalischen Gesellschaft der DDR und Physikprofessors der Humboldt-Universität Professor Auth im Februar 1989, d. h. zum Ende, aber noch vor dem Zusammenbruch der DDR, unterschied sich nicht von dem, was früher im Physikstudium an deutschen Universitäten üblich war.[87] Die Diplomarbeit konnte auch an einem der Institute der Akademie der Wissenschaft oder an leistungsfähigen Forschungs- und Entwicklungsabteilungen der Industrie – z. B. im VEB Kombinat Carl Zeiß Jena oder VEB Kombinat Mikroelektronik Erfurt – geschrieben werden.[88]

Zum Studium in der DDR gehörte für alle Studierenden eine Ausbildung in den Grundlagen des Marxismus-Leninismus mit vier Semesterstunden in den ersten drei Studienjahren. Die immer wieder kolportierte Unwissenheit oder ideologische Voreingenommenheit, dass selbst in den „technischen und ingenieurwissenschaftlichen Studiengängen ein Viertel des Lehrplanes"[89] der marxistisch-leninistischen Grundlagenausbildung diente, ist weit überzogen. In den ersten sechs, von insgesamt zehn Semestern des Studiums, mit vier Semesterstunden pro Woche bei rund 30 bis 35 Semesterstunden wöchentlich kommt man auf sechs bis sieben Prozent anteilige Ausbildung in Marxismus-Leninismus. Der vorgeschriebene Russischunterricht in den ersten vier Semestern mit dem Ablegen des Sprachkundigennachweises wurde ab 1990 für die englische Sprache angedacht. Im Laufe der 1990er Jahre setzte es sich durch, dass diese Sprachfertigkeit in Englisch als Abiturleistung vorausgesetzt wurde. Der Präsidenten der Physikalischen Gesellschaft der DDR unterstrich im Februar 1989, dass die Ausbildung von Physikern

---

[86] Vgl. Joachim Auth, S. 402.
[87] Vgl. ebenda, S. 49.
[88] Vgl. ebenda, S. 49 f.
[89] Lothar Mertens, Vernachlässigte Töchter der Alma Mater, S. 141.

und Physikerinnen in der DDR sich nicht auf reine Fachwissenschaft beschränkte: „Wir sprechen heute von der Einheit von Erziehung und Ausbildung und meinen damit, dass alles an der Universität – die Vorlesungen, […] der direkte persönliche Kontakt zwischen Studenten und Hochschullehrern – der Heranbildung verantwortungsbewusster humanistischer Persönlichkeiten dient […] Wir machen auch keinen Hehl daraus, dass wir dem Sozialismus eng verbundene junge Wissenschaftler heranbilden wollen […]"[90]

Größten Wert legten die Universitäten und Hochschulen der DDR auf den termingerechten Abschluss des Studiums. Die Regelstudienzeit zum Diplomphysiker von 10 Semestern wurde bis auf wenige Ausnahmen – wegen Krankheit oder für Frauen bei der Geburt eines Kindes mit entsprechenden Mutterschutzzeiten – eingehalten.[91] Die Studienerfolgsquote für den Diplomphysiker – das Verhältnis der Zulassungen zu den um fünf Jahre versetzten Absolventenzahlen – lag stabil bei sehr guten 80 Prozent. Der Studienabbruch erfolgte meistens nach den ersten zwei Semestern und beruhte auf unklaren Vorstellungen über ein Physikstudium bei den Studienanfängern, aber vor allem auf unzureichenden Leistungen in der mathematischen und physikalischen Grundlagenausbildung. Das durchschnittliche Absolventenalter der angehenden Diplomphysiker und -physikerinnen lag in den 1980er Jahren unverändert bei 25,5 Jahren bzw. 24 Jahren bei den Frauen, die keinen Wehrdienst ableisteten.[92]

Nach 1990 richtete sich die westdeutsche Kritik am DDR-Physikstudium auf drei Punkte: 1. Vernachlässigung der Grundlagenforschung und Überbewertung der angewandten Industrieforschung; 2. Überalterte technische Ausstattung der Bildungseinrichtung und 3. Reglementierung und gewisse Verschulung des Studiums.[93] Diese zu Recht beanstandeten Entwicklungen wurden von den ostdeutschen Physikern weitgehend akzeptiert. Sie relativierten jedoch die Kritik zum einen damit: Das umfangreiche Lehrprogramm für den „vielseitig ausgebildeten und disponibel einsetzbaren Diplomlehrer" wäre in den 10 Semestern Regelstudienzeit ohne festen, vorgeschriebenen Studienablauf nicht zu bewältigen gewesen.[94] Und zum anderen wären die schlechteren apparativen Bedingungen „durch eine extensive, individuelle Betreuertätigkeit zum Teil kompensiert" worden. „Derzeit [Mitte 1990] kommen auf einen Dozenten etwa zwei Studenten. Dass jeder Dozent jeden Studenten einer Sektion namentlich kennt, ist der Normalfall. Allen ist aber klar, dass dieser ‚Luxus' sein Ende findet."[95] Ungeachtet der kritisierten Punkte schätzte die westdeutsche Konferenz der Fachbereiche Physik im Physikzentrum von Bad Honnef im Juni 1990 und die Deutsche Physikalische Gesellschaft 1991 ein, dass sich die Kompatibilität des DDR-Physikstudiums mit den

---

[90] Joachim Auth, S. 50.
[91] In der BRD lag die Studiendauer bis zum Physikdiplom bei durchschnittlich 14 Semestern. Vgl. Statistiken zum Physikstudium in der Bundesrepublik, S. 357.
[92] Vgl. Ralf G. Hopsch, S. 316 f.
[93] Vgl. ebenda, S. 316.
[94] Vgl. ebenda.
[95] Physikstudium in der ehemaligen DDR, S. 402.

bundesdeutschen Studien- und Prüfungsordnungen leicht herstellen ließe.[96] Und die Bundesanstalt für Arbeit in Nürnberg bescheinigte 1991, dass die „im Physikstudium in der ehemaligen DDR vermittelten Kenntnisse und Fähigkeiten mit denen der Absolventen westdeutscher Studiengänge voll vergleichbar" sind. „Dies gilt im übrigen für die meisten naturwissenschaftlichen und technischen Fächer."[97]

Von 1945 bis 1990 wurden auf dem Gebiet der DDR 12.081 Diplomphysiker und -physikerinnen ausgebildet. Bei der letzten 1988 angefertigten statistischen DDR-Erhebung gab es 9.531 Diplomphysiker. Ihr Berufseinsatz konzentrierte sich auf wenige, d. h. drei große Bereiche: 27 Prozent (2.606 Physiker/Physikerinnen) arbeiteten in Kombinaten der Elektronik und Elektrotechnik; 22,5 Prozent an der Akademie der Wissenschaften (2.135) und 19 Prozent (1.819) an den Universitäten und Hochschulen.[98] Wie viele Frauen sich darunter befanden, wies die DDR-Hochschulstatistik nicht aus. Kurz zum Vergleich die Zahlen aus der alten Bundesrepublik: 1987 gab es 30.000 im Berufsleben stehende Physiker, d. h. dreimal so viele wie in der DDR. Nur über zwei gut überschaubare Bereiche konnte die Deutsche Physikalische Gesellschaft Auskunft geben – über die Hochschulen und die öffentlichen Forschungseinrichtungen: 1982 hätten an den Hochschulen in der Physik 1.100 Professoren, 100 Hochschulassistenten und 3.200 wissenschaftliche Mitarbeiter gearbeitet, insgesamt demnach 4.400. Eine einmalige Umfrage bei den Forschungsinstituten 1986 ergab, dass etwa 3.700 Physiker in etwa 50 Institutionen angestellt waren.[99] Auch hier wurden Männer und Frauen nicht gesondert ausgewiesen. Die Zahl der Lehrer in der Sekundarstufe II mit Physik als einem ihrer Fächer lag bei rund 15.000. Verlässliche Zahlen für die bundesdeutsche Industrie konnten nicht angegeben werden. Grobe Schätzungen ergaben rund 15.000 Physiker in Industrie und Wirtschaft.[100] Der grobe Vergleich von Physikern in Forschung und Lehre im Hochschulbereich zwischen DDR und alter BRD Mitte der 1980er Jahre ergab – 3.950 in Ost- und 8.100 in Westdeutschland – sowie im Bereich der Industrie 2.600 in Ost- und 15.000 in Westdeutschland.

In der DDR war der größere Teil von Wissenschaftlern und Wissenschaftlerinnen in der Forschung an der außeruniversitären Forschungseinrichtung, der Akademie der Wissenschaften (AdW), beschäftigt.[101] Die Akademie bestand Mitte der 1980er

---

[96] Vgl. ebenda, S. 402. Von der DPG hieß es 1991 dazu: Die „Ausbildung im Fach Physik an vielen Universitäten [der DDR hatte] ein gutes Niveau. Insbesondere machte die klein gehaltene Zahl von Studenten und die relativ zu ihr hohe Zahl an Professoren und wissenschaftlichen Mitarbeitern eine intensive Betreuung beim Studium möglich." Vgl. DPG: Stellungnahme zu Strukturfragen im Fach Physik, S. 760.
[97] Peter Welke, S. 403.
[98] Vgl. Ralf G. Hopsch, S. 317.
[99] Die großen öffentlichen Institutionen beschäftigten: Max-Planck-Gesellschaft 900 Physiker, Kernforschungsanlage Jülich 430, Frauenhofer-Gesellschaft 340, Deutsche Forschungs- und Versuchsanstalt für Luft- und Raumfahrt 320, Kernforschungszentrum Karlsruhe 310, Physikalisch-Technische Bundesanstalt 250, Deutsches Elektronen-Synchrotron 150 oder Gesellschaft für Strahlenforschung und Umweltschutz 120 Physiker. Vgl. Ingo Peschel, S. 18 f.
[100] Vgl. ebenda, S. 19.
[101] In der DDR fand die außeruniversitäre Forschung im Wesentlichen in den drei Akademien statt: Akademie der Wissenschaften (AdW), Akademie der Landwirtschaftswissenschaften

Jahre – neben der Gelehrtengesellschaft mit 155 Ordentlichen und 99 Korrespondierenden Mitgliedern – aus 59 Instituten und Einrichtungen. Der Schwerpunkt der Forschungsarbeit lag auf dem naturwissenschaftlich-technischen Bereich, er machte zirka 90 Prozent des Gesamtpotenzials der Akademie aus. An der Akademie waren 1988 rund 23.700 Beschäftigte angestellt, davon rund 7.700 Wissenschaftler als „Forschendes Personal" ausgewiesen.[102] Der Anteil der Wissenschaftlerinnen in der Forschung lag bei rund 1.800 bis 2.000, bei 23 Prozent.[103]

An der AdW wurden 1980 neun Physikinstitute[104] und acht Forschungsinstitute der Geo- und Kosmoswissenschaften, vier davon vorwiegend Physikinstitute, gezählt.[105] An diesen Instituten arbeiteten im Forschungsbereich Physik 1988 1.937 Wissenschaftler und Wissenschaftlerinnen und im Forschungsbereich Geo- und Kosmoswissenschaften 696. Die Zahl der Frauen unter der Rubrik „Forschendes Personal" lag im Bereich Physik bei 345 – d. h. 15 Prozent – und im Bereich Geo- und Kosmoswissenschaften bei 132 – auch 15 Prozent.[106] Mit diesen Zahlenangaben lässt sich jedoch nicht eindeutig auf die Anzahl der Physikerinnen (übrigens auch nicht der Physiker) in der Forschung – zusammengerechnet die Physikerinnen 477 – an der AdW schließen. Aus den Interviews mit ehemaligen Physikerinnen der DDR-Akademie müssen die Fälle mitgedacht werden: An Physikinstituten waren eine ganze Reihe von Mathematikerinnen und Informatikerinnen beschäftigt. Ebenso haben Physikerinnen an anderen Instituten geforscht, vorzugsweise an Instituten der Mathematik und Informatik oder im Forschungsbereich Chemie sowie an dem personell sehr großen Zentrum für wissenschaftlichen Gerätebau. Die ausgebildete Diplomphysikerin und Schriftstellerin Helga Königsdorf/Bunke arbeitete seit 1961 am Institut für Angewandte Mathematik und Mechanik der AdW. Sie habilitierte in der Mathematik und war von 1974 bis 1990 Professorin und Abteilungsleiterin für Wahrscheinlichkeitsrechnung und Statistik an diesem Institut.[107] Ein weiteres, ebenso bereits angesprochenes Beispiel ist die Diplomphysikerin und Bundeskanzlerin Angela Merkel. Nach dem Physikstudium

---

und der Bauakademie. Die Forschungen an den Akademien waren zentralistisch gesteuert, anwendungsorientiert ausgerichtet, privilegiert mit Personal, Ausstattung und Finanzen. Vgl. Renate Mayntz, Deutsche Forschung, S. 40 f., 45.

[102] Vgl. Akademie der Wissenschaften der DDR. Jahrbuch 1980, S. 23–76, und 1988, S. 5 f., 45–63, 116–123; Bericht über Ergebnisse der Forschung der AdW und Schlußfolgerung für die Volkswirtschaft 1989, in: ABBAW: AKL 1313; Statistischer Jahresbericht der AdW der DDR 1988, in: ebenda, AKL 65, S. 20.

[103] Die statistischen Angaben sind widersprüchlich. Vgl. Statistischer Jahresbericht der AdW der DDR 1988, in: ABBAW: AKL 65; Einführungsvortrag zur Frauenkonferenz, 24. November 1989, in: ABBAW: VA-12973.

[104] Vgl. Akademie der Wissenschaften der DDR. Jahrbuch 1980, S. 67–76.

[105] 1980: Zentralinstitut für Astrophysik (Potsdam), Zentralinstitut für Physik der Erde (Potsdam), Zentralinstitut für solar-terrestrische Physik – Heinrich-Hertz-Institut (Ost-Berlin), Einstein-Laboratorium für Theoretische Physik. Vgl. Akademie der Wissenschaften der DDR. Jahrbuch 1988, S. 116–129.

[106] Vgl. Statistischer Jahresbericht der AdW der DDR 1988, in: ABBAW: AKL 65, S. 19 f., 28.

[107] Vgl. Helga Königsdorf, Landschaft, S. 128–131; Personalakte Helga Königsdorf, in: BAB DR 3 B 10671.

in Leipzig wurde sie bis 1990 wissenschaftliche Mitarbeiterin am Zentralinstitut für Physikalische Chemie an der Akademie der Wissenschaften (AdW) in Berlin. Dieses Forschungsinstitut gehörte zum Forschungsbereich Chemie, nicht zur Physik.[108] Meine Schätzungen gehen daher davon aus, dass Ende der 1980er Jahre an der Akademie der Wissenschaften der DDR etwa 2.000 forschende Physiker tätig waren,[109] davon zirka 350 bis 400 Physikerinnen. Unter diesen Physikerinnen an der Akademie der Wissenschaften fanden sich 1988 drei Professorinnen von insgesamt 89 (3 Prozent), elf B-Promovierte von 247 (4,5 Prozent) und 97 von 1.039 (9 Prozent) mit einem Doktortitel.[110] Das hieß auch, dass rund drei Viertel der forschenden Physikerinnen an der AdW nach ihrem Diplom-Studienabschluss keinen weiteren wissenschaftlichen Titel erworben hatten.[111]

In der Bundesrepublik arbeiteten, wie angemerkt, Mitte der 1980er Jahre rund 3.700, d. h. 14 Prozent aller Physiker an öffentlichen Forschungsinstituten,[112] nach Männern und Frauen wurde nicht unterschieden. Das Statistische Bundesamt hatte bis 2015 keine Zahlen über die Zuordnung von forschendem Personal zu außeruniversitären Forschungseinrichtungen in verschiedenen Wissenschaftsgebieten erhoben. Ab dem Berichtsjahr 2015 liegen sie erstmalig für das Wissenschaftsgebiet „Physik, Astronomie" in Form von Vollzeitäquivalenten[113] vor: Insgesamt 18.675 Vollzeitstellen, davon 5.375 weibliche.[114] Grob ließ sich somit sagen, an außeruniversitären Forschungseinrichtungen 2015 in Gesamtdeutschland waren rund 29 Prozent Physikerinnen beschäftigt.

Schwierig war es, die Zahl der Physikerinnen an den Universitäten und Hochschulen zu bestimmen. Die DDR wies in ihren amtlichen öffentlichen Statistiken die Zahl der Physiker und Physikerinnen an den Universitäten und Hochschulen nicht getrennt aus. Sie waren zum einen in der Kategorie „Mathematiker/Naturwissenschaftler" zusammengefasst. Zu dieser Fächergruppe zählte, wie in der Bundesrepublik, Mathematik, Informatik, Physik/Astronomie, Chemie, Pharmazie, Biologie, Geowissenschaften und Geographie. Zum anderen wurde keine Aufteilung zwischen Frauen und Männern vorgenommen. Über den Umweg amtlicher bundesdeutscher Statistik wird versucht, die Zahl der ostdeutschen Physikerinnen im Hochschulbereich zu ermitteln. Es wird zugleich ein Blick auf die quantitative Entwicklung im Untersuchungszeitraum – bis zum Jahr 2000 – geworfen und schließ-

---

[108] Vgl. Ralf Georg Reuth, Günther Lachmann, S. 100 ff.
[109] Vgl. Ralf G. Hopsch, S. 317.
[110] Vgl Statistischer Jahresbericht der AdW der DDR 1988, in: ABBAW: AKL 65, S. 29.
[111] Ein Vergleich mit außeruniversitären Forschungsinstituten in der Fachrichtung Physik der BRD und im vereinten Deutschland kann nicht angestellt werden. Das Statistische Bundesamt erhob als Sonderstatistik Forschende Personal in außeruniversitären Forschungseinrichtungen zu verschiedenen Wissenschaftsgebieten nur sporadisch, seit 2015 dann durchgängig. Vgl. Auskunft vom Statistischen Bundesamt, 5. April 2017.
[112] Vgl. Ingo Peschel, S. 19.
[113] Damit haben wir nicht die Zahl der Physiker und Physikerinnen konkret, sondern „nur" die Vollzeitstellen.
[114] Vgl. Auskunft vom 28. April 2017 beim Statistischen Bundesamt.

III. Frauen in die Naturwissenschaften! Die 1950er bis 1970er Jahre

lich bis in die Gegenwart weitergeführt. In der alten Bundesrepublik und dann im vereinten Deutschland sahen die Zahlen in der Physik folgendermaßen aus:

Tabelle 1: Wissenschaftliches Personal im Fachbereich Physik/Astronomie im Universitäts- und Hochschulbereich 1985–2014[115]

Jahr	insgesamt[116]	C4/C3-Professur	C2-Professur	Dozenten / Assistenten[117]	wiss. Mitarbeiter[118]	Lehrkräfte f. bes. Aufgaben
1985[119]	4.474	884	236	226	3.112	107
1995[120]	7.936	1.163	248	681	5.789	46
2000	7.491	1.119	153	581	5.571	64
2014	10.824	1.280	135	111	9.177	99

Tabelle 2: Weibliches wissenschaftliches Personal im Fachbereich Physik/Astronomie im Universitäts- und Hochschulbereich 1985–2014

Jahr	insgesamt	C4/C3-Professur	C2-Professur	Dozentin / Assistentin	wiss. Mitarbeiterin	Lehrkräfte f. bes. Aufgaben
1985	205	4	1	8	185	6
1995	527	15	5	57	443	7
2000	644	52	3	43	558	8
2014	1.802	119	30	18	1.610	24

1985 waren in der alten Bundesrepublik 4.474 Physiker und Physikerinnen an Universitäten, Hoch- und Fachhochschulen tätig. Der Physikerinnenanteil, 205 Frauen, betrug nur 4,5 Prozent. Fünfzehn Jahre später, im Jahr 2000 und nun auch mit den ehemaligen DDR-Physikern, hatte sich die Zahl der Wissenschaftler im Bereich Physik um 70 Prozent erhöht, auf 7.491. Der Physikerinnenanteil wuchs auf 8,6 Prozent an. Und wieder 15 Jahre später – 2014 hatte es einen weiteren Zuwachs um 45 Prozent auf 10.824 Physikern und Physikerinnen gegeben. Der Frauenanteil,

---

[115] Vgl. Statistisches Bundesamt H201 – Hochschulstatistik. FG_04_LuF Physik, Astronomie.xls, https://www.destatis.de/DE/Publikationen/Thematisch/BildungForschungKultur/Hochschulen/BroschuereHochschulenBlick.html?nn=71590. Zuletzt abgerufen am 27. November 2019.
[116] Die unter „insgesamt" zusammengerechneten Zahlen können leicht abweichen, da sie nach dem Komma auf- oder abgerundet wurden. Das Personal wird mit Beschäftigung in verschiedenen organisatorischen Einheiten der Hochschule von jeder Einheit mit dem entsprechenden Beschäftigungsanteil gemeldet. Dadurch kommen die Nachkommazahlen zustande.
[117] Bei den Dozenten und Assistenten handelte es sich um (vermutlich) unbefristet eingestellte Wissenschaftler.
[118] Bei den wissenschaftlichen Mitarbeitern kann nicht zwischen befristet und unbefristet Eingestellten unterschieden werden.
[119] Bezogen auf die alte Bundesrepublik.
[120] Bezogen auf das vereinte Deutschland.

1.802 Physikerinnen an deutschen Universitäten und Hochschulen, betrug 2014 nun knapp 17 Prozent. In den 15 Jahren zwischen 1985 und 2000 – dem Untersuchungszeitraum und mit den hinzugekommenen DDR-Physikerinnen – hatte sich die Zahl der Wissenschaftlerinnen verdreifacht, in den nächsten 15 Jahren – von 2000 bis 2014 – ebenso. 1985 gab es 205 Physikerinnen im westdeutschen Hochschulbereich, im Jahr 2000 644 Physikerinnen und im Jahr 2014 1.802. Die absolute Zahl an Physikerinnen hatte sich in 30 Jahren fast verzehnfacht, die Zahl der Physiker im Hochschulbereich insgesamt hingegen nur reichlich verdoppelt. Die Wissenschaftlerinnen in der Physik haben deutlich – wenn auch in einem langen Zeitraum – zugenommen. Dabei stieg ihre absolute Zahl in den letzten zehn Jahren – zwischen 2004 und 2014 – um fast 1.000, während sie in den zehn Jahren zuvor – 1994 bis 2004 – nur um knapp 400 wuchsen.[121] Ein weiterer Blick auf die Tabellen 1 und 2 zeigt auch, dass die Zunahme von Wissenschaftlerinnen im Fachbereich Physik vor allem den Statusbereich der wissenschaftlichen Mitarbeiterinnen[122] betraf. Die Professorinnenzahl stieg von vier 1985[123] auf 52 im Jahr 2000 und auf 119 im Jahr 2014. Die Zahl der wissenschaftlichen Mitarbeiterinnen wuchs von 199 (1985) auf 609 (2000) bzw. auf 1.652 (2014). Sowohl die Zahl der Physikprofessorinnen als auch die der wissenschaftlichen Mitarbeiterinnen hat in den letzten zehn Jahren, seit 2005, deutlicher zugenommen.

Das Statistische Bundesamt gab bis 1991 die Zahlen der alten Bundesrepublik und ab 1992 mit denen aus der DDR dazugekommenen Wissenschaftlern heraus.

Tabelle 3: Wissenschaftliches Personal im Fachbereich Physik/Astronomie im Universitäts- und Hochschulbereich – 1991:[124]

Jahr	insgesamt	C4/C3-Professur	C2-Professur	Dozenten / Assistenten	wiss. Mitarbeiter	Lehrkräfte f. bes. Aufgaben
1991	5.898	935	215	275	4.347	121
1992	7.577	1.040	326	1.101	4.939	126
Aus Ostdeutschland Hinzugekommene	**1.679**	**105**	**116**	**826**	**592**	**4**

---

121 Vgl. Statistisches Bundesamt H201 – Hochschulstatistik. Wieder in den zehn Jahren zuvor zwischen 1984 und 1994 (obwohl mit dem Plus an DDR-Physikerinnen) war die Physikerinnenzahl von 179 auf 459 (also um nur 280) gewachsen.
122 Um den Überblick zu behalten, werden hier wieder die Dozentinnen, Assistentinnen, wissenschaftliche Mitarbeiterinnen und Lehrkräfte zusammengefasst.
123 In der DDR gab es zur selben Zeit etwa 10 bis 12 Physikprofessorinnen im Hochschulbereich und drei bei der AdW. Vgl. Statistisches Bundesamt. Bildung und Kultur, Fachserie 11, Reihe 4.4, Personal an Hochschulen 1991, 1992, 1993.
124 Vgl. ebenda.

Tabelle 4: Weibliches Wissenschaftliches Personal im Fachbereich Physik/Astronomie im Universitäts- und Hochschulbereich – 1991: Letzte Zählung für die alten Bundesrepublik – 1992: erste Zählung für das vereinte Deutschland

Jahr	insgesamt	C4/C3-Professur	C2-Professur	Dozentin / Assistentin	wiss. Mitarbeiterin	Lehrkräfte f. bes. Aufgaben
1991	312	6	2	13	281	10
1992	444	11	7	90	316	19
Aus Ostdeutschland Hinzugekommene	132	5	5	77	35	9

Aus den beiden Tabellen können die Zahlen der Physikerinnen und Physiker im Hochschulbereich am Ende der DDR 1990 bzw. aus Ostdeutschland 1991 geschlossen werden. Dabei ist darauf zu achten, dass die Zahlen der Physiker und Physikerinnen aus Ostdeutschland von 1991 bereits „bereinigt", d. h. reduziert waren um die diejenigen, die durch Berentung, Vorruhestandsregelung und wegen großer politischer Nähe zum SED-System bzw. wegen MfS-Mitarbeit ausgeschieden waren. Nach Auskunft der interviewten Physikerinnen gingen diese Kollegen und Kolleginnen, sofern sie nicht das Renten- oder Vorruhestandsalter erreicht hatten, ins Ausland bzw. auch in die alten Bundesländer und setzten dort ihre wissenschaftliche Karriere fort oder sie gingen in die finanziell lukrative Industrie im In- und Ausland. Dort habe keiner nach der politischen Vergangenheit in der DDR gefragt. Aus Ostdeutschland wurden demnach 1990/91 1.679 Physikerinnen und Physiker an den Hochschulen und Universitäten beschäftigt, davon hatten 221 eine Professur inne,[125] 1.422 waren als Dozenten, Assistenten bzw. wissenschaftliche Mitarbeiter angestellt. Unter diesen gab es 132 Physikerinnen, ihr Anteil entsprach acht Prozent. Die zehn Physikprofessorinnen machten einen Anteil von 4,5 Prozent an der Gesamtzahl der Physikprofessoren aus und die 121 – vereinfacht gesprochen – wissenschaftlichen Mitarbeiterinnen entsprachen einem Anteil von 8,5 Prozent. Zum Ende der DDR 1988/89 wurden noch 150 bis 200 Physikerinnen, zwölf Prozent, ausgewiesen.[126] Rechnet man die Zahlen aus dem Hochschulbereich und von der Akademie der Wissenschaften zusammen, hinzu, muss es in der DDR zum Ende der 1980er Jahre knapp unter 700 Physikerinnen in Wissenschaft und Forschung, darunter vermutlich nur 13 bis 15 Physikprofessorinnen, gegeben haben.

---

[125] Die Angaben variieren: Für 1988 werden auch die Zahlen von 1.819 Physikern und Physikerinnen an den Universitäten und Hochschulen genannt, davon – geschätzt – 250 Hochschullehrer, also Professoren und Dozenten. Vgl. Physikstudium in der ehemaligen DDR, S. 401; Ralf G. Hopsch, S. 316.

[126] Vgl. Karin Hildebrandt, Geschlechtstypische Merkmale von Wissenschaftlerinnen, S. 29 f.

In der alten Bundesrepublik sahen die Zahlen zur selben Zeit folgendermaßen aus: 1991 arbeiteten an bundesdeutschen Universitäten, Hoch- und Fachhochschulen 5.898 Physikerinnen und Physiker. Im Vergleich zur DDR waren dies dreieinhalbmal so viele. Der Anteil der Physikerinnen lag mit 312 Wissenschaftlerinnen bei 5,3 Prozent. Den acht C 4-, C 3- bzw. C 2-Physikprofessorinnen standen 1.142 Professorenkollegen gegenüber. Der Frauenanteil unter den Physikprofessuren betrug in der alten BRD daher verschwindende 0,7 Prozent. Von den insgesamt 4.743 wissenschaftlichen Mitarbeitern im Fachbereich Physik/Astronomie waren 304 weiblich, die Prozentzahl lag damit bei 6,8 Prozent.

Der prozentuale Anteil der Physikerinnen im DDR-Hochschulsystem war mit 7,9 Prozent höher als der im bundesdeutschen Hochschulbereich mit 5,3 Prozent. Höher lag der Physikprofessorinnenanteil in der DDR mit 4,5 Prozent im Vergleich zu den 0,7 Prozent der alten Bundesrepublik. Die absoluten Zahlen hingegen mit zehn DDR-Physikprofessorinnen zu acht BRD-Physikprofessorinnen unterschieden sich nicht gravierend, wobei hier die dreieinhalbfach höhere Zahl an

Tabelle 5: Männliche und weibliche Studierende in der Fächergruppe Physik/Astronomie in der alten BRD, ab 1993 Gesamtdeutschland[127]

Jahr	insgesamt/ Abschluss bestanden	Universitätsabschluss (ab 2014 mit Bachelor)	Lehramtsprüfung	Abschluss Fachhochschule
1985	2.022 davon weiblich 177	1.605 davon weiblich 95	305 davon weiblich 66	112 davon weiblich 16
1992	3.474 davon weiblich 331	3.178 davon weiblich 264	103 davon weiblich 26	193 davon weiblich 41
1993[128] jetzt mit DDR	3.628 davon weiblich 416	3.389 davon weiblich 308	190 davon weiblich 95	49 davon weiblich 13
2000	2.387 davon weiblich 302	1.990 davon weiblich 194	332 davon weiblich 92	65 davon weiblich 16
2014[129]	4.023 davon weiblich 737	563 davon weiblich 75 **Bachelorabschluss** 3.138 davon weiblich 541	322 davon weiblich 121	0

---

[127] Vgl. Hochschulstatistik vom Statistischen Bundesamt – Auskunft vom 23. Mai 2016 an die Autorin. P_STB_39_Physik_Astronomie.xlsx. Zuletzt abgerufen am 27. November 2019.
[128] Ab 1993 mit den Studierenden Fächergruppe Physik/Astronomie aus den neuen Bundesländern/DDR.
[129] Ab dem Jahr 2010 nahm der Bachelor-Abschluss auch im Fach Physik/Astronomie deutlich zu.

Physikern im bundesdeutschen Hochschulsystem insgesamt mit zu berücksichtigen ist. Die Zahlen der Physikerinnen auf der Ebene der wissenschaftlichen Mitarbeiter[130] – in der DDR 121 und in der alten BRD 304 – lag mit ihren jeweiligen prozentualen Anteilen – in der DDR mit 8,5 Prozent und in der BRD mit 6,8 Prozent – nicht so sehr weit auseinander. Das Verhältnis der Professoren zu wissenschaftlichen Mitarbeitern in der Bundesrepublik stand bei 1 zu 4 und in der DDR bei 1 zu 6, d. h., in der DDR gab es verhältnismäßig mehr wissenschaftliche Mitarbeiter als Professoren in der Physik.[131]

Je nach Lage auf dem Arbeitsmarkt schwankten die Zahlen der Studierenden in der Fächergruppe Physik/Astronomie sehr. Die Berufs- und Anstellungsmöglichkeiten für Physiker und Physikerinnen in Wissenschaft, Forschung und Industrie waren die 1990er Jahre hindurch schlecht, die Arbeitslosigkeit für diese Naturwissenschaftler hoch.

Zwischen 1985 und heute – 2014 – schwankte die Zahl der jährlichen Universitäts-, Lehramts- bzw. Fachhochschulabschlüsse im Fach Physik/Astronomie zwischen 2.000 und 4.000. Die Zahl der Frauen unter den Physikabsolventen im Hoch- und Fachhochschulbereich stieg kontinuierlich absolut und prozentual, mit wenigen Ausnahmen, von Jahr zu Jahr. 1985 machten in der alten Bundesrepublik nur 177 Physikerinnen ihren Universitäts- bzw. Fachhochschulabschluss, 15 Jahre später, im Jahr 2000, waren es 302. Und wieder 15 Jahre später, 2014, lag ihre Zahl bei 737. Der wachsende prozentuale Anteil von weiblichen Studierenden im Fächerbereich Physik/Astronomie stieg von 1985 von knapp neun Prozent, auf 13 Prozent im Jahr 2000 und auf 18 Prozent 2014. Auch hier bei den Physikstudierenden holten die Frauen absolut und prozentual erst in den letzten zehn Jahren auf. Abweichend von diesen Gesamtzahlen ist darauf zu verweisen, dass unter den Lehramtsabschlüssen für das Fach Physik der prozentuale Frauenanteil immer größer war: Er lag 1985 bei 22 Prozent, 1993 bei sogar 50 Prozent, 2000 bei 28 Prozent und 2014, bei 38 Prozent. Der Pool an Physikerinnen, die sich jährlich entschlossen zu promovieren, um einen ersten möglichen Schritt in Richtung Wissenschaftlerinnenkarriere zu gehen, blieb überschaubar und stieg erst in den letzten 10 bis 15 Jahren sichtbar an. 1985 promovierten (in der alten BRD) nur 25 Frauen im Fach Physik, 1990 waren es 54, im Jahr 2000 161 und im Jahr 2016 329. Gemessen an der Zahl der Frauen, die jährlich ihren Hochschulabschluss im Fach Physik ablegten, promovierten 1985 bis 1990 rund 15 Prozent; im Jahr 2000 waren es 53 Prozent und 2014 45 Prozent.[132]

Ungünstiger sah es bei den Habilitationen von Frauen in der Physik/Astronomie aus: 1991 habilitierten vier Frauen, 1992 und 1993 jeweils fünf, 1994 zwei, 1995

---

[130] Für den Überblick werden die Statusgruppen Dozenten/Assistenten, wissenschaftliche Mitarbeiter und Lehrkräfte für besondere Aufgaben zusammengefasst.
[131] In der alten BRD (1991) gab es 1.150 Physikprofessuren zu 4.743 wissenschaftlichen Mitarbeitern, in der DDR 221 Professuren zu 1.422 wissenschaftlichen Mitarbeitern.
[132] Vgl. Statistisches Bundesamt H201 – Hochschulstatistik; P_STB_39_Physik_Astronomie.xlsx. Zuletzt abgerufen am 27. November 2019.

fünf, 1996 drei, 1997 vier, 1998 fünf, 1999 zehn und im Jahr 2000 elf Frauen, d. h., in zehn Jahren habilitierten insgesamt 54 Physikerinnen.[133] Für den Untersuchungszeitraum bedeutete diese kleine Zahl, dass zu wenige hochqualifizierte Physikerinnen bereit standen, um einen ausreichend großen Pool für Professorinnen-Berufungen im Hochschulsystem zu bilden. In den nächsten 10 Jahren, von 2001 bis 2010, habilitierten in der Physik/Astronomie 78 Frauen und 816 Männer (9,6 Prozent) und bis 2014 kamen noch 18 Frauen und 211 Männer (8,5 Prozent) hinzu.[134] An deutschen Hochschulen und Universitäten waren 1993 in der Physik insgesamt 1.138 habilitierte Physiker beschäftigt, davon nur 22 Frauen (zwei Prozent); 2003 waren es 1.234 Physiker, davon 42 Physikerinnen (3,5 Prozent).[135] Und 2014 sind es zirka 1.400 habilitierte Physiker und 150 habilitierte Physikerinnen (elf Prozent).[136] Zahl und Anteil der Physikerinnen mit Habilitation haben sich in den letzten Jahren erhöht, aber der Durchbruch in Richtung gleichberechtigterer Teilhabe im hochqualifizierten Wissenschaftsbereich Physik ist noch nicht gelungen. Die verbal angesteuerte 18 bis 20 Prozentmarke, gemessen am Anteil der weiblichen Studienabschlüsse im Fach Physik, ist weiterhin nicht in Sicht. Noch immer ist der Pool von habilitierten Physikerinnen zu klein, um für Führungspositionen und Professorinnen-Besetzung eine ausreichende Anzahl von Kandidatinnen zu haben. Spezielle Fachrichtungen der Physik[137] und regionale Besonderheiten bzw. Gebundenheit verstärken die Problematik.

3. Aufbruchstimmung in den 1950er Jahren

Die Situation von Studentinnen und Akademikerinnen in den Hochschulen geriet bei den DDR-Bildungs- und Wissenschaftspolitikern erst mit Beginn der 1960er Jahre in den Blick. Die Nachkriegs- und die 1950er Jahre hindurch war es von staatlicher Seite um die Werbung von Frauen für das Hoch- und Fachschulstudium gegangen mit dem Ziel, ein Reservoir an „junger weiblicher Intelligenz für den Aufbau des Sozialismus" zu schaffen. Die Werbung um Frauen für ein Universitätsstudium vollzog sich vor dem Hintergrund, vor allem Arbeiter- und Bauernkinder sowie SED- bzw. DDR-loyale junge Menschen für ein Hochschulstudium zu gewinnen. Mittels Richtlinien zum Oberschul- und Hochschulzugang strebte man eine konsequente Gegenprivilegierung in Richtung Arbeiter- und Bauernkinder auf die Universitäten, d. h. die „Brechung des bürgerlichen Bildungsprivilegs"

---

[133] Vgl. Statistisches Bundesamt. Bildung und Kultur, Fachserie 11, Reihe 4.4, Personal an Hochschulen, 2000.
[134] Vgl. ebenda, Personal an Hochschulen, 2001 bis 2014.
[135] Vgl. ebenda, Personal an Hochschulen 1993, 2003.
[136] Genauere Angaben ließen sich nicht ermitteln. Vgl. ebenda, Personal an Hochschulen, 2014.
[137] Zum Fachbereich Physik/Astronomie zählen: Astronomie/Astrophysik, Didaktik der Physik, Experimentelle Physik, Festkörperphysik, Kernphysik, Materialwissenschaften, Optik, Technische Physik, Theoretische Physik.

an. Das Geschlecht spielte dabei zunächst eine untergeordnete Rolle. Die Bildungs- und Wissenschaftspolitiker in Ost-Berlin waren überzeugt, die getroffenen gesetzlichen Regelungen, flankiert mit infrastrukturellen Unterstützungsmaßnahmen, würden schon bald auch den studierten Frauen den ihnen zustehenden Platz in akademischen Berufen einräumen. Der durchweg niedrige bis verschwindende Anteil von Professorinnen an den Universitäten 1949/50 galt als Rest und Überbleibsel des Kapitalismus und würde sich mit dem Umbau der Gesellschaft und der Universitäten bald von selbst erledigen. Diese Prognose erwies sich als Fehleinschätzung.[138]

Für eine Förderung von Frauen im Bereich der Hochschulen bzw. der Wissenschaft in den 1950er Jahren machte sich der Demokratische Frauenbund Deutschlands (DFD) stark.[139] Für die Zulassung zur Abiturstufe – der Hauptzugangsweg für eine Hochschulausbildung – ließ sich relativ schnell und unkompliziert eine quantitative Gleichheit zwischen Mädchen und Jungen herstellen, gab es doch dafür generell wesentlich mehr Interessenten als Plätze. Für die Berufsausbildung mit Abitur[140] – ein Drittel aller Abiturienten absolvierten diesen Bildungsweg – gelang es aufgrund der dafür zugelassenen, meist Industrieberufe, jedoch nie mehr als 30 Prozent Mädchen zu gewinnen. Dafür erwarben rund 60 Prozent der Mädchen das Abitur an den Erweiterten Oberschulen (EOS). Für die Aufnahme in die Abiturstufe galten rigide Quoten, zirka zehn bis zwölf Prozent einer Jahrgangsstufe. Es fehlten schon seit den 1950er Jahren in den Aufnahmeordnungen spezielle Aussagen zur Berücksichtigung weiblicher Bewerber. Das lässt auf eine formal und praktisch verinnerlichte und auch gehandhabte gleiche Teilhabe beider Geschlechter schließen. Traditionsgemäß wählten junge Frauen in den 1950/60er Jahren eher Pädagogik, Philosophie, Sprachwissenschaften und Medizin als Studienfach, während Männer sich für technische und naturwissenschaftliche Sparten entschieden.[141] Schon die Geschlechteraufteilung auf den verschiedenen Oberschul- bzw. EOS-Zweigen ließ diese für die SED-Bildungspolitiker problematische Entwicklung erkennen. Mit nur 36 Prozent waren Mädchen im naturwissenschaftlichen Zweig unter-, mit 63 Prozent im altsprachlichen und 75 Prozent im neusprachlichen Zweig überrepräsentiert.[142] Frauen wurden bevorzugt berücksichtigt, wenn sie ein naturwissenschaftlich-technisches Fach wählten. Staatlich gewünscht war dieses Vordringen der Frauen in ein traditionell von Männern besetztes Fachgebiet, um zum einen die propagierten Gleichheitsvorstellungen durchzusetzen, zum anderen aber, das war entscheidender, fehlten in diesen Fächern ständig Arbeitskräfte, vom Facharbeiter bis zum Hochschulabsolventen, und es stand keine ausreichende Zahl an Männern dafür bereit. Das hatte zur Folge, dass Frauen in diese Fächer

---

[138] Vgl. Bärbel Maul, S. 307f.
[139] Vgl. Gunilla-Friederike Budde, S. 91–93; Bärbel Maul, S. 277–279.
[140] Nach Abschluss der 10. Klasse der POS erlernten in den folgenden drei Jahren die Kandidaten und Kandidatinnen einen Facharbeiterberuf und legten das Abitur ab.
[141] Vgl. Gunilla-Friedericke Budde, S. 114.
[142] Vgl. Bärbel Maul, S. 282, 287.

"gelenkt" wurden. Diese „Umlenkung" sollte bereits frühzeitig in den Oberschulen durch die Lehrer beginnen. Das gelang jedoch nicht.[143]

Die „Umlenkungen" – eher Überredung und Druck durch die Drohung, gar keinen Studienplatz zu bekommen[144] – gingen zugunsten von Ingenieur- und Wirtschaftswissenschaften sowie der Verfahrenstechnik. Hier sollen 35 bis 38 Prozent der Frauen „hingelenkt" worden sein, die zuvor ein anderes Fach studieren wollten.[145] Für das Physikstudium, aber z. B. auch für das Mathematik- und später auch Informatikstudium, fand diese Form der „Umlenkungen" nicht statt. Ein Diplomphysikstudium nahmen weder Frauen noch Männer auf, wenn sie nicht Interesse, Neigung und intellektuelles Potenzial für dieses Fach vorwiesen. Staatliche Lenkungen in ein Physikstudium hätten vermutlich die Studienabbruchquote in diesem Fach schon nach dem ersten Studienjahr wegen Nichtbewältigung der Anforderungen noch mehr in die Höhe schnellen lassen, als sie es traditionell in diesem Fach schon immer war. In der Regel lag sie bei den Physikstudierenden nach den ersten Semestern bei 30 bis 40 Prozent. Die relativ hohe Bewerberinnenzahl in den naturwissenschaftlichen Fächern Biologie, Lebensmittelchemie, Pharmazie und Medizin konnte wenig gedrosselt werden. Es wird vermutet, dass diese Abiturientinnen kaum für die staatlich-angesagten Fachbereiche Bergbau, Maschinenwesen, Elektrotechnik oder Energiewirtschaft gewonnen werden konnten.[146] Möglicherweise gelang es, einen Teil der jungen Frauen für ein Lehrerstudium mit naturwissenschaftlichen Fächern Chemie, Biologie, Mathematik, Physik zu interessieren. Der problematische Widerspruch zwischen staatlicher Studienlenkung in die volkswirtschaftlich notwendige Richtung Naturwissenschaften und Technik einerseits und den Studieninteressen der Frauen andererseits blieb bestehen.

Zehn Jahre nach DDR-Staatsgründung hatte es noch keinen eindeutigen Erfolg in einer deutlichen Erhöhung des Anteils an weiblichen Studierenden gegeben. 1951 machte der Frauenanteil unter den Studierenden 23 Prozent aus, 1961 lag er bei 25, 1964 bei 30 Prozent und 1970 dann bei 44 Prozent.[147] In der Bundesrepublik lag er 1970 noch bei 29 Prozent.[148] Die absoluten Zahlen jedoch hatten sich

---

[143] Vgl. Irene Lischka, S. 292–295.
[144] Die meisten Absagen erhielten in den 1960er Jahren Frauen, die sich für ein Studium der Medizin, Pharmazie, Sprachen, Pädagogik der Fachrichtung Geschichte/Deutsch beworben hatten. Vgl. Bärbel Maul, S. 281 f.
[145] Vgl. Irene Lischka, S. 295.
[146] Vgl. Gunilla-Friedericke Budde, S. 117–121.
[147] Sowohl die absoluten Zahlenangaben als auch die Prozentangaben variieren in der Literatur, da nicht immer konkret die Datenbasis erkennbar ist. So können sich die absoluten Zahlen wie die Prozente beziehen auf nur die Direktstudenten, auf Direktstudenten und Fernstudenten, Hochschulabsolventen mit und ohne Lehrerstudium oder Hoch- und Fachschulstudenten zusammengenommen. Nach Möglichkeit werden Zahlenangaben mit internem DDR-Quellenbezug bzw. Angaben, die nach 1990 ermittelt wurden, angeführt.
[148] Nimmt man nur die anteiligen Zahlen der Hochschulabsolventinnen ohne Lehrer- bzw. Lehramtsstudentinnen war der Unterschied zwischen DDR und BRD noch größer: Die weiblichen Absolventinnenzahlen lagen 1975 in der DDR bei 43 Prozent, in der BRD bei 18 Prozent. Vgl. Ruth Heidi Stein, Absolventen von Hochschulen in der DDR, S. 13 f.

sowohl bei den männlichen als auch den weiblichen Studierenden nahezu vervierfacht, d. h. konkret für die DDR: Im Direktstudium befanden sich 1970/71 43.400 Studentinnen, einen Hochschulabschluss machten im Jahr 1971 6.700 Frauen.[149] Hier zeigte sich eindrucksvoll die Qualifizierungsoffensive der DDR, auch wenn das Ungleichgewicht von Studenten und Studentinnen bestehen blieb.[150] Die Ursache dafür dürfte mit in der weitaus stärkeren Förderung von (männlichen) Arbeiter- und Bauernkindern für das Hochschulstudium zu finden sein. Studentinnen, die die Arbeiter- und Bauern-Fakultät besuchten, um zum Hochschulstudium zugelassen zu werden, machten seit Mitte der 1950er Jahre bis 1963, dem Jahr der Auflösung der ABF, nur um die 20 Prozent aus. Einen kurzen Höhepunkt mit 27 Prozent hatte es einmalig 1952/53 gegeben.[151] Diese Art Gegenprivilegierung mit studierenden Arbeiter- und Bauernkindern erreichte die DDR einmalig unter großem Aufwand zwischen 1948 und 1958. Danach stellte sich langsam wieder der gegenläufige Trend ein. Das Staatssekretariat für Hoch- und Fachschulfragen ließ immer wieder die soziale Zusammensetzung der Studierenden ermitteln: Der Arbeiter- und Bauernanteil sank von 60 Prozent 1958 auf 45 Prozent 1963. Dem gegenüber stieg der Anteil von Kindern aus der Intelligenz von 14 auf 19 Prozent und der Angestelltenkinder von 18 auf 24 Prozent. In den Fachrichtungen Mathematik- und Naturwissenschaften sowie in der Medizin lag 1963 der Anteil der studierenden Arbeiter- und Bauernkinder bei einem Drittel, der der Intelligenz bei 20 bzw. in der Medizin bei über 30 Prozent.[152] 1961 stand der Studentinnenanteil bei den Zulassungen zum Hochschulstudium in den pädagogischen Fächern bei fast 60 Prozent, in der Rechtswissenschaft bei 55 Prozent, in der Medizin bei 48 Prozent, in den Wirtschaftswissenschaften bei 28 Prozent, in den mathematisch-naturwissenschaftlichen Fächern bei 24 Prozent und in den Technikwissenschaften bei sechs Prozent.[153] Die Frauenquote an Technischen Hochschulen erreichte bis weit in die 1960er Jahre kaum sieben Prozent.[154] Hier zeichnete sich eine typische – im Übrigen ähnlich in der Bundesrepublik[155] – Aufsplittung von Fachrichtungen in Frauen- und Männerdomänen ab, die bis zum Ende der DDR-Zeit andauerte.[156] Die Entwicklung von typischen Frauen- und Männerfächern im Studium war von SED-Bildungspolitikern unerwünscht. Diese waren überzeugt, dass vorhandene Begabungen bei Männern und Frauen ausgeglichen zu fördern sind. Vor allem in der Pädagogik und Medizin wurden staatliche Maßnahmen in Form von Zugangsbeschränkungen für Frauen eingeleitet, um einer sogenannten Verweiblichung der Profession entgegenzuwirken. Es schien einfacher, per Anordnung den Hoch-

---

[149] Vgl. Irene Lischka, S. 300; Gunilla-Friedericke Budde, S. 109.
[150] Die Studierendenzahlen stiegen von 20.000 (1948) auf 161.000 (1972), verachtfachten sich. Vgl. Bärbel Maul, S. 277.
[151] Vgl. ebenda, S. 276; Gunilla-Friederike Budde, S. 132–146.
[152] Vgl. Gunilla-Friederike Budde, S. 94–97, 107.
[153] Vgl. Bärbel Maul, S. 295.
[154] Vgl. ebenda, S. 277, 280.
[155] Vgl. Lothar Mertens, Vernachlässigte Töchter der Alma Mater, S. 134 f.
[156] Vgl. ebenda, S. 148.

schulzugang für Frauen in bestimmte Fachrichtungen zu begrenzen, als den Frauenanteil in Schwerpunktfächern der Technik und Naturwissenschaften systematisch und nachhaltig anzuheben.[157] Die Fachrichtungen Mathematik und Naturwissenschaften waren und sind in sich stark differenziert. Neben der Mathematik fassten die DDR-Statistiken darunter die Fächer Physik, Chemie, Pharmazie und Biologie. Der Anteil der Studentinnen in den 1960er Jahren variierte hier stark: Während Physikerinnen und Mathematikerinnen einen Anteil unter den Studierenden des jeweiligen Fachs um die zehn Prozent erreichten, stellten Studentinnen der Biologie rund 40, der Chemie 30 Prozent, die der Pharmazie sogar 66 Prozent.

Tabelle 6: Zum Direktstudium 1964 Zugelassene[158]

Fach	Zugelassene insgesamt	davon Frauen	Frauenanteil (in%)
Mathematik	339	44	13
Physik	**338**	**28**	**8,3**
Chemie	760	232	30,5
Pharmazie	237	158	66,7
Biologie	220	96	43,6

Die Physik bildete in Zahl und Anteil der Studentinnen unter den naturwissenschaftlichen Fächern das Schlusslicht. Diese Rangfolge setzte sich die gesamte DDR-Zeit fort und ist bis in die gesamtdeutsche Gegenwart erhalten. Mit welchen kleinen absoluten Zahlen im Fach Physik gerechnet werden muss, zeigt die Tabelle: 1964 nahmen 28 Studentinnen das Diplom-Physikstudium auf, allein elf von ihnen studierten an der Berliner Humboldt-Universität. In den Fachrichtungen der Mathematik und Naturwissenschaften begannen 1964 558 Frauen ihr Hochschulstudium, zum Studium zugelassen wurden in diesem Jahr insgesamt rund 5.500 Frauen. Damit studierten gerade einmal zehn Prozent aller Studienanfängerinnen ein mathematisch-naturwissenschaftliches Fach.

Dass man studierende Frauen als „Kaderreserve" betrachtete und mittels Rekrutierungsoffensive mobilisieren konnte, wurde Anfang der 1960er Jahre erkannt und zur offenen Taktik erklärt. Eingeläutet wurde dieser neue Trend mit dem Frauenkommuniqué vom Dezember 1961, erlassen vom SED-Politbüro. Nie zuvor und nie wieder danach ist in der DDR über die „Stellung der Frau im Sozialismus" so offen und so intensiv öffentlich diskutiert worden.[159] Diese Frauenpolitik neuer Qualität erreichte auch die Universitäten und Hochschulen. Zehn Jahre nach der Staatsgründung standen nun auch Studentinnen und Akademikerinnen im Zentrum der Bildungspolitik. In der zweiten Hälfte der 1960er Jahre erhöhten sich die Immatrikulationszahlen rasant, sie erreichten 1970/71 einen Höhepunkt. Von

---

[157] Vgl. Bärbel Maul, S. 280, 293 f.
[158] Vgl. Gunilla-Friedericke Budde, S. 125.
[159] Vgl. ebenda, S. 55–60; Gertrud Pfister, Hannelore Belitz-Demiriz, S. 107 f.

diesem Anstieg profitierten auch die Studentinnen. Die Neuzulassungen im Direkthochschulstudium stiegen von 16.300 im Jahr 1965 auf 31.000 im Jahr 1970, d. h., sie verdoppelten sich. Die absolute Zahl der Studienanfängerinnen lag 1965 bei 5.500, und im Jahr 1970 bei 15.500 – eine Verdreifachung.[160] Das kam auch den naturwissenschaftlichen und technischen Studienrichtungen zugute. Hier verdoppelten sich die Studierendenzahlen.[161] Im Fach Physik war das jedoch nicht der Fall.[162] Gleich einer Beschwörungsformel wurde nun Jahr für Jahr die Forderung des Staatssekretariats für Hoch- und Fachschulwesen wiederholt, die Frauenquote im naturwissenschaftlichen und technischen Studium zu erhöhen.[163] In der zweiten Hälfte der 1960er Jahre setzte ein leicht, stetiger Anstieg der Studentinnenzahlen in den Ingenieur- und Technikwissenschaften ein. Besonders das Fach einer „sozialistischen Ingenieurausbildung", die Ingenieurökonomie, ab 1968 bezeichnet als „sozialistische Betriebswirtschaft", wurde zwischen 1965 und 1975 zu einer Frauendomäne. Der Anteil der Frauen betrug hier 1989 zwei Drittel. Das Heer ostdeutscher Ingenieurinnen formierte sich.[164] Die 1960er Jahre zeigten für die DDR, dass die Zugänge für Frauen zum Studium und damit in den akademischen Berufen weitaus offener als jemals zuvor wurden. Gleichzeitig aber stellte sich eine neue professionelle Binnendifferenzierung ein, geschlechtsspezifische Segregationen blieben erhalten. Die Verantwortung für diese Entwicklung wurde zum einen den Studentinnen selbst, sie trafen die „falsche" Studienentscheidung, oder den „rückständigen staatlichen Leitern" zugesprochen.

Nach dem Erwerb des Hochschulabschlusses konnte die folgende wissenschaftliche Qualifikation, die Promotion A – Doktor eines Wissenschaftszweiges, Dr. – in der Regel auf vier verschiedenen Wegen erfolgen: 1. über die befristete und unbefristete Assistenz; 2. über die planmäßige und außerplanmäßige Aspirantur; 3. über das Forschungsstudium sowie 4. über das Promovieren als Externer.[165] Die Assistenz gliederte sich in ein auf vier Jahre befristetes oder ein unbefristetes Beschäftigungsverhältnis an den Hochschulen. Die befristete Assistenz wurde in der Regel genutzt, um zu promovieren. Gesetzlich vorgeschrieben war diese Qualifikation bei den Assistenten nicht, jedoch erwünscht. Parallel dazu waren Lehr- und Betreuungstätigkeiten und wissenschaftsorganisatorische Aufgaben zu übernehmen. Der Aufstieg unbefristeter Assistenten in die Gruppe der Oberassistenten oder die Berufung zum Hochschullehrer war nicht zwingend an die nächste Qualifikationsstufe, die B-Promotion, gebunden, aber auch hier galt sie als wünschenswert. Das monatliche Bruttogehalt eines unbefristeten Assistenten betrug in den 1980er Jahren 1.040 Mark, mit Steigerungen nach Promotion, Alter und Hoch-

---

[160] Vgl. Lothar Mertens, Vernachlässigte Töchter der Alma Mater, S. 150 f.
[161] Vgl. Gunilla-Friedericke Budde, S. 11.
[162] Vgl. ebenda, S. 120.
[163] Vgl. Bärbel Maul, S. 286.
[164] Vgl. Karin Zachmann, Mobilisierung der Frauen. Technik, Geschlecht und Kalter Krieg in der DDR.
[165] Vgl. Anke Burkhardt, Doris Scherer, Förderung des wissenschaftlichen Nachwuchses, S. 35–52.

schulzugehörigkeit bis 1.640 Mark. Das Gehalt für befristete wissenschaftliche Assistenten bewegte sich zwischen 950 und 1.250 Mark.[166] Die wissenschaftliche Aspirantur wurde 1951 als neue Form der Heranbildung von wissenschaftlichem Nachwuchs, als Fördermittel zur Erlangung der Promotion, nach sowjetischem Vorbild eingeführt. Es sollte das traditionelle Lehrer-Schüler-Verhältnis, die starke Abhängigkeit zwischen wissenschaftlichem Assistenten und Professor durchbrechen.[167] Im universitären Alltag gelang dies nicht. Die Aspirantur stellte eine wissenschaftliche Qualifizierung nach dem Hochschulstudium und einer mehrjährigen Berufstätigkeit in Wirtschaft oder Verwaltung oder Bildungseinrichtung (Schulwesen) dar. Die Aspirantur konnte aufgenommen werden bei Fortsetzung des hochschulexternen Arbeitsverhältnisses und Gehaltsfortzahlung oder bei ruhendem Arbeitsverhältnis und Stipendienzahlung. Es gab zwei Hauptformen der Aspirantur: die planmäßige Aspirantur, einschließlich der Frauensonderaspirantur, und die außerplanmäßige Aspirantur. Die dreijährige planmäßige Aspirantur erfolgte bei vollständiger Freistellung von der beruflichen Tätigkeit. Es wurde ein Stipendium in Höhe von 80 Prozent des durchschnittlichen letzten Nettogehalts gezahlt. Zuschläge gewährte man für Kinder bzw. ein Leistungsstipendium von 100 Mark monatlich. Finanziell waren die planmäßigen Aspiranturen nicht sonderlich attraktiv. Bei der vierjährigen außerplanmäßigen Aspirantur fand die Qualifizierung in der Berufstätigkeit bei voller Gehaltszahlung statt; 70 Arbeitstage, bei Frauen mit Kindern 100 Arbeitstage, wurde man pro Jahr für die akademische Weiterbildung freigestellt.[168] Die Frauensonderaspirantur – für die Universität/Hochschule 1967/68 eingeführt – war eine planmäßige Aspirantur. Sie zielte auf die wissenschaftliche Weiterqualifizierung von Hochschulabsolventinnen, die bereits im Beruf standen unter Berücksichtigung ihrer konkreten Familiensituation. Der delegierende Betrieb bzw. Institution hatte eine Reihe von unterstützenden Pflichten zu erfüllen: der spätere berufliche Einsatz musste festgeschrieben werden; die Kinderbetreuung musste gesichert sein; eine Unterstützung der wissenschaftlichen Arbeit durch z. B. Büro, Laborplatz bzw. Labormaterialien usw. war zu gewährleisten.[169] Die Frauensonderaspirantur wurde in erster Linie zum Promovieren genutzt und mit einem Vollstipendium von rund 680 Mark finanziert.[170] Das Forschungsstudium als weitere Möglichkeit der wissenschaftlichen Weiterbildung wurde 1967 gesetzlich eingeführt. Es war stipendienfinanziert, dauerte in der Regel drei Jahre und schloss sich unmittelbar an das Hochschulstudium an bzw. konnte noch vor Studienabschluss aufgenommen werden. Forschungsstudenten und -studentinnen waren während

---

[166] Vgl. ebenda, S. 40 f.
[167] Vgl. Tobias Kaiser, Heinz Mestrup, S. 623 f.; Konrad Krause, S. 352 f.; Reiner Pommerin, S. 257.
[168] Vgl. Letzte Weisung des Hoch- und Fachschulministers bezüglich einer Aspirantur, 22. April 1986, in: BAB DR 3 2. Schicht 353; Anke Burkhardt, Doris Scherer, Förderung des wissenschaftlichen Nachwuchse, S. 48–51.
[169] Vgl. Anke Burkhardt, Doris Scherer, Förderung des wissenschaftlichen Nachwuchses, S. 50.
[170] Vgl. Gunilla-Friedericke Budde, S. 188–191; Karin Hildebrandt, Wissenschaftlerinnen im Hochschulwesen der DDR, S. 52 f.

dieses Qualifikationsstudiums weitgehend von Lehr- und wissenschaftsorganisatorischen Tätigkeiten befreit. Das Grundstipendium lag bei monatlich 500 Mark mit möglichen Zuschlägen in Form von Leistungsstipendien mit monatlich 100 und 150 Mark.[171] Hochschulabsolventen bis zu Beginn ihres 30. Lebensjahres konnten nur etwa zwei Drittel des Nettoeinkommens von Facharbeitern realisieren. Diese Einkommensverluste wurden erst nach langjähriger Berufstätigkeit kompensiert.[172] Materielle Erwägungen, einen akademischen Beruf in der DDR in Forschung und Lehre aufzunehmen, spielten sowohl bei Männern als auch bei Frauen eine nachgeordnete Rolle.

Bereits 1957 war die unbefristete Position des „wissenschaftlichen Mitarbeiters bzw. der Mitarbeiterin" zu den bereits existierenden Stellen des Mittelbaus – Assistenten und Oberassistenten – eingerichtet worden. Der ständige wissenschaftliche Mitarbeiter bzw. die Mitarbeiterin sollte vor allem den Assistenten während der Promotions- bzw. Habilitationsphase von Lehrtätigkeit und wissenschaftsorganisatorischen Tätigkeiten entlasten. Eine wissenschaftliche Qualifikation war nicht zwingend vorgesehen und musste neben der regulären Arbeit erfolgen. Mit 800 bis 950 Mark monatlich lag das Bruttogehalt unter dem der Assistenten. Der wissenschaftliche Mitarbeiter bzw. Mitarbeiterin nahm die unterste Position in der Pyramide der akademischen Lehrer im Hochschulbereich ein. Die explizit pädagogische Ausrichtung, d. h. das Ableisten der Lehr- und Betreuungstätigkeit für Studierende, machte die wissenschaftliche Mitarbeiterposition in den folgenden zwei Jahrzehnten zu einer Domäne der Frauen, auch wenn das anfänglich nicht intendiert gewesen war. Diese Position konnte Sprungbrett für die Wissenschaftskarriere, aber auch schnell zur Sackgasse werden.[173]

Die Promotion B – Doktor der Wissenschaft, Dr. sc. – entsprach der Habilitation – konnte auf ähnlichen Wegen, ausgenommen über ein Forschungsstudium, erfolgen. In der Mehrzahl qualifizierten sich hier aber die wissenschaftlichen Assistenten und Assistentinnen bzw. die wissenschaftlichen Mitarbeiter und Mitarbeiterinnen.[174] Aspiranturen, um zu habilitieren, waren eher die Ausnahme – als Teilzeitaspirantur in der Endphase der B-Promotion insbesondere bei Frauen jedoch durchaus gängig. Die alten traditionellen Qualifikationswege an den Universitäten wurden nicht durch neue ersetzt, mit der einen Ausnahme: Die Trennung der Habilitation von der Facultas Docenti stellte einen Einschnitt in professorale Befugnisse dar. Mit der 1956 erlassenen Verordnung[175] wurde die Habilitation zu einem akademischen Grad ohne Lehrbefugnis herabgestuft. Außerwissenschaftliche Berufungskriterien für eine Dozentur und Professur – SED-Mitgliedschaft bzw. -Loyalität,

---

[171] Vgl. Anke Burkhardt, Doris Scherer, Förderung des wissenschaftlichen Nachwuchses, S. 44, 46.
[172] Vgl. ebenda, S. 43 f.
[173] Vgl. Gunilla-Friederike Budde, S. 174–176.
[174] Vgl. Anke Burkhardt, Uta Schlegel, Frauen an ostdeutschen Hochschulen, S. 21.
[175] Vgl. Verordnung: Verleihung akademischer Grade, 6. September 1956, in: GBl. der DDR, 1956, I, S. 745 f.

soziale Herkunft aus der Klasse der Arbeiter und Bauern, Nachweis von Kenntnissen in Marxismus-Leninismus sowie ein Abschluss im Fach Hochschulpädagogik – gesellten sich an die Seite fachwissenschaftlicher Kriterien.[176] Ein ordentlicher Professor bzw. eine ordentliche Professorin in der DDR erhielt ein Monatsgehalt von 2.450 Mark brutto mit zehn möglichen Steigerungssätzen bis 3.650 Mark. Das Professorentarifgehalt wurde seit 1952 nicht erhöht. Ein Hochschuldozent verdiente zwischen 1.550 und (mit Promotion B) 2.550 Mark monatlich. Das Oberassistentengehalt variierte in Abhängigkeit zum akademischen Grad, es lag durchschnittlich bei 1.600 bis 1.770 Mark brutto im Monat.[177]

SED-Hochschulpolitiker beobachteten auch die westdeutsche Entwicklung an den Universitäten. Die bei Zeitgenossen bekannte Umfrage des westdeutschen Hochschullehrers Hans Anger aus dem Jahr 1960 unter Professoren und Dozenten der BRD über die Lage der Studentinnen[178] machte auch in der DDR Furore und wurde nicht ohne Häme und Spott intern kommentiert. Insbesondere die Auswertungsergebnisse über Studienmotive der männlichen und weiblichen Studierenden aller Fachrichtungen brachte für Ost-Berlin wohl erstaunlich Antiquiertes zutage:[179] Aus heutiger Sicht enthalten die Befragungsergebnisse ein großes Maß an konservativen Stereotypen im Denken der damaligen Professorenschaft. Nur etwa 20 Prozent der befragten Hochschullehrer meinten keine Unterschiede im Motiv für die Aufnahme eines Studiums zwischen Männern und Frauen auszumachen. Weitere 15 Prozent erklärten dies zunächst auch, um dann aber „typisch weibliche" Gründe für die Entscheidung zu studieren, zu benennen. Ein Drittel war überzeugt, dass bei Studentinnen grundsätzlich andere Motive vorhanden seien, ein Studium zu absolvieren als bei Studenten. Als typisch weiblich sahen die akademischen Lehrer, dass Studentinnen die Universität als großen „Heiratsmarkt" betrachteten: „Die Studentinnen suchen einen Ehepartner und hören auf zu studieren, wenn sie einen gefunden haben" oder „wenn sie nicht hübsch genug ist, um mit Sicherheit Heiratsaussichten zu haben, geht sie auf die Universität. Das zeigt sich auch daran, dass wir nur sehr wenige hübsche Studentinnen haben".[180] Weitere „weibliche Gründe" zur Aufnahme eines Studiums wurden in der „Familientradition" gesehen.[181] Sich widersprechende Befragungsergebnisse kamen auch

---

176 Unzutreffend ist die Behauptung von Budde, diese nichtwissenschaftlichen Berufungskriterien seien wichtiger geworden als die wissenschaftlichen. Genauso ideologisch voreingenommen ist ihre Aussage – „ohne SED-Parteibuch konnte man nun [seit 1958] nicht mehr als Professor berufen werden". Für alle naturwissenschaftlichen, technischen und medizinischen bzw. künstlerischen Fächer traf das bis 1989 nicht zu. Auf Seite 182 ihrer Studie schrieb sie selbst, dass unter 39 Professorinnen 1963 nur 16 (anteilmäßig 41 Prozent) das SED-Mitgliedsbuch besaßen. Vgl. Gunilla-Friederike Budde, S. 162 f., 182.
177 Vgl. Anke Burkhardt, Doris Scherer, Förderung des wissenschaftlichen Nachwuchses, S. 40 f.
178 Vgl. Hans Anger, Probleme der deutschen Universität, Tübingen 1960.
179 Vgl. Abschrift [1962]: Probleme der [west]deutschen Universität, in: SAPMO-BA DY 53/438.
180 Ebenda, in: SAPMO-BA DY 53/438.
181 „Die Medizinstudentinnen stammen vielfach aus Ärztefamilien. Und dann wollen die Frauen auch auf eigenen Füßen stehen." Oder „Die Frauen suchen Befriedigung in einem Beruf,

zum Vorschein: Die intellektuelle Begabung der jungen Frauen wäre im „Durchschnitt nicht hoch; extreme Begabungen sind selten [bei Männern vermutlich auch!], aber die Noten sind genauso gestreut wie bei Männern". Obwohl im Examen gleiche Leistungen bei Männern und Frauen erreicht wurden, seien Studentinnen mehr rezeptiv veranlagt. „Der Prozentsatz der selbständig Denkenden [ist] unter den Studentinnen sicher kleiner als bei Studenten".[182] Hier bescheinigten die Hochschullehrer ihren Studentinnen gleich gute fachliche Leistungen, führten diese aber – nicht wie bei Studenten auf Begabung und Intelligenz – sondern auf Fleiß und Auswendiglernen zurück. Die Universität wurde als „Männersache" verteidigt.[183] Dass die Zahl der Hochschullehrerinnen insgesamt gering war, erklärten sich die Professoren mit 1. dem Mangel an intellektuellen und produktivschöpferischen Fähigkeiten und 2. mit „Wesenswiderspruch" – der Beruf des Hochschullehrers widerspreche der biologischen Bestimmung oder dem natürlichen Streben der Frau und 3. mit einem Fehlen von physischer Kraft, Robustheit, Autorität und Ausdauer.[184] Jeder fünfte befragte westdeutsche akademische Lehrer zeichnete sich durch Neutralität in der Beurteilung seiner Studentinnen aus: Diese waren überzeugt von dem „echten Fachinteresse" der Studentinnen, dem „stärkeren Engagement" und der „größeren persönlichen Leidenschaft" für ein Studium.[185] Problem und Realität in Westdeutschland der 1960er Jahre war, dass studierende und studierte Frauen durch Heirat und Familiengründung gar nicht erst berufstätig wurden bzw. schnell aus dem Beruf wieder ausstiegen. Sie hatten keine Möglichkeit der Betreuung ihrer Kinder, es sei denn, sie organisierten diese privat. Mit dieser Tatsache hing eine weitere Frage der Erhebung zusammen und zwar: „Gibt es zu viele oder zu wenige Studentinnen" an westdeutschen Universitäten? Grundsätzlicher Tenor der Antworten: Die Studentinnen werden weggeheiratet. Sie sind nur eine unnütze Belastung der Universität.[186] Ein Chemieprofessor meinte über die Frauen in seinem Fach: Es reiche die gegenwärtige Zahl an Studentinnen, die den Bedarf an Studienrätinnen für die Gymnasien abdecken. Die meisten Studentinnen der Chemie gingen ins Lehrfach an die höhere Schule. Und „wenn mal eine gute Frau unter lauter männlichen Kollegen in der Industrie sitzt, dann wird sie zerrieben: Die machen sie völlig fertig."[187]

Sah man im ZK-Apparat der SED die Lage der Studentinnen und angehenden Akademikerinnen an ostdeutschen Universitäten und Hochschulen zu Beginn der 1960er Jahre ähnlich? Das zentrale Referat auf der Frauenkonferenz der Gewerkschaft Wissenschaft vom 5. Dezember 1962 schien eine direkte Antwort auf die

---

wenn sie nicht heiraten." „Manche studieren auf Veranlassung der Eltern allerlei schöngeistige Dinge [...]" Ebenda.

[182] Ebenda, S. 2, 12.
[183] Vgl. Anne Schlüter, „Wenn zwei das Gleiche tun, ist das noch lange nicht dasselbe", S. 26 f.
[184] Vgl. ebenda, S. 27 f.
[185] Vgl. Abschrift [1962]: Probleme der [west]deutschen Universität, in: SAPMO-BA DY 53/438.
[186] Vgl. ebenda.
[187] Ebenda.

besagte westdeutsche Studie von 1960 zu geben.[188] Aufhänger war ein Artikel der Zeitschrift „Tribüne"[189] mit dem Titel „Weltbild á la ‚Gartenlaube'". Hierin wurden tradierte Ansichten, denen auch Funktionäre von Staat und Gewerkschaft anhingen, der Kampf angesagt. Noch immer seien Meinungen verbreitet, dass eine Frau lediglich eine einfache Berufsausbildung brauche, denn Ehe und Familie beende sowieso jegliche Karriere. Würde der Wohlstand in der DDR weiter wachsen, sei der Mann wie früher in der Lage, die Familie allein zu ernähren. Und bezüglich akademischer Karrieren hieß es: Die Einstellung von Frauen werde zwar nicht abgelehnt, aber auf die Planstelle eines Mannes müssten drei Frauen, um diese auszufüllen.[190] Mit Befremden nahmen die Ost-Berliner Funktionäre diese Sichtweisen männlicher staatlicher Leiter und Wissenschaftlerkollegen zur Kenntnis und empörten sich: Sollen die „studierten Frauen am Kochtopf versauern"? Die Förderung der Frau, insbesondere der Wissenschaftlerin, so das pathetisch ideologisierte Argument, gehöre zur Grundvoraussetzung, um im Zeitalter der Technik und des Fortschritts den Sozialismus umfassend aufzubauen.

Die „vollkommene Unterschätzung der weiblichen wissenschaftlichen Kräfte" wurde am Beispiel der Dozentinnen- und Professorinnenberufungen bereits 1961 kritisiert. Unter den 687 Berufungen waren nur 30 Frauen (vier Prozent). Noch sichtbarer kam der Unmut der Funktionäre darin zum Ausdruck, dass aus diesem Kreis 22 Männer ohne Promotion zum Wahrnehmungsdozenten, 75 Männer ohne Habilitation zum Dozenten sowie 110 Männer ohne Habilitation zum Professor berufen wurden. Dem gegenüber stand die Zahl von nur einer nicht habilitierten Frau, die zur Dozentin berufen wurde. Wurden hier eher formal unqualifiziertere Männer als qualifizierte Frauen auf höhere Wissenschaftlerpositionen gebracht, fragten sich SED-Funktionäre? Auf jeden Fall verwies dieses Vorgehen, dass Frauen mehr leisten und besser qualifiziert sein mussten als Männer, um in die nächsthöhere wissenschaftliche Position aufsteigen zu können. Diese Tatsache jedoch schien in Ost-Berlin den männlichen Wissenschaftspolitikern und Kaderfunktionären nicht aufzufallen.

Die Zahl qualifizierter, d. h. promovierter und habilitierter Wissenschaftlerinnen war Anfang der 1960er Jahre gering, stellte das Staatssekretariat für Hoch- und Fachschulwesen fest. Sichtbare Besserungen müssten über Werbungen von Frauen für das Studium, frühzeitige Absolventenlenkungen und Motivation durch klare Berufsziele erreicht werden. Dies würde aber – bedingt durch die lange wissenschaftliche Qualifikationsphase: Studium, Promotion und Habilitation – positive Auswirkungen erst in zehn bis 15 Jahren zeitigen. Unter allen Umständen

---

[188] Vgl. Frauenkonferenz des ZV der Gewerkschaft Wissenschaft: Die bewusste und schöpferische Entwicklung aller Kräfte unseres Volkes beim umfassenden Aufbau des Sozialismus, in: SAPMO-BA DY 53/438.
[189] Vgl. „Weltbild á la ‚Gartenlaube'", in: Tribüne, 26. Oktober 1962.
[190] Vgl. Frauenkonferenz des ZV der Gewerkschaft Wissenschaft: Die bewusste und schöpferische Entwicklung aller Kräfte unseres Volkes beim umfassenden Aufbau des Sozialismus, in: SAPMO-BA DY 53/438.

müssten die Universitäten und Hochschulen um mehr Frauen für die Laufbahn in der Wissenschaft werben. Habe eine wissenschaftliche Assistentin ihre Promotion bzw. Habilitation fristgemäß wegen z. B. familiärer Belastungen nicht fertigstellen können, würde eine Aspirantur mit Entlastungen bei Lehr- und Betreuungstätigkeiten zum Abschluss der Qualifikation führen können. Wissenschaftlerinnen bräuchten weder Nachhilfe noch Sonderrechte in Form von geringeren Anforderungen, sondern gleiche reale Voraussetzungen, wie das nach Ost-Berlin berichtete geradezu unverschämt anmutende Beispiel zeigte: Eine Wissenschaftlerin, Mutter von drei Kindern, habe im vierten Assistentenjahr von ihrem Lehrstuhlleiter ihr Dissertationsthema erhalten mit der Bemerkung, dass gehe auf das Konto Frauenförderung. Was für einen Wissenschaftler im ersten Assistentenjahr üblich war – das Promotionsthema zu vereinbaren –, schien für eine Wissenschaftlerin nach Jahren an der Hochschule eine Fördermaßnahme. Im Staatssekretariat verwahrte man sich gegen diese gängige Praxis, jede personalpolitische Maßnahme bezüglich einer Frau als „Frauenförderung" verkaufen zu wollen.[191]

Dass mit einem Hochschulabschluss ausgebildete Frauen heirateten, eine Familie gründeten und in sehr großer Zahl dann nicht berufstätig wurden, so wie sich die Problemlage in Westdeutschland darstellte, galt für die DDR bereits Anfang der 1960er Jahre nicht mehr. Universitäten in Ostdeutschland als Heiratsmarkt für Studentinnen zu bezeichnen, wagte sich nicht nur niemand mehr öffentlich zu sagen, es traf auch nicht die Realität. Der bemerkenswerte Anteil von Akademikerinnen im Beruf lag 1962 bei 85 Prozent. Aber auch damit schienen die Wissenschaftspolitiker in Ost-Berlin nicht zufrieden und machte auf diesen „außerordentlich ernsten Zustand" aufmerksam. Die nicht berufstätigen Hochschulabsolventinnen blieben keineswegs freiwillig zu Hause, es mangelte lediglich an Kapazitäten in der Kinderbetreuung.[192]

1961 wurde im neuen Arbeitsgesetzbuch die Möglichkeit der Teilzeitarbeit gesetzlich verankert, um Frauen mit Familienpflichten eine Erwerbsarbeit besser zu ermöglichen.[193] Zu Beginn der 1960er Jahre konnten die kommunalen Behörden bzw. die Institutionen erst für 15 Prozent der Kinder bis zu drei Jahren Krippenplätze und für die Hälfte der Drei- bis Sechsjährigen Kindergärtenplätze zur Verfügung stellen. Bis 1975 hatten sich die Kapazitäten erhöht. Nun konnten für 50 Prozent der Kleinkinder Krippenplätze und für 85 Prozent der Vorschulkinder Kindergartenplätze angeboten werden. Diese Zahlen wurden bis 1981 nochmals gesteigert, so dass Kindergartenplätze für alle Drei- bis Sechsjährigen zur Verfügung standen und zu 92 Prozent auch genutzt wurden. Für bis Dreijährige lag die Betreuungsrate in der Kinderkrippe bei 60 Prozent.[194] Es wundert daher nicht, dass in den 1960er

---

[191] Vgl. ebenda.
[192] Von den 19.460 Hochschulabsolventinnen zwischen 1955 und 1962 waren 1963 16.389 berufstätig. Vgl. Bärbel Maul, S. 295, 321.
[193] Vgl. Gesetzbuch der Arbeit der DDR, 12. April 1961, in: Gesetzblatt der DDR 1961 Teil I. S. 27 ff.
[194] Vgl. Karin Hildebrandt, Wissenschaftlerinnen im Hochschulwesen der DDR, S. 51, 55, 57.

Jahren auch viele junge Wissenschaftlerinnen Teilzeit arbeiten mussten und wollten. Die Hochschulleitungen reagierten unterschiedlich darauf. Neben vielfacher offizieller und öffentlicher Ablehnung von Teilzeitarbeit für Wissenschaftlerinnen – für gut Ausgebildete gänzlich unerwünscht – gab es auch Befürworter. Eine für einen Zeitraum begrenzte Teilzeitarbeit bei voller Einbindung in das Wissenschaftlerkollektiv der Hochschule ermögliche es jungen Akademikerinnen eher, ihre Weiterqualifizierung und ihre Familienaufgaben zu meistern, so die Argumentation. Dies bedeutete aber auch, und das wurde erkannt, Teilzeitbezahlung bei versteckter Vollzeitarbeit durch das Promovieren bzw. Habilitieren in der häuslichen Freizeit.

Wohl aber hielt sich in Ostdeutschland das Vorurteil bezüglich Frauen und Technik: „Frauen hätten kein technisches Verständnis und seien für Technik nicht begabt. Mathematik, Wirtschaftslehre und Politik seien für die Frauen zu schwer".[195] Die wissenschaftlich-technische Revolution und ihre Nutzung in der DDR fordere Männer und Frauen gleichermaßen, agitierten die Hochschulfunktionäre. Man könne auf keinen einzigen verzichten, auch nicht auf die „Frauen der Intelligenz". Die Studiengänge für Diplomingenieure waren bezüglich der Frauenquote tatsächlich mit rund sechs bis acht Prozent das Schlusslicht. Besser sah es mit 23 bis 24 Prozent in den Fachrichtungen Mathematik/Naturwissenschaften aus.[196]

4. „Frauenförderung als System" – die 1960er Jahre

Am Ende der Weimarer Republik lehrten und forschten gerade einmal 18 Professorinnen und 26 Dozentinnen an deutschen Hochschulen. Vier Jahre nach Kriegsende – 1949 – verzeichneten die ostdeutschen Universitäten elf Professorinnen, das waren 1,7 Prozent der DDR-Professorenschaft. In der BRD waren es 20 Professorinnen, das entsprach einem Anteil von 0,8 Prozent. Damit hatte sich seit der Zulassung der Frauen zur Habilitation dreißig Jahre zuvor nichts verändert.[197] Dass der Frauenanteil unter den Wissenschaftlerinnen nach der DDR-Staatsgründung schnell zunehmen würde, war Anfang der 1960er Jahre nicht zu sehen – er stieg, aber nicht wie erwartet. Die große Diskrepanz zwischen wachsenden Studentinnenzahlen und denen damit nicht mithaltenden Wissenschaftlerinnenzahlen irritierte die Wissenschaftspolitiker.[198] Der Frauenanteil bei den Professuren lag 1961 knapp unter drei Prozent. Von den akademischen Lehrkräften an den Hochschulen der DDR waren rund 17 Prozent, konkret 12.300 weiblich. Noch ungünstiger sahen mit zwei Prozent Professorinnenanteil diese Verhältnisse an den mathematisch-naturwissenschaftlichen Fakultäten aus. Der weitaus größte Teil der

---

[195] Frauenkonferenz des ZV der Gewerkschaft Wissenschaft: Die bewusste und schöpferische Entwicklung aller Kräfte unseres Volkes beim umfassenden Aufbau des Sozialismus, in: SAPMO-BA DY 53/438.
[196] Vgl. Bärbel Maul, S. 295.
[197] Vgl. Gunilla-Friederike Budde, S. 160.
[198] Vgl. ebenda, S. 164–166.

Akademikerinnen, 80 Prozent, gehörten der Statusgruppe Assistentinnen und wissenschaftliche Mitarbeiterinnen an. Damit rangierten sie am unteren Ende der Statushierarchie. Bis zum Ende des Jahrzehnts änderte sich daran nichts: Der Professorinnenanteil blieb bei 3,3 Prozent stehen, der Anteil der Assistentinnen bei 22, der der Oberassistentinnen bei zwölf und der der wissenschaftlichen Mitarbeiterinnen bei 15 Prozent. Immer noch hatten bei allen Professoren- und Dozentenberufungen die Kriterien Klasse- und Parteizugehörigkeit Vorrang vor dem des Geschlechts.[199] Allein an den fünf Universitäten der DDR – Ost-Berlin, Leipzig, Rostock, Halle, Jena, Greifswald und der TU Dresden – waren 1961 28 Professorinnen (anteilig 3,3 Prozent), 31 Dozentinnen (anteilig sieben Prozent), 113 Oberassistentinnen (anteilig zehn Prozent), 1.069 Assistentinnen (anteilig 22 Prozent), 156 Lektorinnen (38 Prozent) und 171 wissenschaftliche Mitarbeiterinnen (anteilig 17 Prozent) beschäftigt. Über alle Statusgruppen an den sechs Universitäten hinweg waren 1961 unter den insgesamt 8.503 Wissenschaftlern 1.568 (anteilig 18 Prozent) Wissenschaftlerinnen ausgewiesen.[200] Eine Gesamtauflistung aller Professorinnen aus dem Jahr 1963 ergab die Zahl von 39, wovon 16 – anteilmäßig 41 Prozent – SED-Mitglieder waren.[201] Um deutlich mehr Wissenschaftlerinnen in höhere akademische Positionen zu bekommen, fehlte es Anfang der 1960er Jahre an dafür qualifizierten, d. h. promovierten und habilitierten Frauen.[202] Auch um diese Entwicklung im Blick zu haben, wurden seit 1962 in regelmäßiger Folge interne Kaderstatistiken zum „weiblichen wissenschaftlichen Nachwuchs" erstellt.[203]

An den Universitäten und Hochschulen standen die 1960er Jahre im Zeichen der Frauenförderung. Nie vorher und nie wieder wurde so intensiv um Wissenschaftlerinnen geworben. Die Vertretung von Fraueninteressen an den Universitäten und Hochschulen war zwischen staatlicher Leitung, den SED- und Gewerkschaftsleitungen angesiedelt und wurde – wie die 1960er Jahre zeigten – zwischen diesen drei Institutionen hin- und hergeschoben. Das System dieser von Ost-Berlin und den SED-Wissenschaftspolitikern aus angeordneten Frauen- und damit Wissenschaftlerinnen-Förderung umfasste Frauenausschüsse an den Institutionen, Frauenförderungspläne auf zentraler, d. h. Universitätsebene, und auf dezentraler, d. h. Fachbereichsebene, zentrale und regionale Frauenkonferenzen, Rundreisen der Wissenschafts- bzw. Frauenfunktionäre, Beratungen und Aussprachen mit Wissenschaftlerinnen bzw. mit dem weiblichen wissenschaftlichen Nachwuchs. Alle diese Gremien und Veranstaltungen kamen nicht aus dem Hochschulbereich

---

[199] Vgl. Bärbel Maul, S. 309–314.
[200] Vgl. Anteil der weiblichen Lehrkräfte an den sechs Universitäten 1955–1961, in: SAPMO-BA DY 30 IV 2/9.04/437.
[201] Zu den fünf Universitäten und der TU Dresden kamen hinzu die Hochschule für Verkehrswesen Dresden, die Hochschule für Ökonomie Berlin, die Pädagogische Hochschule Potsdam und die Medizinische Akademie Erfurt. Vgl. Gunilla-Friederike Budde, S. 182.
[202] Frauensonderklassen, Frauenfern- bzw. Abendstudium zur nachholenden Qualifizierung gab es hauptsächlich im Fachschulstudium bis Anfang der 1970er. Vgl. Bärbel Maul, S. 296–307.
[203] Vgl. Kaderstatistik der Lehrkräfte, in: BAB DR 3 2. Schicht 3344.

und -betrieb selbst, sie wurden von oben und außen implementiert. Seitdem in Auswertung der II. SED-Parteikonferenz im Juli 1952 Frauenausschüsse in den Betrieben eingerichtet werden mussten, griff diese Maßnahme seit Anfang der 1960er Jahre auch auf den Hochschulbereich über. Die Frauenkommissionen[204] wurden bei der jeweiligen Universitäts- bzw. Hochschulgewerkschaftsleitung als Kommission eingerichtet, in der ehrenamtliche Vertreterinnen aller Statusgruppen – von der Professorin bis hin zur Mensamitarbeiterin – vertreten waren. Es bereitete Schwierigkeiten, Frauenausschüsse an den Hochschulen zu implementieren. An den jeweiligen Fachbereichen, seit 1968 an den Sektionen, konstituierten sich parallel dezentrale Frauenausschüsse,[205] die ihre Zuarbeiten und Berichte zweimal jährlich an das zentrale Gremium lieferten. Die mathematisch-naturwissenschaftlichen Fakultäten und die Medizin sperrten sich besonders gegen diese Ausschüsse. Die Konstituierungsphase der Frauenkommissionen auf zentraler und dezentraler Ebene zog sich bis in die späten 1960er Jahre hin, sie war geprägt durch Gleichgültigkeit und passiven Widerstand der männlichen Kollegen und männlichen staatlichen Leiter.[206] Die Frauenkommission tagte monatlich, stellte einen jährlichen Arbeitsplan auf und konzipierte den jährlichen zentralen Frauenförderungsplan der Hochschule. Dieser Frauenförderungsplan wurde in Absprache mit der Universitätsgewerkschaftsleitung, dem Rektorat und der Frauenkommission in der Regel öffentlich vorgestellt und auf einer jährlich stattfindenden Frauenversammlung diskutiert. Dafür nutzte man oft den 8. März, den Internationalen Frauentag. Dort wurden mit viel Agitation und Ideologie die Erfolge der Förderung der Frau im DDR-Sozialismus gefeiert, jedoch keine offene Diskussion über Probleme der Wissenschaftlerinnen während ihrer Qualifizierungsphasen oder ihrer Stellung an den Hochschulen geführt.[207]

Der Frauenförderungsplan war Bestandteil des Betriebskollektivvertrages, der ebenfalls jährlich erstellt und zwischen Hochschulleitung und Gewerkschaftsleitung der Hochschule abgeschlossen wurde. Er sollte dazu beitragen, die vorgegebenen Planziele u. a. in der Studentenausbildung und der Forschung zu erfüllen sowie mit konkreten, abrechenbaren Punkten die Arbeits- und Lebensbedingungen der Hochschulangehörigen zu verbessern. Dementsprechend gliederte sich der Betriebskollektivvertrag in fünf große Abschnitte – sozialistischer Wettbewerb sowie Entlohnung und Prämierung nach Leistung, gesundheitlich-medizinische Vorsorge und Betreuung für die Beschäftigten, ausreichende Versorgung mit Mensen, gastronomischen Einrichtungen, Wohnraum und Kinderbetreuungsplätzen und

---

[204] Die Begriffe Frauenausschüsse und Frauenkommissionen werden synonym im Hochschularchivmaterial gebraucht, offiziell hieß es Frauenkommission. Vgl. Frauenkommission. Schriftenreihe der Kommissionen der Betriebsgewerkschaftsleitung, 1982, in: Archiv TU Ilmenau 11048.

[205] Vgl. Konstituierung des Frauenausschusses des Bereichs Medizin 1968–1973, in: Archiv Universität Greifswald UGL 126.

[206] Vgl. Gunilla-Friederike Budde, S. 186 f.

[207] Vgl. Frauenkommission. Schriftenreihe der Kommissionen der Betriebsgewerkschaftsleitung. In: Archiv TU Ilmenau 11048.

Ferien- und Urlaubsplätzen. Maßnahmen zur Förderung des Sports, kultureller Tätigkeiten und der Jugend hatten ihren festen Platz im Betriebskollektivvertrag. Als letzter Punkt wurde der Frauenförderungsplan aufgeführt.[208] Dies dürfte auch als Indiz für den Stellenwert der Frauenförderung bei der Universitäts- bzw. Gewerkschaftsleitung gewertet werden. Auffällig war, dass diese zentralen Frauenförderungspläne neben allgemein gehaltenen Verpflichtungen, die eher selten nachprüf- noch abrechenbar waren, kaum quantitative Ist- und Soll-Analysen über die weiblichen Mitarbeiter aller Statusgruppen enthielten. Jährliche Frauenkonferenzen an den Hochschulen mit immer wiederkehrenden Erfolgsmeldungen und vorsichtig eingestandenen, immer leicht kaschierten Unzulänglichkeiten liefen nach ähnlichem Muster ab. Zweimal pro Jahr stand sowohl beim Rektor als auch bei der Hochschulgewerkschaftsleitung der Punkt „Frauen" auf der Tagesordnung von Beratungen, der ad hoc und recht formal abgehandelt wurde. Der Rektor musste halbjährlich über den Stand der Frauenförderung an das Staatssekretariat für Hoch- und Fachschulwesen berichten.[209]

Das Staatssekretariat und die Gewerkschaft Wissenschaft veröffentlichten 1960 erstmals Richtlinien für das Erstellen von Frauenförderungsplänen. Sie legten den Schwerpunkt auf die Qualifizierung der akademischen Mitarbeiterinnen. Konkrete Fördermaßnahmen für Studentinnen waren zunächst nicht angedacht.[210] Hier beschränkten sich Einzelmaßnahmen auf Vorträge für Studentinnen und Doktorandinnen über die „Moderne Ehe" oder über „Empfängnisverhütung". Unter Förderung für Wissenschaftlerinnen stellten sich Staatssekretariat und Gewerkschaft vor, berufliche Perspektivpläne für jede einzelne Assistentin zu benennen und diese in der Endphase ihrer Promotion von Lehre und Institutsarbeit zu entlassen. Die Arbeitsordnungen der Institute sollten abgeändert werden, dass Sitzungstermine und Fachberatungen nicht nach 16 Uhr stattfanden, damit die Frauen ihren Familienpflichten gerecht werden konnten. Gleiches galt für die Lehrverpflichtungen: An den Werktagen nach 17 Uhr, Sonnabende ausgenommen, hätten Wissenschaftlerinnen mit Kindern keine Lehre abzuhalten! Das ließ sich in der Realität oft nicht durchsetzen und schuf zudem ungute Stimmung im Arbeitsteam. Unter der Rubrik „soziale Maßnahmen" im Frauenförderungsplan sollten spezielle Dienstleistungseinrichtungen an den Hochschulen wie Verkaufsstellen, Kapazitäten in Wäschereien, Reinigungen, Schneider, Schuster, Friseur, Erweiterungen der Kinderbetreuungseinrichtungen die Frauen mit Familie entlas-

---

[208] Vgl. Betriebskollektivvertrag der TU Dresden 1980, 1981, 1982 usw., in: Archiv TU Dresden FDGB/380.
[209] Vgl. 4. Frauenkonferenz der TH-Ilmenau, 1970; Arbeitsplan der Frauenkommission TH Ilmenau 1971; Maßnahmeplan für die Frauenförderung TH Ilmenau 1971, in: TU Ilmenau Archiv Nr. 9397; Frauenförderung in der Mathematisch-Naturwissenschaftlichen Fakultät 1967/68 Universität Greifswald; Frauenförderungsplan 1971/72, in: Archiv Universität Greifswald MNF 11/b und UGL 124 und UPL 49; Frauenförderungspläne der PH Potsdam 1970–1975; Aktennotiz über eine Aussprache im PH-Frauenausschuss 1969, in: Archiv Universität Potsdam PH 3767.
[210] Vgl. Bärbel Maul, S. 327–329, 341 f.

ten. Diese ließen sich in der Regel beim allgemeinen Mangel an Dienstleistungseinrichtungen kaum verwirklichen.[211] Einzig in der Einrichtung von „Frauenruheräumen" konnte man punkten, die wurden an allen Einrichtungen ausgewiesen.

Frauenförderungspläne der Hochschulen und ihrer Fachbereiche wurden in großer Mehrzahl rein formal abgefasst, routinemäßig erstellt und passten sich ein in eine Reihe von unzähligen Dokumenten, die Jahr für Jahr von den Hochschulleitungen gefertigt werden mussten. Selten nahmen die Pläne Bezug auf die konkrete Situation des weiblichen wissenschaftlichen Nachwuchses und die Arbeit in den einzelnen Fakultäten und Instituten; in den wenigsten Fällen enthielten sie exakte Termine und Maßnahmen. In den Frauenförderungsplänen der 1960er Jahre wurde Jahr für Jahr gefordert, den Anteil der Wissenschaftlerinnen im Lehrkörper bis 1970 an den Hochschulen auf 25 Prozent zu erhöhen. Dazu plante man die Zahl der Wissenschaftlerinnen um das 2,5fache und das der Naturwissenschaftlerinnen sogar um das 3,5fache zu erhöhen. Dafür hätte auf der Ebene der Assistentinnen und Aspirantinnen der notwendige Anteil auf 30 bis 40 Prozent anwachsen müssen. Dem vorauszugehen hatte eine anteilige Erhöhung der weiblichen Studierenden – vor allem der in den mathematisch-naturwissenschaftlichen und technischen Fachrichtungen. 1963 lag dieser bei 21 Prozent in den Naturwissenschaften und bei drei Prozent in den technischen Wissenschaften. Als Ziel für 1970 visierte der Gewerkschaftszentralvorstand, Abteilung Wissenschaft, 35 Prozent an. Im Fach Physik strebte man die 20 Prozent sowohl unter den weiblichen Studierenden als auch bei den Nachwuchswissenschaftlerinnen – zunächst den Forschungsstudentinnen, Doktorandinnen und Aspirantinnen – an. Erreicht waren Mitte der 1960er Jahre keine zehn Prozent.[212] 1965 hatten 29 Frauen (acht Prozent) und 324 Männer das Physikstudium aufgenommen; ein Jahr später 25 Frauen (sechs Prozent) und 391 Männer. In der Mathematik sah es etwas besser aus: Hier studierten 1965 45 Frauen, der Anteil lag bei zwölf Prozent, und ein Jahr später waren es 67 Studienanfängerinnen, rund 16 Prozent.[213] In Einzelfällen war der Stand vor Ort noch negativer: Die Pädagogische Hochschule Potsdam wies für 1969/70 aus, dass in der Sektion Mathematik/Physik sieben Wissenschaftlerinnen, darunter keine promoviert, und 83 Wissenschaftler lehrten; im Bereich Biologie/Chemie zählte man zehn Frauen, darunter eine Habilitierte und drei Promovierte, und 77 männliche Wissenschaftler. Der einzigen habilitierten Oberassistentin in der Physikalischen Chemie war zudem ausgerechnet vom SED-Parteisekretär der Sektion nahegelegt worden, sich eine andere Arbeitsstätte zu suchen, da für sie im Fachbereich keine Perspektive in Form von einer entsprechenden Stelle vorhanden wäre. Nur der Einspruch aus Berlin verhinderte ihren Weggang.[214]

---

[211] Vgl. ebenda, S. 342–346.
[212] Vgl. Zentralvorstandssitzung, Teil Frauenproblematik, 1965, in: SAPMO-BA DY 53/971.
[213] 1966 lag der Anteil der Studienanfängerinnen in der Chemie bei 30 Prozent, in der Biologie bei 51 Prozent. Vgl. Bericht des StS für das Hoch- und Fachschulwesen, Bereich Mathematik, Naturwissenschaften, Technische Wissenschaften, 1. März 1966, in: SAPMO-BA DY 30 IV A 2/9.04/238.
[214] Vgl. Frauenkonferenz: An der PH sind beschäftigt, 1970, in: Archiv Universität Potsdam PH 3767.

Die Universität Greifswald meldete 1968 keine Wissenschaftlerin in der Physik, ebenso keine in der Mathematik und Geologie. In der Sektion Chemie gab es immerhin neun Assistentinnen bei insgesamt 72 Wissenschaftlern, und in der Biologie eine Professorin und 13 Assistentinnen bei insgesamt 61 Wissenschaftlern.[215] Der Rechenschaftsbericht zum Frauenförderungsplan von 1967 listete – selten waren diese so unverblümt kritisch gehalten – ein Versäumnis nach dem anderen auf: Der Bericht des Senats über die Förderung von Beststudentinnen und Nachwuchswissenschaftlerinnen wurde nicht angefertigt. Eine angesetzte Beratung mit dem weiblichen wissenschaftlichen Nachwuchs führte der Prorektor nicht durch. Die Universitätsleitung konnte keine einzige Nachwuchswissenschaftlerin für eine Habilitationsaspirantur finden. Der Universitätsfrauenausschuss versäumte die Gespräche mit dem Rat der Stadt Greifswald, um die Zahl von dringend benötigten Kinderkrippen- und Kindergärtenplätzen für Universitätsangehörige zu erhöhen. Das Fazit des Berichts zur Frauenförderung lautete: In den Fachrichtungen Mathematik und Physik, Chemie und Pharmazie „kann von einer speziellen Förderung der Frauen nicht gesprochen werden". Als Grund für das Ignorieren der „Partei- und Regierungsbeschlüsse zur Förderung der Frau" benannte die Greifswalder Universitätsfrauenkommission die „ideologischen Hemmnisse" ihrer einzelnen Leiter: Diese begegneten Diskussionen mit den Argumenten, „dass viele Frauen vor einer wissenschaftlichen Laufbahn zurückschrecken, weil sie sich neben ihren Aufgaben als Frauen und Mütter nicht intensiv genug um die wissenschaftliche Aufgabenstellung bemühen können. Es zeigt sich, dass eine Notwendigkeit der besonderen Förderung der Frauen des Nachwuchses nicht gesehen wird".[216]

Die TU Dresden vermeldete 1975 immerhin einen Anteil von 14 Prozent wissenschaftliche Mitarbeiterinnen an der Sektion Physik. Die absolute Zahl wurde nicht genannt, es dürfte sich aber um zirka ein Dutzend Physikerinnen gehandelt haben.[217] Im Fachbereich Chemie der TU lag der Anteil der Wissenschaftlerinnen bei 24 Prozent und in der Mathematik immerhin bei 16 Prozent.[218]

Aus den Fachbereichen Physik, Chemie, Maschinenbau und Technik kamen immer wieder jene als „ideologischen Vorurteile" titulierten Meinungen in Berlin an, dass diese Studienfächer zu hohe körperliche Anforderungen an Frauen stellten und diese „doch lieber andere Berufe ergreifen" sollten. Auch würden diese Fächer erfordern, dass man „ständig wissenschaftlich weiter arbeiten muss, was aber für eine Frau und Mutter neben den häuslichen Belastungen unmöglich sei".[219]

---

[215] Vgl. Für Senatssitzungen, Frauenförderung 1967–1970, in: Archiv Universität Greifswald Wiss. Rat 173.
[216] Vgl. Bericht über die Erfüllung des Frauenförderungsplanes 1967; Vorschlag für den Frauenförderungsplan 1968, in: Archiv Universität Greifswald Wiss. Rat 173.
[217] 1977 arbeiteten 167 Wissenschaftler und Technische Ingenieure an der Sektion Physik, davon sollen rund 23 Frauen gewesen sein (15 Prozent). Zu diesen Frauen zählten aber auch die Fachschulingenieurinnen.
[218] Vgl. Abrechnung des Frauenförderungsplanes 1986, in: Archiv TU Dresden FDGB 380.
[219] Vgl. Zuarbeit zur Zentralvorstandssitzung, Teil Frauenproblematik, 1965, in: SAPMO-BA DY 53/971.

4. „Frauenförderung als System" – die 1960er Jahre

Und dann machte von der Greifswalder Universität noch ein weiteres Negativbeispiel bis ins ZK der SED nach Berlin Furore. Nachdem die ZK-Frauenabteilung im August 1968 die Universität beglückwünschte, die erste Frau in der DDR auf dem Gebiet der Organischen Chemie, die erst 33-jährige Dr. habil. Annemarie Hetzheim, erfolgreich im April 1968 zur Habilitation geführt zu haben, versuchten SED-Parteileitung und die Leitung des Instituts für Organische Chemie der Universität Greifswald, alles Männer, ihre Berufung zur Dozentin unter allen Umständen zu verhindern. Alle als politisch geltende Minuspunkte gegen einen solchen Aufstieg mussten herhalten: Frau Hetzheimer stamme aus einem kirchlich orientierten Elternhaus, ihr Vater sei Revierförster bei der Eisenacher Kirchenverwaltung. Als Nicht-Genossin beschränke sie ihre Funktionen als Mitglied im FDGB-Kreisvorstand und in der Frauenkommission der Universitätsgewerkschaftsleitung darauf, „soziale Probleme einzelner Kolleginnen derart hoch [zu spielen], dass der Eindruck entstehen musste, unsere Staatsorgane seien nicht imstande oder willens, diese schwierigen Fragen – Wohnungen, Krippenplätze – zu lösen". Zwar sei die Wissenschaftlerin eine zuverlässige, strebsame und fleißige Chemikerin, doch wirke sie „überheblich und krankhaft ehrgeizig". Der Ehrgeiz, eine Tugend bei einem Wissenschaftler, wurde bei ihr ins Negative verkehrt. Fachliche Einwände gegen die Dozentenberufung konnten von den Leitern und verschiedenen Gutachtern nicht geltend gemacht werden, jedoch fehle ihrer Entwicklung noch einiges für eine „sozialistische Hochschulpersönlichkeit". Vermutlich sprach man dann den tatsächlichen Grund für die Ablehnung der Berufung aus: „Nebenbei sei hier erwähnt, dass wir mit der Dozentur Hetzheim einem parteitreuen, befähigten und vorbildlichen Genossen – der einzige Genosse am Institut für Organische Chemie – die Perspektive in Greifswald endgültig verbauen. Wir müssen jedoch mit jedem Genossen im Bereich Chemie rechnen."[220] Berlin entschied anders: Nur der wachsame Blick der Genossinnen der ZK-Frauenabteilung verhinderte den Karrierestau der jungen Wissenschaftlerin. Die Chemikerin Annemarie Hetzheim erhielt nach 'zig Aussprachen und nach Eingaben ihrerseits bis ins ZK[221] am 29. April 1970 die Facultas Docenti verliehen und wurde zum 1. Juni 1970 zur Hochschuldozentin ernannt.[222] 1972 erhielt sie eine a. o. Professur, die sie bis 1990 innehatte. Dann ging sie für ein Jahr an die Würzburger Universität und kam 1992 als Professorin für Organische Chemie zurück nach Greifswald an die Universität.[223]

---

220 Vgl. Schriftverkehr zwischen ZK, Abteilung Frauen und Institutsleitung, Abteilung Kader der Greifswalder Universität von August und September 1968, in: Archiv Universität Greifswald UPL 68.
221 Die ZK-Frauenabteilung schrieb am 9. Januar 1970 an die Greifswalder Universitätsleitung: In Berlin sei es vollkommen unverständlich, warum Frau Dr. Hetzheim immer noch nicht die Facultas Docenti erteilt wurde, während männliche Kollegen, die zum selben Zeitpunkt den Antrag dafür abgegeben hatten, diese bereits schon länger hätten. Vgl. Schreiben auf die ZK-Eingabe der Wissenschaftlerin, in: Berufungsakte, in: BAB DR 3 B 4532.
222 Vgl. Berufungsakte Hetzheim, in: BAB DR 3 B 4532.
223 Vgl. http://prabook.com/web/person-view.html?profileId=42505" http://prabook.com/web/person-view.html?profileId=42505. Zuletzt abgerufen am 27. November 2019. Annemarie

Aber auf welchen Wegen sollte allein das quantitative Wachstum der Studentinnen und der Wissenschaftlerinnen bis 1970 erreicht werden? In den Plänen fehlten konkrete Angaben, welche Wissenschaftlerin womit gefördert werden sollte, wer persönlich dafür verantwortlich war und was folgte, wenn das Qualifizierungsziel nicht wie geplant erreicht wurde? Wie sollten mehr Studentinnen für die Studienfächer Fächer Mathematik, Physik oder Chemie gewonnen werden? Überzogene Zielmarken, nichtumsetzbare Absichtserklärungen, Appelle und Versprechen reihte sich in den Plänen Jahr für Jahr aneinander, ohne dass diese je konkret abgerechnet oder die staatlichen Leiter irgendwie zur Verantwortung gezogen wurden.

1965 konnte die DDR mit einer Physikprofessorin aufwarten, die das Amt einer Rektorin übertragen bekam. Lieselott Herforth übernahm von 1965 bis 1968 diese prestigeträchtige Aufgabe an der renommierten Technischen Universität Dresden. Sie war damit überhaupt die erste Rektorin an einer deutschen Universität. Lieselott Herforth war die dritte Frau, die sich in der DDR, und die siebente, die sich in Deutschland seit der Weimarer Republik in dem traditionell bis heute von Männern dominierten Fach habilitierte.[224] Auf dem ersten zentralen Frauenkongress für die gesamte DDR Juni im 1964 hielt die Physikprofessorin Lieselott Herforth das Hauptreferat und äußerte sich zur Frage, warum so wenige Frauen die Naturwissenschaften studierten und die Zahl der Hochschullehrerinnen in diesen Fächern verschwindend gering war. Ihrer Erfahrung nach würden Eltern und Lehrer offensichtliche naturwissenschaftliche Neigungen bei Mädchen nicht erkennen wollen und fördern und keine klaren Vorstellungen über Studien- und Berufsmöglichkeiten in naturwissenschaftlichen Fächern den Mädchen aufzeigen können. „Wenn ein Mädchen gut tanzen oder singen kann, überlegen die Eltern, ob die Tochter auf die Ballett- oder Musikschule gehen könnte. Sie wissen: Wenn man nicht früh mit dem Üben anfängt, dann wird nichts. Wenn jedoch eine Tochter im Mathematikunterricht sehr gute Leistungen vollbringt, welche Eltern [...] machen dem Kind klar, dass es Berufe gibt, für die die Mathematik gute Voraussetzungen schafft."[225] Die gegenwärtige Argumentation hingegen, dass das Spielen mit Puppen die Mädchen von der Wahl naturwissenschaftlicher [...] Berufe wegführe, hielt Herforth für Unsinn. „Wenn ich meinen Beruf nach meinem Spielzeug gewählt hätte, wäre ich nie Physikerin geworden." Hochschullehrerinnen in der Physik, Chemie, Mathematik und in den technischen Wissenschaften seien so rar, da immer noch zu wenige Absolventinnen in diesen Fächern ihr Studium beendeten. So war die Zahl der Studienanfängerinnen an den mathematisch-naturwissenschaftlichen Fakultäten vom Jahr 1962/63 zu 1964/65 von 1.398 auf bedenkliche

---

Hetzheim (Jg. 1935), 1954–1959 Studium der Chemie in Greifswald, dort wissenschaftliche Assistentin, 1963 promoviert, wissenschaftliche Mitarbeiterin, 1968 habilitiert – im Alter von 33 Jahren!

[224] Vgl. Laudatio, 13. August 1971, in: Berufungsakte BAB DR 3 B 11457. Vgl. die Kurzbiographien dieser deutschen Physikerinnen, in: Márta Gutsche, Berlin 2014.

[225] Vgl. Waltraud Voss, Lieselott Herforth, S. 149.

4. „Frauenförderung als System" – die 1960er Jahre 69

821 zurückgegangen.²²⁶ Die Hochschullehrerkarriere, so Herforths eigene Erfahrung, „von der Studentin bis zum Hochschullehrer ist ein langer Weg [...] Zunächst muss die Frau gerade in den Jahren, in denen sie eine Familie gründet und die Kinder klein sind, also zwischen 20 und 30 Jahren, sehr intensiv arbeiten. Sie muss ihr Diplom machen, ihren Doktor. [...] Dann kommt die Habilitation. [...] Es ist daher besonders schwierig für eine Frau, dieses Ziel zu erreichen, wenn sie nicht auf eine Familie verzichten will. Und sie [...] muss sich darüber klar sein, bis zur Pensionierung, [...] ist es mit einem 8-Stunden-Tag nicht getan." Als Assistentin könne man noch halbtags arbeiten, als Professorin hingegen „braucht man zehn bis zwölf Stunden am Tag, und wenn man noch gesellschaftlich aktiv ist, [...], dann braucht man 14 bis 16 Stunden und noch manchen Sonntag dazu. Auch muss man in der Lage sein, einmal für vierzehn Tage auf eine Dienstreise zu gehen." Und – etwas ungewöhnlich für die 1960er Jahre – fragte Herforth provokativ in die Runde: „Wie stellen sich die Männer zu diesem Frauenberuf, wenn es um ihre eigenen Frauen geht?"²²⁷ Gleichwohl schien sie überzeugt, dass es befähigte und junge Wissenschaftlerinnen mit Familie gebe, denen eine Perspektive in Richtung Habilitation offen stehe. Dafür schien ihr das neue Instrument der Habilitationsaspirantur eine „echte Frauenförderung" zu sein. Dieser Weg, eine konkrete berufliche Perspektive und gute wissenschaftliche Betreuung würden mehr junge Wissenschaftlerinnen an die Universitäten und Hochschulen führen, wohingegen sie eine Förderung über „Quoten" ablehnte. Zehn Jahre später auf das Thema angesprochen stellte Herforth fest, dass sich die Probleme nun verschoben hätten. Quantitativ gebe es nun mehr Frauen in naturwissenschaftlichen Fächern und Berufen, jedoch in leitenden Positionen fehlten sie noch immer.²²⁸

Der Lebenslauf von Lieselott Herforth ähnelte denen anderer Naturwissenschaftlerinnen ihrer Generation. Sie wurde 1916 im thüringischen Altenburg geboren und kam aus einem bildungsbürgerlichen Elternhaus. Ihr Vater war Verleger, die Familie pflegte vielfältige literarische und musische Interessen. Sie selbst entschied sich aus Neigung und Interesse – finanziert und unterstützt durch ihr Elternhaus – für das Studium der Physik von 1936 bis 1940 an der Technischen Hochschule Berlin. Es folgten Assistentenjahre dort, dann am Kaiser-Wilhelm-Institut in Berlin-Dahlem und an den Universitäten Leipzig und Freiburg.²²⁹ Nach 1945 arbeitete und 1948 promovierte sie am besagten Kaiser-Wilhelm-Institut für Physikalische Chemie und Elektrochemie bzw. an der TU Berlin. Auf der Karriereleiter folgten nun die

---

226 Lieselott Herforth, Interview: Warum so wenige Frauen in naturwissenschaftlich-technischen Berufen, 7. Juni 1964, in: Archiv TU Dresden FDGB/380.
227 Waltraud Voss, Lieselott Herforth, S. 150.
228 Vgl. ebenda, S. 151–153.
229 Vgl. Gutachten der Deutschen Akademie der Wissenschaften von 1960, in dem es über ihre Ausbildung hieß: „Frau Herforth hat das seltene Glück gehabt, ihre Ausbildungsjahre in den Instituten besonders namhafter Physiker zu verbringen. Sie hat die radioaktive Meßtechnik bei [...] Professor [Hans] Geiger [...] erlernt. Bei Professor [Werner] Heisenberg [...] hat sie an Fragen der Isotopentrennung und der kosmischen Höhenstrahlung mitgearbeitet." Vgl. Begutachtung, 29. Februar 1960, in: BAB DR 3 B 11457.

ostdeutschen Stationen Institut für Medizin und Biologie an der Deutschen Akademie der Wissenschaften (DAW), Physikdozentin an der Universität Leipzig, Abteilungsleiterin am Institut für angewandte Radioaktivität der Akademie, Standort Leipzig, und ab 1958 – nachdem sie sich 1953 mit einer außerplanmäßigen Aspirantur in der Strahlenphysik an der Leipziger Universität habilitiert hatte[230] – Professur und Abteilungsleiterin an der Technischen Hochschule für Chemie Leuna-Merseburg. In Leipzig und in Merseburg hatte Lieselott Herforth übrigens einen der seltenen Einzelverträge mit einer Vergütung von 3.400 Mark brutto monatlich.[231] Ihr Hauptforschungsfeld wurde die angewandte Radioaktivität, technische Isotopenanwendung, Strahlenmesstechnik und Dosimetrie. Ihr Lehrbuch „Praktikum der angewandten Radioaktivität" von 1968 blieb bis heute Standardwerk, in den 1990er Jahren wurde es zuletzt wieder aufgelegt.[232] 1960 nahm Herforth als ordentliche Professorin und Lehrstuhlleiterin einen Ruf an die TH Dresden[233] an, um von 1965 bis 1968 dort als Rektorin zu wirken. Bis zu ihrer Emeritierung im Jahr 1977 blieb sie Professorin für Experimentalphysik, Radioaktivität und Dosimetrie an der Sektion Physik der dortigen TU. Sie war seit 1969 Ordentliches Mitglied der Deutschen Akademie der Wissenschaften. Lieselott Herforth war eine außergewöhnlich fähige und begabte Physikerin auf ihrem Fachgebiet. Den politischen Erwartungen in der DDR verweigerte sie sich nicht. Im Alter von 46 Jahren – 1962 – trat sie noch der SED bei, nachdem sie als Physikerin und Wissenschaftlerin fast alle Stufen der Karriereleiter erklommen hatte. Rektorin wäre sie ohne Parteibuch nicht geworden. Sie gehörte zwischen 1963 und 1981 der Volkskammer und dem Staatsrat an.[234] Lieselott Herforth blieb unverheiratet – ihr Verlobter kehrte 1945 aus dem Krieg nicht zurück – und sie hatte keine Kinder. Sie entsprach mit Herkunft und Biographie sicher nicht dem SED-Ideal einer Wissenschaftlerin, aber sie ließ es zu, als DDR-Karrierefrau in der Öffentlichkeit herzuhalten und sie wirkte aktiv daran mit. Aber nicht nur in öffentlichen Reden und Vorträgen engagierte sich die Herforth für

---

[230] Dr.-Ing. Lieselott Herforth wurde aufgrund ihrer „bisherigen wertvollen wissenschaftlichen Veröffentlichungen" und durch die Empfehlung zweier Physikprofessoren der Humboldt-Universität die Abfassung einer besonderen Habilitationsschrift erlassen. Für Kolloquium und die öffentliche Lehrprobe im November 1953 wählte sie Themen aus dem Gebiet der Strahlungsphysik. Die Venia Legendi wurde ihr für Strahlungsphysik verliehen. Neid, Einwände und auch Verleumdungen von männlicher Kollegenseite, insbesondere von Prof. Dr. Friedrich Möglich, änderten an der Entscheidung nichts, das StS für Hoch- und Fachschulwesen bestätigte im Juli 1954 nach nochmaliger Prüfung die Habilitation und Dozentur für Herforth. Vgl. Schriftverkehr 15. März, 31. März und 7. Juli 1954, Berufungsakte, in: BAB DR 3 B 11457.
[231] Herforth war seit 1955 am Institut für angewandte Radioaktivität der DAW, Leipzig, angestellt. Vgl. Lebenslauf, 1. März 1960; Personalbogen mit Anlagen, 1958 und 1960, in: BAB DR 3 B 11457.
[232] Zum Verständnis ist zu erwähnen, dass Lieselott Herforth erfolgreiche Messmethoden zur Quantifizierung der Strahlenbelastung bei Krebspatienten während der Strahlentherapie entwickelte.
[233] Die TH Dresden wurde auf Regierungsbeschluss im Oktober 1961 in Technische Universität umbenannt.
[234] Vgl. Waltraud Voss, Lieselott Herforth.

Wissenschaftlerinnen. Sie half auch ganz praktisch. 1976 wandte sich eine junge Physikerin von der TU Dresden an sie. Diese hatte 1971 eine der üblichen fünfjährigen befristeten Assistentenstellen angetreten, 1971 eine Tochter geboren und 1974 Zwillinge bekommen. Nach der ersten Geburt setzte sie den gesetzlichen Schwangerschaftsurlaub aus, nach der Geburt der Zwillinge nahm sie das ihr zustehende „Babyjahr". 1976 versuchte sie ihren Assistentenvertrag um diese „Ausfallzeiten" zu verlängern. Aber die Kaderleiterin der TU wiegelte ab, „ein befristetes Arbeitsverhältnis dauert maximal fünf Jahre, wie viele Kinder Sie in dieser Zeit bekommen, ist Ihre Privatangelegenheit."[235] So sah die Realität aus. Die junge Nachwuchswissenschaftlerin fühlte sich insofern auch noch besonders benachteiligt, weil zeitgleich, 1976, eine Gesetzesänderung in Kraft getreten war, wonach für Männer in befristeter Assistenz die zum Grundwehrdienst der NVA eingezogen wurden, diese Zeit auf das Arbeitsverhältnis hinzugerechnet wurde. Da sie weder in der SED gewesen sei und die Gewerkschaft sie hinhaltend abwiegelte, so die Erinnerung der Physikerin, habe sie sich direkt und persönlich an Frau Prof. Herforth gewandt. Es dauerte nur einen Tag, von der Vorsprache bei ihr bis zum Telefonanruf der Kaderabteilung der Universität, und die Verlängerung wurde genehmigt.[236] Die gesetzliche Regelung der Verlängerung und Anrechnung des Schwangerschafts- und Wochenurlaubs für Forschungsstudentinnen, Aspirantinnen und Assistentinnen auf das befristete Arbeitsverhältnis wurde per Anordnung am 14. Juli 1976 geregelt.[237] Professorin Herforth hatte sich im Staatsrat dafür persönlich eingesetzt. Als Nachtrag bleibt anzumerken, dass die Physikerin mit drei Kindern 1979 promovierte und ihren Beruf als Wissenschaftlerin auch nach 1990 an der TU Dresden fortsetzte. Herforth hatte weiter ein Auge auf junge Physikerinnen in ihrem TU-Umfeld.[238] So setzte sie sich z. B. noch nach ihrer Emeritierung für ihre Schülerin und Nachfolgerin auf ihrem Lehrstuhl Dr. sc. Birgit Dörschel und ihre Berufung zur Professorin für das Fachgebiet Dosimetrie-Experimentalphysik erfolgreich ein.[239] Birgit Dörschel, 1945 geboren, war seit 1968 am Lehrstuhl Herforth und habilitierte bei ihr 1977.[240] Eine ähnliche Regelung über die Verlängerung der befristeten Anstellung um die Zeit des Mutterschutzes sowie um die Zeit des Grund- und Zivildienstes bei Männern in der alten Bundesrepublik fand neun Jahre später im Dritten Gesetz zur Änderung des Hochschulrahmengesetzes am 14. November 1985 statt.[241]

---

[235] Waltraud Voss, Lieselott Herforth, S. 194.
[236] Vgl. ebenda, S. 195.
[237] Vgl. Anordnung über die Verbesserung der Leistungen bei Mutterschaft für Studentinnen, Aspirantinnen bzw. Müttern im Lehrverhältnis, in: GBl. der DDR, 1976, I, Nr. 27, S. 369.
[238] Vgl. Waltraud Voss, Lieselott Herforth, S. 258–268.
[239] Vgl. Schreiben Herforth an Böhme, 20. Januar 1987, in: BAB DR 3 B 11457 und Berufungsakte von Birgit Dörschel, in: BAB DR 3 B 3077.
[240] Vgl. Dörschel, Lebenslauf, 6. November 1986, Berufungsakte, in: BAB DR 3 B 3077.
[241] Vgl. BGBl. 1985, I, S. 2090–2098, hier S. 2095. Die Unterbrechung/Verlängerung des befristeten Arbeitsverhältnisses durfte nicht länger als zwei Jahre dauern.

III. Frauen in die Naturwissenschaften! Die 1950er bis 1970er Jahre

Die 1960er Jahre waren das Jahrzehnt, in dem mit viel Aufwand, Zeit, Ideen und vielfältigem Engagement um Frauen für die Naturwissenschaften geworben wurde. Vor allem die Funktionärinnen in den einschlägigen Frauengremien der SED – der ZK-Frauenabteilung bzw. Politbüro-Frauenkommission – und in der zentralen Gewerkschaftsleitung Wissenschaft sowie Protagonistinnen, die es in die Wissenschaftlerinnen-Laufbahn geschafft hatten, wollten die Öffentlichkeit für das Thema sensibilisieren. Wissenschaftlerinnen und Frauenaktivistinnen warben an Oberschulen, berieten Lehrerkollektive, sprachen auf Frauenversammlungen in Betrieben und Institutionen, gaben Interviews in Rundfunk und Fernsehen, erstellten Broschüren über Berufsbilder zum Verteilen an den Schulen, lieferten Beiträge in der „Deutschen Lehrerzeitung", in der Gewerkschaftszeitung „Tribüne", in der Zeitschrift „Das Hochschulwesen" und in der Frauenzeitschrift „Für Dich".[242]

Charmant und unideologisch kamen Mitte der 1960er Jahre zwei Werbemaßnahmen der Vorzeigehochschule Ilmenau[243] daher. Die Technische Hochschule für Elektrotechnik Ilmenau bildete zwar keine Diplomphysiker, auch keine Diplomlehrer für Physik aus. Aber für die verschiedenen technischen Diplomstudiengänge in der Elektrotechnik bzw. Werkstoffwissenschaft existierte bis 1968 ein Institut für Physik, dann die Sektion Physik und Technik Elektronischer Bauelemente mit rund 17 bis 19 Wissenschaftlern.[244] Ob und wieviel Wissenschaftlerinnen sich darunter befanden, wurde in der 2001 publizierten Hochschulgeschichte der TH bzw. TU Ilmenau nicht ausgewiesen. 1964 entstand an der TU Ilmenau der Film „Studentinnen".[245] Dieser nahm sich des Themas der noch relativ wenigen Studentinnen der Ingenieurfachrichtungen an. Von rund 3.000 Studierenden waren in den 1960er Jahren zirka 240 weiblich.[246] Der Film propagierte die berufliche Gleichstellung der Frau. Er wollte Oberschülerinnen Mut machen für die Wahl eines naturwissenschaftlich-technischen Studiums und für den Ingenieurberuf. Und nicht zuletzt sollte die besondere Atmosphäre der noch jungen TH vorgestellt werden. Für die Qualität des Filmes sprach, dass er im Oktober 1965 als DEFA-Wettbewerbsbeitrag während der XIV. Internationalen Kurzfilmwoche in Mannheim gezeigt wurde. Der Film zeigt lebendige Ausschnitte aus dem studentischen

---

[242] Vgl. Bericht des StS für Hoch- und Fachschulwesen, Bereich Mathematik, Naturwissenschaften, Technische Wissenschaften, 1. März 1966, in: SAPMO-BA DY 30 IV A 2/9.04/238, Waltraud Voss, Lieselott Herforth, S. 151 f.; Gunilla-Friederike Budde, S. 120–131.
[243] Die drei TH der DDR Magdeburg, Chemnitz und Ilmenau wurden zu „Musterhochschulen" für die Förderung von Studentinnen und des weiblichen wissenschaftlichen Nachwuchses in naturwissenschaftlich-technischen Disziplinen aufgebaut. Die drei TH entstanden auf DDR-Regierungsbeschluss im August 1953, auch wenn diese auf Vorgänger-Technikerinstitutionen zurückblicken konnten.
[244] Vgl. Christoph Schnittler, Gottfried Teichmann, Das Institut für Physik der TU Ilmenau im Zeitwandel, 2001, in: Archiv TU Ilmenau. Ob und wieviel Wissenschaftlerinnen sich unter den 17 bis 19 Physikern befanden, wird für die gesamte Geschichte der TH bzw. TU Ilmenau in diesem Papier nicht ausgewiesen.
[245] Der Film kann über das Archiv Ilmenau angefordert werden. Vgl. Renate Ullrich, S. 90.
[246] Vgl. Rechenschaftsberichte 1966, 1975, in: Archiv TU Ilmenau 9397.

Leben und das der damals noch raren Studentinnen. Diese jungen Frauen diskutierten über Motive ihrer Studienfachwahl, über bestehende Vorurteile, Anfangsschwierigkeiten und ihre Vorstellungen über das künftige Berufsleben. Es werden erfolgreiche Studentinnen porträtiert, auch eine, die das Studium abbrach. Die männlichen Mitstudenten und akademischen Lehrer kommen mit ihrer Meinung über die weiblichen Kommilitonen zu Wort. Ein Studentenehepaar wird vorgestellt, wie sie ihr Studium mit Kleinkind bewältigen. Sie lobten u. a. die vorhandene Kinderkrippe gleich neben den Studentenwohnheimen. Die ersten drei wissenschaftlichen Assistentinnen bzw. Aspirantinnen werden bei ihrer Arbeit und in Seminaren vor Studenten gezeigt. Die Studentinnen und jungen Wissenschaftlerinnen berichten über ihre Wohnheimunterbringung in Zwei-Bett-Zimmern für monatlich 10 Mark Miete bei 140 Mark Monatsstipendium. Sie lästern über die Disziplinierungsversuche von 20 Mark Stipendienabzug wegen geschwänzter Vorlesungen und über Lebensmittelkarten für Butter. Sie schwärmten über legendäre Fakultätsbälle und den Ilmenauer Hochschulkarneval. Sie sprechen über viel Arbeit und Spaß bei den Ernteeinsätzen, erinnern sich an durchwachte Nächte am Zeichenbrett und am Analogrechner, an interessante Lehre und Lehrer in der Technischen Optik. Sie kamen dabei „so optimistisch, so lebensfroh und mächtig stolz" über die Leinwand, war der Film doch öffentlich und auch in ihren Heimatorten zu sehen.[247]

In sehr ähnlicher Weise warben die TU-Informationsbroschüren um Studentinnen,[248] um die „Frau Diplomingenieur". In einer Broschüre stellte man sich den Vorurteilen und Einwänden der Oberschülerinnen über ein technisches Studium: „Ich schaffe es nicht." „Ich habe mich noch nie mit Technik beschäftigt." „Ein technisches Studium interessiert mich nicht, ich besuche eine sprachlich orientierte Klasse." „An der TH sind so wenig Mädchen, da geht man unter. „5 ½ Jahre Studium lohnen sich für mich nicht; ich möchte einige Jahre Geld verdienen, heiraten und, wenn Kinder kommen, zu Hause bleiben."[249] Die Macher der Broschüre stellten dem die sehr guten Berufschancen für Frauen in der Elektro- und Schwachstromtechnik, Feinmechanik und Optik entgegen. „Die meisten Studentinnen kamen an der Hochschule zum ersten Mal mit technischen Aufgaben in Berührung und haben sie bisher nicht schlechter gelöst als ihre männlichen Kommilitonen"[250] war zu lesen. „Die Zeiten, in denen man der Frau nur pflegerische Berufe zugestand", seien vorbei. Ebenso gehöre der Vergangenheit an, „dass Abiturientinnen das philosophische und medizinische Studium bevorzugen". „Jedes Studienfach und jeder Beruf stehe Mädchen und Frauen in unserer Republik heute offen."[251] Die Broschüre warb mit dem Charme einer Campus-Hochschule und

---

[247] Vgl. 50 Jahre Akademisches Leben in Ilmenau, S. 168–171.
[248] Vgl. Informationen über das Studium an der TH Ilmenau, 1966, in: Archiv TU Ilmenau.
[249] Ebenda, in: Archiv TU Ilmenau, S. 9.
[250] Ebenda, S. 10.
[251] Ebenda.

ihrer überschaubaren Größe, mit Studentenwohnheimplätzen, mit ausreichenden Kinderbetreuungsplätzen vor Ort, mit Mensa Versorgung und Cafeteria.[252]

Nachdem Frauenkommissionen, Frauenförderungspläne, zentrale Frauenkonferenzen[253] oder jene in einzelnen wissenschaftlichen Bereichen sowie Aussprachen mit dem weiblichen wissenschaftlichen Nachwuchs nicht wirklich etwas brachten, gerieten nun die staatlichen Leiter der Wissenschaftseinrichtungen unter Kritik. Angeprangert wurde bei ihnen Gleichgültigkeit gegenüber Parteibeschlüssen, passiver Widerstand und das Hin- und Herschieben der Verantwortung zwischen den Prorektoren, den Fakultäts- und Lehrstuhlleitern, der Partei- und der Gewerkschaftsleitung bei der Qualifizierung von Wissenschaftlerinnen. Die männlichen Leiter, Funktionäre und Wissenschaftler vor Ort, schienen weder davon überzeugt, noch ließen sie sich drängen, Frauenförderung zu ihren ständigen Dienstaufgaben zu machen. Grund dafür war nicht nur die sicher vorhandene, wenn auch nicht öffentlich mehr geäußerte konservative Einstellung der Prorektoren, Fakultäts- und Lehrstuhlleiter. Aller Gleichstellungsrhetorik zum Trotz wurden Männer vorgezogen, weil so Arbeitsausfälle aufgrund von Schwangerschaft, Familienpflichten mit zeitlich eingeschränkten Einsatzmöglichkeiten vermieden werden konnten. Das Promovieren und Habilitieren neben laufendem Studienbetrieb, Studentenbetreuungs- und wissenschaftsorganisatorischen Aufgaben wurde nicht nur bei Frauen, sondern auch bei Männern zur Privatsache erklärt. Nur konnten die Wissenschaftler ihre Qualifikationsvorhaben in ihre Freizeit verlegen. Diese Möglichkeit fehlte den Wissenschaftlerinnen mit Familie oft. Die staatlichen Leiter investierten daher weniger in weibliche als in männliche Kollegen. Sie gaben offen zu verstehen, „mit männlichen Arbeitskollegen ließe sich alles leichter regeln" und die Frauen seien selbst schuld, wenn sie mit ihrer Karriere nicht weiter kämen.[254] Insbesondere und ausgerechnet in den naturwissenschaftlichen Fakultäten wurde beobachtet, dass Institutsdirektoren versuchten, qualifizierte Kolleginnen auf Neben- und Randgebiete der Forschung abzudrängen, wo in der Regel später keine Facultas Docenti bzw. Professur zu vergeben war.[255] Hin und wieder waren von männlicher Seite auch noch „biologische" Argumentationen gegenüber Wissenschaftlerinnen wie „andersartige Herangehens- und Denkweise" an die Forschungsarbeit zu hören.[256]

Oft sah es vor Ort so aus: Schaffte eine Assistentin ihre wissenschaftliche Qualifikation, die Promotion z. B., nicht in den vorgegebenen fünf Jahren ihrer Erstanstellung, musste sie ihre Wissenschaftskarriere abbrechen oder sie wurde auf eine wissenschaftliche Mitarbeiterstelle abgeschoben. Diese Position bedeutete

---

[252] Vgl. ebenda, S. 12–16, 69.
[253] 1964 und 1965 wurden drei große zentrale Frauenkonferenzen abgehalten. Vgl. z. B. Frauenkongress der DDR am 25. Juni 1964: Materialien und Berichte in: „Für Dich". 2. Juli Heft 1964, S. 8–23.
[254] Vgl. Vorbereitung des 2. Frauenkongresses, 1969, in: Archiv der Universität Potsdam PH 3767.
[255] Vgl. Bericht des StS für Hoch- und Fachschulwesen – Bereich Mathematik/Naturwissenschaften, Technische Wissenschaften, 1. März 1966, in: SAPMO-BA DY 30 IV A 2/9.04/238.
[256] Vgl. Gunilla-Friedericke Budde, S. 170 f.

eine unbefristete Tätigkeit in Lehre und Studienverwaltung, nun jedoch ohne jede mögliche Weiterqualifikation. Die Gründe für das Scheitern an der Promotion wollten die staatlichen Leiter eher am individuellen Unvermögen der Frauen und nicht an ihrer doppelten Belastung sehen. Die Wissenschaftlerinnen selbst hegten oft keinen gesteigerten Wert auf eine Karriere, solange das Bild vorherrschte, dass der Arbeitstag eines Wissenschaftlers mindestens 14 bis 16 Stunden betragen müsse.[257] Und worüber klagten die Wissenschaftlerinnen selbst in Aussprachen und auf Konferenzen? Zu oft werde ihnen die Betreuungsarbeit und die Lehrverpflichtungen sowie die anstehenden Routinearbeiten wie Verwaltungs-, Schreib-, Bibliotheksarbeit, Anfertigen von Protokollen, Technischen Zeichnungen, Kalkulationen, Statistiken usw. übertragen. Zudem erhielten sie die minderprestigeträchtigen Dissertations- und Habilitationsthemen, die oft kleinteilig und ohne anschlussfähige Projekte seien, weit davon entfernt, Aufmerksamkeit in der Scientific Community zu erregen.[258] Vor allem aber – das ergaben Befragungen – fehlte es den Wissenschaftlerinnen in der Promotionsphase an konkreten beruflichen Perspektiven nach ihrer Qualifizierung. Nur zirka die Hälfte der promovierenden Frauen hatte Kenntnis darüber, wie ihre wissenschaftliche Laufbahn oder ihr Einsatz in Industrie und Verwaltung weitergehen würde. Die reichliche Hälfte der männlichen Nachwuchswissenschaftler erhielt die begehrten Hochschulstellen nach „Aufforderung" durch ihren wissenschaftlichen Betreuer. Zwei Drittel der Nachwuchswissenschaftlerinnen hingegen mussten dafür Eigeninitiative entwickeln. Nur rund 28 Prozent der Assistentinnen und Aspirantinnen hatten in ihrer Promotionsphase ihre Forschungsergebnisse auf Konferenzen vorstellen können, ihre männlichen Kollegen hingegen zu 56 Prozent.[259]

Die Fertigung einer Promotion über eine Frauensonderaspirantur war eine noch junge Möglichkeit der akademischen Weiterqualifikation. Gespräche im Ministerium für Hoch- und Fachschulwesen 1969/70 mit Aspirantinnen zeigten durchaus positive Seiten dieser Art des Promovierens. Diese Aspirantur wurde genutzt, um Frauen mit einem Hochschulabschluss, die bereits in der Praxis – in Betrieben oder Institutionen – im Einsatz waren, wieder für die Hochschule zurückzugewinnen. In einer sogenannten Aussprache im Berliner Ministerium im Jahr 1970 zeigten sich die so promovierenden Frauen durchaus zufrieden mit der Situation, von der Arbeit für die Forschung zu 100 Prozent freigestellt worden zu sein, bei Weiterzahlung von 80 Prozent des Gehalts in Form eines Stipendiums. Auch die Regelung, am Heimatort und im Betrieb bleiben zu können, schien vor allem bei den Naturwissenschaftlerinnen und Technikerinnen positiv anzukommen – denn Laborplatz, Geräte und Materialien stellte der delegierende Betrieb,

---

[257] Vgl. Bärbel Maul, S. 326.
[258] Vgl. Gunilla-Friedericke Budde, S. 173–181.
[259] Vgl. Karin Hildebrandt, Einige Bedingungen der Heranbildung eines sozialistischen wissenschaftlichen Nachwuchses, S. 147, 148, 170, 175.

der bessere Möglichkeiten zur Beschaffung dieser hatte als die Universitäten.[260] Einzig eine Physikerin konnte in die positive Stimmung nicht miteinstimmen. Sie, als Lehrerin für Physik und Mathematik an einer Oberschule, hatte gegen den Willen ihrer Schulleitung – es fehlte an Lehrern in dieser Fächerkombination – die Frauensonderaspirantur beantragt und aufgenommen. Sie erhielt damit keine Unterstützung von ihrer „delegierenden Einrichtung", und die Schule hatte auch keine Möglichkeiten, Labor- bzw. Werkstattplätze und Versuchsmaterialien zu stellen. Diese Physiklehrerin musste ihren Arbeitsplatz an der Hochschule einnehmen. Einig waren sich die Frauen, dass ihnen ihre Zwitterstellung zwischen Betrieb und Hochschule viel Eigeninitiative abverlangte, den Kontakt zur Sektion und zum wissenschaftlichen Betreuer zu halten. Insgesamt schienen alle Frauen auch mit dem Vorurteil an den Hochschulen zu kämpfen, dass unter Frauensonderaspirantur männliche wie weibliche Kollegen einen eher minderwertigen Qualifikationsweg verstanden. Die Aspirantinnen hätten sich ständig zu rechtfertigen, „dass es uns natürlich nicht leichter gemacht" wird ..., dass wir nicht „leichter zum Doktor kommen" und „die Anforderungen natürlich genau so hoch sind".[261]

Die Wissenschaftlerinnen und ihre Protagonistinnen in den Gremien trauten sich zwar selbstbewusst und schonungslos, Kritik und Mängel, offene und versteckte Benachteiligungen, fehlende Rücksicht auf familiäre Verpflichtungen der Frauen bei Terminen und Zeitplänen, späte oder fehlende Informationen über berufliche Optionen sowie eine generell männerorientierte und -dominierte Atmosphäre an den Hochschulen anzusprechen, aber es änderte sich kaum etwas. Unter den Wissenschaftlerinnen machte sich Anfang der 1970er Jahre Pessimismus breit, die „Förderung der Frau werde nicht ernst genommen", es werde nur geredet.[262] Bei den ZK-Funktionärinnen und Aktivistinnen der Wissenschaftlerinnen-Förderung begann es zu dämmern, dass die von ihnen so bezeichnete „rückständige Ideologie" in Sachen Gleichstellung ein außerordentliches Beharrungsvermögen besaß. Dieses „Beharrungsvermögen bürgerlichen Gedankengutes" wurde von den Politikerinnen als besonders gefährlich eingeschätzt, weil es sowohl in den neuen Eliten – auch im Hochschulbereich – wie auch im Staats- und Parteiapparat anzutreffen war. Eine aktive und passive Gegnerschaft zu den SED-propagierten frauenpolitischen Vorstellungen war nicht nur beim „Klassenfeind in der BRD" zu beobachten, sondern auch in den eigenen Reihen. Sie zeigte sich bei Partei- und Gewerkschaftsfunktionären ebenso wie bei den staatlichen Leitern an den Hochschulen und Universitäten an progressiver Rhetorik mit konservativer Praxis. Es schien so, als ob „Parteivergehen in der Frauenfrage" durchaus als Verfehlung gewertet wurde, aber ohne tatsächliche Konsequenzen blieb.[263]

---

[260] Vgl. Aussprache über Frauensonderaspirantur am 13. März 1970, in: BAB DR 3 2. Schicht 1486/b.
[261] Ebenda.
[262] Vgl. Frauenkonferenz: An der PH sind beschäftigt, 1970, in: Archiv Universität Potsdam PH 3767; Gunilla-Friederike Budde, S. 187 f.
[263] Vgl. Bärbel Maul, S. 354–360. Ralf Jessen meinte dazu, der Verzicht auf eine Ideologisierung der Frauenfrage sei Indiz ihrer Bedeutungslosigkeit gewesen. Vgl. ders., Akademische Eliten, S. 392.

Auch an den Hochschulen hielten sich Auffassungen über bestimmte biologische Dispositionen von Wissenschaftlerinnen wie mangelndes Durchsetzungsvermögen in Leitungspositionen, geringere technische Begabung und eine Neigung zu Fleißfächern, auch wenn sie seit Ende der 1960er Jahre kaum noch öffentlich artikuliert wurden. Die ZK-Politikerinnen begannen darüber nachzudenken, dass die „rückständige Einstellung" zur Frauenfrage nicht nur mit den „Überresten des Kapitalismus", sondern wohl auch mit Entwicklungsproblemen in der sozialistischen Gesellschaft selbst zusammenhingen. Dazu gehörte auch, das Geschlechterarrangement in der Familie in den Blick zu nehmen.[264]

5. Fortschritt und Stillstand in der Gleichstellung – die 1970er Jahre

Neun Jahre nach den ersten Richtlinien für Frauenförderungspläne im Hochschulbereich wiederholte 1969 nun der Minister[265] seine Anweisungen an die Rektoren der Universitäten und Hochschulen: 1. Über die „Studienlenkung und Sicherung eines erfolgreichen Studienabschlusses von Frauen" und 2. zu „Problemen der Entwicklung von Frauen zu Hochschullehrern".[266] Was an den Forderungen von Minister Gießmann war neu? Umfangreich nahm dieser Bezug auf die Förderung von Studentinnen und angehenden Forschungsstudentinnen. Neben der bereits bekannten Werbung um Studienanfängerinnen für mathematisch-naturwissenschaftliche und technische Fachrichtungen in Erweiterten Oberschulen durch Vertreterinnen der entsprechenden Universitätssektionen sollten diese zusätzlich jährlich einen „Tag der offenen Tür" für Abiturientinnen organisieren, um die verschiedenen Berufsmöglichkeiten in diesen Fächern bekannter zu machen. Für Lehrer der EOS hatten Informationsveranstaltungen über Berufsbilder und Förderung durch außerunterrichtliche Zirkelarbeit zu erfolgen. Jeder Abiturient musste in der Studienfachlenkung einen ersten und zweiten Studienwunsch angeben. Sofern ein Mädchen als zweiten Wunsch ein naturwissenschaftliches Fach vermerkten, sollte nur für dieses eine Zusage erteilt werden. Frauen, die die Mathematik, Naturwissenschaften und Technik zu studieren angaben, durften keine Studienablehnung erhalten. Wieder hieß es auch die Werbetrommel in den Massenmedien zu rühren. Die Förderung begabter Studentinnen hatte nach Möglichkeit mit Beginn des dritten Studiensemesters mit individuellen Studienplänen zu erfolgen. Der Anteil der Forschungsstudentinnen – d. h. auf dem Weg zur Promotion sich Befindende – hatte sich am Anteil

---

264 Vgl. Bärbel Maul, S. 360–365.
265 Im Juli 1967 wurde das StS für Hoch- und Fachschulwesen zum Ministerium umgebildet. Hans-Joachim Gießmann (SED) war von 1962 bis 1967 Staatssekretär, dann bis 1970 Minister. Ihm folgte bis 1989 Hans-Joachim Böhme (SED).
266 Vgl. Der Minister: Zusammenstellung der Probleme bei der Frauenförderung für die Rektorenberatung, 20. Mai 1969, Privatarchiv Prof. Beate Meffert, Humboldt-Universität (in Besitz der Autorin).

der Studentinnen im jeweiligen Studienfach zu orientieren. Erstmals gerieten Studentinnen und Forschungsstudentinnen mit Kind in den Focus der Aufmerksamkeit. Studium und Forschungsstudium sollten ohne Zeitverlust durch Abschluss individueller Studienpläne, die vordringliche Versorgung mit Wohnheimplätzen für Mutter und Kind erreicht werden. Zirka ein Drittel der Studentinnen bzw. Forschungsstudentinnen gründeten bereits während des Studiums eine Familie.

Das generelle Ziel aller Wissenschaftlerinnen-Förderung lag bereits seit Ende der 1960er Jahre in der „Gewinnung und Entwicklung von Frauen zu Hochschullehrern". Das wiederholte sich die nächsten 20 Jahre, bis zum Ende der DDR. Der wissenschaftspolitische Focus war gerichtet auf die B-promovierte Wissenschaftlerin mit Facultas Docenti, die zur Dozentin und dann zur Professorin berufen werden konnte und die damit zugleich für höhere Leitungsfunktionen auf der Ebene Sektions-, Fakultäts- und Hochschulleitung bereit stand. „Für alle wissenschaftlichen Mitarbeiterinnen ist ein exakter Qualifizierungsplan auszuarbeiten, in dem terminliche Festlegungen und die einzelnen Schritte der Qualifizierung [...] sowie der zukünftige [berufliche] Einsatz festzulegen sind."[267] In der konkreten Karriereplanung für befähigte Wissenschaftlerinnen – festzulegen im Kaderentwicklungsplan und im Frauenförderungsplan – mussten die Termine für Promotion bzw. Habilitation, der Praxis- und Auslandseinsatz,[268] die Sprachweiterbildung unter Berücksichtigung individueller Arbeitszeitregelung festgehalten sein. Neben der Sicherung von Kinderbetreuungsmöglichkeiten sollte nicht gescheut werden, auch die „Unterstützung durch den Ehepartner" durch Absprachen an seiner Arbeitsstelle einzufordern. Für die Erfüllung aller aufgelisteten Maßnahmen war der Rektor, der Direktor für Kader und Qualifizierung der Hochschule sowie die jeweiligen Sektionsdirektoren verantwortlich. Rektor und Kaderdirektor hatten unter Einbindung der Gewerkschaftsleitung und der Frauenkommission ein bis zweimal jährlich dem Ministerium Bericht zu erstatten.[269]

Wie sahen die Frauenförderungspläne und die Tätigkeit der Frauenkommission in den 1970er aus? Was unterschied diese von den 1960er Jahren? Seit Anfang der 1970er Jahre arbeiteten die Frauenkommissionen an der Universitäten und Hochschulen regelmäßig, es lagen zentrale Frauenförderungspläne vor, die jährlich über den Rektor zum Hochschulminister abgerechnet wurden. Für das Erstellen der Frauenförderungspläne auf Sektions- bzw. Bereichsebene brauchte man hingegen bis in die zweite Hälfte der 1970er Jahre.[270] In den 1970er Jahren gelang es – wie in allen Frauenförderungsplänen gefordert – ein Netz an Unterstützungs-

---

[267] Ebenda.
[268] In Vorbereitung auf eine Hochschullaufbahn sollte für Frauen wie für Männer nach der Promotion ein mehrmonatiger Forschungsaufenthalt im sozialistischen Ausland sowie vor allem für Naturwissenschaftler ein mehrjähriger Einsatz in der Industrie erfolgen. Vgl. ebenda.
[269] Vgl. ebenda.
[270] Frauenförderungspläne mussten in der Regel im April des Jahres dem Ministerium weitergeleitet werden. Im September mussten Diskussionen und Beratungen zum Frauenförderungsplan des Folgejahres beginnen. Vgl. Kollegiumssitzung an der HU 1978, in: Archiv HU Rektorat II 990.

maßnahmen für Studentinnen mit Kind an den Universitäten und Hochschulen aufzubauen. Das war notwendig geworden, da die vorzeitigen Abgänge junger Mütter im Studium zunahmen. Über die Bereitstellung ausreichender und preisgünstiger Wohnheimplätze für Studentinnen mit Kind bzw. Studentenehepaaren mit Kind, Betreuungsplätzen für Kleinkinder in Krippen mit Öffnungszeiten bis 18 Uhr, individuellen Studienplänen für schwangere und sich in Mutterschutz befindende Studentinnen konnte das realisiert werden. Individuelle Studienpläne, das hieß konkret: verlegte Prüfungstermine, verschobene Industrie- und andere Praktika, die verkürzt und am Wohnort geleistet werden konnten, Nacharbeit von Vorlesungen, Seminaren und Übungen, individuelle Verlängerung des Studiums um zwei bis drei Monate in die Semesterpausen hinein. Viele Studentinnen verzichteten auch auf den ihnen gesetzlich zustehenden Wochen- und Mutterschutz. Das wurde – offiziell jedenfalls – kritisch, inoffiziell gern gesehen. Auf Wunsch der studierenden Mütter war es aber auch möglich, das Studium um sechs bis zwölf Monate zu unterbrechen bzw. zu verlängern.[271] Erreicht wurde damit, dass ein größerer Teil der Studentinnen mit Kind, das Studium in der vorgegebenen Regelstudienzeit erfolgreich absolvierte. In einer Anordnung des Hoch- und Fachschulministers Böhme hieß es bereits 1972: „Es ist davon auszugehen, dass sowohl die Geburtenförderung als auch der planmäßige Studienabschluss ein gesellschaftliches Anliegen ist."[272] Von staatlicher Seite wurde es nicht ungern gesehen, wenn junge Frauen bereits während des Studiums Kinder bekamen. Das verringerte ihre Ausfallzeiten in den Jahren des Berufseinstiegs, insbesondere bei Lehrerinnen.

Die zentralen Frauenausschüsse der Universitäten tagten wie gehabt monatlich. Da die Gremien für das gesamte weibliche Personal an den Hochschulen zuständig waren, d. h. von der Professorin bis zur Beiköchin in der Mensa, aber auch das gesamte medizinische Personal der Universitätskliniken – nahmen in ihren Arbeitsprogrammen Fragen zu Studentinnen, Nachwuchswissenschaftlerinnen und wissenschaftlichen Mitarbeitern nicht die vorderste Priorität ein. Auch gehörte der Punkt „Förderung von Wissenschaftlerinnen" zu denen, auf die die Frauenausschüsse den wenigsten Einfluss ausüben konnten. Da half auch internes Klagen nicht, wie z. B. von der Greifswalder Universität: „Uns im Frauenausschuss ist die Linie der obersten Universitätsführung zu Wissenschaftlerinnen-Förderung nicht bekannt"! Mit Forderungen, „seitens der Universitätsgewerkschaftsleitung müsse verstärkt Einfluss auf die Berufungen" von Wissenschaftlerinnen genommen werden,[273] überschätzten sich die Frauenausschüsse bei den Gewerkschaftsleitungen gewaltig. Den Frauenausschüssen gelang es – sicher mal mehr mal weniger erfolgreich – Plätze für Kinderbetreuung zu besorgen, selten und nur hin und wieder

---

[271] Vgl. Rundtischgespräch: Rektor mit Studentinnen, 12. Dezember 1973, in: Archiv Ilmenau 9397.
[272] Vgl. Anordnung zur Förderung von Studentinnen mit Kind, 10. Mai 1972, in: Archiv TU Ilmenau 638; Beratungen des Frauenausschusses TU Dresden, 31. Juli 1974, in: Archiv TU Dresden FDGB 80.
[273] Sitzung des Frauenausschusses, 6. Juli 1976, in: Archiv Universität Greifswald UGL 124.

Wohnraum zu vermitteln, Ferienplätze und Kuren zu vergeben, bessere Gesundheitsvorsorge für Frauen zu organisieren, körperlich und zeitlich harte Arbeitsbedingungen für Frauen zu verbessern, Qualifizierungen im Rahmen von Facharbeiterausbildungen voranzubringen und einzelne Dienstleistungseinrichtungen vor Ort anzubieten.[274]

In den zentralen Frauenförderungsplänen und ihres jährlichen Erfüllungsberichts fehlten fast durchweg konkrete quantitative Ist-Analysen im Wissenschaftlerbereich, die aufgeschlüsselt waren nach Statusgruppen und nach Fachbereichen.[275] Dadurch wurde eine Vergleichbarkeit zu den Vorjahren erschwert und es ließ sich besser kaschieren, welche Vorgaben, selbstgesteckte Ziele, Versprechungen Jahr für Jahr nicht erfüllt wurden. So las man im Frauenförderungsplan der Universität Greifswald zwar, der Anteil der weiblichen Wissenschaftlerinnen sei wieder gestiegen, 1974 auf 27 Prozent, aber die Sektion Physik z. B. konnte nach wie vor keine Assistentin oder Hochschullehrerin vorzeigen. Wie dieser Zustand geändert werden könnte, dazu fehlte jeder Anhaltspunkt. Für die einzelnen Sektionen wurden in diesem Plan immerhin namentlich die Frauen aufgezählt – für die Sektion Mathematik fünf Wissenschaftlerinnen – die an der Promotion A schrieben und wann voraussichtlich der Abschluss zu erwarten war. Detaillierte Informationen gab es nicht.[276] Der Direktor für Kader der Technischen Universität Dresden kündigte im November 1974 erstmalig an, „dass genaue Angaben zur Entwicklung des Anteils der Frauen in den einzelnen Beschäftigtengruppen" erst ab dem kommenden Jahr mit der Jahresstatistik vorgelegt werde.[277] An der TH Ilmenau fehlten bis 1975 jegliche Angaben im Frauenförderungsplan, welche Wissenschaftlerinnen an einer Promotion A oder gar B arbeiteten,[278] 1975 gab es dort nur eine Professorin und drei Dozentinnen.[279] Der Rektor der TH musste 1976 dem Hochschulminister namentlich Wissenschaftlerinnen melden, die für die Hochschullehrerinnen-Laufbahn vorgesehen waren. Er meldete sechs promovierte Diplomingenieurinnen und eine Hochschuldozentin der Ökonomie und bekam aus Berlin unmittelbar als Antwort zu hören, dass diesen Frauen noch wichtige Voraussetzungen wie die Promotion B, der Praxiseinsatz oder Erfahrungen im Ausland für eine eventuelle Berufung fehlten.[280] Das hieß schließlich nichts ande-

---

[274] Vgl. Arbeitsplan des Frauenausschusses der UGL, Greifswald 1974, 1975, in: Archiv Universität Greifswald UGL 124; Sitzungen des Frauenausschusses, 1976, 1977, in: ebenda; Sitzungen der Frauenkommissionen TH Ilmenau 1973, 1974, 1976, in: Archiv TU Ilmenau 9397, 638; Ergebnisse von Beratungen des Frauenausschusses, 31. Juli 1974, in: Archiv TU Dresden FDBG 380.
[275] Vgl. Frauenförderungsplan der HU für 1975, in: Archiv HU Rektorat II 859.
[276] Vgl. Erfüllungsbericht Frauenförderungsplan 1974, Archiv Universität Greifswald UGL 124; Entwurf Frauenförderungsplan Oktober 1975, in: ebenda.
[277] Vgl. Bericht zum Stand der Frauenförderung, 15. November 1974, in: Archiv TU Dresden Rektorat 393.
[278] Vgl. Stellungnahme zum Frauenförderungsplan 1974; Erfahrungsaustausch Frau in der Wissenschaft, Mai 1974, in: Archiv TU Ilmenau 9397.
[279] Vgl. Entwicklung der weiblichen Arbeitskräfte an der TH Ilmenau, in: Archiv TU Ilmenau 15231.
[280] Vgl. Direktor für Kader und Qualifizierung: Vorlage für Dienstberatung beim Rektor, 18. März 1977, in: Archiv der TU, Senatssitzung 22. März 1977, in: ebenda.

res, als dass die TH Ilmenau keine einzige Wissenschaftlerin für eine mögliche Dozentinnen- bzw. Professorinnenberufung präsentieren konnte. Auch Technische Hochschulen schafften es, jährlich Steigerungsraten an Studentinnen zu verzeichnen. Gleichwohl stieg die Abbrecherquote. Der Rektor der TH Ilmenau wartete 1973 für seine Technikstudiengänge mit einem Studentinnenanteil von immerhin 26 Prozent auf, um zugleich einzugestehen, dass von den 1972 immatrikulierten Frauen 1973 die Hälfte vorzeitig wieder abgegangen war. Als Gründe dafür wurden Nichtvereinbarkeit von Studium und Familiengründung, Nichtbewältigung der Anforderungen des Studienfaches bzw. falsche Entscheidung für das Fach benannt. 16 Prozent dieser Studentinnen hatten ursprünglich einen anderen Studienwunsch geäußert und waren „umgelenkt" worden. Die gewachsene Zahl der Studentinnen zeigte sich jedoch nicht in einer auch steigenden Zahl an Forschungsstudentinnen bzw. Assistentinnen. 1973 war es der TH nicht gelungen, auch nur eine Forschungsstudentin zu gewinnen. Der Anteil der Forschungsstudentinnen machte in Ilmenau sieben Prozent aus. Von diesen Forschungsstudentinnen stieg noch rund ein Viertel vor Abschluss der Promotion aus. Nachwuchswissenschaftlerinnen formulierten in Gesprächsrunden beim Rektor die fehlende Attraktivität dieser Art des Berufseinstiegs. Ihnen wurde keine Wohnung vermittelt, ihre Partner fanden vor Ort keine adäquate Anstellung, es fehlte an Kinderbetreuungseinrichtungen.[281] Über ganz ähnliche Probleme berichtete die TU Dresden in den 1970ern.[282]

Ein bis höchstens zweimal jährlich mussten sich die Frauenkommissionen mit den „Erfahrungen der Weiterbildung von Wissenschaftlerinnen mit der Promotion A und B" stellen. Der Frauenausschüsse der Universitäten Greifswald und Rostock konstatierten „erschreckende Ergebnisse" beim Frauenanteil an den Promotionen und Habilitationen sowie bei der Anzahl der Professorinnen und Dozentinnen. Greifswald wartete mit gerade zwei Professorinnen von insgesamt 64 Professoren auf, mit fünf weiblichen Dozenten von 78 und mit 14 weiblichen Oberassistenten von 105.[283] In der Sektion Physik gab es 1978 eine einzige Physikerin als befristete Assistentin, die Mathematik hatte zwei unbefristete Assistentinnen vorzuweisen, in der Sektion Chemie 13 Assistentinnen.[284] Der Anteil der weiblichen Wissenschaftlerinnen lag 1978 bei 28 Prozent. In den mathematisch-

---

[281] Vgl. Sitzung der Frauenkommission, 21. November 1973; Rundtischgespräch Rektor mit Studentinnen der TH Ilmenau, 12. Dezember 1973, in: Archiv TU Ilmenau 9397.
[282] Abrechnung des Frauenförderungsplanes 1978: „Es muss erneut darauf verwiesen werden, dass die Gewinnung von Studentinnen für eine wissenschaftliche Tätigkeit […] erschwert und noch komplizierter wird durch die ungünstigen Aussichten hinsichtlich der Bereitstellung von Wohnraum und z. T. von Krippenplätzen. Dadurch können Einstellungen […] nicht realisiert und [es] mussten Arbeitsverträge wieder gelöst werden." In: Archiv TU Dresden Rektorat 414.
[283] Vgl. Zuarbeit für Referat 25. Oktober 1975, in: Archiv Universität Greifswald UGL 124. An der Humboldt-Universität sah es etwas besser aus: Hier waren von 302 Professoren 25 Frauen (8,5 Prozent), von 352 Dozenten 59 Frauen (17 Prozent). Vgl. Rektorat: Leistungen 1978, in: Archiv HU Rektorat II 990.
[284] Vgl. Stand und Aufgaben der Frauenförderung, 27. Oktober 1978, in: Archiv Universität Greifswald Prorektorat Gew/20.

naturwissenschaftlichen Disziplinen studierten Frauen im selben Jahr anteilig zu 59 Prozent. Die Quote war gleich hoch wie in den gesellschaftswissenschaftlichen Fachdisziplinen.[285] Ähnlich sah es an der Universität Rostock aus: Hier lag der Studentinnenanteil bei 56 Prozent, der Dozentinnenanteil hingegen bei zehn Prozent, der der Professorinnen bei drei Prozent.[286] Verwundert fragten sich die Aktivisten der Frauenförderung vor Ort: „Bei diesen hohen Frauenanteilen müsste es den Sektionen ohne weiteres möglich sein, die infrage kommenden [...] Beststudenten für das Forschungsstudium, eine Aspirantur oder Assistenz auszuwählen."[287] Jedoch – unter den 15 Absolventen, die für 1979 Arbeitsverträge für die Sektionen Mathematik und die Naturwissenschaften an der Greifswalder Universität unterschrieben hatten, waren nur drei Frauen.[288]

An Pädagogischen Hochschulen lag der Fall nicht viel anders. Obwohl z. B. an der PH Potsdam der Studentinnenanteil rund 80 Prozent betrug – Diplomlehrerinnen auch für Physik und Mathematik wurden hier ausgebildet – waren von 586 Wissenschaftlern 181 weiblich, ein Anteil von vorzeigbaren 31 Prozent. Von diesen Frauen besaßen jedoch nur 51 eine Promotion (28 Prozent) und gar nur neun eine Promotion B (fünf Prozent). Immerhin listete die PH Jahr für Jahr mit Namen die Wissenschaftlerinnen auf, die an der Promotion A bzw. B arbeiteten. Zeitpläne und Etappen der Qualifizierung fehlten. An der Sektion Mathematik/Physik der PH wurde das ganze Jahrzehnt über immer dieselbe Mathematikerin und Lehrerin im Hochschuldienst genannt, die promovierte. Ein Abschluss schien nicht in Sicht.[289] Frauenförderungspläne für alle einzelnen Sektionen der PH waren bis 1975 nicht vorhanden. Über den der Sektion Mathematik/Physik hieß es 1975: „Der Bericht des Direktors der Sektion ist sehr global, [er] ist nicht aussagekräftig über die tatsächlich vorhandenen Aktivitäten [...] Im Kaderplan der Hochschule wird darauf orientiert, den Frauenanteil vor allem im wissenschaftlichen Bereich zu erhöhen. Zur Zeit [ist] nur eine Frau im Frauenförderplan verankert."[290] Um hier Abhilfe zu schaffen, wurde zum einen auf den Nachwuchs – „zielgerichtete Förderung von Studentinnen" – orientiert. Zum anderen sollten „bewährte Lehrerinnen aus der Schulpraxis" für die Hochschule zurückgewonnen werden.[291] Bei dem Lehrermangel in den Naturwissenschaften dürfte das schwierig gewesen sein. 1974 arbeiteten in der Physik an der PH Potsdam 40 Wissenschaftler, zwei davon waren Frauen, keine war promoviert. In der Mathematik waren es zwölf von 46 (26 Prozent), drei Promovierte und eine Habilitierte. In anderen Bereichen,

---

[285] Vgl. Prorektor: Bericht Frauenförderungsplan 1978, in: Archiv Universität Greifswald R (nF) 432.
[286] Vgl. Entwurf Frauenförderungsplan 1975, in: Archiv Universität Greifswald UGL 124.
[287] Prorektor: Bericht Frauenförderungsplan 1978, in: Archiv Universität Greifswald R (nF) 432.
[288] Vgl. ebenda.
[289] Vgl. Direktorat für Kader und Qualifizierung: Frauenförderungspläne 1974–1976, in: Archiv Universität Potsdam PH 6762.
[290] Direktor für Kader und Qualifizierung, 25. November 1975, in: Archiv Universität Potsdam PH 6762; Direktorat für Kader und Qualifizierung, 8. November 1977, in: ebenda.
[291] Vgl. Frauenförderungsplan 1974, Anlage, in: Archiv Universität Potsdam PH 6762.

5. Fortschritt und Stillstand in der Gleichstellung – die 1970er Jahre

in der Sektion Marxismus/Leninismus (M/L) oder Psychologie oder Slawistik/ Anglistik, sah es mit der Förderung der Wissenschaftlerinnen und den Plänen dazu besser aus. Zum Vergleich: An der Sektion Marxismus-Leninismus arbeiteten zu 40 Prozent Wissenschaftlerinnen und drei Viertel von diesen waren promoviert bzw. habilitiert. Ähnlich gut zeigte sich das Bild an der Sektion Psychologie und an den Sprachsektionen aus.[292]

Die Technische Universität Dresden kämpfte mit ähnlichen Problemen wie die Naturwissenschaften der Universitäten. Hier lag der Hochschullehrerinnenanteil – weibliche Professuren und Dozenturen – 1973 bei vier Prozent, während die Statusgruppe der wissenschaftlichen Mitarbeiterinnen 15 Prozent erreichte und bis 1979 auf 22 Prozent anstieg.[293] An der Sektion Physik waren 1973 17 Wissenschaftlerinnen beschäftigt, ihr Anteil entsprach zwölf Prozent. In der Mathematik wurden 33 Mathematikerinnen gezählt, ihr Anteil betrug 21 Prozent. An der M/L-Sektion oder in den Sprachwissenschaften betrug der Frauenanteil bereits bis zu 30 Prozent. Die vollmundige Versprechung im Frauenförderungsplan der TU 1973, den Anteil der Hochschullehrerinnen in den nächsten zwei Jahren auf zehn Prozent zu erhöhen, bewertete der Kaderdirektor als „Wunschdenken".[294] Erstmalig nahmen die TU-Leitungsgremien 1975 den Punkt „Entwicklung von Frauen für eine Berufung als Hochschullehrer" in ihre Führungsdokumente, u. a. in den zentralen Kaderplan der Universität auf und er stand unter Rektorkontrolle.[295] Ab 1976/77 hieß es, dass die „Direktoren der Sektionen [...] persönlich dem Rektor für die Entwicklung und den Einsatz von Frauen als Hochschullehrer" verantwortlich zeichneten.[296] Immer wieder wurden alle Hoffnungen auf den weiblichen wissenschaftlichen Nachwuchs gerichtet. Nur hoffte man mittlerweile schon seit mehr als zehn Jahren! „War noch Ende der sechziger Jahre an unseren Universitäten und Hochschulen allgemein in den oberen Rängen des Lehrkörpers [...] ‚Null-Frauen' die am häufigsten vorzufindende Angabe, so zeigt das gegenwärtige Bild [...], dass wir sowohl bei Berufungen zu Dozenten und Professoren als auch bei der Besetzung höherer Leitungsfunktionen von diesem Nullpunkt weggekommen sind."[297] Einzelne Professorinnen und eine Handvoll Dozentinnen im Hochschul-

---

[292] Vgl. Liste wissenschaftliches Personal, 1974, in: Archiv Universität Potsdam PH 6762.
[293] Vgl. Direktor für Kader: Bericht zur Frauenförderung 1973, in: Archiv TU Dresden Rektorat 401; Abrechnung des Frauenförderungsplanes 1979, in: ebenda, Rektorat 412.
[294] Vgl. Bericht zum Frauenförderungsplan 1973, 20. Februar 1974, in: Archiv TU Dresden Rektorat 401.
[295] Vgl. Direktor für Kader: Bericht zum Stand der Frauenförderung, 15. November 1974, in: Archiv TU Dresden Rektorat 393.
[296] Entwurf Frauenförderungsplan 1977, 7. September 1976, in: Archiv TU Dresden Rektorat 397; vgl. Abrechnung des Frauenförderungsplanes 1977, 26. März 1978, in: ebenda, Rektorat 408; Frauenförderungsplan 1978, in: ebenda, Rektorat 407.
[297] Entwurf Frauenförderungsplan 1975, in: Archiv Universität Greifswald UGL 124; vgl. auch Frauenförderungsplan 1974, Anlage, in: Archiv Universität Potsdam PH 6762; Ergebnisse der Beratungen des Frauenausschusses an der TU Dresden, 31. Juli 1974, in: Archiv TU Dresden FDGB 380;

bereich galten als erste Erfolge. Die TU Dresden orientierte auf 25 Prozent Frauenanteil bei allen Neueinstellungen.[298]

Die vermutlich zielführendste und effizienteste Ministervorgabe von 1969 bestand darin, für jede sich promovierende bzw. habilitierende Wissenschaftlerin konkrete langfristige Kaderentwicklungspläne anzufertigen. Das jedoch wurde nur zögerlich und schleppend in Angriff genommen und bis Ende der 1970er Jahre nicht konsequent umgesetzt.[299] Die dafür zuständigen Sektionsdirektoren und wissenschaftlichen Betreuer scheuten, oft ebenso die Frauen selbst, die geforderten konkreten Festlegungen zu treffen. Bei Nichterfüllung konnte man schnell in Erklärungsnot geraten. Im Kaderentwicklungsplan hatte neben dem Ziel und dem Zeitpunkt der Qualifizierung – Promotion A bzw. B bzw. Erlangung der Facultas Docenti, Berufung zur Dozentin – das Thema der Arbeit und der wissenschaftliche Betreuer zu stehen. Festgelegt sein musste der zeitliche Einsatz der Kandidatin in Lehre und Studentenbetreuung – täglich nicht länger als bis 17 Uhr –, zusammenhängende Arbeitszeit für die Forschung, langfristige Planung eines Auslands- und Praxiseinsatzes, Kursbesuche im Fach Hochschulpädagogik und in der Fremdsprachenausbildung, die Gewährung von mindestens sechs Monaten Freistellung von Lehraufgaben und gesellschaftlichen Funktionen vor Abgabetermin der Qualifizierungsschrift und vorgesehener beruflicher Einsatz nach der Qualifizierung musste ein Jahr vor Abschluss geklärt sein.[300] Da die Direktoren der Fachsektionen sich nicht verantwortlich fühlten, weil sie nicht zur Verantwortung gezogen wurden, keine Konsequenzen bei Nichterfüllung zu befürchten hatten, existierten bis Ende der 1970er Jahre diese Pläne nur vereinzelt und unkonkret.[301] Der Prorektor der TU Dresden stellte im April 1975 dazu fest: „Noch immer sind die […] Frauenförderungspläne in den Sektionen unbefriedigend, da es sich oftmals noch um Wunschpläne handelt und die Fragen der Realisierbarkeit […] nicht genügend geprüft werden."[302] Von der Universität Greifswald war 1977 zu lesen: „Alle Sektionen wurden verpflichtet, bis zum Ende dieses Jahres Kaderentwick-

---

[298] Vgl. Abrechnung Frauenförderungsplan 1975, in: Archiv TU Dresden Rektorat 400; Frauenförderungsplan 1977, in: ebenda, Rektorat 397.

[299] Vgl. Erfahrungsaustausch der Frauenausschüsse der Universitäten Greifswald und Rostock, 25. April 1974, in: Archiv Universität Greifswald UGL 124; Frauenförderplan Greifswald 1975, in: ebenda; Frauenförderungsplan 1974, 1976 PH Potsdam, in: Archiv Universität Potsdam PH 6762; Bericht zum Frauenförderungsplan 1973, 20. Februar 1974, in: Archiv TU Dresden Rektorat 401; Frauenförderungsplan der Humboldt-Universität 1975, in: Archiv HU Rektorat II 859.

[300] Vgl. Frauenförderungsplan 1975, in: Archiv Universität Greifswald UGL 124; Sitzung Frauenausschuss, 18. September 1975, in: ebenda; Veranstaltung Frauentag, 1976, in: ebenda, R (nF) 432; Erfüllungsbericht Frauenförderungsplan 1978, in: ebenda; Ergebnisse von Beratungen des Frauenausschusses an der TU Dresden, 31. Juli 1974, in: Archiv TU Dresden FDGB 380.

[301] Vgl. Erfüllungsbericht Frauenförderungsplan 1978, in: Archiv Universität Greifswald R (nF) 432.

[302] Prorektor: Gespräch mit dem Frauenausschuss, 7. April 1975, in: Archiv TU Dresden Rektorat 269.

5. Fortschritt und Stillstand in der Gleichstellung – die 1970er Jahre 85

lungsprogramme, unter besonderer Berücksichtigung von Frauen, für Berufungskader bis 1980 [...] aufzustellen."[303]

Nichtsdestotrotz existierten personalisierte Kaderentwicklungspläne. Sie schienen auch wichtiger als Frauenförderpläne für die Berufslaufbahn von Wissenschaftlerinnen gewesen zu sein. Mit diesen personalpolitischen Instrumenten war der Sektionsdirektor dem Rektor gegenüber in der Pflicht. Alle Maßnahmen der Frauenförderung und der Kaderpolitik nutzten natürlich nicht, wenn die Wissenschaftlerin selbst nicht unbedingtes Interesse an einer weiteren Qualifizierung signalisierte sowie Selbstinitiative bzw. Einsatz aufbrachte. Ein ermutigendes Umfeld im Fachbereich und in der Familie war immer förderlich. Ein Beispiel: Eine junge Diplomingenieurin der Elektrotechnik, geboren 1947, heute würde sie Informatikerin genannt, hatte ihr Studium in Ilmenau 1971 beendet und an der Humboldt-Universität, Sektion Elektronik, als befristete Assistentin angefangen. Auf dem „langen" Weg zur Hochschullehrerin – sie promovierte 1976, habilitierte 1983, Berufung zur Hochschuldozentin 1984, verheiratet mit einem Arzt, 1971 und 1978 wurden die Kinder geboren[304] – fanden fünf protokollierte Kadergespräche statt, 1973, 1977, 1978, 1979 und 1983.[305] In den Gesprächsprotokollen wurde jeweils vermerkt, was zu leisten war an konkreten Lehraufgaben: Durchführung von Seminaren, Vorlesungen, Praktika hier im Fach „Elektronische Schaltungen"; an sachlichen Betreuungsaufgaben in Form von Beleg- und Diplomarbeiten sowie an Forschungstätigkeiten – hier auf dem Gebiet Auswertung biomedizinischer Signale zur Objektivierung medizinischer Diagnostik. Gesellschaftliche und wissenschaftsorganisatorische Funktionen waren benannt, u. a. war sie Arbeitsschutzbeauftragte der Sektion oder Beauftragte für das Neuererwesen, Stellvertreterin des Sektionsdirektors für Forschung, Mitglied der Universitätsgewerkschaftsleitung u. v. m. Der Zeitpunkt der Promotion war zunächst auf 1975 festgelegt worden, wurde dann, ohne schriftlich fixierte Begründung, auf 1976 verschoben. Im Kadergespräch von 1977 wurde die Promotion B bis 1981 anvisiert. Der Kaderentwicklungsplan ein Jahr später vermerkte die Aufnahme einer B-Aspirantur mit Abschluss 1982, den Forschungsaufenthalt in einem sozialistischen Land für 1982 sowie einen Industrieeinsatz für 1983 bis 1985.[306] Unter der Rubrik „Entwicklungsperspektive" im Kaderplan stand zu lesen, dass die Kollegin zum „Hochschullehrer

---

[303] Erfüllungsbericht, 1977, in: Archiv der Universität Greifswald R (nF) 432.
[304] Vgl. Interview 3; Berufungsakte Meffert, Personalbogen, 9. November 1988, in: BAB DR 3 B 609.
[305] Vgl. Protokoll Kadergespräch, 9. Juli 1973 und am 24. Mai 1977; Kaderentwicklungsplan, 2. Februar 1978; Delegierung zur planmäßigen Aspirantur, 8. März 1979, in: Privatarchiv Prof. Beate Meffert (in Besitz der Autorin). Meffert: Tätigkeit in Forschung, Lehre und Erziehung, Mai 1983, in: Berufungsakte, in: BAB DR 3 B 609.
[306] Auf einen mehrjährigen Einsatz in einem Großbetrieb wurde meistens verzichtet. Als Äquivalent galt eine langjährige praxisnahe Forschungszusammenarbeit mit der Industrie. In diesem Beispiel bestand seit 1977 eine enge Kooperation mit dem VEB Meßelektronik Berlin und der Charité Berlin. Vgl. Meffert: Tätigkeit in Forschung, Lehre und Erziehung, Mai 1983, in: Berufungsakte, BAB DR 3 B 609.

an der Sektion Elektronik der Humboldt-Universität" vorzubereiten sei. Unterzeichnet wurden die Protokolle vom Sektionsdirektor, dem Gewerkschaftsvertrauensmann und der betreffenden Wissenschaftlerin.[307] Die Informatikerin mit zwei Kindern habilitierte 1983 und wurde ein Jahr später, ohne SED-Mitglied zu sein, zur Hochschuldozentin berufen.[308] Der vage festgelegte Forschungsaufenthalt im Ausland fand bei ihr nicht 1982 in einem sozialistischen Land statt, sondern von Januar bis März 1985 in den USA, in Baltimore.[309] Individuelle Kaderpläne und Gespräche waren nicht unkonkret, aber mit Spielraum ausgestattet und ohne schriftliche Begründungen, wenn angegebene Punkte sich änderten, wegfielen oder mit Zeitverzug erfüllt wurden. Die Wissenschaftlerinnen, die in den 1970er Jahren und später ihre akademische Berufslaufbahn starteten, kamen nicht mehr auf die Idee, sich zu fragen oder sich gar zu entscheiden, ob sie eine Familie mit Kindern gründen oder eine Hochschulkarriere anstreben wollten. In der Regel verwirklichten sie beides und das gesellschaftliche Umfeld akzeptierte diese Entscheidung. Besagte Informatikerin wurde im September 1989, im Alter von 42 Jahren, zur Professorin berufen und setzte ihre Professorinnenlaufbahn bis 2014 fort.[310]

In diversen Gesprächsrunden, z. B. „Treffpunkt Rektor" oder „Treffpunkt Leiter",[311] so genannt an der Universität Greifswald, in „Aussprachen" beim Kaderdirektor an der PH Potsdam oder an der TU Dresden sollten jährlich Gespräche mit Hochschullehrerinnen, Assistentinnen, Forschungsstudentinnen bzw. Aspiranten über Karriereplanungen, Karrierehindernisse und zukünftige berufliche Entwicklungsmöglichkeiten stattfinden.[312] Unverblümt offen wurde jedoch in „Erfüllungsberichten zum Frauenförderungsplan" oft aufgelistet: „Es ist nicht bekannt, ob der Rektor Aussprachen mit Forschungsstudentinnen und Aspirantinnen führte"; „Ob die Aussprachen mit [künftigen] Hochschullehrerinnen stattfanden, kann nicht gesagt werden"; „Zum ‚Treffpunkt Leiter' kann ebenfalls keine Stellung genommen werden", es fehlten die Informationen. „Es ist nicht bekannt, ob [die ...] Aussprache gemeinsam mit dem Rektor und dem Frauenausschuss stattgefunden hat."[313]

Fanden Gespräche zwischen den staatlichen Leitern, den Rektoren bzw. Sektionsdirektoren und Wissenschaftlerinnen statt, wie in Greifswald im Dezember 1975,

---

[307] Vgl. Protokolle Kadergespräche, 9. Juli 1973 und 24. Mai 1977; Kaderentwicklungsplan, 2. Februar 1978; Delegierung zur planmäßigen Aspirantur, 8. März 1979, in: Privatarchiv Prof. Beate Meffert (im Besitz der Autorin). Meffert: Tätigkeit in Forschung, Lehre, Erziehung, Mai 1983, in: Berufungsakte, in: BAB DR 3 B 609.
[308] Vgl. Berufungsantrag, September 1983, Berufungsakte, in: BAB DR 3 B 608.
[309] Vgl. Berufungsakte, Personalbogen, 9. November 1988, in: ebenda.
[310] Vgl. Interview 3; Prof. Dr. Beate Meffert, Fünf Jahre Humboldt-Universität, S. 1–3; Frauen auf dem Campus Adlershof, S. 78–83.
[311] So hießen die Kadergespräche (Personalgespräche) auf Sektionsebene.
[312] Vgl. Entwurf zum Frauenförderungsplan 1975, in: Archiv Universität Greifswald UGL 788; Frauenförderungsplan 1977, in: Archiv TU Dresden Rektorat 397.
[313] Erfüllungsbericht Frauenförderungsplan 1976, 1978, in: Archiv Universität Greifswald R (nF) 432.

hießen die bereits bekannten Ursachen und Gründe für die unzureichende Zahl an Hochschullehrerinnen: Häufiger Betreuer- und Themenwechsel während der Promotionsphase; Kadergespräche finden nicht statt; beruflicher Einsatz nach der Qualifizierung ist ungeklärt. Bei der Auswahl von Nachwuchswissenschaftlern werden männliche Bewerber bevorzugt; Hauptaugenmerk wird auf die Lehre, auf „Erziehung und Ausbildung" der Studenten gelegt, Forschung und Qualifizierung zur Privatsache erklärt. Frauenförderungs- und Kaderentwicklungspläne werden für die Ablage geschrieben, als ständiges Arbeitsdokument der Leiter dienen sie nicht. „Bei der Berufung von Frauen zum Hochschullehrer werden von den Sektionsleitungen höhere Maßstäbe hinsichtlich der Qualifikation gestellt." Wissenschaftlerinnen verließen die Hochschule wegen fehlenden Wohnraums und Kinderbetreuungsmöglichkeiten.[314] Die Lehrstuhlleiter und Sektionsdirektoren mussten ihrerseits immer wieder feststellen, dass auch bei sehr guten Absolventinnen eine geringere Bereitschaft zur Promotion vorhanden war als bei den männlichen Absolventen. Der Trend blieb bestehen, dass zu wenige Frauen sich für eine wissenschaftliche Laufbahn entschieden. Die Rolle der Männer, die Partner der Wissenschaftlerinnen, geriet nun in den Blick. Sehr oft hatten die Frauen ebenfalls Wissenschaftler geheiratet, meist aus dem gleichen Fach. Der Kaderchef von der TH Ilmenau fasste seine Sicht 1976 so zusammen: Eine „gleichzeitige wissenschaftliche Entwicklung beider Ehepartner [ist] nur schwierig zu bewältigen, wenn die Erziehung der Kinder nicht vernachlässigt werden soll. [...] Die Entwicklung eines Ehepartners stagniert dann nach dem Diplom bzw. der Promotion [...]. Das ist auch heute oft [...] noch die Frau, die dann ihre Entwicklung als wissenschaftliche Mitarbeiterin oder Lehrer im Hochschuldienst abgeschlossen sieht."[315] Da Familie, Kinder und Haushalt wie selbstverständlich nach wie vor eher Frauensache war, hatte der Partner somit in jüngeren Jahren auch schneller die nächste Qualifikationsstufe erreicht. Aus der Greifswalder Universität hieß es zu diesem Thema: „Der bereits höher qualifizierte Mann wird [...] für wichtiger und wertvoller angesehen und hält sich selbst dafür. Wird er an einen anderen Ort berufen, so folgt ihm die Frau selbst unter Aufgabe eines [...] Qualifizierungsverfahrens, ohne Rücksicht auf die eigene Perspektive. Der Qualifiziertere ist zumeist auch der besser Verdienende – und der Kreis schließt sich." Die Frauen-Aktivistinnen forderten, diesen „Kreis, wo immer es möglich ist, [...] zu durchbrechen, jedoch nicht um jeden Preis!" Auch fragten sie, ohne Antwort zu bekommen: „Während berufstätige Mütter selbst ganzjährige Studienaufenthalte ihrer Ehemänner [im Ausland ...] überbrücken, sind Bereitschaft und Fähigkeit der Väter keineswegs in gleichem Maße entwickelt."[316]

An der PH Potsdam äußerte der Direktor für Kader und Qualifizierung ohne Scheu, dass die fehlende Qualifikation mit Promotion und Habilitation bei den Wissenschaftlerinnen nur eine Seite der fehlenden Gleichberechtigung darstelle.

---

314 Vgl. Treffpunkt Rektor, Frauenförderungsplan, 2. Dezember 1975, in: ebenda.
315 Protokoll des Rundtischgesprächs Frauenkommission und HGL, 3. Mai 1976, in: Archiv TU Ilmenau 9397.
316 Entwurf Frauenförderungsplan 1975, in: Archiv Universität Greifswald UGL 124.

Die Leitungsfunktionen und Hochschullehrerstellen waren in der Regel bereits mit männlichen Kollegen besetzt und damit „seien die Möglichkeiten der Berufung von weiblichen Hochschullehrern auch in Zukunft, [bis in die 1980er Jahre ...] sehr begrenzt."[317] Oder es hieß: Die Entwicklung der Wissenschaftlerinnen werde gehemmt durch die Familienpflichten, „relativ spätes Beginnen mit wissenschaftlicher Arbeit, auch oft Unterbrechung von Qualifizierungsvorhaben durch Schwangerschaft".[318] Eine Nachwuchswissenschaftlerin eines naturwissenschaftlichen Faches von der Humboldt-Universität wollte den Blick bei der Frauenförderung mehr auf das Umfeld und die gesellschaftliche Stimmung gerichtet wissen. Auf einer zentralen Konferenz des Hochschulministeriums mit dem Zentralvorstand der Gewerkschaft Wissenschaft 1976 in Ost-Berlin erklärte sie, sie verdanke die Möglichkeit zu promovieren, obwohl sie Familie mit zwei kleinen Kindern hatte, nicht einem Frauenförderplan, sondern der Hilfe und dem Verständnis ihres ebenfalls in der Wissenschaft tätigen Ehemannes bzw. ihrer Arbeitsgruppe. Ihrem Partner und ihren Kollegen sei klar gewesen, dass sie als junge Mutter ihre wissenschaftliche Tätigkeit, ihre experimentelle Arbeit, d. h. also ihre Arbeitszeit, nicht beliebig ausdehnen konnte. Begrenzte Freistellung von Lehrverpflichtungen und Arbeitsurlaub sowie die umfassende Unterstützung ihres Mannes in allen Familienangelegenheiten hätten sie mit an das Ziel, eine Dissertation anzufertigen, geführt. Und gleichzeitig fragte sie öffentlich in die Runde und sprach damit einen wunden Punkt an: „Wie aber reagiert ein staatlicher Leiter, wenn ein junger Wissenschaftler bestimmte Aufgaben, Dienstreisen usw. mit Rücksicht auf seine wissenschaftlich tätige Frau ablehnt oder gar um Freistellung wegen Erkrankung des Kindes bittet? Ich bin nicht sicher, dass [...] die Gleichberechtigung überall in der Praxis freudig akzeptiert wird; [...] worin besteht zielgerichtete Frauenförderung unter den genannten Umständen [...]?"[319]

Ein Problem mit den Wissenschaftlerinnen wollten die Lehrstuhlleiter, Sektionsdirektoren und Kaderchefs der Hochschulen in der Teilzeitbeschäftigung sehen. Diese behindere, so deren Überzeugung, Qualifizierungsprogramme und den Einsatz der Akademikerinnen in Leitungspositionen. In jedem Frauenförderungsplan wurde darauf verwiesen, dass es trotz mannigfaltiger Gespräche nicht gelang, Wünsche nach Teilzeitarbeit einzudämmen.[320] Eine wissenschaftliche Expertise von 1975 sollte Ursachen der Teilzeitbeschäftigung, insbesondere bei hochqualifizierten Frauen nachgehen.[321] Immerhin elf Prozent betrug der jährliche Anteil der Teilbeschäftigung bei Hoch- und Fachschulkadern. Aus Befragungen

---

[317] Direktorat für Kader und Qualifizierung: Erfüllung des Frauenförderungsplanes, 10. Juni 1977, in: Archiv Universität Potsdam PH 6762.
[318] Direktorat für Kader und Qualifizierung: Stand des Frauenförderungsplanes, 1. November 1979, in: ebenda.
[319] Frauenförderung beim wissenschaftlichen Nachwuchs, 1976, in: Archiv HU Rektorat 1008.
[320] Vgl. Bericht zur Frauenförderung 1973, in: Archiv TU Dresden Rektorat 401; Stellungnahme zum Frauenförderungsplan 1978, 22. Februar 1979, in: ebenda, Rektorat 414.
[321] Vgl. Helga Seifert, Ursachen der Teilzeitbeschäftigung in Verbindung mit der Arbeitskräftebilanzierung des Territoriums, in: SAPMO-BA DY 53/871.

5. Fortschritt und Stillstand in der Gleichstellung – die 1970er Jahre 89

gingen die Gründe dafür hervor: An erster Stelle stand – wie bereits bekannt – die noch unzureichende Zahl von Kinderkrippen- und Kindergärtenplätzen. In der Stadt Greifswald beispielsweise lag der Ausstattungsgrad mit Krippenplätzen 1976 bei der Hälfte.[322] Für Grundschulkinder bis zu zehn Jahren fehlten Betreuungsmöglichkeiten für den Nachmittag. Auch gaben betroffene Frauen an, lange Wegzeiten – von der Wohnung zur Kindereinrichtung, zum Institut/Betrieb, angewiesen auf öffentliche Verkehrsmittel – zeitlich mit einer Vollzeitstelle nicht bewältigen zu können. Als nächstes wurden gesundheitlich Gründe genannt, eigene gesundheitliche Einschränkungen, Krippenunfähigkeit des Kindes oder zu pflegende Familienangehörige. Auch das Fehlen von Dienstleistungseinrichtungen, z. B. Reinigungen oder Einkaufsmöglichkeiten, wurden genannt. Aber immerhin „ein Viertel der Befragten gab an, dass die Teilbeschäftigung auf einen Einfluss des Ehemannes zurückzuführen sei." Diese Aussagen trafen besonders viele Hochschulkader. „Die Ehemänner dieser Mitarbeiter sind als staatliche Leiter, Lehrer, [Wissenschaftler …] oder Funktionäre tätig und können sich nach Angaben der Ehefrauen kaum um Haushalt und Erziehung der Kinder kümmern. Hier spielt neben objektiven Faktoren, wie verlängerte und unregelmäßige Arbeitszeit, […] Schichtarbeit und häufige Abwesenheit vom Wohnort, auch noch die überlieferte Meinung eine Rolle, Hausarbeit und Kindererziehung sei Sache der Frau und Geldverdienen Sache des Mannes."[323] Die Expertise umfasste Lösungsvorschläge wie: Teilzeitbeschäftigung grundsätzlich nur befristet auf ein bis drei Jahre zu gewähren; die Zahl der Kinderbetreuungseinrichtungen zu erhöhen, ihre Öffnungszeiten von 6 Uhr morgens bis 20 Uhr abends auszuweiten und eine bessere Ganztagsbetreuung auch für Grundschulkinder zu gewährleisten. Der generelle Schluss hieß jedoch, dass rund zwei Drittel der befragten Frauen „aus gesellschaftlich gerechtfertigten Gründen teilbeschäftigt sind".[324]

Gleichwohl waren und blieben die Frauenförderungspläne wie das Aufgabentableau der Frauenkommissionen in den 1970er Jahren voll mit unverbindlichen, die Rektoren, Sektionsdirektoren, Lehrstuhlinhaber und Kaderleiter wenig verpflichtenden und nicht abrechenbaren Absichtserklärungen wie: Vorrangige Aufgabe ist die Entwicklung von Wissenschaftlerinnen zur Hochschullehrertätigkeit, insbesondere in den mathematisch-naturwissenschaftlichen und technischen Fachrichtungen. Der Anteil der Forschungsstudentinnen muss mindestens dem Anteil weiblicher Studierender des jeweiligen Fachs entsprechen. Perspektivisch soll der Anteil der Wissenschaftlerinnen auf 40 Prozent erhöht werden. Der fristgemäße Abschluss der Promotionen bei Forschungsstudentinnen, Aspirantinnen und Assistentinnen ist zu gewährleisten. An den Universitäten und Hochschulen verbleibende unbefristete und promovierte wissenschaftliche Mitarbeiterinnen sind zum Erwerb der Facultas Docenti zu verpflichten. Ihnen sind die „Etappen

---

[322] Vgl. Frauenförderungsplan 1976, in: Archiv Universität Greifswald R (nF) 432.
[323] Helga Seifert, Ursachen der Teilzeitbeschäftigung in Verbindung mit der Arbeitskräftebilanzierung des Territoriums, in: SAPMO-BA DY 53/871.
[324] Ebenda.

ihrer Entwicklung zum Hochschullehrer" aufzuzeigen. Der Anteil zur Berufung weiblicher Hochschullehrer muss mindestens zehn Prozent betragen. Die bei den Leitern und Mitarbeitern, aber auch bei den Frauen selbst, bestehenden „ideologischen Hemmnisse", „Ressortdenken, Theorie des Selbstlaufs, Selbstbescheidung und Genügsamkeit" sind „zielstrebig zu überwinden". Kontinuierliche Einschätzungen, Berichterstattungen, ständige Kontrollen sind für die Leiter verpflichtend. Und immer lagen die naturwissenschaftlichen und technischen Sektionen,[325] allen voran die Physik, bei der Erfüllung der Ziele weit unter dem Durchschnitt.[326] Hinzu kommt der Eindruck beim Lesen der vielfältigen Frauenförderpläne, dass zum Ende der 1970er Jahre, ein Nachlassen von Aktivitäten und Kontrolle, ein Müdewerden in Sachen Förderung von Wissenschaftlerinnen um sich griff. Lag die Ursache darin, dass die vielfältigen Bemühungen vonseiten der Frauen selbst und der der staatlichen Leiter, die unter Berichtszwang standen, nur langsam Fortschritte erkennen ließen?

Eine Berufslaufbahn in der Wissenschaft – egal ob für Frauen oder Männer – brauchte seine Zeit. Vom Studium über das Promovieren, Lehrverpflichtungen absolvieren, Wissenschaftsverwaltung und Studentenbetreuung übernehmen, eine Leitungsfunktion in Wissenschafts-, Partei- bzw. Gewerkschaftsgremien auszufüllen, Auslands- und sogenannte Praxiserfahrung sammeln, das B-Promovieren und die Facultas Docenti erwerben – damit konnten gut 15 bis 20 Jahre vergehen. Seit Beginn der 1960er Jahre wurde von oben, von Staats- und SED-Seite, versucht, systematisch Frauen in Forschung und Wissenschaft zu fördern und hier vor allem Wissenschaftlerinnen für die volkswirtschaftlich so benötigten naturwissenschaftlich-technischen Sparten zu gewinnen. Mitte und zum Ende der 1970er Jahre mussten sich Erfolge einstellen. Auch wenn die Erwartungen nicht erfüllt wurden – viele Frauenförderungspläne allgemein, ohne abrechenbare Ziele und ohne Konsequenzen bei Nichtumsetzung blieben, die Pläne sporadisch, ad hoc und oft nur zu Berichtszwecken produziert wurden, immer wieder alle Hoffnungen auf den wissenschaftlichen Nachwuchs gerichtet waren und die Frauenkommissionen eher nur soziale Belange zu regeln vermochten – waren zum Ende der 1970er Jahre Fortschritte zu erkennen. Immer mehr Frauen kämpften sich die Karriereleiter hoch. Und individuell – gepaart mit Rahmenbedingungen wie Nutzung von Kinderbetreuungseinrichtungen – arrangierten sie sich in der Ehe mit dem Partner, zumeist ebenfalls ein Akademiker, um auch auf Familie mit Kindern nicht zu verzichten. Sie lebten ihren Beruf als Wissenschaftlerin.

---

[325] Zu den Technischen Fachrichtungen zählten: Maschinenwesen, Werkstoffwesen, Verfahrenstechnik, Elektrotechnik/Elektronik, Bauwesen, Verkehrswesen, Bergbau, Energietechnik. Vgl. Gewerkschaft Wissenschaft, ZV, 2. Juni 1983, in: SAPMO-BA DY 53/965.

[326] Vgl. Ordnung der Humboldt-Universität zur Entwicklung sozialistischer Frauenpersönlichkeiten, 5. August 1970, in: Archiv HU Rektorat 921; Frauenförderplan TH Ilmenau 1976, 29. Januar 1976, in: Archiv TU Ilmenau 7146; Beratung des Direktors Kader und Qualifizierung mit der Sektion Mathematik/Physik, 14. November 1975; Frauenförderungsplan 1979 und Erfüllung des Planes der PH Potsdam, beide in: Archiv Universität Potsdam PH 6762; Frauenförderungsplan der HU 1975, in: Archiv HU Rektorat II 859.

5. Fortschritt und Stillstand in der Gleichstellung – die 1970er Jahre 91

Der Anteil von studierenden Frauen im Hochschul- und Direktstudium hatte sich von 1970 von 35 Prozent auf 49 Prozent 1980 erhöht und damit hatten die weiblichen Studierenden mit den männlichen gleichgezogen. 1970 studierten rund 50.700 Frauen im Hochschul- und Direktstudium, 1980 waren es 63.300.[327] 1970 lag die Zahl der Studienanfängerinnen im Hochschul- und Direktstudium bei 13.800, 1980 bei 14.200 – war damit zahlenmäßig fast unverändert, jedoch anteilmäßig – auf Kosten der männlichen Studierenden – von 45 auf 53 Prozent gestiegen.[328] Ihr Hochschuldirektstudium beendeten 1970 5.200 Frauen, die Zahl der weiblichen Absolventen betrug 1980 10.100.[329] Vergleicht man die Entwicklung der Zahlen der Studierenden im Hochschulbereich, so zeigte sich, dass rund 25 Jahre erforderlich waren, um in der Hochschulbildung gleiche Anteile zwischen den Geschlechtern zu erzielen.[330] Das Erreichte war beachtlich. Die rechtlichen und sozialen Regelungen in der DDR erzielten ihre Wirkung. Erhebliche Abweichungen hingegen bestanden weiterhin in den Wissenschaftsdisziplinen. 1970 lag der Studentinnenanteil in Mathematik/Naturwissenschaften[331] bei 39 Prozent, 1980 bei knapp 50 Prozent, in den Technikwissenschaften bei 20 und dann bei 30 Prozent.[332] Die Physik hatte unter den Naturwissenschaften bezüglich der weiblichen Studierenden immer den niedrigsten Anteil. Es war und blieb das männerdominierte Fach. Im Jahr 1981 studierten im Fach Diplomphysik 286 Frauen, ihr Anteil betrug 19 Prozent[333] und wich damit erheblich vom Durchschnitt der Fachrichtung Mathematik/Naturwissenschaften ab. Im Diplommathematikstudiengang studierten 1981 345 Frauen, der Anteil war doppelt so hoch wie in der Physik, er lag bei 41 Prozent.[334] Und den Studiengang Chemie belegten 1.600 Frauen, anteilmäßig 61 Prozent. Die Biologie wurde in der vorliegenden Statistik nicht ausgewiesen, die Zahlen dürften noch höher als in der Chemie gewesen sein.[335] Höhere Anteile von

---

[327] Vgl. Karin Hildebrandt, Geschlechtstypische Merkmale von Wissenschaftlerinnen, S. 6; dies., Wissenschaftlerinnen im Hochschulwesen der DDR, S. 41.
[328] Vgl. Irene Lischka, S. 300.
[329] Vgl. Karin Hildebrandt, Wissenschaftlerinnen im Hochschulwesen der DDR, S. 41.
[330] Der kurze Blick in die BRD: 1970 lag der Anteil der Studentinnen an Universitäten und Hochschulen (ohne Technische Hochschulen) bei 29 Prozent, 1980 bei 43 Prozent. Vgl. Lothar Mertens, Vernachlässigte Töchter der Alma Mater, S. 138.
[331] In den offiziellen DDR-Statistiken wurden die naturwissenschaftlichen Fächer nicht getrennt ausgewiesen.
[332] Vgl. Karin Hildebrandt, Wissenschaftlerinnen im Hochschulwesen der DDR, S. 42.
[333] Die Zahl der Physikabsolventinnen in der DDR betrug 1981 43 Frauen (14 Prozent), die der Mathematikabsolventinnen 72 (29 Prozent), die der Chemie 218 (47 Prozent). Vgl. Zahlen Studierender und Absolventinnen nach Fachrichtungen im Hochschulbereich, 1981, in: SAPMO-BA DY 53/965.
[334] An der Humboldt-Universität Berlin nahmen 1978 das Studium Physik/Kristallographie 50 Studierende auf, davon sieben Frauen, ein Meteorologiestudium nahmen zehn Studierende auf, davon drei Frauen. Die Zulassung zu einem Mathematikstudium erhielten 70 Studierende, darunter waren 22 Frauen Vgl. Studienrichtungen, Zulassung 1978, in: Archiv HU Rektorat II 859.
[335] Vgl. Gewerkschaft Wissenschaft: Entwicklung des Frauenanteils im Hochschulbereich, 1987, in: SAPMO-BA DY 53/965.

Studentinnen fanden sich 1980 in der Pädagogischen Studienrichtung mit 74 Prozent, in Literatur- und Sprachwissenschaften mit 72 Prozent oder in der Wirtschaftswissenschaft mit 76 Prozent.[336] Diese Zahlen und hohen Anteile setzten sich bei den Wissenschaftlerinnen in Lehre und Forschung an den Universitäten und Hochschulen nicht fort. Die Frauen holten auf der untersten Statusstufe im Wissenschaftlerbereich auf: Ihr Anteil an den wissenschaftlichen Mitarbeiterinnen stieg von 28 Prozent 1975 auf immerhin 33 Prozent 1980. In Zahlen hieß das: 1975 gab es im Hochschulbereich der DDR rund 6.300 wissenschaftliche Mitarbeiterinnen und 1980 8.640.[337] Einzuschränken sind die positiven Zahlen mit dem Verweis, dass der Anteil der Oberassistentinnen 1980 bei nur 16 Prozent lag, der der unbefristeten Assistentinnen bei 35 Prozent.[338] Der positive Trend bei den Studentinnen- und wissenschaftlichen Mitarbeiterinnenzahlen setzte sich somit bereits auf der Stufe der Oberassistentinnen und schon gar nicht bei den Dozentinnen- und Professorinnenzahlen fort. 1975 gab es 78 Professorinnen (3,6 Prozent), 1980 112 (4,4 Prozent); die Zahl der Dozentinnen betrug 1975 242 (10 Prozent) und 1980 255 (10 Prozent).[339] Im Vorgriff zu den 1980er Jahren kann hier schon verwiesen werden, dass die Anteile der Wissenschaftlerinnen bei den Oberassistenten, Dozenturen und Professuren sich kaum noch erhöhten, wohl aber die absoluten Zahlen.[340] Bei den Dozenten und Professoren spielten die Männer weiterhin die dominierende Rolle. Erhebliche Abweichungen zeigten sich bezüglich der wissenschaftlichen Lehrkräfte – Professoren, Dozenten, wissenschaftliche Mitarbeiter – nach einzelnen Fachdisziplinen: In den Mathematik/Naturwissenschaften betrug der Frauenanteil 1975 16 Prozent und 1982 17 Prozent. Die absoluten Zahlen wuchsen von 720 auf 828. Im Vergleich dazu lagen die Frauenanteile in den Technischen Wissenschaften bei zehn Prozent 1975 und zwölf Prozent 1982; jedoch in den Gesellschaftswissenschaften bei 34 Prozent 1975 und 1982 bei 40 Prozent.[341] Insgesamt weit abgeschlagen lagen die Professorinnenanteile von 2,6 Prozent 1979 und die Dozentinnenanteile mit 4,5 Prozent in den mathematisch-naturwissenschaftlichen Fächern.[342] Diese Zahlen wurden 1979 erstmalig intern statistisch erfasst. In absoluten Zahlen hieß das: Im Fach Mathematik und allen

---

[336] Der Anteil weiblicher Studierender 1980 in der Medizin lag bei 57 Prozent, in Philosophie, Geschichte und Staats- und Rechtswissenschaften bei 45 Prozent, in Kultur-, Kunst- und Sportwissenschaften bei 65 Prozent. Vgl. Karin Hildebrandt, Wissenschaftlerinnen im Hochschulwesen der DDR, S. 42.
[337] Vgl. Gewerkschaft Wissenschaft, Zentralvorstand: Frauenanteile bei Wissenschaftlerinnen, 5. April 1979, 1980, in: SAPMO-BA DY 35/965.
[338] Beispiel: An der TU Dresden steigerte sich der Anteil der wissenschaftlichen Mitarbeiterinnen von 1971 zwölf auf 1979 22 Prozent. Vgl. Abrechnung mit Frauenförderungsplan 1975, in: Archiv TU Dresden Rektorat 400; Direktor für Kader: Abrechnung des Frauenförderungsplanes 1979, in: ebenda, Rektorat 412.
[339] Vgl. ebenda; Karin Hildebrandt, Geschlechtstypische Merkmale von Wissenschaftlerinnen, S. 7.
[340] Vgl. Karin Hildebrandt, Wissenschaftlerinnen im Hochschulwesen der DDR, S. 9.
[341] Vgl. Gewerkschaft Wissenschaft, Zentralvorstand: Frauenanteil an den wissenschaftlichen Lehrkräften, 18. April 1983, in: SAPMO-BA DY 53/965.
[342] Vgl. Karin Hildebrandt, Geschlechtstypische Merkmale von Wissenschaftlerinnen, S. 11, 28.

weiteren vier Naturwissenschaften der DDR-Statistik – Physik, Chemie, Geowissenschaften und Biologie – gab es elf ordentliche Professorinnen und 17 Hochschuldozentinnen.[343]

Eine nachholende Qualifizierung verzeichnete man bei den Wissenschaftlerinnen in den 1970ern mit den Promotionen A. Im Jahr 1975 betrug der Anteil der abgeschlossenen Promotionen A bei den Frauen 22 Prozent und fünf Jahre später 30 Prozent. Konkretisiert auf die Sparte der Mathematik/Naturwissenschaften hieß das: 1970 promovierten 125 Naturwissenschaftlerinnen – Anteil von 16 Prozent; 1980 waren es 151 Naturwissenschaftlerinnen – der Anteil betrug 25 Prozent.[344] Bei den Habilitationen, sprich den Promotionen B, zeigten sich Steigerungen im Frauenanteil, von einem nachholenden Durchbruch konnte jedoch nicht gesprochen werden. 1970 schlossen nur 27 Wissenschaftlerinnen erfolgreich ihre Promotion B ab; im Jahr 1975 waren es 18 und im Jahr 1980 immerhin 97. Anteilmäßig lagen diese Zahlen 1970 und 1975 bei 5,5 Prozent und 1980 bei 14 Prozent. Der Blick auf die Sparten Natur- und Technikwissenschaften war noch düsterer: Im Jahr 1970 habilitierten sieben Frauen (fünf Prozent) in der Mathematik/Naturwissenschaften, 1975 keine, 1980 13 (acht Prozent) von insgesamt 156. In den Technischen Wissenschaften habilitierte 1970 eine Frau, 1975 keine, 1980 drei.[345] Die absoluten Zahlen der sich jährlich habilitierenden Wissenschaftlerinnen waren insgesamt zu gering, um eine ausreichend große Gruppe von Frauen für Dozentinnen- bzw. Professorinnenberufungen bzw. für Leitungsposten im Hochschulbereich wie Rektoren, Sektionsdirektoren u. ä. zu bilden.[346] Das traf besonders auf die Natur- und Technikwissenschaften zu. Im Hochschulministerium und bei den SED-Frauenpolitikerinnen reifte in den 1970er Jahren die Erkenntnis, dass die Wissenschaftlerinnenproblematik sich vor allem auf der Stufe der B-promovierten und mit Facultas Docenti ausgestatteten Hochschullehrerin abspielte. Hier lag das „Nadelöhr" auf dem Weg Gleichstellung im Universitätsbetrieb. Die Problemerkenntnis zog hingegen noch keine innovativen neuen Maßnahmen nach sich.

---

[343] 1979: In den Technikwissenschaften: 5 Professorinnen, 15 Hochschuldozentinnen; in der Medizin 18 Professorinnen (fünf Prozent), 51 Hochschuldozentinnen (15 Prozent); in den Gesellschaftswissenschaften 62 Professorinnen (acht Prozent) und 128 Hochschuldozentinnen (14 Prozent). Vgl. Gewerkschaft Wissenschaft, Frauenanteile an Lehrkräften 1979–1982, 2. Juni 1983, in: SAPMO-BA DY 53/965.

[344] Vgl. Anke Burkhardt, Doris Scherer, Förderung des wissenschaftlichen Nachwuchses, S. 72. Zum Vergleich: 1970 betrug der Anteil der weiblich Promovierenden in der Medizin 51 Prozent, 1980 47 Prozent; in den Technischen Wissenschaften zwei Prozent 1970, 1980 sieben Prozent oder in den Literatur- und Sprachwissenschaften 29 Prozent 1970 und 56 Prozent 1980. Vgl. ebenda.

[345] Vgl. ebenda, S. 79.

[346] Unter staatlichen Leitungsposten der „1. Leitungsebene" im Hochschulbereich wurden die Funktionen Rektor, Prorektoren, Leiter der Fakultäten, alle Direktoratsleiter bzw. die Verwaltungsleiter verstanden. Die „2. Leitungsebene" umfasste die Sektionsdirektoren bzw. die Direktoren der angeschlossenen Institute. Für alle diese Positionen sollten/mussten die Kandidaten und Kandidatinnen habilitiert und Professuren innehaben. Vgl. Aspekte der internationalen Beziehungen der Karl-Marx-Universität Leipzig. S. 14.

Zusammenfassung: Die 1970er Jahre hindurch konnten beträchtliche Steigerungsraten bei den weiblichen Studierenden von zirka 25 Prozent 1970 bis knapp 49 Prozent 1980 erzielt werden. Die Frauen zogen im Hochschul- und Direktstudium mit den Männern gleich. Das galt auch für die naturwissenschaftlichen, jedoch nicht für die technischen Studienfachrichtungen. Auch innerhalb der Naturwissenschaften waren die Unterschiede noch groß. Im Fach Physik betrug der Studentinnenanteil 1981 19 Prozent, im Fach Mathematik immerhin 41 Prozent. Außerdem gelang es in diesem Jahrzehnt über ein differenziertes Netz an Unterstützungsmaßnahmen, dass schwangere bzw. Studentinnen mit Kind ihr Studium in der vorgegebenen Regelstudienzeit erfolgreich absolvierten. Die Frauen holten auf der niedrigsten Statusstufe in der Wissenschaftlerhierarchie – auf der Ebene der wissenschaftlichen Mitarbeiterinnen, der befristeten und unbefristeten Assistentinnen – auf. Ihr Anteil betrug 1980 33 Prozent. In den Naturwissenschaften lag er mit 17 Prozent deutlich darunter, in der Physik dürften es nur 12 bis 14 Prozent gewesen sein. Gleichfalls holten die Wissenschaftlerinnen bei den Promotionen auf. Ihr Anteil an den Promotionen A wuchs von 22 auf 30 Prozent 1980, in den Naturwissenschaften lag er bei 25 Prozent. Auffällig war das Jahrzehnt hindurch, dass bei Verbesserungen in Zahl und Stellung von Wissenschaftlerinnen im Hochschulbereich – zumindest verbal – auf den weiblichen wissenschaftlichen Nachwuchs gesetzt wurde. Das von den Hochschulen gesteckte Ziel von anteilig zehn Prozent Hochschullehrerinnen – Dozentinnen und Professorinnen – konnte nicht erreicht werden. In den mathematisch-naturwissenschaftlichen Fächern blieb der Dozentinnenanteil bei 4,5 Prozent stehen. Noch bescheidener stand der Anteil der Professorinnen da: 2,6 Prozent im Jahr 1979. In der Fachrichtung Mathematik und den vier Naturwissenschaften im Hochschulbereich[347] soll es 1979 nur elf ordentliche Professorinnen gegeben haben. Die Zahl von ordentlichen Physikprofessorinnen dürfte an einer Hand abzuzählen gewesen sein. Drei sollen hier kurz vorgestellt werden.

Margit Rätzsch, geboren 1934, Karin Herrmann, geboren 1936 und Gisela Ranft, geboren 1937, – allen drei Physikerinnen war gemeinsam, dass ihre Professorinnenberufung vor dem 40. Geburtstag stattfand. Alle drei müssen Expertinnen ihres Faches gewesen sein. Anders als Lieselott Herforth – eine weitere namentlich hier bekannte und noch aktive Physikprofessorin, sie wurde 1977 emeritiert – entsprach Margit Rätzsch in Herkunft und Karriere eher den gewünschten SED-Vorstellungen einer Wissenschaftlerin.[348] Sie war die zweite Rektorin einer Technischen Hochschule in der DDR und Physikerin. Geboren 1934 im damaligen Teplitz-Schönau,[349] der Vater Bergmann, später Sicherheitsinspektor bei der Wismut, die Mutter Hausfrau, studierte sie Physik und Mathematik von 1952 bis 1956 an der Leipziger Universität. Sie trat 1956 der SED bei und in Form eines Parteiauftrags lehrte sie direkt nach dem Studium als Physikdozentin ein Jahr an der ABF in Leipzig. Danach

---

[347] Vermutlich hier gezählt ohne die Akademie der Wissenschaften.
[348] Vgl. ihre Berufungsakte, in: BAB DR 3 B 7412.
[349] Sie starb im August 2016.

5. Fortschritt und Stillstand in der Gleichstellung – die 1970er Jahre

folgten zwei Jahre Praxistätigkeit im Patentwesen in Leipzig. Zu dieser Zeit wurde auch ihre Tochter geboren. Verheiratet war sie mit dem DDR-bekannten Chemieprofessor Dr. Manfred Rätzsch, der zu dieser Zeit als Abteilungsleiter in den VEB-Leuna-Werken arbeitete. Die Ehe wurde später geschieden. Die Karriere von Margit Rätzsch ging sowohl wissenschaftlich als auch politisch rasant voran. Seit 1959 forschte und lehrte sie als Assistentin an der TH Leuna-Merseburg. Dort promovierte sie 1964 und habilitierte 1968. 1969 wurde sie zur ordentlichen Professorin für Chemische Thermodynamik berufen, 1975 diese Berufung ausgeweitet auf das Gebiet Physikalische Chemie.[350] Ihre wissenschaftlichen Forschungsergebnisse stellte sie auf Tagungen und Konferenzen im östlichen wie westlichen Ausland und in der UNO in New York vor. Sie gehörte verschiedenen nationalen und internationalen wissenschaftlichen Kommissionen des Faches Thermodynamik an.[351] Ihre physikalisch-chemischen Forschungsergebnisse führten mehrfach zur „Auslegung neuer Technologien unter komplexen Reaktionsbedingungen" im VEB Kombinat Leuna-Werke.[352] Sie wurde zum Mitglied der Akademie der Wissenschaften berufen und erhielt 1974 den Vaterländischen Verdienstorden in Gold. Bis 1976 leitete Rätzsch die Sektion Chemie der TH. 1979 übernahm sie das Amt des Prorektors für Naturwissenschaft und Technik an der Technischen Hochschule „Carl Schorlemmer" Leuna-Merseburg und von 1981 bis 1990 wurde sie zum Rektor ernannt.[353] Möglicherweise fiel es ihr nicht so leicht, Funktion für Funktion zu erfüllen. In einem Kadergespräch 1981 sprach sie aus, dass mit der Rektoratsübernahme „ihre bisherige erfolgreiche wissenschaftliche Arbeit nicht mehr in dem Umfang möglich ist, was sie persönlich bedauert".[354] Auch gab es in Personalgesprächen immer wieder Vermerke, dass „ihr eigenwilliger Arbeitsstil", „ihr manchmal zu stark auf die Füße treten anderer" und ihre „eigenwillige Auslegung von zentralen Festlegungen"[355] Kritik hervorrufe. Könnte das auf ein energisches Durchsetzungsvermögen und Selbständigkeit hindeuten, was bei Männern grundsätzlich positiv gewertet wurde, bei Frauen aber irritierte? Auch in der SED übte sie alle Stufen von Parteifunktionen zunächst an der TH aus, um schließlich sich ab 1981 als Mitglied der SED-Bezirksleitung Halle zu engagieren.[356] Das Rektorenamt übte Margit Rätzsch bis 1989 aus. Am 20. November 1989 wurde sie von ihrer Funktion vorzeitig entbun-

---

[350] Vgl. Berufungsurkunden, 1. September 1969, 18. Juni 1975, in: Berufungsakte Rätzsch, BAB DR 3 B 7412.
[351] U. a. wurde sie von 1985–1989 in Lyon zum Titular Member der IUPAC Commission on Thermodynamics gewählt – ein Ausweis ihrer wissenschaftlichen Klasse. Vgl. Schreiben der Ruhr-Universität Bochum, Lehrstuhl für Physikalische Chemie an Prof. Rätzsch, 10. September 1985 sowie Schreiben der IUPAC (International Union of Pure and Applied Chemistry), 28. Februar 1986, in: ebenda.
[352] Vgl. Rektorbeurteilung der Genossin Prof. Dr. rer. nat. habil. Margit Rätzsch, 5. Mai 1981, in: ebenda.
[353] Vgl. Lebenslauf, 11. Mai 1979; Kadergespräch, 22. Januar 1976; Kadervorlage, 12. Juli 1979; Personalkarte 1981, in: ebenda.
[354] Abteilung Kader: Aktennotiz, 10. April 1981, in: ebenda.
[355] Ebenda.
[356] Vgl. Personalbogen, 11. Mai 1979; Kadergespräch, 27. Januar 1987, in: ebenda.

den. Sie hatte sich vor allem mit ihrer SED-Bezirksleitungstätigkeit zu weit mit dem politischen System der DDR eingelassen. Lehrtätigkeit übte sie bis 1993 aus, sie ging im Alter von 59 Jahren in den Vorruhestand.

Gisela Ranft war eine Wissenschaftlerin an der Universität Leipzig im Fach der Kern- und Hochenergiephysik. Geboren 1937 in Zwickau, ihr Vater ein Angestellter, studierte sie von 1956 bis 1961 Physik in Leipzig, promovierte 1965 und habilitierte 1970.[357] Im Alter von erst 34 Jahren wurde sie ordentliche Professorin für Theoretische Physik.[358] Verheiratet war sie mit einem Physikprofessor, der ebenfalls an der Sektion Physik der Leipziger Universität lehrte und forschte. Die Ehe blieb kinderlos. Gisela Ranft trat 1962 in die SED ein, hatte aber dort keine höheren Funktionen inne. Sie muss eine außerordentlich befähigte Physikerin gewesen sein. Bereits vor ihrer Promotion forschte sie von 1962 bis 1964, dann nochmals 1965 bis 1967 an dem international bekannten Europäischen Kernforschungszentrum CERN in Genf, um 1967/68 am Rutherford-High-Energy Laboratory in Oxfordshire, Großbritannien, ihre Studien fortzusetzen. 1968/69 war sie in Sachen Forschung und mit einem Semester Spezialvorlesungen am University College in London tätig. Wissenschaftliche Vortragsreisen führten sie auch nach Italien und in die USA sowie in die osteuropäischen Länder Sowjetunion, Bulgarien, Polen. Ihr Forschungsgebiet war die „Elementarteilchenphysik: Vielteilchenerzeugung bei hoher Energie".[359] Gisela Ranft starb früh, bereits 1983, im Alter von nur 46 Jahren.[360]

Die dritte hier vorgestellte Physikprofessorin, die in den 1970er Jahren aktiv tätig war, hieß Karin Herrmann von der Humboldt-Universität Berlin. 1936 in Berlin geboren und Tochter eines ungelernten Arbeiters, beide Elternteile seit 1927 KPD-Mitglieder,[361] studierte von 1954 bis 1960 Physik in Ost-Berlin. Ihre Eltern ließen sich nach Kriegsende scheiden. Ihre Mutter fand eine Anstellung bei der Berliner SED-Landesleitung und heiratete wieder, den Alt-Kommunisten und KPD-Mann, späteren Verlagsleiter Walter Zwirner.[362] Man kann hier sicher davon ausgehen, dass Karin Herrmann aus einer kommunistisch geprägten Familie stammte.[363] Das Physikstudium, ihr Fachgebiet wurde die Festkörperphysik, beendete Herrmann hervorragend. Aus diesem Grund wurde sie von 1960 bis 1966 zu einem Zusatzstudium, das dann in eine Aspirantur umgewandelt wurde, nach Moskau an die Lomonossow-Universität delegiert. Dort promovierte sie 1966. In ihrer Moskauer Zeit, 1963, trat sie der SED bei und übte dort erste, nicht unbedeutende

---

[357] Vgl. Personalbogen, 1970, Berufungsakte, in: BAB DR 3 B 15153.
[358] Vgl. Berufungsurkunde, 1. September 1971, in: ebenda.
[359] Vgl. Gutachten, 14. Dezember 1970, in: ebenda.
[360] Vgl. Personalbogen 1970, handschriftlich ergänzt, in: ebenda.
[361] Nach der Scheidung ihrer Eltern 1947 war die Mutter in der SED-Landesleitung Berlin tätig, ihr Stiefvater, Walter Zwirner, ebenfalls langjähriges KPD-Mitglied und in der Résistance in Frankreich aktiv tätig, arbeitete nach 1945 als Verlagsleiter. Vgl. Lebenslauf, 1975, Berufungsakte, in: BAB DR 3 B 344.
[362] Walter Zwirner (1899–1952), in: Wer war wer in der DDR?, S. 1485 f.
[363] Vgl. Personalbogen, 1975; Lebenslauf 1975, Berufungsakte, in: BAB DR 3 B 344.

Funktionen aus. Seit 1966 lehrte und forschte Karin Herrmann wieder an der Humboldt-Universität, zugleich fand eine Umorientierung in ihrer Forschungsthematik statt hin zur Experimentalphysik, konkret in den Bereich der Tieftemperatur-Festkörperphysik. 1969 wurde Karin Herrmann zur Hochschuldozentin berufen.[364] Zu dieser Zeit arbeitete sie bereits an ihrer Habilitation. Parallel hatte sie zeitweise das Amt des Stellvertreters der Sektion für Erziehung und Ausbildung inne und 1969/70 bzw. ab 1974 gehörte sie der SED-Kreisleitung der Humboldt-Universität an. Von Lehr- und wissenschaftsorganisatorischen Arbeiten ab 1972 freigestellt, um sich dem Abschluss der Habilitation zu widmen, verteidigte sie Anfang 1975 ihre Dissertation B und wurde ein Jahr später, im Alter von 40 Jahren zum „Ordentlichen Professor für Experimentelle Physik" berufen.[365] Seit 1975 wirkte Karin Herrmann im „Wissenschaftlichen Beirat für Physik beim Ministerium für Hoch- und Fachschulwesen" mit, ab 1982 dort als Stellvertretende Vorsitzende. Sie war seit 1964 verheiratet mit dem Physikprofessor Dr. Rudolf Herrmann, der ebenfalls an der Ost-Berliner Universität lehrte und forschte. Ihre gemeinsamen Kinder wurden 1964 und 1970 geboren.[366] Mit 55 Jahren ging die Physikprofessorin Karin Herrmann 1991 in den Vorruhestand.[367] Ihr gleichaltriger Ehemann hingegen blieb im Beruf, nicht aber an der Humboldt-Universität.[368] Aus geführten Interviews mit ehemaligen Nachwuchswissenschaftlerinnen im Fachbereich Physik der Ost-Berliner Universität ging hervor, dass Karin Herrmann ihnen als Professorin und Frau Vorbild gewesen war.[369] Eine gleichaltrige Kollegin hingegen meinte im Interview über Karin Herrmann, dass das Anstreben einer Habilitation sie durch das Beispiel der Professorin Herrmann abgeschreckt habe. Diese hatte nun in allen Universitätsgremien sitzen müssen, sie hatte alle Funktionen inne und „sah dabei wirklich nicht glücklich aus". Überall war man dann „Mode" – in der Parteileitung, Sektionsleitung, Frauenkommission usw. Das Ausscheiden von Karin Herrmann aus dem Universitätsbetrieb 1991, so erinnerte sich die Interviewte, sei politisch begründet gewesen.[370]

Was war den drei Physikerinnen, die in den 1970er Jahren zu Professorinnen berufen wurden, gemeinsam: Die in den 1930er Jahren geborenen und in den

---

[364] Vgl. Berufungsurkunde vom 1. September 1969, in: BAB DR 3 B 344.
[365] Vgl. Berufungsurkunde, 1. September 1976, in: ebenda.
[366] Vgl. Personalbogen, 1975; Lebenslauf 1975, in: ebenda.
[367] Ihr Name tauchte im Vorlesungsverzeichnis Sommersemester 1991 der HU Berlin (S. 299) letztmalig auf.
[368] Prof. Rudolf Herrmann (geb. 1936) hatte 1992/93 eine Gastprofessur in Paris/Universität 7 (Pierre et Marie Curie), von 1993 bis 1996 in Japan/Kyoto, Ritsumeikan-Universität inne. Dort in Kyoto war er auch Berater des Konzerns HORIBA (Hersteller von https://de.wikipedia.org/wiki/Messger%C3%A4t" \o "Messgerät" Messgeräten und Systemen für die Bereiche Automobilprüfsysteme, Prozess- und Umwelttechnik, Medizinische Diagnostik und Halbleiterfertigung) und ab 1998 arbeitete er als wissenschaftlicher Mitarbeiter im Institut für angewandte Photonik in Berlin-Adlershof. Vgl. https://leibnizsozietaet.de/wp-content/uploads/2012/12/2012Klassen-lang.pdf. Zuletzt abgerufen am 27. November 2019.
[369] Vgl. Interview 23.
[370] Vgl. Interview 2.

1970er Jahren berufenen Physikerinnen hatten eine ausgesprochene mathematisch-physikalische Begabung, was nicht mit ihrer familiären Herkunft in Zusammenhang stand. Sie stammten eher aus sogenannten unterprivilegierten Familien – nicht aus Akademiker-, Techniker- oder Ingenieurfamilien –, eine Herkunft die mit dem SED-ideologischen Slogan „Brechung des bürgerlichen Bildungsprivilegs" in Verbindung gebracht werden kann. Straff und schnell absolvierten sie Studium, Promotion und Habilitation. Sie waren mit ihren Forschungsergebnissen im westlichen wie im östlichen Ausland bekannt, sicher waren sie „Meisterinnen ihres Faches". Alle drei Frauen waren mit Naturwissenschaftlern verheiratet, die ebenso eine wissenschaftliche Karriere im Hochschulbereich lebten. Zwei von den drei Frauen gründeten eine Familie mit Kindern. Alle drei Physikerinnen traten in jungen Jahren der SED bei, vermutlich zeitgleich mit ihrem Entschluss bzw. der Chance, eine Hochschullehrerinnenlaufbahn anzustreben. Ob dieser Parteieintritt aus Überzeugung oder Opportunismus mit Blick auf die Karriere geschah, konnte nicht beurteilt werden. Zwei von ihnen engagierten sich sehr in der SED und in ihren Gremien. Auf dem Weg zur Professur absolvierten und mussten sie verschiedene hochschulinterne und Parteifunktionen erfüllen. Das Karriereende kam für zwei mit dem Ende der DDR, mit der Inanspruchnahme der Vorruhestandsregelung. Es hatte auch mit ihrem Engagement in der SED-Staatspartei zu tun.

IV. Der Druck von „oben" nimmt zu – Frauenförderung als Chefsache – die 1980er Jahre

1. Entwicklung des Hochschulpersonals

Die rechtliche und ökonomische Gleichstellung der Frau, die flankierenden sozialpolitischen Maßnahmen, 20 Jahre Wissenschaftlerinnen-Förderung und 15 Jahre ein fast 50-prozentiger Anteil an Universitäts- und Hochschulabsolventinnen hatten die Unterrepräsentation von Frauen in der Wissenschaft und Forschung nicht aufgehoben. Warum zog das Agieren des Hochschulministeriums, das der SED-ZK-Abteilungen Wissenschaft bzw. Frauen in der Frage der Verbesserung von Karrierechancen für Wissenschaftlerinnen nicht bessere Resultate nach sich? Warum blieben SED-Wissenschaftspolitiker bzw. -politikerinnen auf diesem Politikfeld so wenig durchsetzungsstark und interventionsbereit? Wie entwickelte sich in den 1980er Jahren mit dem Blick der SED-Kaderplaner vom Ministerium für Hoch- und Fachschulwesen der „Lehrkörper" an den Universitäten und Hochschulen"[1] in der DDR? Eine Gesamtanalyse mit Stand vom 31. Dezember 1988 wurde der Abteilung Wissenschaft des ZK Anfang 1989 vorgelegt.[2] An den Universitäten und Hochschulen der DDR waren demnach 33.568 wissenschaftliche Lehrkräfte tätig, darunter fanden sich 2.944 Professoren und Professorinnen, 3.353 männliche und weibliche Hochschuldozentinnen und 27.239 wissenschaftliche Mitarbeiter und Mitarbeiterinnen.[3] Der jeweilige Anteil dieser drei Statusgruppen betrug knapp neun Prozent für Professuren, zehn Prozent für Dozenturen und 81 Prozent für wissenschaftliche Mitarbeiter. Die große Gruppe der wissenschaftlichen Mitarbeiter und Mitarbeiterinnen fächerte sich auf in: Oberassistenten, anteilmäßig 19 Prozent, unbefristete Assistenten zu 29 Prozent, befristete Assistenten zu 26 Prozent, Lektoren zu vier Prozent, Lehrer im Hochschuldienst zu 13 Prozent und Sonstige zu neun Prozent. Von diesen, kurz als Mittelbau bezeichneten, hatten nur rund ein Viertel ihrer Inhaber einen befristeten Arbeitsvertrag.[4] Die hohe Anzahl unbefristeter Beschäftigungsverhältnisse zeichnete den DDR-Hochschulbetrieb aus und war so selbstverständlich, dass sie keine Erwähnung in den Perso-

---

[1] Das Zahlenmaterial bezog sich auf die sechs Universitäten, auf elf Technische Universitäten und Technische Hochschulen, sieben Ingenieurhochschulen, drei Medizinische Akademien, zwei ökonomische Hochschulen und das Zentralinstitut für Hochschulbildung. Vgl. Auflistung der Einrichtungen: Analyse der Gesamtentwicklung der Lehrkörpers an den Hochschulen des MHF-Bereiches, 31. Dezember 1988, in: BAB DR 3 2. Schicht 386/2.
[2] Vgl. Analyse der Gesamtentwicklung des Lehrkörpers an den Hochschulen des MHF-Bereiches, 31. Dezember 1988, in: SAPMO-BA DY 53/871.
[3] Vgl. ebenda. 32 Personen wurden extra ausgewiesen als Künstlerische Lehrkräfte.
[4] Vgl. ebenda; Auswirkungen der Umstrukturierung der Hochschullandschaft in den neuen Bundesländern auf die Situation von Hochschullehrerinnen, Mai 1991, in: ADS BT/12. WP-121, Bl. 193.

Tabelle 7: *SED- und Frauenanteil nach Wissenschaftsgebieten 1980 und 1988*[5]

		SED-Anteil 1980 in %	SED-Anteil 1988 in %	Frauenanteil 1980 in %	Frauenanteil 1988 in %
Insgesamt	Professoren	76,7	82,9	4,4	4,9
	Dozenten	74,0	75,6	9,1	11,8
	wiss. Mitarbeiter	44,1	46,8	33,5	35,1
Mathematik, Naturwissenschaften	**Professoren**	**60,4**	**70,0**	**2,7**	**1,7**
	Dozenten	**58,8**	**65,7**	**4,2**	**4,8**
	wiss. Mitarbeiter	**38,5**	**39,8**	**20,7**	**22,4**
Technikwissenschaften	Professoren	79,9	86,8	1,0	1,0
	Dozenten	74,9	75,7	2,2	2,6
	wiss. Mitarbeiter	38,4	45,7	15,1	15,3
Medizin	Professoren	54,9	68,0	5,2	5,7
	Dozenten	41,6	48,0	13,8	15,2
	wiss. Mitarbeiter	20,7	26,1	39,6	43,2
Agrarwissenschaften	Professoren	72,2	82,3	2,0	3,1
	Dozenten	62,5	67,2	8,7	10,6
	wiss. Mitarbeiter	34,7	47,4	22,9	31,2
Marxismus-Leninismus	Professoren	100,0	100,0	6,3	8,2
	Dozenten	99,0	99,4	17,8	17,6
	wiss. Mitarbeiter	68,4	92,6	28,5	41,3
Gesellschaftswissenschaften	Professoren	93,5	93,6	7,0	8,7
	Dozenten	87,7	87,7	14,9	19,4
	wiss. Mitarbeiter	44,9	58,8	37,0	47,0

nalstatistiken fand. An den sechs Universitäten – Humboldt-Universität Berlin, Karl-Marx-Universität Leipzig, Martin-Luther-Universität Halle, Friedrich-Schiller-Universität Jena, Wilhelm-Pieck-Universität Rostock und Ernst-Moritz-Arndt-Universität Greifswald – waren gut die Hälfte aller Wissenschaftler und Wissenschaftlerinnen beschäftigt, an den elf Technischen Universitäten und Hochschulen weitere 30 Prozent. Obwohl die Personalplaner vom Hochschulministerium und der ZK-Wissenschaftsabteilung in jeder Wissenschaftler-Statusgruppe von 1980 bis 1988 quantitative Zuwächse verzeichnen konnten – sechs Prozent bei den Professoren, acht Prozent bei den Dozenten und zwei Prozent bei den Mitarbeitern –, war das vorgegebene Lehrkräfteplanziel bei weitem nicht erreicht worden. Es drohte sich ein Negativtrend anzukündigen bei der vorhersehbaren Emeritierungs- und Berentungswelle ab Beginn der 1990er Jahre. Bei den ordentlichen Professuren wurden nur 60 Prozent der vorgegebenen Zuwachsrate erfüllt und bei den Dozenturen sogar nur ein Fünftel. Allein um das Ziel der Dozentenberufung noch zu erreichen, müsste in den Jahren das Zehnfache an

---

[5] Bezogen auf den Bereich des Ministeriums für Hoch- und Fachschulwesen: Das hieß u. a. die Pädagogischen Hochschulen und auch die Akademie der Wissenschaften zählten hier nicht mit. Vgl. ebenda.

Tabelle 8: Zahl der Hochschullehrerinnen – Professorinnen und Dozentinnen – nach Fachbereichen 1984[6]

Bereich	Professorinnen a. o. Professorinnen	Dozentinnen a. o. Dozentinnen	Hochschullehrer insg.
Insgesamt	120	341	461
	52	30	
Mathematik / Natur-	10	24	34
wissenschaften	2	1	
Technische Wissen-	6	16	22
schaften	3	1	
Medizin	21	57	78
	14	6	
Agrarwissenschaften	4	20	24
	1	3	
M/L (im Grundlagen-	12	47	59
studium)	4	0	
Gesellschaftswissen-	67	175	242
schaften	28	17	

Berufungen vorgenommen werden. „Die Orientierungen für 1990 können somit nicht mehr erreicht werden,"[7] – so das Fazit der Personalplaner.

Die DDR-interne Statistik wies unter der Rubrik „Mathematik/Naturwissenschaften" die Physik nicht getrennt aus. Auch wurde der Anteil von Frauen mit SED-Mitgliedsbuch nicht gesondert aufgelistet. Aus anderen Einzelstatistiken ist bekannt, dass die Quote der SED-Mitgliedschaft von Frauen im Wissenschaftsbetrieb zwei bis vier Punkte unter denen der Männer lag. Daher können die Durchschnittszahlen für den SED-Anteil unter den Wissenschaftlern leicht reduziert auch für die Wissenschaftlerinnen gelten.

1988 waren demnach 30 Prozent der naturwissenschaftlichen Professuren mit Nicht-SED-Mitgliedern besetzt, 34 Prozent der Dozenturen und rund 60 Prozent der wissenschaftlichen Mitarbeiter und Mitarbeiterinnen in den Fächern Mathematik und Naturwissenschaften besaßen kein SED-Mitgliedsbuch. Werden alle wissen-

---

[6] Vgl. Frauenanteil im Hochschulbereich des MHF, 31. Dezember 1984, in: SAPMO-BA DY 53/962.
[7] Analyse der Gesamtentwicklung des Lehrkörpers an den Hochschulen des MHF-Bereiches, 31. Dezember 1988, in: SAPMO-BA DY 53/871. Das Problem hatte sich schon Anfang der 1980er Jahre angedeutet. Für 1981 hieß es, dass die Hochschuldozentenberufung nur zu 35 Prozent erfüllt wurde. Unter den 1982 Berufenen (170 Wissenschaftler) gehörten 77 Prozent der SED an, nur 43 Prozent wiesen eine Arbeiter- und Bauern-Herkunft aus, 12 Prozent waren Frauen. Vgl. Zur Auswertung der Dozentenberufung, 3. März 1982, in: BAB DR 3 2. Schicht 351. Die Fächer Mathematik und Naturwissenschaften rangierten von insgesamt acht Fächersparten nach der Gesamtzahl des wissenschaftlichen Personals auf Platz vier, vor ihr lagen mit Abstand die Gesellschaftswissenschaften und die Medizin. Vgl. Analyse der Gesamtentwicklung des Lehrkörpers an den Hochschulen des MHF-Bereiches, 31. Dezember 1988, in: SAPMO-BA DY 53/871.

schaftlichen Lehrkräfte im besagten Bereich summiert, war der Anteil von SED-Mitgliedern von 1980 42 Prozent auf 1988 45 Prozent gestiegen. Diese Zahlen wurden nur noch und deutlich vom wissenschaftlichen Personal im Bereich Medizin unterboten, wohingegen in den M/L-Fächern erwartungsgemäß die SED-Quote auf 100 Prozent zusteuerte.[8] Die doch hohe Zahl an SED-organisierten Wissenschaftlern und Wissenschaftlerinnen stellte die SED-Personalpolitiker nicht zufrieden. Kritisiert wurden immer die für sie unzureichende Zahl bei den Professuren und Dozenturen in der Medizin und in den Naturwissenschaften.[9] Auch regionale Unterschiede dürften eine Rolle gespielt haben. Der Anteil von SED-Mitgliedern unter den neuberufenen Hochschullehrern an der exponierten Humboldt-Universität lag zwischen 1961–1969 bei 76 Prozent, zwischen 1970–1979 bei 74 Prozent und zwischen 1980–1989 bei 67 Prozent.[10] Sicher können diese Zahlen nicht im Sinne abnehmender Loyalität der Hochschullehrer zur DDR interpretiert werden. Aber sie weisen darauf hin, dass der Anteil derjenigen, die sich in erster Linie über fachliche Qualifikation durchsetzten, offenkundig stieg. An der Humboldt-Universität der 1980er Jahren konnten etwa sieben bis zwölf Wissenschaftlerinnen in der Sektion Physik ermittelt werden.[11] Das konnten sowohl Physikerinnen, Meteorologinnen oder Kristallographinnen gewesen sein, darunter mindestens eine Physikprofessorin und zwei, drei Dozentinnen.[12]

Für 1984 wurden nur zwölf ordentliche bzw. außerordentliche Professorinnen für die gesamte Mathematik/Naturwissenschaften ausgewiesen, so dass fünf Jahre später die Zahl von zehn Physikprofessorinnen im Hochschulbereich 1988 hoch angesetzt ist.[13] Diese Professorinnen der naturwissenschaftlichen Fächer im Hochschulbereich (und vier an der Akademie der Wissenschaften) 1988/89 wurden zahlen- und anteilmäßig noch von den Technikwissenschaften unterboten. Die geringe Zahl von Physikprofessorinnen lässt eine statistische Aussage über SED-Mitgliedschaft wenig sinnvoll erscheinen. Dennoch bliebe die Frage stehen,

---

[8] Vgl. Analyse der Gesamtentwicklung des Lehrkörpers an den Hochschulen des MHF-Bereiches, 31. Dezember 1988, in: SAPMO-BA DY 53/871.
[9] Vgl. ebenda.
[10] Vgl. Matthias Middell, S. 382. Unter den Berufungen zur Hochschuldozentur waren zum 1. Februar 1979 zu 23 Prozent Frauen; unter der Dozentenberufung zum 1. Februar 1989 lag die Frauenquote bei 26 Prozent; 72 Prozent der neu Berufenen gehörten der SED an. Vgl. Direktorat für Kader und Qualifizierung, Dozentenberufung, in: Archiv HUB Rektorat II 1029.
[11] Vgl. Vorlesungsverzeichnis Humboldt-Universität, Sommersemester 1991, S. 295–304.
[12] Vgl. Direktorat für Kader und Qualifizierung, Dozentenberufung, in: Archiv HUB Rektorat II 1029; Berufung von Dr. rer. nat. Brigitte Klose zur Hochschuldozentin für Meteorologie, 27. Mai 1988, in: ebenda, Physik-Abgabeliste 4986; Berufungsakte Prof. Dr. Karin Herrmann, in: BAB DR 3 B 344; Berufungsakte Dr. sc. nat. Brigitte Klose, in: BAB DR 3 B 456; Interviews mit vier Physikerinnen von der HUB: Interview 1, 2, 4 und 7.
[13] Die Angabe einer konkreten Zahl erwies sich als schwierig. Als Dozentinnen/Professorinnen der Physik können auch anverwandte Fächer wie Meteorologie oder die des Ingenieurhochschulstudiums wie Kristallographie, Elektronik, Elektronische Bauelemente, Silikathüttenkunde gezählt werden. Diese Frauen erhielten die Dozentur/Professur oft für ein Fach der „Angewandten Physik".

lehrten und forschten Physikprofessorinnen im Hochschulbereich und an der Akademie der Wissenschaften ohne SED-Parteibuch?[14] Es gab sie als Einzelfälle. Es konnten elf Biographien von aktiven Physikprofessorinnen an Hochschulen und Akademie für die späten 1980er Jahre ermitteln werden, davon waren acht nachweislich SED-organisiert,[15] von zwei Frauen ist es nicht bekannt,[16] eine Professorin von der AdW, 1978 berufen, war nicht in der SED. Ihr Mann, ebenfalls Physiker an der Akademie, ebenso nicht.[17] Von den namentlich ermittelten Physikdozentinnen im Hochschulbereich hielten sich die Wissenschaftlerinnen mit und ohne Parteibuch die Waage. In Interviews befragter Physikdozentinnen wurde ausdrücklich erwähnt, dass einige von ihnen aufgrund ihrer verweigerten SED-Mitgliedschaft in der DDR nie eine Professur erhalten hätten.[18]

Die Physik an den Universitäten und vor allem an der Akademie der Wissenschaften stand zu jeder Zeit im Focus des Ministeriums für Staatssicherheit. Diese „hervorgehobene" Position teilte sie mit den Fachbereichen Chemie und Elektronik. Die „Überwachung, Absicherung und Betreuung" hing mit sicherheitsrelevanten Aspekten im Bereich der Schlüsseltechnologie zusammen. Einige Forschungsbereiche waren in der Militärforschung eingebunden, was für Ost und West gleichermaßen galt. Die Technische Universität Dresden und die naturwissenschaftlichen Institute der Akademie der Wissenschaften stellten Schwerpunkte der MfS-Absicherung dar. Die offizielle und inoffizielle Durchdringung war in den Sektionen bzw. Bereichen Physik und Elektronik besonders intensiv.[19] Über inoffizielle Zusammenarbeit mit Professoren und Dozenten, auch Professorinnen und Dozentinnen, und ihren Auslandsreisen bzw. internationalen Kontakten besorgte das MfS konspirativ immer wieder auch Forschungsergebnisse, die die DDR zur Entwicklung eigener Vorhaben nutzte. Der Überwachungswahn des MfS hing mit seiner Denkweise zusammen, Forschungsergebnisse dürften nur dem Sozialismus zugutekommen. Die „Wachsamkeit" der DDR-Forscher und Forscherinnen werde versucht einzuschläfern, so die Überzeugung der Staatssicherheit, indem diese permanent mit Briefen, Publikationen und Einladungen zu Konferenzen zum Verrat verlockt würden.[20] Im Rahmen dieser Studie wurde in verschiedenen Interviews die Überzeugung geäußert, dass fast jede Physikerin (vermutlich auch Physiker) in Kernbereichen der For-

---

[14] Bisher nur ermittelt: die Professorin Maria Haase, geb. 1921, Studium der Physik/ Mathematik in Rostock und Tübingen, 1954 bis 1981 Professorin an der TU Dresden. Vgl. in: BAB DR 3 B 11345.
[15] Das waren Helga Bunke, Karin Herrmann, Dagmar Hülsenberg, Brigitta Klose (Geophysikerin), Edeltraud Kolley, Gisela Ranft, Margit Rätzsch und von der AdW Irene Hauser.
[16] Marion Asche, Ursula Steinike.
[17] Interview 41.
[18] Vgl. die Beispiele Ursula Lindner, Sabine Rentsch oder Dagmar Schipanski.
[19] Sie soll ähnlich hoch wie unter der Ärzteschaft an der Charité/Humboldt-Universität (Hochschulmedizin) gewesen sein. Der IM-Anteil dort betrug bis zu fünf Prozent. Im Vergleich: der Anteil von offiziellen und inoffiziellen MfS-Mitarbeitern unter der DDR-Bevölkerung (ab 18 Jahre) lag bei zwei Prozent. Vgl. Francesca Weil, S. 20.
[20] Vgl. Ilko-Sascha Kowalczuk, S. 546–548; Christian Forstner, Dieter Hoffmann, Physik im Kalten Krieg.

schung vom MfS angesprochen und zur Mitarbeit aufgefordert wurde. Diese Art Mitarbeit sollte weit über das übliche Berichteschreiben nach der Teilnahme an internationalen Tagungen und Konferenzen hinausgegangen sein. Inwiefern und wie viele sich darauf einließen, kann nicht abschließend beurteilt werden. Alle Professorinnen und Dozentinnen der Physik der 1970er und 1980er Jahre, deren Namen ermittelt werden konnten – insgesamt 26 – wurden bei der Behörde des Bundesbeauftragten für die Unterlagen des Staatssicherheitsdienstes der ehemaligen DDR einer Prüfung auf mögliche MfS-Zusammenarbeit unterzogen. Es handelte sich dabei um Physikerinnen, die nach 1990 nicht mehr im Hochschul- bzw. Forschungsbereich tätig waren oder wieder wurden. Denn die beruflich weiter Tätigen wurden im Vorfeld ihrer Neueinstellung nach 1990 mehrfach auf eine Zusammenarbeit mit der Staatssicherheit evaluiert. Von den insgesamt 26 Physikerinnen wurden durch die BStU 18 als unbelastet eingestuft. Von sieben Physikerinnen liegen Unterlagen vor, die eine Tätigkeit für das MfS belegen. „In allen Fällen erfolgte die Mitarbeit ohne Anwendung von Druckmitteln."[21] Eine weitere Person ist in den Unterlagen der Auslandsspionage – HV A, in den „Rosenholz"-Dateien[22] – erfasst. Da diese Unterlagen größtenteils vernichtet wurden, konnte hier nicht mit allerletzter Sicherheit geklärt werden, wie in diesem Fall die IM-Tätigkeit ausgeübt wurde. Es dürfte geschlussfolgert werden, dass daher rund ein knappes Drittel der überprüften Hochschullehrerinnen in irgendeiner Form in die Tätigkeit des MfS involviert waren.[23] Das ist ein hoher Wert und übertraf die Annahme der Autorin. Zu vermuten ist, dass es sich um Physikerinnen der Fachbereiche Kern- und Kosmosforschung bzw. Optik-Laser-Forschung handelte, da diese, wie gesagt, einen engen Bezug zu Militärforschung aufwiesen.

Eine Quote an Professorinnen bzw. Dozentinnen von zwei bzw. 4,5 Prozent im naturwissenschaftlichen Bereich in den 1980er Jahren waren auch für die SED-Personalplaner erschreckend niedrig. Dass der Anteil der wissenschaftlichen Mitarbeiterinnen die 35-Prozentmarke im Durchschnitt aller Fächer erreicht hatte, war ein Erfolg der Frauenförderung im Wissenschaftssystem. Hier stachen die Medizin und die Gesellschaftswissenschaften mit 43 bzw. 47 Prozent Frauenanteil heraus. Aber auch die 22 Prozent an wissenschaftlichen Mitarbeiterinnen in den Naturwissenschaften und 15 Prozent in den Technikwissenschaften zeigten durchaus einen erfolgversprechenden Trend an. Der Anteil der Mitarbeiterinnen im Bereich Physik dürfte um die 15 bis 17 Prozent gelegen haben. Gemessen an der

---

[21] Die Recherche führte die BStU-Behörde durch. Die Autorin selbst durfte diese nicht vornehmen und durfte auch die recherchierten Unterlagen nicht einsehen, da es sich bei den überprüften Physikerinnen nicht um Personen der Zeitgeschichte handelte.

[22] Die Rosenholz-Dateien sind Datenträger mit etwa 350.000 Dateien. Es handelt sich dabei hauptsächlich um mikroverfilmte Karteikarten der Hauptverwaltung Aufklärung (HV A), des Auslandsnachrichtendienstes der DDR. Bei schätzungsweise 90 Prozent dieser Daten handelt es sich nicht um inoffizielle Mitarbeiter (IM) des MfS, sondern um Personen, die für das MfS von Interesse waren. In wenigen Fällen handelt es sich um Dateien von Personen, die auf westdeutschem Gebiet für die DDR-Auslandsspionage tätig waren.

[23] Vgl. Rechercheauftrag AU 6 – 016320/17Z und Schreiben der BStU vom 20. Dezember 2018.

Prozentzahl weiblicher Studierender in den Bereichen im Jahr 1985 – Mathematik/ Naturwissenschaften 53 Prozent, Technikwissenschaften 27 Prozent und speziell Physik knapp 25 Prozent[24] – war jedoch Nachholmöglichkeit vorhanden.

Kritische Stellungnahmen äußerten ZK-Abteilung und Hochschulministerium auch über die „soziale Herkunft" der wissenschaftlichen Lehrkräfte: „Der Arbeiter- und-Bauernanteil hat sich, mit Ausnahme der Professoren, in den Beschäftigtengruppen weiter verringert. Besonders kritisch zu bewerten ist der Rückgang bei den befristeten Assistenten, der in den kommenden Jahren auch Auswirkungen auf die anderen Beschäftigtengruppen haben wird."[25] Der geschönte Arbeiter- und Bauernanteil hatte zwischen 1980 und 1988 bei den Professoren von 51 auf 53 Prozent zugenommen, bei den Dozenten von 54 auf 50 Prozent wie auch bei den wissenschaftlichen Mitarbeitern von 41 auf 38 Prozent abgenommen. Der Durchschnittswert aller wissenschaftlichen Lehrkräfte mit einer Arbeiter- und Bauern-Herkunft sank von 43 auf 40 Prozent.[26] Auch in dem für die SED-Kaderpolitiker Negativtrend der Arbeiter- und Bauern-Herkunft stachen die Mediziner und die Naturwissenschaftler wieder hervor. Bei den Naturwissenschaftlern sank der Anteil von 1980 40 auf 1988 38 Prozent, bei den Medizinern von 32 auf 29 Prozent und selbst im Fach Marxismus-Leninismus und deren Personal verringerte er sich von 60 auf 54 Prozent.[27] Einen positiven Trend hingegen widerspiegelten die Zahlen über die wissenschaftliche Qualifikation: Unter den wissenschaftlichen Mitarbeitern und Mitarbeiterinnen hatte sich der Anteil der Promovierten von 1980 40 auf 1988 51 Prozent erhöht und speziell in den Naturwissenschaften bei den unbefristeten Assistenten von 64 auf immerhin 84 Prozent.[28] Auch bei den Promotionen B zeigte sich Ost-Berlin zufrieden. Die Tendenz der 1960/70er Jahre, vermehrt Professuren ohne Habilitation zu vergeben, war rückläufig. So hatten sich 1980 87 Prozent der Professoren auch habilitiert, 1988 lag die Quote bei über 93 Prozent. Auf der Dozentenebene zeigte sich das gleiche Bild: 56 Prozent der Dozenturen waren 1980 an Habilitierte vergeben worden, 1988 78 Prozent. Auch begann die Anweisung des Ministeriums Wirkung zu erzielen, Oberassistentenstellen an eine Habilitation zu binden. Hier zeigte sich die positive Entwicklung vor allem auch in den Mathematik/Naturwissenschaften: Von 1980 zu 1988 stieg der prozentuale Anteil von 13 auf 38 Prozent bei den Naturwissenschaftlern. Negativ hingegen sah es be-

[24] Analyse der Gesamtentwicklung des Lehrkörpers an den Hochschulen des MHF-Bereiches, 31. Dezember 1988, in: SAPMO-BA DY 53/871; Frauenanteil im MHF-Bereich, Stand: 31. Dezember 1984, in: ebenda, DY 53/962; Ruth Heidi Stein, Absolventen von Hochschulen in der DDR, S. 35. In der Medizin betrug der Anteil weiblicher Studierender 1985 56 Prozent, in den Wirtschaftswissenschaften 68 Prozent, in den Philosophisch-historischen, Staats- und Rechtswissenschaften 35 Prozent, in Kultur- und Kunstwissenschaft 39 Prozent, in der Pädagogik 73 und in den Literatur- und Sprachwissenschaften 65 Prozent. Vgl. Frauenanteil im MHF-Bereich, Stand: 31. Dezember 1984, in: SAPMO-BA DY 53/962.
[25] Analyse der Gesamtentwicklung des Lehrkörpers an den Hochschulen des MHF-Bereiches, 31. Dezember 1988, in: SAPMO-BA DY 53/871.
[26] Vgl. ebenda.
[27] Vgl. ebenda.
[28] Vgl. ebenda.

züglich der Altersstruktur des wissenschaftlichen Personals aus. Dieser Punkt war die letzten Jahre immer wieder bemängelt worden. Von den Professoren und Professorinnen waren 1988 mehr als die Hälfte über 55 Jahre alt, von den Dozenten ein Drittel. Diese Prozentzahlen trafen so auch konkret auf die Naturwissenschaftler zu. Für die nächsten zehn Jahre stand damit eine Welle an Emeritierungen bzw. Berentungen an. Die einfache Reproduktion des Wissenschaftspersonals war für die 1990er Jahre kaum noch zu gewährleisten. Hochschulen und Universitäten schienen im Vergleich zur Industrie an Attraktivität zu verlieren.[29] In erster Linie lag dies an den schlechten Rahmenbedingungen für die männlichen und weiblichen Nachwuchswissenschaftler wie fehlender Wohnraum, mangelnde Dienstleistungseinrichtungen. Große Industriebetriebe und Kombinate konnten da bessere Angebote für junge Familien bieten.

Oberste Priorität genoss die Frage der Unterrepräsentanz von Wissenschaftlerinnen im Hochschulbereich bei den SED-Personal-Planern auch 1988 nicht. Es war ein Problem unter anderen. Lapidar zu den Wissenschaftlerinnen hieß es bei den SED-Kaderplanern nur: „Die Frauen stellen ein bedeutendes Potenzial für die weitere Leistungsentwicklung an den Universitäten und Hochschulen dar. Zur weiteren Erhöhung des Anteils der Frauen im Lehrkörper sind neue und wirksamere Formen der Frauenförderung zu entwickeln, da es trotz aller bisherigen intensiven Bemühungen keine wesentliche Veränderung im Frauenanteil gegeben hat."[30] Weder SED-Mitgliedschaft noch soziale Herkunft, nicht das Alter oder die Verteilung der Wissenschaftlerinnen auf Statusgruppen und die verschiedenen Fachbereiche wurden für Frauen und Männer in der zentralen Hochschulstatistik getrennt ausgewiesen. Für 1984/85 und in Bezug zu 1988 wiesen Quellen des ZK-Apparates aus, dass die Wissenschaftlerinnen insgesamt bei den Promotionen aufgeholt hatten. Hier entwickelten sich die Anteile von zwölf Prozent 1970 auf 38 Prozent 1988. Das Aufholen stockte jedoch in den 1980er Jahren bei den Habilitationen. Lag der Frauenanteil bei den Promotionen B 1970 bei vier Prozent, 1980 bei knapp 14 Prozent, kam bis 1988 mit 15,5 Prozent keine nennenswerte Steigerung zustande.[31] Auch die Berufungszahlen von Frauen stiegen nicht, regionale Unterschiede waren jedoch erkennbar. Bei den Professorenberufungen zum 1. September 1985 waren 139 Männer und neun Frauen berufen worden, bei den Dozenturen 321 Männer und 51 Frauen; speziell in der Mathematik und den Naturwissenschaften wurden 19 Professoren, keine Professorin, 48 Dozenten und vier Dozentinnen berufen.[32] Zum 1. September 1988 sah es ähnlich aus: 138 Männer und 28 Frauen erhielten eine ordentliche bzw. a. o. Professur. Hier stach die

---

[29] Vgl. ebenda; TU Dresden: Analyse Frauenförderung, 16. Mai 1984, in: Archiv TU Dresden FDGB 380.
[30] Analyse der Gesamtentwicklung des Lehrkörpers an den Hochschulen des MHF-Bereiches, 31. Dezember 1988, in: SAPMO-BA DY 53/871.
[31] Vgl. Frauenanteile im MHF-Bereich, Stand 1985, in: SAPMO-BA DY 53/962; Ralph Jessen, Akademische Elite, S. 453 f.
[32] Vgl. Frauenanteil MHF-Bereich, Stand 31. Dezember 1984, in: SAPMO-BA DY 53/962.

Humboldt-Universität mit acht Frauenberufungen und die Leipziger Universität mit fünf berufenen Professorinnen heraus. Ein Jahr später, zum 1. September 1989, waren 403 Professorenberufungen erfolgt, davon 48 (elf Prozent) Frauen. Die Humboldt-Universität stand mit zehn neuen Professorinnen wieder an der Spitze des Rankings bei den weiblichen Professuren. Auf das Fach Mathematik/ Naturwissenschaften entfielen DDR-weit drei Frauen und 17 Männer bei den Berufungen.[33]

Die vorletzte Dozentenberufung in der DDR im Verantwortungsbereich des Hochschulministeriums – zum 1. Februar 1989 – benannte nochmals alle Probleme und Trends der 1980er Jahre:[34] Obwohl die Zahlen der Berufungen zum Dozenten/ Dozentin Jahr für Jahr gewachsen waren, war die „quantitative Entwicklung des Bestandes [...] nicht gesichert".[35] Im Februar 1989 waren 247 Berufungsanträge gestellt worden, erforderlich wären zirka 325 gewesen. Bei den Berufungen zum Hochschuldozenten lagen der SED-Anteil 1989 bei durchschnittlich 70 Prozent, die Arbeiter- und Bauern-Herkunft bei 41 Prozent und der Frauenanteil 1988 und 1989 bei 15 bis 17 Prozent – ähnlich hier auch die Zahlen für die außerordentlichen Dozenturen. Das Durchschnittsalter der Neuberufenen betrug 43 Jahre. Im Fächerspektrum Mathematik und Naturwissenschaften stand die Quote der SED-Mitgliedschaft wie gehabt unter dem Durchschnitt, bei 58 Prozent, was mehrfach kritische Erwähnung fand. Positiv fiel hingegen auf, dass hier das Durchschnittsalter bei der Berufung 40 Jahre betrug. „Unter den 247 zur Berufung als Hochschuldozent vorgeschlagenen Kandidaten befinden sich 38 Frauen (15 Prozent)."[36] Dabei fiel auf, dass in der Mathematik/Naturwissenschaften Anträge für Frauen für nur drei Prozent auf Dozenturen, aber 18 Prozent auf a. o. Dozenturen eingereicht wurden.[37] „Es erscheint", so die Statistiker, „dass man an den Einrichtungen [...] eher geneigt ist, einen Antrag auf a. o. Dozent für eine Frau zu stellen, als einen Antrag für eine Dozentur."[38] Konkret in Zahlen hieß das: unter den 33 beantragten Berufungen zur Dozentur und 38 Anträgen zur a. o. Dozentur gab sechs Kandidatinnen für die a. o. Dozentur und nur eine für die Hochschuldozentur. Bei drei Naturwissenschaftlerinnen für die a. o. Dozentur fehlten nötige Voraussetzungen für eine Berufung zur Hochschuldozentin – wie keine abgeschlossene Promotion B oder keine Tätigkeit in der Praxis bzw. im sozialistischen Ausland.[39]

---

[33] Die Berufung von Frauen zu ordentlichen Professorinnen entsprach der Rate von neun Prozent, zu Honorarprofessorinnen 14 Prozent und zu a. o. Professorinnen von 16 Prozent. Vgl. Professorenberufungen 1988, 1989, in: SAPMO-BA DY 53/962.
[34] Vgl. Berufung von Dozenten zum 1. Februar 1989, in: BAB DR 3 2. Schicht 167/1.
[35] Ebenda.
[36] Ebenda.
[37] In den Gesellschaftswissenschaften lagen Frauenanträge zu 23 Prozent für Dozenturen und 22 Prozent für a. o. Dozenturen vor. Vgl. ebenda.
[38] Ebenda.
[39] Vgl. ebenda. Zum Vergleich: in den Philosophisch-historischen Wissenschaften z. B. lagen 1989 49 Dozenten-Berufungsanträge vor – 33 für die Dozentur und 16 für die a. o. Dozentur. Davon entfielen elf auf Frauen (22 Prozent); 45 der Kandidaten gehörten der SED an. Vgl. Berufung von Dozenten zum 1. Februar 1989, in: BAB DR 3 2. Schicht 167/1.

Tabelle 9: Zahl und Anteil von Frauen nach Statusgruppen und ausgewählten Einrichtungen 1987/88[40]

Ausgewählte Einrichtungen	Professuren		Dozenturen		Oberassistenten		Unbefristete Assistenten		Befristete Assistenten	
	insg.	Frauen	insg.	Frauen	insg.	Frauen	insg.	Frauen	insg.	Frauen
Humboldt-Universität Berlin	434	47 (11 %)	511	100 (20 %)	715	185 (26 %)	1.262	617 (49 %)	868	397 (46 %)
Universität Leipzig	356	24 (7 %)	394	61 (15 %)	643	144 (22 %)	1.077	458 (43 %)	759	346 (46 %)
Universität Halle	227	15 (7 %)	232	29 (13 %)	363	53 (15 %)	597	251 (42 %)	549	272 (50 %)
Universität Jena	178	6 (3 %)	190	26 (14 %)	304	39 (13 %)	570	227 (40 %)	507	220 (43 %)
Universität Rostock	183	7 (4 %)	218	30 (14 %)	264	53 (20 %)	431	205 (48 %)	408	174 (43 %)
Universität Greifswald	135	4 (3 %)	122	17 (14 %)	207	48 (23 %)	385	192 (50 %)	280	144 (51 %)
Technische Universität Dresden	309	4 (1 %)	362	23 (7 %)	589	77 (13 %)	521	132 (25 %)	810	219 (27 %)
Technische Hochschule Ilmenau	54	2 (4 %)	66	3 (3 %)	112	6 (5 %)	133	29 (22 %)	203	6 (18 %)

[40] Vgl. Frauenanteil, Einrichtungen, Stand 30. Juni 1988, in: SAPMO-BA DY 53/962.

Die Berliner Humboldt-Universität nahm sowohl bei den Neuberufungen von Frauen zu Hochschullehrerinnen wie auch bei den Zahlen von Dozentinnen und Professorinnen insgesamt eine Vorreiterstellung ein. 1988 waren an der Humboldt-Universität 47 Professorinnen (elf Prozent) von insgesamt 434 o. Professoren beschäftigt; 99 Dozentinnen (20 Prozent) von 511 Dozenten. An der Ost-Berliner Universität gelang es den Frauen, bis in die Statusgruppe der Dozenten Fuß zu fassen.[41] Als Gegenbeispiel stand die Technische Universität Dresden mit ihrer naturwissenschaftlich-technischen Ausrichtung: Hier forschten und lehrten vier Professorinnen von 389, und 33 Dozentinnen von 362.[42] Waren die Professorinnen- und Dozentinnenberufungen der 1960er und 1970er Jahre oft schlichtweg an ausreichenden Bewerberinnen gescheitert, änderte sich das in den 1980er Jahren. Der Frauenanteil unter den Neuberufenen an der Humboldt-Universität stieg auf fast 40 Prozent. Die Berliner Universität wurde nach 1980 mit jedem Berufungsvorgang weiblicher.[43] Die regionalen Unterschiede in der DDR waren jedoch erheblich.

Die Unterschiede an den sechs Universitäten schwankten zwischen – anteilig – elf Prozent Professorinnen in Berlin und nur drei Prozent in Greifswald und Jena; bei den Dozentinnen von 20 Prozent in Berlin und 14 bis 15 Prozent an den anderen Universitäten. Die Technischen Universitäten bzw. Hochschulen rangierten erwartungsmäßig abgeschlagen. Die TH Ilmenau beispielsweise, in den 1960er/70er Jahren eine Vorzeigeeinrichtung in Sachen Frauenförderung, hatte diesen Titel verdient für das Werben um und die Hochschulausbildung von Frauen in technischen Fächern sowie wegen der sehr guten Rahmenbedingungen einer Campus-Hochschule auch und vor allem für Studentinnen mit Kind. Auf die Ebene der dort lehrenden Akademiker konnte das Prädikat „Vorzeigehochschule" nicht ausgeweitet werden. Mitte der 1980er Jahre lehrten an der TH 609 Wissenschaftler, darunter jedoch nur zwei Professorinnen, zwei bis vier Dozentinnen und 88 wissenschaftliche Mitarbeiterinnen. Das machte einen Anteil von 14 Prozent an Akademikerinnen aus. Keine Wissenschaftlerin hatte eine leitende Funktion inne.[44] Nichtssagende Frauenförderungspläne verstärkten den Eindruck, dass eine Unterstützung von weiblichen Wissenschaftskarrieren nicht stattfand. Als Verpflichtung des Rektors im Frauenförderungsplan 1988 hieß es: Es werden die Voraussetzungen geschaffen, dass elf Nachwuchswissenschaftlerinnen die Promotion, eine Aspirantin die Habilitation „einreichen können" und eine „eine

---

[41] Vgl. Frauenanteil, Einrichtungen, 30. Juni 1988, in: SAPMO-BA DY 53/962; Ulla Ruschhaupt, Emanzipation und Anpassung, S. 60f.
[42] Vgl. Frauenanteil, Einrichtungen, Stand 30. Juni 1988, in: SAPMO-BA DY 53/962.
[43] Vgl. Matthias Middell, S. 391. Anteil von Frauen unter den Berufungen an der HU (Professur/Dozentur) 1960er Jahre sieben Prozent; 1970er Jahre neun Prozent, 1980er Jahre 40 Prozent. Vgl. ebenda.
[44] Vgl. Stellenplan der TH, 1976, 1979, in: Archiv TU Ilmenau 11355, 15110; Entwicklung der weiblichen Arbeitskräfte, 1986 und Fragespiegel 1987, in: ebenda, 15231 und 11041; 35 Jahre Technische Hochschule Ilmenau, Heft 5/6 1988.

Dozentin zum ordentlichen Professor berufen werden kann".[45] Worin die Voraussetzungen bestanden, welche Fachrichtungen es betraf und in welchem Zeitraum gedacht wurde, blieb unklar. 1988 äußerte sich eine Wissenschaftlerin von Ilmenau über ihre an Zahl raren Kolleginnen in der Technikwissenschaft. Auch sie bestätigte den gängigen Trend, dass junge Wissenschaftlerinnen auf organisatorisch-technische Aufgaben abgedrängt würden, anstatt eigenen Forschungen nachzugehen. Frauen galten nach wie vor als „Unsicherheitsfaktoren" in der Wissenschaft, da die Forschungsaufträge aus der Industrie an vertraglich feste Termine gebunden waren und das Ausfallen wegen Schwangerschaft, „Babyjahr" und Kinderbetreuung diese Termine platzen ließ bzw. Kollegen kurzfristig einspringen und den Forschungsauftrag zu Ende führen mussten. Daher waren junge Wissenschaftlerinnen oft vom Wechsel der Themen für die Promotion betroffen oder sie erhielten gleich die weniger wichtigen Forschungsaufgaben.[46] Hier müsse über Lösungen nachgedacht werden. Wenn es gegenwärtig in den Berichten immer noch heiße, eine Frau müsse besondere Förderung zuteilwerden, könne man es „einem Leiter nicht verübeln, wenn er deshalb einem Mann statt einer Frau den Vorzug bei der Kadereinstellung gibt".[47] Rahmenbedingungen würden um ein weiteres demotivieren: Wenn ein junges Wissenschaftlerehepaar der TU mit krankem Kind, welches von der Schwiegermutter betreut werde, in einer Einraumwohnung lebten, liefen Forderungen nach wissenschaftlicher Höchstleistung ins Leere.[48] Das Gerede bzw. die Suche von „weiblichem und männlichem Stil in der Technikwissenschaft" führe eigenartigerweise immer zu dem Resultat, dass eine möglicherweise andere, „weibliche Herangehensweise" die minderwertige sei. Dabei gründe sich der systematische Ausschluss von Frauen aus der Technik auf die immer noch wirkenden Denk- und Erziehungsmuster bzw. Klischeevorstellungen. Hartnäckig halte sich die Vorstellung, dass Frauen für Erziehung und Ausbildung besser geeignet seien und Männer für die „harte" Forschungsarbeit.[49]

Auf der Statusebene der unbefristeten wissenschaftlichen Mitarbeiterinnen hatten die Humboldt-Universität, die Universitäten Rostock und Greifswald in den 1980er Jahren das Ziel der 50 Prozent-Marke – gemessen auch an den erreichten Durchschnittszahlen der weiblichen Studierenden[50] – fast bzw. erreicht. Konkrete Zahlen für die Naturwissenschaften bzw. für die Physik wurden nicht ausgewiesen. Für ein illustrierendes Beispiel über hochqualifizierte Physikerinnen konnte die Universität Leipzig stehen: Zwischen 1970 und 1989 habilitierten hier fünf Physikerinnen: Gisela Ranft im Jahr 1970, Ursula Lindner 1971, Edeltraud Kolley

---

[45] Betriebskollektivvertrag mit Frauenförderungsplan 1988, in: Archiv TU Ilmenau 15222.
[46] Vgl. Christine Spira, Zu einigen Problemen der besseren Erschließung, S. 56 f., 59.
[47] Ebenda, S. 56.
[48] Vgl. ebenda, S. 58.
[49] Vgl. Christine Spira, „Männlicher" oder „weiblicher" Stil, S. 95 f.
[50] An der Humboldt-Universität lag der Studentinnenanteil 1985 bei 58 Prozent. Vgl. Matthias Middell, S. 362.

1980, Gisela Laßner 1987 und Brigitte Staudte 1989, von denen zwei zu Physikprofessorinnen berufen wurden, und zwar Ranft 1971 und Kolley 1985.[51] Vier der fünf habilitierten Physikerinnen waren in der SED organisiert, auch beide Professorinnen. Die Physikerinnen Kolley und Laßner verloren nach 1990 ihre Stelle an der Universität. Beide waren 1989/90 exponierte Mitglieder der SED-Kreisleitung der Universität gewesen.[52]

Die bereits 1971 habilitierte und zur Hochschuldozentin berufene Physikerin Ursula Lindner erhielt trotz all ihrer Bemühungen keine Professur. Sie war kein SED-Mitglied und es liegt nahe, dies als Grund für ihre Nichtberufung anzusehen, wenn man ihre Personalakte durchsieht. Die 1938 geborene und in Leipzig studierte Physikerin hatte über planmäßige Aspiranturen promoviert und habilitiert. Während ihrer Habilitationsphase zwischen 1966 und 1970 – u. a. forschte sie 1970 drei Monate am Londoner Imperial College – wurde mit ihr im August 1969 ein Qualifizierungsvertrag im Rahmen der Frauenförderung abgeschlossen. Der sah nach erfolgreichem Abschluss der Promotion B zunächst die Berufung zur Hochschuldozentin vor, die im Februar 1971 auch erfolgte.[53] Im Qualifizierungsvertrag war weiter vermerkt worden: „Berufung zum ordentlichen Professor: Planstelle wird ab 1974 gesichert; 1973 Beratung über Berufungstermin".[54] Nachdem in Sachen Berufung an der Sektion Physik der Leipziger Universität 13 Jahre lang nichts geschah, wandte sich die Dozentin Lindner ab Februar 1984 in Sachen Berufung mehrfach mündlich und schriftlich an das Hochschulministerium, dies vor dem Hintergrund zweier vakanter Lehrstühle an der Universität. Sie beschwerte sich, beim laufenden Berufungsvorgang für die Lehrstühle nicht einmal mit berücksichtigt, im Sinne der nötigen Dreiervorschläge für die Besetzung, worden zu sein. Als offizielle Antwort erhielt sie vom 1. Prorektor der Universität die Mitteilung, „dass an der KMU [Karl-Marx-Universität Leipzig] bis etwa 1990 kein Zuwachs an Lehrstühlen sich vollziehen wird" und schlug ihr vor, „sich offiziell für einen ausgeschriebenen Lehrstuhl an einer anderen Universität zu bewerben." Er erklärte ausdrücklich, „dass Frau Dr. Lindner nicht deshalb bisher nicht berufen worden ist, [weil] sie nicht Mitglied der SED ist."[55] In die Angelegenheit schaltete sich auch die ZK-Abteilung Wissenschaften aus Berlin ein, dies änderte aber nichts für die Dozentin und ihre Eingaben. Aus dem Schriftverkehr zwischen Universität und Ministerium ging hervor, dass ein besagter vakanter Lehrstuhl ohne Ausschreibung an den „Genossen Prof. Dr. Günter Vojta von der Akademie der Wis-

---

[51] Vgl. Bärbel Schulze, S. 272.
[52] Vgl. Personalakte Gisela Ranft, in: BAB DR 3 B 15153; Personalakte Edeltraud Kolley, in: ebenda, DR 3 B 1459; Personalakte Gerd Laßner, in: ebenda, DR 3 B 1506; Interview 24.
[53] Vgl. Direktor Sektion Physik an Minister Prof. Gießmann, 1. Juni 1970; Stellungnahme des Direktors für Kader und Qualifizierung, Dozentinberufung, 1. Februar 1972, in: Personalakte Lindner, in: BAB DR 3 B 1528, Bl. 14 f., 27, 30.
[54] Vgl. Aktennotiz vom Ministerium für Hoch- und Fachschulwesen, 29. Februar 1984, in: ebenda, Bl. 41 f.
[55] Aktennotiz über ein Gespräch mit Frau Dozentin Lindner beim Prorektor, 4. April 1984, in: ebenda, Bl. 34 f.

senschaften" gehen werde.⁵⁶ Offiziell und in einem direkten Gespräch zwischen dem Prorektor für Naturwissenschaften, dem Sektionsdirektor für Physik, dem Direktor für Kader und Qualifizierung einerseits und der Physikdozentin andererseits hieß es abschließend – und dies vor dem Hintergrund der öffentlich propagierten Hochschullehrerinnenförderung in den Naturwissenschaften: „Der zwischen der [...] Universität Leipzig und Frau Dozent Dr. Lindner abgeschlossene Qualifizierungsvertrag ist in den Passagen [...] ‚Berufung zum ordentlichen Professor: Planstelle wird ab 1974 gesichert' [...] rechtsungültig, da die Berufung zum ordentlichen Professor eine Entscheidung des Ministers ist und in einem Vertrag der KMU keine Entscheidung des Ministers präjudiziert werden könne."⁵⁷ Nach 1990 wurde die Physikerin positiv evaluiert und setzte ihre Universitätskarriere als Hochschuldozentin auf einer C 2-Stelle bis zu ihrer Berentung 2002 fort.⁵⁸ Von den fünf sich zwischen 1970 und 1989 habilitierten Physikerinnen an der Leipziger Universität konnten zwei ihre Karriere dort als Dozentinnen fortführen,⁵⁹ die Professorin Ranft verstarb bereits früh, 1983.⁶⁰

2. „Frauen zu Hochschullehrern"!

Am 4./5. September 1980 fand in Ost-Berlin die V. Hochschulkonferenz statt. Eine weitere würde zu DDR-Zeiten nicht mehr stattfinden. Die vorige Hochschulkonferenz war 1967 durchgeführt worden. Es erregte im Hochschulbereich einiges Aufsehen, dass nach dreizehn Jahren eine solche angesetzt wurde. Inhaltlich richtete die Hochschulkonferenz ihren Fokus auf die Weiterbildung des vorhandenen Hochschulpersonals und die noch stärkere Ausrichtung der Hochschulforschung auf die Praxis. Im stundenlang vorgetragenen Hauptreferat von Minister Professor Böhme – es war dann auf 55 Druckseiten nachzulesen – fand das Thema „weibliche Hochschullehrer" in wenigen Zeilen und erst zum Ende der Rede Erwähnung.⁶¹ Kurzes Lob galt hier der Verdopplung der Zahl der Hochschullehrerinnen in den letzten zehn Jahren, auch wenn der Umfang insgesamt nach wie nicht ausreichte. Die nicht neue Kritik richtete der Minister auf die unzureichende Frauenförderung in den technischen und mathematisch-naturwissenschaftlichen

---

⁵⁶ Vgl. Prorektor für Naturwissenschaften an das MHF, 10. August 1984, in: ebenda, Bl. 47. Dem männlichen Genossen wurde hier der weiblichen Nicht-Genossin der Vorzug gegeben. Vgl. Vita von Vojta, in: Reiner Pommerin, Thomas Hänseroth, S. 998.
⁵⁷ Aktennotiz zum Gespräch am 25. September 1984, in: Personalakte Lindner, in: BAB DR 3 B 1528, Bl. 50.
⁵⁸ Vgl. Auskunft und Zusammenstellung von Prof. Dr. Dieter Michel, 20. Oktober 2016. Ursula Lindner selbst konnte nicht mehr befragt werden, sie starb 2016.
⁵⁹ Ursula Lindner und Brigitte Staudte.
⁶⁰ Vgl. Personalakte Gisela Ranft, in: BAB DR 3 B 15153.
⁶¹ Vgl. Referat des Ministers: Der Beitrag der Universitäten und Hochschulen zum gesellschaftlichen Fortschritt und zur Stärkung der Leistungskraft unseres Landes in den achtziger Jahren, 4. September 1980, in: BAB DR 3, 2. Schicht 1456/a; Anke Burkhardt, Doris Scherer, Förderung des wissenschaftlichen Nachwuchses, S. 54 f.

Wissenschaftsdisziplinen. Alle Zahlen waren hinter den Erwartungen zurückgeblieben.⁶² Aber als ernsthaftes Problem schien die Unterrepräsentanz von Wissenschaftlerinnen noch immer nicht in der ministeriellen Chefetage angekommen zu sein.⁶³ Dieses Nichtverbalisieren des Wissenschaftlerinnenproblems dürfte bei den Rektoren und Kaderleitern der Universitäten, Hoch- und Fachschulen keinen verstärkten Handlungsdruck in Sachen Frauenförderung erzeugt haben. Auch bei den jährlich im Juni/Juli tagenden Rektorenkonferenzen sowie weiteren Sitzungen in ausgewähltem Personenkreis beim Minister stand eine Berichterstattung über die Frauenförderung unter einer Vielzahl anderer Themen auf der Tagesordnung.⁶⁴ Nachdrückliche Weisungen, nur konkret abrechenbare Berichte vorzulegen bzw. das Ankündigen von Konsequenzen bei Nichterfüllung, fehlten weiterhin.⁶⁵ Wenn sich so gar nichts – vor allem in Sachen Hochschullehrerinnen – tat, wiesen der Minister bzw. der Gewerkschaftszentralvorstand Wissenschaft die Universitäts- und Hochschulgewerkschaftsleitungen sowie die Frauenkommissionen vor Ort an, über ihre Tätigkeit und ihre Erfolge bei der „Entwicklung weiblicher Hochschulkader zu Nachwuchswissenschaftlerinnen, die über die politische und fachliche Qualifizierung verfügen, zu Hochschullehrern berufen [... und] als Direktoren von Sektionen, Instituten und Kliniken eingesetzt zu werden",⁶⁶ zu berichten. Aber sowohl die Durchschlagkraft der Gewerkschaft als auch das der Frauenkommissionen war in der Regel groß genug, um einen verstärkten Druck auf die Rektoren, Sektionsdirektoren oder Kaderleiter der Wissenschaftsinstitutionen auszuüben. Der gängige Fragenkatalog zur Berichterstattung, der auch die Akademie-Institute einschloss, umfasste quantitative Aspekte, Qualifikation mit A- und B-Promotion der Wissenschaftlerinnen sowie eine Aufzählung der Inhaberinnen von Leitungspositionen. Es wurde abgefragt nach Dauer und Zeiten von Diplomstudium, Promotion und Habilitation im Vergleich zu den männlichen Kollegen und nach spezifischen Problemen des weiblichen Qualifizierungsweges.⁶⁷ Es interessierten Regelungen zur Unterstützung von promovierenden und habilitierenden Frauen die Familie hatten, wie die zeitweise Freistellung von Lehr- und Betreuungsaufgaben, Verlagerung der Arbeitszeiten oder Reservierung von Rechner- und Laborzeiten. Das alles sollte sicherstellen, dass die Promotionszeiten

---

62 Vgl. Presse-Bulletin: Referat des Ministers: Der Beitrag der Universitäten und Hochschulen zum gesellschaftlichen Fortschritt und zur Stärkung der Leistungskraft unseres Landes in den achtziger Jahren, 4. September 1980, in: BAB DR 3 2. Schicht 1456/a (S. 45 des Referats).
63 Vgl. Anke Burkhardt, Doris Scherer, Förderung des wissenschaftlichen Nachwuchses, S. 60.
64 Vgl. ebenda, S. 58–60.
65 Vgl. Dienstberatung beim Minister, 4. November 1983, in: BAB DR 3 2. Schicht 352; Festlegung des Ministers: Sitzung des Kollegiums am 24. November 1983, in: ebenda, 1568 b und SAPMO-BA DY 53/966.
66 Bericht der HU für den ZV Wissenschaft über die Fragen der Entwicklung von Frauen für die wissenschaftliche Arbeit, Mitte 1983, in: SAPMO-BA DY 53/966.
67 Vgl. ZV Wissenschaft: Zum Erfahrungsaustausch mit wissenschaftlich tätigen Frauen an wissenschaftlichen Einrichtungen, 11. März 1981, in: SAPMO-BA DY 53/963; Analyse der Erfahrungen an der TU Dresden, Januar 1978 und Betriebskollektivvertrag 1982, in: Archiv TU Dresden FDGB 217 und Rektorat 415.

nicht über die Maßen überschritten wurden.[68] In den Mittelpunkt der Aufmerksamkeit bei der Wissenschaftlerinnenförderung geriet in den 1980er Jahren die habilitierende bzw. habilitierte Hochschullehrerin. Die Zahlen und der Einsatz dieser Hochschullehrerinnen standen in direktem Bezug, mehr Posten der 1. Leitungsebene – Rektoren, Prorektoren, Direktorate – und der 2. Leitungsebene – Sektionsdirektoren, Institutschefs – an Frauen zu vergeben.[69] Voraussetzung für diese Postenvergabe war die erfolgreiche Habilitation und die in Aussicht gestellte Professur.

In Auswertung der Fragenkataloge wurde am 24. Oktober 1983 ein umfassender Bericht über den Einfluss von 29 Universitäts- und Hochschulgewerkschaftsleitungen und ihren Frauenkommissionen „auf die planmäßige Vorbereitung und den Einsatz weiblicher Hochschulkader in leitende Funktionen" im Hochschulministerium diskutiert.[70] Neben den gängigen Wachstumszahlen von Frauenanteilen in allen Statusbereichen – u. a. 109 ordentliche Professorinnen, 35 a. o. Professorinnen und 316 Hochschuldozentinnen und der Nennung von drei weiblichen Rektoren von insgesamt 37 – und zwar die Physikerin Prof. Dr. Margit Rätzsch an der TH Leuna-Merseburg, die Ökonomin Prof. Dr. Christa Luft an der Hochschule für Ökonomie in Berlin-Karlshorst und die Pädagogin Prof. Dr. sc. Helga Leistner von der Pädagogischen Hochschule Erfurt[71] – stellte sich heraus, dass sich zwischen den Universitäten und Hochschulen beträchtliche Unterschiede in Zahl und Stellung von Wissenschaftlerinnen zeigten. Wo individuell, flexibel und personenkonkret Kaderarbeit mit Wissenschaftlerinnen geleistet wurde, wie an den Universitäten in Berlin,[72] Leipzig und Halle, konnte ein kleiner Pool an Wissenschaftlerinnen als sogenannte Kaderreserve – sich habilitierende Frauen, deren Einsatz in den nächsten fünf Jahren vorhersehbar war – benannt werden. Wo Rektor und Kaderchef die sich qualifizierenden Frauen und ihren Werdegang persönlich kannten, Unterredungen regelmäßig stattfanden, wo Frauenförderungspläne konkret und terminiert waren, wo Förderverträge, die den Titel Vertrag verdienten, mit Frauen existierten und kontrolliert wurden, schienen sich ersehnte Erfolge einzustellen.[73] „Langjährige Versäumnisse in der Arbeit mit den Kadern" hingegen haben zu beträchtlichen Unterschieden bei Entwicklung von Frauen zu Hochschullehrerinnen geführt. Als unzulänglich in ihrer Personalarbeit wurden im

---

[68] Vgl. ZV Wissenschaft an die Vorsitzenden der Gewerkschaftsleitungen und Frauenkommissionen der Universitäten und Hochschulen, 21. November 1983, in: SAPMO-BA DY 53/963.
[69] Vgl. Aspekte der internationalen Beziehungen der Karl-Marx-Universität Leipzig, S. 14.
[70] Vgl. Bericht (1. Juni 1983) und Protokoll der Festlegung des Sitzing des Kollegiums im Ministerium für Hoch- und Fachschulwesen, 24. Oktober 1983, in: BAB DR 3 2. Schicht 1568 b.
[71] Vgl. Aufgaben der Gewerkschaft bei der Förderung von Frauen in der Wissenschaft, 14. Dezember 1988, in: SAPMO-BA DY 53/863 bzw. 969.
[72] Vgl. Bericht der HUB zu den übermittelten Fragen des ZV der Gewerkschaft Wissenschaft, 1983, in: SAPMO-BA DY 53/966.
[73] Vgl. Bericht (vom 1. Juni 1983) und Protokoll der Festlegung des Sitzing des Kollegiums im Ministerium für Hoch- und Fachschulwesen, 24. Oktober 1983, in: BAB DR 3 2. Schicht 1568 b.

Bericht für den Minister die Universität Greifswald, die Technische Hochschule Karl-Marx-Stadt und die Verkehrshochschule Dresden genannt. „Von diesen Einrichtungen sind seit 1975 kaum bzw. keine Anträge zur Berufung von Frauen zu Hochschullehrern an das Ministerium für Hoch- und Fachschulwesen eingereicht worden."[74] Die Zahl der Oberassistentinnen, anteilmäßig 16 Prozent, ließ erkennen, dass man in Berlin nicht in kürzeren Zeiträumen mit positiven quantitativen Trends bei der Hochschullehrerinnenentwicklung rechnen durfte. Und auch hier lag die Zahl in den mathematik-naturwissenschaftlichen Fächern deutlich niedriger als in den Gesellschaftswissenschaften: anteilig nur neun Prozent bzw. 81 Naturwissenschaftlerinnen, in den Technikwissenschaften vier Prozent bzw. 47 Technikerinnen, in der Medizin hingegen bei 22 Prozent bzw. 220 Medizinerinnen und in den Gesellschaftswissenschaften bei 27 Prozent bzw. 401 Wissenschaftlerinnen.[75]

In den Berichten fiel auf, dass die Wissenschaftlerinnen selbst eher als passive Subjekte gesehen wurden. Tatsächlich dürfte dies nicht der Fall gewesen sein. Die jungen und ehrgeizigen Akademikerinnen gingen mit Leidenschaft, Intelligenz und Ausdauer, Beharrlichkeit und Selbstbewusstsein ihre Karrieren an. Oft hing es jedoch vom Institutsleiter, vom Sektionsdirektor oder Arbeitsgruppenleiter ab, wie aufgeklärt, modern bzw. wie groß das Interesse war, fähige, junge Wissenschaftlerinnen in ihrer Forscherinnenlaufbahn zu unterstützen. Oder es forschten bereits Frauen in gehobenen Positionen an den Fachbereichen, und diese hatten eine erste Bresche für die nachkommenden Wissenschaftlerinnen geschlagen. Trotzdem blieb die Frage, warum die Wissenschaftlerinnenförderung an Universitäten wie Berlin und Leipzig besser und in Greifswald oder Rostock schlechter lief. In der Benennung der Ursachen hieß es in der Ministerberatung wieder einmal: „Ideologische Probleme der Leiter".[76] Darunter fasste man, dass die männlichen Leiter der Sektionen und Institute Wissenschaftlerinnen mit Kindern eine fristgerechte Habilitation aus Zeitgründen oft nicht zutrauten und ihnen ein minderes wissenschaftliches Engagement wegen ihrer familiären Verpflichtungen unterstellten. Habilitierenden Männern wurde aus Effizienzgründen der Vorzug eingeräumt, weil hier ein zeitlich und örtlich uneingeschränkter Einsatz vorausgesetzt wurde, obwohl auch die Männer Familienväter – wie die Leiter selbst – waren. Auch schien es problematisch an den Sektionen oder Instituten zu sein, promovierende bzw. habilitierende Frauen zeitweise von Lehr- und Betreuungspflichten zu befreien, damit diese zusammenhängende Forschungszeiten gewährt bekamen. Die knappe Personaldecke schien dies nicht zuzulassen. Auch den Frauen selbst

---

[74] Ebenda.
[75] Vgl. ebenda.
[76] „Ideologische Probleme" galten als Erklärungsmuster für eine Vielzahl an Widersprüchen. Indem man den Frauen selbst und den männlichen Leitern falsche Wahrnehmungsweisen und ungenügendes Wissen, mangelndes Bewusstsein und Einsatzbereitschaft attestierte, wurden die strukturellen Grenzen der Frauenpolitik subjektiviert und individualisiert. Mit dieser Argumentation konnten reale Gegebenheiten beliebig ausgegrenzt und die Unfehlbarkeit der DDR-Politik gesichert werden. Vgl. Christine Eifler, S. 544.

wurden „ideologische Vorbehalte" unterstellt. Ihr mangelndes Selbstvertrauen und die „Scheu vor Verantwortung" bzw. das Zurückschrecken vor der zeitlichen Belastung beim Habilitieren und der Ausübung von Leitungsfunktionen verhindere ihr Engagement in der wissenschaftlichen Arbeit. Bezüglich der naturwissenschaftlichen und technischen Fächer wiederholte man, dass zu wenige weibliche Studierende mit Diplom in den Naturwissenschaften zu finden waren. Das dürfte für die Physik und die Technikdisziplinen der Wahrheit entsprochen haben, galt aber nicht mehr für die Mathematik und schon gar nicht mehr für die Chemie.[77] In der für die DDR-Volkswirtschaft so wichtigem Zweig Chemie gelang es die etablierte Geschlechterordnung mit Chemikerinnen zu überwinden,[78] jedoch weniger an den Hochschuleinrichtungen als in den Industriebetrieben.

Ergebnis der Ministerberatung im Oktober 1983 war die Ankündigung, 1984 eine Arbeiter-und Bauern-Kontrolle an Hochschuleinrichtungen durchzuführen. Diese Überprüfung bezog sich auf die Festlegungen, Aktivitäten und Resultate des „Einsatzes von Frauen zu Hochschullehrern und Leitern". Direkt auf dem Prüfstand standen die Unterlagen und die Arbeitsweise der Hochschulkaderleitungen und der Hochschulgewerkschaftsleitungen in Sachen Frauenförderung. Zudem wurden persönliche Gespräche mit Nachwuchswissenschaftlerinnen und habilitierenden Frauen an den Sektionen, Instituten und Einrichtungen geplant.[79] Die zu entsendenden Inspektoren waren in der Tat keine Arbeiterkontrolleure, wie man der Bezeichnung nach denken könnte, sondern Hochschul-, Gewerkschafts- und Frauenfunktionäre aus Berlin. Die Ankündigung der ABI-Kontrolle dürfte einigen Aktionismus an den Hochschulen und Universitäten ausgelöst haben.

Auf der Sitzung im Hochschulministerium war auch ein Eingabeschreiben der Kandidatin des SED-Politbüros Inge Lange, sie war auch ZK-Sekretär für Frauenfragen und damit ranghöchste Frauenfunktionärin, zur Sprache gekommen. Sie hatte sich am 17. Oktober 1983 schriftlich an den Hochschulminister Böhme gewandt. Offensichtlich mehrten sich Fälle, dass junge Assistentinnen in ihrem zunächst befristeten vierjährigen Anstellungsverhältnis ihre Promotion, unterbrochen durch Familiengründung, nicht fristgerecht abschließen konnten.[80] Oft reichte auch die gesetzlich vorgesehene Verlängerung der Promotionszeit durch die Anrechnung der Mutterschutzzeiten nicht aus, die Qualifizierung zu beenden. Ein Teil dieser Wissenschaftlerinnen schied nicht promoviert aus Universitäten

---

[77] 1981 studierten 286 Frauen Physik (Quote von 19 Prozent), 354 studierten Mathematik (Quote von 41 Prozent), 1.607 studierten Chemie (Quote von 61 Prozent); in den Technischen Fachrichtungen lag die anteilige Quote bei durchschnittlich 18 Prozent. Vgl. Protokoll, 1. Juni 1983, der Festlegung des Sitzung des Kollegiums im MHF, 24. Oktober 1983, in: BAB DR 3 2. Schicht 1568 b.

[78] Vgl. Matthias Middell, S. 389 f.

[79] Vgl. Protokoll der Festlegung des Sitzung des Kollegiums im Ministerium für Hoch- und Fachschulwesen, 24. Oktober 1983, in: BAB DR 3 2. Schicht 1568 b; Konzeption zur Durchführung einer Kontrolle, 22. August 1983, in: SAPMO-BA DY 53/963.

[80] Vgl. Förderung von Forschungsstudentinnen (mit Kind), 15. Dezember 1986, in: SAPMO-BA DY 53/961.

und Hochschulen aus. Inge Lange verlangte Auskunft, welche Maßnahmen getroffen werden könnten, zum Beispiel durch Verlängerung der Assistenzzeiten, um den Frauen den Abschluss doch noch zu ermöglichen.[81] Im Nachtrag dieses Schreibens von Inge Lange wies Minister Böhme die Rektoren und Hochschulleitungen an, Nachwuchswissenschaftlerinnen mit Kind eine angemessene Verlängerung ihrer Promotionszeit in Form einer Aspirantur bzw. Teilaspirantur anzubieten, damit die angefangene Arbeit zu einem erfolgreichen Abschluss geführt werden kann.[82] Eine grundsätzliche, rechtsverbindliche einjährige Verlängerung der befristeten Assistenz für junge Mütter über den anzurechnenden Schwangerschaftsurlaub hinaus, hielt er für nicht geboten, was er Inge Lange schriftlich mitteilte.

Die 1980er Jahre hatten in der Palette der Frauenfördermaßnahmen begonnen wie die 1970er Jahre endeten. Pläne und Berichte folgten einer nach dem anderen.[83] An ihnen irritierte wohl auch Berlin, dass nach wie vor die Hochschuleinrichtungen mit Erfolgsmeldungen aufwarteten, jedoch die Zahlen ein anderes Bild abgaben.[84] Wo lagen beispielsweise an der oft kritisierten Ernst-Moritz-Arndt-Universität in Greifswald die Probleme? Sahen die durchschnittlichen Zahlen in den 1970er Jahren in Bezug auf die Stellung der Wissenschaftlerinnen noch recht passabel aus – unter den 563 Wissenschaftlern insgesamt zählte man 132 Frauen (24 Prozent), der SED-Anteil unter allen Wissenschaftlern lag bei „nur" 44 Prozent – kaschierten die Durchschnittszahlen die Negativbilanz in Teilen der Naturwissenschaften: Die Physik konnte keine einzige Wissenschaftlerin aufweisen. Alle vier Physikprofessoren gehörten der SED an, jedoch nur einer der fünf Dozenten und nur drei der 32 wissenschaftlichen Mitarbeiter. In der Mathematik sah es nicht viel besser aus: Von 37 Mathematikern waren fünf weiblich, es gab keine Professorin, keine Dozentin, nur fünf wissenschaftliche Mitarbeiterinnen. Keiner der sechs Mathematikprofessoren war SED-Mitglied, nur einer der drei Dozenten. Von 28 wissenschaftlichen Mitarbeitern besaßen nur fünf das SED-Buch. Besser stand es für die Frauen in der Biologie und Chemie. In der Biologie konnte eine Professorin von zehn ausgewiesen werden, keine Dozentin, jedoch 18 von 44 wissenschaftlichen Mitarbeitern. In der Biologie lag der Frauenanteil bei einem Drittel. In der Chemie fand sich keine Professorin, nur eine Dozentin von zehn und 16 wissenschaftliche Mitarbeiterinnen von 56. An der Statistik erstaunte eher der niedrige Wert bei der SED-Mitgliedschaft als die Frauenquote: Unter den Physikern lag die SED-Quote bei 20 Prozent, in der

---

[81] Vgl. Minister Böhme an Inge Lange, 4. November 1983, in: SAPMO-BA DY 53/963.
[82] Protokoll der Festlegung des Ministers, 24. Oktober 1983, in: BAB DR 3 2. Schicht 1568 b.; ZV Gewerkschaft Wissenschaft: An die Gewerkschaftsleitungen der Universitäten, Hochschulen und Institute, 21. November 1983, in: SAPMO-BA DY 53/963.
[83] Vgl. Frauenförderungsplan 1981, TU Dresden, in: Archiv TU Dresden Rektorat 415, FDGB 380.
[84] Vgl. Einschätzung BKV – Frauenförderungsplan, in: SAPMO-BA DY 53/966; Rundtischgespräch beim ZV Gewerkschaft Wissenschaft, Frauenkommission, 2. April 1986, in: ebenda, DY 53/963 und 865; Einschätzung der BKV der Universitäten und Hochschulen, 30. März 1987, in: ebenda, DY 53/863.

Mathematik bei 16 Prozent, in der Chemie bei knapp 20 Prozent und in der Biologie bei 33 Prozent.[85] Diese schlechte Frauenbilanz in der Physik änderte sich nicht bis in die 1990er Jahre. An der Universität Greifswald habilitierte seit der Zählung in den 1960er Jahren bis 1999, also in 40 Jahren, keine einzige Physikerin. Im selben Zeitraum habilitierte auch keine Mathematikerin. Eine Habilitation abgeschlossen hatten hingegen sechs Frauen in der Chemie (Biochemie) und zwei in der Biologie. In Greifswald blieb die weibliche Professur die Ausnahme.[86] Unter den studierenden Physikern lag der Frauenanteil die 1970/80er Jahre hindurch bei um die 20 Prozent, in der Mathematik bei 26 Prozent. Jedoch fanden sich, aus welchen Gründen auch immer, keine Nachwuchswissenschaftlerinnen in der Physik und nur einzelne in der Mathematik.[87]

In den jährlichen Frauenförderplänen der Greifswalder Universität musste der 1. Prorektor regelmäßig eingestehen, in Sachen Professorinnen, Dozentinnen und Oberassistentinnen bildete die Universität das „Schlusslicht der Republik". Verbal legte man Jahr für Jahr Hoffnungen auf den Nachwuchs, auf die 29, später dann 34 Prozent an wissenschaftlichen Mitarbeiterinnen. Aber ohne Aktivitäten und Ideen, ohne wirkliches Interesse stellte sich keine Besserung ein. Die Pläne und Programme waren und blieben dünn, ohne Fakten, voll mit nichtssagenden Phrasen und Parolen wie das Eingeständnis von fehlenden und unzureichenden „Kaderentwicklungsprogrammen" oder „Problemen hinsichtlich der ideologischen Einstellung der männlichen Leiter und Mitarbeiter". Die jedes Jahr neu aufgestellte und nicht erfüllte Quote – unter den einzustellenden Forschungsstudenten müsse der Anteil der Frauen 45 Prozent betragen – wurde unverändert fortgeschrieben. Durchgreifende Maßnahmen zur Umsetzung fehlten. Ausbildung, Einsatz und Ermutigung junger Wissenschaftlerinnen wurde von der Universitätsleitung wie von den Sektionen dem Selbstlauf überlassen.[88] Mussten dann doch einmal konkrete Gründe benannt werden, hieß es: Die „subjektive Einstellung" der Frauen sei problematisch mit ihren ständigen Klagen über fehlende Kinderbetreuungsplätze, unzureichende Dienstleistungsangebote und damit fehlende Zeit zum Qualifizieren. Schließlich hieß es gar aus männlicher Sicht: „Wer für seine Wissenschaft brennt und unserer Republik treu ergeben ist, der wird dann auch in der Frage der sozialen Bedingungen nicht ungebührlich über das Notwendige hinausgehen!"[89]

---

[85] Vgl. Kaderstatistik 1. Februar 1972, in: Archiv Universität Greifswald R (nF) 431.
[86] Vgl. Berufungsreserve. Ausstellung Greifswald, S. 53, 55 f.
[87] Vgl. Jahresberichte 1976–1978, 11. April 1979, in: Archiv Universität Greifswald: Jahresberichte.
[88] Vgl. BKV, Frauenförderung 1980–1982, in: Archiv Universität Greifswald R (nF) 589; Konzeption zur Frauenförderung, 4. Mai 1981, in: ebenda; Erfahrungen der Frauenkommissionen, 4. Januar 1983 und Analyse der Erfahrungen und Probleme, 20. September 1983, in: ebenda, UGL 125; sowie Frauenförderung 1979/80, in: ebenda, R (nF) 522; Erfahrungsaustausch der Frauenausschüsse, 11. Oktober 1972, in: ebenda, UGL 124.
[89] Betriebskollektivvertrag: Frauenförderung 1984/85, in: Archiv Universität Greifswald R (nF) 716.

Schwieriger als Universitäten hatten Technische Hochschulen bzw. Technische Universitäten es mit Ausbildung, Einsatz und Fördern von Naturwissenschaftlerinnen und Technikerinnen zu Hochschullehrerinnen.[90] Die Technische Universität Dresden schlug sich in Sachen Physikerinnen, Mathematikerinnen und Chemikerinnen jedoch nicht schlecht. Anfang der 1980er Jahre konnte die TU in der Sektion Physik mit 18 bis 20 Physikerinnen von insgesamt 154 Wissenschaftlern aufwarten. Das entsprach 13 Prozent, darunter promovierte und habilitierte Frauen. Wie überall sah es in der Mathematik ein wenig besser und in der Chemie noch besser aus. An der Sektion Mathematik lehrten und forschten 17 Frauen (13 Prozent) von insgesamt 136 Hochschulkadern, in der Chemie 25 (18 Prozent) Frauen von insgesamt 141.[91] Dafür hatte die TU, wie alle anderen Technischen Hochschulen mit den Frauenzahlen und Quoten und dem weiblichen Interesse für die Technikdisziplinen zu kämpfen. Das widerspiegelte sich in Sektionen wie Informationstechnik, Frauenquote sechs Prozent, Energietechnik, Quote 1,5 Prozent, Energieumwandlung, vier Prozent Frauenanteil oder Fertigungstechnik mit knapp zwei Prozent Frauen.[92] Das ehrgeizige Ziel der TU, jährlich 25 Prozent Anteil unter den Nachwuchswissenschaftlerinnen neu zu gewinnen,[93] wurde hin und wieder knapp erreicht, auch wenn dieser Durchschnittswert vor allem mit Kultur-, Sprach-, Arbeitswissenschaftlerinnen und dem weiblichen Nachwuchs in der Sozialistischen Betriebswirtschaft sowie den Frauen in der Universitätsbibliothek erreicht wurde. 1981 lag der Anteil der Diplomabsolventinnen in der Physik bei 19 Prozent, in der Mathematik bei 51 Prozent, in der Chemie bei sogar 73 Prozent. Damit schien eine Ausgangsbasis für die Auswahl an Nachwuchswissenschaftlerinnen durchaus gegeben.[94] Aber auch hier wurde von der Frauenkommission beanstandet, dass für die sich promovierenden Naturwissenschaftlerinnen keine Berufsperspektiven festgelegt waren, keine Personalgespräche stattfanden, und dies, obwohl einige von ihnen im Kaderprogramm der TU standen. Die Frauenkommission sprach hier von einem Programm nur auf dem Papier. Die Wissenschaftlerinnen selbst suchten sich ihrerseits lukrativere Jobs in der Industrie.[95]

---

[90] Vgl. Probleme bei der Berufung von Frauen zu Hochschullehrern, 3. März 1977, in: Archiv TU Dresden Rektorat 406; Studien über die Emanzipation der Frau an technischen Bildungseinrichtungen, 1. Dezember 1975, in: ebenda, FDGB, 380; Schwierigkeiten der Gewinnung weiblicher Kader, Ingenieurhochschule Mittweida, in: SAPMO-BA DY 53/866, Bericht der Frauenkommissionen, Ingenieurhochschule Zwickau 1986, in: ebenda.
[91] Vgl. Analyse der Hochschulkader der TU, Oktober 1975, in: Archiv TU Dresden FDGB 380; Universitätsverzeichnis 1977 der TU Dresden. Universitätsarchiv. Bis 1986 gab ein stetiges quantitatives Wachstum: In der Physik machte der Anteil der Wissenschaftlerinnen 15 Prozent aus; in der Chemie 23 Prozent und in der Mathematik 18 Prozent. Vgl. Abrechnung des Frauenförderungsplanes 1986, in ebenda, FDGB 380.
[92] Vgl. Analyse zum Stand der Hochschulkader der TU, Oktober 1975, in: Archiv TU Dresden FDGB 380.
[93] Vgl. Einschätzung BKV, Frauenförderungsplan, 29. März 1985, in: SAPMO-BA DY 53/966; Festlegung zur Frauenförderung, 11. März 1986, in: Archiv TU Dresden FDGB 380.
[94] Vgl. DDR-Direktstudenten nach Studienjahrgängen, 1977–1981, in: Archiv TU Dresden Rektorat 415.
[95] Vgl. TU-Frauenkommission: Zuarbeit, 30. November 1987, in: Archiv TU Dresden FDGB 380.

Interessant scheinen weitergehende und immer wiederkehrende Statistiken für die Personalplaner gewesen zu sein. Unter den Wissenschaftlern an der Sektion Physik im Jahr 1981 – 157 insgesamt, darunter 20 Frauen – gehörten 54 (35 Prozent) zu sogenannten SU-Kadern, davon sieben Professoren, neun Dozenten, 38 Assistenten. Das hieß, diese Physiker und Physikerinnen hatten ihr Studium, Teile ihre Weiterqualifikation bzw. Arbeitsaufenthalte in der Sowjetunion absolviert. Unter diesen 54 SU-Kadern gehörten 37 der SED an und sieben waren weiblich.[96] Für weibliche und männliche Professoren und Dozenten gehörte es mehrheitlich zum normalen Karriereverlauf, längere Forschungsaufenthalte in der Sowjetunion verbracht zu haben. Für die Kaderstatistiker ebenfalls festhaltenswert waren Aufstellungen über Abiturnoten in Mathematik, Physik und Staatsbürgerkundeunterricht der Studienanfänger. Mitte der 1970er Jahre hatten die Physikstudierenden an der TU zu 100 Prozent eine eins im Abiturzeugnis sowohl in Mathematik als auch in Physik und je zur Hälfte eine eins bzw. eine zwei im DDR-ideologisch ausgerichteten Staatsbürgerkundeunterricht. Die Physikstudenten und -studentinnen hatten durchweg hervorragende Schulabschlussnoten. Sie zählten neben den Medizinstudierenden zu den besten Abiturienten und Abiturientinnen in der DDR.[97]

An den Pädagogischen Hochschulen wurden zwar keine Diplomphysiker und -physikerinnen ausgebildet, jedoch Lehrer im Hauptfach Physik für die Polytechnischen und Erweiterten Oberschulen. An den Sektionen Mathematik/Physik lehrten und forschten auch Physiker und Physikerinnen. Die Pädagogischen Hochschulen unterstanden administrativ nicht dem Hoch- und Fachschulministerium, sondern dem Volksbildungsministerium Margot Honeckers. Daher erfassten die Hochschulstatistiken die Zahlen von den Pädagogischen Hochschulen nicht. Trotzdem wird ein Blick auf die Pädagogische Hochschule Potsdam und die dort tätigen Naturwissenschaftlerinnen geworfen. In den Frauenförderungsberichten las man Jahr für Jahr „weitere Fortschritte" und lobte die Tätigkeit der Frauenkommission mit kleinen Einschränkungen, wenn es hieß: „Ihre kritischen Hinweise treffen sicher zu, dass noch nicht in allen Bereichen die Festlegungen des Frauenförderungsplanes in jedem Falle eingehalten werden. Manches wird noch zu sehr dem Selbstlauf überlassen."[98] Nur – leider – widerspiegelten sich die Erfolgsberichte nicht in Zahlen, jedenfalls nicht in den Naturwissenschaften. Bis 1988 waren die Wissenschaftsbereiche Mathematik und Physik in einer Sektion zusammengefasst. In der Physik fanden sich zwei Physikerinnen und eine Chemikerin – eine promovierte Physikerin als Lehrerin im Hochschuldienst und eine Nachwuchswissenschaftlerin – von insgesamt 54 Physikern, das entsprach dürftigen vier Prozent. Von den 54 Physikern hatten 27, also die Hälfte, ein SED-

---

[96] Vgl. SU-Kader, 1. Dezember 1981, in: Archiv TU Dresden Rektorat 415.
[97] Vgl. Verteilung der Abiturnoten, Studiengänge 1973–1975, in: Archiv TU Dresden Rektorat 400.
[98] Erfüllung des Betriebskollektivvertrages 1983, in: Archiv Universität Potsdam PH 7050; vgl. Frauenförderungsplan, 5. August und 18. September 1980, in: ebenda, PH 5439, 6871; Vertrauensleutevollversammlung, 27. Januar 1981, in: ebenda, PH 7003/1.

Mitgliedsbuch; unter den fünf Physikprofessoren waren zwei ohne SED-Buch. Die einzige promovierte Physikerin gehörte der SED an, die Diplomphysikerin und die Diplomchemikerin nicht. Und in der Mathematik: Hier lehrten und forschten 14 Mathematikerinnen von insgesamt 54 (26 Prozent). Von den Mathematikerinnen waren sechs promoviert, eine Mathematikprofessorin oder -dozentin fand sich in den 1980er Jahren nicht darunter. Unter den 14 Mathematikerinnen gehörten sieben, also die Hälfte, der SED an. Insgesamt waren 32 Wissenschaftler und Wissenschaftlerinnen im Fach Mathematik in der SED (60 Prozent); von den fünf Mathematikprofessoren hatten zwei kein Parteibuch.[99]

Im Zeitraum von 1981 bis 1984 hatte es 28 Promotionen in der Physik gegeben, davon nur zwei durch eine Frau.[100] Auch über den wissenschaftlichen Nachwuchs kündigten sich für die Zukunft keine Besserungen für die Physik an. Obwohl die Zahlen der Mathematikerinnen und vor allem der Physikerinnen dürftig waren, existierte der Punkt „Wissenschaftlerinnen in den Kaderentwicklungsgesprächen" für die PH-Hochschulleitung nicht.[101] 1988 behauptete die Gewerkschaftsleitung bezüglich der Wissenschaftlerinnenförderung unverfroren: „Nach den staatlichen Kaderplänen gibt es in jeder Sektion [...] langfristige Festlegungen zur Vorbereitung befähigter Mitarbeiterinnen [...] für die Berufung als Hochschullehrer."[102] Allein sowohl für die Physik als auch für die Mathematik fehlte es an qualifizierten Wissenschaftlerinnen. Die einzige Physikerin brachte es erst im Alter von 51 Jahren zur Promotion, nachdem sie mehr als 15 Jahre im Frauenförderplan der Sektion gestanden hatte. Sie war keine Kandidatin für eine Hochschullehrerinnenlaufbahn.

Oftmals lasen sich die Protokolle der monatlichen Sitzungen der Frauenkommissionen in den 1980er Jahren wie die einer Organisationszentrale zur Ausrichtung von Kinderfesten, Freizeitsportveranstaltungen, Frauentagsfeiern, Vorbereitung von Exkursionen zu Ostern und Pfingsten oder man beriet Probleme von kinderreichen Müttern, der Mensaversorgung, der Ordnung und Sauberkeit in Studentenwohnheimen oder der Facharbeiterweiterbildung für das technische und Büropersonal. In ein bis zwei Tagesordnungspunkten im Jahr kamen auch Fragen wie „Frauen in Naturwissenschaft und Technik", Nachwuchswissenschaftlerinnen im Promotionsprozess oder Erfahrungsaustausch der Lehrerinnen im Hochschuldienst zur Sprache.[103] Aber das Hauptaugenmerk der Kommissionen

---

[99] Der SED-Organisationsgrad der Mathematiker lag bei 62 Prozent. Vgl. Kaderplan der Sektion Mathematik/Physik für 1986–1990, 25. November 1985, in: Archiv Universität Potsdam PH 6994; Wissenschaftliches Personal der PH Potsdam, 1. Februar 1984, in: ebenda, PH 6716; Analyse der Lehrkräfteentwicklung, 31. Dezember 1988, in: ebenda, PH 6711.
[100] Vgl. Abgeschlossene Promotionen 1981–1984, 12. März 1985, in: Archiv Universität Potsdam PH 6780.
[101] Vgl. Protokoll zur Kaderentwicklung in der Sektion Mathematik/Physik beim Rektor, 2. Juli 1985, 19. Januar 1986, am 6. März 1987, 28. Dezember 1989, in: Archiv Universität Potsdam PH 6706 und 6706/1; Kader-Perspektivplan, 13. Januar 1982, in: ebenda, PH 6868/1.
[102] Vertrauensleutevollversammlung, 26. Januar 1988, in: Archiv Universität Potsdam PH 7050.
[103] Vgl. Protokolle der Sitzung der Frauenkommission TH Ilmenau, Januar bis Dezember 1984, 1987, 1989, in: Archiv TU Ilmenau 11041, 11048; Erfüllung des Betriebskollektivvertrages

richtete sich auf alle „werktätigen Frauen" an den Hochschulen und keinesfalls allein auf die Wissenschaftlerinnen. Auch Berichte über Frauenkonferenzen oder großangelegte Beratungen über Frauenförderung auf Kreis-, Bezirks- oder zentraler Ebene hörten sich nach wie vor an wie Propagandaveranstaltungen über „den Fortschritt in der gesellschaftlichen Stellung des schönen Geschlechts".[104]

Das Ergebnis der angekündigten – und für nicht wenige Hochschulen als angedroht empfundenen – ABI-Kontrolle lag als Abschlussbericht im August 1984 in Berlin vor.[105] Überprüft worden waren 60 Sektionen an zwölf Instituten und 27 Kliniken, die Sektionen Physik bzw. Mathematik/Naturwissenschaften zählten dazu. Zudem hatten die Inspekteure eine Vielzahl an Gesprächen mit Nachwuchswissenschaftlerinnen, habilitierenden Frauen und Hochschullehrerinnen geführt.[106] Im Focus der Prüfung standen die Kaderentwicklungsprogramme, d. h. insbesondere die auf fünf Jahre angelegte Personalplanung hinsichtlich des Einsatzes „weiblicher Hochschulkader für Berufungs- und Leitungsfunktionen". Nicht unerwartet traten die alten Schwächen und Probleme auf: Statistiken waren vorhanden, jedoch die Bezugspunkte so unterschiedlich und wechselnd gewählt, dass sie selbst innerhalb einer Hochschule nicht vergleichbar waren. Mal wurden in den Kaderprogrammen alle Wissenschaftlerinnen gezählt und ausgewiesen, mal nur die sich z. Z. Qualifizierenden oder mal nur die Frauen, die für eine Hochschullehrerinnenlaufbahn vorgesehen waren. Es hatte den Anschein, dass die Statistiken eher verschleiern als Stand und Verlauf der Wissenschaftlerinnenförderung wiedergeben sollten. In allen personenkonkreten Kaderprogrammen fanden sich Punkte wie Abschlusstermine für Promotion bzw. Habilitation, zeitliche Festlegungen über Sprachintensivausbildung, Erwerb hochschulpädagogischer Kenntnisse für die Dozentenberufung, Studienaufenthalte im Ausland, Praxiseinsätze und geplante Funktionsübernahmen. Jedoch kritisierten die ABI-Kontrolleure die fehlende Verbindlichkeit der Festlegungen sowie Erklärungen und Konsequenzen bei Nichterfüllung. Den Abschluss von sogenannten Qualifizierungsverträgen[107] zur Erlangung insbesondere der Habilitation – ein weiterer Kritikpunkt, da diese Verträge wenig vorhanden waren – scheuten nach wie vor sowohl die Frauen als auch die Leiter der Einrichtungen. Der Grund dafür lag oft auch in der Stellen-

---

1983 der PH Potsdam, in: Archiv Universität Potsdam PH 7050; Gespräche mit Mitarbeiterinnen im Vorrentenalter, 1985, in: ebenda, PH 6744; Rechenschaftsbericht der Frauenkommission 1985/86, in: ebenda, PH 6744; Gespräche mit Lektorinnen, 25. Mai 1981, in: ebenda, PH 7050; Arbeit der Frauenkommissionen, 1987, in: SAPMO-BA DY 53/965.

[104] Bericht auf der Frauenkonferenz der TU Dresden, 2. Dezember 1987, Referat auf der Frauendelegiertenkonferenz der TU Dresden, 27. November 1984, in: Archiv TU Dresden FDGB 362.

[105] Vgl. Schwerpunkte und Fragespiegel bezüglich Nachwuchswissenschaftlerinnen, 1. August 1985, in: SAPMO-BA DY 53/961; Erfahrungen in der Arbeit mit Kaderentwicklungsprogrammen bei der Entwicklung weiblicher Hochschullehrer, 27. August 1984, in: ebenda, DY 53/966.

[106] Vgl. Erfahrungen in der Arbeit mit Kaderentwicklungsprogrammen bei der Entwicklung weiblicher Hochschullehrer, 27. August 1984, in: SAPMO-BA DY 53/966.

[107] Vgl. Vorgaben zu Qualifizierungsverträgen, 1980, in: Archiv Universität Potsdam PH 6871.

plansituation. Im Vertrag hatte der staatliche Leiter eine adäquate Stelle für die B-promovierte Wissenschaftlerin auszuweisen, die oft nicht vorhanden war. Und die Wissenschaftlerin fragte sich, warum die Mühe einer Habilitation auf sich nehmen, wenn sich danach an der beruflichen Position und dem Einkommen nichts änderte. Eine „Fremdberufung an eine andere Hochschule [wurde] von den Frauen kaum bzw. nicht ins Auge gefasst".[108] Das galt nicht nur für die Frauen, auch für Männer. Räumliche Mobilität war in DDR-Zeiten keine verbreitete Erscheinung. Auch Aspiranturen bzw. Teilaspiranturen zur Erlangung bzw. Fertigstellung der Promotion oder Habilitation erfreuten sich keiner großen Beliebtheit. Die Frauen mieden die Aspirantur wegen der nicht unerheblichen Minderung des Einkommens – es wurde nur ein Stipendium gezahlt – und der Unsicherheit, in welches Arbeitsgebiet man nach dem Ende der Aspirantur zurückkehren würde. Und die staatlichen Leiter verzichteten ungern auf die Arbeitskraft der Wissenschaftlerinnen, sie fehlten in der Lehre und Studentenbetreuung.[109] Solange es im Abschlussbericht der ABI-Kontrolleure bei Empfehlungen, Vorschlägen und Hinweisen an die Personalplaner, Frauenkommissionen und Gewerkschaftsfunktionäre der Hochschuleinrichtungen blieb, würde sich im Grundsatz nichts ändern.

3. Naturwissenschaftlerinnen an der Akademie der Wissenschaften – Ausnahme und Nische

Die Akademie der Wissenschaften der DDR war die einzige, aber große außeruniversitäre Forschungseinrichtung der DDR. Die Akademie existierte als primär naturwissenschaftlich orientierter Forschungsverbund mit einer Vielzahl an Instituten. Von Jahrzehnt zu Jahrzehnt – seit ihrer Wiedereröffnung 1946 als Deutsche Akademie der Wissenschaften zu Berlin, zuvor Preußische Akademie der Wissenschaften – konzentrierten sich die Forschungen mehr und mehr an den Akademie-Instituten und entfernten sich von den in erster Linie für die Ausbildung zuständigen Universitäten und Hochschulen.[110] Ablesbar war das an der technischen Ausstattung, den zur Verfügung gestellten Forschungsgeldern und der Zahl der Mitarbeiter und Mitarbeiterinnen. An den mathematisch-naturwissenschaftlichen Instituten stand alles unter der politischen Zielvorgabe, volkswirtschaftlich nützliche und verwertbare Forschungsergebnisse vorzulegen und ihre Überführung in

---

[108] Vgl. Kaderentwicklungsprogramme weiblicher Hochschullehrer, 27. August 1984, in: SAPMO-BA DY 53/966. Auch bei der Erlangung der Promotion wollten die staatlichen Leiter keine Qualifizierungsverträge mit den Frauen abschließen. Im Vertrag hätte der künftige Arbeitsplatz festgehalten werden müssen. Sowohl die wissenschaftlichen Einrichtungen als auch die Kombinate/Betriebe waren jedoch erst dann bereit, Verbindlichkeiten einzugehen, wenn der erfolgreiche Abschluss der Dissertation absehbar war. Vgl. Förderung von Forschungsstudentinnen (mit Kind), 15. Dezember 1986, in: SAPMO-BA DY 53/961.
[109] Vgl. Kaderentwicklungsprogramme weiblicher Hochschullehrer, 27. August 1984, in: SAPMO-BA DY 53/966.
[110] Vgl. Gunilla-Friederike Budde, S. 191 f.

die Praxis vorzubereiten. Alles Forschen war ausgerichtet auf Nutzbarmachung für die DDR-Wirtschaft. In den 1980er Jahren gliederte sich die AdW in die Forschungsbereiche Mathematik und Informatik, Physik, Chemie, Biowissenschaften und Medizin, Geo- und Kosmoswissenschaften, Gesellschaftswissenschaften sowie in „sonstigen Einrichtungen" wie das Zentrum für Wissenschaftlichen Gerätebau, das Rechenzentrum, das Wissenschaftliche Informationszentrum und das Archiv. Zum Forschungsbereich Physik gehörten neun Institute und zum Forschungsbereich Geo- und Kosmoswissenschaften acht, wovon sechs zu eher physikausgerichteten Instituten zählten. Der Forschungsbereich Mathematik/Informatik umfasste fünf Institute, der Bereich Chemie acht, die Biowissenschaften/Medizin elf und die Gesellschaftswissenschaften 14.[111]

Die Akademie der Wissenschaften der DDR[112] zählte 1988 23.700 Beschäftigte insgesamt, davon 7.700 „Forschendes Personal". Als „weibliche Hochschulkader" wurden 1988 2.409 Frauen ausgewiesen.[113] Zahl und Anteil der Wissenschaftlerinnen an der Akademie war in der DDR-Zeit kontinuierlich angestiegen, wenn auch langsam: 1972 machte ihr Anteil rund 17 Prozent aus, in Zahlen rund 1.000,[114] in den 1980er Jahren lag ihr Anteil bei 25 Prozent, in Zahlen nicht ganz 2.000.[115] Die Zahl der promovierten Wissenschaftlerinnen hatte einen Anteil von knapp 17 Prozent, die der habilitierten sechs Prozent.[116] Förderung von Wissenschaftlerinnen an der AdW ließ sich seit Beginn der 1970er Jahre nachweisen. Frauenkommissionen auf zentraler Akademieebene wie auf Institutsebene, Frauenförderungspläne und Frauenkonferenzen fanden sich auch an der Akademie.[117] Die Förderpläne und die Erfüllungsberichte dazu lasen sich genauso ermüdend und langweilig wie die von den Universitäten. Bloße Absichtserklärungen, Ansagen und Verpflichtungen, unkonkrete Maßnahmen und Termine ohne Kontrolle und ohne Konsequenzen bei Nichterfüllung folgten Jahr für Jahr. Gesteckte Ziele zur Erhöhung des weiblichen Anteils unter den Akademikern wurden nicht erreicht, neue Versprechungen folgten, es änderte sich nur langsam etwas. Es scheint, dass die diversen Frauenausschüsse in Sachen Wissenschaftlerinnenförderung an den Akademie-Instituten noch weniger Einfluss auf die staatlichen, männlichen Leiter ausüben konnten, als das im Hochschulbereich der Fall war. Einzig in den Fällen von Besserungen in der Bereitstellung von Wohnraum, Kinderbetreuungsplätzen

---

[111] Vgl. Akademie der Wissenschaften der DDR. Jahrbuch 1988, S. 5 f.
[112] Hier zählten die Akademie der Landwirtschaftswissenschaften und die Bauakademie nicht dazu.
[113] Vgl. Statistischer Jahresbericht der AdW 1988, in: ABBAW: AKL 65, S. 20, 29.
[114] Vgl. Gunilla-Friederike Budde, S. 192 f.
[115] Vgl. AdW-Frauenkommission: Entwicklung des Arbeitsvermögens weiblicher Beschäftigter an der AdW – Analyse und Schlussfolgerungen, 14. Februar 1988, in: SAPMO-BA DY 53/968; Informationen über den Kaderbestand an der Akademie der Wissenschaften, 31. Dezember 1988, in: ABBAW: AKL 1300.
[116] Vgl. Ergebnisse bei der Erhöhung der Rolle der Frau an der AdW, 28. Juli 1980, in: SAPMO-BA DY 53/968.
[117] Vgl. Gunilla-Friederike Budde, S. 191–198.

oder Einkaufs- und Dienstleistungsangeboten konnten die Frauenvertreterinnen in ihren Berichten punkten. In den meisten Fällen war dies jedoch nicht ihren Möglichkeiten geschuldet, sondern den insgesamt umfangreicheren Angeboten in der DDR-Hauptstadt.[118]

Der Beschluss auf der zweiten Zentralen Frauenkonferenz der Akademie im März 1977, zukünftig im Fünfjahresrhythmus diese Art Großversammlungen mit Rechenschaftspflicht der Leitung durchzuführen,[119] wurde nicht realisiert. Denn die nächste Frauenkonferenz fand erst wieder am 24. November 1989 statt.[120] Allein diese Tatsache deutet darauf hin, wie wenig Handlungsdruck die Akademieleitung und die Institutschefs an der „verstärkten Entwicklung von Frauen zu Forscherpersönlichkeiten" hatten. Es gab in ihren Augen Dringenderes. Erwartet wurde die pünktliche und fachgerechte Erledigung der Forschungsaufträge und deren Umsetzung in die volkswirtschaftliche Praxis, also die Erfüllung der ZK-gesetzten Forschungspläne. Zwischenzeitlich, vermutlich aus Frustration über den nur schleichenden Anstieg der Akademikerinnenzahlen und ihrer Qualifizierung mit A- und B-Promotion, und zwischen den Zeilen, versuchten die Akademieleitung zusammen mit der SED-Kreisleitung der Akademie,[121] den Frauen selbst die Schuld für ihre geringe Präsenz in der Forschung und in Leitungsfunktionen zuzuschreiben. Als „ideologische Probleme" bezeichneten die Leiter und Funktionäre, dass junge Wissenschaftlerinnen nach wie vor eine Entscheidung zwischen Wissenschaftskarriere und Familiengründung träfen und die Berufskarriere des Ehemannes Vorrang genoss. Dabei – so die Institutschefs scheinheilig, sie waren doch auch Ehemänner und Väter, – müssten die Frauen mehr Leistungsbereitschaft und Disziplin an den Tag legen. Dann könnten sie Wissenschaftlerin und Leiterin und Muttersein gut vereinbaren.[122] Auch würden Akademikerinnen die Übernahme von Leitungsfunktionen mit dem bekannten Argument ablehnen, überlastet zu sein mit Beruf, Familie und Funktion. Dahinter verberge sich jedoch ein mangelndes Interesse an Leitungsposten, auch Bequemlichkeit, „Verstecken" hinter den Männern.[123] „Das Streben nach Anerkennung als Wissenschaftler in der DDR und international ist ausgeprägter. Leitungsfunktionen spielen nicht die Rolle, was

---

[118] Vgl. AG Frauen der AdW an den Gewerkschafts-Bezirksvorstand Wissenschaft: Einschätzung der Arbeit der Frauenausschüsse an der Akademie, 20. November 1972, in: SAPMO-BA DY 53/734; Gewerkschaft Wissenschaft: Richtlinien zu Frauenförderungsplänen, 10. Juli 1985, in: ebenda, DY 53/963.
[119] Vgl. Ergebnisse bei der Erhöhung der Rolle der Frau an der AdW, 28. Juli 1980, in: SAPMO-BA DY 53/968.
[120] Vgl. Frauenkommission SED-KL: Vortrag auf der Frauenkonferenz der AdW, in: ABBAW: VA-12973.
[121] Die AdW bildete SED-organisatorisch eine eigene Kreisleitung, wie jede Universität oder Hochschule. Es existierte eine Frauenkommission bei der SED-Kreisleitung AdW mit zweijähriger Rechenschaftspflicht. Vgl. Frauenkommission, AdW: Entwicklung des Arbeitsvermögens weiblicher Beschäftigter an der AdW, 14. Februar 1988, in: SAPMO-BA DY 53/968.
[122] Vgl. Ergebnisse bei der Erhöhung der Rolle der Frau an der AdW, 28. Juli 1980, in: SAPMO-BA DY 53/968.
[123] Vgl. Claudia Keusch, S. 95.

zählt sind Publikationen. Die Entscheidung für eine Leitungsfunktion wird als Entscheidung gegen [...] die wissenschaftliche Arbeit [...] betrachtet. Gute wissenschaftlich profilierte Kader ‚verschleißen' durch die Ausübung einer Leitungsfunktion schneller."[124] Das dürften durchaus treffende Gründe vieler Wissenschaftlerinnen gewesen sein.

Eine umfassende Kaderanalyse der zentralen Frauenkommission bei der SED-Kreisleitung der AdW vom Februar 1988 konnte kein übermäßig positives Bild über die „Entwicklung des Arbeitsvermögens weiblicher Beschäftigter an der AdW" abgeben, auch wenn die zuständigen Funktionärinnen versuchten, Erfolge zu verbreiten. Zahl und Anteil der weiblichen Beschäftigen hatten sich „selbstverständlich stetig erhöht": 1988 waren rund 11.500 Frauen[125] an der Akademie beschäftigt, 32 Prozent davon in der Forschung, also rund 2.100 Wissenschaftlerinnen.[126] Wie gehabt sahen die Frauenanteile in den einzelnen Forschungsbereichen verschieden und in der Physik am schlechtesten aus: Dort und in den Geo- und Kosmoswissenschaften betrug er jeweils 15 bis 16 Prozent, in der Mathematik 17, in der Chemie immerhin 28 Prozent, in den Biowissenschaften/Medizin 31 und in den Gesellschaftswissenschaften, wie erwartet höher, 42 Prozent. Der Zustrom von Hochschulabsolventen und -absolventinnen in den 1980er Jahren, also die Altersgruppe der 25- bis 35-jährigen, hatte das Forschungspersonal an der Akademie insgesamt verjüngt und etwas mehr verweiblicht.[127] Trotzdem stand auch die Akademie wie die Universitäten unter dem Druck, auf eine günstigere Altersstruktur ihres Personals hinzuwirken. Mehr als die Hälfte der Hochschulkader war 1988 älter als 45 Jahre, fast 30 Prozent sogar älter als 50.[128]

Nach wie vor sahen die Zahlen über Frauen mit Promotionen oder gar Habilitationen beklagenswert aus und durchweg schlechter als an den Universitäten. An den Akademie-Instituten und bei deren Leitungen schien das Promovieren und Habilitieren keine größere Priorität zu besitzen. Alle Forschungstätigkeit stand unter dem Fokus des volkswirtschaftlichen Nutzens. Das Anfertigen einer Promotion A und B galt eher als Privatangelegenheit und zog nach erfolgreichem Abschluss kaum eine andere Tätigkeit oder Position oder eine merkbar höhere Vergütung nach sich. Und die rare Zahl der B-promovierten Akademikerinnen, die dann mit Funktionen, Gremien- und Leitungsarbeit, mit endlosen Sitzungen in den Nachmittags- und Abendstunden überhäuft wurden, wirkte eher abschre-

---

[124] Vgl. Ergebnisse bei der Erhöhung der Rolle der Frau an der AdW, 28. Juli 1980, in: SAPMO-BA DY 53/968.
[125] Die Zahlen liegen ganz konkret vor. Um eine bessere Übersicht zu behalten, werden sie hier gerundet.
[126] Die Zahl des wissenschaftlich-technischen Personals war an der AdW hoch, insgesamt 12.000, die Zahl der Frauen davon ebenfalls hoch 6.300 (54 Prozent). Vgl. Christine Waltenberg, Frauen in der Wissenschaft der DDR, 27. Oktober 1989, in: Archiv FU Berlin ZE Frauen, Nr. 67.
[127] Vgl. AdW-Frauenkommission: Entwicklung des Arbeitsvermögens weiblicher Beschäftigter an der AdW, 14. Februar 1988, in: SAPMO-BA DY 53/968.
[128] Vgl. Kaderbestand an der AdW, 31. Dezember 1988, in: ABBAW: AKL 1300.

ckend auf die Wissenschaftlerinnen. Tatsächliche wissenschaftliche Reputation, so dachten viele Frauen, erlangte man sowieso nur mit vorzeigbaren Forschungsergebnissen.[129] Relative Fortschritte hatte es bei den Promotionszahlen gegeben. Für die jungen Akademikerinnen der 1980er Jahre gehörte es mehr und mehr zum Selbstverständnis, als Forscherin zu promovieren. Vonseiten des Hochschulministeriums und der ZK-Abteilung Wissenschaft wurde spät erkannt, dass zumindest eine Promotion für eine Forscherin an der AdW wichtig war, um in der Gleichstellung mit den männlichen Kollegen aufzuholen.[130] 1988 hatten von 6.400 Forschern und 2.100 Forscherinnen 480 Männer und nur 22 Frauen eine Professur inne. Über eine Promotion B verfügten 1.077 Männer und nur 85 Frauen, über eine Promotion A 3.200 Männer und 763 Frauen. Anteilmäßig hieß das, dass sieben Prozent der Männer, aber nur ein Prozent der Frauen eine Professur besaßen, 17 Prozent der Männer und nur vier Prozent der Frauen habilitiert und die Hälfte der Männer und ein Drittel der Frauen promoviert waren.[131] Zusammengefasst hieß das: Mehr als die Hälfte, fast 60 Prozent, verfügten ausschließlich nur über einen Hochschulabschluss,[132] bei den männlichen Forschern lag diese Quote nur bei 26 Prozent. In den 1980er Jahren war an der Akademie eine deutliche Steigerung der Frauenzahlen mit Promotion zu erkennen, jedoch nicht mit Habilitationen. Trotz absolut gestiegener Zahlen bei Promotion und Habilitation hatte sich das Qualifikationsgefälle zwischen Forschern und Forscherinnen weiter vergrößert.[133] Die Frauenkommission bei der SED-Kreisleitung der Akademie kritisierte zudem, dass das Promovieren, rund zehn Jahre, zu lange dauerte. Das Fehlen einer entsprechend großen Zahl an habilitierten Wissenschaftlerinnen zog das Fehlen von Frauen in Leitungspositionen nach sich. Unter den 77 Spitzenpositionen an der Akademie – Direktorium, Präsidium, Institutsdirektoren usw. – fand sich keine Frau, und von den 96 Stellvertretenden Direktoren waren nur vier weiblich. Als Gründe für dieses seit Jahrzehnten andauernde Manko nannten die Frauenvertreterinnen: „Ideologische Vorbehalte" gegenüber dem Einsatz von Frauen in Spitzenämtern bei den gegenwärtigen männlichen Leitern; fehlendes Selbstvertrauen und Zurückschrecken vor der Verantwortung bei den Akademikerinnen selbst und die tatsächlich hohe zeitliche Belastung in den Funktionen bei gleichzeitig bestehender Doppellast mit Beruf und Familie.[134] Deutlicher formuliert: Die nach

---

[129] Vgl. Gunilla-Friederike Budde, S. 369–380.
[130] Vgl. Aufgaben der Gewerkschaft Wissenschaft bei der Förderung von Frauen in der Wissenschaft, 14. Dezember 1988, in: Archiv Universität Greifswald UGL 125.
[131] Vgl. AdW-Frauenkommission: Entwicklung des Arbeitsvermögens weiblicher Beschäftigter an der AdW, 14. Februar 1988, in: SAPMO-BA DY 53/968.
[132] Männern: 6.400 Forscher insgesamt, davon 480 Professoren, 1.077 B- und 3.200 A-Promovierte. Vgl. ebenda.
[133] Im Forschungsbereich Geo- und Kosmoswissenschaften hatte zwischen 1988 und 1990 24 Männer habilitiert, aber keine Frau. Im selben Zeitraum hatten 27 Männer und vier Frauen promoviert. Vgl. Buch zur Promotion und Habilitation, in: ABBAW: Fo.bereich Geo- und Kosmoswissenschaften, Nr. 270, 271.
[134] Vgl. AdW-Frauenkommission: Entwicklung des Arbeitsvermögens weiblicher Beschäftigter an der AdW, 14. Februar 1988, in: SAPMO-BA DY 53/968; auch. Christine Waltenberg, Frauen in der Wissenschaft der DDR, 27. Oktober 1989, in: Archiv FU Berlin ZE Frauen, Nr. 67;

wie vor männlichen staatlichen Leiter setzten auf die zeitlich flexibel und unbegrenzt einsetzbaren und mit, wenn auch manchmal fraglichem Selbstbewusstsein ausgestatteten männlichen Wissenschaftler, denen man nicht permanent den Rücken stärken musste, indem man ihnen versicherte, hervorragende Forscher zu sein. Die Vorsitzende der Frauenkommission der Akademie äußerte sich im März 1987 öffentlich zu den männlichen Leitungsstrukturen: „Es ist ein ideologisches Problem, wenn Leiter lieber mittelmäßige männliche Diplomanden einstellen als gute weibliche oder gar die Einstellung [...] von Frauen gänzlich boykottieren. Es ist ein ideologisches Problem, dass in vielen Gremien eine Generation von Leitern dominiert, die noch eine [...] andere Einstellung zur Rolle der Frau in der Gesellschaft hat. [...] Und es ist auch heute noch für viele männliche Kollegen schwer vorstellbar, eine Frau als Vorgesetzte zu haben." Es fehlt „der Wille für entscheidende Änderungen"! Immer noch lautet die Devise: „Lieber einen mittelmäßigen Wissenschaftler einstellen und fördern als eine gute Wissenschaftlerin".[135] Und auf der Frauenseite entzogen sich diese möglicherweise durch fehlende Bereitschaft zu promovieren oder gar zu habilitieren dem politischen und beruflichen Druck an der Akademie. Ihre Lebensplanung schien sich nicht nur auf den akademischen Beruf zu beschränken.[136] Den Frauenfunktionären in der SED-Kreisleitung war zudem negativ aufgefallen, dass entgegen allen Redens und Agitierens die Zahl der in Teilzeit arbeitenden Wissenschaftlerinnen weiter gestiegen war auf nunmehr anteilig 27 Prozent. Und die verkürzt arbeitenden Akademikerinnen gehörten mehrheitlich zur Altersgruppe der 40- bis 50-jährigen und nicht zu den jungen Frauen in der Familiengründungsphase. Als Gründe für die Verkürzung der Arbeitszeit wurden lange Wegezeiten von Wohn- zum Arbeitsort genannt, aber vor allem auch die hohe physische und psychische Belastung durch den Arbeitsdruckdruck in der Projektarbeit angegeben.[137] Resümierend hieß es in der Kaderanalyse der SED-Kreisleitung von 1988 über die Wissenschaftlerinnen an der Akademie: „Noch immer ist es nicht umfassend gelungen, eine zielgerichtete staatliche Kaderpolitik zur Förderung befähigter Frauen umzusetzen. Diese [...] Förderung muss ein ununterbrochener Prozess sein, der als Absolvent beginnt und mit aller Konsequenz und ohne zeitliche Verluste betrieben wird. Dazu gehören auch eine klare Perspektive und der spätere Einsatz in einer Leitungsfunktion, der

---

Aufgaben der Gewerkschaft Wissenschaft bei der Förderung der Frauen in der Wissenschaft, 14. Dezember 1988, in: Archiv Universität Greifswald UGL 125.

[135] Claudia Keusch, S. 97 f.

[136] Rita Kuczynski, sie arbeitete als Philosophin an der AdW, schrieb: „Ich wurde Spezialistin, keine Karriere machen zu müssen. Ich schlug mit Sturheit alle politischen Funktionen aus und hatte keine Nachteile davon. Immer wieder versuchte man, mich für eine Karriere zu ködern." Und eine Journalistin gab ein Gespräch unter Frauen über weibliche Verweigerungsstrategie wieder: „Wir Frauen sind privilegiert, trotz Gleichberechtigung. Wir können uns aufs Privatleben zurückziehen. Männer sind entschieden arm dran, sie tragen entweder ihren Konflikt aus oder gehen kaputt daran." Aussagen zitiert bei: Gunilla-Friederike Budde, S. 370 f.

[137] Vgl. AdW-Frauenkommission: Entwicklung des Arbeitsvermögens weiblicher Beschäftigter an der AdW, 14. Februar 1988, in: SAPMO-BA DY 53/968.

nicht nur auf dem Papier der Kaderpläne stehenbleibt, sondern dann auch tatsächlich realisiert wird."[138] Eine insgesamt inkonsequente Umsetzung der Kaderpläne stand unter Kritik. In der Prognose für die weibliche Personalentwicklung war zu lesen: Durch den Zustrom qualifizierter und sich promovierender jungen Absolventinnen würden kurzfristig keine Besserungen bei den Professuren, Dozenturen und Leitungsposten mit Wissenschaftlerinnen zu erwarten sein. Mit einer positiven Trendwende – so hieß es überaus optimistisch – werde in fünf bis acht Jahren gerechnet.[139]

Die Frauenkommissionen in naturwissenschaftlichen Instituten vor Ort stellten ihre Kritik an den männlich dominierten Leitungsgremien der Akademie heraus. Die Frauenvertreterinnen vom Institut für Halbleiterphysik in Frankfurt/Oder verwahrten sich wiederholt gegen gängige Auffassungen: Es sei nicht Aufgabe der Kommission, Schneiderzirkel, Handarbeitszirkel, Kinderweihnachtsfeiern und die Frauentagsfeier zu organisieren. Die Institutsleitung, der Kaderleiter und die Bereichs- bzw. Abteilungsleiter hätten durch offenkundiges Desinteresse, die Zusammenarbeit in Sachen Frauenförderung mit der Kommission auch im Jahr 1988 wieder scheitern lassen. Weder gemeinsamen Beratungen noch der Berichtspflicht seien die staatlichen Leiter nachgekommen. „Die Frauenkommission wird weder zu den Kadergesprächen mit Frauen eingeladen noch wird sie über geplante Maßnahmen zur langfristigen Auswahl und planmäßigen Arbeit mit weiblichen Nachwuchskadern informiert."[140] Und das Resümee der Kritik lautete: Die Frauenkommissionen könnten nicht die Kaderpolitik der Leitung übernehmen.[141] Aus anderen Akademie-Instituten, u. a. auch aus dem Zentralinstitut für physikalische Chemie, kamen zeitgleich kaum andere Berichte: „Keine reale Wende in der Förderung der Frauen" war eingetreten. In keiner Abteilung „wurden [...] die erforderlichen bzw. möglichen grundlegenden Konsequenzen gezogen und praktischen Maßnahmen umgesetzt, die uns in der Frauenpolitik entscheidend voranbringen können, so z. B. bei Promotionen A und B, Berufungen und Ernennungen zu Professoren, in Leitungsfunktionen."[142] Nach einer Promotion fehlte das Interesse der Leitung, die Frauen für eine Habilitation zu motivieren. Und hätte die Wissenschaftlerin erfolgreich die Promotion B abgeschlossen, fand sich keine adäquate Stelle. „Dem Argument ‚warum qualifizieren, wenn ich hinterher das gleiche mache wie vorher', wird [damit] Nahrung gegeben. Hinzu kommen unzureichende materielle Stimuli."[143] Leitungsstil, Leitungsrhythmus und das ausufernde Berichtswesen hätten sich durch Flexibilität und Beschränkung auf das Notwendige

---

138 Ebenda.
139 Vgl. ebenda.
140 Rechenschaftsbericht der Frauenkommission vom Institut für Halbleiterphysik Frankfurt Oder, 15. März 1989, in: SAPMO-BA DY 53/969.
141 Vgl. ebenda; auch Zentralinstitut für Molekularbiologie – Frauenkommission, Rechenschaftsbericht für 1986–1989, März 1989, in: SAPMO-BA DY 53/969.
142 Realisierung des Beschlusses des Sekretariats der KL, 12. Februar 1987, in: SAPMO-BA DY 53/962.
143 Ebenda.

grundlegend zu ändern, um Frauen für Leitungsposten zu gewinnen. Argumente wie – Frauen seien für Leiterposten nicht geeignet – höre man nicht mehr. Jedoch äußerten Wissenschaftlerinnen nun – „eine Frau muss als Leiter dreimal besser sein als ein Mann, um anerkannt zu sein".[144] Die Frauenfunktionäre, aber auch die Institutsleiter, klagten andererseits, dass die Wissenschaftlerinnen selbst hartnäckig dabei blieben, es gebe keine gesonderte „Frauenproblematik". Jede Frau, die promovieren wolle, hätte auch die Möglichkeit dafür. Das Resümee der Berichte hier hieß: An „allen Einrichtungen der AdW werden [künftig] die Kaderentwicklungspläne für ausgewählte weibliche Mitarbeiter unter Parteikontrolle gestellt".[145]

Erstaunlich an den zentralen Kaderstatistiken der Akademie der 1980er Jahre war das Fehlen von jeglichen Angaben zur SED-Mitgliedschaft des Personals, insbesondere der Wissenschaftler und Wissenschaftlerinnen. In Naturwissenschaften lag die Quote der SED-Mitgliedschaft bei den Wissenschaftlern weit unter 40 Prozent. 1968 betrug der Prozentsatz der weiblichen Wissenschaftler mit SED-Parteibuch 29 Prozent, unter ihren männlichen Kollegen lag er mit 32 Prozent nur leicht darüber.[146] In den Archivunterlagen der AdW fand sich nur für das Jahr 1980 und nur für das Zentralinstitut für Elektronenphysik ein Jahresbericht, der Aussagen zur Parteimitgliedschaft enthielt. In diesem Institut waren insgesamt 635 Personen tätig, davon rund 300 Wissenschaftler. Von den 635 Mitarbeitern gehörten nur 78 der SED an.[147] Die Mitgliedschaft in der SED entsprach damit einer Quote von zwölf Prozent. Wie viele Wissenschaftler oder Wissenschaftlerinnen sich darunter befanden, war nicht ausgewiesen, und ob diese geringe Parteimitgliedschaft insgesamt für die Physik an der AdW sprach, muss offen bleiben.

Der Forschungsbereich Physik/Geo- und Kosmoswissenschaften (FOB) mit seinen Instituten war mit den rund 2.900 Wissenschaftlern und Wissenschaftlerinnen der weitaus größte an der AdW. Mit Abstand folgten die Bio- und Medizinwissenschaften (rund 1.700 Forscher), dann die Chemie (1.300), die Mathematik (900) und mit 1.300 Wissenschaftlern und Wissenschaftlerinnen die Gesellschaftswissenschaften.[148] Die folgende Aufzählung der Physik- bzw. vorwiegend physik„lastigen" Institute an der AdW wird ergänzt mit der Nennung ihres Hauptstandortes und der Anzahl der dort ausgewiesenen Hochschulkader. Eine Unterscheidung zwischen männlichen bzw. weiblichen Wissenschaftlern erfolgte nicht, sie war nicht zu ermitteln.

---

[144] Ebenda.
[145] Ebenda.
[146] Vgl. Gunilla-Friederike Budde, S. 197 f.
[147] Vgl. Jahresbericht des Zentralinstituts für Elektronenphysik der AdW 1980, in: ABBAW: FOB Phys.Kern.Werk, Nr. 32, auch Adlh.: Nr. C 2775.
[148] Vgl. Statistischer Jahresbericht der AdW 1988, in: ABBAW: AKL 65, S. 29 f.

3. Naturwissenschaftlerinnen an der Akademie der Wissenschaften   131

Forschungsbereich Physik[149]

1. Zentralinstitut für Optik und Spektroskopie, Berlin   207 Hochschulkader
2. Zentralinstitut für Elektronenphysik, Berlin   300 Hochschulkader
3. Zentralinstitut für Isotopen- und Strahlenforschung, Leipzig   299 Hochschulkader
4. Zentralinstitut für Kernforschung, Rossendorf (b. Dresden)   552 Hochschulkader
5. Zentralinstitut Festkörperphysik/Werkstoff-forschung, Dresden   398 Hochschulkader
6. Institut für Hochenergiephysik, Zeuthen (b. Berlin)   79 Hochschulkader
7. Institut für Halbleiterphysik, Frankfurt/Oder   151 Hochschulkader
8. Institut für Festkörperphysik und Elektronenmikroskopie, Halle   97 Hochschulkader
9. Physikalisch-Technisches Institut, Jena   126 Hochschulkader

Forschungsbereich Geo- und Kosmoswissenschaften *(vorwiegend physikausgerichtet)*[150]

1. Zentralinstitut für Astrophysik, Potsdam[151]   130 Hochschulkader
2. Heinrich-Hertz-Institut für Atmosphärenforschung/Geomagnetismus, Berlin[152]   71 Hochschulkader
3. Zentralinstitut für Physik der Erde, Potsdam   199 Hochschulkader
4. Institut für Kosmosforschung, Berlin   208 Hochschulkader
5. Einstein-Laboratorium für Theoretische Physik, Potsdam   8 Hochschulkader
8. Forschungsstelle für Hochdruckforschung,   48 Hochschulkader

Unter den Direktoren, Stellvertretenden Direktoren und Leitern selbständiger Abteilungen dieser Physikinstitute fand sich in den 1980er Jahren keine Frau.[153] Auf

---

149 Vgl. Akademie der Wissenschaften der DDR. Jahrbuch 1988, S. 5, S. 45–63. Dort ist auch die inhaltliche Forschungsausrichtung nachzulesen. Vgl. Gert Wangermann, Zur Entwicklung der Akademie der Wissenschaften der DDR, April-August 1990, in: ABBAW: VA-13045.
150 Vgl. Akademie der Wissenschaften der DDR. Jahrbuch 1988, S. 6, 116–123. Dort ist auch die inhaltliche Forschungsausrichtung nachzulesen. Vgl. Gert Wangermann, Zur Entwicklung der Akademie der Wissenschaften der DDR, April-August 1990, in: ABBAW: VA-13045. Zu den Geo- und Kosmoswissenschaften zählten des Weiteren noch die Institute für Meereskunde, Institut für Geographie und Geoökologie.
151 Mit den Observatorien Sternwarte Babelsberg, Sternwarte Sonneberg, Karl-Schwarzschild-Observatorium Tautenburg, Sonnenobservatorium Einsteinturm, Observatorium für solare Radioastronomie Tremsdorf.
152 Mit dem Observatorium für Atmosphärenforschung Kühlungsborn, Ionosondenstation Juliusruh/Rügen, Observatorium für Erdmagnetismus Niemegk.
153 Vgl. Akademie der Wissenschaften der DDR. Jahrbuch 1980, S. 23–28, 67–76 und Jahrbuch 1988, S. 5 f., 45–63, 116–123.

der Ebene der 47 Bereichsleiter war eine Frau und unter den 303 Abteilungsleitern 22 Abteilungsleiterinnen auszumachen.[154]

Tabelle 10: Hoch- und Fachschulkader – auch weibliche – in Physik und in den Geo- und Kosmos-wissenschaften 1984 und 1988[155]

Physik-Institute	Forschendes Personal insg.	Hochschul-kader[156]	davon weibliche Hochschulkader	Weibliche Fach-schulkader insg.
1984	1.727	2.030	266 (13 %)	364
1988	1.937	2.263	345 (15 %)	416
Geo- und Kosmos-wissenschaften[157]	Forschendes Personal insg.	Hochschulkader	davon weibliche Hochschulkader	Weibliche Fach-schulkader insg.
1984	584	752	116 (15,5 %)	95
1988	696	878	132 (15 %)	105

Tabelle 11: Hochschulkader – nach Akademischen Graden und Bereichen 1988[158]

Bereich	Hochschulkader		Mit Professur		Promotion B		Promotion A	
	insg.	davon weiblich	insg.	weiblich	insg.	weiblich	insg.	weiblich
Physik	2.263	345	89	3	247	11	1.039	97
Geo- u. Kosmos-wissenschaften	878	132	45	1	99	4	289	29
Mathematik Informatik	906	165						
Chemie	1.334	374	57	2	150	6	650	111
Biowissen-schaften Medizin	1.743	541	101	2	264	23	794	209
Gesellschafts-wissenschaften	1.344	560	141	11	253	38	640	256
AdW insgesamt[159]	9.481	2409	502	20	1162	85	3.966	763

---

[154] Vgl. AdW-Frauenkommission: Entwicklung des Arbeitsvermögens weiblicher Beschäftigter an der AdW, 14. Februar 1988, in: SAPMO-BA DY 53/968.
[155] Vgl. Statistischer Jahresbericht der AdW 1988, in: ABBAW: AKL 65, S. 19, 28.
[156] Zu Hochschulkadern zählten das forschende und das wissenschaftsorganisatorische Personal.
[157] Die nichtphysikalischen Institute können hier nicht rausgerechnet werden.
[158] Vgl. Statistischer Jahresbericht der AdW 1988, in: ABBAW: AKL 65, S. 29 f.; AdW-Frauenkommission: Entwicklung des Arbeitsvermögens weiblicher Beschäftigter an der AdW, 14. Februar 1988, in: SAPMO-BA DY 53/968.
[159] Hier sind des Weiteren enthalten die Zahlen der Zentralen Leitungsorgane und „übrigen Einrichtungen".

Nimmt man die reinen Physikinstitute in den Blick, hatte sich die Zahl der weiblichen Hochschulkader von 266 Frauen im Jahr 1984 auf 345 1988 sichtbar vergrößert und zwar um ein Drittel in nur vier Jahren. 1984 wurde eine Professorin, 1988 drei ausgewiesen, vier B-Promovierte 1984 und elf vier Jahre später sowie 79 A-promovierte Physikerinnen 1984 und 1988 97.[160] Rechnet man die Geo- und Kosmoswissenschaften mit den acht physikalisch ausgerichteten Instituten hinzu und ist man großzügig und rechnet die Hälfte der Wissenschaftlerinnen zu Physikerinnen, blieb ihr Anteil bei 15 Prozent.

Es war nicht möglich, alle Namen der drei bzw. vier[161] Professorinnen und elf bzw. 15 habilitierten Wissenschaftlerinnen im Forschungsbereich Physik bzw. Geo- und Kosmoswissenschaften zu ermitteln. Die Mitarbeiter des heutigen Archivs der AdW weigerten sich aus Gründen des Personenschutzes, die Suche danach zu unterstützen. Nach eigenen Recherchen und dem Aktenstudium konnten acht Wissenschaftlerinnen namentlich ermittelt werden. Dabei stellte sich heraus,[162] dass eine Chemikerin und eine zweite Mathematikerin waren.[163] Die verbleibenden sechs hochqualifizierten Physikerinnen hießen: Marion Asche, Gudrun Erzgräber, Irene Hauser, Lore Oetken, Ingrid Rotter und Ursula Steinike.[164]

Marion Asche, 1935 geboren, begann ihre Tätigkeit 1959 an der Deutschen Akademie der Wissenschaften. Dort forschte sie am Zentralinstitut für Elektronenphysik. Sie wurde eine Expertin in der Halbleiterphysik und 1987 zur Professorin ernannt. Nach 1990 wirkte sie aktiv mit bei der Gründung des Paul-Drude-Instituts für Festkörperelektronik, Berlin. Hier blieb sie bis zum Eintritt in den Ruhestand im Jahr 2000 wissenschaftlich tätig.

Gudrun Erzgräber, Jahrgang 1939, studierte bis 1964 Physik in Ost-Berlin und Dresden mit dem Spezialgebiet Kernphysik. Danach forschte sie im AdW-Zentralinstitut für Kernforschung Rossendorf/b. Dresden und wechselte 1968 an das Zentralinstitut für Molekularbiologie der Akademie. Von 1976 bis 1983 baute sie in Dubna, in der Sowjetunion, ein strahlenbiologisches Labor mit auf. Zurück in Ost-Berlin wurde sie Stellvertretende Direktorin und wissenschaftliche Mitarbeiterin in

---

[160] Vgl. Statistischer Jahresbericht der AdW 1988, in: ABBAW: AKL 65, S. 29. Allein am Zentralinstitut für Elektronenphysik waren 1980 von rund 300 Wissenschaftlern 164 promoviert, darunter elf Frauen, und 34 habilitiert, darunter eine Frau. Vgl. Jahresbericht 1980 des Zentralinstituts für Elektronenphysik, in: ABBAW: Adlh. C 2775.
[161] Die Geo- und Kosmoswissenschaften mitgezählt.
[162] Diese Problematik wurde zu Beginn der Studie an den Einzelbeispielen Helga Königsdorf, eine Physikerin, die an der AdW eine Mathematikprofessur innehatte und Angela Merkel, eine Physikerin, die an einem Chemieinstitut der AdW arbeitete, demonstriert.
[163] Sabine Becker, Chemikerin, Mitarbeiterin am Zentralinstitut für physikalische Chemie, 1988 B-promoviert in Leipzig, später Gastprofessorin in Kairo, Washington, Prag und Jerusalem. Vgl. Bärbel Schulze, S. 272. Gisela Härtler (Jg. 1936), Mathematikerin am Institut für Elektronenphysik, 1987 habilitiert, 1988 zur Professorin berufen. Vgl. https://www.mathematik.de/images/Presse/Presseinformationen/20000000_SN_TUC_HabilitationFrauen_2000.pdf. Zuletzt abgerufen am 27. November 2019.
[164] Das Archiv der AdW gab keine Personalakten zur Einsicht frei. Im Bundesarchiv Berlin, Bestand Berufungsakten, fanden sich keine Unterlagen über die Forscherinnen.

der neugegründeten Abteilung Strahlenbiologie am Zentralinstitut für Krebsforschung in Berlin-Buch. Nach der Wende 1990 wechselte Erzgräber in das Medizinmanagement des Campus' Berlin-Buch, bevor sie 1996 Geschäftsführerin des Biocampus', einem der größten Bio-Tech-Parks Deutschlands wurde. Mit einem Bundesverdienstkreuz wurde sie 2008 in den Ruhestand verabschiedet.[165]

Irene Hauser, 1924 geboren, war eine studierte Physikerin und Physikprofessorin, die mit dem Physikprofessor Oskar Hauser[166] verheiratet war. Beide haben seit 1958 am Zentralinstitut für Kernforschung der AdW in Rossendorf geforscht und wechselten später nach Berlin. Irene Hauser arbeitete als Forschungsbereichsleiter am Akademie-Institut für Optik und Spektroskopie. Irene Hausers Fachgebiet war die kosmische Höhenstrahlung, d. h. die Kern- und Hochenergiephysik. 1984 wurde sie emeritiert.[167]

Lore Oetken, Jahrgang 1929, hat als promovierte Physikerin am Zentralinstitut für Astrophysik der AdW in Potsdam seit den 1960er Jahren gearbeitet. Sie forschte im Fach kosmische Strahlungen. Bekannt wurde sie mit Messungen von Spektrogrammen magnetischer Sterne. Sie muss auch noch bis in die 2000er Jahre in der Forschung aktiv gewesen sein.[168]

Die Physikerin Ingrid Rotter, 1934 geboren, stammte aus einer Akademikerfamilie. Sie studierte in Rostock und Ost-Berlin und arbeitete zunächst am Kernphysikalischen Institut der AdW in Zeuthen bei Berlin. Von 1962 bis 1969 forschte sie am Vereinigten Kernforschungsinstitut in Dubna, Sowjetunion, und promovierte dort. Von 1969 bis 1991 arbeitete sie am Zentralinstitut für Kernforschung Rossendorf. 1972 folgten die Habilitation an der TU Dresden und 1978 ihre Ernennung zur Professorin an der AdW. Ihr Forschungsgebiet war die Quantenphysik. Bis 1999 forschte sie an der TU Dresden und wirkte als Gastprofessorin am Max-Planck-Institut für Physik komplexer Systeme in Dresden. Wissenschaftlich aktiv ist sie bis in die Gegenwart.[169]

Ursula Steinike, Jahrgang 1935, hatte mit dem Fachgebiet Mineralogie, Kristallographie, Materialkunde ein Teilgebiet der Physik gewählt und forschte am Zentralinstitut für physikalische Chemie. Sie war studierte Physikerin und habilitierte 1970. Später (?) wurde sie zur Professorin berufen. 1991 schlossen sich beide deutsche Kristallographenverbände zusammen zur Deutschen Gesellschaft für Kristallographie. Ursula Steinike leitete den Zusammenschluss von DDR-Seiten. 2001 wurde sie zum Ehrenmitglied der Gesellschaft aufgrund „hervorragender Verdienste" in der Forschung ernannt. Bis mindestens in die 2000er Jahre war sie wissenschaftlich aktiv.[170] Von diesen sechs ermittelten Akademiephysikerinnen hatten nachweislich

---

[165] Vgl. https://www.mdc-berlin.de/13422255/de/news/archive/2008/20080627-bundesverdienstkreuz_f_r_dr__gudrun_erzgr_. Zuletzt abgerufen am 27. November 2019.
[166] Vgl. sein Nachlass und ihr Vorlass, in: BAB NY 4609.
[167] Vgl. Vorlass: Das Leben der Irene Hauser, in: BAB NY 4609/37.
[168] Vgl. Lutz D. Schmadel, Dictionary, S. 40.
[169] Vgl. DPG-Nachrichten, S. 162 (https://www.pks.mpg.de/~rotter/). Zuletzt abgerufen am 27. November 2019. Sie war eine Interviewpartnerin der Studie.
[170] Vgl. Annette Vogt, Die Universität im Spannungsfeld unterschiedlicher Akteure, S. 173.

vier eine Professur an der AdW inne, eine wurde 1984 emeritiert – Irene Hauser – und eine zweite hatte die Professur an einem Chemieinstitut der Akademie. Ihnen allen war gemein, dass sie Expertinnen ihres Faches und auch nach 1990 in der gesamtdeutschen Forschungslandschaft aktiv waren, ausgenommen die bereits emeritierte Wissenschaftlerin.

War die Akademie mit ihren vorwiegend naturwissenschaftlichen Instituten eine Nische für politisch uninteressierte oder unangepasste Wissenschaftlerinnen und Wissenschaftler – so wie es oft in der Literatur behauptet wird?[171] Diese Frage muss mit ‚ja' und ‚nein' beantwortet werden. Eine unpolitische SED-freie Insel stellten die Akademie-Institute nicht dar. Wer Karriere machen, in der Wissenschaftshierarchie aufsteigen, fachlichen Austausch vor allem mit westlichen Kollegen betreiben und ins Ausland reisen wollte, passte sich in mehr oder weniger, auch opportunistischer Weise an. Ein möglicherweise nicht so kleiner Teil von Wissenschaftlern und Wissenschaftlerinnen war auch SED-politisch überzeugt.[172] Nicht wenige aus der Arbeiterklasse stammende Akademiker und Akademikerinnen verdankten ihren sozialen Aufstieg, ihre Wissenschaftlerkarriere auch dem Staat DDR. Aber die SED bediente sich auch des naturwissenschaftlichen intellektuellen Potenzials von politisch nicht interessierten oder eher unangepassten, jedoch nicht offen opponierenden Männern und Frauen.[173] Sie nutzten diese Forschungskapazität, ließen diese Akademiker und Akademikerinnen relativ unbehelligt eher an Akademie-Instituten als an Universitäten und Hochschulen forschen. An der Akademie kamen diese nicht in Verbindung mit der Erziehung und Ausbildung von jungen Studierenden. Sie konnten so – im Denken der SED – die studierende Generation politisch nicht beeinflussen, erbrachten aber mit ihrer Forschungsleistung volkswirtschaftlichen Nutzen bzw. internationale Anerkennung für die DDR. Auch fanden diese hochqualifizierten „Unangepassten" selbst an der AdW ihre berufliche Nische und wurden damit politisch absorbiert bzw. „ruhiggestellt". Mit zwei Physikprofessorinnen von der Akademie konnten Interviews geführt werden.[174] Ihre Erinnerungen und Karrieren, Aussagen über Akademieforschung und DDR-Politik konnten unterschiedlicher nicht sein.

Die Physikprofessorin Irene Hauser; Jahrgang 1924,[175] stammte aus Berlin. Ihr Vater war kaufmännischer Angestellter mit Interesse für Sprachen und Musik. Nach dem Realschulabschluss und einer ausgesprochenen Abneigung gegen Stenographie, Schreibmaschine und Büro machte die junge Frau in den Kriegsjahren eine Ausbildung bei der AEG im technischen Labor. Das Physiklabor und technische Experimente lagen ihr. Dort lernte sie ihren späteren Mann kennen, der bereits in der Vorkriegszeit zwei Jahre Physik studiert hatte. Sie heirateten 1945,

---

[171] Vgl. Gunilla-Friederike Budde, S. 191 ff.
[172] Vgl. Interview 6 oder die Physikerin Helga Königsdorf.
[173] Vgl. Interview 1.
[174] Interview 40 und 41.
[175] Sie war die älteste interviewte Physikerin. Vgl. Interview 40. Das Leben der Irene Hauser, verfasst 2015, in: BAB NY 4609/37.

traten beider der KPD bei. Ihr Mann, Oskar Hauser, jüdischer Herkunft, war überzeugter Kommunist und arbeitete bereits während des Krieges in der KPD-Auslandsleitung u. a. von Frankreich aus und verdeckt in Deutschland.[176] Als im Februar 1946 die Humboldt-Universität ihren Lehrbetrieb wieder aufnahm, schrieb sich das Ehepaar Hauser für ein Physikstudium ein. Das Ansinnen zu studieren wurde von Irene Hausers Familie mit *„sie sei größenwahnsinnig"* kommentiert. *„Es hat mir keiner von ihnen zugetraut, ein Studium zu beginnen. Das lag außerhalb des Denkvermögens meiner Familie".*[177] Ohne Abitur, aber mit Unterstützung ihres Mannes, der sich politisch sehr engagierte im Aufbau der Vorstudienanstalt Arbeiter- und Bauern-Fakultät, habe sich das Studium anfänglich schwer für die junge Frau gestaltet, aber sie bewältigte es. *„Ich war technisch begabt und auch ohne Kennenlernen meines Mannes hätte ich kein sozial- oder geisteswissenschaftliches Fach studiert".*[178] Neben dem Studium hätten beide Hausers sich aktiv politisch in Gründung und Aufbau der DDR eingebracht. Oskar Hauser unterhielt seit 1945 gute Kontakte zur SMAD.[179] In ihrem Studienjahrgang Physik, sie studierten von 1946 bis 1951, seien damals nur zwei Frauen gewesen und Irene Hauser konnte sich nur an eine weibliche akademische Lehrerin in der Physik erinnern. Sie habe sich in der männlichen Studentengemeinschaft aufgehoben und gleichberechtigt gefühlt. Unter den Lehrkräften, so ihre Erinnerung, sei ihr gegenüber nur ein Professor mit der Bemerkung *„kriegen Sie Kinder und bleiben Sie dann zu Hause"* abfällig gekommen. 1951 wurde Irene Hauser wissenschaftliche Assistentin an der Humboldt-Universität und ging dann an das Zeuthener Akademie-Institut für Hochenergiephysik. Beide Hausers interessierten sich für Kernphysik, ein Forschungsfeld, welches damals in Deutschland durch alliierte bzw. sowjetische Vorbehaltsrechte noch verboten war zu lehren und zu studieren. Daher habe man zu Problemen „kosmischer Strahlung" geforscht, welches gleiches Grundwissen wie für Atomphysik voraussetzte. Da ihr Mann ab zirka 1955 an der Konzipierung und am Aufbau des Akademie-Zentrums für Kernforschung Rossendorf/b. Dresden beteiligt gewesen sei, Kernforschung durfte ab 1955/56 in Deutschland wieder betrieben werden, ging sie gemeinsam und dem inzwischen geborenen Sohn[180] von 1958/59 bis 1968 nach Rossendorf. 1958 promovierten beide Hausers. Die Wissenschaftskarriere von Irene Hauser war eng mit der wissenschaftlichen und auch politischen Karriere ihres Mannes verquickt. Beide fuhren in wissenschaftlichem, vermutlich auch im politischen Auftrag[181] in den 1960er Jahren ins sozialistische,

---

[176] Vgl. den Nachlass Oskar Hauser im BAB NY 4609, Bde. 1, 32, 20 f., 24.
[177] Vgl. Interview 40.
[178] Ebenda.
[179] Vgl. Das Leben der Irene Hauser, 2015, in: BAB NY 4609/37.
[180] Irene und Oskar Hauser bekamen zwei Kinder, eines starb jedoch früh.
[181] Oskar Hauser stand in engem Kontakt mit der DDR-Auslandsspionage HV A des MfS, er informierte dort regelmäßig über physikalisch-technische Neuerungen im westlichen Ausland nach seinen Auslandsreisen. Vgl. Schreiben der BStU vom 20. Dezember 2018, Forschungsauftrag AU 6 – 016320/17 Z.

aber auch ins westliche Ausland u. a. nach Montreal/Kanada und Amsterdam/Niederlande.[182]

Ihren Beruf und die Familienorganisation habe sie, Irene Hauser, gut in Einklang bringen können. Betreuungsplätze für das Kind wurden immer in Anspruch genommen und *„da wir beide relativ gut verdienten, hatten wir eine Haushaltshilfe, die sich um Haus und Kind kümmerte."* [...] *„Die Frauen in der DDR wurden unterstützt, wo man sie unterstützen konnte. Das war eine solche Atmosphäre für mich, dass ich nie auf die Idee gekommen bin, meinen Beruf aufzugeben als ich Mutter wurde"*.[183] Sowohl im Kernforschungszentrum Rossendorf als auch am Akademie-Institut für Optik und Spektroskopie in Berlin-Adlershof, an das sie 1968 wechselte, habe es in der Forschung kaum mehr als fünf Prozent Frauen gegeben. Auf Konferenzen im sozialistischen Ausland sei sie jedoch auf wesentlich mehr Wissenschaftlerinnen gestoßen, was sie erstaunt habe. Aber auch in Frankreich oder Italien seien auf Tagungen mehr Wissenschaftlerinnen aufgetreten. *„Warum es dort anders war als bei uns, das habe ich damals nicht überlegt. In meinem Leben hat diese Frauenfrage keine Rolle gespielt. Die Existenz des sozialistischen Lagers hat die Stellung der Frau ganz wesentlich positiv verändert in der Gesellschaft."*[184] 1968 nahm Irene Hauser eine planmäßige Aspirantur auf, um zu habilitieren, 1971 berief man sie zur ordentlichen Professorin am besagten Akademie-Institut. Ab 1972 wurde sie, bis zu ihrer Berentung 1984, Forschungsbereichsleiterin an der Akademie. Sie wechselte damit ins Wissenschaftsmanagement und beendete ihre unmittelbare Forschungstätigkeit.[185] Ihr Mann ging 1981 in Rente. Er arbeitete im Ruhestand im Auftrag des Hochschulministeriums über Fragen der Physikausbildung in Ost und West. Das Physikerehepaar Hauser zählte zum Kreis politisch und finanziell privilegierter Wissenschaftler in der DDR, die sehr engagiert und ausgesprochen loyal zum SED-Staat bis zu dessen Ende 1989/90 standen. Dafür spricht u. a. auch, dass beide in den 1980er Jahren ausgedehnte jährliche Auslandsreisen unternahmen und zwar u. a. nach Kuba, Österreich, Vietnam, Mittelasien, Frankreich, Bundesrepublik, Schweiz, Italien.[186]

Auf die Interviewfrage, was sie darüber denke, dass ein nicht kleiner Teil von jungen Frauen (auch Männern) in der DDR die Physik als ideologiefreies Fach zum Studieren gewählt hatten, zeigte sie sich überrascht. *„Das höre ich zum ersten Mal. An solche Kollegen, auf die das zutraf, kann ich mich nicht erinnern. Das war auch kein Gesprächsthema für mich"*.[187] Der SED-Anteil unter den Physikern sei an den Akademie-Instituten nicht hoch gewesen. *„Ich habe mehr Professoren um mich gehabt, die nicht Mitglied der SED waren."* Auch *„mit der Staatssicherheit habe*

---

[182] Vgl. Das Leben der Irene Hauser, 2015, in: BAB NY 4609/37.
[183] Interview 40.
[184] Ebenda.
[185] Vgl. Klaus Beuchler, Unser Porträt, S. 24 f.; Das Leben der Irene Hauser, 2015, in: BAB NY 4609/37.
[186] Vgl. Das Leben der Irene Hauser, 2015, in: BAB NY 4609/37.
[187] Interview 40.

ich nichts zu tun gehabt, was mich gewissensmäßig belastet hätte. Ich meine, ich musste das eine und das andere mit denen besprechen [...] Und wenn wir irgendein technisches Gerät brauchten, was es in der DDR nicht gab, hat die Stasi dafür das Geld gegeben bzw. es beschafft."[188] Die Fragen nach ihrer Wahrnehmung der politisch krisenhaften Situation in der DDR zum Ende der 1980er wurden abgewehrt und damit beantwortet: Sie und ihr Mann seien in Rente gewesen und hätten sich mit Politik nicht mehr beschäftigt. „*Wir waren und fühlten uns [...] aus der Verantwortung entlassen.*"[189] Mit Evaluation und Abwicklung der Akademie der Wissenschaften kamen Irene und Oskar Hauser indirekt über ihren Sohn, Chemiker an Akademie-Instituten, in Berührung. Irene Hausers Kommentar aus der Rückschau 2017: Die AdW „*wurde liquidiert und die Wissenschaftler wurden evaluiert – ein entwürdigender Vorgang.*"[190] Ihr Mann[191] habe sich in den 1990er Jahren mit diesen Vorgängen befasst und sei zu dem Schluss gekommen, „dass der Kahlschlag in der Wissenschaft weitaus größer war als der seinerzeit durch die politisch und ‚rassische' Verfolgung der Nationalsozialisten."[192] Irenes und Oskar Hausers Sohn ging beruflich für mehr als 20 Jahre ins Ausland.[193] Über frühere Kollegen in der Physik sagte Irene Hauser, dass keiner von diesen nach 1990 arbeitslos wurde, viele wechselten in Wissenschaft und Industrie nach Westdeutschland, in die Schweiz, USA usw.[194]

Anders sah der Berufsweg der zweiten Physikprofessorin[195] von der Akademie, auch mit dem Forschungsschwerpunkt Kernphysik, aus: Die Mitte der 1930er Jahre in Rostock geborene Professorin[196] – verheiratet mit einem Physiker, ihre beiden Kinder haben Physik studiert – wurde durch ihren Vater, einem Akademiker und Forstwirt, in ihrem jugendlichen Interesse für die Naturwissenschaften bestärkt. Ihre ausgesprochen mathematische Begabung war sowohl in der Schule als auch im Studium offensichtlich und bekannt. Die Studienfachwahl war damals nicht durch politische Überlegungen, Physik als ideologiefernes Fach, bestimmt. Es stand für sie und ihre akademischen Lehrer außer Frage, dass sie nach dem Studium in die Wissenschaft ging. Sie interessierte sich für Kernphysik: „*Kernphysik war damals aktuell wie heute die Biophysik*".[197] Von 1962 bis 1969 war auch sie, um zu forschen, gemeinsam mit ihrem Mann in Dubna/Sowjetunion. 1966 promovierte sie dort. In dieser Zeit wurden beide Kinder geboren. Es sei zu keiner Zeit für sie ein Thema gewesen, ob Wissenschaft mit Familie vereinbar wäre, sie wollte und lebte beides. In Dubna, eine Art Campus-Forschungsinstitution, man

---

[188] Ebenda.
[189] Das Leben der Irene Hauser, 2015, in: BAB NY 4609/37, S. 68–70.
[190] Ebenda, S. 69.
[191] Oskar Hauser starb 2005.
[192] Das Leben der Irene Hauser, 2015, in: BAB NY 4609/37, S. 69.
[193] Vgl. ebenda, S. 70.
[194] Vgl. Interview 40.
[195] Der Name bleibt anonym.
[196] Vgl. Interview 41.
[197] Ebenda.

wohnte dort neben den Instituten, habe sich die Vereinbarkeit gut organisieren lassen. Sowohl im Studium wie in Dubna oder danach am Akademie-Institut für Kernforschung in Rossendorf habe es wenige Frauen gegeben. *„Ich hatte damit kein Problem. Das war so und wurde auch nicht weiter reflektiert. Das hat man akzeptiert, darüber haben wir nicht gesprochen."* Zurück in der DDR in Dresden, 1969/70, wurde die junge Akademikerfamilie mit zwei kleinen Kindern in der Haushaltsführung von den Schwiegereltern unterstützt, Kinderbetreuungsplätze waren immer vorhanden. Von DDR-Frauenfördermaßnahmen habe sie nichts gehalten, solange alle Probleme der Haushalts- und Familienführung – Wohnraum, Einkauf, Dienstleistungen – an den Frauen hängen blieb, seien Fördermaßnahmen reine Propaganda gewesen. Sie und ihr Mann traten nicht in die SED ein. Die Forschungsergebnisse aus der Zeit in Dubna hätten der jungen Physikerin zahlreiche Einladungen zu Tagungen nach Westdeutschland, insbesondere nach Heidelberg, gebracht: *„Wir waren damals die einzigen, die gewisse und neue physikalische Experimente in Heidelberg [mathematisch-physikalisch] erklären konnten. Das brachte eine gewisse Verbindung in den Westen [...] und ich [war] deshalb im Westen ziemlich bekannt."* Von da an habe die Staatssicherheit intensiv versucht, sie für eine Art Wissenschaftsspionage durch das Aushorchen westdeutscher Kollegen anzuwerben. Sie habe sich dem aber bewusst verweigert. *„Als ich aus Dubna zurückkam, hat man mich probeweise zu Konferenzen fahren lassen, Einladungen gab es genug aufgrund meiner Doktorarbeit. Man hat mich auch hingeschickt, um zu testen, ob ich für die Stasi arbeite, ob ich mich bewähre, ob ich gute Berichte schreibe [...]"* Diese Weigerung, nicht als IM für das MfS zu arbeiten, beendete in den späten 1970er Jahren ihre internationale Forscherinnenkarriere. Sie durfte von da an weder ins westliche noch ins östliche Ausland reisen. Dieses Verbotsregime sei auch in den 1980er Jahren nicht gelockert worden. 1978 wurde sie zur Professorin an der Akademie der Wissenschaften berufen. Die Professur habe sie als Aushängeschild erhalten, um der westlichen Scientific Community, nach dem Reise- und Kontaktverbot, zu signalisieren, wie *„wunderbar fortschrittlich man mit Wissenschaftlerinnen in der DDR"* umginge. Das sei eine gängige Methode und schon in der damaligen Sowjetunion üblich gewesen. Am Arbeitsplatz im Kernforschungsinstitut sei sie vollkommen isoliert worden, wenn sie auch ihre Forschungsarbeit vom Schreibtisch aus fortsetzen konnte. In diesem Sinne waren die Akademie-Institute eine politische Nische. *„Wir hatten keine Verbindung mit Hochschulen, [...], ich war abgeschoben und als untauglich erklärt für die sozialistische Erziehung, [...], ich war ideologisch nicht zuverlässig."*[198] Nach 1990 konnte die Physikprofessorin, positiv evaluiert, über das Wissenschaftlerintegrationsprogramm der Akademie ihre Berufslaufbahn an der TU Dresden fortsetzen. Die Professorin ist nach wie vor davon überzeugt, dass die wenigen Frauen in der Physik, vor allem in ihrem Fach der Kernphysik, von der Staatssicherheit angeworben wurden. Ob und inwiefern diese sich auf die Zusammenarbeit einließen, blieb auch nach 1990 oft im Dunkeln. *„Meine*

---

[198] Alle Zitate ebenda.

Erfahrung in der Physik ist [...], wo es wenige Frauen gab, dass da die Stasi mit dabei war. Und sobald man mit der Stasi ist, hat man alle Möglichkeiten. Das war wichtiger als die Parteizugehörigkeit. Das habe ich früher nicht gewusst. Unsere schlimmsten Stasileute in unserer Abteilung waren parteilos, weil sie im Westen [so] am besten ankamen [...] Die Parteizugehörigkeit ist das eine, da sind zum Teil Leute aus ehrlicher Überzeugung dabei.[199] *Die aber bei der Stasi mitmachten, da ist es mit der ehrlichen Überzeugung eine andere Sache".* Ihr Fazit heute: *"Wer Karriere gemacht hat als [Kern]physikerin war bei der Stasi."* Abschließend für diesen Fall dürfte resümiert werden, dass die Weigerung der Kernphysikerin nicht für das MfS zu arbeiten, das Aus ihrer internationalen Karriere als Forscherin und ein isoliertes Berufsleben nach sich zog.

Der Mediziner und Biochemiker und spätere bekannte Bürgerrechtler Professor Jens Reich, Jahrgang 1939, schrieb nach 1990 über seine Zeit an der Akademie der Wissenschaften: „Lange, bis in die späten [19]70er Jahre, war ich politisch ein schweigender ‚Kontra'. [...] Ich habe eine Art von innerer Emigration gepflegt und mich im Übrigen still verhalten, sozusagen als ein Wissenschaftler, der nur an Wissenschaft interessiert ist – eine typische Haltung, denn: wer offen dagegen war, flog raus, wer mitmachte, stieg auf."[200] Und die Althistorikerin Isolde Stark, Jahrgang 1945, erinnerte sich: „Politisch ging es an unserem Institut vergleichsweise ruhig zu. Im Institut waren 90 Prozent der Mitarbeiter nicht in der SED, von daher war schon ein anderes Klima als in so manch anderen sozial- und geisteswissenschaftlichen Instituten. Einmal hatte man versucht, mir die Leitung der ‚Schule der sozialistischen Arbeit'[201] zu übertragen. Darauf konnte ich nur sagen, wenn man das wirklich wolle, wird es zum Eklat kommen. [...] Reisekader konnte ich bei dieser Haltung [...] nicht werden."[202] Berufliche Konsequenzen zog das Verhalten nicht nach sich.

Erst Ende der 1980er Jahre schien die ZK-Abteilung Wissenschaft der SED zu realisieren, dass konkrete Forschungen über Frauen in der DDR wenig bis kaum existiert. Eine Expertise von der Akademie der Wissenschaften vom Juni 1989 fasste den Stand der DDR-Frauenforschung zusammen und unterbreitete Vorschläge ihrer Neuausrichtung.[203] An der AdW existierte seit 1964 ein wissenschaftlicher Beirat „Die Frau in der sozialistischen Gesellschaft",[204] der seit 1981

---

[199] Hier verwies die Interviewte auf die Professorin Irene Hauser, *„das ist eine ganz andere Generation, die sind mit Idealismus zum Kommunismus gekommen. Unsere Generation gehört nicht mehr dazu, wir sind Kinder gewesen, als der Krieg zu Ende ging. Wir haben nicht die Repressalien der Nazizeit miterlebt."* Ebenda.
[200] Vgl. Jens Reich, S. 413.
[201] Die „Schule der sozialistischen Arbeit" stellte eine Form der FDGB-Massenarbeit dar. Ziel dieser politischen Breitenarbeit war die Popularisierung des Marxismus-Leninismus in einer monatlich stattfindenden Sitzung.
[202] Vgl. Isolde Stark, S. 86.
[203] Vgl. Einschätzung der Entwicklung der Forschung und Vorschläge für die Ausarbeitung des Planes 1991/1995, 20. Juni 1989, in: SAPMO-BA DY 53/871.
[204] Im Archiv der Berlin-Brandenburgischen Akademie der Wissenschaften fand sich kein Bestand zu diesem Gremium bzw. konnte nicht zur Verfügung gestellt werden. Seit 1965 wur-

als Wissenschaftlicher Rat firmierte. Das dortige Befassen mit Frauenfragen beschränkte sich fast ausschließlich auf die soziale Seite der Frauenfrage. Im Zentrum standen Themen der „Vereinbarkeit von Berufstätigkeit und Mutterschaft".[205] Forschungsthemen über DDR-Frauen der 1970/80er Jahre bezogen sich auf Sexualverhalten, Familienplanung, Gesundheitsschutz, Bildung und ihre (Nicht)-Repräsentanz in höheren staatlichen Leitungspositionen. Existierende Benachteiligungen von Frauen im Sozialismus wurden weiterhin als vom Kapitalismus überkommene und vorübergehende Erscheinungen verstanden.[206] Der Wissenschaftliche Rat „Die Frau in der sozialistischen Gesellschaft" bestand Ende der 1980er Jahre aus diversen Leitern von Akademie-Instituten bzw. anderen DDR-Instituten. Diese Mitglieder forschten in der Regel selbst nicht mehr. Im Rat waren die Fachrichtungen Arbeitswissenschaften, Berufspädagogik, Ethik, Familienrecht, Geschichte, Soziologie und Medizin, insbesondere Sozialhygiene und Soziale Gynäkologie vertreten.[207] Der Rat gestand sich im Juni 1989 ein, dass es nicht mehr als elf Wissenschaftler bzw. Wissenschaftlerinnen DDR-weit gab, die an eigenständigen und ausgewiesenen Frauenforschungsthemen arbeiteten. Diese verteilten sich u. a. an den beiden Akademie-Instituten für Soziologie und Sozialpolitik sowie für Theorie, Geschichte und Organisation der Wissenschaft und an den drei Zentralinstituten für Hochschulbildung,[208] für Jugendforschung in Leipzig oder für Berufsbildung in Berlin.[209] Grund für dieses Interesse dürfte eher nicht der formulierte „Erkenntniszuwachs durch die Integration frauen- und geschlechtsspezifischer Problemstellungen in Hauptforschungsrichtungen bis 1995" gewesen sein. Ost-Berlin befürchtete ein „Zurückbleiben" in der internationalen politischen Auseinandersetzung, insbesondere mit der Bundesrepublik. „Angesichts der Aktivitäten der Parteien in der BRD, der intensiven Beschäftigung der Medien, besonders des Fernsehens der BRD – z. B. Quotierungsdiskussion – mit der Problematik" könnten nicht wenige DDR-Bürger „für die unsere Errungenschaften selbstverständlicher Alltag sind [...]," schlussfolgern, dass „die Interessen der Frauen in der BRD sehr aktiv verfolgt werden."[210] Nicht nur die Frauenquotendiskussion in Westdeutschland[211] auch das Agieren des Bundesministeriums für Jugend, Familie und Gesundheit, das um die Frauenpolitik unter der Ministe-

---

den regelmäßig halboffizielle „grüne Hefte" mit Informationen herausgebracht, die jedoch nur in wenigen Bibliotheken gelesen werden konnten.
[205] Vgl. Christine Eifler, S. 525–539.
[206] Vgl. ebenda, S. 541, 544.
[207] Vgl. Entwicklung der Forschung und Vorschläge für die Ausarbeitung des Planes 1991/1995, 20. Juni 1989, in: SAPMO-BA DY 53/871; Wissenschaftlicher Rat: „Die Frau in der sozialistischen Gesellschaft" bei der AdW, 1. November 1988, in: SAPMO-BA DY 53/865.
[208] Für das Zentralinstitut für Hochschulbildung Berlin-Karlshorst vgl. den folgenden Abschnitt.
[209] Hinzu kam die PH in Leipzig mit dem Forschungsschwerpunkt „Geschichte des Kampfes der Arbeiterklasse um die Befreiung der Frau". Vgl. Entwicklung der Forschung und Vorschläge für die Ausarbeitung des Planes 1991/1995, 20. Juni 1989, in: SAPMO-BA DY 53/871.
[210] Ebenda.
[211] Vgl. dazu u. a. Anne Schlüter, Gegenstrategien, S. 112–117.

rin Rita Süßmuth erweitert worden war, beunruhigte die SED-Wissenschaftspolitiker. Sie wollte gegenhalten.

Der Wissenschaftliche Rat der AdW machte nicht nur auf die Lücke in der Frauenforschung, sondern auch in der akademischen Ausbildung der zukünftigen Lehrer aufmerksam.[212] Angeregt wurden nun Forschungen in der Berufspädagogik – Berufswahlverhalten von Frauen –, in der sozialen Gynäkologie – Familienplanung und Reproduktionsverhalten –, in der Soziologie – Einführung neuer Technik und ihre Auswirkung auf die Arbeitswelt der Frauen oder in der Geschichte – in der Imperialismusforschung und Auseinandersetzung mit der BRD-Emanzipationsbewegung. Aber an die erste Stelle im Forschungstableau sollten Fragen nach Leistungsbereitschaft von Frauen in der Wissenschaft rücken.[213]

4. Ministerweisung an die Rektoren vom August 1987

Die Professorin Lola Zahn (1910–1998),[214] Juristin und Wirtschaftswissenschaftlerin, eine von fünf Frauen unter den 139 ordentlichen Mitgliedern der Akademie der Wissenschaften, hinterfragte 1985 öffentlich in der Zeitschrift „Spektrum"[215] den propagierten „Erfolg in der Wissenschaftlerinnenförderung". Es habe den Anschein, „als würden Frauen in der Wissenschaft in der DDR – im übertragenen Sinne – nach wie vor im Keller sitzen wie zu Beginn des Jahrhunderts die promovierte Physikerin Lise Meitner. Im Chemischen Institut in Berlin befanden sich im Keller die Laboratoriumsräume, die Lise Meitner zur Verfügung gestellt bekommen hatte, um an der Methode der Altersbestimmung von Mineralien anhand der Gesetze des Uranzerfalls zu arbeiten. Ihr war es verboten, sich in den oberen Räumen und den Studiersälen des Instituts zu zeigen und einen anderen als den Kellereingang zu benutzen. Auf dieses Beispiel verweisend fragte die Professorin Zahn: Könnten wir nicht hier und da mehr bei den individuellen Bedingungen für manche begabten Nachwuchswissenschaftlerinnen ändern, um ihnen den Weg in die oberen Etagen zu erleichtern?[216] Eine junge Physikerin schlug auf einer Gewerkschaftsfrauenkonferenz im Mai 1989 in die gleiche Kerbe mit dem Satz: „Was einem Mann geglaubt wird, muss eine Frau dreimal beweisen; hat sie sich aber durchgebissen, so kann sie abgehen wie eine Rakete." Und kommentiert von einer Gewerkschaftsfunktionärin: „So kennzeichnete [...] eine Nachwuchswissenschaftlerin aus der Sektion Physik der Friedrich-Schiller-Universität Jena das

---

[212] Vgl. Entwicklung der Forschung und Vorschläge für die Ausarbeitung des Planes 1991/1995, 20. Juni 1989, in: SAPMO-BA DY 53/871.
[213] Vgl. ebenda, S. 4 f.
[214] Über die politische Unangepasstheit Lola Zahns und ihre Relegation von der HUB vgl. Ulla Ruschhaupt, Emanzipation und Anpassung, S. 55 f.
[215] Vgl. Spektrum. Die Monatszeitschrift für den Wissenschaftler (16. Jg). 9/1985, hrsg. von der AdW.
[216] Vgl. Zitiert in: Rechenschaftsbericht der Ingenieurhochschule Zwickau 1986, in: SAPMO-BA DY 53/866.

Spannungsfeld zwischen Frauenförderung einerseits und den tief verwurzelten Vorurteilen, wie sie vor allem in den Natur- und Technikwissenschaften als traditionelle Domäne der Männer immer noch, und nicht nur im Einzelfall, anzutreffen sind."[217]

Allen Erfolgsberichten von Universitäten und Hochschulen über die Wissenschaftlerinnenförderung und allen Konferenzen, Aussprachen, Empfehlungen und Aufforderungen der Wissenschaftspolitiker und einigen -politikerinnen zum Trotz – eine Chancengleichheit für Frauen im Hochschul- und Forschungsbereich war in den vergangenen 25 Jahren nicht hergestellt worden. Das betraf zuallererst die Gruppe der Hochschullehrerinnen und die Fachrichtungen Mathematik, Physik, Informatik und die gesamten Technikwissenschaften. Bei einem Qualifizierungsweg von mehr als 15 Jahren – Studium, Promotion, Lehre und Forschung, Auslandserfahrung und Praxiseinsatz, Habilitation und Erfahrung in Leitungsfunktionen – war dies auch insgesamt nicht leicht zu bewerkstelligen. Eine verbesserte Chancengleichheit in der Berufsausübung als Forscherin und akademische Lehrerin für Frauen war vollzogen worden auf der Ebene der wissenschaftlichen Mitarbeiterinnen und in den Disziplinen Medizin, Wirtschaftswissenschaften, Philosophie, Kultur-, Sprach- und Erziehungswissenschaften. Manche Fächer wie die Erziehungs- und Sprachwissenschaften hatten sich auf der Assistentinnenebene sogar zu ausgesprochenen Frauendomänen entwickelt. Hier waren Frauenfördermaßnahmen, öffentliche Agitation und das selbstbewusste Ergreifen der Chance von Frauen, den Wissenschaftlerinnenberuf zu leben, erfolgreich gewesen. Ein nächster Schritt in Richtung Gleichstellung musste nun auf der Stufe der habilitierten Wissenschaftlerinnen erfolgen. Offensichtlich, das war in den 1980er Jahren deutlich geworden, taugten die bisherigen Instrumentarien der Frauenförderprogramme dafür nicht mehr. Die Durchschlagkraft der bei der Gewerkschaft verorteten Frauenkommissionen reichten nicht aus, diese Stufe zu nehmen. Öffentlich diskutiert wurde das nicht.[218] Wenn auch kein Diskurs stattfand, der Hochschulminister handelte: Minister Böhme wies zum Studienjahresbeginn September 1987 alle Rektoren der Universitäten und Hochschulen an, zwei sogenannte zentrale Kaderreserven zu bilden, d. h. einen Wissenschaftler- und Forscherpool auf der Ebene der Hochschullehrer- und Hochschullehrerinnen für den Zeitraum nach 1991 zu schaffen.[219] Böhme ordnete wörtlich an: „Ich [...] beauftrage Sie [die Rektoren] zur Bildung einer Kaderreserve für die 1. Leitungsebene, in die bis zu zehn [pro Institution] geeignete jüngere Nachwuchswissenschaftler (ab Geburtsjahr 1950) aufzunehmen sind." „Eine weitere Kaderreserve ist an Ihrer Hoch-

---

[217] Bezirksvorstand Gera der Gewerkschaft Wissenschaft für die Förderung des weiblichen wissenschaftlichen Nachwuchses, Frauenkonferenz am 30. Mai 1989, in: SAPMO-BA DY 53/864.
[218] Vgl. Gewerkschaft Wissenschaft, Einschätzung der BKV-Frauenförderungspläne 1986 von Universitäten und Hochschulen, 3. April 1986, in: SAPMO-BA DY 53/966; Richtlinien für die Arbeit der Frauenkommissionen, 1988, in: Archiv Universität Greifswald UGL 125.
[219] Vgl. Minister für Hoch- und Fachschulwesen: Magnifizenz! 27. August 1987, in: SAPMO-BA DY 53/963.

schule zur zielstrebigen Heranbildung von Frauen zu Hochschullehrern festzulegen. [...] Beide Kaderreserven sind meiner Hauptabteilung Kader bis zum 30. 11. 1987 personenkonkret zu übergeben."[220] Jährlich zum 31. Dezember jeden Jahres – erstmals zum Jahresende 1988 – hatten die Rektoren schriftlich über diese sogenannten Reservekader zu berichten, über den Stand der Qualifizierung der Wissenschaftlerinnen, über Neuaufnahmen, aber auch über mögliches Ausscheiden aus dem Pool. Mit dieser Ministerweisung an die Universitäts- und Hochschulrektoren wurde erstmals der staatliche Einzelleiter der jeweiligen Institution für die namenskonkrete Hochschullehrerinnenentwicklung allein für zuständig erklärt. Die Rektoren konnten sich nun nicht mehr hinter allgemeinen, verbalen Versprechungen und Absichtserklärungen verstecken, sie konnten ihre Verantwortung nicht abschieben auf Sektionsdirektoren, Kaderleiter, Frauenkommission und Gewerkschaft.

Bis Ende 1987 hatten die Rektoren ihre Kandidatinnen für die Hochschullehrerinnen-Kaderreserve nach Berlin übermittelt. Auf der Rektorenkonferenz am 4. Juli 1988, geleitet vom Minister, bestätigte er die ihm gemeldete „Kaderreserve geeigneter Wissenschaftlerinnen" von 300 Frauen.[221] Zugleich mahnte er, dass bei den benannten Wissenschaftlerinnen die „Spannweite etwas zu groß gewählt" worden sei.[222] Er deutete damit an, dass sich darunter Frauen befanden, deren Qualifikation bzw. Gesamtpersönlichkeit weit entfernt von einer Berufung zur Hochschullehrerinnen war. Böhme unterstrich, dass über die Zusammensetzung der Frauenkaderreserve allein der jeweilige Rektor entscheide und dass er erwarte, dass eine intensive Personalarbeit mit den Wissenschaftlerinnen geführt werde. „Dabei kann es sich als zweckmäßig erweisen, dass einzelne Neuaufnahmen erfolgen und auch, dass einzelne Kader aus dieser Nomenklatur ausscheiden."[223]

Trotz intensiver Suche der Autorin gelang es nicht, eine Gesamtliste der „Wissenschaftlerinnen-Kaderreserve" in den archivierten Ministeriumsunterlagen zu finden. Erhalten geblieben ist ein Statistik-Rechner-Ausdruck der Seiten 4 und 6 – darauf zu lesen die Einrichtungen mit den Namen der gemeldeten Wissenschaftlerinnen, die Jahreszahlen ihres Diplomabschlusses, der Promotion A und B, Verleihung der Facultas Docenti, ihr möglicher Praxiseinsatz und ein Auslandsaufenthalt.[224] Und auch aus den Universitäts- bzw. Hochschularchiven sind bisher nur wenige Angaben überliefert: Die TU Dresden hatte nach Berlin berichtet, dass zum „Spitzenkaderkreis Frauen, [...] die bis 1990 als Hochschullehrerinnen vorbereitet und berufen werden", 34 Wissenschaftlerinnen zählten – davon neun Gesellschaftswissenschaftlerinnen, sieben Naturwissenschaftlerinnen und 18 aus den

---

[220] Ebenda; Anke Burkhardt, Doris Scherer, Förderung des wissenschaftlichen Nachwuchses S. 63 f.
[221] Vgl. Referat von Minister Böhme auf der Rektorenkonferenz am 4. Juli 1988, in: BAB DR 3 2. Schicht 354.
[222] Vgl. Schlusswort des Ministers auf Rektorendienstberatung, 3. Juni 1988, in: ebenda.
[223] Schlusswort des Ministers auf Rektorendienstberatung, 3. Juni 1988, in: ebenda.
[224] Vgl. Frauenkaderreserve Stand 1. September 1989, in: SAPMO-BA DY 53/962.

technischen Sektionen – und dass zur „Kaderreserve Frauen", deren Berufung und Einsatz für nach 1990 vorzubereiten stand, weitere 60 Frauen gehörten.[225] Insgesamt scheinen das recht hohe Zahlen gewesen zu sein. Die Martin-Luther-Universität Halle hatte zum April 1988 in der Frauenkaderreserve 26 Gesellschaftswissenschaftlerinnen und 25 Naturwissenschaftlerinnen, darunter zwei Mathematikerinnen und zwei Chemikerinnen zu stehen.[226] Und die Ingenieurhochschule Berlin-Wartenberg konnte mit vier promovierten Frauen in der Kaderreserve aufwarten.[227]

Bereits bei den ersten Gesprächen im Frühjahr 1988 im Ministerium mit einzelnen benannten Wissenschaftlerinnen stellte sich heraus, dass viele der Frauen selbst über ihre berufliche Perspektive keinerlei Kenntnis besaßen. Um diesen Wissenschaftlerinnenpool abzuklären, wurde für November 1988 eine Beratung mit Rektoren, Prorektoren, Sektionsdirektoren, Gewerkschaftsfunktionären, dem ersten Staatssekretär im Hochschulministerium und ausgewählten Wissenschaftlerinnen der Kaderreserve angesetzt.[228] Im Ergebnis dieser hielt man im Zentralvorstand der Gewerkschaft Wissenschaft zunächst sehr kritisch fest, dass die gemeldeten Wissenschaftlerinnen der Universitäten Halle, Jena und Rostock „[...] gar nicht wussten, dass sie zur Kaderreserve gehören [und] was man mit ihnen vorhat. Das motiviert wenig, mit hohem Engagement, großem persönlichen Einsatz, unter Verzicht auf [...] Freizeit, um den planmäßigen Abschluss von Qualifizierungsvorhaben in hoher Qualität zu erringen."[229] Für die gezielte Arbeit mit der Frauenkaderreserve empfahl Berlin: 1. Langfristige Personalentwicklungsprogramme für die Begabtenförderung aufzustellen von der Beststudentin über die hervorragende Nachwuchswissenschaftlerin bis hin zum Qualifizierungsvertrag bzw. der Aspirantur für den Abschluss der Promotion B. Zum 2. favorisierte man die Übernahme von Patenschaften durch einen/eine gestandene Wissenschaftlerpersönlichkeit als Leitbild für habilitierende Frauen. Und 3. ging es wieder um die „ideologischen Vorbehalte mancher Leiter", die die Belastbarkeit von Wissenschaftlerinnen mit Kindern anzweifelten und lieber Männer förderten.[230] Das

---

[225] Vgl. Beratung Gewerkschaft Wissenschaft an der TU Dresden, 1. Dezember 1987, in: SAPMO-BA DY 53/863, 864 und 865; Abrechnung zu Frauenförderplan 1987, 15. Februar 1988, in: SAPMO-BA DY 53/967. In anderen Unterlagen der TU wurden für 1988 bis 1990 14 Berufungen von Frauen zu Hochschullehrerinnen vermerkt. Vgl. Frauenkommission: 17. November 1986, in: Archiv TU Dresden FDGB 362.
[226] Vgl. Universität Halle-Wittenberg, Frauenkaderreserven, 22. April 1988, in: SAPMO-BA DY 53/967.
[227] Vgl. Entwicklung der Nachwuchs- und Frauenkaderreserve, 10. November 1987, in: SAPMO-BA DY 53/962.
[228] Vgl. Referat von Minister Böhme auf der Rektorenkonferenz am 4. Juli 1988, in: BAB DR 3 2. Schicht 354.
[229] Aufgaben der Gewerkschaft Wissenschaft bei der Förderung von Frauen in der Wissenschaft, 14. Dezember 1988, in: SAPMO-BA DY 53/870.
[230] Vgl. Aufgaben der Gewerkschaft Wissenschaft bei der Förderung von Frauen in der Wissenschaft, 14. Dezember 1988, in: SAPMO-BA DY 53/870; Information über den Erfahrungsaustausch bei der Entwicklung der Hochschullehrerinnen, 9. November 1988, in: BAB DR 3 2. Schicht 166/2.

Ministerium wies die Prorektoren, Kaderleiter und Sektionsdirektoren der Hochschuleinrichtungen an, die Rahmenbedingungen der habilitierenden Wissenschaftlerinnen, die zu 75 Prozent auch Mütter waren, zu verbessern. Es ging um individuelle Regelungen wie Verkürzungen von Präsenzzeiten am Arbeitsplatz, zeitlich zusammenhängende Lehrveranstaltungsverpflichtungen, Reservieren von Labor- und Rechnerzeiten bzw. Nutzungszeiten von Großgeräten in der regulären Arbeitszeit und nicht in Abendstunden und an Wochenenden.[231]

Minister Böhme kritisierte Mitte 1988 zum wiederholten Male, dass von den letztlich eingereichten 232 Anträgen auf eine Berufung zur Professur, nur in 36 Fällen die gewünschten Zweier- oder Dreiervorschläge eingebracht worden waren. Er forderte, die „große Enge" in den Vorschlägen aufzubrechen[232] und jeweils auch immer eine Frau mit zu berücksichtigen. Er wies auf das Verfahren hin, die Wiederbesetzung eines Lehrstuhles zeitlich aufschieben zu können, sollte in absehbarer Zeit eine Wissenschaftlerin für die Nachbesetzung zur Verfügung stehen. Die Emeritierungsordnung sah diese Überbrückungsmöglichkeit vor.[233] Kontrollaktionen bezüglich der Hochschullehrerinnenförderung folgten Schlag auf Schlag. Im Januar 1988 hatte eine nächste Funktionärskommission der Arbeiter- und Bauern-Inspektion 14 Universitäten und Hochschulen bezüglich der Wissenschaftlerinnenentwicklung kontrolliert. Seit der letzten Inspektion 1984 waren keine „substantiellen Fortschritte" bei den Zahlen von Dozentinnen und Professorinnen erzielt worden. Den weiblichen Neuberufungen standen fast in gleicher Größenordnung die Abgänge durch Emeritierung und Berentung gegenüber. Von 1980 bis 1987 hatte die Frauenquote bei den Professorenberufungen bei sieben Prozent gelegen, in den Naturwissenschaften jedoch nur bei zwei, in den Gesellschaftswissenschaften bei 13 Prozent. Wieder führten die Liste bei den Professorinnenberufungen die Berliner Humboldt-Universität (elf Prozent) und die Leipziger Karl-Marx-Universität an und die Schlusslichter waren die Rostocker und Greifswalder Universität (mit drei Prozent) sowie – leicht nachzuvollziehen – die Technischen Universitäten Dresden, Magdeburg und Karl-Marx-Stadt (mit einem Prozent).[234] Die ABI-Inspektoren bzw. die der Hauptabteilung Kader des Hochschulministeriums machten nochmals klar, dass nicht jede habilitierte Frau, die der Frauenkaderreserve gemeldet worden war, aus Gründen der Persönlichkeitsentwicklung – dahin-

---

[231] Vgl. StS im Hoch- und Fachschulministerium, 9. November 1988, in: SAPMO-BA DY 53/865 und 53/963.

[232] Vgl. Referat von Minister Böhme auf der Rektorenkonferenz am 4. Juli 1988, in: BAB DR 3 2. Schicht 354.

[233] Vgl. Aufgaben der Gewerkschaft Wissenschaft bei der Förderung von Frauen in der Wissenschaft, 14. Dezember 1988, in: SAPMO-BA DY 53/870.

[234] Vgl. Referat von Minister Böhme auf der Rektorenkonferenz am 4. Juli 1988, in: BAB DR 3 2. Schicht 354. An den Universitäten mit ihren großen sprach-, sozial- und geisteswissenschaftlichen Fächern lag der Anteil des weiblichen wissenschaftlichen Personals 1988 bei 34 Prozent, bei den Pädagogischen Hochschulen sogar bei 40 Prozent. Die THs und TUs konnten „nur" mit einem Anteil von 21 Prozent an Wissenschaftlerinnen aufwarten. Vgl. Auswirkungen der Umstrukturierung der Hochschullandschaft in den neuen Bundesländern auf die Situation von Hochschulwissenschaftlerinnen, 1991, in: ADS BT/12. WP-121, Bl. 200.

ter verbargen sich möglicherweise auch politische Gründe – und auch aus Stellenplangründen zur Dozentin berufen werden könnte. Die ABI war der Beschwerde von Wissenschaftlerinnen nachgegangen, dass bei den Vorschlägen zur Nachbesetzung von Lehrstühlen die Frauen „in der Regel auf die 2. oder 3. Position" der wenigen Mehrfachvorschläge abgeschoben würden. Dieses Vorgehen konnten die Inspektoren nicht bestätigen,[235] die Klagen wiederholten sich jedoch weiter. Jede Prüfung der Hochschuleinrichtungen vonseiten des Ministeriums zielte auf die „Erhöhung des Frauenanteils unter den ordentlichen Professoren".[236] Bei insgesamt 2.866 ordentlichen Professoren im Zuständigkeitsbereich des Hochschulministeriums gab es 138 ordentliche Professorinnen. Eine Erhöhung um die besagten zirka 300 gemeldeten Wissenschaftlerinnen in der Frauenkaderreserve – abzüglich der anstehenden Emeritierungen – hätte einen quantitativen Sprung nach sich ziehen können. Unter der zentralen Kaderreserve des Ministeriums für nach 1990 nahm der Frauenanteil 15 Prozent ein, dies ließ begründete Hoffnungen für die Professorinnenentwicklung zu.[237]

Zwei Nachkontrollen der ABI folgten im Januar/Februar und im Mai 1989. Hier gerieten die Akademie-Institute stärker in den Fokus. Spät hatte man im Ministerium erkannt, dass auch die Akademieforscherinnen zum Promovieren aufgefordert und unterstützt werden müssten, denn ohne eine weitere wissenschaftliche Qualifizierung konnten keine leitenden Positionen mit Frauen besetzt werden.[238] Die ABI-Inspektion vom Mai 1989 lobte positive Neuerungen in der systematischeren Personalarbeit. An der TU Dresden und TU Karl-Marx-Stadt sowie an der Humboldt-Universität waren sogenannte „Spitzenkaderkreise", „Meisterklassen" oder „Förderkreise des Rektors" für begabte Studentinnen, Doktorandinnen und Habilitandinnen entstanden.[239] Der Rektor kannte persönlich die Wissenschaftlerinnen in diesen „Kreisen", ihre Karriereziele wie ihre persönlichen Lebensumstände. Aber auch eine nicht unerhebliche Reserviertheit seitens der Sektions- und Fachbereichsleiter schlug den Inspektoren entgegen, die sie in folgenden Punkten dokumentierten: Das „ständige Organisieren von Kampagnen" werde abgelehnt. Spitzenkräfte könnten nicht ohne Spitzentechnologie entstehen. Die unzureichende materiell-technische Basis – d. h. fehlende wissenschaftliche Geräte, Laboreinrichtungen, Chemikalien, veraltete Rechnertechnik – verhindere Spitzenwissenschaft. Begabte Nachwuchswissenschaftler und -wissen-

---

[235] Vgl. Hauptabteilung Kader, Zur ABI-Kontrolle, 16. Februar 1988, in: BAB DR 3 2. Schicht 1601.
[236] Ebenda; vgl. ABI-Bericht zur Kontrolle der Förderung von Frauen, 16. Februar 1988, in: BAB DR 3 2. Schicht 1601 und 117/1. Der Bericht war Beratungsgrundlage auf der Dienstbesprechung des Ministers am 4. April 1988, in: BAB DR 3 2. Schicht 117/1.
[237] Vgl. Hauptabteilung Kader, Zur ABI-Kontrolle, 16. Februar 1988, in: BAB DR 3 2. Schicht 1601.
[238] Vgl. Bericht: Nachkontrolle berufliche Förderung der Frauen, 15. März 1989, in: BAB DR 3 2. Schicht 1601.
[239] Vgl. ABI-Bericht zu Förderung wissenschaftlicher Spitzenkräfte, 7. Juni 1989, in: SAPMO-BA DY 53/871.

schaftlerinnen wanderten in die großen Kombinate ab. Den Hochschulen fehlte es an Attraktivität. Sie könnten weder Wohnraum noch bessere Dienstleistungen anbieten, und auch das Anfangsgehalt für Hochschulabsolventen lag im Hochschulbereich unter der Bezahlung in Großbetrieben.[240]

Ende 1988 und zu Beginn des Jahres 1989 wurde in Sachen „zielstrebige Heranbildung leistungsfähiger Wissenschaftlerinnen" der Druck auf die Hochschulrektoren weiter erhöht. Ministerratsvorsitzender Willi Stoph hatte sich eingeschaltet. Er wies am 29. November 1988 seinen Hoch- und Fachschulminister Böhme an, in seinem Verantwortungsbereich abrechenbare „Maßnahmen zur zielgerichteten Heranbildung leistungsfähiger Wissenschaftlerinnen und zu ihrem Einsatz in wissenschaftsleitenden Funktionen" zu ergreifen.[241] Im Januar 1989 wandte sich Böhme nochmals mit Nachdruck an die Rektoren.[242] Er verlangte mit Nachdruck: 1. Frühzeitige, zielstrebige Einbeziehung junger Wissenschaftlerinnen mit individuellen Plänen in das fachtypische wissenschaftliche Leben und in das Forscherkollektiv; 2. Heranbildung leistungsfähiger Hochschullehrerinnen vor dem Hintergrund ihrer individuell mit ihnen abgestimmten familiären Lebenssituation; 3. Abschluss von abrechenbaren, konkreten Qualifizierungsverträgen; 4. Arbeit mit den Wissenschaftlerinnen in Spitzenförderkreisen und Meisterklassen. In der Verantwortung und mit Berichtspflicht standen die Rektoren, Prorektoren und Sektionsdirektoren.[243]

Wie reagierten die Universitäten und Hochschulen auf den größer werdenden Druck? An der Technischen Universität Dresden beispielsweise[244] ging eine noch dichtere Beratungs- und Berichtstätigkeit vonstatten: Für 1987 hatten auf zentraler Ebene sechs Besprechungen stattgefunden – die Beratung des Rektors mit der Frauenkommission, die der SED-Kreisleitung mit dem Kaderdirektor und der Frauenkommission, Aussprachen mit Akademikerinnen und der Gewerkschaft Wissenschaft, Gespräche des Rektors mit Frauen aus seinem Spitzenkaderkreis, Kaderkonsultationen zwischen Sekretären der SED-Kreisleitung und Sekretären der SED-Grundorganisationen auf Sektionsebene sowie Planungsberatungen des Direktors für Kader und der Sektionsdirektoren.[245] Die Sektionsdirektoren mel-

---

[240] Vgl. ebenda.
[241] Schreiben Hochschulminister an Vorsitzenden des Ministerrates, in: BAB DR 3 2. Schicht 1601.
[242] Vgl. Der Minister: Orientierung und Maßnahmen zur zielgerichteten Heranbildung leistungsfähiger Wissenschaftlerinnen, Januar 1989, in: BAB DR 3 2. Schicht, 1601 sowie SAPMO-BA DY 53/963.
[243] Vgl. ebenda.
[244] Die TU Dresden steht hier oft als Beispiel, weil die Überlieferungsdichte aus dem Universitätsarchiv gut ist im Vergleich zu anderen Universitätsarchiven. Es kann und darf mit den Fakten von der TU Dresden nicht geradlinig darauf geschlossen werden, dass hier die Hochschullehrerinnenförderung in besonderem Fokus stand. Es fehlen Vergleichsquellen. Jedoch – in den zentralen Ministeriumsunterlagen wird die TU Dresden neben der Humboldt-Universität immer wieder als vorbildlich in der Wissenschaftlerinnen-Förderung genannt.
[245] Vgl. TU Dresden: Abrechnung zum Frauenförderungsplan 1987, 15. Februar 1988, in: SAPMO-BA DY 53/967 und Archiv TU Dresden FDGB 380. Auf zentraler Ebene in Berlin richtete der Zentralvorstand Wissenschaft im März 1988 eine größere Beratung zur Hoch-

den namenskonkret aus ihrem Bereich sowohl die Nachwuchswissenschaftlerinnen – die sogenannte Kaderreserve Frauen, bestehend aus Beststudentinnen und Doktorandinnen – wie auch die zum weiblichen Spitzenkaderkreis des Rektors zählenden, angehenden Hochschullehrerinnen. Oft quartalsgenau wurden Qualifizierungsschritte – Promotion, Habilitation, Erwerb der Facultas Docenti, Sprach- und Hochschulpädagogikabschlüsse – Lehrtätigkeit, Auslandseinsätze und Funktionsübernahmen vermerkt. Wichtig für die Frauen wie für die Personalplaner war die Festlegung des Berufungstermins auf die Dozentur bzw. Professur.[246] Alle Wissenschaftlerinnen in der „Kaderreserve Frau" wie im „weiblichen Spitzenkaderkreis" hatten eine schriftliche persönliche Bestätigung des Rektors erhalten, zu besagten Kreisen zu gehören.[247] Die Kaderchefs führten Halbjahresgespräche mit den Wissenschaftlerinnen, diese wurden dokumentiert. Auch der Rektor beriet sich zweimal im Jahr mit den benannten Frauen. Diverse Kaderentwicklungspläne, Förderungsvereinbarungen und Qualifizierungsverträge zwischen Wissenschaftlerinnen und Sektions- bzw. Institutsdirektoren nahmen zahlenmäßig zu.[248] Schwierig war und blieb für die meisten Frauen, Berufskarriere und Familienpflichten zu managen. Dabei spielten schlechte und unzureichende Wohnverhältnisse für junge Wissenschaftlerinnen mit Familie eine große Rolle.[249] Jeder Sektionsdirektor musste beim Rektor konkret schriftlich Rechenschaft ablegen, wenn „die ehrenvolle Berufung in den Spitzenkaderkreis des Rektors"[250] zurückgenommen werden musste. So hieß es über eine Wissenschaftlerin der Geodäsie und Kartographie von der TU Dresden im Oktober 1988: „Aufgrund fortgesetzter erheblicher persönlicher Probleme der Doktorandin – Schwangerschaft, alleinstehende Mutter, Apathie infolge labilen psychischen und physischen Gesundheitszustandes, Zuweisung einer Altbauwohnung, die für eine Mutter mit Kleinkind erst baulich instandgesetzt werden musste – konnte die Arbeit an der Dissertation nicht weitergeführt" werden. Es folgte die Bitte, die Nachwuchswissenschaftlerinnen aus dem Spitzenkaderkreis des Rektors zu streichen.[251]

---

schullehrerinnenförderung aus. Rektoren, Sektionsdirektoren, Kaderchefs und Wissenschaftlerinnen mussten dort Rede und Antwort stehen. Eine nächste Rechenschaftslegung folgte am 9. November 1988. Vgl. Konzeption und Protokoll, 3. März 1988, in: BAB DR 3 2. Schicht 117/1 und SAPMO-BA DY 53/865; Konzeption zur Erfahrungsaustausch, 24. Oktober 1988, in: Archiv Universität Greifswald UGL 125.

[246] Vgl. Nachwuchskaderreserve: 1. und 2. Leitungsebene, Sektionen Mathematik, Naturwissenschaften, Geodäsie, Gesellschaftswissenschaften, technische Sektionen, 24. August 1988; Kaderreserve für die 1. Leitungsebene, 30. November 1988; Abrechnung zum Frauenförderungsplan, 21. Februar 1989, in: Archiv TU Dresden Direktorat Kader/Qualifizierung 4538/8 und 4538/9; Maßnahmepläne Sektionen Physik, Werkzeugmaschinen, Forstwirtschaft, Recht, Bauingenieurwesen, 1988, 1989, in: ebenda, 4538/9.

[247] Vgl. Information für Prorektorenberatung, 3. Oktober 1988, in: Archiv TU Dresden Direktorat Kader/Qualifizierung 4538/9; Einschätzung Führungskonzeption des Rektors, 16. Dezember 1988, in: ebenda.

[248] Vgl. Aktennotizen zu Gesprächen, Fördervereinbarung, April, Mai, Oktober, November 1988, in: Archiv TU Dresden Direktorat Kader/Qualifizierung 4538/9.

[249] Vgl. Information für Prorektorenberatung, 3. Oktober 1988, in: 1988, in: ebenda.

[250] Schreiben an den Rektor, 3. Oktober 1988, in: ebenda.

[251] Vgl. ebenda.

Erst die 1988 einsetzenden Kontrollgespräche des Ministeriums leiteten eine Art Klärungsphase hinsichtlich der in die Spitzenkaderkreise gemeldeten Wissenschaftlerinnen ein. Die Hochschul- und Universitätsrektoren hatten – unter dem Druck der Weisung des Berliner Ministeriums stehend – fast jede halbwegs qualifizierte Wissenschaftlerin für den Spitzenkaderkreis benannt. Das galt vor allem für Frauen aus mathematisch-naturwissenschaftlich-technischen Fächern. Denn woher hätten die Rektoren auf die Schnelle auch die Mitarbeiterinnen nehmen sollen? Die TU Dresden galt in Berlin als Positivbeispiel in der Wissenschaftlerinnenförderung.[252] So sah es jedoch nicht überall aus. Von der Medizinischen Akademie Dresden „wurden vom Rektor 15 Frauen als Nachwuchskader benannt. Eine Analyse [...] zeigte jedoch, dass mit ihnen völlig unzureichend gearbeitet wird. Von elf persönlich befragten, war nur bei zwei Frauen die geplante Entwicklung klar. Fünf wussten nichts von der Benennung, bei den anderen gab es Vorbehalte."[253] Von der Hochschule für Verkehrswesen Dresden waren sieben Frauen für die Spitzenkaderreserve des Rektors vorgeschlagen worden, wobei erst eine Wissenschaftlerin über eine Promotion B verfügte.[254]

Neben den aus Berliner Sicht überaus positiven Trends der Förderung der Wissenschaftlerinnen an der TU Dresden oder der TU Karl-Marx-Stadt und der Humboldt-Universität schienen andere Einrichtungen nicht mithalten zu können – wie die Greifswalder oder Jenenser Universität. Schwieriger Knackpunkt blieb fast überall – an den Universitäten Berlin, Dresden, Halle, Jena, Leipzig, Rostock, TH Ilmenau – die exakte Festlegung des angestrebten Berufungstermins von ausgewählten Frauen auf eine Dozentur bzw. Professur.[255] Von der Martin-Luther-Universität Halle war 1988 zu hören: „42 Spitzenkräfte bilden die weibliche Kaderreserve für Hochschullehrer und Führungskräfte", mit denen Rektor und Prorektoren arbeiten wollten. An der Hallenser Universität waren 17 Professorinnen (sechs Prozent) und 35 Dozentinnen (15 Prozent) zu finden. Die Personalplaner mussten ankündigen, dass sowohl die Berufungsrate zur Professorin wie zur Dozentin von 1985 zu 1990 rückläufig sein werde und der Ersatzbedarf nicht gesichert sei. Bis 1995 würden elf Dozentinnen und zwei Professorinnen in den Ruhestand treten. Von einzelnen Sektionen hieß es zudem, dass diese bisher nicht in der Lage waren, namentliche Aufstellungen der zu fördernden Frauen, vor allem der Nachwuchswissenschaftlerinnen zu erstellen. Die weiblichen Spitzenkräfte verfügten zwar über individuelle Frauenförderungspläne. Diese wurden von der Universitätsgewerkschaftsleitung in der Gesamtheit jedoch als formal, unkonkret, unverbindlich, nicht kontrollierbar und nicht individuell zugeschnitten benannt. Festlegungen in Qualifizierungsverträgen mit Frauen wurden nur zu gerade 35 Prozent erfüllt. Die Hälfte der unbefristeten Assistentinnen verfügte über kei-

---

[252] Vgl. Wissenschaftlerinnenförderung im Bezirk Dresden, September 1988, in: SAPMO-BA DY 53/864.
[253] Ebenda.
[254] Vgl. ebenda.
[255] Vgl. Einschätzung der Frauenförderungspläne 1988 von Universitäten und Hochschulen, 11. Juli 1988, in: SAPMO-BA DY 53/870.

nerlei Informationen ihrer weiteren beruflichen Entwicklung. Die Gewerkschaftsfunktionäre waren überzeugt, wenn 40 Prozent der unbefristeten Assistenten und 15 Prozent der Oberassistenten weiblich sind, sei doch ausreichend weiblicher wissenschaftlicher Nachwuchs vorhanden. Mithilfe von verstärktem Erfahrungsaustausch, Kadergesprächen und einem geplanten „Spitzenkreis-Seminar beim Rektor" versprachen die Leiter der Sektionen und der Universität gegenzusteuern. Ob das ausreichte?[256] Die Gewerkschaftszentrale Halle und ihre Frauenfunktionäre äußerten offen ihr Unverständnis, dass die Hochschuleinrichtungen im Bezirk, u. a. die Universität Halle, die Technische Hochschule Leuna-Merseburg, die Ingenieurhochschule Köthen und das Akademie-Institut für Festkörperphysik und Elektronenmikroskopie in Halle, insgesamt 96 habilitierte Wissenschaftlerinnen vorzuweisen hätten, von denen 22 nicht zu Hochschullehrerinnen berufen worden sind. Bei einem Kontrollbesuch an der Ingenieurhochschule Köthen hatte sich u. a. herausgestellt, dass Frauen zum Einsatz in der Zivilverteidigung eingesetzt wurden, die kurz vor Abschluss der Promotion standen. Assistentinnen mit Kindern wurden zur Lehre an Sonnabenden verpflichtet, obwohl diese nicht einmal am Hochschulort wohnten. Grundsätzlich galt für alle ein Verbot von Arbeitszeitverlagerung. Nur unter größten Schwierigkeiten habe man inzwischen die Hochschulleitung zwingen können, Nachwuchswissenschaftlerinnen die benötigten Zeiten an Großrechnern in ihrer regulären Arbeitszeit zu reservieren.[257]

Ähnliches wurde aus weiteren Hochschuleinrichtungen berichtet.[258] Die Frauenkommission der Universität Jena setzte eher bei der Verweigerungshaltung seitens der Wissenschaftlerinnen selbst an: „Auch sehr befähigte Frauen verlassen die Universität aus familiären Gründen, z. B. wenn es nicht gelingt, für den Ehepartner einen Arbeitsplatz am Hochschulort zu finden. Einige streben wegen der Erziehung der Kinder und der Gestaltung eines befriedigenden Familienlebens nicht nach einer weiteren wissenschaftlichen Graduierung und sehen ihre Perspektive in der Tätigkeit als wissenschaftlicher Mitarbeiter."[259] In Personalgesprächen äußerten nach wie vor viele Frauen Bedenken, eine Leitungsaufgabe zu übernehmen. Die zeitliche Belastung könnten nicht erbracht werden, denn es fehlten Dienstleistungseinrichtungen, Wohnverhältnisse waren zu beengt und es herrsche Unverständnis in den Kindereinrichtungen für das späte Abholen der Kinder. Die Frauen sahen sich nicht imstande, Graduierung, Funktionsausübung und Familienpflichten zu bewältigen.[260] Gemutmaßt kann werden, dass ein weiterer Grund

---

[256] Vgl. Informationsbericht zur Frauenförderung im Bezirk Halle, 25. Januar 1988; Bericht der Universitätsgewerkschaftsleitung Halle an Gewerkschaft Wissenschaft Berlin, Frauenförderungsplan, 19. August 1988, in: SAPMO-BA DY 53/864 und 967.
[257] Vgl. Bezirksvorstand Halle der Gewerkschaft Wissenschaft über die Förderung von Wissenschaftlerinnen, 30. Mai 1989, in: SAPMO-BA DY 53/864.
[258] Vgl. Einschätzung der Frauenförderungspläne 1988, 11. Juli 1988, in: SAPMO-BA DY 53/870.
[259] Frauenkommission Universität Jena: Frauenförderungsplan, 26. August 1988, in: SAPMO-BA DY 53/967.
[260] Vgl. ebenda; Entwicklung der Nachwuchs- und Frauenkaderreserve an der Universität Jena, 28. Oktober 1988, in: ebenda; Berichte zum wissenschaftlichen Nachwuchs im Bezirk Karl-

hinzukam: Mit dem Verweis auf ihre Mehrfachbelastung konnten die Frauen sich dem politischen Druck, der auf Leitungskräften im Hochschulbereich lastete, mehr oder weniger elegant entziehen.

Minister Böhme sprach auf der Rektorenkonferenz im Juni 1988 wieder die Palette drängender Probleme auch hinsichtlich der Hochschullehrerinnen an. Erstes Ziel sei und bleibe es, den Anteil ordentlicher Professorinnen spürbar zu erhöhen. Wenn der Frauenanteil bei den Professuren bei 3,6 Prozent 1974 und 4,8 Prozent 1987 lag, „so kann man beinahe von einem Nullwachstum reden".[261] Denn im gleichen Zeitraum war der Bestand an ordentlichen Professuren um 30 Prozent gestiegen. Auch bei der 1987 anstehenden Berufungsrunde, so der Minister, seien nur 14 Anträge für Frauen gestellt worden von insgesamt 232, aber zum 31. August 1988 würden elf Professorinnen emeritiert.[262] Unmissverständlich erklärte er, dass es heute allein an der Autorität und am Beispiel jedes Wissenschaftsbereichsleiters liege, ob leistungsfähige und leistungsbereite Wissenschaftlerinnen ihre Karrierechance bekämen.[263] So deutlich war noch nie zuvor verbal formuliert worden, dass der Abbau der Unterrepräsentanz von Hochschullehrerinnen vom Einsatz und Willen der zumeist männlichen staatlichen Leiter abhing. Mit der Ministerweisung vom Herbst 1987 und dem stärker und konsequenter gewordenen Rechenschafts- und Kontrolldruck war eine konzertierte Aktion zu mehr Chancengleichheit für Frauen auf der Hochschullehrerinnen-Ebene angestoßen worden. Jedoch – trotz aller Fortschritte – ein Durchbruch war nicht erreicht.

5. Politikberatung? – Forschung über Wissenschaftlerinnen

Ab Mitte der 1980er Jahre erschienen als interne, nicht für die Öffentlichkeit bestimmte Forschungsergebnisse[264] vom Zentralinstitut für Hochschulbildung (ZHB) in Berlin-Karlshorst, die den Fokus auf Stellung und Status von Wissenschaftlerinnen im Hochschulwesen der DDR richteten. Hier waren insbesondere die umfangreichen Forschungen der Soziologin Karin Hildebrandt zu nennen, die sich mit dieser Thematik vor und nach 1990 einen Namen machte.[265] Das Zentral-

---

Marx-Stadt, 2. August 1989; Universität Leipzig, 5. Juli 1988; der TU Magdeburg, 19. August 1988, in: SAPMO-BA DY 53/871, 967.
[261] Referat Böhme zur Rektorenkonferenz, 3. Juni 1988, in: BAB DR 3 2. Schicht 354.
[262] Vgl. ebenda.
[263] Vgl. ebenda und Referat Minister Böhme auf der Konferenz der Rektoren, 3. Juli 1989, in: BAB DR 3 2. Schicht 355; Hans-Joachim Böhme, Aufgaben und Erfahrungen 1989, S. 94–98.
[264] Graue Literatur: Die Drucke wurden nach einem festgelegten Verteiler versandt. Sie waren in einschlägigen DDR-Bibliotheken nicht vorhanden.
[265] Vgl. u. a. Karin Hildebrandt, Geschlechtstypische Merkmale von Wissenschaftlerinnen, 1987; dies., Zur Notwendigkeit von Untersuchungen der wissenschaftlichen Leistungsfähigkeit, S. 49–54; dies., Frauen in der wissenschaftlichen Arbeit; dies., Wissenschaftlerinnen im Hochschulwesen der DDR 1990.

institut für Hochschulbildung war die einzige Einrichtung, die in den 1980er Jahren umfassend Hochschulforschungen in der DDR betrieb.[266] An der Abteilung Forschung und Wissenschaftsentwicklung des Instituts erhielten Themen zu „geschlechtstypischen Merkmalen und Verhaltensweisen von Wissenschaftlerinnen"[267] Aktualität. Die Initiative ging von einer Gruppe von Soziologinnen des Instituts aus, die es als ihre Aufgabe ansahen, „auf die vielfältigen Ungleichheiten zwischen den Geschlechtern im Hochschulwesen" hinzuweisen[268] Das Hochschulministerium und die ZK-Abteilung Wissenschaft sollen zunächst wenig begeistert von dieser Forschungsthematik gewesen sein – mit der Begründung: Die Frauen sind gleichberechtigt bzw. „unsere Frauen haben so viel zu tun, dass sie nicht noch die Wissenschaftskarriereleiter erklimmen können"! Die 1986/87 vorgelegten ersten Forschungsergebnisse sollen dann jedoch „eingeschlagen" haben[269] und SED-Wissenschafts- und Hochschulfunktionäre schienen etwas ernsthafter sich der Frage zu stellen, warum nach mehr als 20 Jahren Wissenschaftlerinnenförderung die Ergebnisse auf der Ebene der Professuren, Dozenturen und Oberassistenten so unbefriedigend aussahen.[270] Nach Erinnerungen ehemaliger bzw. noch aktiver Wissenschaftlerinnen des Instituts existierte die Problematik „Frauen im Hochschulwesen" – ob Studentinnen, Wissenschaftlerinnen bzw. Frauen in Leitungsposten – nicht als eigenständiges Forschungsthema, wohl aber „lief es als Forschungskategorie bei anderen Fragestellungen immer mit". Ein zentrales Thema war die Wissenschaftlerinnenerforschung nicht. Erst am Ende der DDR im September 1989 – auch wenn an „Ende" vermutlich damals niemand dachte – gründete sich in Eigeninitiative eine Gruppe „Frauenforschung" am Institut.[271] Eine enge Beziehung bestand im Sinne eines ständigen Personalaustausches zwischen dem Hochschulministerium und dem Forschungsinstitut. Die Abteilungsleiter für Forschung des Instituts unterhielten beste Kontakte zum Leiter der Abteilung Forschung im Hochschulministerium bzw. zum Minister Böhme selbst.[272]

---

[266] Nach 1990 machte sich das Institut einen Namen mit Hochschulforschungen bei der Integration des DDR-Hochschulwesens in das vereinte Deutschland. Von 1991 bis 1996 existierte es als „Projektgruppe Hochschulforschung Berlin-Karlshorst" fort und ging 1996 auf als Institut für Hochschulforschung (HoF) Wittenberg. Das Institut wird vom Land Sachsen-Anhalt getragen und ist bei der Martin-Luther-Universität Halle-Wittenberg assoziiert. Es ist nach wie vor das einzige Institut in den ostdeutschen Bundesländern, welches Forschungen über Hochschulen/Universitäten betreibt. Vgl. Peer Pasternack, S. 23–70.
[267] Karin Hildebrandt, Geschlechtstypische Merkmale von Wissenschaftlerinnen, S. 1.
[268] Vgl. Gespräch mit Karin Hildebrandt am 20. September 2017; Wozu Forschungen über Frauen im Hochschulwesen?, S. 3.
[269] Vgl. Gespräch mit Karin Hildebrandt am 20. September 2017.
[270] Diese Fragestellung war insofern „blauäugig", da sowohl im Ministerium wie im ZK-Apparat ein Blick in die eigenen Reihen ausreichte, um sich zu fragen, warum es so wenige Frauen gab.
[271] Vgl. Wozu Forschungen über Frauen im Hochschulwesen?, S. 3. Zu der Gruppe „Frauenforschung" gehörten die Wissenschaftlerinnen: Karin Döbbeling, Christine Eifler, Bärbel Grygier, Karin Hildebrandt und Regina Wunsch. Vgl. ebenda, S. 12.
[272] Vgl. Gespräch mit Frau Dr. Anke Burkhardt am 18. September 2017. Diese erinnerte sich z. B. in ihren Untersuchungen zu Ursachen von Studienabbrüchen wurde die Geschlechter-

Die Forschungsergebnisse über Wissenschaftlerinnen fanden sich in vielfachen Abschriften sowohl im Bestand der ZK-Abteilung Wissenschaft, u. a. beim Abteilungsleiter, als auch im Bestand des Ministeriums für Hoch- und Fachschulwesen, beim Leiter der Hauptabteilung Kader, mit Randbemerkungen und Unterstreichungen wieder.[273] Sie schienen von Interesse gewesen sein. Die Materialien gingen nach einem strengen internen Verteilerschlüssel an alle Rektoren sowie an alle Direktoren für Kader und Qualifizierung der Universitäten und Hochschulen in der DDR. Die Wissenschaftlerin Karin Hildebrandt erinnerte sich, zwischen 1987 und 1989 nicht wenige Vorträge und Informationsveranstaltungen in den unterschiedlichsten Ministeriums- und Hochschulgremien, bei der Gewerkschaft Wissenschaft und auf diversen Konferenzen gehalten zu haben.[274] Das vermutlich wichtigste Ergebnis – so die Soziologin – soll die Weisung von Hochschulminister Böhme an alle Universitäts- und Hochschulrektoren vom Herbst 1987 zur Bildung des 300-Frauen-starken Pools an weiblichen Berufungskadern gewesen sein.[275] Die Forschungsergebnisse über „Wissenschaftlerinnen im Hochschulwesen" bildeten des Weiteren die Grundlage für einen Tagesordnungspunkt der im Herbst 1988 anstehenden regulären Rektorenbesprechung beim Minister. Zudem sollte im November 1988 ein großangelegter Erfahrungsaustausch mit Wissenschaftlerinnen, Gewerkschaftsfunktionären und staatlichen Leitern – vermutlich Sektionsdirektoren – stattfinden, der diese Forschungen als Diskussionsgrundlage mit berücksichtigte.[276] Und schließlich flossen die Untersuchungsergebnisse über „Frauen in der wissenschaftlichen Arbeit" des Karlshorster Zentralinstituts ein in die alle vier Jahre vorzulegende „Analyse der Gesamtentwicklung des Lehrkörpers an den Hochschulen des MHF-Bereiche [...], verbunden mit Konsequenzen für die Lehrkräfteentwicklung nach 1990".[277] Diese Gesamtanalyse hatte die ZK-Abteilung Wissenschaft gemeinsam mit der Hauptabteilung Kader des Hochschulministeriums mit Stand vom 31. Dezember 1988 erarbeitet. Sie lag als Entscheidungsvorlage im Hochschulministerium und im ZK, Abteilung Wissenschaft, Anfang 1989 vor.[278] Anfang Februar 1989 bestimmte Minister Böhme die Befragungsergebnisse des Hochschulforschungsinstituts zu einem Personalführungsdokument für alle Rektoren. Er kam damit auch einer Forderung des Ministerratsvorsitzenden Stoph vom 29. November 1988 nach, „abrechenbare Maßnahmen für die Auswahl, Vorbereitung und den Einsatz von Frauen in leitenden Funktionen" im Wissenschaftsbetrieb festzulegen.[279] Das alles spricht dafür, dass

verteilung immer mitberücksichtigt. Auch Gespräch mit Karin Hildebrandt am 20. September 2017.
[273] In: SAPMO-BA DY 53/970 und BAB DR 3 2. Schicht 168/2.
[274] Vgl. Gespräch mit Karin Hildebrandt am 20. September 2017.
[275] Vgl. ebenda.
[276] Vgl. MHF-Vorlage, 3. Oktober 1988: Sekretariat des Ministers: Frauen in der wissenschaftlichen Arbeit an den Universitäten und Hochschulen, in: BAB DR 3 2. Schicht 168/2.
[277] In: SAPMO-BA DY 53/871.
[278] Vgl. ebenda.
[279] Vgl. MHF an den Rektor der TU Dresden, 2. Februar 1989, in: Archiv TU Dresden Kader/Qualifizierung (B 3.06), 4538/9.

5. Politikberatung? – Forschung über Wissenschaftlerinnen

hier eine Politikberatung in Sachen „Frauen in der Wissenschaft" durch Forschungen des Zentralinstituts für Hochschulbildung stattfand. Ihre Wirkung kann nicht mehr beurteilt werden, da das Ende der DDR dem zuvor kam.

Über eine großangelegte Befragung von Wissenschaftlerinnen im Hochschulwesen konnte das Zentralinstitut für Hochschulbildung aufschlussreiche Erkenntnisse gewinnen. 1987 wurden 3.420 Wissenschaftlerinnen von Universitäten und Hochschulen anonym und schriftlich auf dem Postweg befragt, um über ihre konkrete Arbeits- und Lebenssituation Auskunft zu geben. Einbezogen wurden alle Beschäftigtengruppen – von der Assistentin bis zur Professorin – in allen Wissenschaftsdisziplinen, außer Medizin und Pädagogik.[280] Die Hälfte der Befragten waren Gesellschaftswissenschaftlerinnen, 20 Prozent Mathematikerinnen bzw. Naturwissenschaftlerinnen, 15 Prozent arbeiteten im Bereich der technischen Wissenschaften.[281] Die Rücklaufquote betrug 64 Prozent und ließ damit repräsentative Aussagen zu. Die große Resonanz einer derartigen Befragung drückte sich zudem darin aus, dass zirka 200 ausführliche Briefe den zurückgesandten Fragebögen beigelegt waren.[282]

Zeitgleich beschäftigten sich auch Wissenschaftler von der Akademie der Wissenschaften mit dieser Problematik. Dort am „Institut für Theorie, Geschichte und Organisation der Wissenschaft" der Akademie forschte man über „Leistungsfähigkeiten und Leistungsvoraussetzungen der DDR Wissenschaftspotentiale". Darin eingeschlossen war auch die Teilfrage nach der Rolle der Frau in der Wissenschaft. Auch hier befragte man 1979/80 rund 1.500 Wissenschaftler – 250 Frauen und 1.250 Männer – schriftlich über ihre Arbeits- und Lebensbedingungen, 1986 folgte eine nächste Befragung von 520 Nachwuchswissenschaftlern – 111 Frauen und 409 Männer. Eine nicht genannte Zahl von „Tiefeninterviews mit profilierten Wissenschaftlerinnen" der Akademie sollten das Bild ergänzen. In den Jahren 1987/88 widmete man sich Schülerinnen und Schülern, Lehrern und Eltern im Rahmen einer Erhebung zur Früherkennung von Forschungsbegabungen.[283] Eine Diskussion der Forschungsergebnisse unter Einbeziehung auch der Soziologinnen vom Hochschulforschungsinstitut fand im März 1987 an der Akademie mit einer Tagung statt.[284] Dort starteten die Veranstalter mit der Frage, ob der große Aufwand mit der Frauenförderung in den letzten beiden Jahrzehnten das dürftige Ergebnis rechtfertige. „Haben wir nicht dringendere Sorgen?"[285] Wenn der Entwicklungsprozess so weiterlaufe, würden noch 136 Jahre vergehen bis sich eine quantitative

---

[280] Beide Fächer waren ausgesprochene Frauendomänen.
[281] Vgl. Karin Hildebrandt, Frauen in der wissenschaftlichen Arbeit, S. 2 ff.
[282] Im Bestand des Ministeriums fanden sich Abschriften von 20 dieser Briefe. Vgl. BAB DR 3 2. Schicht 1601.
[283] Vgl. Christine Waltenberg, Frauen in der Wissenschaft der DDR, 27. Oktober 1989, in: Archiv FU Berlin ZE Frauen, Nr. 67.
[284] Vgl. Frauen in der Wissenschaft. Wissenschaftspotential-Kolloquium Berlin (Ost) 1987.
[285] Hansgünter Meyer, Wissenschaft als Frauenberuf S. 6; vgl. auch Werner Meske, Struktur und Dynamik des Frauen-Anteils, S. 23, 26.

Parität zwischen Männern und Frauen bei den Habilitierten und 343 Jahre bei den Professuren einstelle.[286]

Mitte der 1980er Jahre waren – hier zur Erinnerung – rund 28.000 Wissenschaftler in der DDR tätig, darunter rund 8.400 Wissenschaftlerinnen (30 Prozent). 1987 zählte man 137 Professorinnen (knapp fünf Prozent), 404 Dozentinnen (11,5 Prozent) und 860 Oberassistentinnen (17 Prozent).[287] In den Wissenschaftsdisziplinen unterschieden sich die Zahlen sehr: In der Physik fanden sich zehn bis zwölf aktive Professorinnen, der Anteil der Dozentinnen lag bei nur 3,7 Prozent und der der unbefristeten Assistentinnen bei 12,5 Prozent. In der Mathematik betrugen die Anteile fünf Prozent Dozentinnen, 19 Prozent unbefristete Assistentinnen; in der Chemie 5,5 Prozent Dozentinnen und 24 Prozent Assistentinnen und in der Biologie immerhin zehn Prozent Dozentinnen und 35 Prozent unbefristete Assistentinnen.[288] Der Physikstudentinnenanteil pendelte sich ein bei 22 Prozent, der der Mathematikstudentinnen bei immerhin 48 Prozent und der der Biologiestudentinnen sogar bei 62 Prozent.[289] Der Anteil der Professorinnen im Bereich Mathematik/Naturwissenschaften lag bei zwei Prozent und hatte sich in den letzten zehn Jahren nicht verändert bzw. war sogar leicht rückläufig.[290]

Der Hochschulkaderstatistik und die Befragungsergebnisse[291] machten deutlich, dass diese insgesamt unbefriedigende Situation für die Stellung der Wissenschaftlerinnen in den nächsten Jahren sich weiter verschlechtern würde. Allein bis 1990 würden 30 Prozent der Professorinnen und 22 Prozent der Dozentinnen das Rentenalter erreichen und im Zeitrahmen bis zum Jahr 2000 gedacht, würden 85 Prozent der Professorinnen, drei Viertel der Dozentinnen und die Hälfte der Oberassistentinnen in den Ruhestand gehen.[292] Ein dringendes Gegensteuern war geboten, um nicht unter diese Zahlen zu rutschen. Die Wissenschaftlerinnen rückten aus diesem Grund in den Focus der (männlichen) Aufmerksamkeit. Über die soziale Situation von Wissenschaftlerinnen hieß es zunächst: Frauen waren zu Studienbeginn und zu Studienabschluss um ein bis zwei Jahre jünger,[293] und dies,

---

[286] Vgl. Christine Waltenberg, Frauen in der Wissenschaft der DDR, 27. Oktober 1989, in: Archiv FU Berlin ZE Frauen, Nr. 67.
[287] Vgl. Karin Hildebrandt, Geschlechtstypische Merkmale von Wissenschaftlerinnen, S. 7, 10.
[288] Vgl. ebenda, S. 29 f. Der Vergleich zu gesellschaftswissenschaftlichen Fächern: Kunst-, Sprach- und Literaturwissenschaften: 26 Prozent Dozentinnen, 58 Prozent unbefristete Assistentinnen; Geschichtswissenschaften: 20 Prozent Dozentinnen, 44 Prozent unbefristete Assistentinnen oder die Medizin (Kliniken): 13 Prozent Dozentinnen, 49 Prozent Assistentinnen. Vgl. ebenda.
[289] Vgl. ebenda, S. 30.
[290] Vgl. ebenda, S. 11.
[291] Auch die von der Akademie der Wissenschaften, vgl. Christine Waltenberg, Frauen in der Wissenschaft der DDR, 27. Oktober 1989, in: Archiv FU Berlin ZE Frauen, Nr. 67.
[292] Vgl. Karin Hildebrandt, Geschlechtstypische Merkmale von Wissenschaftlerinnen, S. 8; dies., Frauen in der wissenschaftlichen Arbeit, S. 4.
[293] Dies war bedingt durch das Fehlen der Wehrpflicht. Auch machten Frauen ihr Abitur in der Mehrzahl auf der Oberschule/EOS, die Männer oft als dreijährige Berufsausbildung mit Abitur.

obwohl ein nicht unerheblicher Teil der Studentinnen während des Studiums das erste Kind bekam. In allen Wissenschaftszweigen – insbesondere aber in den Naturwissenschaften – begannen die weiblichen Studierenden mit besseren Abiturprädikaten ihr Studium an den Hochschulen als ihre männlichen Kommilitonen. Während des Studiums war eine kontinuierliche Leistungsentwicklung bei den Männern, jedoch ein Leistungsabfall bei den Frauen zu beobachten. Im Prädikat des Diploms war kein Unterschied zwischen weiblichen und männlichen Absolventen auszumachen. Jedoch war der Anteil der männlichen Studierenden deutlich höher – unabhängig vom Fach –, für die die „Wissenschaft selbst" einen hohen Stellenwert besaß. Studentinnen wiesen ein geringeres Interesse für die „Wissenschaft an sich" auf. Ihre Forschungsaktivitäten gingen mehr in Richtung empirische und Literaturrecherchen und weniger in Richtung des Erarbeitens von Thesen und Hypothesen. In der Tendenz zeigten Studentinnen sich eher sprachlich-sozial und Studenten stärker fachlich-gegenständlich orientiert. Diese Unterschiede, so die Macher der Studie, ließen sich nicht auf unterschiedliche intellektuelle Befähigungen zwischen männlichen und weiblichen Studierenden zurückführen. Grund dafür seien vielmehr „fortwirkende geschlechtstypische gesellschaftliche Vorstellungen und Vorurteile", einschließlich der familiären Erziehung.[294]

Über Frauen als Wissenschaftlerinnen im Hochschulsystem konnten folgende Merkmale zusammengestellt werden: Wissenschaftliche Assistentinnen schlossen ihre Promotion A in einem Durchschnittsalter von 31 Jahren, die Assistenten mit 33 Jahren ab. 57 Prozent der Frauen benötigten vier Jahre bis zum Promotionsabschluss, das schaffte 52 Prozent der Männer. Der Vergleich zwischen männlichen und weiblichen Forschungsstudenten bzw. Assistenten zeigte keinen signifikanten Unterschied zwischen den Geschlechtern in der Bearbeitungsdauer der Promotionsthemen. Ebenso waren keine Zusammenhänge zwischen der Bearbeitungsdauer, dem Wissenschaftszweig, dem Familienstand und der Kinderzahl auszumachen. Im Promotionsverfahren selbst erreichten die Männer bessere Prädikate als die Frauen. Wissenschaftlerinnen, die mit „summa cum laude" ihre Promotion abschlossen, setzten oft ihre Karriere in Richtung Hochschullehrerin fort.[295] Die bisher im Hochschulbereich gängige Auffassung – so die statistischen und die Befragungsergebnisse –, dass Frauen später promovieren und länger zur Bearbeitung des Promotionsthemas benötigen, war damit widerlegt. In den Fächern der Mathematik/Naturwissenschaften waren die Frauen bei ihrer Berufung zur Dozentin durchschnittlich 44 Jahre, die Männer 48 Jahre alt. Auch dieses Ergebnis widerlegte die vorhandene Meinung, dass Wissenschaftlerinnen aufgrund des auch Mutterseins später zur wissenschaftlichen Arbeit fänden.[296] Über die familiären Bedingungen der Wissenschaftlerinnen konnte die Forschung diese Daten ermitteln: 69 Prozent der Wissenschaftlerinnen waren verheiratet, dass entsprach dem DDR-

---

[294] Vgl. Karin Hildebrandt, Geschlechtstypische Merkmale von Wissenschaftlerinnen, S. 20–22.
[295] Vgl. Karin Hildebrandt, Frauen in der wissenschaftlichen Arbeit, S. 18 f.
[296] Vgl Karin Hildebrandt, Geschlechtstypische Merkmale von Wissenschaftlerinnen, S. 14–16.

Durchschnitt. Mit steigender Qualifikation und zunehmendem Alter wuchs der Anteil geschiedener Frauen. Der Anteil der unverheirateten Frauen bei Abschluss der Dissertation war doppelt so groß wie der der Männer – zwölf Prozent unverheiratete Frauen, sechs Prozent unverheiratete Männer. Mit steigender Qualifikation nahm der Anteil der unverheirateten Wissenschaftlerinnen zu: 93 Prozent der Dozenten aber nur 60 Prozent der Dozentinnen waren verheiratet, und die Dozentinnen der Naturwissenschaften nur zu 50 Prozent. Ob eine Tendenz sich abzeichnete, dass eine erfolgreiche wissenschaftliche Karriere einherging mit dem Verzicht auf eine Familie, konnte anhand der Daten und Befragungen nicht geklärt werden. Auch unklar blieb, ob das Streben der Frauen nach höchster Qualifikation, zu Grenzen im Zusammenleben in einer gleichberechtigten Partnerschaft und mehr Scheidungen führte.[297] Drei Viertel der befragten Wissenschaftlerinnen hatten Kinder. Das deutete darauf hin, dass eine Vereinbarkeit von Wissenschaft als Beruf und Gründung einer Familie gegeben war. Für Wissenschaftlerinnen waren zwei Kinder der „Normalfall". Hochschullehrerinnen hatten häufiger keine, aber auch häufiger mehr als zwei Kinder. Drei Viertel aller befragten B-promovierten Frauen gaben an, bewusst sich zuerst den Kinderwunsch erfüllt und dann die Promotion bzw. Habilitation realisiert zu haben. Dabei ließ sich im Durchschnitt feststellen, dass mit 26 Jahren das erste Kind geboren wurde, mit 29 Jahren erfolgte die Promotion, zwischen dem 30. und 39. Lebensjahr kamen eine weitere Geburt hinzu und mit 41 Jahren wurde die B-Promotion verteidigt. Dieser durchschnittliche Trend beim Promovieren und Habilitieren traf auch auf die unverheirateten bzw. kinderlosen Wissenschaftlerinnen zu, die Qualifikationspyramide wurde durch den Familienstatus nicht gravierend beeinflusst.[298] Bemerkenswert war die Feststellung, dass 58 Prozent der Wissenschaftlerinnen mit Partnern verheiratet waren, die ebenfalls als Akademiker in Hochschul- bzw. in Forschungseinrichtungen arbeiteten. Bei den Partnern der Naturwissenschaftlerinnen war der Prozentsatz noch höher. Fast 90 Prozent der Partner der Wissenschaftlerinnen hatten einen Hochschulabschluss, bei den Mathematikerinnen und Naturwissenschaftlerinnen waren die Hälfte der Ehepartner sogar promoviert.[299] Auch hier musste die sich anschließende Frage unbeantwortet bleiben, ob eine wissenschaftliche Laufbahn beider Eheleute und die Familienverpflichtungen noch immer dazu führten, dass dem Mann in der wissenschaftlichen Karriere der Vorrang eingeräumt werde.[300] Dies würde mit den Antworten auf die Fragen korrelieren, dass die Pflege erkrankter Kinder sowie die Haushaltspflichten zu zwei Dritteln bis drei Vierteln allein von den Frauen bewältigt werden muss. Das verringerte ihren Zeitfonds für die wissenschaftliche Arbeit deutlich.

---

[297] Vgl. ebenda, S. 17.
[298] Vgl. Christine Waltenberg, Frauen in der Wissenschaft der DDR, 27. Oktober 1989, in: Archiv FU Berlin ZE Frauen, Nr. 67.
[299] Vgl. ebenda; Karin Hildebrandt, Frauen in der wissenschaftlichen Arbeit, S. 7 f.
[300] Vgl. Karin Hildebrandt, Frauen in der wissenschaftlichen Arbeit, S. 7 f.; dies., Geschlechtstypische Merkmale von Wissenschaftlerinnen, S. 19 f.

In den Befragungsaktionen standen Einschätzungen über Leistungsvermögen und Leistungsbereitschaft von Frauen in der Wissenschaft ganz vorne auf der Agenda. Es wurde gefragt nach Verhaltensweisen von Wissenschaftlerinnen hinsichtlich ihres Interesses an wissenschaftlicher Arbeit, an der Wahl des Tätigkeitsfeldes, und dies in Abhängigkeit zum Wunsch, eine Familie zu gründen. In der Selbsteinschätzung gaben drei Viertel der Befragten an, zu den „gleichen wissenschaftlichen Leistungen" befähigt zu sein. Das eine Viertel der Frauen, welches sich nur „bedingt gleich fähig" fühlte, machte zeitliche Einschränkungen wegen Familienpflichten dafür verantwortlich. Je höher die Qualifikationsstufe – Dozentin bzw. Professorin – wurde die Leistungsfähigkeit gleich der der männlichen Kollegen gesehen.[301] Ebenso drei Viertel der Akademikerinnen äußerten ihre hohe Bereitschaft, in Forschung und Lehre „gute Leistungen" erzielen zu wollen.

In bemerkenswertem Gegensatz zur „Leistungsfähigkeit" standen die Antworten der Wissenschaftlerinnen zum Punkt: In „fachlicher Hinsicht Überdurchschnittliches leisten" zu wollen. Diese Bereitschaft traf bei Professorinnen zu 100, bei Dozentinnen zu 90 Prozent zu, bei unbefristeten und befristeten Assistentinnen – also beim Gros der Wissenschaftlerinnen – jedoch nur zu 25 bis 30 Prozent. Hier schien die Frage angebracht, welche Motivation die Assistentinnen für wissenschaftliches Arbeiten aufbringen und ob immer die fachlich geeigneten und motivierten Frauen für die Hochschulkarriere gewonnen werden.[302] Sowohl Wissenschaftlerinnen als auch Wissenschaftler schätzten ein, die Hälfte ihrer Arbeitszeit der Lehre und Studentenbetreuung zu widmen. Hier zeigten sich keine Unterschiede zwischen Männern und Frauen. Ein nicht unerhebliches Zeitbudget musste für Funktionen verschiedener Art aufgebracht werden.[303] Die verbleibende Zeit für die Forschung war oft nicht zusammenhängend zu nutzen. Nur 40 Prozent der Wissenschaftlerinnen äußerten, an Forschungsthemen mitzuwirken, welche Bestandteile zentraler Forschungspläne und damit oft volkswirtschaftlich nützlich waren. Frauen gaben häufiger als Männer an, Forschungsthemen „nur zum Zwecke der Qualifikation" zu bearbeiten. Für Motivation und Leistung war die „Arbeitsatmosphäre im Kollektiv" ein wichtiger Indikator. Ein Drittel der befragten Wissenschaftlerinnen meinten, dass ihre (männlichen) Leiter ihnen kaum bzw. wenige Möglichkeiten einräumten, wissenschaftliche Ergebnisse in Form von Publikationen und Vorträgen zu präsentieren.[304] Ein Fünftel der Assistentinnen mit Veröffentlichungen hatte in Eigeninitiative publiziert, zwei Drittel hatten einen Anstoß durch den Leiter benötigt. Insgesamt zeigte die Befragung, dass Wissen-

---

[301] Zwei Drittel der befragten Frauen meinten jedoch auch, in der wissenschaftlichen Arbeit höhere Leistungen als die Männer erbringen zu müssen, um fachlich anerkannt zu werden. Vgl. Karin Hildebrandt, Frauen in der wissenschaftlichen Arbeit, S. 5 f.
[302] Vgl. ebenda, S. 6.
[303] Frauen übten sehr viel weniger verantwortungsvolle Leitungsfunktionen aus: Es gab in den 1980er Jahren nur eine Rektorin in der DDR, die Physikerin Margit Rätzsch, und nur 26 Sektionsdirektorinnen.
[304] Vgl. Karin Hildebrandt, Geschlechtstypische Merkmale von Wissenschaftlerinnen, S. 23 f.; dies., Frauen in der wissenschaftlichen Arbeit, S. 11–13.

schaftlerinnen geringere Aktivitäten und geringeres Interesse als ihre männlichen Kollegen an Forschungen zeigten und sie weniger selbstbewusst ihre wissenschaftlichen Qualitäten beurteilten. Dabei ließen sich keine Zusammenhänge zu Wissenschaftlerinnen mit oder ohne Familie herstellen.[305] Auf die Frage – was Wissenschaftlerinnen als belastend ansahen – wurde in der Reihenfolge geantwortet: Umfang der Lehr- und Betreuungsaufgaben, zu wenig Zeit für Forschung, zu wenig Zeit für die Familie, unzureichende bzw. schlechte Wohnverhältnisse.[306]

Im Mittelpunkt der Forschung an der Akademie der Wissenschaften stand auch hier die Frage nach Leistungswillen und Leistungsverhalten von Frauen in der Wissenschaft.[307] Ausgangspunkt war die Überlegung: zwar war der Anteil der Wissenschaftlerinnen auf der untersten Hierarchieebene, den wissenschaftlichen Mitarbeiterinnen, deutlich und in vielen Wissenschaftszweigen auf über 30 Prozent im Hochschulbereich und 25 Prozent an der Akademie – in der Physik auf nur 16 Prozent – angestiegen, aber und warum fehlten die Dozentinnen und Professorinnen? Der Abstand zwischen den Anteilen der männlichen und weiblichen Habilitierten und vor allem bei den Professuren hatte sich seit 1975 kaum verändert, er drohte sogar, auch an der AdW, ins Negative zu driften. Erste Erkenntnisse benannten „die Existenz tradierter Einstellungen" sowohl auf Seiten der Wissenschaftlerinnen als auch auf Seiten der männlich dominierten Leitungen. Diese „vornehmlich im subjektiven Bereich angesiedelte [Einstellung] wird durch das Wirken objektiver Bedingungen reproduziert. Dieses Tradierte reicht bis zur Schule zurück und findet sich wieder in der vorwiegend von Männern geleiteten sozialen Umwelt."[308]

Sogenannte Tiefeninterviews mit Wissenschaftlerinnen von der Akademie hatten ergeben, dass die Frauen sich ihrer Unterrepräsentanz bewusst waren. Ihrerseits waren sie überzeugt, dass ihre thematischen Forschungsvorschläge und deren Organisation weniger Gehör fanden, sie deutlich mehr leisten müssen, um nur annähernd gleiche Akzeptanz wie ihre männlichen Kollegen zu erfahren. „Geringere Anerkennung", so ihr Urteil, „ist eine Resultante der in der meist männlichen Leitungshierarchie bestehenden Vorbehalte.[309] Die Forschung über Wissenschaftlerinnen von der Akademie stellte allgemein fest: Ein in wesentlichen Merkmalen wie Alter, Qualifikation, Dauer und Erfahrung in wissenschaftlicher Arbeit, attestierte Leistungsfähigkeit, Integration im Forscherteam, Leistungsanspruch und Arbeitsdisziplin kam bei Männern und Frauen ungleich zur Wirkung. Und das bildete dann wieder den Boden für tradierte Zweifel an der Leistungsfähigkeit der Frau in der Wissenschaft. Auch hier wurde unterstrichen, dass die Ursachen dafür

---

[305] Vgl. Karin Hildebrandt, Frauen in der wissenschaftlichen Arbeit, S. 14–16.
[306] Vgl. ebenda, S. 11.
[307] Vgl. Christine Waltenberg, Frauen in der Wissenschaft der DDR, 27. Oktober 1989, in: Archiv FU Berlin ZE Frauen, Nr. 67; die 19 Beiträge in: Frauen in der Wissenschaft. Wissenschaftspotential-Kolloquium 1987.
[308] Christine Waltenberg, Frauen in der Wissenschaft der DDR, 27. Oktober 1989, in: Archiv FU Berlin ZE Frauen, Nr. 67.
[309] Ebenda.; vgl. Hansgünter Meyer, Wissenschaft als Frauenberuf, S. 15 f.

nicht in einer etwaigen Unvereinbarkeit von wissenschaftlicher Arbeit und Familienpflicht lag und dass die Frauen mit ihrer Entscheidung für die Wissenschaft als Beruf und für den Wissenschaftler als Partner, sich bewusst für eine anspruchsvolle Lebensform entschieden hatten und damit auch für eine notwendige Organisationsform des persönlichen und familiären Lebens. Aber es werde auch beobachtet, dass zahlreiche junge Wissenschaftlerinnen sich geringere Erkenntnisziele als ihre männlichen Kollegen stellten. Sie gaben sich eher zufrieden mit berichtenden und beschreibenden Ergebnisformen, während Männer innovativer forschten. Wissenschaftlerinnen wurden nur halb so häufig wie ihre männlichen Kollegen mit Arbeiten von hohem theoretischen Anspruch beauftragt. Frauen waren in sehr viel stärkerem Maße vom Wechsel der Forschungsthemen in ihrer Qualifikationsphase betroffen. „Wenn aber Zielstellung der wissenschaftlichen Arbeit wenig originär ist, dann wird auch die Effizienz der Arbeit gering, werden damit Chancen für Leistungsverwirklichung und wissenschaftlichem Berufserfolg vermindert und damit auch die Entwicklung der Frau in der Wissenschaft behindert."[310]

Die größten Unterschiede zwischen männlichen und weiblichen Wissenschaftlern im Hochschulbereich taten sich hinsichtlich der nächsten Qualifikationsstufe, der Anfertigung der Promotion B, auf. Bei Abschluss der Promotion B hatten die Frauen ein durchschnittliches Alter von 41 Jahren, der Zeitraum zwischen dem Abschluss der Promotion und der Habilitation betrug zehn Jahre. Aus der Befragung der bereits Promovierten ging hervor, dass nur ein Viertel der Frauen aber 44 Prozent der Männer eine Habilitation anstrebten. Dies differierte noch nach Wissenschaftszweig: 42 Prozent der promovierten Mathematikerinnen und Naturwissenschaftlerinnen beabsichtigten nicht zu habilitieren, die Philosophinnen nur zu zehn Prozent. Die Analyse ließ keine Einflüsse bei den Wissenschaftlerinnen mit bzw. ohne Absicht zu habilitieren und der Zahl zu betreuender Kinder erkennen. Ein Fünftel der befragten promovierten Frauen war der Auffassung, die Promotion B überfordere ihr wissenschaftliches Leistungsvermögen, bei den Naturwissenschaftlerinnen sagten dies sogar ein Viertel. Das wurde zum einen als realistische Selbsteinschätzung gewertet, zum anderen aber auch als geringeres Selbstbewusstsein im Vergleich zu den Männern. Ein weiteres Fünftel der befragten promovierten Wissenschaftlerinnen äußerte ihr konsequentes Desinteresse an einer B-Promotion. Nach Selbsteinschätzung der Wissenschaftlerinnen behinderten das Anfertigen einer Habilitation: fehlende Zeit und Möglichkeit zusammenhängend zu forschen, hohe Verpflichtungen in der Lehre und Studentenbetreuung; Zeitaufwand für familiäre Pflichten, fehlendes Interesse an der Forschung, unklare berufliche Perspektive, stärkere Neigung für Lehrtätigkeit. Als Schluss auf diese Befragungsergebnisse wurde angeregt, dass die Aspirantur – die zeitweise Entlastung und Freistellung von Lehr- und Betreuungstätigkeit – ein noch zu wenig genutzter Weg der Frauen zur

---

[310] Christine Waltenberg, Frauen in der Wissenschaft der DDR, 27. Oktober 1989, in: Archiv FU Berlin ZE Frauen, Nr. 67; Gabriele Groß, Rainer Tanzler, S. 76, 81.

Habilitation sei. Eine sogenannte B-Aspirantur hatten zu diesem Zeitpunkt ein Fünftel der Dozentinnen erfolgreich durchlaufen.[311]

In der Expertise machte man mit zwei Zitaten aus Zuschriften im Rahmen der Befragungsaktion von 1987 auf „Vorurteile der Vorgesetzten und Leiter" und der Kollegen aufmerksam: Ein Wissenschaftsbereichsleiter von der Technischen Universität Dresden äußerte sich zu „Frau und Wissenschaft": „Die Frau muss sich entscheiden, ob die Kinder oder die Wissenschaft im Vordergrund stehen soll. Ich muss mich auch entscheiden, ob ich Segelboot fahren will oder im Institut arbeite, letzteres ist schwerer." Diese Aussage, ein Freizeitvergnügen mit Familienaufgaben zu vergleichen, war befremdlich auch für die Macher der Studie. Eine 30-jährige promovierte unbefristete Assistentin schrieb zu ihrer Situation: „Ich stieß auf Unverständnis, als ich mich nach Abschluss meiner Qualifizierungsphase für ein zweites Kind entschied, und es wurde die Meinung kundgetan, dass bei Kenntnis dieser Situation meine Assistenz nicht in eine unbefristete umgewandelt worden wäre und ich somit das Hochschulwesen hätte verlassen müssen [...]"[312]

Für die Wissenschaftsfunktionäre war die klare Botschaft der Befragungsaktion nicht angenehm zur Kenntnis zu nehmen: Qualifizierungsverträge und noch mehr Frauenförderungspläne hatten „keinen Einfluss auf den Verlauf der Arbeit an der Dissertation A oder B".[313] Mit nur 40 Prozent der bereits promovierten bzw. habilitierten Frauen waren Qualifizierungspläne abgeschlossen worden, und von denen gab knapp die Hälfte an, dass diese Verträge keinen positiven Effekt mit sich gebracht hatten. Die Festlegungen in den Verträgen – Termine und Fristen, beruflicher Einsatz nach Abschluss der Qualifikation, zeitweilige Freistellung von Lehr- und Betreuungspflichten, Auslandseinsatz – seien nicht erfüllt worden.[314] Noch deutlicher hieß es über den Frauenförderungsplan: Ein Zusammenhang zwischen diesem und „einzelnen Faktoren des Leistungsverhaltens konnte nicht nachgewiesen werden [...]"[315] Die befragenden Soziologinnen wagten vermutlich nur indirekt zu schlussfolgern, dass die Maßnahme Frauenförderungsplan nunmehr 30 Jahre alt und überholt sei und neue Formen für die zielgerichtete Förderung von Wissenschaftlerinnen gefunden werden müssten. Dies beträfe insbesondere die Unterstützung von Wissenschaftlerinnen auf dem Weg zur Habilitation.[316]

Welche Schlussfolgerungen zogen die Soziologinnen des Hochschulforschungsinstituts hinsichtlich der Verwirklichung von mehr Chancengleichheit für Wissenschaftlerinnen? Dringenden Forschungsbedarf sahen sie, Leistungsverhalten und die Haltung zur Forschung bei männlichen und weiblichen Wissenschaftlern genauer zu untersuchen. Es wurde empfohlen, in der Hochschulforschung differen-

---

[311] Vgl. Karin Hildebrandt, Frauen in der wissenschaftlichen Arbeit, S. 21–24.
[312] Frauen in der wissenschaftlichen Arbeit an den Universitäten und Hochschulen, Kollegiumsvorlage im MHF, Stand Juli 1988, in: SAPMO-BA DY 53/970.
[313] Ebenda.
[314] Vgl. ebenda.
[315] Vgl. Karin Hildebrandt, Wissenschaftlerinnen im Hochschulwesen der DDR, S. 36 f.
[316] Vgl. ebenda.

ziert nach Geschlecht die Fragestellungen zu unterscheiden.[317] Bei den Befragungen hatte sich die „alarmierende Tatsache"[318] herausgestellt. Auf der Statusebene der Assistentinnen schien eine verinnerlichte Werthaltung, d. h. die Leidenschaft zur wissenschaftlichen Arbeit, nicht ausreichend ausgeprägt zu sein. Plakativ zusammengefasst hieß das auch: Nicht wenige wissenschaftliche Assistentinnen mit Promotion empfanden Lehre und Betreuungstätigkeit verbunden mit „ein bisschen Forschung" als angenehmen und anspruchsvollen Beruf, der sich gut mit Familie und anderen Lebensinteressen verbinden ließ. Zu Recht wurde gefragt, ob für diese Frauen die Universität der richtige Platz sei. Diese Frage richtete sich nachdrücklich auch an die wissenschaftlichen Leiter und ihre Auswahlkriterien für den weiblichen wissenschaftlichen Nachwuchs.[319] Ungeklärt blieb aber, warum Frauen im Hochschulwesen tendenziell eine geringere Forschungsorientiertheit als ihre männlichen Kollegen aufwiesen?[320] Mit höherer wissenschaftlicher Qualifikation – bei den Dozentinnen und Professorinnen – war die Forschungsinteressiertheit und Forschungsaktivität gleich hoch ausgeprägt wie bei den Männern. Zwischen Familienstand und Kinderzahl einerseits sowie der Forschungsorientiertheit andererseits konnte kein Zusammenhang hergestellt werden, d. h., stark forschungsorientierte Frauen sowie Dozentinnen und Professorinnen hatten nur zu 25 Prozent keine Familie bzw. keine Kinder. Damit unterschieden sie sich nicht von der Gesamtheit aller wissenschaftlich tätigen Frauen.[321] Interesse an Forschung und Wissenschaft wurde als relativ stabiles Persönlichkeitsmerkmal angesehen, welches sich schon in der Studienzeit herausbildete. Man vermutete, dass das Forschungsinteresse bei Frauen gesteigert werden könnte, wenn ihnen anspruchsvollere und volkswirtschaftlich relevantere Promotionsthemen anvertraut werden würden.[322] Die Bildung und Erziehung in den Oberschulen sollte stärker in den Blick genommen werden. Im Zusammenhang mit naturwissenschaftlichem Interesse war zu beobachten, dass Mädchen durchweg bis zum Abitur bessere Noten in Mathematik, Physik, Chemie und Biologie vorwiesen.[323]

---

[317] Die öffentlichen DDR-Statistiken für den Hochschulbereich weisen bis 1989 Zahlen kaum bzw. gar nicht getrennt für Männer und Frauen aus. Vgl. Karin Hildebrandt, Zur Notwendigkeit von Untersuchungen, S. 49–54.
[318] Karin Hildebrandt, Wissenschaftlerinnen im Hochschulwesen der DDR, S. 24.
[319] Vgl. ebenda, S. 20 f.
[320] Hier unterschieden sich die Ergebnisse nach Wissenschaftsdisziplinen: Am meisten forschungsorientiert waren die Philosophinnen und Historikerinnen, am wenigsten die Wirtschafts- und Sprachwissenschaftlerinnen. Die Mathematikerinnen/Naturwissenschaftlerinnen lagen im oberen Mittelfeld. Vgl. ebenda, S. 23.
[321] Vgl. ebenda, S. 26.
[322] Vgl. ebenda, S. 25. Zwischen Originalität der Zielstellung und dem erreichten Niveau der Ergebnisse bestand auch bei Frauen ein enger Zusammenhang. Diese These korrespondierte mit Forschungsergebnissen von der AdW Vgl. Christine Wallenberg, Zum Wirksamwerden von Nachwuchswissenschaftlerinnen, S. 45.
[323] Intelligenztests bei Schülern zeigten, dass Mädchen gleich hohe intellektuelle Leistungsvoraussetzungen mitbrachten wie Jungen. Das traf auch zu auf die mathematische Intelligenz und das logische Denken. Bestimmte Unterschiede attestieren Mädchen bessere verbale Intelligenz und Jungen besseres räumliches Vorstellungsvermögen. Diese Unterschiede seien je-

Aber sowohl im Urteil der Lehrer wie in der Selbstbeurteilung kamen mehr und eher die Jungen als die Mädchen für einen späteren wissenschaftlichen Beruf infrage.[324] Diese gesamte Problematik müsse des Weiteren auch unter dem Focus der „öffentlichen Meinung" diskutiert werden. Wissenschaftlerinnen, so die Expertinnen, würden nach ihren Aktivitäten in Beruf und Familie beurteilt – Berufstätigkeit war für DDR-Frauen zur Normalität geworden. Für den Wissenschaftler hingegen galt nach wie vor der Beruf und die dort erreichten Leistungen als Maßstab. Engagierte sich eine Frau stärker im Beruf als für die Familie entsprach das nicht der öffentlichen Meinung, nicht der gesellschaftlichen Norm. Sie wurde mit dem Prädikat „überemanzipiert" betitelt. Zudem sollten die Einstellung und Haltung der Geschlechter hinsichtlich von Berufs- und Familienpflichten hinterfragt werden. In einem öffentlichen Diskurs müssten neue Leitbilder für Mann und Frau gefunden werden![325] Und schließlich richtete sich die Aufmerksamkeit der Soziologin von der Hochschulforschung auf die, zumeist männlichen, staatlichen Leiter – die Rektoren, Sektionsdirektoren und Wissenschaftsbereichsleiter. Hier „müsse in der täglichen Arbeit der Kampf gegen Vorurteile und Vorbehalte" geführt werden. „Vor allem die Leiter tragen für Erfolge und Misserfolge [in der Frauenförderung] Verantwortung."[326] Unverblümt wurde hier formuliert, dass das Fehlen von qualifizierten Frauen in den Wissenschaftsbereichen in der Verantwortung der männlichen Leiter lag. Bei ihnen hielt sich hartnäckig der platte Effizienzgesichtspunkt: die permanente zeitliche und örtliche Verfügbarkeit des männlichen Wissenschaftlers. Auch machte die Zusammenarbeit mit Frauen „größere Mühe" und „kostete mehr Zeit", da diese aufgrund ihrer größeren Selbstzweifel und ihres geringeren Selbstbewusstseins beständig bestärkt und motiviert werden mussten. Alle diese Erklärungen und Maßnahmen standen jedoch unter dem Vorbehalt, dass bei den Frauen selbst „Wille und Leistungsbereitschaft zur wissenschaftlichen Arbeit vorhanden und ausgeprägt" sein muss.[327] Frauen, die sehr familienorientiert und nicht bereit seien, mehr als den „normalen" Achtstundentag in Lehre und Forschung zu investieren – so wurde in den soziologischen Forschungen angedacht – sollten keine Berufskarriere im Hochschulbereich antreten. Dies müsse auch klarer und offener zum Ausdruck gebracht werden. Folgende Schlussfolgerungen empfahlen die Expertinnen: Frühe Auswahl von befähigten und forschungsinteressierten Nachwuchswissenschaftlerinnen; konsequente Einbindung in anspruchsvolle Forschungsprojekte und Forschungsteams; angemessenes zur-verfügung-stellen von Zeit für die Forschung; Vorbildwirkung und Moti-

---

doch nicht so gravierend, dass sie hohe Leistungen wesentlich beeinflussen. Vgl. Barbara Bertram, Geschlechtstypische Voraussetzungen, S. 102 f.

[324] Vgl. Karin Hildebrandt, Wissenschaftlerinnen im Hochschulwesen der DDR, S. 25 f.; Christine Waltenberg, Frauen in der Wissenschaft der DDR, 27. Oktober 1989, in: Archiv FU ZE Frauen, Nr. 67.

[325] Vgl. Karin Hildebrandt, Wissenschaftlerinnen im Hochschulwesen, S. 31 f.

[326] Karin Hildebrandt, Frauen in der wissenschaftlichen Arbeit, S. 27; vgl. dies., Wissenschaftlerinnen im Hochschulwesen, S. 34 f.

[327] Vgl. Karin Hildebrandt, Frauen in der wissenschaftlichen Arbeit, S. 27.

vation durch Leiterpersönlichkeiten und Professorinnen; Berücksichtigung von Phasen verminderter Leistungsfähigkeit in der Schwangerschaft und Kleinkinderbetreuung. Als Sofortmaßnahme zur Bildung eines Pools an Hochschullehrerinnen empfahl man die „Bildung eines Spitzenkaderkreises beim Rektor" und die Kontrolle dessen durch Minister.[328]

Für das Stimmungsbild unter den Wissenschaftlerinnen an den Universitäten und Hochschulen zeugten die in Auszügen abgeschriebenen Briefe von befragten Frauen, die ins Ministerium für Hoch- und Fachschulwesen gelangten.[329] Zirka 200 dieser Briefe waren als Rücklauf den ausgefüllten Fragebögen beigegeben worden und aus 22 davon wurden Zitate vorgelegt. Es ist zu vermuten, dass hier exemplarische Beispiele über berufliche Probleme der Wissenschaftlerinnen zusammengestellt wurden. Drei generelle Schwierigkeitsfelder ließen sich erkennen: zum einen die bekannte Problematik der Vereinbarkeit von Beruf und Familie, die männlichen Vorurteile gegenüber Wissenschaftlerinnen mit Kindern und drittens die ungünstigen Rahmenbedingungen für die Forschungsarbeit insgesamt. Einer 36-jährigen promovierten Oberassistentin wurde nach der Geburt ihrer zwei Kinder von Kollegen vorgeworfen: „Eine Frau kann nur Wissenschaftler oder Mutter sein".[330] Eine 60-jährige Professorin beklagte in scharfen Worten, dass Wissenschaftlerinnen in der Leitungsebene in einer „fast Männergesellschaft" sich bewegten und unter enormen Druck stünden. Die wachsende Misere im Dienstleistungsbereich – lange Wartezeiten beim Arzt, schlechte Einkaufsmöglichkeiten, ungenügende Wohnverhältnisse und schlechte Nahverkehrsverbindungen – verstärkten die Probleme der Frauen mit Familie an den Universitäten. Diese könnte durch Frauenförderungspläne nicht behoben werden, zumal sie und ihre Kolleginnen diese Pläne als Diskriminierung empfänden, „weil wir keine Almosen brauchen, sondern die Befreiung von dem Zwang, täglich eine Unmenge Zeit sinnlos zu vergeuden".[331]

Eine 33-jährige promovierte Assistentin, vermutlich Mathematikerin im EDV-Bereich, schrieb sehr ausführlich über ihre Erfahrungen: Sie hatte ihre Anstellung an der Universität nur dem Umstand zu verdanken, dass eine Assistentenstelle kurzfristig besetzt werden musste. Ihr Chef hatte erklärt, „wenn die Situation nicht so gewesen wäre, hätte er keine Frau mit zwei kleinen Kindern genommen."[332] Die einzigen zur Verfügung gestellten Krippen- bzw. Kindergartenplätze für die beiden Kinder lagen so weit voneinander entfernt, dass täglich von und zur Arbeitsstelle vier Stunden benötigt wurden. Als ihr Ehemann, ebenfalls promovierter Wissenschaftler, zeitweise die Kinder in die Einrichtungen brachte und holte, um sie zu entlasten, wurde ihm das zeitraubende Engagement „von seinem Betrieb vorgehalten". Weder eine Qualifizierungsvereinbarung noch einen Fördervertrag

---

[328] Vgl. ebenda, S. 26; dies., Wissenschaftlerinnen im Hochschulwesen der DDR, S. 38.
[329] Vgl. Auszüge aus den Briefen der Wissenschaftlerinnen, 1987/88, in: BAB DR 3 2. Schicht 1601.
[330] Ebenda, (S. 3.)
[331] Ebenda, (S. 15 f.)
[332] Ebenda, (S. 8).

habe die Hochschule mit ihr in der Promotionsphase abschließen wollen. Eine vorübergehend verkürzte Arbeitszeit mit dem Hinweis auf den Frauenförderplan wurde mit der Begründung – „man kann nicht halbtags wissenschaftlich arbeiten" – abgelehnt. Zu Weiterbildungsveranstaltungen, die außerhalb des Hochschulortes stattfanden, plante man sie nie mit ein, da grundsätzlich angenommen wurde, „die hat Kinder, die werden sowieso krank". Von ihren nicht promovierenden Kolleginnen wurde sie als „Emanze" oder „desinteressierte Mutter" abgetan. Eine weitere, ebenfalls promovierende junge Mitarbeiterin in ihrem Forschungsbereich, deren Mann auch an seiner Promotion schrieb, lebte mit ihm und Kind in einer Einraumwohnung. Maximale wissenschaftliche Leistungen würden mit diesen unbefriedigenden Verhältnissen nicht erreicht – so der Inhalt ihres Briefes. Jetzt, wo ihre Kinder älter seien – sechs und acht Jahre – könne sie in der Forschung mit den männlichen Kollegen gleichziehen. Diese Zeitverzögerung in der wissenschaftlichen Laufbahn im Vergleich zu den Männern müsse in der Dozenten- und Professorenberufung Berücksichtigung finden.[333] Dieses Problem sprach auch eine 44-jährige Oberassistentin an, die kurz vor dem Abschluss ihrer Promotion B stand. Sie schrieb: „Eine Berufung zur Dozentin können sie [die Frauen] meist noch erreichen, aber für eine Professur ist es meist zu spät."[334] Eine weitere promovierende Wissenschaftlerin beklagte gleichfalls das Klischee, das Kinderbetreuung „nur" Frauensache sei. Während ihrer vierwöchigen Auslandsdienstreise hatte ihr Mann die Familienpflichten übernommen und damit viel Ärger und Unwillen an seinem Arbeitsplatz hervorgerufen. Das wäre so weit gegangen, ihn zu bedrängen, die Kinder in ein Wochenkrippenheim abzugeben.[335] Eine nächste promovierte Wissenschaftlerin teilte die vielfache Erfahrung auch anderer Frauen mit, die zugunsten ihres Mannes auf eine Wissenschaftlerinnenkarriere verzichteten: „Mein Mann und ich waren beide an einer Universität tätig. Wir sind beide promoviert." Aber „zwei Wissenschaftler in der Familie und Kinderbetreuung ließen sich nicht vereinbaren, so dass ich die Universität verließ". Fehlende Arbeitszimmer, unzureichende zusammenhängende Zeit für die Forschung wurden benannt und ungenügende Rücksichtnahme, wenn Frauen auch Familie mit Kindern zu versorgen hatten. Diese Punkte ließen Wissenschaftlerinnen so denken und handeln: „Das Ablegen der Promotion B wäre inhaltlich kein Problem, ich sehe aber keinen Sinn in dieser Arbeit für mich".[336] Auch von solchen Erfahrungen berichteten die Wissenschaftlerinnen: Ihre Vorgesetzten degradierten sie regelmäßig zu „Mädchen für alles". Erledigung von Schreib- und Vervielfältigungsarbeiten, Bücherbeschaffung, Übertragung jeglicher Aufgaben der Organisation des Lehr- und Studienablaufs.[337] Eine promovierende 27-jährige Chemikerin sprach ganz unzureichende Forschungsbedingungen an: Da in ihrem Bereich weder La-

---

[333] Vgl. ebenda, (S. 9–15).
[334] Ebenda, (S. 16).
[335] Vgl. ebenda, (S. 17).
[336] Ebenda, (S. 22).
[337] Vgl. ebenda, (S. 22 f.).

boranten- noch Reinigungskräfte angestellt seien, würde die Hälfte der Arbeitszeit mit diesen Tätigkeiten verbracht werden. Auch der Arbeitsschutz schien katastrophal: Essen im Labor, Umkleiden auf der Toilette, ständige Geruchsbelästigung, Hautschäden durch Lösungsmittel, Tragen schwerer Lasten. Spitzenforschung für die chemische Industrie werde unter diesen Bedingungen nicht erbracht.[338] Auch etwas grotesk anmutende Schreiben wurden dem Ministerium vorgelegt. Eine 36-jährige promovierte Wissenschaftlerin machte die „gesellschaftliche Wirklichkeit" für die starke Belastung der Frauen an den Hochschulen verantwortlich. Sie schrieb: „Einer Wissenschaftlerin möchte man schon zubilligen, dass sie ordentlich frisiert vor ihre Seminargruppe tritt. Beim Stand der Dienstleistungen kostet das aber sehr viel Zeit [...] Dazu kommt die Preisentwicklung [...] Wenn ich für einen warmen Winterpullover nahezu ein Viertel meines monatlichen Verdienstes ausgeben muss, dann überlege ich mir, ob ich nicht lieber doch zur Stricknadel greife. Ein ordentlicher Professor schreibt in dieser Zeit sicher einen wissenschaftlichen Artikel."[339] Man wäre hier geneigt zu fragen, wo der Professor seine Haare schneiden lässt und was er an kalten Wintertagen trägt!

Ein Beispiel von Ignoranz sollte zum Abschluss nicht fehlen: So hatte eine Biologin im Alter von 30 Jahren promoviert, mit 40 habilitiert und saß auch zehn Jahre später noch – 1987 zum Zeitpunkt der Befragung – auf einer Assistentenstelle, obwohl sie sich wiederholt beim Sektionsdirektor um eine Oberassistentenstelle bemüht hatte. An ihrer Sektion gäbe es Oberassistenten, die weder A noch B promoviert waren. In den Frauenförderplänen könne man jetzt nachlesen, so ihr Schreiben, der Anteil von Oberassistentinnen sei dringend zu erhöhen. Ihr hingegen werfe man vor, mit 50 Jahren zu alt für solch eine Stelle zu sein.[340]

Die Soziologinnen der Hochschulforschung hatten 1989 – zusammenfassend – den Stand der Wissenschaftlerinnen im DDR-Hochschulwesen dargestellt:[341] Im lehrenden und forschenden Bereich an den Universitäten und Hochschulen arbeiteten 35 Prozent Wissenschaftlerinnen. Das war ein beeindruckender Fortschritt, entsprach aber nicht dem Anteil der Studentinnen von rund 50 Prozent. Der Anteil von Professorinnen zwischen vier und fünf Prozent sowie der der Dozentinnen zwischen zehn bis zwölf Prozent stagnierte seit 1975. Nach wie vor kamen auf eine Dozentin sieben Dozenten und auf eine Professorin 19 Professoren. Tatsächliche Fortschritte widerspiegelten die 40-Prozent-Anteile bei den Assistentinnen. Auf eine weibliche Assistentin kamen 1,5 männliche. Bei der abgeschlossenen Promotionen A lag das Verhältnis zwischen Männern und Frauen 2 zu 1 und den Habilitationen 6 zu 1. Bei den Naturwissenschaften sah es insgesamt schlechter aus. „Gerundet" hieß das anteilmäßig: unter zwei Prozent Professorinnen, unter sechs Prozent Dozentinnen, 22 Prozent unbefristete Assistentinnen.[342] Die Zahlen

---

[338] Vgl. ebenda, (S. 26).
[339] Ebenda, S. 23.
[340] Vgl. Auszüge aus den Briefen der Wissenschaftlerinnen, 1987/88, in: BAB DR 3 2. Schicht 1601 (S. 1 f.).
[341] Vgl. Karin Hildebrandt, Wozu Forschungen über Frauen im Hochschulwesen, S. 8–12.
[342] Vgl. ebenda, S. 8 f.

zeigten Stagnationserscheinungen mindestens in den letzten zehn Jahren: je höher die Leitungs- und Graduiertenpyramide, desto geringer der Frauenanteil – unabhängig vom Wissenschaftszweig; kein Automatismus zwischen hohem Frauenanteil im Hochschulstudienfach und wissenschaftlicher Tätigkeit. Und obwohl Wissenschaftlerinnen in den Jahren seit 1975 deutlich häufiger als Wissenschaftler eine Promotion B vorlegten – 1975 100 Prozent, Steigerung bei den Frauen auf 767 bei den Männern auf 258 Prozent – wurden sie seltener für eine Berufung vorgeschlagen. Die patriarchalischen Hochschulstrukturen erschweren nach wie vor den ihrer Qualifizierung entsprechenden Zugang zu einer erfolgreichen wissenschaftlichen Laufbahn. Ganz offensichtlich lag dies nicht an ihren Leistungsvoraussetzungen, dass ihr Karriereweg diskontinuierlicher verlief als der der Männer. Ein Komplex an bestehenden gesellschaftlichen Bedingungen – geschlechtstypische Arbeitsteilung, traditionelle Leitbildvorstellungen, Sozialisation in der Familie, unzureichende materielle Lebensbedingungen – ließen die irrige, aber bequeme Überzeugung weiterleben, dass mangelndes Leistungsvermögen verantwortlich sei für die ungleiche Entwicklung. Frauen hatten durchschnittlich bessere Abiturnoten, das Prädikat ihres Studienabschlusses unterscheidet sich nicht von denen der Männer. Zum Promotionszeitpunkt waren sie deutlich jünger als ihre männlichen Kollegen und sie benötigen die gleiche Zeit wie die Männer, um zu promovieren. Drei Viertel aller Wissenschaftlerinnen hatten Kinder, sie trugen die Hauptlast im Haushalt. Zudem bewältigten sie einen gleich hohen – wenn nicht sogar höheren – Anteil von Lehr- und Betreuungsaufgaben. Sie übten diverse, wenn auch weniger bedeutsame Funktionen aus. Aber: Wissenschaftlerinnen forschten häufiger an weniger relevanten Themen, und oft promovierten sie mit Themen ausschließlich zum Zweck der Qualifikation. Das hatte zur Folge, dass sie weniger publizierten, seltener auf Tagungen auftraten und weniger häufig wissenschaftliche Kontakte pflegten. In der Selbsteinschätzung hielten sich drei Viertel der Frauen zu gleichen Leistungen wie die Männer in der wissenschaftlichen Arbeit fähig. Ein Viertel der Frauen machte Leistungseinschränkungen wegen familiärer Belastung geltend. Einen statistisch gesicherten Zusammenhang bei Dozentinnen und Professorinnen, dass die Zahl der Kinder ihre wissenschaftlichen Aktivitäten beeinflusste, wurde nicht nachgewiesen. Und dieser galt, obwohl die Wissenschaftlerinnen selbst, Familie und Kinder als Belastungsfaktor spürten und vor allem die (männlichen) Leiter darin Grenzen der beruflichen Entwicklung der Frauen sahen oder vermuteten.[343]

6. US-amerikanische Forschungen

Über Stellung und Status von Frauen im Wissenschafts- und Forschungsbetrieb wurde auch international geforscht. Die DDR wie auch die alte BRD nahmen insbesondere die US-amerikanischen Forschungen dazu erst in den späten 1990er Jahren

---

[343] Vgl. ebenda, S. 10 f.

zur Kenntnis. Sie wurden vor allem durch Forscher und Forscherinnen, die Jahre ihre Ausbildung und Tätigkeit in den USA verbracht hatten, nach Deutschland mitgebracht.[344] US-amerikanische Studien von Soziologen und Psychologen wiesen bereits in den 1970/80er Jahren nach, dass es einer kritischen Masse an Frauen in Organisationen und Institutionen insgesamt und auf der Leitungsebene bedarf, um positive Diversity-Effekte[345] zu erreichen, um Diskriminierungen abzubauen und Chancengleichheit herzustellen. Die international anerkannte Organisationsexpertin und Harvard-Professorin Rosabeth Moss Kanter suchte in vielfältigen und langjährigen Studien nach Gründen und Ursachen für den Ausschluss von Frauen in traditionell männlich dominierten Berufen und Tätigkeitsbereichen bzw. für ihre Unterrepräsentanz auf Führungsebene.[346] Die Erkenntnisse lassen sich als Denkanstöße übertragen auf den Forschungs- und Wissenschaftsbetrieb in Deutschland.

Kanter richtete auf der Basis der Analyse Max Webers über das Bürokratiemodell[347] ihren Blick auf Organisationsstrukturen und Prozesse und deren Einfluss auf das Individuum. Aufgrund historisch bestehender patriarchaler Gesellschaftsstrukturen, die bis in die Gegenwart fortwirkten, würden Frauen aus bestimmten Berufs- und Tätigkeitsbereichen ausgeschlossen. Die Erhöhung des Frauenanteils in männerdominierten Bereichen führe zum Abbau von Stereotypen und damit zur Chancengleichheit zwischen den Geschlechtern. Da die Machtverteilung in Organisationen von oben nach unten erfolge und Frauen in der Regel auf unteren Ebenen zu finden seien, verfügten sie über weniger Einfluss.[348] Der Abbau dieser asymmetrischen Geschlechterverhältnisse und der Schlüssel zur Gleichstellung in Organisationen lägen – so ihre Forschung – in der Erhöhung des Frauenanteils, wobei der Wandel der Geschlechterstereotype einsetze bei einem Mindestanteil von 15 Prozent Frauen und der Umbruch einen Anteil von 30 Prozent voraussetze.[349] Liege der Frauenanteil unter dem Schwellenwert von 15 Prozent, würden Frauen, insbesondere auf den oberen Ebenen, aufgrund ihres Geschlechts in Erscheinung treten. Da jede Handlung dieser wenigen Frauen wahrgenommen, jeder mögliche Fehler unverhältnismäßig bewertet werde, gerieten diese unter extremen Leistungsdruck. Zugleich müssten diese Frauen unauffällig agieren und ihre Leis-

---

344 Die US-amerikanische Gesellschaft hat eine längere Tradition in der Forschung mit Diversity-Effekten. Die Studien bezogen sich nicht nur auf Frauen, auch auf Ethnie, Alter, Herkunft, Behinderung, sexuelle Orientierung, Religion. Hier wird ausschließlich die Genderproblematik in den Blick genommen.
345 Personelle Vielfältigkeit und Durchmischung konstruktiv nutzen.
346 Vgl. Rosabeth Moss Kanter. https://studlib.de/8974/sozial/kanters_tokenism-konzept_minderheitenproblematik_frauen_fuhrungskrafte. Eine jüngste Bestätigung der Erkenntnisse aus dem Managementbereich (2016) – „einzelne oder wenige VertreterInnen einer fremden Gruppe (unter 20 Prozent) wirken als Störfaktor und erst ab 25 Prozent eine positive Dynamik einsetzt". Vgl. Studie bestätigt: ab 22 Prozent Frauenanteil verringern sich stereotypische Prägungen, http://de.diversitymine.eu/author/admin. Zuletzt abgerufen am 24. April 2020.
347 Vgl. Max Weber, Wirtschaft und Gesellschaft. Tübingen 1922.
348 Vgl. Rosabeth Moss Kanter, S. 6 f.
349 Vgl. ebenda, S. 283.

tungen verdecken, um keine Konkurrenzängste der Kollegen zu provozieren. Betroffene Frauen versuchten, Konflikte zu vermeiden, auch um das Arbeitsklima zu schonen, in dem sie in Meetings sich nicht zu Wort meldeten oder ihren Arbeitsplatz nach Hause verlegten. Dies böte der männlichen Konkurrenz auch die Möglichkeit, sich mit fremden Leistungen zu profilieren und Frauen ins berufliche Abseits zu drängen.[350] Feste praktizierte Gleichheitsgrundsätze, geänderte Einstellungspraktiken und Beförderungsverfahren könnten im Zuge der Modernisierung von Organisationen die Gruppenkultur ändern. Bei sogenannten schiefen Gruppe mit dem Verhältnis 85 zu 15 bestünde eine Vormacht der Mehrheit über die Minderheit. Dabei kontrolliere die numerische Mehrheit die Gruppenkultur, Abläufe und Strukturen auf unterschiedliche Art, denen sich die restlichen Mitglieder anpassen müssten. Die Soziologin Kanter konzentrierte sich bei der Erforschung der „schiefen Gruppe" konkret auf Frauen in männerdominierten Berufsfeldern. Einzelne Frauen in Führungspositionen werden dort nicht als Individuum wahrgenommen, sondern erscheinen in ihrer Alibifunktion als Repräsentantin ihrer Gruppe. Sie können nicht die Varietät und Individualität, wie sie in Mehrheitsgruppen zu finden sind, bieten, wodurch eine Stereotypisierung leichter falle. Die Einzelfrauen erführen nur Akzeptanz, sofern sie den Stereotypen entsprächen. Brechen sie jedoch aus der Rollenzuschreibung aus, könne das zu Isolation oder Ausschluss führen.[351] In Gruppen mit einer Zweidrittel- zu einer Eindrittel-Verteilung hingegen werden die Minderheitsfrauen als Individuen wahrgenommen. Dies ermögliche es ihnen, mit Hilfe von Verbündeten Einfluss auf das Gruppengeschehen zu nehmen. Bei einem Verhältnis von 60 zu 40 stelle sich schließlich die Wende ein zu einer ausbalancierten Gruppe.[352] Zusammengefasst: Die kritische Masse von Frauen in Organisationen bestehe aus mindestens drei und mehr Frauen im obersten Führungsgremium und mindestens 30 Prozent von ihnen in der Gesamtorganisation, um diese von Grund auf in Richtung Gleichstellung zu verändern. Die Veränderung erfolgt zielführend von oben. Allein durch die Anzahl der Frauen wäre keine mehr verpflichtet, den „weiblichen Blickwinkel" zu vertreten und es werde klar, dass die Frauen untereinander differierende Ansichten vertreten. Die weibliche Art Fragen zu stellen, Themen anzusprechen, im Diskurs Stellung zu beziehen wird zur Norm. Die Änderung im Wissenschaftssystem z. B. wird erst dann erfolgreich, wenn die 30–40 Prozent Frauen sich auf der Senior Research-Fellow-Ebene der qualifizierten und gestandenen Wissenschaftlerinnen eingestellt hat und nicht nur auf der Ebene des wissenschaftlichen Nachwuchses, den Junior-Research-Fellows.

Bei der Besetzung oder dem Aufstieg von Frauen in Spitzenpositionen unterlägen diese der sogenannten statistischen Diskriminierungsthese. Aufgrund ihrer

---

[350] Vgl. ebenda, S. 212 ff.
[351] Vgl. ebenda, S. 210 ff.
[352] Vgl. ebenda, S. 208 f.; Kanters Forschungsergebnisse und Thesen provozierten auch Gegenthesen. Vgl. diese, https://studlib.de/8974/sozial/kanters_tokenism-konzept_minderheiten problematik_frauen_fuhrungskrafte. Zuletzt abgerufen am 24. April 2020.

natürlichen Befähigung zum Kinderkriegen werde ihnen unterstellt, einer familienbedingten Fluktuation zu unterliegen, wodurch sie im Gegensatz zu ihren männlichen Kollegen zu einem höheren Kostenrisiko werden. Doch obwohl Spitzenfrauen – z. B. Wissenschaftlerinnen – oft auch kinderlos blieben oder über ein gut ausgebautes Netzwerk zur Kinderbetreuung verfügten, könne dennoch eine allen Frauen qua Geschlecht unterstellte Familienorientierung diese am weiteren Aufstieg hindern. Ihnen wird aufgrund des Spagats zwischen Familie und Karriere nicht zugetraut, sich beruflich genauso zu engagieren wie ihre männlichen Kollegen, obwohl diese auch Familienväter sind. Sowohl was die Annahme einer häuslichen Arbeitsbefreiung der Männer als auch die der Familienorientierung der Frauen angeht, werden also Verhaltenserwartungen einer Gruppe auf einzelne Personen übertragen, wodurch es zu ungleichen Behandlungen kommt. Als Ausnahmefrauen in männerdominierten Berufen werden z. B. diese Wissenschaftlerinnen als Vertreterinnen ihres Geschlechts wahrgenommen und ihr Handeln wird nicht mit ihrer Person oder der konkreten Situation in Verbindung gebracht, sondern als „spezifisch weiblich" verallgemeinert. Dadurch müssen Frauen härter arbeiten als ihre Kollegen in vergleichbaren Positionen, damit ihre individuellen Leistungen erkannt werden. Zudem wird die Tauglichkeit aller Frauen in diesem Berufsfeld auf den Prüfstand gestellt, was für Frauen eine zusätzliche Belastung bedeuten kann.[353]

7. Blick nach Westen: Freie und Technische Universität in West-Berlin 1980–2000

Zwischen dem Ende des Zweiten Weltkrieges und dem Beginn der 1970er Jahre entwickelten sich das Frauenstudium und die Berufstätigkeit als Wissenschaftlerin an Universitäten und Hochschulen in Ost- wie in Westdeutschland zur Normalität. Immer mehr hoch qualifizierte Frauen lebten ihren akademischen Beruf. In beiden deutschen Gesellschaften erlag man jedoch dem fundamentalen Irrtum, dass sich nach der rechtlichen Gleichstellung der Frau in der Gesellschaft und mit dem Abbau ihres Qualifikationsdefizits eine Geschlechterparität auch im akademischen Bereich praktisch im Selbstlauf einstellen würde. Schnell wurde sichtbar – für die, die es sehen wollten, dass nun innerhalb der wissenschaftlichen Professionen Mechanismen der Marginalisierung von Frauen zutage traten. In beiden deutschen Staaten entstand ein segmentierter akademischer Arbeitsmarkt mit Frauen- und Männerdomänen, wobei Wissenschaftlerinnen im Hinblick auf Einkommen, Prestige und Status jeweils am unteren Ende der Skala rangierten. Die Geschlechterdifferenzen wurden nun innerhalb der Professionen neu konstituiert,[354] in der Forschungslitera-

---

[353] Vgl. Edmund S. Phelps, S. 659–661.
[354] „Frauendomänen" in der Fachwahl an der Universität Münster waren um 1990 z. B. die Pharmazie, Kunstgeschichte, Romanistik, Anglistik, Erziehungswissenschaften. Vgl. 100 Jahre Frauenstudium. S. 95.

tur benannt als „einschließende Ausschließung" bzw. „marginalisierende Integration".[355] Als eine Reaktion auf die öffentliche Diskussion über die „Bildungskatastrophe", so der Pädagoge Georg Picht, kam es in den 1960er Jahren in der Bundesrepublik zu zahlreichen Reformbemühungen im Wissenschaftsbetrieb, u. a. durch die Initiierung der Bund-Länder-Kommission für Bildungsplanung und Forschungsfragen. Die bundesdeutsche Gesellschaft reagierte mit einer deutlichen Steigerung der Studierendenzahlen, von denen auch die Frauen langsam, aber kontinuierlich profitierten, und zum anderen mit Hochschulausbau durch Universitätsneugründungen. Es erhöhten sich die Zahlen der Universitäten und wissenschaftlichen Hochschulen von 20 1966 auf 59 1987. Die Studierendenzahl vervierfachte sich zwischen 1966 bis 1987.[356] Eine Förderung von Frauen im Beruf, auch von Wissenschaftlerinnen im Hochschulbereich, wurde nicht als staatliche Aufgabe gesehen.[357] Als Interessenvertretung der berufstätigen Wissenschaftlerin fungierte der Deutsche Akademikerinnenbund (DAB), gegründet 1926 in Berlin.[358] Die Strategie des DAB richtete sich auch in den 1970/80er Jahren in der Karriereförderung von Akademikerinnen darauf, Frauen im Wissenschaftsbetrieb günstig zu platzieren und sie optimal miteinander zu vernetzen. Die in Hochschul- und Universitätsgremien postierten Interessenvertreterinnen handelten dann aber ausgesprochen zaghaft. Sie hofften, allein durch ihre Existenz werde sich ein Bewusstsein der ungerechten Behandlung von Hochschullehrerinnen einstellen, die dann zu Änderung führen würden. Aber auch mit Pragmatismus suchte der DAB Berufstätigkeit in den weiblichen Lebensweg zu integrieren. Diskutiert wurden Teilzeitarbeit ebenso wie das „Dreiphasenmodell" – Ausbildung/Berufseinstieg – Familienzeit – Wiedereinstieg in den Beruf. Das Problem der doppelten Last von Beruf und Familie sahen sie als privates und nicht als gesellschaftliches Thema.[359] Zu diesem machte es vor allem die junge Akademikerinnengeneration in den 1980er Jahren.

Erst mit der in der Öffentlichkeit seit den 1970er Jahren aktiv und medienwirksam präsenten „Neuen Frauenbewegung" – Abspaltung von Frauengruppen während der 1968er Studentenbewegung, Etablierung einer feministischen Bewegung mit verschiedenen autonomen Frauengruppen u. a. zur Abschaffung des Paragraphen 218 StGB – wurde das politische Thema der emanzipierten Frau gesellschaftsfähig und aus dem Kontext der Familienpolitik herausgehoben.[360] Innerparteiliche Interessenvertretungen der Frauen, auch der Wissenschaftlerinnen,

---

[355] So Angelika Wetterer, S. 223–253.
[356] 1976 440.000 Studierende (Hochschul- und Fachhochschulstudium), 37 Prozent Frauenanteil, 1987 707.000 Studierende, 45 Prozent Frauenanteil. Vgl. Lothar Mertens, Die Entwicklung des Frauenstudiums, S. 30 ff.
[357] Vgl. Geschichte der Sozialpolitik in Deutschland, S. 100–104, 523–527; Auswirkungen der Umstrukturierung der Hochschullandschaft in den neuen Bundesländern auf die Situation von Hochschulwissenschaftlerinnen, 1991, in: ADS BT/12. WP-121, Bl. 185–190.
[358] Vgl. 100 Jahre Frauenstudium, S. 47 ff.; Anne Schlüter, „Wenn zwei das Gleiche tun", S. 28 f.
[359] Vgl. Eva Blome u. a., S. 27, 73 f.
[360] Vgl. ebenda, S. 73 f.; 100 Jahre Frauenstudium, S. 94 f.

begannen Strategien ihrer Förderung zu diskutieren und Institutionalisierungen einzufordern. Erst in den 1980er Jahren setzte an den Universitäten und Hochschulen überhaupt eine Debatte ein über eine notwendige Politik institutioneller Frauenförderung, über Instrumentarien wie Frauenbeauftragte und ihre Kompetenzen, Frauenkonferenzen, Frauenreferate und Quoten.[361] Die formaljuristisch verankerte Gleichstellung der Frau – auch im Hochschulwesen – war auch 30 Jahre nach Gründung der Bundesrepublik de facto nicht realisiert. So gingen Wissenschaftlerinnen in einer Umfrage 1982/83 an Universitäten und Hochschulen wieder einmal der Frage nach, warum der Gleichstellungsprozess der Frauen an den Hochschulen, in der Wissenschaft und Forschung, so gebremst verlief.[362] Für die Hochschullehrerinnenlaufbahn hinderlich sei – so lauteten die Umfrageantworten – Unvereinbarkeit von Muttersein und Wissenschaftstätigkeit; Intellektuelles Arbeiten entspräche nicht der „Bestimmung" der Frau; Frauen könnten nicht denken, nicht leiten, nicht konkurrieren wie Männer.[363] Wissenschaftlerinnen, die bereits im Beruf standen, sahen sich Unterstellungen ausgesetzt, wegen ihrer Doppelbelastung weniger wissenschaftlich zu leisten und im beruflichen Engagement hinter dem der Männer zurückzustehen. An sie werde ein höherer und kritischerer Leistungsmaßstab angelegt und man verweigere den Nachwuchswissenschaftlerinnen von vornherein eine Wissenschaftskarriere.[364] Ein und derselbe Fakt, Familiengründung mit Kindern, wurde bei Männern als stabilisierender Punkt in der Karriere gesehen, aber bei Frauen als Risiko gewertet. Noch eher aber ging es im Hochschul- und Forschungsbereich darum, dass die Männer die Konkurrenz um die begrenzten attraktiven Stellen nicht noch mit jetzt zahlreich hinzukommenden Wissenschaftlerinnen auszufechten gedachten.[365]

Um ihre Interessen im Sinne von beruflicher Chancengleichheit durchzusetzen, begannen sich Studentinnen und Wissenschaftlerinnen zum Ende der 1970er Jahre zusammenzuschließen. An Hochschulen und Universitäten starteten auf ihr Wirken hin Diskussionen über institutionelle Frauenförderung. Der grundlegende Unterschied zur Frauenförderpolitik der DDR, die seit den 1960er Jahren lief, war, dass sie nicht von Staats wegen, von oben, verordnet wurde, sondern in Westdeutschland von unten erkämpft werden musste. Versuchte die DDR mit Propaganda alte Rollenbilder zu überwinden und mit Rahmenbedingungen Möglichkeiten der Vereinbarkeit von Familie und Beruf für Frauen zu schaffen, erklärte die BRD dies zur privaten Angelegenheit der Frauen bzw. der Familien. Akademische Frauenförderprogramme auf Bundes- oder Landesebene suchte man in den 1980er Jahren in Westdeutschland vergebens. Mit der 3. Novellierung des Hoch-

---

[361] Vgl. Eva Blome u. a., S. 74 f.
[362] Vgl. Michaela Schumacher, S. 82 f.
[363] Vgl. ebenda, S. 83, 85, 87.
[364] Vgl. ebenda, S. 87; Eva Blohme u. a., S. 27.
[365] Vgl. Privilegiert und doch diskriminiert. S. 10 f.; Naturwissenschaften und Technik, S. 23–42.

schulrahmengesetzes 1985[366] und den Diskussionen dazu begann der Prozess der Institutionalisierung von Wissenschaftlerinnenförderung in der Bundesrepublik[367] – gut 20 Jahre später als in der DDR. Im Gesetz wurde zum ersten Mal in Paragraph 2 der programmatische Satz aufgenommen: „Die Hochschulen wirken bei der Wahrnehmung ihrer Aufgaben auf die Beseitigung der für Wissenschaftlerinnen bestehenden Nachteile hin."[368] Diese weiche Formulierung bedeutete keine explizite Förderung von Frauen in Wissenschaft und Forschung. Die nächste Novellierung 1998 blieb bei dieser Aussage stehen – Hinwirken auf „Beseitigung der für Wissenschaftlerinnen bestehenden Nachteile", erklärte es aber zur zentralen Aufgabe der Hochschule.[369] 1985 war auch das Jahr, in dem die CDU-Politikerin Rita Süssmuth zur Bundesfrauenministerin ernannt wurde.

Parallel mit der Novellierung des Hochschulrahmengesetzes wurden die Universitäten und Hochschulen verpflichtet, das Amt einer Frauenbeauftragten einzurichten. Die erste universitäre Frauenbeauftragte bestellte man 1985 an der Universität Hamburg, es folgten die Universitäten Kassel und Oldenburg.[370] In der Hochschul- und Wissenschaftspolitik blieb es noch die gesamten 1990er Jahre hindurch ein Politikum – nun in Gesamtdeutschland – ob die Frauenbeauftragte nur eine beratende Funktion hatte oder gleichwertiges Mitglied der Hochschulleitung wurde.[371] Auch die Ausgestaltung der Stelle der Frauenbeauftragten bei ihrer gleichstellungspolitischen Tätigkeit blieb umstritten. Eine weitere wichtige gesetzliche Regelung für Frauen im Wissenschaftsbetrieb erging mit der Novellierung des Hochschulrahmengesetzes. Wissenschaftlichen Mitarbeiterinnen in befristeten Arbeitsverhältnissen wurden nun die Zeiten der Beurlaubung bei Schwangerschaft, Mutterschutz und Betreuung und Pflege eines Kindes bis zu zwei Jahren nicht auf die Befristungszeit angerechnet. Eine ähnliche Regelung erfolgte für die auf Zeit beamteten C1-Assistentinnen.[372] In der DDR war das bereits 1976 gesetzlich geregelt worden. An der Freien Universität West-Berlins galt diese Regelung – die zeitliche Nichtanrechnung auf die Vertragsdauer bei Unterbrechung der wissenschaftlichen Arbeit durch den gesetzlichen Mutterschaftsurlaub – bereits als „Kann-Vorschrift" seit 1975. Damit wollte die FU einen Beitrag zur Förderung von Wissenschaftlerinnen und zu mehr Chancengleichheit leisten. Im Januar und Juni 1983 unternahm der Senator für Wissenschaft und Forschung West-Berlins, ein CDU-Mann,[373] zum

---

[366] Das Hochschulrahmengesetz vom 29. Januar 1976 fand kein spezielles Wort über Studentinnen und Akademikerinnen. Vgl. HRG, in: BGBl. 1976, I, S. 185–206.
[367] Vgl. Theresa Wobbe, S. 127 f.
[368] Drittes Gesetz zur Änderung des Hochschulrahmengesetzes, 14. November 1985, in: BGBl. 1985, I, S. 2090.
[369] Vgl. Viertes Gesetz zur Änderung des Hochschulrahmengesetzes, 20. August 1998, in: BGBl. 1998, I, S. 2191.
[370] Vgl. Auskunft der ehemaligen Zentralen Frauenbeauftragten der Humboldt-Universität Frau Dr. Marianne Kriszio, 6. Juli 2017; Clarissa Rudolph, S. 63 f., 74 ff.; Frauen. Förderungsprogramm des BdWi, S. 68–70.
[371] Vgl. Heike Kahlert, Gender Mainstreaming an Hochschulen, S. 83 f.; Eva Blohme u. a., S. 74.
[372] Vgl. die Paragraphen 57c und 50 im novellierten HRG 1985, in: BGBl. 1985, I, S. 2090–2098.
[373] Wilhelm Kewenig (CDU), 1981–1986 Senator für Wissenschaft und Forschung.

wiederholten Male den Versuch, die Universität zu zwingen, diese „Kann-Vorschrift" zu kippen. Er begründete dies damit, keine Sonderrechte für befristet Beschäftigte im Hochschulbereich zuzulassen. Der FU-Präsident wehrte sich gegen diese Einmischung in Universitätsbelange erfolgreich.[374] Ab 1985 galt die Regelung dann als Rechtsanspruch einheitlich bundesweit.

1989 verabschiedete Nordrhein-Westfalen als erstes Bundesland ein Frauenförderungsgesetz.[375] Da Wissenschaftspolitik Ländersache war und ist, regeln die Landesgleichstellungsgesetze die Gleichstellung von Männern und Frauen im öffentlichen Dienst und damit auch im Hochschulbereich.[376] Auf Bundesebene hatte die Bund-Länder-Kommission (BLK) 1989 eine Empfehlung zur „Förderung von Frauen im Bereich Wissenschaft" herausgegeben, 1997 wurde Frauenförderung erstmals zur Führungsaufgabe von Hochschulen und Forschungseinrichtungen erklärt.[377] Die, 1990 noch westdeutsche Hochschulrektorenkonferenz brachte ihre erste – und 2003 nicht wiederholte – Aufforderung zur gezielten Förderung des weiblichen wissenschaftlichen Nachwuchses heraus.[378] Das Hochschulsonderprogramm (HSP) I und ergänzt durch HSP II, Dezember 1989 und Oktober 1990, sah zunächst eine einmalige zusätzliche Mittelbereitstellung für Wissenschaft und Forschung vor, bei der explizit die Förderung von Nachwuchswissenschaftlerinnen genannt war. Die Freie Universität in West-Berlin z. B. schuf über diese Mittel 39 zusätzliche C1- und C2-Habilitationsstellen für Wissenschaftlerinnen.[379] Das Hochschulsonderprogramm II ergänzte das erste und sah für zehn Jahre – 400 Millionen DM jährlich nur für die alten Bundesländer – zusätzliche Mittel für Wissenschaft und Forschung vor. Zur Förderung von Frauen in der Wissenschaft wurden 5,4 Prozent des Gesamtetats ausgewiesen und als zentrales Anliegen galt, den Frauenanteil in Wissenschaft und Forschung sichtbar zu erhöhen. Anspruch und Umsetzung des Programms wurden nicht realisiert, es blieb sogar hinter dem HSP I zurück. An der Freien Universität Berlin z. B. konnten 30 Stipendien bzw. Werkverträge für Wissenschaftlerinnenförderungen vergeben werden. Im Vergleich zum HSP I, wo anstelle Stipendien sozial abgesicherte Stellen finanziert worden waren, bedeuteten Stipendien ohne Absicherung und institutionelle Anbindung einen Rückschritt.[380]

---

[374] Vgl. Senator Kewenig an FU-Präsidenten Lämmert, 21. Juni 1983; FU-Präsident an Senator, 20. Juli 1983; Zentraleinrichtung zur Förderung von Frauenstudien der FU, 9. August 1983, in: Archiv FU Berlin ZE Frauen, Nr. 33.
[375] Vgl. Ingeborg Stahr, S. 36 f.
[376] Vgl. Eva Blohme u. a., S. 74 f.
[377] Vgl. Materialien der BLK zur Bildungsplanung und zur Forschungsförderung (1989).
[378] Vgl. Heike Kahlert, Delia Schindler, S. 55.
[379] Vgl. Ausgegrenzt und mittendrin, S. 213.
[380] Vgl. ebenda, S. 213 f. In NRW wurden im Zuge des HSP II an allen Hochschulen und Universitäten umgehend Frauenbeauftragte eingesetzt. Zudem schrieb das Bundesland das Lise-Meitner-Programm mit jährlich 15 Habilitationsstipendien für Frauen aus. Entgegen aller geäußerten Skepsis – nicht genügende Naturwissenschaftlerinnen zu finden – bewarben sich allein auf die erste Ausschreibung 40 Bewerberinnen. Vgl. Sybille Krummacher, Frauen in Naturwissenschaft und Technik, S. 292.

Bis zum Ende des Untersuchungszeitraums dieser Studie – die 1990er Jahre hindurch – wurden weitere gesetzliche Regelungen zur Gleichstellung erlassen, die die Problematik an den Universitäten und Hochschulen sichtbar machten. Änderungen hin zu mehr Chancengleichheit brachten sie nur sehr schleppend in Gang. Die Unterrepräsentanz von Wissenschaftlerinnen wurde als Thema erkannt und verbalisiert, jedoch mit Empfehlungen, Aufrufen oder Appellen kam man einer Änderung – einer Demokratisierung und Modernisierung der Hochschulen durch Geschlechtergerechtigkeit – nicht näher. Der männlich dominierte Wissenschaftsbetrieb verinnerlichte diese Problematik nicht. Man debattierte über mehr Chancengleichheit, um diese auf die lange Bank zu schieben.[381]

Im Januar 1980 gründete sich in Nordrhein-Westfalen der erste Arbeitskreis von Wissenschaftlerinnen „von unten".[382] Ein Rückblick auf die ersten zehn Jahre des Arbeitskreises widerspiegelte die damaligen Befindlichkeiten und Schwierigkeiten.[383] Auf Initiative der Soziologin und Professorin Sigrid Metz-Göckel von der Universität Dortmund trafen sich 70 Wissenschaftlerinnen verschiedener Hochschulen aus ganz NRW. Der Arbeitskreis baute in den Folgejahren ein Frauenkontaktnetzwerk von rund 400 in Wissenschaft und Forschung tätigen Frauen auf. In Erinnerung blieb, was zunächst keine der Frauen wahrhaben wollte, aber durch zahlreiche Berichte auf dem Treffen offenbar wurde: „Frauen kommen in der Wissenschaft kaum vor, weder als Subjekte noch als Objekte von Forschung und Lehre. Sichtbar wurden Formen der Diskriminierung, Benachteiligung und Behinderung von Frauen, die in ihrem kollektiven Ausmaß erst durch dieses Treffen [...] bewusst wurden. Wissenschaftlerinnen schilderten, wie sie aufgrund von Schwangerschaft aus dem Forschungsprozess ausgegrenzt wurden, ihnen wegen des Geschlechts wissenschaftliche Kompetenzen abgesprochen, Qualifikations- und Aufstiegsmöglichkeiten verwehrt, der Zugang zu Publikationsorganen und Forschungsmitteln erschwert und die Mitwirkung in Gremien und Entscheidungspositionen verhindert wurde. Vielen Frauen wurde jetzt erst bewusst, dass sie keine oder kaum eine weibliche Kollegin hatten."[384]

Gleich zu Beginn der Netzwerkarbeit stellte sich heraus, dass keine statistischen Daten zur geschlechtsspezifischen Verteilung des wissenschaftlichen Personals der verschiedenen Statusgruppen vorlagen. In mühevoller Kleinarbeit musste das Datenmaterial z. B. aus Vorlesungsverzeichnissen zusammengetragen werden. Der Arbeitskreis machte mit zahlreichen Aktivitäten die Öffentlichkeit und die Landesregierung auf die benachteiligende Situation von Wissenschaftlerinnen im Beruf aufmerksam. Dadurch glaubten die Aktivistinnen zunächst, es würden Besserungen eintreten. Aber das Gegenteil geschah: Mit der dritten Novelle des Hochschulrahmengesetzes vom November 1985 gingen personelle und strukturelle Änderungen einher – wie Mittelkürzungen im Hochschulbereich, Umverteilungen von Stellen

---

[381] Vgl. Ausgegrenzt und mittendrin, S. 211–216.
[382] Vgl. 100 Jahre Frauenstudium, S. 100 f.; Anne Schlüter, Gegenstrategien, S. 112–117.
[383] Vgl. Ingeborg Stahr, S. 27–39.
[384] Ebenda, S. 28.

aus dem wissenschaftlichen in den wissenschaftsstützenden Bereich sowie eine Reduzierung der Wissenschaftsstellen insgesamt. Das traf besonders die Sozialwissenschaften und die Pädagogik mit dem dort recht hohen Wissenschaftlerinnenanteil.[385] An den Hochschulen NRWs lag damals der Anteil von Hochschullehrerinnen bei drei Prozent, bei den Stellen im Mittelbau bei zehn bis 15 Prozent.[386] So stellte sich der westdeutsche Durchschnitt insgesamt dar. Auf politisch-informellem Weg, durch spektakuläre Aktionen an den Hochschulen oder mittels Briefen an Ministerien, Hochschulleitungen, Dekane, Fachbereichsräte, Parteien und Gewerkschaften, mit Symposien und Frauentagungen zusammen mit dem Akademikerinnenbund und durch das Einwerben von Drittmitteln für Frauenforschungsprojekte gelang es langsam, ein Problembewusstsein über die bestehenden Nachteile für Wissenschaftlerinnen im Hochschulsystem in der Öffentlichkeit und auch unter den Wissenschaftlerinnen selbst herzustellen.[387] Der Arbeitskreis erzwang durch diese Aktionen auch, geschlechtsspezifisch ausgewiesene Statistiken im Hochschulbereich einzuführen.

Während die Novellierung des Hochschulrahmengesetzes 1985 mit dem laschen Satz – die Hochschulen wirken auf die Beseitigung der für Wissenschaftlerinnen bestehenden Nachteile hin – vom Deutschen Akademikerinnenbund begrüßt wurde, kritisierten ihn die Frauen des NRW-Arbeitskreises der Wissenschaftlerinnen als völlig unzureichend. Ihr nichtgehörter Gegenvorschlag lautete: „Die Hochschulen sind verpflichtet, in ihrem Bereich die Gleichberechtigung von Frauen und Männern zu verwirklichen – nach Art. 3 Abs. 2 GG."[388] Auch die 1980er Jahre hindurch starteten Juraprofessoren immer wieder mit Erklärungen von „erheblichen verfassungsbedenklichen Überlegungen" hinsichtlich von Quotierungsgedanken oder „Bevorzugung von Frauen bei gleicher Eignung und Befähigung" ihre Angriffe auf die „verhängnisvollen Folgen einer einseitigen Frauenförderung".[389] Bei anteilig 40 Prozent Absolventinnen des Hochschulstudiums, aber gerade drei Prozent Hochschullehrerinnen an den Universitäten, befürchteten diese Juristen eine „drastische Diskriminierung von männlichen Bewerbern"![390] Für diese Art von Experten gaben sich in den 1990er Jahren dann kaum noch Wissenschaftler her.

Ähnlich wie die Ost-Berliner Humboldt-Universität nahm die Freie Universität (FU) in West-Berlin eine Vorreiterrolle auf dem Weg zu mehr Chancengleichheit für Frauen in Wissenschaft und Forschung ein. Rein quantitativ zeichnete sich in Westdeutschland ein gleiches Bild wie in Nordrhein-Westfalen – drei Prozent

---

[385] Vgl. ebenda, S. 32 f.
[386] Vgl. Anne Schlüter, Gegenstrategien, S. 115.
[387] Vgl. Ingeborg Stahr, S. 31, 35 f.
[388] Anhörung der Stellungnahme zur 3. HRG Novelle des Arbeitskreises der Wissenschaftlerinnen in NRW und vom Akademikerinnenbund, 2. Juli 1985, in: Bibliothek der Friedrich-Ebert-Stiftung Bonn, Dokument-Lieferung, Z 9804/1985,6.3.
[389] Vgl. Univ.-Prof. Dr. Hartmut Schiedmair, S. 59 f.; Univ.-Prof. Dr. Christof Kellmann, S. 165–167.
[390] Univ.-Prof. Dr. Hartmut Schiedmair, S. 59.

Hochschullehrerinnen, zehn bis 15 Prozent Frauen in befristeten Stellen im wissenschaftlichen Mittelbau. Die Freie Universität konnte hingegen mit sieben bis acht Prozent Professorinnen, zwölf Prozent Hochschulassistentinnen, 23 bis 25 Prozent Frauen im Mittelbau und 43 Prozent Lehrbeauftragte aufwarten.[391] In der Physik konkret sah es erwartungsgemäß schlechter für Wissenschaftlerinnen aus.[392] Die Zahlen an der Freien Universität im Fachbereich Physik waren nicht leicht zu ermitteln, da die Statistiken in der Regel noch nicht nach Geschlecht aufgestellt wurden. Der Fachbereich Physik umfasste Mitte der 1980er Jahre zirka 110 Wissenschaftler, davon 39 bis 41 Professuren.[393] Darunter fand sich keine Frau. 1985 zählten zum Mittelbau 67 Wissenschaftler, darunter zwei Frauen auf Vollzeitstellen und drei in Teilzeit, vermutlich Doktorandinnen.[394] Physik im Diplomstudiengang belegten 1990 668 Studierende, darunter 88 Frauen (13 Prozent anteilig). Zwischen 1986 und 1991 hatten in der Physik 135 Männer und nur acht Frauen promoviert, habilitiert hatte keine.[395] Der Fachbereich Physik der Freien Universität konnte seit 1948 – ihrem Gründungsjahr – bis 1990 keine einzige Physikprofessorin vorweisen. Die erste Professur von 1995 bis 2016 hatte eine Schweizer Physikerin inne. Die erste deutsche Physikprofessorin an der FU wurde 2007 berufen. Es war die ostdeutsch sozialisierte Stephanie Reich, Jahrgang 1973, die Tochter des DDR-Bürgerrechtlers und Molekularbiologen Jens Reich. Sie wurde im Rahmen der Studie interviewt. Bis 2010 kamen sieben weitere, insbesondere Juniorprofessorinnen hinzu.[396]

Die Freie Universität war mit eine der ersten „westdeutschen" Universitäten, die 1980 öffentlich die Benachteiligung von Frauen im Wissenschaftsbetrieb anerkannte und dieser aktiv entgegenzuwirken gedachte.[397] Der Akademische Senat der FU forderte im Juli 1980 zum einen seine Fachbereiche und Institute auf, sowohl bei der künftigen Stellenbesetzung als auch bei der Mittelvergabe, z. B. bei Stipendien, mindestens die Hälfte für Wissenschaftlerinnen zu reservieren. Der

---

[391] Vgl. Bericht der Zentraleinrichtung zur Förderung von Frauenstudien und Frauenforschung an der FU 1981–1984, in: Archiv FU Berlin ZE Frauen, Nr. 29; „Auf einer Glatze Locken wickeln", FU-INFO 14/82, S. 3.
[392] Aus der letzten Statistik der alten BRD ist bekannt, dass 1990 knapp 6.000 Wissenschaftler im Hochschulbereich in der Physik/Astronomie tätig waren, davon rund 300 Frauen (fünf Prozent). Darunter waren acht Professorinnen und 13 Dozentinnen. Den Universitätsabschluss in Physik/Astronomie 1991 machten 3.178 Studierende, davon 264 Frauen (acht Prozent).
[393] Vgl. Naturwissenschaftliche Fachbereich, 27. Oktober 1987, in: Archiv FU Berlin VP 5/3.
[394] Vgl. Anreizsystem zur Frauenförderung an der FU, 19. Juli 1995, in: Archiv FU Berlin, Schriftwechsel der Frauenbeauftragten; Beamtinnen und Beamte nach Laufbahn und Besoldungsgruppen, Öffentlicher Dienst, FB Physik, 1994, in: ebenda, Zentrale Frauenbeauftragte.
[395] Vgl. Bericht der Zentralen Frauenbeauftragten der FU 1991–1993, in: Archiv FU Berlin ZE Frauen, Nr. 31.
[396] Vgl. R. Ost, Professorinnen und Privatdozentinnen der FU Berlin 1948 bis heute [2010]. Fachbereiche Physik-Biologie-Chemie-Pharmazie-Mathematik/Informatik-Geowissenschaften, in: Archiv FU Berlin.
[397] Vgl. Ziele und Perspektiven einer Frauenförderinstitution, 6. Mai 1990, in: Archiv FU Berlin ZE Frauen, Nr. 29.

Präsident und der Senat appellierten, Frauen im jeweiligen Wissenschaftsbereich zu fördern, ein besonderes Augenmerk sollte Habilitandinnen zukommen. Bei gleicher Qualifikation sollte – vor allem bei den Professuren – Frauen der Vorrang eingeräumt werden.[398] Bei der Besetzung einer Professur oder einer Hochschulassistentenstelle sollte, nicht musste, schriftlich über Bewerberinnenzahl und Vorstellungsgespräche von Frauen berichtet werden. Die FU-Leitung forderte die Fachbereiche auf, jährlich über die Entwicklung des Wissenschaftlerinnenanteils Auskunft zu geben. Wissenschaftler-Stellenausschreibungen mussten explizit Frauen auffordern, sich zu bewerben. In Berufungs- und Personalauswahlkommissionen sollten, nicht mussten, mindestens eine Wissenschaftlerin vertreten sein.[399]

Zum anderen beschloss der Akademische Senat den Aufbau und die Einrichtung einer „Zentraleinrichtung zur Förderung von Frauenstudien und Frauenforschung". Diese Dienstleistungseinrichtung sollte dokumentieren bzw. informieren – sowohl über die Stellung der Wissenschaftlerinnen als auch über Frauenstudien und Frauenforschung. Informations- und Öffentlichkeitsarbeit stand auf dem Tätigkeitstableau wie auch Netzwerkarbeit mit Universitäten, Verbänden und Institutionen zu betreiben.[400] Jeweils zu Semesterbeginn wurde ein „Frauen-Informationsblatt" herausgegeben. 1981/82 konnte die Zentraleinrichtung, ausgestattet mit drei auf fünf Jahre befristeten Wissenschaftlerinnenstellen, ihre Arbeit aufnehmen. Die Anfangsschwierigkeiten waren vielfältig. Kontakt und Akzeptanz bei den Fachbereichen, Instituten, Zentraleinrichtungen und den verschiedenen Universitätsleitungsgremien herzustellen, gestalteten sich zäh. Allein das Recht der Zentraleinrichtung, von den Fachbereichen und Instituten Informationen einzuholen, musste gesondert und mit Nachdruck vom FU-Präsidenten durchgesetzt werden.[401] Der Berichtspflicht über die Stellung der Wissenschaftlerinnen kamen die Fachbereiche und Institute sehr zögerlich nach. Es dauerte zehn Jahre bis sich diese Forderung durchgesetzt hatte.

Eine Bilanz nach zehn Jahren Arbeit der „Zentraleinrichtung zur Förderung von Frauenstudien und Frauenforschung" der Freien Universität hörte sich nicht sonderlich positiv an. Ohne Erfolg waren Bemühungen geblieben, bei allen Stellenausschreibungen die männliche und weibliche Form und eine geschlechts-

---

[398] Wörtlich: „Dies gilt insbesondere auch bei der Besetzung von Professorenstellen. Denn es ist häufig zu bemerken, dass Frauen mit weniger hoch bewerteten und weniger abgesicherten Positionen ‚abgefunden' werden." Präsident der FU: An die Fachbereiche und Zentralinstitute, 26. März 1981, in: Archiv FU Berlin ZE Frauen, Nr. 66.
[399] Vgl. ebenda.
[400] Vgl. Beschlussprotokoll der Sitzung des Akademischen Senats, 2. Juli 1980, in: Archiv FU Berlin ZE 66. Die Zentraleinrichtung hatte eine doppelte Aufgabe zu leisten: das quantitative Moment der Wissenschaftlerinnenteilhabe im Universitätsbetrieb zu verfolgen und der inhaltlichen Fragestellung – warum hält sich der Ausschluss von Frauen im Wissenschaftsleben hartnäckig – in Lehre und Forschung nachzugehen. Vgl. Aufgaben, Ziele und Perspektiven einer Frauenförderinstitution, 6. Mai 1990, in: ebenda, ZE Frauen, Nr. 29.
[401] Vgl. FU-Präsident: An die Fachbereiche und Zentralinstitute, 26. März 1981, in: ebenda, ZE Frauen, Nr. 66; Aufgaben und Perspektiven einer universitären Frauenförderinstitution, 6. Mai 1990, in: ebenda, ZE Frauen, Nr. 29.

neutrale Arbeitsplatzbeschreibung durchzusetzen. Nicht erfolgreich waren alle Vorstöße hinsichtlich der Aufhebung der Altersbegrenzung von 35 Jahren für Hochschulassistentenstellen. Das Durchschnittsalter der Habilitierenden lag oft über dieser Altersgrenze, und für Nachwuchswissenschaftlerinnen mit Familie brachte diese Altersgrenze eine zusätzliche Benachteiligung.[402] Dieses Problem der Altersgrenze galt auch für alle Arten von Habilitationsstipendien.[403] Nicht vorwärtsgekommen war man zwischen 1980 und 1990 bei der Erhöhung des Frauenanteils in allen akademischen Statusgruppen. Weit davon entfernt blieb man, neue oder freiwerdende Wissenschaftsstellen nach Quotierung zu besetzen. Die Frauenforschung in Lehre und Forschung fand sich an den Fachbereichen und Instituten kaum mehr als sporadisch wieder. „Die Lehre im Bereich im Bereich der Frauenstudien wird an den meisten Fachbereichen durch miserable Lehraufträge, die jedes Semester von neuem eingeklagt werden müssen, notdürftig abgedeckt. Seit Jahren warten etliche Fachbereiche vergeblich auf die Ausschreibung von Professuren für Frauenforschung."[404] Im Laufe der 1980er Jahre hatten sich, auch durch die Sparmaßnahmen und Stellenstreichungen, die diskriminierenden Rahmenbedingungen an der FU bzw. hochschulweit verschärft. Demotivierende Studienbedingungen an einer Massenuniversität, fehlende weibliche akademische Vorbilder bei den Studentinnen, Hierarchisierung des Wissenschaftsbetriebes unter eine Professorenherrschaft sowie die stromlinienförmige Ausrichtung des Wissenschaftlerberufes auf eine männliche Lebensplanung – mit einer nicht berufstätigen Partnerin zum „Rückenfreihalten" an der Seite, die für Reproduktion der Arbeitskraft und Schaffung des Familienglücks" zuständig war – zementierten den Ausschluss von Frauen aus der Wissenschaft. „Noch nie gab es eine so gut ausgebildete Generation von Wissenschaftlerinnen, doch der weibliche habilitierte Nachwuchs hat kaum Chancen, einen Ruf auf eine Professur zu erhalten!"[405] Die Zentraleinrichtung klagte Ende 1988, dass der Akademische Senat der FU sich seit 1980 mit dem Prädikat Förderung von Frauen und Frauenstudien schmücke, was reiner „Etikettenschwindel" sei.[406]

Hochqualifizierte Wissenschaftlerinnen blieben immer wieder bei Stellenbesetzung mit fragwürdigen Begründungen der universitären Berufungskommission und/oder vom West-Berliner Wissenschaftssenator unberücksichtigt. Dies belegte die FU-Zentraleinrichtung 1989 mit vier aktuellen Beispielen aus der Berufungspraxis.[407] Eine habilitierte Geisteswissenschaftlerin belegte Platz 3 der vorgeschlagenen Besetzungsliste, auf Platz 1 stand ein nicht habilitierter männlicher Kollege.

---

[402] Vgl. Bericht der Zentraleinrichtung für Förderung von Frauenstudien und Frauenforschung 1981–1984, Februar 1985, in: Archiv FU Berlin ZE Frauen, Nr. 29.
[403] Habilitationsstipendien wurde nur bis zum 35. Lebensjahr vergeben.
[404] Resolution, Dezember 1988, in: Archiv FU Berlin ZE Frauen, Nr. 1.
[405] Presseerklärung der Zentraleinrichtung, 16. Dezember 1988, in: Archiv FU Berlin ZE Frauen, Nr. 1.
[406] Vgl. Resolution, Dezember 1988, in: Archiv FU Berlin ZE Frauen, Nr. 1.
[407] Vgl. Der Qualifikationsbegriff: Ein Vorurteilsversteck: „Den Frauen die Hälfte", Juni 1989, in: Archiv FU Berlin ZE Frauen, Nr. 29.

Auf Einspruch der Zentraleinrichtung bestätigte der dortige Institutsdirektor die formal höhere Qualifikation der Kandidatin. Auf weiteres Nachfragen stellte sich heraus, dass ein „internes, nicht öffentliches" Negativgutachten über die Frau vorliege. Auf Druck wurde das Gutachten durch ein neues ersetzt. Dieser ganze Prozess zog sich eineinhalb Jahre hin, bis der erstplatzierte Mann habilitiert hatte und berufen wurde. In einem zweiten Fall waren alle drei Listenplätze mit Frauen besetzt. Nach längerem Hin und Her berief der Wissenschaftssenator die Drittplatzierte. Seine Begründungen lauteten: die Erst- und Zweiplatzierte hätten die Altersgrenze von 40 Jahren überschritten und die Zweiplatzierte könne zudem wegen des Hausberufungsverbots nicht zum Zuge kommen. Dieses letztgenannte Argument des Senators hatte im dritten Fall dann keine Gültigkeit. Eine erstplatzierte Wissenschaftlerin wurde nicht auf die freie C4-Professur berufen, sondern der zweitplatzierte Mann. Bei ihm spielte das Hausberufungsverbot als Ablehnungsgrund keine Rolle. Und im vierten Fall wurde 1989 die Besetzung einer Oberassistentenstelle mit einer 42-jährigen, seit 1985 habilitierten Wissenschaftlerin, die seit 1977 auf Drittmittelstellen forschte und lehrte, mit dem Grund „Überschreitung der Altersgrenze" abgelehnt. Ein jüngerer männlicher Kollege sollte den Zuschlag erhalten. Durch den Einspruch des Personalrates musste der Fachbereich neu entscheiden und eingestehen, dass der genannte Ablehnungsgrund – Altersgrenzenüberschreitung – nicht rechtlich zu begründen und die Qualifikation der Wissenschaftlerin der des jüngeren Mitbewerbers „zumindest gleichwertig" zu sehen war. Da jedoch der jüngere männliche Kandidat inzwischen Drittmittel bei der DFG eingeworben hatte, wollte man diesen Geldbeschaffer die bereits versprochene Position nicht wieder entziehen.[408] Und abschließend wörtlich im Bilanzbericht der Arbeit der FU-Frauenförderinstitution: „Wir sehen, dass die Beliebigkeit im Umgang mit der Beurteilung der Qualifikation in den geschilderten Fällen immer zuungunsten von Frauen ausgegangen ist: Die Altersgrenze, ein oftmals benutzter Ablehnungsgrund, wenn Wissenschaftlerinnen sie überschritten haben, spielt z. B. bei der Einstellung eines Weltraumforschers plötzlich keine Rolle, Hausberufungsverbote sind mal mehr, mal weniger – manchmal gar nicht – relevant bei Personalentscheidungen."[409] Der Passus in der FU-Wissenschaftlerinnenförderung – „bei gleicher Qualifikation Frauen bevorzugt einzustellen" – werde ignoriert und müsse für die Praxis als Farce bezeichnet werden.[410] Ein Jahr später, mit Blick auf künftige Aufgaben und Ziele der Frauenförderinstitution an der Freien Universität, resümierten die dortigen Mitarbeiterinnen etwas geglätteter über das Erreichte. Wenn auch mit Blick auf die Zahlen nichts erreicht worden war, „ist im Bewusstsein der Universitätsöffentlichkeit [...] die Frauenförderung nicht mehr wegzudenken".[411]

---

[408] Vgl. Der Qualifikationsbegriff: Ein Vorurteilsversteck. „Den Frauen die Hälfte", Juni 1989, in: Archiv FU Berlin ZE Frauen, Nr. 29.
[409] Ebenda.
[410] Vgl. ebenda.
[411] Aufgaben und Perspektiven einer Frauenförderinstitution, 6. Mai 1990, in: Archiv FU Berlin, ZE Frauen, Nr. 29.

Wie erwähnt – mit der Novellierung des Hochschulrahmengesetzes wurden die Universitäten verpflichtet, Frauenbeauftragte zu institutionalisieren. Für das Land (West)-Berlin erfolgte diese Regelung im November 1986.[412] Die Umsetzung dieser Verpflichtung zog sich an Freier und Technischer Universität bis 1991 hin. An der Freien Universität wurden zuerst dezentrale Frauenbeauftragte an den Fachbereichen, Zentralinstituten und Zentraleinrichtungen eingerichtet. 1991 konnten 35 Amtsinhaberinnen zu monatlichen Sitzungen zusammenkommen.[413] Seit 1988 fanden regelmäßig Sitzungen der Frauenbeauftragten der Fachbereiche statt.[414] Zur ersten hauptamtlichen Frauenbeauftragten der Freien Universität wurde 1991 die diplomierte Politologin Christine Färber gewählt. Sie war damals 26 Jahre alt. Ihre Promotion über ein Thema Frauenförderung schloss sie 1999 nach ihrem Ausscheiden aus dem Amt ab. In ihrer achtjährigen Amtszeit gründete sie eine Familie und bekam zwei Kinder.[415] Christine Färber machte Karriere als Professorin für empirische Sozialforschung. Ihre Nachfolgerin wurde 1999 die Mathematikerin Mechthild Koreuber.[416]

Die erste dezentrale Frauenbeauftragte am Fachbereich Physik konnte am 20. November 1989 auf einer Frauenvollversammlung gewählt werden.[417] Dem vorher gegangen waren Diskussionen im Fachbereichsrat über Stellung und Aufgaben einer Frauenbeauftragten und über den Sinn von Frauenförderung in der Physik. Nach kontroversen Diskussionen – die Funktion der Frauenbeauftragten sollte zunächst als ehrenamtlich und unbezahlt gelten – einigte man sich darauf: Kommt die Frauenbeauftragte aus der Gruppe der wissenschaftlichen Mitarbeiterinnen oder Tutorinnen, werden diese zur Wahrnehmung ihrer Aufgaben von ihren Lehrverpflichtungen freigestellt. Die Fachbereichsprofessoren lehnten die Einstellung einer 20-Stunden-Kraft zur Unterstützung der Frauenbeauftragten ab; zwischenzeitlich hoffte der Fachbereich auch, eine ABM-Kraft für diese Funktion zugeteilt zu bekommen.[418] Zaghaft widmete man sich dem Punkt der Förderung von Frauen im Fachbereich Physik, obwohl die Situation kaum schlechter hätte aussehen können: „Der prozentuale Anteil der wissenschaftlichen Mitarbeiterinnen ist in der Physik sehr niedrig (15 Prozent) und geht in der Gruppe der Habilitierten und der Professoren praktisch auf Null zurück."[419] Die Physikprofessoren standen

---

[412] Vgl. Gesetz über die Hochschulen im Land Berlin, 13. November 1986, in: Gesetz- und Verordnungsblatt für Berlin (GVBl.) 1986, S. 1771 ff (Paragraph 59).
[413] Vgl. Bericht der Zentralen Frauenbeauftragten der Freien Universität Berlin 1991–1993, S. 31, in: Archiv FU Berlin ZE Frauen, Nr. 31.
[414] Vgl. die Protokolle, in: Archiv FU Berlin ZE Beirat 1 und 4.
[415] http://userpage.fu-berlin.de/~fupresse/FUN/1999/3-4-99/interview/content/1.html. Zuletzt abgerufen am 27. November 2019.
[416] http://www.fu-berlin.de/presse/informationen/fup/1999/fup_99_033/index.html. Zuletzt abgerufen am 27. November 2019.
[417] Vgl. Frauenvollversammlung Fachbereich Physik, 20. November 1989, in: Archiv FU Berlin ZE Frauen, Nr. 127.
[418] Vgl. Fachbereichssitzung Physik, 12. Juli, 25. Oktober 1989, in: Archiv FU Berlin FBR-Protokolle.
[419] Ergebnisse der Kommission zur Quotierung und zur Frauenbeauftragten. Fachbereichssitzung Physik, 12. Juli 1989, in: Archiv FU Berlin FBR-Protokolle. Von 80 wissenschaftlichen

kritisch, reserviert und mit Vorbehalten der Frauenförderung und dem Instrument der Frauenbeauftragten gegenüber. Sie betonten nachdrücklich, dass zuallererst die wissenschaftliche Qualifikation oberster Grundsatz für die Besetzung von Stellen bleibe, was niemand, auch nicht die Frauenbeauftragte, infrage stellte. Zudem war seitens der Professorenschaft bis in die 1990er Jahre hinein zu hören, die Mitwirkung der Frauenbeauftragten verzögere das Stellenbesetzungsverfahren,[420] wobei kein einziger Fall in dieser Sache dokumentiert werden konnte. Schließlich einigten sich alle im Fachbereichsrat auf diese ersten, aber doch recht begrenzten Aufgaben der Frauenbeauftragten: Mitwirkung beim Einstellungsverfahren durch Mitgliedschaft in allen Besetzungskommissionen; Recht der Teilnahme an allen Sitzungen der akademischen Selbstverwaltung mit Antrags- und Rederecht; Netzwerkarbeit und Kontaktpflege innerhalb und außerhalb der Universität mit anderen Frauenbeauftragten und Wissenschaftlerinnen; Motivationsförderung in Richtung einer Berufswahl in Wissenschaft und Forschung unter studierenden Physikerinnen.[421]

Der Katalog der FU-Zentraleinrichtung zur Frauenförderung umfasste 1989 sehr viel weitergehende Punkte wie: Rede-, Antrags- und Öffentlichkeits- sowie Vetorecht für die Frauenbeauftragte; Schaffung von zusätzlichen Stellen und Mitteln für Frauenforschung; zusätzliche Stellen für weibliche Professuren und akademische Mitarbeiterinnen; Abschaffung aller Altersgrenzen für Einstellungen, Vertragsverlängerungen, Stipendien, Förderprogrammen und für das Bafög; öffentliche Ausschreibung aller Wissenschaftsstellen; paritätische Besetzung der Berufungskommissionen, wenn nötig auch mit Frauen anverwandter Fachgebiete; Frauenförderung durch Quotierung, differenziert nach Anteil der Absolventinnen eines Faches; Teilzeitarbeitsplätze auch in der Wissenschaft; jährliche öffentliche Rechenschaftspflicht der Bereichsleiter zum Stand der Frauenförderung; Schaffung von Rahmenbedingungen für Vereinbarkeit von Beruf und Familie – von Kinderbetreuung bis bezahlbarem Wohnraum für Studierende und Nachwuchswissenschaftlerinnen.[422] Von auch nur einer annähernden Umsetzung dieser Forderungen war man nicht nur im Fachbereich Physik weit von entfernt. Auf der Frauenvollversammlung des Fachbereichs Physik am 20. November 1989 wurde als Frauenbeauftragte eine Studentin gewählt.[423] Anwesend waren 30 Frauen,

---

Mitarbeitern waren fünf Frauen ausgewiesen, Quote sechs Prozent. Worauf die Angabe 15 Prozent beruhte, war nicht zu erklären. Vgl. Die Frauenbeauftragte: Anreizsystem zur Frauenförderung an der FU, 19. Juli 1995, in: Archiv FU Berlin, Schriftwechsel der Frauenbeauftragte.

[420] Vgl. Fachbereichssitzung Physik, 25. Oktober 1989; In: Archiv FU Berlin FBR-Protokolle; Direktoriumsprotokolle FB Physik, 29. Oktober 1992, in: ebenda, Direktoriumsprotokolle.

[421] Vgl. Beschluss der FBR zur „Regelung zur Förderung von Frauen am FB Physik", November 1989, in: Archiv FU Berlin ZE Frauen, Nr. 127.

[422] Vgl. Forderungskatalog zur Frauenförderung 1988/89, in: Archiv FU Berlin ZE Frauen, Nr. 1; Beschlussentwurf Förderprogramm für Wissenschaftlerinnen, 7. Juni 1989, in: ebenda. Dieser Forderungskatalog fand sich seit Mitte der 1980er Jahre im Hochschulbereich. Vgl. Privilegiert und doch diskriminiert, S. 10 f.

[423] Vgl. Vermerk, Protokoll der Frauenvollversammlung am FB Physik, in: Archiv FU Berlin ZE Frauen, Nr. 127.

darunter nur eine wissenschaftliche Mitarbeiterin. Eingeladen hatte man 70 Studentinnen und 20 Wissenschaftlerinnen, dazu zählten vermutlich auch alle Doktorandinnen und Tutorinnen. Es ist sonst nicht zu erklären, woher die 20 Wissenschaftlerinnen in der Physik kommen sollten. Die meisten anwesenden Frauen waren aus dem Bereich des wissenschaftsstützenden Personals. Es herrschte unter den Physikstudentinnen und Wissenschaftlerinnen kein besonderes Interesse an der Bestimmung ihrer Vertreterin. Unter großem organisatorischem Aufwand waren zuvor die 70 Physikstudentinnen angeschrieben worden. Der Dekan des Fachbereichs hatte sich geweigert, die Privatadressen der Studierenden herauszugeben. Auch das zeigte die damalige Negativstimmung hinsichtlich des neuen Instrumentariums einer Frauenvertreterin. Die Diskussion auf der Vollversammlung stand zunächst unter der Stimmung der „Ablehnung einer Frauenbeauftragten". Die Mitarbeiterinnen des nicht wissenschaftlichen Personals äußerten ihre Bedenken: Bei der Wahl einer Frauenbeauftragten aus ihren Kreisen würde es keine Reduzierung ihrer anfallenden Arbeitsaufgaben geben. Außerdem würde man ihnen vonseiten der Professorenschaft jegliche Kompetenz absprechen, bei Einstellungen die Qualifikation des Bewerbers bzw. der Bewerberin beurteilen zu können.[424] Mit der Wahl einer Physikstudentin als erste Frauenbeauftragte des Fachbereichs Physik entschieden sich die Frauen für eine für sie wohl halbwegs annehmbare Variante. Eine promovierte Physikerin für das Amt hätte hingegen ein anderes Standing in den Leitungsgremien des Fachbereichs nach sich gezogen.

Anfangsschwierigkeiten im Amt der Frauenbeauftragten am Fachbereich Physik der FU machten die Runde. Im Dezember 1991 beschwerte sich die Beauftragte beim Dekan des Fachbereichs und beim FU-Präsidenten über mangelnde Akzeptanz ihres Amtes, das sie zunächst ehrenamtlich, dann mit 40 Stunden monatlicher Zeitaufwandsentschädigung versah. Wieder hatte sich der Dekan geweigert, die benötigten Anschriften der nun 88 Physikstudentinnen herauszugeben, um zur Frauenversammlung einzuladen. Er gab vor, datenschutzrechtliche Bedenken bei der Weitergabe von Privatadressen an die Frauenbeauftragte zu hegen. Diese dazu wörtlich im Beschwerdeschreiben an den Rektor: „Da ich als Frauenbeauftragte das Recht auf Akteneinsicht unter Beachtung datenschutzrechtlicher Belange habe, erscheint mir dies als widersinnig."[425] Alle Terminangelegenheiten mit Bezug auf die Frauenbeauftragte, so weiter, behandle der Dekan ausgesprochen schleppend. Man könne dies als wiederholte Versuche der Hintertreibung des Amtes auslegen.[426] Weitere Behinderungen zählte sie auf: Die Zusammenarbeit mit der Fachbereichsverwaltung sei überwiegend problematisch verlaufen. Über „Aufklärungsaushänge" sei die Arbeit der Frauenbeauftragten als bürokratisches Hindernis bei Stellenbesetzungen abqualifiziert worden. Auch nach zwei Jahren Amtszeit der Frauenbeauftragten sei ihnen der dringend benötigte Raum mit

---

[424] Vgl. ebenda.
[425] Vgl. Frauenbeauftragte FB Physik an den Präsidenten, 13. Dezember 1991, in: ebenda.
[426] Vgl. ebenda.

7. Blick nach Westen: Freie und Technische Universität in West-Berlin 1980–2000 185

Schreibmaschine und Telefonanschluss nicht bereitgestellt worden. Sie, die Frauenbeauftragte, teile sich den öffentlich zugänglichen Raum mit der Studentenvertretung. Es könnten dort weder Beratungs- noch Personalgespräche geführt noch vertrauliche Akten gelagert werden. Die Frauenbeauftragte forderte den Fachbereich zu einer „kooperativen und unterstützenden Zusammenarbeit" auf, ansonsten „sieht sich die Frauenvollversammlung außerstande, eine neue Kandidatin [für die Wahl] vorzuschlagen".[427]

Auch die ersten Berichte von Frauenbeauftragten der Technischen Universität West-Berlins lasen sich ähnlich. Konkrete Zahlenverhältnisse zu den Wissenschaftlerinnen für den Bereich Physik[428] ließen sich kaum finden.[429] Bis zum Jahr 2000 konnte die Physik keine Professorin vorzeigen, von den rund 60 bis 70 wissenschaftlichen Mitarbeitern sollen es im Jahr 2000 zirka acht, neun Physikerinnen, die Doktorandinnen mitgezählt, gewesen sein.[430] 1994 lag der Anteil der Physikstudentinnen bei rund zehn Prozent.[431] Die erste dezentrale Frauenbeauftragte im Fachbereich Physik, 1989 gewählt, auch hier eine Studentin, beschrieb ihren Fachbereich 1990: „Unter den zirka 1.000 StudentInnen befinden sich zirka 90 Frauen (neun Prozent). Die Tendenz ist steigend. [...] Zur Zeit sind hier vier wissenschaftliche Mitarbeiterinnen, 40 Sekretärinnen und eine Facharbeiterin beschäftigt. Seit Bestehen des Fachbereichs haben hier drei Frauen promoviert."[432] An der Technischen Universität begann im April 1987 ein „Arbeitskreis zur Einrichtung der Stelle einer Frauenbeauftragten", die Vorgabe des West-Berliner Hochschulgesetzes umzusetzen. Die Beschäftigung mit dieser Thematik begann sieben Jahre später als an der Freien Universität. Der Arbeitskreis erstellte eine Grundordnung für das Amt. Die Frauenbeauftragte sollte eine unbefristete weisungsunabhängige Stelle innehaben, mit Rede- und Antragsrecht, aufschiebendes Einspruchsrecht, Recht auf Akteneinsicht und Öffentlichkeits- und Presserecht. Diese Vorschläge genehmigte die Universitätsleitung, die (West-)Berliner Senatsverwaltung für Wissenschaft und Forschung jedoch nicht. Dem Wissenschaftssenator missfiel die hauptamtliche unbefristete Stelle und das aufschiebende Vetorecht. Zweimal, 1987 und 1988, wies der Senator die Grundordnungsvorschläge zurück, einer geforderten direkten Stellungnahme dazu vor Ort entzog er sich immer wieder.[433] Beim Rede- und Antragsrecht der Frauenbeauftragten in den Universitäts-

---

[427] Schreiben Frauenbeauftragte an den Dekan, FB Physik, 18. Dezember 1991, in: ebenda.
[428] Der Fachbereich Physik gehörte bis zum Jahr 2000 zur Fakultät II, Fachbereich IV.
[429] Das Universitätsarchiv funktionierte als tatsächliches Archiv mit ausgebildeten Archivmitarbeitern und eine Aktenabgabeordnung erst seit zirka 2000. Vgl. Auskunft der Archivleiterin Dr. Irina Schwab am 1. Juli 2016.
[430] Vgl. Gespräch mit der Frauenbeauftragten Fakultät II, Frau Julia Schulze, 13. Juli 2016.
[431] Vgl. Frauenförderplan der Fakultät II, 6/2003 (zur Verfügung gestellt von der Frauenbeauftragten). Die Physik-Lehramtsstudiengänge wiesen einen Studentinnenanteil von 25 Prozent 1994/95 aus. Vgl. ebenda.
[432] Erfahrungsbericht der Frauenbeauftragten vom FB 04 (Physik), März 1990 bis Januar 1991, in: Erfahrungsberichte TU Berlin 1989/1990, in: Archiv TU Berlin 714-20.
[433] Vgl. Die Frauenbeauftragte an der TUB – eine kleine Chronologie, Februar 1991, in: Erfahrungsberichte der Frauenbeauftragten, in: Archiv TU Berlin 714-20.

gremien wurde einschränkend hinzugefügt: „soweit Belange weiblicher Hochschulmitglieder unmittelbar berührt sind".[434] Von Anfang an war hier der Konflikt vorprogrammiert, denn wer definierte, wann Belange weiblicher Hochschulmitglieder berührt sind und wann nicht. Um die Regelung zum August 1989 überhaupt in Kraft zu setzen, gab der TU-Präsident nach dem Wechsel im Amt des Senators[435] insofern nach, dass die Stelle der Zentralen Frauenbeauftragten auf fünf, später auf vier Jahre befristet wurde. Dezentrale Frauenbeauftragte in den Fachbereichen standen seit Juli 1989 zur Wahl. Die erste hauptamtliche Zentrale Frauenbeauftragte der Technischen Universität wurde zum 1. Februar 1991 die diplomierte Pädagogin für Erwachsenenbildung und Hochschuldidaktikerin Ulrike Strate-Schneider mit Erfahrungen in der Frauenforschung.[436] Ihr folgte nach zwei Jahren Heidi Degethoff de Campos, sie hatte dieses Amt bis 2009 inne. Auch sie war eine studierte Pädagogin mit Erfahrungen in der Frauenforschung.[437] Im Vorfeld der Erstbesetzung stellte sich weiterer Ärger, dieses Mal über die Ausstattung der Stelle, ein. Der Senat hatte zwar laut Hochschulgesetz[438] einer hauptamtlichen Frauenbeauftragten zugestimmt, jedoch wollte er keine Mittel für Büro, Sachbearbeiterin und Schreibkraft zur Verfügung stellen. Die Zentrale TU-Frauenbeauftragte war für zirka 8.000 Studentinnen, 400 akademische Mitarbeiterinnen 40 Hochschullehrerinnen und 1.800 sonstigen Mitarbeiterinnen zuständig. Ohne Mitarbeiterinnen konnte die Arbeitsfähigkeit der Zentralen Frauenbeauftragten nicht gewährleistet werden.[439]

In den Protokollen der Fakultätssitzungen und in denen des Fachbereichsrates Physik waren zwischen 1980 und 2000 keine Verweise oder auch nur Erwähnungen des Frauen- und Gleichstellungsthemas zu finden.[440] Im Fachbereich Physik der TU war Mitte 1989 die erste dezentrale Frauenbeauftragte gewählt worden. Nach zwei Jahren im Amt berichtete die Physikstudentin über ihre Erfahrungen. Hier in der Physik hatte die Zusammenarbeit mit der Fachbereichsverwaltung, den Direktoren der sechs Physikinstitute und dem Dekan von Anfang an gut geklappt. Die Beteiligung an Stellenausschreibungen wie Bewerbungsverfahren war gewährleistet, wie auch die Teilnahme an den Direktoriumssitzungen. Die Akteneinsicht der nicht öffentlichen Teile von Protokollen musste hingegen erst erstritten werden. Die Ausstattung des Amtes mit Raum, Schreibmaschine, Telefon und

---

[434] Ulrike Strate, Frauenbeauftragte an der TU Berlin, Februar 1990, in: Archiv FU Berlin ZE Frauen, Nr. 30.

[435] West-Berliner Senator für Wissenschaft und Forschung 1986 bis März 1989 George Turner (parteilos) gefolgt von der Senatorin Barbara Riedmüller-Seel (SPD).

[436] Vgl. Das weibliche Profil der TUB Ulrike Strate-Schneider, in: 10 Jahre Frauenbeauftragte an der TU, S. 4.

[437] Vgl. Mein Weg ins Amt. Eine biographische Notiz von Heidi Degethoff de Campos, S. 38.

[438] Das Gesetz über die Hochschule im Land Berlin war 1990 ergänzt worden, eine hauptamtliche Zentrale Frauenbeauftragte musste nun eingestellt werden. Vgl. BerlHG vom 12. Oktober 1990, in: GVBl. 1990, S. 2165 ff.

[439] Vgl. Keine Frauenbeauftragte zum Nulltarif. Februar 1990, in: Archiv FU Berlin ZE Frauen, Nr. 30.

[440] Vgl. die Protokolle der Gremien im Archiv der TU Berlin.

Kopierschlüssel verlief relativ problemlos.⁴⁴¹ Die größten Schwierigkeiten der Frauenbeauftragten lagen bei ihrer „mangelnden Unterstützung und Akzeptanz von vielen Frauen im Fachbereich. Daher war ich vor allem [...] mit der Motivation von Physikstudentinnen beschäftigt. Viele meinen, dass sie eine Frauenbeauftragte nicht nötig haben."⁴⁴² Insgesamt gesehen war die Frauenbeauftragte mit dem Geleisteten zufrieden, obwohl das Amt eine Studentin zeitlich überfordere, räumte sie ein. Bewirken konnte sie indessen: Herstellung von Kontakten zu interessierten Studentinnen und wissenschaftlichen Mitarbeiterinnen; Steigerung der Akzeptanz der „Institution". „Frauenfeindliche Äußerungen sind seltener geworden. Teilweise hat sich auch schon die Sprache geändert, zumindest wird ab und zu die Möglichkeit eingeräumt, dass es auch qualifizierte Physikerinnen gibt."⁴⁴³ Und eine weitere Erleichterung würde sich in Zukunft einstellen, in einigen Gremien werde sie demnächst nicht mehr die einzige Frau sein.⁴⁴⁴

Ein anderer Erfahrungsbericht einer dezentralen TU-Frauenbeauftragten las sich 1990 so: Nach zwei Jahren im Amt fehle noch immer die Routine, Einladungen und Protokolle zu allen Gremiensitzungen zu erhalten. Bei Umlaufverfahren werde sie permanent übergangen. Ihre Anträge rangierten immer unter „Verschiedenes" und damit am Ende der Sitzung, wo keine Zeit mehr zur Diskussion bliebe. Dann gebe es Bemerkungen wie „muss ich mir das jetzt auch noch anhören, ist denn das so wichtig"? „Auf mein Urteil wird eigentlich kein Wert gelegt."⁴⁴⁵ In den Gremien schlug und schlägt ihr Misstrauen entgegen – „wer sind Sie eigentlich?", „was wollen Sie hier?". „Nachdem sichergestellt war, dass die Stimmenmehrheit der Professoren durch die Frauenbeauftragte nicht gefährdet war, wurde ich, [...], als harmlos eingestuft."⁴⁴⁶ Eine dritte dezentrale Frauenbeauftragte sprach ganz einfach davon, in den ersten Amtsjahren „weitgehend wohlwollend ignoriert" worden zu sein.⁴⁴⁷ Noch in den 2000er Jahren stammten von den 22 dezentralen (nebenamtlichen) Frauenbeauftragten an der TU 15 aus der Statusgruppe der Studierenden.⁴⁴⁸ Auch das warf einen Blick auf das Ansehen des Amtes. Nach zehn Jahren der Zentralen Frauenbeauftragten an der TU im Amt – also 2001 – sprach diese recht ernüchternd über dieses Steuerungsinstrument. Das Amt sei damals wie heute „nicht unumstritten, von manchen für überflüssig gehalten, von manchen belächelt, von anderen angefeindet."⁴⁴⁹

---

⁴⁴¹ Vgl. Erfahrungsbericht der Frauenbeauftragten vom FB Physik, 30. Januar 1991, in: Erfahrungsberichte der Frauenbeauftragten 1989/1990, in: Archiv TU Berlin 714–20.
⁴⁴² Ebenda.
⁴⁴³ Ebenda.
⁴⁴⁴ Vgl. ebenda.
⁴⁴⁵ Erfahrungsbericht der Frauenbeauftragten am Fachbereich 2, seit Januar 1990 im Amt, in: Erfahrungsberichte der Frauenbeauftragten TU Berlin 1989/1990, in: Archiv TU Berlin 714–20.
⁴⁴⁶ Ebenda.
⁴⁴⁷ Vgl. Ich wurde weitgehend wohlwollend ignoriert, S. 13.
⁴⁴⁸ Vgl. Susanne Plaumann, S. 5. Die wiederholten Aufrufe zur Wahlausschreibung für eine dezentrale Frauenbeauftragte im Fach Physik zeigte, dass das Amt nicht begehrt schien. Vgl. Wahlausschreibung 1995, in: Archiv TU Berlin Akzession 2011/19, 27.
⁴⁴⁹ Heidi Degethoff de Campos, Zehn Jahre Frauenbeauftragte an der TU Berlin, S. 7.

Bis zum Jahr 2000 – nun vor dem Hintergrund der Deutschen Einheit – liefen die Entwicklungen an den Berliner Universitäten und Hochschulen in Sachen Frauenförderung/Gleichstellung eher schleppend weiter: 1993 verabschiedeten die Hochschulen Frauenförderrichtlinien, an der TU 1994, als Satzung vom Senat bestätigt. Auf dieser Grundlage sollten bzw. mussten Frauenförderpläne in den Fachbereichen verabschiedet werden, die im Zwei-Jahres-Rhythmus fortzuschreiben und an eine Berichtspflicht gekoppelt wurden. Die Erstellung der ersten Frauenförderpläne zog sich bis in die 2000er Jahre hin.[450] Sowohl die Frauenförderrichtlinien wie die ersten Frauenförderpläne waren sehr unterschiedlich in ihrer Qualität und in ihrer Wirkung eher zu vernachlässigen.[451] Geforderte Zielvereinbarungen, und bei Nichterfüllung Mittelkürzungen, konnten nicht durchgesetzt werden.[452] Versprechungen und Appelle und minimale finanzielle Anreize in den Programmen brachten nichts. Das Durchsetzen von mehr Chancengleichheit und Wissenschaftlerinnenförderung als „normale, tagtägliche" Hochschulaufgabe und nicht als Sondermaßnahme zu begreifen, gelang ebenso nicht.[453] Auf der Positivliste stand für die hauptamtliche TU-Frauenbeauftragte, einen auch statistischen Überblick über Akademikerinnen an der Universität und Handlungsräume für Frauenförderung erarbeitet zu haben. Es wurde eine größere Transparenz in Verfahrens- und Entscheidungsprozesse eingeführt, das Institut Frauenbeauftragte und das Thema Frauenförderung war an der TU Berlin nicht mehr zu ignorieren.[454]

In den 1990er und beginnenden 2000er Jahren setzte sich die Ausschreibungspflicht und ein Einstellungsverfahren mit Beteiligung der Frauenbeauftragten für Wissenschaftsstellen durch, auch wenn es immer wieder Probleme mit Lehrstuhlleitern gab, die ihre Stellen nicht ausschrieben.[455] Das Öffentlichmachen von freien Stellen erhöhte auch Chancengleichheit. Das Durchsetzen des suspensiven Vetorechts eröffnete Handlungsräume, auch wenn manch eine studentische Frauenbeauftragte im Fachbereich die Wirkung des Instruments anfänglich nicht begriff. Vom Vetorecht habe diese, so ein Beispiel, bisher keinen Gebrauch gemacht, da es die Mehrheitsverhältnisse in der nochmaligen Abstimmung doch nicht ändere.[456] Sie begriff damit nicht, dass ein aufschiebendes Veto dokumentiert und aktenkundig wurde und die Bestätigung der gefällten Entscheidung im zweiten

---

[450] Vgl. Susanne Plaumann, S. 4–7; Stellungnahme des Deutschen Akademikerinnenbundes; Stellungnahme des AK „Frauen in Naturwissenschaft und Technik", 2002, in: ADS BT/14. WP-942, Bl. 418–421.
[451] Vgl. Heidi Degethoff de Campos, Zehn Jahre Frauenbeauftragte an der TU Berlin, S. 7.
[452] Vgl. Heidi Degethoff de Campos, Chancengleichheit für Frauen an Hochschulen, S. 19 f. Für die FU Berlin: Konferenz der Frauenbeauftragten an den Hochschulen Berlins, 28. April 1992, in: Archiv FU Berlin ZE Frauen, Nr. 30.
[453] Vgl. Heidi Degethoff de Campos, Chancengleichheit für Frauen an Hochschulen, S. 19.
[454] Vgl. Heidi Degethoff de Campos, Zehn Jahre Frauenbeauftragte an der TU Berlin, S. 8.
[455] Vgl. ebenda.
[456] Vgl. Erfahrungsbericht der Frauenbeauftragten am Fachbereich 2, seit Januar 1990 im Amt, in: Erfahrungsberichte der Frauenbeauftragten TU Berlin 1989/1990, in: Archiv TU Berlin 714-20.

Anlauf schriftlich begründet werden musste. Damit war dieses Instrument mehr wert als ein einfaches, schnell zu überbietendes Stimmrecht.

Ein Erfolgsprogramm in Berlin wurden die vom Senat finanzierten C1/C2-Stellen für habilitierte oder habilitierende Nachwuchswissenschaftlerinnen. Hier floss das Geld nicht in Projekte, sondern wurde zur Qualifizierung junger Wissenschaftlerinnen verwandt. Viele dieser Wissenschaftlerinnen schafften es von diesen Stellen aus, auf eine C3- bzw. sogar C4-Professur berufen zu werden.[457] Diese Karriereerfolge zeichneten sich ab Mitte der 2000er Jahre ab. Wichtig war in diesem Zusammenhang, dass die Programme mit Geldern des Senats finanziert wurden, die Universitäten allein hätten ein solches Programm nicht stemmen können. Mit den Mitteln des Hochschulsonderprogramms I und II – 1989/90 – konnte die Freie Universität bis 1991 39 C1- und 4 C2-Stellen einrichten. Die Nachfrage war immens, 340 Bewerberinnen hatten sich gemeldet. 1992 machte die Zentraleinrichtung für Frauenförderung der FU eine Umfrage unter diesen Stelleninhaberinnen. 36 Frauen gaben Auskunft über ihre ersten Erfahrungen mit dem Programm.[458] Die meisten dieser Wissenschaftlerinnen hatten ohne Zeitverzug nach dem Studium die Promotion auf wissenschaftlichen Mitarbeiterstellen oder mit Stipendium absolviert. Zum Zeitpunkt der Befragung, also auf dem Weg zur Habilitation, waren die Frauen mehrheitlich zwischen 30 und 40 Jahren alt und sie lebten in einer Partnerschaft. Weniger als ein Drittel der Frauen hatte Kinder. Die Vereinbarkeit von Berufsausübung und Kindererziehung wurde erwartungsgemäß, auch durch das Fehlen fast jeglicher Kinderbetreuungseinrichtungen, als schwierig eingeschätzt. Die Frage „erfahrener Benachteiligung" als Frau in der Wissenschaft bejahten drei Viertel. Hauptärgernis schienen hartnäckige, eigentlich nicht erlaubte, Nachfragen in Einstellungsgesprächen nach Schwangerschaft und Plänen zur Familiengründung gewesen zu sein. Wissenschaftlerinnen mit und ohne Familie unterstellte man von vornherein, nur einen „normalen Acht-Stunden-Arbeitstag" für den Beruf aufbringen zu wollen. Indirekt erwartet wurden 14 bis 15 Stunden. „Dass diese Zeit zum Teil für endlose Sitzungen mit ‚zwanghaftem Selbstdarstellungsdrang' einzelner Wortführer ‚vertan' wird, sagten in den Gesprächen viele der Befragten".[459] Für die Naturwissenschaftlerinnen der C1- und C2-Stelleninhaberinnen ergab sich der Druck zum 14-Stunden Tag durch Laborarbeiten und Werkstattexperimente. Eine Familie zu gründen und Kind/er zu haben, war aus Sicht der Frauen echtes Karrierehindernis. Das begründete oftmals ihre Lebensplanentscheidung, auf Kinder von vornherein zu verzichten.[460] Wichtiger Schluss der Studie zu den Sonderprogrammen lautete 1992: „Die meisten der befragten Wissenschaftlerinnen gaben an, ohne dieses Sonderprogramm keine Chance auf

---
[457] Vgl. Ulrike Strate, S. 20 f.
[458] Vgl. Wissenschaftliche Werdegänge von Frauen an der FU, Mai 1992, in: Archiv FU Berlin ZE Frauen, Nr. 29; gedruckt: Elisabeth Böhmer, S. 147–159.
[459] Ebenda.
[460] Aber auch das half in ihrer Karriereplanung oftmals nicht, da den Frauen die Möglichkeit, „sie könnten jederzeit schwanger werden", per se unterstellt wurde.

eine Habilitationsstelle gehabt zu haben. In Zeiten verschärfter Konkurrenz und immer höherer Anforderungen [u. a. bei den Lehrverpflichtungen] werden Wissenschaftlerinnen in absehbarer Zukunft Sonderprogramme dieser Art mehr denn je benötigen."[461]

Die Verwaltung der Freien Universität versuchte 1995 an der Institution Zentrale Frauenbeauftragte zu kratzen. Sie beabsichtigte, nur die niedrig dotierte Gehaltsstufe BAT IIA für eine Wissenschaftlerin auf diesem Posten zur Verfügung zu stellen. Damit wäre die amtierende Zentrale Beauftragte bei Neuwahl finanziell zurückgestuft worden. Das gelang durch ein Öffentlichmachen der Absicht nicht. Es blieb für die Position einer hauptberuflichen Frauenbeauftragten im Stellenplan das Mindestniveau einer BAT Ib-Vergütung.[462]

An der Freien Universität wurden die Frauenförderrichtlinien schnell erarbeitet. Hier lagen sie 1993 als Beschluss vor.[463] Einen Schwerpunkt, der an der TU so nicht vorkam, legte die FU auf Frauenforschung, die in jedem Fachbereich zu einem festen Bestandteil von Lehre und Forschung werden sollte. Der Aufbau der Frauenforschung erfolgte zunächst sehr verhalten. Bei Anstößen zur Genderforschung, bei der Durchführung von Symposien, bei der Dokumentation und Vernetzung aller Aktivitäten kam der Zentraleinrichtung zur Förderung von Frauenstudien und Frauenforschung an der FU besondere Bedeutung zu. Sie setzte bundesweit Maßstäbe als zentrale Dienstleistungseinrichtung.[464] In den Jahren 1999 und 2000 zeigte der Akademische Senat sich nicht unzufrieden mit Lehrangebot und Zahl an Abschlussarbeiten auf dem Gebiet der Geschlechterforschung. Es waren inzwischen fünf Frauenforschungsprofessuren eingerichtet worden. Kritik galt jedoch der Tatsache, dass fast alle Stellen und Projekte von befristet Beschäftigten besetzt bzw. geleistet wurden.[465] Zügig, 1991, legte der Fachbereich Physik der FU konkrete Frauenförderpunkte vor. Erwähnenswert und für Deutschland geradezu der Zeit voraus war hier der Vorschlag vom Erstellen einer ständig zu aktualisierenden Liste über qualifizierte Physikerinnen aus dem In- und Ausland für mögliche Professorinnenberufung.[466] Mangels eigener Ausbildungserfolge an

---

[461] Wissenschaftliche Werdegänge von Frauen an der FU, Mai 1992, in: Archiv FU Berlin ZE Frauen, Nr. 29.; Weiterhin kaum Frauen berufen. FU-Presseschau, 3. Mai 1993, in: ebenda, ZE Frauen, Nr. 30.

[462] Vgl. Rückschritt zum internationalen Frauentag: FU ohne Frauenbeauftragte, 7. März 1995, in: Archiv FU Berlin ZE Frauen, Nr. 31; Antrag zur Beschlussfassung: Sitzung des Akademischen Senats der FU, 20. Mai 1998, in: ebenda, ZE Frauen, Nr. 4.

[463] Vgl. Entwurf Frauenförderrichtlinien, 7. November 1991, in: Archiv FU Berlin ZE Frauen, Nr. 1; Beschluss der Frauenförderrichtlinien, 17. Februar 1993, Senatsbestätigung 16. März 1993, in: ebenda, ZE Frauen, Nr. 30; Bericht der Zentralen Frauenbeauftragten der FU Berlin 1991–1993, in: ebenda, ZE Frauen, Nr. 31.

[464] Vgl. Sitzung des Akademischen Senats: Frauen- und Geschlechterforschung, 8. September 1999, in: ebenda, ZE Frauen, Nr. 4.

[465] Vgl. Sitzung Akademischer Senat, 3. April 1999 und 16. Februar 2000, in: Archiv FU Berlin ZE Frauen, Nr. 4.

[466] Vgl. Maßnahmen zur Förderung von Frauen am FB Physik, 1991, in: ebenda, ZE Frauen, Nr. 127.

habilitierten Physikerinnen sollte in „Headhunter-Manier" nach möglichen Kandidatinnen Ausschau gehalten werden. Ob der Vorschlag damals schon umgesetzt wurde, bleibt ungeklärt. Die seit 1995 zusätzlich bereitgestellten Mittel als finanzieller Anreiz für Wissenschaftlerinnenförderung an der FU fielen zu gering aus, als das sie animierten, signifikant mehr Frauen einzustellen oder Forschung und Lehre mit Genderthemen anzureichern.[467] Im Februar 1994 hatte der Fachbereich Physik der FU seinen ersten Frauenförderplan beschlossen.[468] Ein positiver Punkt zeigte sich im ungeschminkten Darstellen der statistischen Tatsachen: Das Diplomphysikstudium hatten 1993 13 Prozent Frauen abgeschlossen. Alle 35 C4-, C3-, C2-Professuren waren mit Männern besetzt. Es hatte keine Frau in der Physik habilitiert. Alle acht beamtete Wissenschaftlerstellen und alle zwölf unbefristeten Stellen des Bereichs hatten Männer inne. Der Anteil wissenschaftlicher Mitarbeiterinnen betrug 13 Prozent, Doktorandinnen mitgerechnet. Eine von zehn C1-Stellen füllte eine Frau aus, jedoch handelte es sich hier um eine zusätzliche durch den Berliner Senat im Rahmen der Frauenförderung zugewiesene befristete C1-Stelle. Ansonsten blieb der Plan bei Absichtserklärungen nach dem Motto – „man werde sich in Zukunft mehr bemühen".[469] Die Frauenbeauftragte des Fachbereichs monierte in einer protokollierten aktenkundigen Erklärung: Um die auffällige Unterrepräsentation von Physikerinnen zu verändern, „müssten gravierende Maßnahmen festgeschrieben werden. In diesem Frauenförderplan sind nur zögerliche Schritte in diese Richtung zu erkennen. Leider konnten keine Mehrheiten für offensivere Förderungen gewonnen werden."[470]

Rein quantitativ änderte sich in der Physik in den 20 Jahren Frauenförderung von 1980 bis zum Jahr 2000 fast nichts.[471] Bei 31 ausgewiesenen Professoren und einer Professorin im Jahr 2000 fanden sich weiterhin keine weibliche Oberassistentin und unbefristete Mitarbeiterin; zwei Assistentinnen und neun wissenschaftliche Mitarbeiterinnen, neun Prozent dem Anteil nach, wurden in der Physik ausgewiesen.[472] Von der Technischen Universität liegen konkrete Zahlen für die Physik nicht vor. Hier wurden die schlechten Zahlen in der Physik noch hinter der Zusammenfassung mathematisch-naturwissenschaftliche Fakultät versteckt.[473] Sie dürften jedoch nicht erfreulicher als an der Freien Universität ausgefallen sein. Im

---

[467] Vgl. Anreizsystem zur Frauenförderung an der FU Berlin, 19. Juli 1995, in: ebenda, Schriftwechsel der KFN/Frauenbeauftragte.
[468] Vgl. Protokoll der FB-Sitzung, 16. Februar, in: ebenda, FBR-Protokolle – Physik.
[469] Ebenda.
[470] Protokollerklärung zum Frauenförderplan, in: ebenda.
[471] Vgl. Entwicklungsplan-Kommission im Fachbereich Physik, 1. Mai 1997, in: Archiv FU Berlin ZE Frauen, Nr. 4.
[472] Vgl. Frauenförderung und Geschlechterforschung an der FU Berlin, 4. Bericht der Zentralen Frauenbeauftragten 1997–2000 (zur Verfügung gestellt von der Gleichstellungsbeauftragten); Stellungnahme der FU zur Umsetzung der Forschungsorientierten Gleichstellungsstandards der DFG, 22. Mai 2009.
[473] Zu dieser Fakultät II gehörten im Jahr 2000 neben der Physik noch Chemie, Mathematik und Techno- und Wirtschaftsmathematik. Vgl. Frauenförderplan der Fakultät II, 30. April 2003 (zur Verfügung gestellt von der Frauenbeauftragten).

Jahr 2000 konnte auch der Fachbereich Physik der TU keine Professorin ausweisen. Die Zahl der wissenschaftlichen Mitarbeiterinnen lag bei knapp 16 Prozent, konkret acht bis zehn Physikerinnen. In den 1990er Jahren hatten sich jährlich zwei bis drei Frauen promoviert von insgesamt rund 30 jährlichen Promotionen. Habilitiert hatte keine Physikerin.[474] In den Frauenförderplänen der beginnenden 2000er Jahre blieb es weiterhin bei Absichtserklärungen – „wir setzen uns das zentrale Ziel, den Anteil an Professorinnen und wissenschaftlichen Mitarbeiterinnen zu erhöhen".[475] Wege und Mittel, konkrete Vorgaben fehlten nach wie vor. Die einzig produktive Maßnahme lief in Richtung Aufforderung, bei Stellenbesetzungs- und vor allem Berufungsverfahren gezielt infrage kommende Bewerberinnen anzusprechen bzw. „gezieltes persönliches Anwerben qualifizierter Frauen" von anderen auch ausländischen Einrichtungen aktiv zu betreiben.[476] Die Entwicklung der Studierendenzahlen in der Physik sah hingegen quantitativ so schlecht nicht aus. Von 1994 bis 2003 erhöhte sich im Diplomphysikstudiengang der Frauenanteil von elf auf 22 Prozent; in Zahlen hieß das: 1994 studierten 90 Frauen von 760 Physik und 2003 152 Frauen von 580.[477] Damit entstand ein größeres Reservoir diplomierter Physikerinnen, das zukünftig eine Promotion in Angriff nehmen konnte.

Durch von außen, politisch initiierte und durchgedrückte Instrumentarien wie Frauenbeauftragte, Frauenförderrichtlinien und Frauenförderprogramme begann sich das Klima auch im durch und durch männerdominierten Physikbereich in West-Berlin langsam zu wandeln. Chancengleichheit für Wissenschaftlerinnen wurde öffentlich thematisiert, Zahlen dazu dokumentiert, Frauenbeauftragte schufen sich erste Handlungsräume, Stellenausschreibungs- und Besetzungsverfahren wurden auch durch das Beteiligungsgebot der Frauenbeauftragten durchsichtiger und weibliche Kandidatinnen erhielten zumindest eine Möglichkeit zur Bewerbung. Wirkungsvoll waren vor allem speziell finanzierte Programme zur Förderung und Vorbereitung von Wissenschaftlerinnen auf eine Professur. Die erste Physikprofessorin an der TU West-Berlins wurde auch hier eine ostdeutsche, aus Jena stammende Wissenschaftlerin. Sie erhielt 2008 eine Professur für Experimentelle Physik.[478] Die nächste folgte 2009, sie hatte 2004 auf einer C1-Stelle aus dem Wissenschaftlerinnen-Förderprogramm des Berliner Senats habilitiert.[479] Diese westdeutsch sozialisierte Physikprofessorin äußerte sich darüber: *„Diese Programme haben sehr dazu beigetragen und es gab dann eine ziemlich gute Auswahl für Besetzungen. Diese Programme haben zusätzliche finanzielle Mittel bereitgestellt für Frauenförderung. Förderung bei Mittelkürzung findet nicht statt. Die Mittel kamen vom Berliner Senat. Diese Programme waren initiiert von den drei ‚taffen'*

---

[474] Vgl. ebenda.
[475] Vgl. TU: Frauenförderplan der Fakultät II. 30. April 2003, in: Archiv TU Berlin Gleichstellungsreferat/21.
[476] Vgl. Eckpunkte für die Erstellung von Frauenförderplänen an der TU Berlin, Beschluss 26. Juni 2002, in: Archiv TU Berlin Gleichstellungsreferat/21.
[477] Vgl. TU: Frauenförderplan der Fakultät II. 30. April 2003, in: ebenda.
[478] Vgl. Interview 23.
[479] Vgl. Interview 19.

Berliner Zentralen Frauenbeauftragten – der Technischen Universität, der Humboldt-Universität und der Freien Universität."[480]

Die ersten Physikprofessorinnen an den West-Berliner Universitäten verfügten über eine nicht zu unterschätzende Vorbildfunktion für Studentinnen und Nachwuchswissenschaftlerinnen in der Physik.

---

[480] Ebenda.

V. Wendejahre im ostdeutschen Hochschulsystem 1989/90

1. Halboffizielle, unabhängige Wissenschaftlerinnenkreise und ein kritischer Blick zurück

Ostdeutsche Wissenschaftlerinnen waren nicht Objekte, denen staatliche Förderung in ihrer akademischen Karriere zuteilwurde. Mit Kompetenz, Leidenschaft und Beharrlichkeit, mit Ausdauer und Durchsetzungsvermögen erkämpften sie sich ihren Platz im Wissenschaftssystem. Fähigkeiten und Wille gehörten zu den Voraussetzungen, um sich im männerdominierten Wissenschafts- und Forschungsbetrieb durchzusetzen. Das galt umso mehr für den Bereich der Naturwissenschaften und konkret für die Physik. In den 1980er Jahren begannen sich ostdeutsche Wissenschaftlerinnen in kleinen informellen Gruppen zusammenzufinden und ihre Stellung im Hochschulbetrieb zu diskutieren. Die selbstbewusster agierenden Nachwuchswissenschaftlerinnen hinterfragten die „Erfolge" der SED-Frauenpolitik. Nachdrücklicher formulierten sie ihre Ansprüche und zweifelten an den Erklärungen, der zufolge die noch nicht erreichte Gleichstellung im Wissenschaftsbetrieb – nach mehr als 30 Jahren Sozialismus – auf die „Überreste des Kapitalismus" und das „Beharrungsvermögen bürgerlichen Gedankenguts" zurückzuführen wären. Diese jungen Wissenschaftlerinnen stellten sich einer Auseinandersetzung mit der DDR-offiziellen Frauenpolitik. Sie knüpften in keiner Weise an existierende Frauenforschung des Wissenschaftlichen Rates der AdW „Die Frau in der sozialistischen Gesellschaft" an.[1]

Seit Ende der 1970er Jahre begannen einzelne Wissenschaftlerinnen das Thema Frauenforschung zu entdecken. Nach ihren Aussagen inspirierte sie zum einen die Lektüre feministischer und Frauenforschungsliteratur aus Westdeutschland und Westeuropa. Zum anderen entwickelten sie ihr Interesse aus eigenen Beobachtungen mit der Situation von Frauen und den Geschlechterbeziehungen in der DDR. Häufig regten sie eigene Erfahrungen im Wissenschaftsbetrieb an, wie auch die Doppel- und Dreifachbelastung der Frauen Ausgangspunkt für feministische Fragestellungen war.[2] Ein weiterer Ideengeber für Forschungen waren Stoffe aus der DDR-Gegenwartsliteratur.[3] Eine Handvoll Wissenschaftlerinnen verschiedener Disziplinen z. B. von der Humboldt-Universität widmete sich aus unterschiedlichen Motiven frauen- und geschlechtsspezifischen Fragestellungen. Diese Frauenforscherinnen stammten aus Fachbereichen wie der deutschen Literaturgeschich-

---

[1] Vgl. Christine Eifler, 546 f.
[2] Vgl. ebenda.
[3] Zum Beispiel Maxi Wander, Guten Morgen, du Schöne. 1977; Fred Wander, Maxi Wander. Tagebücher und Briefe, 1979; Gabriele Jähnert, Anfänge der Frauen- und Geschlechterforschung, S. 235 f., 243.

te, der Theologie, der Kulturwissenschaft, der Germanistik, Anglistik, Soziologie und Medizin, nicht aus den Naturwissenschaften. Insbesondere aus den Kulturwissenschaften heraus wurden Themen untersucht, die sich mit Entwicklungswidersprüchen berufstätiger Frauen in der sozialistischen Gesellschaft oder mit Frauen- und Männerbildern in der DDR beschäftigten. Soziologinnen befassten sich mit Themen zur Geschlechtersozialisation in der Familie und Schule; Medizinerinnen, Medizinsoziologinnen stellten sich Fragen nach Familienplanung, Schwangerschaft und Geburt.[4] Kulturwissenschaftlerinnen gründeten 1980 einen ersten halboffiziellen Arbeitskreis, der Disziplinen übergreifend einem Kommunikationsbedarf von Frauenforscherinnen an der Humboldt-Universität Rechnung trug. Diese zehn bis zwölf Wissenschaftlerinnen, darunter zwei von der Akademie der Wissenschaften, trafen sich privat, um Fragen der Geschlechterforschung, feministische Forschungsansätze und Probleme ihrer methodischen Umsetzung zu diskutieren.[5] 1982 erhielt dieser Privatkreis einen halboffiziellen Status, in dem er als „Arbeitskreis zur Erforschung kulturtheoretischer und historischer Aspekte des Geschlechterverhältnisses" bei der Sektion für Kulturwissenschaften und Ästhetik der HU formell angemeldet wurde.[6] Germanistinnen, die sich in ihren wissenschaftlichen Qualifizierungsschriften mit Frauenbildern und Weiblichkeitsmustern in der deutschen Literatur seit 1750 beschäftigten, gründeten im Februar 1989 einen nächsten „Arbeitskreis Frauenliteratur des 18. bis 20. Jahrhunderts" an ihrer Sektion und im selben Monat unternahmen diese mittels eines Schreibens an den Prorektor für Gesellschaftswissenschaften einen ersten Vorstoß für die Einrichtung eines „Frauenforschungszentrums mit interdisziplinärem Charakter".[7] Damit versuchten sie aus einer Nische auf die sichtbare Universitätsebene herauszutreten. Zu einer gegenseitigen Wahrnehmung der Arbeitskreise kam es nach Aussagen der beteiligten Wissenschaftlerinnen nicht bzw. erst am Ende der 1980er Jahre.[8]

Am 8. Dezember 1989, direkt nach dem Mauerfall, gründete sich, aufbauend auf den vorherigen Aktivitäten und Arbeitskreisen der verschiedenen Wissenschaftlerinnen, das „Zentrum für interdisziplinäre Frauenforschung" an der Ost-Berliner Universität.[9] Das Zentrum wurde zu einem Netzwerk für Wissenschaftlerinnen verschiedener Disziplinen, welches Öffentlichkeit für Frauen- und Geschlechterforschung herstellte.[10] Bis heute existiert es als „Zentrum für transdisziplinäre Geschlechterstudien".

---

[4] Vgl. Gabriele Jähnert, Anfänge der Frauen- und Geschlechterforschung, S. 236–244.
[5] Vgl. Hildegard Maria Nickel, S. 246 f.; Dort auch die Namen und Fachrichtungen der Wissenschaftlerinnen.
[6] Vgl. ebenda, S. 246; Ina Merkel, Strategiepapier zur Aufhebung geschlechtsspezifischer sozialer Unterschiede in der sozialistischen Gesellschaft, 19. Oktober 1989, in: SAPMO-BA DY 5/870.
[7] Abdruck des Schreibens vom 28. Februar 1989, in: Von der Ausnahme zur Alltäglichkeit, S. 240.
[8] Vgl. Gabriele Jähnert, Anfänge der Frauen- und Geschlechterforschung, S. 245.
[9] Vgl. ebenda, S. 238 f.; Abdruck des Protokolls der konstituierenden Sitzung, in: ebenda, S. 248.
[10] Vgl. Vgl. Hildegard Maria Nickel, S. 246 f.

Wissenschaftlerinnen und Studentinnen von der Humboldt-Universität, die sich in Wendezeiten und danach Frauenforschungsansätze verfolgten und sich frauenpolitisch engagierten, stammten vornehmlich aus den Kulturwissenschaften, der Germanistik und Soziologie. Die vor allem politisch Agierenden, d. h. auch gleichstellungspolitisch aktiven Wissenschaftlerinnen, versammelten sich am 4. Dezember 1989 in der Initiative „Humboldt-Frauen".[11] Bei all den Aktivitäten, Initiativen und Gründungen an der Humboldt-Universität blieb anzumerken – Naturwissenschaftlerinnen fanden sich darunter nicht. Sicher lassen sich auch an anderen ostdeutschen Universitäten Beispiele von sowohl beginnender Forschung über Frauen als auch gleichstellungspolitische Aktivitäten nachweisen – auch wenn die Humboldt-Universität mit zu den Vorreitern zählte. Obwohl alles in Berlin verortet, nahmen sich die Frauenforscherinnen der Humboldt-Universität, die „Wissenschaftlerinnen-Forscherinnen" vom Zentralinstitut für Hochschulbildung und die von der Forschergruppe an der Akademie der Wissenschaften im „Institut für Theorie, Geschichte und Organisation der Wissenschaft" gegenseitig nicht zur Kenntnis. Es existierten keine Verbindungen oder Vernetzungen. Einzig, wie oben bereits beschrieben, stellten die Wissenschaftlerinnen und Wissenschaftler vom Hochschulforschungsinstitut und vom Akademie-Institut ihre Forschungsergebnisse über „Frauen in der Wissenschaft" sich gegenseitig vor.[12] Eine Zusammenarbeit hatte nicht stattgefunden. Sie begann erst zwischen 1987 und 1989.

In den 1980er Jahren hatten sich männliche Kollegen und Vorgesetzte – in der Regel – nicht mehr gewagt, öffentlich Bemerkungen und Vorurteile zu äußern, die auf vermeintlich mindere Begabung bzw. geringeres Leistungsverhalten bei Frauen in der Wissenschaft abzielten. Das hieß jedoch nicht, dass diese Denkweisen verbreitet waren. In den zensierten Druckmedien wurde mit einem Artikel in der Zeitschrift „Wissenschaft und Fortschritt" Anfang 1989 eine Art „neue Biologismusdebatte" angeschoben, die auf biotische, kognitive und psychologische Entwicklungsunterschiede zwischen Frauen und Männern verwies.[13] Dieser Artikel rief einen Sturm an unterschiedlichsten Meinungsäußerungen in Form von Leserbriefen hervor. Auf Veranlassung von gleich drei ZK-Abteilungen, der für Wissenschaft, für Frauen und für Propaganda, wurde der öffentliche Diskurs unterdrückt und konnte erst Anfang 1990 aufgenommen werden.[14] Die beiden Autorinnen des Artikels, zwei Psychologinnen der HU, wollten einen Gedankenaustausch anregen, indem sie fragten, warum bei gleichen rechtlichen, politischen und ökonomischen Gegebenheiten in der DDR, Frauen ihre vermeintlichen Chancen in Spitzenpositionen von Politik, Wirtschaft und Wissenschaft zu gelangen, weniger nutzten als Männer. Nach Erklärungen suchend brachten sie Forschungsergebnisse vor, wonach geschlechtsspezifische Unterschiede im Spielver-

---

[11] Vgl. Marianne Kriszio, Bericht der zentralen Frauenbeauftragten der Humboldt-Universität 1993–1996, S. 17.
[12] Vgl. Werner Meske, Frauen in der Wissenschaft, Berlin (Ost) 1987.
[13] Vgl. Sonnhild Döring, Marion Kauke, S. 30–35.
[14] Vgl. Miteinander oder gegeneinander?, S. 83–87.

halten von hochentwickelten Säugern, Schimpansen, ähnliche Beobachtungen beim Spielen von Mädchen und Jungen im Vorschulalter ausgemacht wurden. Demnach würden u. a. Jungen Konstruktions-, Experimentier- und Regelspiele vorziehen und Mädchen Geschicklichkeits-, Berührungs- und Glücksspiele. Ein Vergleich männlicher und weiblicher Intelligenz hielt fest, dass sich diese grundsätzlich bei beiden Geschlechtern nicht unterscheide. Bestimmte Komponenten der Intelligenz seien jedoch verschieden ausgeprägt: Das männliche Geschlecht verfüge über eine Überlegenheit im räumlichen Vorstellungsvermögen und in mathematischen Leistungen. Das weibliche Geschlecht habe diese Überlegenheit im sprachlichen Bereich und in der Aufnahme- und Merkfähigkeit. Es unterschieden sich auch die männlichen und weiblichen Strategien des Wissenserwerbs. Oder – ein weiterer Punkt – Jungen und Männer bestimmten die Rangordnung in einer Gruppe schneller und verbindlicher als Mädchen und Frauen. Womöglich, so fragten die Autorinnen, würde das „Wohlbefinden" des Mannes stärker von der errungenen Position abhängen und das der Frauen von Kommunikation und Ausgleich.[15] Die Wissenschaftlerinnen folgerten daraus, dass Unterschiede der Geschlechter im Verhalten neben den sozialisierten gesellschaftlichen mit hoher Wahrscheinlichkeit auch biotische Ursachen haben. Diese und weitere zur Diskussion gestellten Sichtweisen wurden im April 1989 noch mundtot gemacht durch die Chefredakteurin der Frauenzeitschrift „Für Dich". In typischer Propagandamanier unterstellte sie den beiden Wissenschaftlerinnen, Karl Marx nicht gelesen und verstanden zu haben, der schon vor langem auf die „doppelte Unterdrückung der Frau als Angehörige der Klasse und als Angehörige der weiblichen Geschlechts"[16] verwiesen hatte. Sie würden mit ihren Aussagen „den Frauen in biologistischer Manier einen Platz in der Gesellschaft zuweisen, der alles in allem eine Art zweiter Platz sein könnte".[17] Eine ersthafte Diskussion setzte im April 1990 ein. Hier trafen die verschiedenen Meinungen wie diese aufeinander:[18] Warum werde suggeriert, dass Frauen, wenn sie erfolgreich sein wollen, sich im Verhalten nicht von Männern unterscheiden dürfen? Bringe es nicht erheblichen Schaden in der Durchsetzung der Gleichberechtigung, „wenn man etwa anlagebedingte Unterschiede der Geschlechter zum Nachteil der Frau auslegt"? Der Verweis auf biotische Verschiedenheiten schüre bei Wissenschaftlerinnen wieder Ängste, „nun erst recht viel mehr leisten zu müssen, um anerkannt zu werden" und verstärke das über Jahrhunderte Geltende, dass das „weibliche Geschlecht nicht nur das andere, sondern auch als das Minderwertige" sei.[19] Wer entscheide darüber, dass Erfolg in Wissenschaft und Forschung heute nicht eher von Teamfähigkeit, Wissens- und Merkfähigkeit und Kommunikation abhänge und erst in zweiter Linie von Durchsetzungsvermögen, eingehaltener Rangfolge und mathematisch-räumlichen Vor-

---

[15] Vgl. Sonnhild Döring, Marion Kauke, S. 30–33.
[16] Frieda Jetzschmann, S. 21.
[17] Ebenda.
[18] Vgl. Miteinander oder gegeneinander?, S. 83–87.
[19] Ebenda, S. 83–86.

stellungsvermögen? Dieser hier dargestellte Diskurs soll einen Blick auf die Meinungsvielfalt werfen, die bei Wissenschaftlerinnen und Wissenschaftlern sowie bei Frauenpolitikerinnen zum Ende der DDR auch bezüglich „Frauen in der Wissenschaft" vorhanden war.

Ab den Wendemonaten im Herbst 1989 begann sich die Situation der Wissenschaftlerinnen, Frauenforscherinnen und der Frauenpolitikerinnen widersprüchlich zu entwickeln. Sie war zunächst für alle mit vielen positiven Veränderungen verbunden: Ende von Forschungsbeschränkungen, Abwerfen von ideologischem Ballast, besserer Zugang zur internationalen, westlichen Literatur, bessere materielle Ausstattung, Reisemöglichkeiten. Im weiteren Verlauf brachten die politischen Veränderungen eine stärker werdende Verunsicherung über die zukünftige berufliche Laufbahn. Ende 1989 Anfang 1990 regte sich zunächst eine positive Aufbruchstimmung.

Die Freie Universität (FU) in West-Berlin, die dortige „Zentraleinrichtung zur Förderung von Frauenstudien und Frauenforschung", veranstaltete am 27. Oktober 1989, noch vor Öffnung der Berliner Mauer, ein Ost-West-Kolloquium über das Thema „Frauen in der Wissenschaft". Es wurden Fragen der Benachteiligung von Frauen im Wissenschaftssystem diskutiert, die sich in Ost- und Westdeutschland ähnelten, obwohl die soziale Herkunft der Studierenden, der Hochschulzugang, die Wissenschaftsorganisation und die Fördermaßnahmen nicht unterschiedlicher sein konnten.[20] Aus Ost-Berlin waren die Wissenschaftlerinnen Karin Hildebrandt vom Hochschulforschungsinstitut, Marion Kauke von der Humboldt-Universität und Christine Waltenberg von der Akademie der Wissenschaften eingeladen. Dieses Zusammentreffen von West- und Ost-Berliner Frauenforscherinnen und Politikerinnen war keine echte Premiere.[21] Es gab eine kleine Vorgeschichte: 1985 versuchten zwei West-Berliner Forscherinnen von der Freien Universität, Kontakt mit ostdeutschen Kolleginnen von der Pädagogischen Hochschule Potsdam herzustellen. Das verlief, so die Erinnerung der West-Berlinerinnen, absolut geheim – „Kennzeichen rote Baskenmütze, bekannt nur der Vorname. Was wir dort über die Förderung der Studentinnen – vor allem der studierenden Mütter erfuhren – hat uns sehr beeindruckt, der Kontakt wurde nicht fortgesetzt, Material konnte nicht ausgetauscht werden."[22] Zwei Jahre später, 1987, wurden die FU-Wissenschaftlerinnen zu einem einwöchigen Kolloquium an die DDR-Akademie der Wissenschaften eingeladen. Ganz offiziell ging das über Hertha Kuhrig[23] – über die „erste" Frau in der DDR-Frauenforschung und Vorsitzende des Wissenschaftlichen Rates „Die Frau in der sozialistischen Gesellschaft" an der AdW, die zuvor in West-Berlin referiert hatte. Dort, an der Akademie, lernten sich Vertreterinnen beider Seiten kennen und an der FU plante man, eine gemeinsame

---

[20] Vgl. Ulla Bock, 2015.
[21] Vgl. Protokoll: Kolloquium: Situation von Frauen in der Wissenschaft in beiden deutschen Staaten, 27. Oktober 1989, in: Archiv FU Berlin ZE Frauen, Nr. 67.
[22] Ebenda.
[23] Vgl. Hertha Kuhrig über die Frauen in der Wendezeit, S. 21.

Tagung auszurichten. Es hatte sich bei der Begegnung herausgestellt, dass Frauen im DDR-Wissenschaftssystem vergleichbare Probleme hatten wie im westlichen Hochschulbereich. Diese Idee wurde Ende Oktober 1989 realisiert.[24]

An der AdW begannen im Herbst 1989 die Forscherinnen aktiv zu werden. Noch unter der alten SED-bestimmten Frauenkommission der Akademie[25] wurde am 24. November 1989 zu einer Frauenkonferenz eingeladen.[26] Sie stand unter dem Motto „einer von Grund auf erneuerten Frauenpolitik", die mit der angestrebten Akademiereform einhergehen sollte. Es hatte die Akademikerinnen aufhorchen lassen, dass die im November stattgefundenen Wahlen in den SED-Grundorganisationen, die Beteiligung von Frauen vermissen ließ, sie sich in Leitungsgremien noch weniger wiederfanden als zuvor. Die Furcht, jeglichen Einfluss auf die angestrebte Akademiereform zu verlieren, ließ engagierte Wissenschaftlerinnen zusammenkommen. Die Frauenkonferenz begann mit einer Negativbilanz: „Wir [die Frauenkommission der SED-Kreisleitung an der AdW] müssen als Akademieleitung selbstkritisch feststellen, dass es seit der letzten Frauenkonferenz 1977 [!] weder energisches Befassen mit den Problemen der annähernd 11.500 Mitarbeiterinnen der AdW noch tiefgreifende Analysen der Situation gab, dass auf zahlreiche Initiativen der Frauenkommission [...] nicht reagiert wurde, dass das Gespräch mit Frauen der Akademie nicht gesucht und dass die deutlich sichtbare Zunahme von Disproportionen im Einsatz von Frauen an der Akademie ignoriert wurde."[27] Diese Bilanz des Versagens wurde mit bekannten Fakten untermauert, kaum Professorinnen, kaum B-promovierte und kaum ein Fünftel promovierte Frauen vorzeigbar. Das Qualifikationsgefälle zwischen Forschern und Forscherinnen hatte sich in den 1980er Jahren weiter vergrößert. Die Gründe für die deutlich schlechtere wissenschaftliche Qualifikation im Vergleich zu den Männern hießen, Einstellung und Haltung der männlichen Leiter und männlichen Kollegen sowie die Leitungs- und Personalmaßnahmen insgesamt. Die Akademie-Frauenfunktionärinnen sprachen ihre Überzeugung aus, dass subjektives Ermessen, tradierte Denk- und Verhaltensweisen Ursachen der differierenden Leistungsbewertung für Frauen und Männer waren. Denn wie sollte anders erklärt werden, dass von 1.100 habilitierten Männern derzeit 520 – also die Hälfte – zu Professoren berufen waren, während 95 habilitierte Frauen nur 29 – also kaum ein Drittel – eine

---

[24] Vgl. Protokoll: Kolloquium: Situation von Frauen in der Wissenschaft in beiden deutschen Staaten, 27. Oktober 1989, in: Archiv FU Berlin ZE Frauen, Nr. 67.
[25] Leiterin der Frauenkommission der SED-Kreisleitung der AdW war die Mathematikerin Dr. Claudia Keusch (Jg. 1954), 1981–1990 wissenschaftliche Mitarbeiterin am Institut für Mathematik, seit 1991 Teammanagerin im Organisationsbereich der Treuhandanstalt, in den 2010er Jahren in einer Hamburger Managementberatung. Trotz mehrfacher Versuche 2017 konnte ein Gesprächskontakt nicht hergestellt werden. Vgl. Claudia Richter, Schreiben zu Lasten kreativer Aufgaben? Dr. Claudia Keusch zur Frauenförderung an der Akademie der Wissenschaften, November/Dezember 1989, in: ABBAW: VA-12973.
[26] Vgl. Werte Gäste; Einführungsvortrag auf der Frauenkonferenz der AdW, 24. November 1989, beides in: ABBAW: VA-12973.
[27] Ebenda.

Professur erhalten hatten.[28] Zur Kaderreserve zählten nur 18 Wissenschaftlerinnen von 172 – gerade einmal zehn Prozent. Analysen der letzten Jahre – die ohne Konsequenzen geblieben und von der Akademieführung ignoriert worden seien – zeichneten das Bild, dass dreimal so viele weibliche Hochschulkader mit wissenschaftsorganisatorischer und Routinearbeiten beschäftigt wurden mit dem für die Männer bequemem Verweis: „Frauen seien ordentlicher, zuverlässiger, könnten besser Schreibmaschine schreiben."[29] Fast alle Leistungen der individuellen Reproduktion – Haushalt, Familie, Kinder – lägen in den Händen der Frauen, und sollten doch einmal Männer die bezahlte Freistellung zur Betreuung kranker Kinder in Anspruch nehmen wollen, hieß es von Vorgesetzten und Kollegen: „Warum macht das nicht deine Frau?"[30] Die Vorsitzende der SED-Frauenkommission verwies darauf, dass gegenwärtig altbekannte Argumente von den männlichen Kollegen zu hören seien, wie: „Ist es nicht ungerecht, wenn wir den Frauen so viel Aufmerksamkeit zuwenden?" „Frauenförderung auf Kosten anderer"?[31] „Gibt es jetzt nichts Wichtigeres zu tun?" „Die Frauen wollen sich doch gar nicht weiterqualifizieren, sie sind zufrieden mit dem Status quo!" Dagegen, so rief sie auf, müsse Front gemacht werden! Die Frauen müssen ihr Mitspracherecht einfordern und sich organisieren – egal wie.[32] Der Disput auf der Akademie-Frauenkonferenz endete mit Überlegungen für Sofortmaßnahmen, die an die Akademieleitung weitergeleitet wurden. Es wurde gefordert: 1. Quotierung bei der Professorenernennung; 2. Quotierung bei der Besetzung von Leitungsfunktionen; 3. Bildung einer Interessenvertretung, angebunden beim Akademiepräsidenten mit echtem Stimm- und Mitspracherecht der Frauen bei Berufungen, Besetzung von Leitungsfunktionen und Gehaltsfragen sowie 4. Abbau der hierarchischen Akademiestrukturen.[33] Als erstes sichtbares Zeichen im Sinne von Chancengleichheit forderten die Akademie-Frauen jeweils zehn Professorinnen-Ernennungen 1990 und 1991 vorzunehmen.[34] Zur Erinnerung: Zu dieser Zeit waren 480 Professoren und nur 22 Professorinnen an der Akademie beschäftigt; habilitiert waren 1.077 Männer und 85 Frauen.[35] Die kurzfristige Berufung von 20 bereitstehenden habilitierten Akademikerinnen zu Professorinnen hätte mit einem Schlag die Professorinnenzahl an der Akademie verdoppeln können.

Die Frauenversammlung an der AdW beschloss einen Initiativaufruf „Frauen in der Wissenschaft" zu starten, um einen Arbeitskreis zu institutionalisieren. Dieser

---

[28] Vgl. ebenda,
[29] Ebenda.
[30] Ebenda.
[31] Werte Gäste, liebe Genossinnen und Kolleginnen der Akademie!, in: ABBAW: VA-12973.
[32] Vgl. ebenda.
[33] Vgl. Strategiedokument Frauenpolitik – AdW, 24. November 1989, in: SAPMO-BA DY 53/869.
[34] Vgl. Einführungsvortrag auf der Frauenkonferenz der AdW, 24. November 1989, in: ABBAW: VA-12973.
[35] Vgl. Frauenkommission, AdW: Entwicklung des Arbeitsvermögens weiblicher Beschäftigter an der AdW – Analyse und Schlussfolgerungen, 14. Februar 1988, in: SAPMO-BA DY 53/968.

sollte die Aufbruchstimmung nutzen, um Fragen, Probleme, Ansichten, Erfahrungen, Wünsche und Hoffnungen der Wissenschaftlerinnen zu artikulieren.[36] Am 13. Dezember 1989 gründete sich die Initiativgruppe „Frauen in der Wissenschaft" an der Akademie in Berlin.[37] An ihre Spitze stellte sich die Physikerin und Mathematikprofessorin Helga Königsdorf. Weitere 14 Wissenschaftlerinnen zählten zu den Gründungsmitgliedern, darunter fünf Naturwissenschaftlerinnen.[38] Stärker vertreten waren Soziologinnen und Historikerinnen.[39] Auch die Initiativgruppe rief zu einem Umbau der Akademie-Leitungsstrukturen auf, forderte „profilierte Frauen ins Präsidium und in Direktorensessel", eine Frauenvertretung beim Akademie-Präsidium mit Antrags-, Rede-, Einspruchs- und Öffentlichkeitsrecht.[40] Es schien, dass das beschlossene Aktionsprogramm der Akademie-Frauenversammlung drei Wochen zuvor keinen Nachhall bei der Akademieleitung gefunden hatte, denn es hieß: „Was wird aus dem auf der Frauenkonferenz der Akademie am 24. November verkündeten Aktionsprogramm [...]? Über Funktion und Organisationsstruktur einer Frauenvertretung bieten wir an, mit dem Präsidenten der AdW zu diskutieren."[41] Auch aus einzelnen Akademie-Instituten kamen Stimmen zum Thema Chancengleichheit. Hier schienen die Physikerinnen recht aktiv gewesen zu sein. Die Frauen des Zentralinstituts für Astrophysik, Potsdam, kaprizierten sich auf grundlegende Verbesserungen der allgemeinen Versorgungslage und der Sicherung eines funktionierenden öffentlichen Nahverkehrs usw.[42] Die Frauenkommission des Instituts für Hochenergiephysik machte sich im Januar 1990 stark für Quotierungen und warnte vor einer „zunehmenden Wissenschaftsfeindlichkeit" und einer „Vernachlässigung berechtigter Graueninteressen" im Wendeprozess in der DDR.[43] Die Akademie-Initiativgruppe „Frauen in der Wissenschaft" nahm Ende 1989 Kontakt auf zu Wissenschaftlerinnen-Vertretungen in der Republik, zur TU Dresden, Sektion Physik, zur Leipziger, Rostocker, Humboldt-Universität und zur Hochschule für Ökonomie in Berlin-Karlshorst.[44] Bis in den Sommer 1990 hinein engagierte sich die Akademie-Initiativgruppe „Frauen in der Wissenschaft" mit weitergehenden Forderungen. Sie diskutierten über künftige Institutionalisierung und Besetzung einer zentralen Frauengleich-

---

[36] Vgl. Initiativaufruf „Frauen in der Wissenschaft", in: Archiv FU Berlin ZE Frauen, Nr. 124; Renate Mayntz, Deutsche Forschung im Einigungsprozess, S. 53.
[37] Vgl. Initiativgruppe, 13. Dezember 1989 und Adressenliste – Frauenarbeit, in: SAPMO-BA DY 53/963.
[38] Eine Informatikerin, eine weitere Mathematikerin, zwei Physikerin und eine Chemikerin.
[39] Vgl. Initiativgruppe, 13. Dezember 1989 und Adressenliste – Frauenarbeit, in: SAPMO-BA DY 53/963.
[40] Vgl. ebenda.
[41] Ebenda.
[42] Vgl. Brief der BGL des Zentralinstituts für Astrophysik, 27. Oktober 1989, in: SAPMO-BA DY 53/870.
[43] Vgl. Institut für Hochenergiephysik an die Frauenkommission des ZV der Gewerkschaft Wissenschaft, 19. Januar 1990, in: SAPMO-BA DY 53/869.
[44] Vgl. Initiativgruppe „Frauen in der Wissenschaft", Adressenliste – Frauenarbeit, in: SAPMO-BA DY 53/963.

stellungsstelle an der Akademiespitze und Gleichstellungsbeauftragte an jedem Forschungsinstitut, die Gründung eines eigenständigen Frauenreferates in der Akademie. Sie entwarfen die Paragraphen zur Bestellung der Gleichstellungsbeauftragten für das neu zu erarbeitende Statut der Akademie und die Richtlinien zur Gleichstellung der Frau in der Wissenschaft.[45] Ihre Überlegungen für Gleichstellungsrichtlinien umfassten die Vorgaben von mindestens zwei stimmberechtigten Frauen in Berufungskommissionen sowie Einstellung und Stipendienvergabe anteilig an Frauen gemessen an ihrer Absolventinnenzahl im jeweiligen Fach. Bei Nichtumsetzung sollten die Gründe schriftlich und aktenkundig dokumentiert werden. Als Sofortaufgabe schlug die Initiativgruppe wieder vor, konkrete Berufungsvorschläge für weibliche qualifizierte Wissenschaftlerinnen mittels einer Präsidiumsanweisung auf den Weg zu bringen.[46]

Wissenschaftlerinnen anderer Hochschuleinrichtungen wurden ähnlich aktiv. Die Frauenkommission an der TU Ilmenau stimmte in die gängigen Forderungen nach erneuerter kompetenter Frauenvertretung oder nach Recht auf Teilzeitbeschäftigung für Männer und Frauen ein. Die bisherige gewerkschaftliche Frauenpolitik erhielt Ablehnung, dies wurde so dem Berliner Zentralvorstand Wissenschaft des FDGB mitgeteilt. „Die Vergangenheit hat gezeigt, dass weder Quotierung noch Frauenförderungspläne etwas gebracht haben, und auch die Frauenkommissionen waren kein geeignetes Mittel, um die wahre Gleichberechtigung der Frauen auf allen Gebieten zu gewähren."[47] Noch deutlicher äußerte sich im März 1990 die Leiterin der Frauenkommission, eine habilitierte Pädagogin, der Greifswalder Universität über die Arbeit der zurückliegenden Jahre. Die monatlich durchgeführten Beratungen und der jährlich aufgestellte Förderungsplan hatten keinen nennenswerten Erfolg gebracht. „Viele der an der Universität beschäftigten Frauen kannten nicht einmal den Frauenförderungsplan. Trotz öffentlich propagierter und im Frauenförderungsplan verankerter Gleichberechtigung gab es die Gleichstellung der Frau real nicht",[48] sichtbarer Ausdruck der kaum messbare Anteil von Frauen im Wissenschaftlichen Rat und im Senat der Universität. Kleine Erfolge konnten nur bei der Suche nach Krippenplätzen oder Wohnraum oder leicht verbesserte Arbeitsbedingungen in der Mensa erzielt werden. „Jährlich wurden Frauenkonferenzen durchgeführt. Die geringe Teilnahme der Frauen war Ausdruck dafür, welchen Wert sie dieser Veranstaltung beimaßen."[49] Der zurückliegende Erfahrungs-

---

[45] Vgl. Initiativgruppe „Frauen in der Wissenschaft" an den Vorsitzenden der Forschungsgemeinschaft der AdW, Juli 1990; Arbeitsschritte zur Besetzung der Frauengleichstellungsstelle; Grundordnung der AdW zur Gleichstellungsbeauftragten; Richtlinien zur Gleichstellung der Frauen im Wissenschaftsbereich an der AdW, in: Archiv FU Berlin ZE Frauen, Nr. 124.

[46] Vgl. Arbeitsschritte für Frauengleichstellungsstelle 1990, in: Archiv FU Berlin ZE Frauen, Nr. 124.

[47] TH Ilmenau, Frauenkommission, 22. Januar 1990; vgl. Wie weiter mit der gewerkschaftlichen Frauenarbeit, 28. Dezember 1989, beide in: Archiv TU Ilmenau 11048.

[48] Christina Krause, Zur Arbeit in der Frauenkommission, 5. März 1990, in: Archiv Universität Greifswald UGL 125.

[49] Vgl. ebenda.

austausch mit anderen Hochschulfrauenkommissionen habe ähnliche Zustände widergespiegelt. Die Mitglieder der Greifswalder Universitäts-Frauenkommission äußerten das Gefühl, nur ein „Alibi für Frauenförderung, die es eigentlich nicht gab", gewesen und immer noch zu sein.[50] Sie beschlossen, sich aufzulösen. Einige der Mitglieder gründeten einen „Unabhängigen Frauenverband" an der Universität.[51] Von der Leipziger Universität kam der Antrag zur Abschaffung der Frauenkommission bei der Gewerkschaft Wissenschaft in Berlin.[52] Hier hieß ein Hauptargument: Die Frauenproblematik kann nur im Miteinander von Frauen und Männern gelöst werden, „deshalb dürfen Frauen nicht wie bisher in eigene Kommissionen ausgegrenzt werden".[53] Von den Historikerinnen der Leipziger Universität gingen im Juli 1990 Anstöße aus zur Bildung einer Initiativgruppe für die Errichtung eines zentralen Frauengleichstellungsreferats an der Universität.[54] Die bisherigen Frauenvertreterinnen an der Universität, so die Argumentation, wurden nicht wirksam, da sie über keine realen Einspruchs- und Entscheidungsbefugnisse verfügten, Teil der politischen Parteien bzw. der Gewerkschaft waren und somit Bestandteil der Systemerhaltung. Es reiche jetzt nicht – wie gefordert wird – Frauenbeauftragte mit beratender Stimme im Senat, sondern die Frauenbeauftragte müsse „Rede-, Antrags-, Initiativ- und Vetorecht in allen Selbstverwaltungsgremien, Berufungs- und Stellenbesetzungsvergabeverfahren [...] der Universität"[55] erhalten. Dringend erforderlich – vor allem mit dem Blick auf den universitären Mittelbau und deren absehbare Reduzierung – hielten die Historikerinnen quotierte Umschulungs- und Umstrukturierungsprogramme.[56]

Wie das Beispiel der „Humboldt-Frauen" und der Gründungswissenschaftlerinnen des Zentrums Interdisziplinäre Frauenforschung der Humboldt-Universität zeigten, brachten sich Frauen von der Universität in der Wendezeit politisch ein. Ein Teil der Wissenschaftlerinnen engagierte sich dabei auch außerhalb des Hochschulsystems.[57] Andere wollten die politische Wendezeit nutzen in Richtung einer echten Gleichstellung von Frauen aller Statusgruppen. Die „Humboldt-Frauen" arbeiteten aktiv mit am Runden Tisch der Universität.[58] Zur ersten Gleichstellungs-

---

[50] Ebenda.
[51] Vgl. ebenda; auch ein Protokoll der Frauenkommission der Gewerkschaft Wissenschaft des Bezirks Leipzig, 13. Dezember 1989, in: SAPMO-BA DY 53/870.
[52] Vgl. Institut für Pathologische Physiologie der KMU: Antrag auf Abschaffung der Frauenkommission, Dezember 1989, in: SAPMO-BA DY 53/870.
[53] Ebenda.
[54] Vgl. Sektion Geschichte: Stellungnahme der Initiativgruppe, 26. Juli 1990, in: SAPMO-BA DY 53/869.
[55] Ebenda.
[56] Vgl. ebenda.
[57] Vgl. die Kulturwissenschaftlerin Ina Merkel, Gründungsmitglied der Frauen-Union (Februar 1990) und ihr Manifest „Ohne Frauen ist kein Staat zu machen" (Dezember 1989) mit Forderungen einer radikalen Quotierung auf allen Ebenen in Politik und Gesellschaft. Vgl. dies. und das Manifest, in: SAPMO-BA DY 53/870.
[58] Vgl. Initiativgruppe Humboldt-Frauen, Für eine andere Frauenpolitik, 18. Januar 1990, in: SAPMO-BA DY 53/870; 1. August 1990, in: SAPMO-BA DY 53/869.

beauftragten der Humboldt-Universität wurde am 29. Mai 1990 Dr. Gisela Petruschka, eine Mitarbeiterin der früheren Sektion Marxismus-Leninismus, gewählt. Es hatten sich drei Kandidatinnen der Wahl gestellt. Seit September 1990 erfolgte in den neu gegründeten Fachbereichen der Universität, noch ohne rechtliche Grundlage, die Wahl der dezentralen Gleichstellungsbeauftragten.[59] Damit nahm die Humboldt-Universität eine Vorreiterrolle in der ostdeutschen Hochschullandschaft ein. Bis zum Sommer 1990 mühten sich noch die „alten" Frauenvertreterinnen von der Gewerkschaft Wissenschaft des FDGB, auf zentraler und dezentraler Ebene, ihre Stellung zu retten. Doch sie hatten ihre Glaubwürdigkeit verwirkt. Ihre Aufrufe und Stellungnahmen nach „Neuformierung von Frauenkommissionen", Frauenförderplänen in „neuer Qualität", zeitweilige „weiche" Quotenregelung,[60] Mitspracherechte bei Hochschul- und Akademiereform, bei Berufungen, Lohn- und Gehaltsregelungen, Gestaltung flexibler Arbeitszeitregelungen für Frauen, Schutz der sozialpolitischen Maßnahmen und deren Ausweitung auf beide Elternteile verpufften ungehört.[61] Das Einräumen von Versäumnissen half nicht mehr. Weitergehende, die gesamte Gesellschaftsentwicklung betreffende frauenpolitische Forderungen wie Erhalt des „Babyjahres", Hausarbeitstag, bezahlte Freistellung bei Erkrankung der Kinder, Erhalt betriebseigener Kindereinrichtungen verhallten angesichts des rasanten Wandels und gesellschaftlichen Umbauprozesses in der DDR 1990.[62] Konkrete auf den Wissenschaftsbereich gemünzte Postulate wie Quotierungen bei Berufungen und Besetzung von Leitungspositionen, Institutionalisierung und Finanzierung von Frauenforschung, Kündigungsschutz bzw. Erhalt der unbefristeten Arbeitsverhältnisse für Wissenschaftlerinnen ab 40 Jahren oder Erhalt von Sonderstudienbedingungen für Studentinnen mit Kind usw. fanden keine Beachtung.[63]

Bei den Verhandlungen um die Herstellung der Deutschen Einheit im Frühjahr und Sommer 1990 spielte das Thema Chancengleichheit keine entscheidende Rolle, noch weniger Beachtung fanden sie im Hochschul- und Forschungsbereich.

---

[59] Vgl. Marianne Kriszio, Bericht der zentralen Frauenbeauftragten der Humboldt-Universität 1993–1996, S. 20. Die Frauenbeauftragte, Gisela Petruschka, schied im November 1992 aus dem Dienst der Universität aus, da der Bereich M/L abgewickelt und allen Mitarbeitern gekündigt wurde. Daraufhin wurden drei Mitglieder der „Humboldt-Frauen" mit der kommissarischen Wahrnehmung der Aufgaben der zentralen Frauenbeauftragten der Universität beauftragt, darunter auch eine interviewte Physikerin. Vgl. Interview 2.
[60] „Die Meinung zur Quotierung ist in der Gewerkschaft sehr geteilt. Nicht nur Männer, auch viele Frauen lehnen sie ab." Die Befürworterinnen solcher Regelung äußerten, „da alle Appelle, die wir bisher an Minister, Akademiepräsidenten, Rektoren und Direktoren gerichtet haben, keine entscheidenden Änderungen gebracht haben, wollen wir die Quote." In: Umschwung in der Frauenpolitik?, Februar 1990, in: SAPMO-BA DY 53/870.
[61] Vgl. Gewerkschaft Wissenschaft, Frauenkommission, 28. Dezember 1989, in: SAPMO-BA DY 53/870; Gewerkschaft Wissenschaft, 23. Februar 1990; Frauenkommission KV Wissenschaft der HUB, Dezember 1989, in: SAPMO-BA DY 53/963, DY 53/869; FDGB-Frauenaktionsprogramm, April 1990, in: ebenda, DY 53/1172.
[62] Vgl. Gewerkschaft Wissenschaft, Frauenprogramm, Sommer 1990, in: SAPMO-BA DY 53/1172.
[63] Vgl. Gewerkschaft Wissenschaft, Frauenprogramm, Mai 1990, in: SAPMO-BA DY 53/869.

Gleichstellungs- und Geschlechterfragen fielen im hektischen Einigungsprozess unter den Tisch. Ihnen wurde das Prädikat „unwichtig" aufgestempelt. In den letzten Volkskammersitzungen im Frühjahr 1990 ernteten Diskussionsbeiträge von einer Ministerin ohne Geschäftsbereich nur Heiterkeit, als sie wiederholt die Quotierung und ein Ministerium für Gleichstellung forderte. Auch dies deutete darauf hin, dass in der Politikerriege kaum ein „Gleichstellungsbewusstsein" vorhanden war.[64] Während in Entwürfen zum Einigungsvertrag es zunächst noch hieß, die „Interessen von Frauen und Behinderten" sind zu berücksichtigen, las man dann nur noch, dass der Gesetzgeber die Vereinbarkeit von Familie und Beruf zu gestalten hat. Ostdeutsche Frauenaktivistinnen fragten im Sommer 1990, was bleibt von DDR-spezifischen Regelungen für die Frauen: Statt Recht auf Arbeit bleibt nicht einmal Recht auf Arbeitsförderung; statt vier Wochen bezahlter Freistellung bei Erkrankung des Kindes bleibt eine Woche; statt garantiertes Recht auf öffentliche Kinderbetreuung bleibt es nun den Eltern privat überlassen, Betreuungsmöglichkeiten zu organisieren; statt Berentung mit 60 Jahren und Mindestrente bleibt Renteneintritt auch für Frauen mit 65 und kein Anspruch auf Mindestrente sowie Gefahr der Abschaffung der Fristenlösung beim Schwangerschaftsabbruch und die Rückkehr von Paragraph 218.[65] Im Einigungsvertrag vom 30. August 1990 blieb es bei der nichtssagenden Formulierungen: Es sei Aufgabe des gesamtdeutschen Gesetzgebers, die Gesetzgebung zur Gleichberechtigung zwischen Männern und Frauen weiterzuentwickeln.[66] Wissenschaftlerinnen, die Chancengleichheit im Hochschulsystem anmahnten, bekamen allseits bekannte Antworten zu hören: „Wir stehen jetzt vor größeren Problemen, dem Erhalt unserer aller Arbeitsplätze! Frauen können sich nun mehr der Familie widmen und die immer geforderte Teilzeitarbeit in Anspruch nehmen! Bezüglich der Quotenforderung hieß es: Gute Frauen setzen sich immer durch! „Wer will schon eine Quotilde?" oder auch Frauen selbst: „Ich will keine Quotenfrau sein."[67]

Die Hochschulforscherinnen des Hochschulbildungsinstituts machten sich 1990 für eine Quote für Frauen im Wissenschaftsbetrieb stark. Ihre langjährigen Forschungen hatten sie zu der Überzeugung geführt, dass eine zeitweilig eingeführte „weiche" Quotierung – diese gemessen an dem Anteil von Absolventinnen der Studienfachrichtungen – zielführend sein kann. Obwohl seit 1970 der paritätische Anteil von Studentinnen im Direktstudium erreicht wurde, so ihre Begründung, hatte sich kein Durchbruch bei der Entwicklung von Frauen zu Hochschullehrerinnen vollzogen und auch der geschlechtstypische Zugang zum Hochschulstudium und der Berufswahl war wenig verändert worden. Obwohl der Anteil der Assistentinnen im Hochschulbereich inzwischen 40 Prozent ausmachte, waren nur zwölf Prozent Dozentinnen und fünf Prozent Professorinnen ausgewie-

---

[64] Vgl. Karin Hildebrandt, Weshalb Quotierung?, 1990, S. 3.
[65] Vgl. Diskussion über den Einigungsvertrag am „Frauenpolitischen Runden Tisch", 4. August 1990; Aussagen von Parteien zur Gleichstellung von Mann und Frau, 28. Mai 1990, in: SAPMO-BA DY 53/869.
[66] Vgl. Einigungsvertrag (31. August 1990), in: BGBl. 1990, II, S. 889–904.
[67] Karin Hildebrandt, Weshalb Quotierung?, 1990, S. 3.

sen. Das oft und immer wieder vorgetragene Argument, es gebe zu wenige qualifizierte Frauen, war leicht zu widerlegen: Auf eine 1989 habilitierte Frau kamen sechs habilitierte Männer, d. h., der Anteil von Hochschuldozentinnen und Professorinnen hätte bei knapp über 18 Prozent liegen können.[68] Wissenschaftlerinnen wurden bei gleicher Qualifikation weniger berufen. Warum also verlief die Wissenschaftskarriere von Frauen diskontinuierlicher als bei Männern? In den männlich geprägten Strukturen sahen die Hochschulforscherinnen den Hauptgrund: „Männer sitzen in den Gremien, die Entscheidungen über die Weiterentwicklung der Frauen treffen; Vorbehalte und Vorurteile gegenüber der Leistungsfähigkeit erschweren offensichtlich die Entwicklung von Frauen."[69] Die Einführung einer Quote müsse hier als Sensibilisierungs- und „Erziehungs"-Faktor, um der Chancengleichheit auf der hochqualifizierten Wissenschaftlerebene einen Schub zu versetzen, genutzt werden. Auch begrüßten sie die Idee der Schaffung eines Ministeriums für Gleichstellungsfragen und die Implementierung von Gleichstellungsbeauftragten in jedem Ministerium. Das erzeuge Signalwirkung. Denn es blieb die Frage: „Ist es nicht undemokratisch, wenn die Hälfte der Bevölkerung weniger in die Lage versetzt wird, ihre Fähigkeiten und Talente, ihre Individualität zu entfalten?"[70]

2. Ost trifft auf West – doppelte Enttäuschung auf beiden Seiten

Als 1989/90 ostdeutsche und westdeutsche Wissenschaftlerinnen zusammentrafen, waren die Erwartungen hinsichtlich erreichter Chancengleichheit im Hochschul- und Forschungsbereich der jeweils anderen Seite groß. Sie wurden enttäuscht – auf beiden Seiten. Trotz mancher vorheriger Kontakte waren die Kenntnisse über die anderen Deutschen begrenzt geblieben.[71] Der damals amtierende Vorsitzende des Wissenschaftsrates, Dieter Simon,[72] erinnerte sich 1993: Was er am Beginn seiner Evaluationstätigkeit in Ostdeutschland vorfand, war „anders als erwartet. Wir hatten viele Vermutungen und sehr viele Vorurteile. Die DDR hat sich weder als treuer Kopist sowjetischer Modelle erwiesen noch war sie nur in den weltweit bekannten sportlichen und künstlerischen Bereichen gut. Ich denke an die universitäre Ausbildung und den ‚Mittelbau'. Jetzt fangen wir an, die DDR darum zu beneiden."[73] Parallel herrschten auch andere Sichtweisen. Die CDU/CSU-FDP-Bundesregierung hatte und blieb bei dieser, im Oktober 1992, ge-

---

[68] Vgl. ebenda, S. 4 f.
[69] Ebenda, S. 5.
[70] Ebenda, S. 8.
[71] Vgl. Marlies Arndt u. a., S. 207.
[72] Dieter Simon (Jg. 1935), Rechtswissenschaftler, 1989 bis 1992 Vorsitzender des Wissenschaftsrats.
[73] Zitiert in: Ruth Heidi Stein, Marginalität im Westen – Gleichberechtigung im Osten? S. 183; vgl. auch Gudrun Aulerich, Karin Döbbeling, S. 312 f.

äußerten Meinung: „Forschung und Entwicklung – in DDR-Zeiten politisiert, zentralistisch gesteuert, für Wirtschaft instrumentalisiert, weitgehend vom Westen isoliert, überbesetzt und technisch mangelhaft ausgestattet – mussten im Zuge der deutschen Einigung bewertet und neu geordnet werden. Die Begutachtung hat der Wissenschaftsrat nach international geltenden wissenschaftlichen Maßstäben vorgenommen. [...] Insgesamt konnte ein Zusammenbruch von Forschung und Entwicklung in Ostdeutschland vermieden werden."[74] Wie sahen Status, Stellung und Lebenssituation der Wissenschaftlerinnen insgesamt und der Physikerinnen konkret 1989/90 in Ost und West aus?[75] Die Verteilung der Statusgruppen in der Wissenschaft zum Ende der DDR bzw. der „alten" BRD 1989/90 zeigte eine ähnliche Problemlage, aber auf unterschiedlichem Level. Die Geschlechterhierarchie in beiden deutschen Staaten glich sich in ihrer dünnen weiblichen Spitze und einer breiteren Frauenbasis im Bereich des Mittelbaus. Bemerkenswert an den strukturellen Ähnlichkeiten war, dass die ost- bzw. westdeutschen Hochschulkarrieren für Frauen auf sehr unterschiedlichen gesellschaftlichen Rahmenbedingungen basierten.[76]

Im DDR-Hochschulsystem hatte die Zahl der Hochschulabsolventinnen die Parität in den 1970er Jahren erreicht,[77] im Mittelbau hielten die Wissenschaftlerinnen 1989 die 40 Prozent Marke. Drei Viertel der Wissenschaftsstellen waren unbefristet, was eine nicht zu unterschätzende sozioökonomische Sicherheit für das Leben der Wissenschaft als Beruf, insbesondere auch für die Frauen, bedeutete.[78] In der BRD hingegen waren rund 25 Prozent der Arbeitsrechtsverhältnisse für Wissenschaftlerinnen im Hochschulbereich unbefristet.[79] Der Anteil an unbefristeten Assistentinnen von einem Fünftel im Westen lag im Vergleich zur DDR abgeschlagen dahinter.[80] Anders sah es hingegen bei den Höchstqualifizierten, den Hochschullehrerinnen, aus. Hier ließen sich weniger Unterschiede ausmachen.

Nicht so gravierend unterschieden sich die Anteile bei den Mathematikerinnen und Naturwissenschaftlerinnen. 1989/90 betrugen sie in der DDR (insgesamt) 18 Prozent und bei den unbefristet angestellten wissenschaftlichen Mitarbeiterinnen 22 Prozent, in der alten BRD bei 14 Prozent insgesamt und 17 Prozent im Mittelbau – mitgezählt die Doktorandinnen und befristet angestellten Wissenschaftlerinnen.[81]

---

[74] Antwort der Bundesregierung auf die Große Anfrage PDS/Linke Liste. Bildungs- und Wissenschaftspolitik der Bundesregierung, 21. Oktober 1992, Deutscher Bundestag, 12. WP, Drucksache 12/3492.
[75] Vgl. Ruth Heidi Stein, Marginalität im Westen – Gleichberechtigung im Osten? S. 182, 199.
[76] Vgl. Ruth Heidi Stein, Angelika Wetterer, Nach der Wende, S. 245 f., 254.
[77] Hochschulabsolventinnen anteilig (ohne Lehramt), 1975 in der DDR 43 Prozent in der BRD 18 Prozent. Vgl. Karin Hildebrandt, Weshalb Quotierung?, S. 13.
[78] Vgl. Umstrukturierung der Hochschullandschaft in den neuen Bundesländern auf Hochschulwissenschaftlerinnen, 1992, in: ADS BT/12. WP-121, Bl. 193; Anke Burkhardt, (K)ein Platz für Wissenschaftlerinnen, S. 342 ff.
[79] Vgl. Klaus Klemm u. a., S. 148; Torsten Bultmann, Die absurde Personalstruktur des deutschen Hochschulsystems, 1995, in: ADS BT/14. WP-946, Bl. 205.
[80] Vgl. Anne Schlüter, Annette Kuhn, Lila Schwarzbuch, S. 115–117; Annette Kuhn u. a., 100 Jahre Frauenstudium, S. 98 f.; Anke Burkhardt, (K)ein Platz für Wissenschaftlerinnen, S. 351 f.
[81] Vgl. Anke Burkhardt, (K)ein Platz für Wissenschaftlerinnen, S. 347, 352.

Tabelle 12: Weiblicher Anteil an Statusgruppen im Hochschulsystem im deutsch-deutschen Vergleich 1989[82]

Statusgruppen – Anteil	DDR	BRD
Hochschulabsolventinnen[83]	45 %	37 %
wissenschaftliche Mitarbeiterinnen (befristet)	35 %	28 %
unbefristete Assistentinnen	39 %	19 % (Hochschulassistentinnen)
Dozentinnen	12 %	11 % (C2- und C3-Professuren)
Professorinnen	5 %	3 % (C4-Professur)

Und noch mehr Zahlen – bezogen auf die Mathematik/Naturwissenschaften: In der DDR machte der Anteil von Hochschulabsolventinnen in dieser Fachrichtung 1989 51 Prozent aus, in der BRD 34 Prozent.[84] In absoluten Zahlen jedoch zeigten sich gravierende Verschiedenheiten. In der DDR schlossen 703 Frauen ihr Hochschulstudium im Fach Mathematik/Naturwissenschaften ab, in der BRD waren es 4.376 Frauen, also sechsmal so viele.[85] Weiter aufgeschlüsselt für Diplomphysikerinnen:[86] Ihr Anteil in der DDR betrug beachtliche 25 Prozent, in Zahlen 60 Physikerinnen. In der Bundesrepublik lag ihr Anteil abgeschlagen bei acht Prozent,[87] aber in Zahlen bei 163 diplomierten Physikerinnen, zweieinhalb Mal so viele wie in der DDR.[88] In prozentual-anteilmäßigen Quoten hatte Ostdeutschland in den

[82] Vgl. Karin Hildebrandt, Weshalb Quotierung?, S. 4; Wissenschaftlerinnen, S. 59–61.
[83] Die Zahlen ohne Lehrer- bzw. Lehramtsabsolventinnen: Diese lagen in der DDR 1989 bei 73 Prozent in der BRD bei 66 Prozent. Vgl. Ruth Heidi Stein, Absolventen von Hochschulen, S. 13; auch Ruth Heidi Stein, Rainer Fritsch, S. 323–337.
[84] Zahlen ohne Lehrer-/Lehramtsabsolventinnen. Vgl. Ruth Heidi Stein, Absolventen von Hochschulen, S. 32.
[85] Vgl. ebenda.
[86] Wieder ohne Lehrer-/Lehramtsabsolventinnen. Vgl. ebenda, S. 35.
[87] In den letzten zehn Jahren hatte es keine Änderung gegeben. Bereits 1977 lag der Frauenanteil bei den Studierenden der Physik/Astronomie in Westdeutschland bei neun Prozent. Vgl. Margarete Mauer, S. 251; Physikstudium 1989 – Zahlen und Realitäten, S. 181 f.
[88] Vgl. Ruth Heidi Stein, Absolventen von Hochschulen, S. 32.

Hochschulabsolventen (insgesamt und weiblich) in den Naturwissenschaften 1989						
Fach	DDR gesamt	DDR weiblich	DDR weiblich %	BRD gesamt	BRD weiblich	BRD weiblich %
Mathematik	185	85	46 %	1.162	292	25 %
Physik	**240**	**60**	**25 %**	**2.106**	**163**	**8 %**
Chemie	398	228	57 %	2.485	668	27 %
Biologie	126	74	59 %	2.423	1.290	53 %
Geowissenschaften	71	25	35 %	805	178	22 %
Pharmazie	138	102	74 %	1.745	1.168	67 %
Informatik	234	129	55 %	1.419	259	18 %
Gesamt	1.392	703	51 %	12.145	4.018	33 %

Vgl. auch Anke Burkhardt, Doris Scherer, Personalbestand an Hochschulen, S. 2 f. und Anlage 3.

Naturwissenschaften im Hochschulstudium einen deutlich sichtbaren Schritt hin auf Chancengleichheit vollzogen. Noch deutlicher trat dieser Trend bei den Hochschulabsolventinnen in den anderen Naturwissenschaften zutage. In der Mathematik war fast die Hälfte der DDR-Absolventinnen weiblich, in der BRD ein Viertel. Bei den Diplomchemikerinnen hatte die DDR erreicht, das männliche Monopol mit ihren 57 Prozent-Quote zu knacken, in der BRD lag ihr Anteil bei einem Viertel.[89] In dem noch jungen Fach Informatik, ohne langjährig geprägte männliche Strukturen, war der Frauenanteil im Hochschulabschluss bei 55 Prozent und in der BRD bei nicht einmal einem Fünftel. In der Biologie lagen beide deutsche Staaten fast gleichauf mit dem überdurchschnittlichen Anteil – in der DDR 59 Prozent, in der BRD 53 Prozent –, aber in Westdeutschland machten fünfzehnmal mehr Biologinnen ihren Hochschulabschluss! In absoluten Zahlen also bildete die BRD sehr viel mehr Naturwissenschaftlerinnen aus: Zweieinhalbmal so viele Physikerinnen, dreimal so viele Mathematikerinnen und Chemikerinnen und fünfmal mehr Informatikerinnen.

Dass die DDR-Wissenschaftlerinnen quantitativ und strukturell – bezüglich des wissenschaftlichen Mittelbaus bzw. der Arbeitsplatzsicherheit – besser bzw. abgesicherter dastanden, registrierten auch Westdeutsche, insbesondere in Berlin trat das hervor. Die Zentrale Frauenbeauftragte der TU West-Berlins beschrieb bei ihrem Amtsantritt 1993 vor dem Hintergrund des Zusammenwachsens der Berliner Wissenschaftslandschaft ihre Wahrnehmung so: In der ehemaligen DDR hatten die Dinge in der Sache Frauenförderung anders gelegen „nicht nur zahlenmäßig. Die Beteiligung von Frauen war in allen Statusgruppen deutlich höher als im Westen, auf der Ebene der Professuren allein mehr als doppelt so hoch [in Ost-Berlin], ebenso wie bei der Beteiligung in Gremien und Kommissionen, auf Leitungs- und Entscheidungsebenen. Deutlich wurde [... dies auch], dass von ostdeutschen Frauen Gleichstellung und nicht Frauenförderung eingefordert wurde."[90] Andere westdeutsche Akademikerinnen verblüffte es hingegen, dass in beiden deutschen Staaten gleiche hierarchische Strukturen das Wissenschaftssystem prägten: Je höher die Status- und Entscheidungsstufe desto geringer der Frauenanteil. Sie stellten fest, dass beide deutsche Wissenschaftskulturen männlich geprägt waren – das betraf Sprachregelung, Kommunikationsprozesse, Bewertungs- und Leitungskriterien, wissenschaftspolitische Grundsatzentscheidungen sowie die Gestaltung informeller Netzwerke.[91] Die erste Zentrale Frauenbeauftragte der Humboldt-Universität – eine

---

[89] Für die ostdeutschen Informatikerinnen wurde im Jahr 2000 festgestellt: „Um die 60 Prozent waren Frauen 1988 in den Informatikstudiengängen in der DDR beteiligt (in der Bundesrepublik 14 Prozent), zehn Jahre später lag ihr Anteil bei unter 10 Prozent: „Es gab eine dezidiert westdeutsche Politik, Frauen vom Arbeitsmarkt abzuhalten, um diesen den ‚alten Bundesländern' anzugleichen." Im Bereich dieser Wissenschaft erhielten Männer ihren Arbeitsplatz nach der Abwicklung meist wieder [...], während Frauen nur abgewickelt, d. h. endgültig entlassen wurden". Britta Schinzel, S. 127–146, S. 134.

[90] Heidi Degethoff de Campos, Institutionalisierte Frauenpolitik in Hochschulen, S. 25.

[91] Vgl. Kolloquium: Situation von Frauen in der Wissenschaft in beiden deutschen Staaten, 27. Oktober 1989, in: Archiv FU Berlin ZE Frauen, Nr. 67.

westdeutsche Soziologin und bereits erfahrene „Gleichstellungskämpferin" – beschrieb ihre Eindrücke zu Beginn der 1990er Jahre in Ost-Berlin: Es gab keine gleichstellungspolitische Sensibilisierung bei den Ost-Frauen. Für Frauenförderung, Frauennetzwerke und z. B. diskriminierende Sprachregelungen musste ihnen erst das Bewusstsein geschärft werden. Was ihnen zu DDR-Zeiten als selbstverständlich vorkam, sahen sie – zu spät – in der Wendezeit wegbrechen.[92]

DDR-Wissenschaftlerinnengenerationen waren seit den 1960er Jahren mit Selbstverständlichkeiten aufgewachsen: Staatlich fixierte sozialpolitische Maßnahmen zur Vereinbarkeit von Berufstätigkeit und Familie beförderten die Emanzipation der Frauen. Dass diese Maßnahmen einseitig auf die Reduzierung der Doppelbelastung der Frauen zielten und nicht traditionelle Geschlechterrollen aufbrachen – jedoch indirekt Rückwirkungen auf die Männer hatten – wurde nicht problematisiert und vermutlich nicht registriert.[93] Es hatte vorwiegend eine „Emanzipation von oben" stattgefunden.[94] Anekdotisch dazu erinnerte sich eine Mathematikprofessorin: „Ich brachte jeden Morgen mit dem Fahrrad meine zwei Kinder zuerst in die Tageskrippe und dann ging es ins Institut. Mein Mann, ebenfalls Mathematiker, arbeitete im selben Institut, er fuhr mit dem Auto dahin. Im Nachhinein bin ich über mich selbst überrascht über diese nicht hinterfragte Selbstverständlichkeit."[95] Bezeichnend für DDR-Frauen wie für Wissenschaftlerinnen war, dass drei Viertel von ihnen Mütter waren, während zwei Drittel der westdeutschen Wissenschaftlerinnen, oft bewusst, auf Kinder verzichteten. Ostdeutsche Wissenschaftlerinnen nahmen ihren Beruf ernst, organisierten ihr Leben jedoch so, dass sie sich nicht völlig von der Wissenschaft absorbieren ließen.[96] Während noch weit in die 1980er Jahre hinein in der BRD „verbissen darüber gestritten wird, ob spezielle Frauenförderung grundgesetzwidrig ist",[97] begleitete staatlich verordnete Frauenförderung auch die Wissenschaftlerinnenkarriere in der DDR seit den 1960er Jahren. Berufstätigkeit und Arbeitsplatzsicherheit in Wissenschaft und Forschung, Sozialpolitik zur Entlastung der Frauen sowie Frauenförderpolitik waren nicht nur SED-politisch gewollt, sondern insgesamt in der DDR-Öffentlichkeit auch akzeptiert. Aber keine dieser Maßnahmen musste von den DDR-Frauen erkämpft, erstritten, eingefordert werden. Es hatte kein Diskutieren und kein Hinterfragen dieser gegeben, daher wurde ihnen oft keine Wertschätzung entgegengebracht. Die Frauen hielten dieses Umfeld für eine Selbstverständlichkeit und erkannten ihren Wert in den Wendemonaten nicht. Für die Frauen in

---

[92] Vgl. Gespräch mit der ehemaligen Gleichstellungsbeauftragten der HU Berlin, Dr. Marianne Kriszio, 23. März 2016; dies., Bericht der zentralen Frauenbeauftragten der Humboldt-Universität 1993–1996, S. 8; PDS-Manifest zur Gleichberechtigung und zu den sozialpolitischen Maßnahmen, 1. September 1992, in: ADS BT/12. WP-121, Bl. 148 f.
[93] Vgl. Marianne Kriszio, Frauen und Machtstrukturen, S. 144 f.; Heike Trappe, S. 244–251.
[94] Vgl. Heike Schmidt, S. 25–30, 145.
[95] Vgl. Gespräch mit Marianne Kriszio, 23. März 2016.
[96] Vgl. Marianne Kriszio, Frauen und Machtstrukturen, S. 151.
[97] Kolloquium: Situation von Frauen in der Wissenschaft in beiden deutschen Staaten, 27. Oktober 1989, in: Archiv FU Berlin ZE Frauen, Nr. 67.

der Wissenschaft galt die Gleichberechtigung als nicht mehr hinterfragte Selbstverständlichkeit. An eine ernsthafte Gefährdung des erreichten Standards glaubten die wenigsten.[98] In der Umbruchphase meinten Wissenschaftsforscherinnen aus Ost wie aus West gleichermaßen: Wir „beurteilen die Chancen, dass die Frauen um ihre Rechte kämpfen, dass sie mit allen Mitteln versuchen, ihre Positionen zu verteidigen, eher skeptisch, obwohl sich die ersten Frauennetzwerke bilden. ‚Unsere Frauen' mussten noch nie kämpfen. Die bekannten ‚sozialpolitischen Maßnahmen' waren vor allem gerichtet auf die Vereinbarkeit von Berufstätigkeit, Familienpflichten und Qualifikationserfordernissen [...], nicht etwa auf die gleichmäßige Verteilung der Lasten auf Mann und Frau."[99] DDR-Frauen und auch die Wissenschaftlerinnen hatten mit ihrer Wahrnehmung der öffentlichkeitswirksamen westdeutschen Frauenbewegung – der Feminismus-Debatten, der medienwirksamen Auftritte einer Alice Schwarzer und ihrer Zeitschrift „Emma", der Auseinandersetzung um Paragraphen 218 usw. – einen Eindruck von scheinbar weit fortgeschrittener Frauenemanzipation im Westen erhalten. „Die ostdeutschen Wissenschaftlerinnen hatten sich offensichtlich ein falsches Bild vom Grad der Etablierung ihrer westdeutschen Kolleginnen gemacht. Sie überschätzten deren Bereitschaft und [vor allem] deren Möglichkeiten, gegenüber der zunehmenden Marginalisierung von Frauen im Wissenschaftssystem der neuen Bundesländer Einfluss zu nehmen."[100] Ostdeutschen Hochschulfrauen, die 1989/90 auf ihre westdeutschen Kolleginnen trafen, erklärten diesen, die „sogenannten Frauenförderungen" eher albern und überflüssig gefunden zu haben.[101] Einer Frauensonderförderung, speziell über Quotierung, wie von westdeutschen Feministinnen empfohlen, standen diese kritisch gegenüber. Frauen wollten aufgrund ihrer Leistung und nicht aufgrund ihres Geschlechts anerkannt werden. Besitzstandswahrung spielte – ungeachtet der Warnungen westdeutscher Wissenschaftlerinnen[102] – kaum eine Rolle in der Erneuerungsdebatte. Das offizielle Bild, wonach die Gleichberechtigung der Frau in der DDR erreicht war, bestimmte das Alltagsbewusstsein dieser Frauen. Aufbruchstimmung und Vertrauen in die Zukunft prägten die Stimmungslage bei den Akademikerinnen.[103] Eine westdeutsche Gewerkschafterin beschrieb ihr erstes Zusammentreffen im Sommer 1990: West-

---

[98] Vgl. Anke Burkhardt, Uta Schlegel, S. 23.; Klaus Klemm u. a., S. 148; Michael Leszczensky u. a., S. 274 f.
[99] Zitiert in: Klaus Klemm u. a., S. 148.
[100] Anke Burkhardt, (K)ein Platz für Wissenschaftlerinnen, S. 351 f.; Schlussbemerkung: Ausgegrenzt und mittendrin, S. 207.
[101] Vgl. Marianne Kriszio, Frauen und Machtstrukturen, S. 150 f.
[102] Die westdeutschen Naturwissenschaftlerinnen versuchten ihre ostdeutschen Kolleginnen zu sensibilisieren, mit ihren geäußerten Befürchtungen, „dass der jetzt noch vergleichsweise hohe Frauenanteil in den neuen Bundesländern bald auf ein ‚gesundes Westniveau' gebracht werde." Man wurde bestärkt durch Berichte aus Ostdeutschland, wonach vermehrt Umschulungen für diese Wissenschaftlerinnen angeboten wurden. Vgl. Sybille Krummacher, Frauen in Naturwissenschaft und Technik, S. 293.
[103] Vgl. Marianne Kriszio, Frauen und Machtstrukturen, S. 150 f.; Anke Burkhardt, Uta Schlegel, S. 23; Anke Burkhardt, Ruth Heidi Stein, Frauen an ostdeutschen Hochschulen, S. 507.

und Ostfrauen sitzen zu einem Gedankenaustausch zusammen: „Wir Westfrauen berichten von unseren Zielen, Wegen, Bemühungen und politischen Schwierigkeiten hinsichtlich der Frauenförderung: Frauenförderpläne mit den vielfältigsten Maßnahmen wünschen wir uns. Auf der Seite der Ostfrauen ist darob nur ein müdes Lächeln zu registrieren; ein Abwinken: ‚Das kennen wir, das haben wir gehabt, bloß das nicht, dafür lohnt sich nicht der Aufwand.' Wir Westfrauen waren sprachlos. Wofür wir uns mit allen unseren Kräften engagieren, das war drüben alles vorhanden und es kümmerte die Frauen nicht?"[104]

1989/90 herrschte bei den ostdeutschen Wissenschaftlerinnen die Überzeugung, dass „tüchtige Frauen sich auch so durchsetzen",[105] „wer fähig ist, wird es auch in Zukunft an der Uni zu etwas bringen"[106] und auf der Mittelbauebene hatten sie dies in den 1980er Jahren vorgemacht. Umso überraschter, irritierter und mit wachsender Empörung reagierten die Wissenschaftlerinnen, als sie in den westdeutsch-männlich-besetzten Evaluierungs- und Stellenbesetzungskommissionen ihren Wunsch arbeiten zu wollen vorbrachten, Sätze zu hören bekamen, die für sie geradezu „archaisch" anmuteten: „Nun können Sie sich doch endlich mal um ihre Kinder kümmern" oder „Sie haben doch einen Mann, der zukünftig ein stetig wachsendes Einkommen haben wird" oder „Was wollen Sie denn, Sie bekommen doch Arbeitslosengeld!"[107] Im Interview mit einer promovierten Physikerin aus Ost-Berlin hieß es: Zur Wendezeit habe sie Kontakt bekommen mit einem Professor von der TU West-Berlins. Und der habe ihr gegenüber geäußert: *„Wenn Sie keine Stelle finden, dann können Sie auch bei mir als Assistentin – natürlich ohne Geld – arbeiten, Ihr Mann wird ja sicherlich genügend verdienen. [...] Wir schrieben das Jahr 1990!"*[108] Eine weitere Physikerin aus der Kosmosforschung erinnerte sich an ihre ersten Begegnungen mit westdeutschen Institutschefs: *„Ich war auf einmal mit einem Frauenbild konfrontiert, [...] das komisch war. Eine Frau braucht nicht unbedingt einen festen Arbeitsvertrag, diesen braucht der Mann, der eine Familie versorgen muss [...] Dieses Modell – der Mann versorgt Frau und Familie – damit war ich zuvor nie konfrontiert. Die ersten paar Male dachte ich, ich habe mich verhört. Das gab es gar nicht in meinem Weltbild."*[109]

Einer gestandenen ostdeutschen Physikdozentin mit Kindern gegenüber bezweifelte der neue aus Westdeutschland gekommene Institutsleiter ausreichenden zeitlichen Einsatz für die Wissenschaft. „Die Definition von Leistung", so die Physikerin, „die männliche [westdeutsche] Wissenschaftler haben, ist die Definition von Leistung, die ein Wissenschaftler bringen kann, der eine unbezahlte Arbeitskraft in Form einer perfekten Hausfrau hinter sich hat."[110] Und dann mussten die

---

[104] Ingeborg Wender, S. 43.
[105] Vgl. Marianne Kriszio, Frauen und Machtstrukturen, S. 151.
[106] Auswirkungen der Umstrukturierung der Hochschullandschaft in den neuen Bundesländern auf die Situation von Hochschulwissenschaftlerinnen, 1992, in: ADS BT/12. WP-121, Bl. 241.
[107] Ebenda, Bl. 239.
[108] Interview 29.
[109] Interview 36.
[110] Auswirkungen der Umstrukturierung der Hochschullandschaft in den neuen Bundesländern auf die Situation von Hochschulwissenschaftlerinnen, 1992, in: ADS BT/12. WP-121, Bl. 239.

Hochschulfrauen Ost auch feststellen, dass in Zeiten starker Konkurrenz um die Arbeitsplätze auch ihre vormaligen männlichen Kollegen ähnliche Ansichten äußerten, „obwohl sie unter Verhältnissen großgeworden sind, in denen die Förderung von Frauen in der Wissenschaft schon seit vielen Jahren in vielen Gesetzen und Verordnungen festgeschrieben war. Offensichtlich wurden sie von diesen Männern gar nicht verinnerlicht" oder in Zeiten starker Konkurrenz schnell wieder vergessen.[111] Ostdeutsche Wissenschaftlerinnen vor allem des Mittelbaus unterlagen dem Trugschluss, dass die formale Gleichberechtigung – auch bei den Männern – ein Umdenken bewirkt hatte und beide über gleiche Berufschancen verfügten.[112] Die westdeutschen Wissenschaftlerinnen hatten indessen Erfahrungen mit subtileren, aber keineswegs unwirksameren Formen des männlichen Widerstands gegen mehr Frauen in der Wissenschaft erfahren. Sie verfügten über Erkenntnisse, dass nicht fehlende Qualifikation Chancengleichheit verhinderte. „Die Diskussion [darüber] wird als aufgezwungen empfunden und entsprechend abgewertet; zu Recht haben einige [Professoren] mit Schrecken wahrgenommen, dass es den Frauen auch um Umverteilung von Privilegien und Mitteln geht, die sie für sich beanspruchen bzw. sichern möchten, über die sie bislang selbstherrlich verfügen können. [Das weibliche] Infragestellen der Definitionsmacht über Ressourcenverwendung, Qualifikationskriterien und Kommunikationssysteme schließt Männer unterschiedlichster politischer Weltsicht zusammen."[113]

Als Ost- und Westakademikerinnen 1989/90 aufeinandertrafen, waren beide Seiten voneinander doppelt enttäuscht. Jede Seite war der jeweils anderen Propaganda – Feminismusbewegung im Westen und „Frau im Sozialismus" im Osten – aufgesessen. Ost- wie West-Wissenschaftlerinnen hatten Zahl, Status und Stellung ihrer „Kolleginnen" im Wissenschaftsbetrieb als jeweils höher angenommen. Die Ostdeutschen zeigten sich über den streitbaren Feminismus mit Frauenförderung und Quotenforderungen reserviert und standen dem ablehnend gegenüber. Die Westdeutschen verstanden nicht, warum die Ost-Wissenschaftlerinnen ihre „sozialpolitischen Errungenschaften" und ihre Frauenförderinstitutionen nicht schätzten und nicht verteidigten.

Die Physikprofessorin Dagmar Schipanski, 1995/96 Rektorin der TU Ilmenau, blieb auch Jahrzehnte nach der Herstellung der Deutschen Einheit bei der Überzeugung, dass die DDR-Frauen mit einem „gelebten Gleichstellungsvorsprung in

---

„Zu den prägenden [deutsch-deutschen] Gemeinsamkeiten gehört […], dass Wissenschaft als Lebensaufgabe charakterisiert ist, die den ganzen Menschen insofern fordert, als alle anderen Lebensinteressen einen sekundären Stellenwert erhalten […] Ausgegangen wird von Arbeitsprozessen, die eine 80-Stunden-Woche benötigen, für die es 1 ½ Person braucht, d. h. eine karrierebegleitende Partnerin […]". Kolloquium: Situation von Frauen in der Wissenschaft in beiden deutschen Staaten, 27. Oktober 1989, in: Archiv FU Berlin ZE Frauen, Nr. 67.

[111] Auswirkungen der Umstrukturierung der Hochschullandschaft in den neuen Bundesländern auf die Situation von Hochschulwissenschaftlerinnen, 1992, in: ADS BT/12. WP-121, Bl. 239.
[112] Vgl. Karin Zimmermann, S. 189 f.
[113] Kolloquium: Situation von Frauen in der Wissenschaft in beiden deutschen Staaten, 27. Oktober 1989, in: Archiv FU Berlin ZE Frauen, Nr. 67.

das wiedervereinigte Deutschland gingen".[114] „Wir [Frauen] waren gleichberechtigte, anerkannte Partner in den Betrieben, Hochschulen, Verwaltungen und Schulen. [...] Die Berufstätigkeit war staatlich gewünscht und gesellschaftlich akzeptiert. Für die Wertorientierung hatte der Beruf einen hohen Stellenwert. Insbesondere sahen wir Frauen in der DDR uns nicht ständig der Alternative Beruf oder Kinder ausgesetzt. [...] Für die Vereinbarkeit von Beruf und Familie sorgte der Staat mit verschiedenen Angeboten [... Allerdings] – wir Frauen mussten die Gleichberechtigung nicht erkämpfen, wir haben die Staatsdoktrin gelebt. [...] Ein hoher Frauenanteil in naturwissenschaftlichen Berufen war in der DDR durchaus üblich. [...] Das Verhältnis der Mädchen und Frauen zu Naturwissenschaften und Technik war durch wesentlich weniger Berührungsängste gekennzeichnet. [...] Ob die These stimmt, die DDR sei in Europa die Gesellschaft mit dem größten Emanzipationsvorsprung gewesen, müssen Soziologen beantworten. Ich kann meine Sicht wiedergeben, [...], die DDR hatte gegenüber der alten Bundesrepublik einen Gleichberechtigungsvorsprung".[115]

---

[114] Vgl. Dagmar Schipanski, Präsidentin des Thüringer Landtags: „Sind Männer und Frauen gleich?"
[115] Ebenda; vgl. Anke Burkhardt, Ruth Heidi Stein, Frauen an ostdeutschen Hochschulen, S. 504. Auch 20 Jahre nach der Einheit war die Erwerbsneigung, Erwerbsbindung und der Ausbildungsgrad in Ostdeutschland bedeutend größer/höher als in Westdeutschland. Das westdeutsche „Hausfrauenmodell" konnte sich in den neuen Bundesländern nicht etablieren. Vgl. Heike Trappe, S. 253, 258–260.

VI. Umgestaltung Ost – die 1990er Jahre

1. Evaluierung und „Erneuerung" auf Kosten der Physikerinnen?

1.1. Das Ende der Akademie der Wissenschaften 1989–1994

An der Akademie der Wissenschaften ging man bis Mai/Juni 1990 davon aus, dass eine Umgestaltung des Instituten-Verbundes bei leichter Personalreduzierung die Zukunft sichern würde.[1] Forschungspolitik, vor allem hinsichtlich der Akademie der Wissenschaften, besaß bei der letzten DDR-Regierung keine hohe politische Priorität. Mit der Unterzeichnung des Einigungsvertrages und dem dortigen Artikel 38[2] wurde im Sommer 1990 klar, dass die Existenz des Verbundes der Forschungsinstitute der AdW ein Ende finden würde. Eine Übergangsfinanzierung sicherte die Existenz der Akademie-Institute bis 31. Dezember 1991.[3] Damit wurden die Mitarbeiter, auch die Wissenschaftler und Wissenschaftlerinnen, im Gegensatz zu denen an den Universitäten und Hochschulen, zunächst um neun Monate besser gestellt, da hier die „Warteschleifenregelung für den öffentlichen Dienst"[4] keine Anwendung fand. Mit der Entscheidung zur Auflösung des Institutenverbundes[5] musste für jedes Einzelinstitut die Zukunft neu geplant werden. Es ging um Umstrukturierungen, Neuformierungen und Neuausrichtungen, Auf- oder Abbau von Forschungskapazitäten. Bis in den Frühsommer 1990 versuchte die Akademieleitung Rechnungen und Statistiken vorzulegen, um nachzuweisen, dass die ostdeutsche personelle Forschungskapazität erhaltenswert und ihre Größenordnung mit der westdeutschen vergleichbar war.[6] Externe west- und ostdeutsche Analysen schwankten in ihren Empfehlungen zwischen drastischer Personalreduktion

---

[1] Vgl. Renate Mayntz, Deutsche Forschung im Einigungsprozeß, S. 67–71.
[2] Vgl. Einigungsvertrag, 23. September 1990, in: Texte zur Deutschlandpolitik, Reihe III, Bd. 8b, 1990, S. 33 f.
[3] Vgl. Renate Mayntz, Deutsche Forschung im Einigungsprozeß, S. 28 f., 60 f.
[4] Vgl. ebenda, S. 132. Artikel 13, Abs. 2, des Einigungsvertrages, regelte die Rechtsverhältnisse der Arbeitnehmer und -nehmerinnen im Öffentlichen Dienst (auch in Wissenschaft und Forschung). Soweit Einrichtungen ganz oder zum Teil auf den Bund oder die Länder überführt wurden, bestanden die Arbeitsverhältnisse fort. Alle übrigen Arbeitsverhältnisse ruhten vom 3. Oktober 1990 an, dem Tag des Beitritts der fünf ostdeutschen Länder. Die Arbeitnehmer hatten sechs Monate (die über 50-jährigen neun Monate) lang Anspruch auf ein monatliches Wartegeld in Höhe von 70 Prozent des letzten Arbeitsentgelts. Wenn der Arbeitnehmer innerhalb des Ruhezeitraums nicht weiter verwendet wurde bzw. keinen neues Arbeitsverhältnis einging, endete sein Arbeitsverhältnis automatisch, also am 2. April 1991. Es musste nicht jeder einzeln gekündigt werden.
[5] Vgl. Renate Mayntz, Deutsche Forschung im Einigungsprozeß, S. 103 f.
[6] Vgl. Forschungslandschaft DDR Februar 1990 und Schreiben des Akademiepräsidenten an den Minister für Wissenschaft und Technik, 21. März 1990, in: ABBAW: VA-30577.

einerseits und dringendem Erhalt der Forschungskapazität andererseits.[7] Wissenschaftler der Akademie äußerten zu dieser Zeit öffentlich, dass eine Erneuerung, ein Aufbruch von innen heraus zwischen Herbst 1989 und Herbst 1990 verschlafen worden sei. Außenstehenden in Ost und West hatten die Akademie-Institute nicht vermitteln können, sich umfassend von politisch belasteten alten Kadern gelöst zu haben.[8] Bis Oktober 1990 setzte sich die Sichtweise durch, dass eine Personalreduktion auf eine „angemessene Größe" bezogen auf die ostdeutschen Länder zu erfolgen hatte. Die Losung hieß: Personell gestrafft, von dienstleistenden und produzierenden Einheiten befreite Neuformierung der Forschungseinrichtungen und ihre Einpassung in die bundesdeutsche außeruniversitäre Forschungslandschaft, auch vor dem Hintergrund ihrer Finanzierbarkeit durch Bund und neue Bundesländer. Diese Entscheidung zielte auf die Stärkung der Forschung an ostdeutschen Hochschulen und Universitäten, ähnlich wie dies in der alten Bundesrepublik der Fall war und auf die Verringerung des regionalen Ungleichgewichts in der räumlichen Verteilung von Forschungseinrichtungen. In Ost-Berlin und im sächsischen Raum hatten sich die Akademie-Institute konzentriert.[9]

Die Evaluierung der Institute durch den Wissenschaftsrat[10] vollzog sich von September 1990 bis zirka Juli 1991.[11] Vorstellungen von einer 40-prozentigen Reduzierung des Gesamtpersonals machten im Oktober 1990 bereits die Runde.[12] Ein Blick auf die Zusammensetzung der Arbeitsgruppen für die Evaluierung der AdW-Institute zeigte bezüglich des Faches Physik: Von den zwölf Evaluatoren insgesamt kamen acht aus der BRD, zwei aus der DDR und zwei aus dem Ausland. Alle Arbeitsgruppen für alle Fachrichtungen betrachtet ergaben, dass 70 Prozent der evaluierenden Wissenschaftler aus der BRD stammten, 15 Prozent aus der DDR. Jede Angabe über den Anteil von Frauen in den Arbeitsgruppen fehlte.[13] Nach dem Ende der Evaluierung empfahl der Wissenschaftsrat eine Weiterbeschäftigung von 7.000 bis 7.500 Mitarbeitern. Hinzu kamen zirka 1.500 bis 1.700 AdW-Mitarbeiter, die durch das Wissenschaftler-Integrationsprogramm (WIP) befristet weiterbeschäftigt werden sollten, bis diese in die Hochschulen integriert und übernommen werden sollten. Diese Zahlen entsprachen knapp 45 Prozent des Personals

---

[7] Vgl. Renate Mayntz, Deutsche Forschung im Einigungsprozeß, S. 65 f.

[8] Vgl. ebenda, S. 105 f.

[9] Vgl. ebenda, S. 74 f., 85 f., 147.

[10] Der Wissenschaftsrat der BRD, gegründet 1957, sollte das Zusammenwirken zwischen Bund und Ländern und Wissenschaftsorganisationen regeln. Die Mitglieder wurden gestellt von der DFG, Max-Planck-Gesellschaft, Großforschungseinrichtungen, der Rektorenkonferenz, Vertretern von Bund (Bundesregierung) und Ländern. Wissenschaftler hatten in dem Gremium eine Sperrminorität, waren bei der Durchsetzung ihrer Ziele jedoch von Bundes- bzw. Länderstimmen abhängig. Vgl. ausführlich bei: Renate Mayntz, Deutsche Forschung im Einigungsprozeß, S. 133–135.

[11] Auch zur Implementation der Wissenschaftsratsempfehlungen wurde im Dezember 1990 die Koordinierungs- und Abwicklungsstelle für die Institute der ehemaligen AdW (KAI-AdW) gegründet: sie entwickelte sich zum zentralen Akteur der Transformation nach Abschluss der Evaluation. Vgl. ebenda, S. 223–231.

[12] Vgl. ebenda, S. 87–89, 105, 149.

[13] Vgl. Renate Mayntz, Deutsche Forschung im Einigungsprozeß, S. 141.

1. Evaluierung und „Erneuerung" auf Kosten der Physikerinnen? 219

von den AdW-Instituten. Der vom Wissenschaftsrat empfohlene personelle Erhaltungsgrad variierte zwischen den Forschungsbereichen: am höchsten war er bei den Geo- und Kosmoswissenschaften – drei Viertel der Stellen –, am niedrigsten in Physik,[14] Mathematik und Informatik – mit rund 40 Prozent. Für die Physikinstitute empfahl man am häufigsten Umgründungen, zu 60 Prozent, und Aufgliederung, zu 30 Prozent.[15] Das Einstein-Laboratorium für Theoretische Physik, Potsdam, mit sieben Wissenschaftlerstellen, erhielt die Auflösungsempfehlung.[16] Wie die Evaluierungsempfehlungen und die angelaufenen Realisierungen im Einzelnen für den Bereich Physik aussahen, soll an zwei Beispielen demonstriert werden: Das Zentralinstitut für Optik und Spektroskopie der AdW, Berlin, mit 186 Wissenschaftlern und Wissenschaftlerinnen im Juni 1990, sollte mit 72 Wissenschaftlerstellen umgegründet werden in das Max-Born-Institut für Nichtlineare Optik und Kurzzeitspektroskopie, Berlin. Zweitens wurde empfohlen eine Max-Planck-Arbeitsgruppe „Nichtklassische Strahlung" an der Humboldt-Universität – ohne Angabe von Stellenzahlen – einzurichten. Zum dritten sollten eine Außenstelle in Berlin mit zehn Wissenschaftlern vom Institut für Spektrochemie und angewandte Spektroskopie Dortmund gegründet werden. Und zum vierten lautete die Empfehlung, zehn Wissenschaftler in ein zu gründendes Blaue-Liste-Institut für Hochfrequenz-Kommunikationstechnik und Optoelektronik zu transferieren.[17] Die Evaluationsempfehlung für das Zentralinstitut für Festkörperphysik und Werkstoffprüfung, Dresden, mit 353 Wissenschaftlerstellen im Juni 1990 lautete: Gründung des Instituts für Festkörper- und Werkstoffforschung in Dresden mit 118 Wissenschaftlerplanstellen; Fraunhofer-Einrichtung für Pulvermetallurgie und Verbundwerkstoffe; Fraunhofer-Einrichtung für Werkstoffphysik und Schichttechnologie und Gründung der Fraunhofer-Einrichtung für Keramische Technologie und Sinterwerkstoff – alle in Dresden und ohne Angaben von Wissenschaftlerstellen. Für zwölf Wissenschaftler wurde die Gründung einer Max-Planck-Arbeitsgruppe für Mechanik heterogener Festkörper an der TU Dresden ins Auge gefasst.[18]

Die Empfehlung des Wissenschaftsrates zur Verlagerung eines nicht unbedeutenden Teils der Akademieforschung in den Hochschulbereich über das Wissenschaftler-Integrationsprogramm war gewollt, bedeutete aber zugleich eine hohe

---

[14] Die Physikinstitute (ohne Geo- und Kosmoswissenschaft) zählten mit den rund 2.200 (von 7.700) Wissenschaftlern und Wissenschaftlerinnen zu den größten an der AdW. Vgl. Akademie der Wissenschaften der DDR. Jahrbuch 1988, S. 5, 45–63. Vgl. auch Kapitel IV., Abschnitt 3.
[15] Vgl. Renate Mayntz, Deutsche Forschung im Einigungsprozeß, S. 187f., 191, 195. Die Zahl der AdW-Beschäftigten war durch Vorruhestandsregelung, Kündigungen, Entlassungen, Abwanderung von Mitarbeitern in andere Arbeitsverhältnisse von 24.000 im Juni 1990 (davon zählten „nur" 7.700 zum Forschenden Personal – als Erinnerung) auf knapp 16.000 im November 1991 zurückgegangen. Die Zahlen beziehen sich immer auf das Personal insgesamt, nicht auf das Forschende Personal.
[16] Vgl. Jahrbuch 1990/91 der Akademie der Wissenschaften der DDR, S. 144f.
[17] Vgl. ebenda, S. 128. Für etwa die Hälfte der vormaligen Wissenschaftler wurden neue/weitere Wissenschaftlerstellen ausgewiesen.
[18] Vgl. ebenda, S. 130.

finanzielle Belastung der Länderhaushalte. Die Hochschulen der neuen Länder wollten und konnten die vielen gut beurteilten Arbeitsgruppen aus den Akademie-Instituten letztlich nicht aufnehmen.[19] Das Wissenschaftler-Integrationsprogramm war gedacht als eine flankierende Maßnahme, um die finanzielle Förderung von Wissenschaftlern und Wissenschaftlerinnen bis zur Übernahme in eine Hochschule abzusichern.[20] Das WIP lief letztlich fünf Jahre, insgesamt wurden 1.920 Personen damit gefördert.[21] Der Projektleiterinnenanteil innerhalb des WIP lag bei 20 Prozent. In der Physik und in den Geo- und Kosmoswissenschaften wurden durch das WIP 160 Wissenschaftler bzw. Wissenschaftlerinnen zeitlich begrenzt gefördert.[22] Ein quantitativ umfangreiches Ausscheiden von ehemaligen Akademiemitarbeitern und -mitarbeiterinnen aus der Forschung setzte damit erst 1995 und 1996 ein und blieb von der Öffentlichkeit eher unbemerkt. In die Humboldt-Universität Berlin z. B. sollten bis Ende 1995 141 Wissenschaftler, davon 47 (genau ein Drittel) Wissenschaftlerinnen integriert werden. Der weitaus überwiegende Teil verließ 1996 die Universität, vermutlich gelang nur 17 von ihnen eine Weiterbeschäftigung.[23] Für die fünf physikausgerichteten Institute der Geo- und Kosmoswissenschaft beispielsweise, die sehr positiv evaluiert worden waren und 1991 noch insgesamt 515 Wissenschaftler angestellt hatten, hieß der Vorschlag des Wissenschaftsrates Ende 1991, dass 150 von ihnen, also ein reichliches Drittel, über das Wissenschaftler-Integrationsprogramm bzw. Hochschulerneuerungsprogramm in den Hochschul- und Universitätssektor transferiert werden sollten[24] – eine Empfehlung, die scheiterte. Für alle Physikinstitute hatte der Wissenschaftsrat eine Weiterbeschäftigungsempfehlung für rund die Hälfte der Wissenschaftler und Wissenschaftlerinnen – für rund 1.550 von vormals 2.900 – abgegeben, wovon aber mindestens 380 über das Wissenschaftler-Integrationsprogramm in die Hochschulen gehen sollten.[25] Welche ostdeutschen Hochschulen und Universitäten hätten diese Physiker und Physikerinnen aufnehmen, d. h. finanzieren können?

Der Misserfolg bei der Eingliederung von empfohlenen knapp 1.500 Wissenschaftlern insgesamt der vormaligen AdW über das WIP zeichnete sich bis Mitte der 1990er Jahre ab. Damit wurde jedoch auch die angedachte Stärkung der ostdeutschen Hochschulforschung beeinträchtigt. Im Gegensatz zum Personalabbau

---

[19] Vgl. Renate Mayntz, Deutsche Forschung im Einigungsprozeß, S. 204–207, 219.
[20] Das WIP war wichtiger Bestandteil des am 11. Juli 1991 in Kraft tretenden Hochschulerneuerungsprogramms (HEP) für die neuen Länder.
[21] Vgl. Renate Mayntz, Deutsche Forschung im Einigungsprozeß, S. 233, 236.
[22] Vgl. Werner Lahmer, Wissenschaftler-Integrationsprogramm, S. 943 f.
[23] Das wären nur zwölf Prozent gewesen. Vgl. Marianne Kriszio, Bericht der zentralen Frauenbeauftragten der Humboldt-Universität 1993–1996, S. 45 f.
[24] Vgl. Jahrbuch 1990/91 der Akademie der Wissenschaften der DDR, S. 141–145.
[25] Vgl. ebenda, S. 128–145. Allein für das Physikalisch-Technische Institut, Jena, mit noch 119 Wissenschaftlern im Juni 1990, hieß die WR-Empfehlung, 80 Wissenschaftler über das WIP-HEP in Hochschulen zu integrieren. Oder für das Zentrum für Wissenschaftlichen Gerätebau, Berlin, mit 253 Wissenschaftlern im Juni 1990, lautete die Empfehlung: Transfer in Hochschulen von insgesamt zirka 80 Mitarbeitern. Vgl. ebenda, S. 131 f.

in der Akademieforschung blieb der Personalabbau an den Hochschulen und Universitäten bis Ende 1991 relativ gering. Er setzte dann aber, wegen großer Finanzprobleme der Landesregierung, verstärkt ein. Sachsen beispielsweise strebte eine Personalreduktion an den Universitäten um 42 Prozent an.[26] Die Reaktion der betroffenen Wissenschaftler und Wissenschaftlerinnen selbst hing von ihrer Evaluierung und ihren Weiterbeschäftigungsmöglichkeiten ab. Insgesamt blieb eine große Verunsicherung und tiefe Enttäuschung.[27] Ein Physiker vom Zentralinstitut für Elektronenphysik äußerte sich 1992 dazu: „Nach 40 Jahren parteistaatlicher Verfügung, Bevormundung und politischer Instrumentalisierung haben sich die Wissenschaftler in den Instituten" davon befreit. „Jetzt müssen sie wieder erleben, dass von oben über sie verfügt wird, ohne sie zu hören. In Gründungskomitees neuer Institute sind ostdeutsche Wissenschaftler kaum vertreten. Die beratende Stimme von Vertretern der Betroffenen ist nicht selten unerwünscht."[28]

Bei der Implementierung der Wissenschaftsratsempfehlungen traten vielfache Schwierigkeiten und Verzögerungen auf. Für Mitte der 1990er Jahre lag eine Untersuchung über personalstatistische Angaben von acht naturwissenschaftlichen Instituten der ehemaligen AdW im Raum Berlin-Brandenburg vor: 35 bis 40 Prozent der vormaligen Akademieforscher und -forscherinnen dieser acht Institute erhielten in den neu- und umgegründeten Nachfolgeinstituten eine Anstellung. Von denen, die die Institute verlassen mussten, fand die Hälfte als Wissenschaftler anderswo Beschäftigung – in Westdeutschland bzw. im Ausland. Arbeitslos wurden, laut Stand von 1996, lediglich acht Prozent, 13 Prozent gingen in Rente bzw. in den Vorruhestand. Die erzwungene bzw. freiwillige Mobilität vor allem der jüngeren und leistungsfähigen Wissenschaftler und Wissenschaftlerinnen beeinträchtigte die Altersstruktur der Nachfolgeeinrichtungen negativ. Vor allem die leistungsstarken 30–40-jährigen Promovierten sowie der wissenschaftliche Nachwuchs wanderten in die alten Bundesländer bzw. ins Ausland ab.[29]

Eine andere Befragung – schon von Ende 1991 – zeichnete folgendes Bild über den Verbleib von Mitarbeitern der AdW.[30] Irritierend hieran ist, dass die Befragungen zu einer Zeit stattfanden, als die Akademie-Forschungseinrichtungen mit ihrem Personal noch existierten, die Neu-, Aus- und Umgründungen sich erst in den Anfängen befanden.[31] Diese Befragung hatte geschlechtsspezifische Unterschiede in den Fluktuations- bzw. Mobilitätswegen ausmachen können. In den Naturwissenschaften hatten sich bis Ende 1991 zwölf Prozent der Männer, aber nur fünf Prozent der Frauen für eine Wissenschaftlertätigkeit an westdeutschen bzw. westeuropäischen Einrichtungen entschieden. An nichtwissenschaftliche Einrichtungen in Westdeutschland gingen 13 Prozent der männlichen Wissenschaftler

---

[26] Vgl. Renate Mayntz, Deutsche Forschung im Einigungsprozeß, S. 265–267.
[27] Vgl. Dan Bednarz, S. 7–180.
[28] Zitiert in: Renate Mayntz, Deutsche Forschung im Einigungsprozeß, S. 252.
[29] Vgl. ebenda, S. 270 f.
[30] Vgl. Anke Burkhardt, (K)ein Platz für Wissenschaftlerinnen, S. 357 f.
[31] Vgl. Renate Mayntz, Deutsche Forschung im Einigungsprozess, S. 252 f.

und acht Prozent der Wissenschaftlerinnen. AdW-Wissenschaftlerinnen waren häufiger als Männer in ABM-Maßnahmen und Umschulungen anzutreffen. Bezüglich der Altersgruppen splittete sich so das Bild: „Ein Drittel der unter 30jährigen Mitarbeiter hatte in anderen wissenschaftlichen Einrichtungen Arbeit gefunden. In der Altersgruppe 30 bis 39 Jahre wanderten 20 Prozent in nichtwissenschaftliche Einrichtungen ab, die 50- bis 56jährigen waren zu knapp einem Drittel in ABM beschäftigt."[32]

Hatten sich die westdeutschen Evaluatoren geirrt mit den Möglichkeiten, einen nennenswerten Teil von Akademiewissenschaftlern und -wissenschaftlerinnen in das ostdeutsche Hochschulsystem eingliedern zu können, hörten sich Empfehlungen über den angestrebten Ost-West-Personal-Durchmischungsgrad irritierend an. 1993/94 verbreitete sich ein Zwischenresultat, wonach – immer bezogen auf das Gesamtpersonal, nicht konkret auf das „Forschende Personal" – in den neuen, aus der Akademie hervorgegangenen Forschungseinrichtungen 71 Prozent aus der ehemaligen Akademie stammten und nur 2,8 Prozent aus den alten Bundesländern. Danach wäre der empfohlene Durchmischungsgrad von angestrebten zehn Prozent noch lange nicht erreicht.[33] Dieser Feststellung kommt keine Relevanz zu. 1992/93 waren die Implementation der Empfehlungen, die Neu- und Umgründungen lange nicht abgeschlossen. Die empfohlene Weiterbeschäftigung des Forschungspersonals hatte am Ende nichts mit ihrer tatsächlichen Weiterbeschäftigung zu tun. Wissenschaftsstellen wurden öffentlich ausgeschrieben. Das gesamte Leitungspersonal der Physik- und Geo- und Kosmos-Institute z. B., vermutlich mit zwei Ausnahmen, kam aus Westdeutschland bzw. aus dem Ausland. Und diese neuen Leiter brachten Mitarbeiter mit. Um einen Überblick zu behalten, soll versucht werden, zusammenzufassen: Werden die AdW-Institute und die Evaluationsgebote des Wissenschaftsrates betrachtet, waren, neben der Personalreduktion, der hohe Grad an „Aufgliederungs-, Zuordnungs-, Integrations- und Umgründungsempfehlungen" hervorstechende Merkmale. Rund 7.700 Forschendes Personal, davon 2.400 Frauen (ein Drittel), wies die Akademie zum Ende der DDR aus. Für die Physik und die Geo- und Kosmoswissenschaften hieß das: 2.600 Forschendes Personal, davon rund 400 Frauen (15 Prozent).[34] Der Wissenschaftsrat hielt einen zirka 40-prozentigen Erhalt der Arbeitsplätze, dies bezog sich jedoch auf das Personal >insgesamt, geboten. Da der Personal-Abbau das Leitungs-, verwaltungs- und forschungsstützende Personal mehr traf, wird geschätzt, dass der Erhalt der Hälfte der Wissenschaftlerplätze empfohlen wurde – also rund 3.900.[35] Und der Wissenschaftsrat sah zudem vor, davon knapp 1.500 Wissenschaftler der AdW über das Wissenschaftler-Integrationsprogramm befristet bis zur Übernahme in den Hochschulbereich zwischenzufinanzieren. Inwieweit letztlich diese Vorstellungen von 1992 umgesetzt wurden, kann abschließend

---

[32] Anke Burkhardt, (K)ein Platz für Wissenschaftlerinnen, S. 358.
[33] Vgl. Renate Mayntz, Deutsche Forschung im Einigungsprozess, S. 258–260.
[34] Vgl. Statistischer Jahresbericht der AdW 1988, in: ABBAW: AKL 65, S. 19, 28–30.
[35] Davon möglicherweise 1.300 Physiker und Physikerinnen.

1. Evaluierung und „Erneuerung" auf Kosten der Physikerinnen?

noch nicht beurteilt werden. Eine Thematisierung oder gar Aufschlüsselung der Empfehlungen bezogen auf Akademie-Frauen und -Männer in der Wissenschaft fanden nicht statt. Wissenschaftlerinnen-Leitlinien fanden sich nirgendwo.[36] Aussagen konkret zu den Physikern und Physikerinnen konnten nur recht allgemein getroffen werden. Literatur, Übersichten und Statistiken zum Transformationsprozess der Akademie der Wissenschaften und seiner Institute und Einrichtungen stammen aus den Jahren bis 1994/95, begleiteten also den Prozess. Wie mehr oder weniger erfolgreich er jedoch letztlich verlief, müssten Untersuchungen u. a. zehn Jahre nach dem Ende der Akademie zeigen. Diese liegen nicht vor. Sie müssten auf jeder neu- oder umgegründeten Institutsebene einzeln geführt werden und dürften wegen der Archivschutzfristen, vor allem für die brisanten Personalunterlagen, auch zeitnah nicht zu erwarten sein. Ganz außer Acht gelassen wurde bisher, dass die Wissenschaftsratsempfehlungen für die neuen Institute, Einrichtungen und Arbeitsgruppen Wissenschaftlerplanstellen auswiesen. Diese mussten nicht zwingend mit vormals Forschern und Forscherinnen von der Akademie besetzt werden. Die Stellen wurden öffentlich und international ausgeschrieben und so auch von westdeutschen und internationalen Bewerbern eingenommen. Nachgewiesen ist, dass fast die gesamte Leitungsebene der neuen Institute und Einrichtungen nicht mit ostdeutschen Wissenschaftlern besetzt wurde.

Aussagen, Einschätzungen und Wertungen von 2016 und 2017 interviewten Physikerinnen und Physikern, die an AdW-Instituten und den Nachfolgeeinrichtungen forschen, sollen hier zusammengestellt werden. Insgesamt wurden von vormaligen sechs AdW-Physikinstituten zehn Physikerinnen interviewt und mit zwei aus Westdeutschland stammenden Institutsleitern gesprochen. Wie sah die „durchmischte" Personalsituation an einzelnen Physikinstituten am Ende der 1990er Jahre aus, war die Transformation mehr zu Lasten der ostdeutschen Physikerinnen als ihrer männlichen Kollegen gegangen? Ein erstes Beispiel: Die Forscherstellen des Kernforschungsinstitut Dresden/Rossendorf wurden zu fast 100 Prozent westdeutsch besetzt. Für dieses Fachgebiet bot sich im Osten die letzte Möglichkeit, gut dotierte Wissenschaftsstellen zu besetzen, da die Kernforschung in Deutschland insgesamt als Wissenschaftsgebiet seit Beginn der 1990er Jahre abgebaut wurde. Die Kernforschung stand nicht mehr im forschungspolitischen Interesse. Wörtlich eine interviewte Physikprofessorin von vormals Rossendorf: *„Kernphysik war ja nicht mehr aktuell und die Westdeutschen guckten alle gierig, was hier war, wo eine freie Stelle hier war und haben sich beworben und haben gesagt, nur sie haben gute Physik gemacht. [...] Ein Kollege hat sehr drastisch gesagt: Jeder, der irgendwie ein bisschen Physik konnte und Erfolg hatte, ist weggegangen – was totaler Quatsch ist, weil man ja gar nicht gehen konnte. Außerdem gab es auch persönliche Gründe, dass die Eltern Unterstützung brauchten. Es wurden krampfhaft gesucht noch die letzten zur Verfügung stehenden Stellen in der Kernphysik, und da sind dann auch*

---

[36] Vgl. Evaluierung beendet, S. 763–767.

nur Kollegen aus dem Westen auf die Stellen der Kernphysik berufen worden."[37] Nach ihren Erinnerungen seien ehemalige Kollegen in Fachhochschulen gegangen; MfS-belastete Wissenschaftler hätten Privatfirmen gegründet, z. B. in der Aufbereitung des Abfalls aus Kernreaktoren, *„da gab es viel zu tun, [...], arbeitslos ist keiner geworden."*[38] Sie selbst wurde positiv evaluiert und über das Wissenschaftler-Integrationsprogramm in die Technische Universität Dresden integriert.

Ein zweites kurzes Beispiel: das Max-Born-Institut für nichtlineare Optik und Kurzzeitspektroskopie, Berlin, eröffnet zum 22. Oktober 1993: Hier lauteten vielfache und einstimmige Beobachtungen und Urteile: Westdeutsch – männlich – elitär sich gerierend.[39]

Das Leibniz-Institut für Höchstfrequenztechnik Ferdinand-Braun ging nach dem Ende der DDR aus Teilen des „Zentralinstituts für Optik und Spektroskopie" und des „Zentralinstituts für Elektronenphysik" der Akademie der Wissenschaften hervor, Gründungsdatum: 1. Januar 1992. Die Evaluierungsempfehlung vom Juni 1991 umfasste 60 Wissenschaftlerstellen.[40] Eine interviewte Physikerin des alten und des neuen Instituts, jahrelang Gleichstellungsbeauftragte, sagte aus: *„Es hat uns schon damals sehr geschockt, dass die Akademie, die Institute so mir nichts dir nichts aufgelöst wurden [...] Aber da war dann zumindest der Silberstreif, dass man sich hätte bewerben können für eines dieser neuen Institute. Das haben wir dann auch gemacht. [...] Bei mir hat es geklappt. [...] Dass die Evaluierung zu Lasten der Frauen ging, stimmt [...] für den Teil der Wissenschaftlerinnen, die mit 55 in Rente gehen mussten. Da hatte man dann schon mal ein paar ruhig gestellt. Nein – zu Lasten der Wissenschaftlerinnen ging es nicht, [...] nicht in dem Bereich, in dem ich gearbeitet habe. [...] Frauen suchen auch immer sehr schnell die Schuld [darin], ach ich bin eine Frau und deshalb ist das mir so passiert. Das ist bei Minderheiten häufig so der Fall. [...] Ja, es gab weitere Frauen aus meinem Institut, die in ein neugegründetes gingen."*[41] Die Interviewten des Ferdinand-Braun-Instituts erinnerten sich weiter, dass im Jahr 2000 rund zwei Drittel des Forschungspersonals Ostdeutsche und ein Drittel Westdeutsche waren, die Leitungsebene sei nur westdeutsch besetzt worden. Der Frauenanteil habe bei rund zehn Prozent gelegen. Dieser verteilte sich ebenso zwei Drittel und ein Drittel auf Ost- und Westdeutsche.[42] Auch der Leiter des Leibniz-Instituts für Kristallzüchtung war überzeugt,

---

[37] Vgl. Interview 41.
[38] Ebenda.
[39] Vgl. Interview 28 und Gespräche mit den Gleichstellungsbeauftragten. Meine Interviewanfrage bzw. meine Bitte an den Institutsleiter vom 5. Oktober 2016, Kontakte zu DDR-sozialisierten Physikerinnen ihres Instituts zu vermitteln, wurden schriftlich mit der Bemerkung beantwortet: „Am Max-Born-Institut gibt es keine Wissenschaftlerinnen, die dem von Ihnen definierten Personenkreis angehören". Jegliches Gespräch wurde abgelehnt. Vgl. Briefwechsel im Besitz der Autorin.
[40] Vgl. Jahrbuch 1990/91 der AdW der DDR und der KAI-AdW, Berlin 1994, S. 128.
[41] Interview 29.
[42] Vgl. Interview 29 und deren schriftliche Aussage; Interview mit der Gleichstellungsbeauftragten Ina Ostermay, Physikerin (Jg. 1982), 24. Oktober 2016.

dass die Wende nicht zu Lasten der weiblichen Wissenschaftlerinnen, „*aber ganz klar zu Lasten der Ostdeutschen gegangen*" sei. Die acht Leibniz-Institute des Forschungsverbundes Berlin[43] wurden und werden bis heute – mit einer Ausnahme – von Westdeutschen bzw. ausländischen Wissenschaftlern geleitet. „*Die ostdeutschen Leitungsebenen sind ganz schön ausgekehrt worden. Das ist und war nicht begründet durch wissenschaftliche Kompetenz.*"[44] Der Wissenschaftlerinnenanteil änderte sich am Ferdinand-Braun-Institut wenig. Er lag im Jahr 2008 bei elf Prozent und 2013 bis 2016 bei neun Prozent, der Anteil der Doktorandinnen bei 25 Prozent.[45]

Das vierte Beispiel: Aus dem Potsdamer Zentralinstitut für Astrophysik wurde zum 1. Januar 1992 das Leibniz-Institut für Astrophysik, Potsdam, mit einer „deutlich geringeren Mitarbeiterzahl". Mehr als die Hälfte des Personals musste gehen. Von den ehemals rund 80 Wissenschaftlern sollten auf Empfehlung des Wissenschaftsrates rund 30 bis 40 Wissenschaftlerstellen erhalten bleiben.[46] Nach Interviewaussagen existierten 1992 zirka 30 Wissenschaftlerstellen, der größere Teil wurde mit Ostdeutschen aus dem Vorgängerinstitut besetzt. Auch der Gründungsdirektor war ein ostdeutscher Wissenschaftler, eine Ausnahme. Keine Frau habe als Wissenschaftlerin eine unbefristete Stelle erhalten. Der Grund soll mit darin gelegen haben, dass viele Forscherinnen über 50 Jahre und damit zu alt gewesen seien. Sie hatten die Möglichkeit auf die Vorruhestandsregelung. „*Die besten Stellen haben die bekommen, die die Abwicklung der AdW nicht abgewartet haben, sondern gleich gegangen sind. [… Westdeutsche Bereichsleiter] der Max-Planck-Gesellschaft haben gesagt: Wir haben die Nazis 1945 genommen, warum sollten wir nicht die Stasimitarbeiter nehmen. Die sind angepasst, die waren vorher angepasst und die passen sich wieder an. Da gab es* [auch hier am Institut] *keine Erklärungen, die wir unterschreiben mussten. Hauptsache, sie* [die Eingestellten] *waren gut und sie waren ja im Westen bekannt, weil sie Reisekader waren.*"[47]

Etliche Kollegen aus dem Bereich Astrophysik hätten den Sprung in die alten Bundesländer geschafft, dort in die Industrie, nicht in die Wissenschaft. Einige der Kollegen bzw. Kolleginnen seien in die Brandenburger Landesverwaltung gegangen, einige hätten sich mit kleinen Firmen selbständig gemacht und einige „*haben auch den Fuß gar nicht mehr auf den Boden bekommen […]*"[48] Seit den 2010er Jahren, so die Beobachtung der Interviewten, gäbe es am Institut für Astrophysik

---

[43] Der Forschungsverbund Berlin e. V. ist ein Zusammenschluss von acht Forschungseinrichtungen, die ursprünglich Institute der Akademie der Wissenschaften der DDR waren. Die zum Forschungsverbund Berlin gehörenden natur-, lebens- und umweltwissenschaftlichen Forschungsinstitute in Berlin wurden vom Wissenschaftsrat evaluiert und mit dem Votum, eigenständige Institute zu bilden. Das Land Berlin schuf daraufhin eine im November 1991 gegründete Trägerorganisation „Forschungsverbund", der in erster Linie die Verwaltungsstruktur betraf. Die Institute selbst sind wissenschaftlich eigenständig.
[44] Vgl. Interview mit Prof. Günther Tränkle.
[45] Vgl. die Frauenförderpläne des Instituts 2006 bis 2013, im Besitz der Autorin.
[46] Vgl. Jahrbuch 1990/91 der AdW der DDR und der KAI-AdW, S. 141.
[47] Interview 38.
[48] Vgl. Interview 38.

wieder mehr Forscherinnen als 1990. Die Wissenschaftlerinnenquote bei festen Stellen lag bei 14 Prozent, bei den Doktorandinnen und Postdoktorandinnen bei 30 Prozent, wobei viele Frauen aus dem Ausland kämen, die Astronomie sei sehr international aufgestellt.[49]

Aus dem sehr großen Zentrum für Wissenschaftlichen Gerätebau, Berlin, kam es zum 1. Januar 1992 zu einer kleineren Ausgründung, zum Leibniz-Institut für Kristallzüchtung mit empfohlenen 27 Wissenschaftsstellen – als fünftes Beispiel.[50] Nach bisheriger Kenntnis war die Kristallzüchtung das zweite Physikinstitut, welches nach der Wende von einem ostdeutschen Wissenschaftler geleitet wurde. Die interviewten Kristallographinnen stimmten in ihren Aussagen überein, dass ein Viertel bis ein Drittel des forschenden Personals an den neuen Instituten, an Universitäten bzw. Hochschulen eine Neuanstellung fand.[51] Das habe so auch die Arbeitsgruppe Kristallzüchtung der AdW betroffen. Etwas mehr als ein Drittel der Forscher und Forscherinnen sowie einige Kollegen vom Zentralinstitut für Optik und Spektroskopie der AdW sowie einige von der Humboldt-Universität fanden sich im neuen Institut für Kristallzüchtung zusammen. *„Es war ein ziemlicher Übernahmepoker. […] Die fachliche Überprüfung fand statt, und das Fachliche hat auch gezählt. Das haben unsere eigenen Leute gemacht. Einige Mitarbeiter sind aus Westdeutschland gekommen; in unser Institut selbst nicht. Die Wessis sind ja alle in die Leitungsebene in den Forschungsverbund gekommen. Geschäftsführer usw. im Forschungsverbund waren alle Wessis, da gab es keinen einzigen Ossi.“*[52] Die Frage, ob Evaluierung und Neubeginn des Instituts mehr negative Folgen für Frauen als für Männer hatte, wurde insofern bejaht, dass die besser bezahlten und die unbefristeten Stellen die Männer erhalten hatten. Es herrschte ein *„ausgeprägtes Denken – nicht dass die Frauen weniger leisten –, dass einem Mann die geringer dotierte Stelle nicht zuzumuten ist."*[53] Es habe mehr als zehn Jahre gebraucht, um diese Ungerechtigkeit, schlechter bezahlte und befristete Stellen für Forscherinnen, zu bereinigen.[54] Die Anzahl der Frauen in der Kristallzüchtung hätte sich im Vergleich zur DDR-Zeit nicht grundsätzlich erhöht. Gegenwärtig forschten zehn Prozent Frauen auf Wissenschaftsstellen.[55]

Die beiden physikausgerichteten Einrichtungen in Berlin, Institut für Planetenforschung und Institut für Optische Sensorsysteme, sechstes Beispiel, gehören seit 1992 zu der Großforschungseinrichtung Deutsches Zentrum für Luft- und Raumfahrt (DLR), die Mitglied der Helmholtz-Gemeinschaft ist. Die drei hier interviewten Akademikerinnen, zwei Physikerinnen und eine Informatikerin, stammten

---

[49] Vgl. Interview mit der Gleichstellungsbeauftragten Petra Nihsen am 20. Februar 2017; Interview mit dem Institutschef, Prof. Matthias Steinmetz, 7. März 2017; Interview 38.
[50] Vgl. Jahrbuch 1990/91 der AdW der DDR und der KAI-AdW, S. 131.
[51] Vgl. Interviews 28, 30 und 31.
[52] Interview 28.
[53] Interview 28.
[54] Vgl. Interview 28 und 31.
[55] Vgl. ebenda.

1. Evaluierung und „Erneuerung" auf Kosten der Physikerinnen? 227

vor 1990 vom AdW-Institut für Kosmosforschung.[56] Hier hießen die Evaluationsempfehlungen 1991: 200 Wissenschaftlerstellen für das DLR und Einrichtung einer Außenstelle eines Max-Planck-Instituts mit 20 Wissenschaftlerstellen.[57] Die drei Wissenschaftlerinnen forschten vor und nach 1991 in verschiedenen Abteilungen und Arbeitsgruppen, daher unterschieden sich auch ihre Antworten auf diverse Fragen. Während eine sich erinnerte, am Kosmosforschungsinstitut sei die Hälfte der Mitarbeiter weiblich gewesen – sie zählte auch die Technikerinnen, Laborantinnen und (Fachschul-)Ingenieurinnen mit[58] – meinte die zweite, es habe rund 30 Prozent Mitarbeiterinnen gegeben, und Wissenschaftlerinnen wohl weniger als 20 Prozent.[59] Das bestätigte auch die dritte Interviewte, die aussagte, *„am Institut für Kosmosforschung in Berlin gab es wenige Frauen unter den Wissenschaftlern".*[60] Am Akademie-Institut wie auch an den DLR-Instituten *„waren und blieben es wenige Wissenschaftlerinnen. Woher sollten die Frauen auch kommen? Aus dem Westen kamen nur Männer, ich habe keine Frau gesehen, [...] es gab sie auch dort in Oberpfaffenhofen*[61] *nicht".*[62] Rund 80 Prozent der Kollegen in der Kosmosforschung hätten es nach der Wende an Institute des Deutschen Zentrums für Luft- und Raumfahrt geschafft. Viele seien an die westdeutschen Standorte – Oberpfaffenhofen, Braunschweig und Köln z. B. oder andere Max-Planck-Institute, z. B. nahe Göttingen – gegangen, dort geblieben oder nach Jahren nach Berlin zurückgekehrt. Die Älteren mussten in den Vorruhestand gehen, einige hätten kleinere Firmen gegründet. Die umgegründeten DLR-Institute in Berlin hätten sich in den 1990er Jahren zu 85 Prozent aus ostdeutschen und zu 15 Prozent aus westdeutschen Wissenschaftlern zusammengesetzt, *„allerdings wurden die meisten aus dem Westen sofort irgendwelche Chefs".*[63] Im Laufe der Zeit seien immer mehr westdeutsche Wissenschaftler nach Berlin gekommen. Im Jahr 2000 sei das Verhältnis 50 zu 50 gewesen, auch weil die Ostdeutschen mehr und mehr in Rente gingen. Sehr viele ostdeutsche Wissenschaftlerinnen mussten sich von Zeitvertrag zu Zeitvertrag hangeln. Hier seien die Frauen mehr als die Männer betroffen gewesen und *„ich hatte das Gefühl, Frauen haben es schwerer, und ich war auf einmal mit einem Frauenbild konfrontiert – insbesondere seitens der Westleiter – in der Lesart: Eine Frau braucht nicht unbedingt einen festen Arbeitsvertrag, diesen braucht der Mann, der eine Familie versorgen muss. [...] Dieses Modell, der Mann versorgt die Familie, damit war ich zuvor nie konfrontiert."*[64] Eine andere Wissenschaftlerin meinte hingegen, die Problematik mit den Zeitverträgen habe Männer und Frauen

---

[56] Vgl. Interviews 35, 36 und 37.
[57] Vgl. Jahrbuch 1990/91 der AdW der DDR und der KAI-AdW, S. 144.
[58] Vgl. Interview 37.
[59] Vgl. Interview 35.
[60] Interview 36.
[61] Der DLR-Standort Oberpfaffenhofen ist neben dem Hauptsitz Köln der Größte nach Zahl der Mitarbeiter.
[62] Interview 36.
[63] Ebenda.
[64] Interviews 36 und vgl. auch Interview 35.

gleichermaßen getroffen.⁶⁵ Und die hier dritte gesprochene Wissenschaftlerin erklärte, der Evaluierungs- und Umgestaltungsprozess sei letztlich nicht zu Lasten der Frauen gegangen. „*Die Männer waren schneller auf der sicheren Seite. Die Frauen mussten sich bewegen. Sie waren sehr aktiv. Die waren fachlich auch teilweise besser. Innerhalb einzelner Abteilungen und Arbeitsgruppen hat man gesehen, dass die [...] Männer, das war klar, die werden übernommen, und die Frauen, obwohl fachlich besser, standen auf der Kippe. Und die meisten Frauen haben dann gesagt, gut dann machen wir was [...], wir werden selbst aktiv. Wir Frauen haben damals diese Vorgehensweise nicht hinterfragt. Im Rückblick erkannten wir den Grund: In den Auswahlgremien saßen immer nur Männer. Und das ist einfach so: Männer wählen erst einmal Männer aus*".⁶⁶

Eine abschließende Antwort, ob Evaluierung, Neu- und Umgründungen der Physikinstitute der ehemaligen AdW Wissenschaftlerinnen eher negativ betrafen als ihre männlichen Kollegen und wie sich eine Ost-West-Mischung gestaltete, kann nicht gegeben werden. Aber ein Trend zeichnete sich durchaus ab: Zirka ein Viertel bis ein Drittel der Wissenschaftler und Wissenschaftlerinnen der Physikinstitute schafften es im Lauf des Transformationsprozesses der Akademie der Wissenschaften in der Forschung zu bleiben, in den umgegründeten Instituten, in Universitäten und Hochschulen sowie in westdeutschen bzw. internationalen Forschungseinrichtungen.⁶⁷ Das blieb deutlich unter den 50-Prozent-Empfehlungen der Evaluation, auch weil das Wissenschaftler-Integrationsprogramm nur ansatzweise funktionierte. Wenn auch Arbeitslosigkeit oder Jobs wie Steuerberater und Taxifahrer für die Physiker und Physikerinnen von der Akademie die Ausnahme blieben, wanderte ein nicht kleiner Teil in die westdeutsche und internationale Industrie ab, gingen somit der Forschung verloren. Die überalterte Personalstruktur an der Akademie zum Ende der DDR ließ es zu, dass ein ebenso nicht kleiner Teil von männlichen und weiblichen Physikern die Vorruhestandsregelung annehmen musste bzw. das Rentenalter erreicht hatte. Der Anteil der Physikerinnen blieb vor und nach der Wende gleich klein: Zu Zeiten der AdW waren es 15 bis 16 Prozent, und in den 1990er Jahren schwankten die Angaben aus den Instituten zwischen zehn und unter 20 Prozent.⁶⁸ Wenn der Akademie-Transformationspro-

---

⁶⁵ Vgl. Interview 37.
⁶⁶ Interview 35.
⁶⁷ Bereits 1992 – äußerte sich der (westdeutsche) Präsident der DPG dazu: „In den neuen Bundesländern ist die Bilanz [in der Physik] erschreckend. [...] ‚Evaluierung' [...] ‚Abwicklung' [...] [Vorruhestand] werden tiefe Wunden hinterlassen." Als Resultat bleibt, „dass keinesfalls allen positiven Bewertungen des Wissenschaftsrats gefolgt wurde und dass in den neuen Bundesländern nur etwa ein Viertel der bisher in der Forschung Tätigen einen neuen Arbeitsplatz erhält. Pro Kopf der Bevölkerung arbeiten dann weniger als halb so viele Beschäftigte in der Forschung als in den alten Bundesländern." Hinzu kam, dass auch die finanzielle Forschungsförderung sank. Der nun gesamtdeutsche Bundeshaushalt wuchs um 34 Prozent (1990–1992), der Anteil für Forschung jedoch nur um 17 Prozent. Vgl. Theo Mayer-Kuckuk, S. 5.
⁶⁸ Ein westdeutscher Vergleich: 1989 waren an der außeruniversitären Großforschungseinrichtung Jülich (Forschungskompetenz in der Physik/Kernphysik), in NRW, 13 Prozent Frauen unter den Wissenschaftlern beschäftigt. Jedoch hatten unbefristete Forschungsstellen nur knapp sieben Prozent Frauen inne, während ihr Anteil mit befristeten Verträgen bei 20 Pro-

zess auch quantitativ nicht zu Lasten der Physikerinnen ging, so waren sie insofern strukturell, d. h. qualitativ benachteiligt, da sie sich eher in schlechter dotierten Zeitarbeitsverträgen auf den unteren Wissenschaftsrängen wiederfanden. Mit ihrem ausgeprägten Selbstbewusstsein – Physikerinnen in der männerdominierten Physik hatten sich auch in der DDR durchsetzen müssen –, ihr aktives und wendiges Agieren in Form von Drittmitteleinwerbung und zeitweiliger Mobilität hin in westdeutsche (Mutter)-Einrichtungen machten sie diese Nachteile im zeitlichen Verlauf wett. Der Grad der Durchmischung mit ost- und westdeutsch sozialisierten Wissenschaftlern und Wissenschaftlerinnen war von Institut zu Institut sehr unterschiedlich. Er entwickelte sich in den 1990er Jahren tendenziell zu einem größer werdenden Anteil von Westdeutschen von zirka 20 zu 50 Prozent und machte es den ehemaligen Akademie-Forschern und -Forscherinnen noch schwerer eine Stelle zu erhalten. Die Evaluatorenempfehlung, zehn Prozent der Institutsstellen mit Westdeutschen auszustatten,[69] wurde weit überboten. Die gesamte Leitungsebene nahmen Westdeutsche ein. Das war eine politische Entscheidung, die nichts mit fachlicher Kompetenz der Ostdeutschen zu tun hatte. Dass der Anteil des westdeutschen Forschungspersonals im Laufe der Jahre/Jahrzehnte zunahm, hing auch direkt mit den viel größeren absoluten Zahlen an ausgebildeten und qualifizierten westdeutsch sozialisierten Physikern und Physikerinnen zusammen.

1.2. Abwicklung, Berentung, Personalreduzierung, Neubewerbung

Anders als bei der Akademie der Wissenschaften vollzog sich der Transformationsprozess im Universitäts- und Hochschulbereich bis in die späten 1990er Jahre hin.[70] Danach wurde die Ostspezifik zunehmend durch gesamtdeutsche Probleme wie angespannte Haushaltslage und Modernisierungsdefizite des Hochschulsystems insgesamt überlagert.[71] Im Nachhinein wurde kritisiert, dass die großen westdeutsch dominierten hochschulpolitischen Akteure – das Bundesministerium für Bildung und Wissenschaft (BMBW), die Kultusministerkonferenz (KMK), die Hochschulrektorenkonferenz (HRK), der Wissenschaftsrat (WR) mit seinen strukturellen und fächerbezogenen Reformvorschlägen[72] – die Strategie des Institutionentransfers wählten, obwohl seit mehr als fünfzehn Jahren die Reformbedürftigkeit des westdeutschen Hochschulwesens bekannt war. Es fehlten Reform-

---

zent lag. Auf den hoch dotierten Stellen fand sich so gut wie keine einzige Wissenschaftlerin, auf den C1 bzw. BAT Ia und Ib-Stellen betrug ihr Anteil sechs Prozent und bei den „untersten" Stellen in der Wissenschaftshierarchie – BAT IIa – lag er bei 19 Prozent. Vgl. Sybille Krummacher, Frauen in Naturwissenschaft und Technik, S. 293.
[69] Vgl. Renate Mayntz, Deutsche Forschung im Einigungsprozess, S. 259.
[70] Vgl. Anke Burkhardt, (K)ein Platz für Wissenschaftlerinnen, S. 353–363.
[71] Vgl. Anke Burkhardt, Stellen- und Personalbestand an ostdeutschen Hochschulen, S. 6.
[72] Vgl. detailliert bei Renate Mayntz, Die Erneuerung der ostdeutschen Universitäten, S. 288–296.

wille und Reformkonzept, es fehlte der Konsens der Beteiligten über Reformziele und über die zu ergreifenden Maßnahmen. Keiner dieser Akteure wollte die deutsche Vereinigung zum Anlass nehmen, die blockierte Reformdebatte und den notwendigen Reformprozess an deutschen Hochschulen einzuleiten. Zwingenden Veränderungsbedarf unter vereinigungsbedingtem Zeitdruck sahen die West-Akteure zuerst im Beitrittsgebiet der fünf neuen Länder, und dieser schien und war ihnen derart groß, dass alles andere dahinter verblasste.[73] Der wichtigste hochschulexterne Akteur, die jeweilige neu gebildete Landesregierung mit dem zuständigen Ministerium, war mit diesem Problemfeld überfordert. Zudem kamen im zeitlichen Verlauf allgemeine und große Sparzwänge hinzu.[74] Die maßgeblichen Reformziele für Ostdeutschland – Wiederherstellung der Hochschulselbstverwaltung, Stärkung der Hochschulforschung, Integration in die westdeutschen Hochschulstrukturen im Interesse der Vereinheitlichung der Ausbildungsgänge und Abschlüsse für die Studierenden – fanden ihre Unterstützung im BMBW, der Rektorenkonferenz und KMK, auch wenn diese Ziele gemessen wurden am langjährig kritisierten westdeutschen Status quo. Die angesprochene günstige und beispielhafte Betreuungsrelation Hochschullehrer zu Student im Osten wäre finanziell weder in Ost zu halten noch auf den Westen auszudehnen gewesen. Bereits viel bescheidenere Stellenwünsche der Hochschulen wurden von den Länderfinanzministerien abgelehnt. Der Betreuungsschlüssel von Studierendem zu wissenschaftlichem Mitarbeiter lag 1989 in der DDR bei 5 zu 1 und in der BRD bei 14 zu 1.[75] Damit korrespondierte auch die mittlere Studiendauer bis zum Physikdiplom in den alten Bundesländern von bis zu 15 Semestern, hingegen in der DDR mit einheitlich zehn Semestern.[76] 1995 stand der Betreuungsschlüssel in Ostdeutschland bei 7 zu 1. Diese leichte Verschlechterung, verglichen mit DDR-Verhältnissen, ließ aber weiterhin eine personalintensivere Ausbildung als im alten Bundesgebiet zu und blieb als Positivpunkt auch erhalten.[77] Abgesehen vom Betreuungsverhältnis stand die damit verbundene Normvorstellung eines quantitativ starken Mittelbaus in Dauerstellung mit der westdeutschen Realität von der wissenschaftlichen Assistenz als bloßem Durchgangsstadium zur Höherqualifikation in Konflikt. Die Umgestaltung des ostdeutschen Hochschulwesens vollzog sich konfliktreich. Die personelle Neuaufstellung, die teilweise zugleich Instrument fachlicher Erneuerung war, genoss die größte Aufmerksamkeit. Der Personalumbau und -austausch geriet zum spannungsvollsten Aspekt des Transformationsprozesses. Für das betroffene Hochschulpersonal verband er sich oft mit einem Bruch im beruflichen und privaten Lebenslauf. Vielen Wissenschaftlern und Wissenschaftlerinnen – auch denen,

---

[73] Vgl. ebenda, S. 308 f.; Jürgen Kocka, Reform von oben und außen, S. 93–96.
[74] Vgl. Renate Mayntz, Die Erneuerung der ostdeutschen Universitäten, S. 287–289.
[75] Vgl. ebenda, S. 309; Auswirkungen der Umstrukturierung der Hochschullandschaft in den neuen Bundesländern auf die Situation von Hochschulwissenschaftlerinnen, in: ADS, BT/12. WP-121, Bl. 191; Jürgen W. Möllemann, S. 241.
[76] Vgl. Statistiken zum Physikstudium in Deutschland, S. 742.
[77] Vgl. Anke Burkhardt, Stellen- und Personalbestand an ostdeutschen Hochschulen, S. 6 f.

die ihre Berufslaufbahn fortsetzten – blieb der Personalumbau als „Kolonialisierung durch den Westen"[78] bis heute in Erinnerung. Für sie zeigte sich der – euphemistisch gesprochen – „Personalerneuerungsprozess" als Vereinigungskrise der 1990er Jahre im Hochschul- und Forschungssystem.[79]

Der Einigungsvertrag mit seinem Artikel 13[80] gab den Ost-Landesregierungen das Recht der Abwicklung einzelner Fachgebiete in die Hand. Abgewickelt wurden bis Anfang 1991 Fachbereiche bzw. Teile davon, für die unter den neuen Verhältnissen kein Bedarf mehr bestand oder die inhaltlich stark ideologiebehaftet waren. Es traf vor allem geistes- und sozialwissenschaftliche Fächer.[81] Allein die Abwicklung der Sektionen Marxismus-Leninismus betraf rund 2.200 Angehörige des wissenschaftlichen Personals, darunter ein Drittel Frauen.[82] Zu den Fachbereichen, die an den meisten Hochschuleinrichtungen abgewickelt und zum Teil neu gegründet wurden, zählten die Rechtswissenschaften, Pädagogik, Erziehungs- und Wirtschaftswissenschaften, Philosophie, Geschichte, Journalistik und Kriminalistik. Der Frauenanteil dort betrug zwischen 30 und 40 Prozent.[83] Abwicklung bedeutete nach einer sechs- bzw. neunmonatigen Übergangsfrist die summarische Entlassung des Personals. Die Technischen Hochschulen und die mathematisch-naturwissenschaftlichen und technischen sowie die medizinischen Bereiche waren von den Abwicklungsprozessen nur am Rande betroffen. In diesen Disziplinen war der Frauenanteil deutlich geringer. Diese zunächst als Kontinuität empfundene Entwicklung wurde später, ab 1992, zum Teil konterkariert durch einsetzende Bedarfskündigungen. Zu einem weiteren Instrument der Personalreduktion wurde die Möglichkeit, über die Vorruhestands- und Altersübergangsregelung vorzeitig aus dem Berufsleben auszuscheiden und in Rente zu gehen. Das betraf Männer ab dem 60. und Frauen ab dem 55. Lebensjahr, bezogen auf den Altersübergang sogar jeweils noch ein bis drei Jahre früher. Von den 2.900 Professoren 1989 hatten 54 Prozent das Vorruhestandsalter bzw. den Altersübergang erreicht und konnten ihn in Anspruch nehmen, bei den Professorinnen im Vorruhestandsalter waren es 30 Prozent und weitere 38 Prozent mit der Möglichkeit des Altersübergangs. Ähnlich zeigte sich das Bild bei den Dozenten und Dozentinnen. Mehr als ein Drittel hatte die Altersübergangsgrenze erreicht, bei den Dozentinnen etwas mehr als die Hälfte. Insgesamt und zusammengefasst also konnten mehr als 50 Prozent aller Professorinnen und 36 Prozent aller Dozentinnen in den Ruhe- oder Vorruhestand ge-

---

[78] So die Herausgeberinnen Marlies Arndt, Magdalena Deters, Gabriele Hardt, Gabriele Jähnert, Johanna Kootz, Birgit Riegraf, Manuela Roßbach, Karin Zimmermann von Ausgegrenzt und mittendrin, S. 10.
[79] Vgl. Matthias Middell, S. 384 f.
[80] Vgl. Einigungsvertrag vom 31. August 1990, in: BGBl. 1990, II, S. 889, dort Artikel 13.
[81] Vgl. Renate Mayntz, Die Erneuerung der ostdeutschen Universitäten, S. 296–298.
[82] Vgl. Auswirkungen der Umstrukturierung der Hochschullandschaft in den neuen Bundesländern auf die Situation von Hochschulwissenschaftlerinnen, in: ADS BT/12. WP-121, Bl. 220.
[83] Vgl. ebenda, Bl. 220–223.

hen.[84] Die „ungünstige" Altersstruktur beim Wissenschaftspersonal zum Ende der DDR, d. h. deren Überalterung, kaschierte die negativen Auswirkungen des Personalabbaus. Mit Ost-Blick gesehen wurden zahlenmäßige nicht wenige Wissenschaftler und Wissenschaftlerinnen „ruhig gestellt" und mit West-Blick gesehen wurden diese sozial abgesichert „aufgefangen".

Die zwischen Juni 1991 und März 1992 in Kraft gesetzten Hochschulerneuerungsgesetze für die neuen Bundesländer ließen die Überprüfung des Hochschulpersonals auf ihre persönliche politische Belastung und fachliche Eignung zu sowie die Anpassung des Personalbestands an das gängige Westniveau durch sogenannte Bedarfskündigungen. Diese bestand als Möglichkeit bis Ende 1993.[85] Trotz Unterschieden in den fünf neuen Ländern und Ost-Berlin liefen die Verfahren der Evaluation ähnlich ab. In getrennten Gremien wurden die persönlich-politische und die fachliche Überprüfung vorgenommen. Einer fachlichen Prüfung wurde nur das wissenschaftliche Personal unterzogen, die vorwiegend durch westdeutsche Gutachter erfolgte. Der zunächst unter Qualifikationsgesichtspunkten geleitete Personalumbau wurde bald durch Sparzwänge konterkariert. Die Bedarfskündigung positiv evaluierten Personals wurde nicht nur als große Ungerechtigkeit von den Betroffenen selbst und den ostdeutschen Zeitgenossen empfunden,[86] sie blieb es auch im Rückblick.

Die gravierendste Veränderung beim DDR-Hochschulpersonal war seine Reduktion. Der Personalbestand an ostdeutschen Hochschulen sank zwischen 1989 und 1995 von 38.900 auf 29.600 Wissenschaftler und Wissenschaftlerinnen, d. h. um 9.300 Personen bzw. einem Viertel. Berücksichtigt man die politisch gewünschte und so gesteuerte personelle Ost-West-Durchmischung, nur die Hälfte der neu berufenen Professoren z. B. kam aus den neuen Bundesländern, zusammen mit Berentung und Vorruhestandsregelung, dürften knapp die Hälfte der vormaligen DDR-Wissenschaftler und Wissenschaftlerinnen wieder eine Stelle erhalten haben.[87] Die Ausstattung mit Wissenschaftlerstellen an Hochschulen zu je 100.000 Einwohner lag 1989 in der DDR bei 229, 1995 bei 166 und näherte sich damit dem Stellenausstattungsgrad im alten Bundesgebiet von 138 je 100.000 Einwohner an.[88] Die große Mehrzahl der Gekündigten – drei Viertel –

---

[84] Vgl. Auswirkungen der Umstrukturierung der Hochschullandschaft in den neuen Bundesländern auf die Situation von Hochschulwissenschaftlerinnen, in: ADS BT/12. WP-121, Bl. 226–229.

[85] Die Hochschulerneuerungsgesetze gaben personelle und strukturelle Umgestaltungen der Hochschulen im jeweiligen Bundesland vor und zielten auf die Heranführung an westdeutsche Ausbildungsstandards. Vgl. z. B. Gesetz über die Hochschulen des Landes Brandenburg vom 24. Juni 1991, in: GVBl. Nr. 12, S. 156 oder Sächsisches Hochschulerneuerungsgesetz vom 25. Juli 1991, in: SächsGVBl. 1991, S. 261.

[86] Vgl. Renate Mayntz, Die Erneuerung der ostdeutschen Universitäten, S. 298 f.

[87] Vgl. Anke Burkhardt, Ruth Heidi Stein, Frauen an ostdeutschen Hochschulen, S. 7; Helga Adler, S. 4–10.

[88] Vgl. Anke Burkhardt, Stellen- und Personalbestand an ostdeutschen Hochschulen, S. 7, 22. Die unausgewogene regionale Struktur des DDR-Hochschulsystems zeigte im besagten Ausstattungsgrad große Unterschiede: in Brandenburg 86 Wissenschaftlerstellen zu 100.000 Einwohner und in Ost-Berlin 386.

wurde aus Mangel an Bedarf, also aufgrund des Stellenabbaus entlassen, nicht aufgrund politischer Belastung oder fehlender fachlicher Eignung. Der Umfang der Bedarfskündigung variierte von Land zu Land: Die meisten Stellen wurden abgebaut in Sachsen und Mecklenburg-Vorpommern um ein Drittel, in Sachsen-Anhalt und Berlin um rund 20 Prozent, in Thüringen um neun Prozent. In Brandenburg hingegen vollzog sich ein Stellenzuwachs um 38 Prozent.[89]

Der hohe Frauenanteil am wissenschaftlichen Personal in Ostdeutschland wurde fortgeschrieben: War er anteilig 1989 31 Prozent stark, so 1995/96 29 Prozent. Länderspezifisch ergab sich eine Spannbreite von 26 Prozent in Sachsen bis 36 Prozent in Berlin. Die Unterschiede waren wesentlich fachlich bedingt: der hohe Frauenanteil in Ost-Berlin korrespondierte mit der dort ausgeprägten geistes- und sozialwissenschaftlichen Ausrichtung, während in Sachsen hohe natur- und ingenieurwissenschaftliche Kapazität angesiedelt war.[90] Im Vergleich zum Hochschulwesen in den alten Bundesländern waren Frauen in den neuen Bundesländern in allen Fächergruppen auch anteilig deutlich besser vertreten.[91] Die hohe formale und reale Qualifikation der ostdeutschen Akademikerinnen sowie ihr selbstverständlicher und selbstbewusster Gleichstellungsanspruch behielten Wirkung.[92]

Die Personalreduktion betraf die Gruppe der Hochschullehrer, Professoren und Dozenten, am wenigsten, während sich die Mittelbaustellen um 58 Prozent verringerten. Von vormals rund 7.500 DDR-Hochschullehrern und -lehrerinnen[93] erhielten bis 1995/96 2.500 erneut einen Lehrstuhl. Insgesamt zählte man 1995/96 an ostdeutschen Hochschulen und Universitäten 6.245 Professuren, 693 davon waren weiblich besetzt, also elf Prozent.[94] Die absolute Zahl der Hochschullehrerinnen (nun aber ost- und westdeutsch sozialisierte) war zwischen 1989 und 1995 gleich geblieben. In Einzelstudien konnte nachgewiesen werden, dass bei Platzierung und Berufung nicht nur das Geschlecht, sondern auch die Ost-West-Herkunft eine Rolle spielte. Als listen- und berufungswürdig galten zuerst Männer aus den alten Bundesländern, dann Männer aus den neuen Bundesländern, gefolgt von Frauen aus den alten und dann Frauen aus den neuen Bundesländern. Eine 1995/96 durchgeführte Erhebung – erst drei Viertel aller Neuberufungen waren zu dem Zeitpunkt erfolgt – ergab das folgende Bild für Ostdeutschland: 48 Prozent ostdeutsche Männer, 38 Prozent westdeutsche Männer, sieben Prozent ostdeutsche Frauen, vier Prozent westdeutsche Frauen, drei Prozent kamen aus dem Ausland.[95] Diese zwischen Männern und Frauen ungleich verteilten Chancen traten in den

---

[89] Vgl. Anke Burkhardt, Stellen- und Personalbestand, S. 6, 22.
[90] Vgl. ebenda, S. 9.
[91] Zum Vergleich der Professorinnenanteil in Sprach- und Kulturwissenschaften West 10,8 und Ost 19,6 Prozent. Rechts-, Wirtschafts- und Sozialwissenschaften West 2,8 und Ost 6,9 Prozent oder Ingenieurwissenschaften West zwei und Ost 5,3 Prozent. Vgl. ebenda, S. 37.
[92] Vgl. Matthias Middell, S. 384 f.
[93] Die Zahl der Hochschullehrerinnen war 696. Vgl. Anke Burkhardt, Stellen- und Personalbestand, S. 11.
[94] Vgl. ebenda, S. 11, 15 f. Die Zahlen von 1995 sind ohne Fachhochschulen.
[95] Vgl. Anke Burkhardt, Ruth Heidi Stein, Frauen an ostdeutschen Hochschulen, S. 26.

obersten Besoldungsgruppen – C4- und C3-Professur – prononciert in Erscheinung. Die anteiligen Zahlen lassen auch erkennen, wie viele männlich und westdeutsch besetzt wurden. Für die Hochschullehrerinnen hatten sich damit zwei Konkurrenzebenen aufgetan, die zwischen Männern und Frauen und die zwischen Ost und West.

Das Ziel der Reduzierung bestand in der Angleichung der Personalstruktur an den gegebenen und behaupteten Standard in Westdeutschland. Das Ausmaß der „Ost-West-Durchmischung" war in der Gruppe der Hochschullehrer am größten und von den westdeutschen hochschulpolitischen Akteuren so auch intendiert. Sie sollte in ihren Augen fachliche Erneuerung sichern.[96] Salopp hieß es in den geführten Interviews mit ostdeutschen Physikerinnen zur „Durchmischung": Die Professoren kamen aus dem Westen, die Sekretärinnen blieben aus dem Osten. Bis Mitte der 1990er Jahre kamen knapp zwei Drittel der berufenen Professoren und Professorinnen aus Ostdeutschland, ein Drittel aus Westdeutschland. Bis zum Jahr 2000 vergrößerte sich der Westanteil an Professoren auf knapp 50 Prozent, erst zu diesem Zeitpunkt waren die Professuren insgesamt besetzt.[97]

Der Frauenanteil 1995 an den Neuberufungen in Ostdeutschland und in Ost-Berlin fiel mit knapp zwölf Prozent doppelt so hoch aus wie der Professorinnenanteil im alten Bundesgebiet mit 6,4 Prozent und übertraf auch den 1989er Hochschullehrerinnenanteil in der DDR von neun Prozent. In den neuen Bundesländern forschten und lehrten Mitte der 1990er Jahre rund 800 Professorinnen im Hochschul- und Universitätsbereich.[98] Das entsprach einem Drittel aller weiblichen Professoren an allen deutschen Hochschulen. In diesem Punkt der Hochschulumgestaltung fand keine vollständige Anpassung an die alten westdeutschen Gegebenheiten statt. Gemessen an dem lange erreichten paritätischen Frauenanteil im Hochschulstudiumabschluss im Osten war der zwölfprozentige Professorinnenanteil jedoch nur ein bescheidener Erfolg. Die Chance, die die personelle Erneuerung in Ostdeutschland in Richtung Chancengleichheit der Geschlechter geboten hätte, wurde vertan.[99]

Es entsprach nicht der Wahrheit, dass die westdeutsch dominierte Hochschulpolitik der Wendezeit tatsächlich ernsthaft das Ziel deklariert hatte, den personellen Umbauprozess im Osten mit dem Abbau der Benachteiligung von Wissen-

---

[96] Vgl. Renate Mayntz, Die Erneuerung der ostdeutschen Universitäten, S. 303–306.
[97] Vgl. Anke Burkhardt, Ruth Heidi Stein, Frauen an ostdeutschen Hochschulen, S. 509 f. Interessant wäre ein Überblick – der nicht vorhanden ist – wie viele Wissenschaftlerinnen und Wissenschaftler von ostdeutschen Hochschulen einen Ruf bzw. eine Stelle an westdeutschen Universitäten/Fachhochschulen erhalten haben. Vgl. Marianne Kriszio, Bericht der zentralen Frauenbeauftragten der Humboldt-Universität 1993–1996, S. 44.
[98] Hier sind die Fachhochschulprofessorinnen mitgerechnet.
[99] Vgl. Anke Burkhardt, Ruth Heidi Stein, Frauen an ostdeutschen Hochschulen, S. 34 f. Ostdeutsche Wissenschaftlerinnen stellten 1995 über die Hälfte der Professorinnen. 40 Prozent der berufenen Frauen stammten aus dem alten Bundesgebiet. Insgesamt wurden auf sieben Prozent der Professuren ostdeutsche Wissenschaftlerinnen berufen, aber Frauen aus den neuen Bundesländern gelang es nur in Ausnahmefällen, einen Platz in der obersten Statusgruppe zu erringen. Vgl. Anke Burkhardt, Stellen und Personalbestand, S. 35.

schaftlerinnen zu verbinden.[100] Am 11. Juli 1991 trat das von Bund und Ländern getragene Erneuerungsprogramm für Hochschulen und Forschung in den neuen Bundesländern und Ost-Berlin in Kraft – das Hochschulerneuerungsprogramm (HEP) mit einer Laufzeit von fünf Jahren. Schwerpunkte des Programms lagen, wie gesagt, auf der „personellen Erneuerung" der Hochschulen mit dem Bestreben der Eingliederung der Akademieforscher und -forscherinnen. Die Förderung von Frauen kam unter „ferner liefen" mit unbestimmten Willens- und Absichtserklärungen: Mit der personenbezogenen Förderung soll eine „deutliche Anhebung des Frauenanteils [...], insbesondere bei der Habilitation und bei den Professuren, erreicht werden. Es scheint angemessen, bei allen Fördermaßnahmen eine Orientierung an dem Frauenanteil der jeweils vorhergehenden Qualifikationsstufe vorzunehmen".[101] Das für den Osten bestimmte Hochschulerneuerungsprogramm blieb in Sachen Chancengleichheit für Wissenschaftlerinnen hinter den Hochschulsonderprogrammen I und II für Westdeutschland zurück. Hier hatte man Geld und vor allem sozial abgesicherte Stellen konkret für Wissenschaftlerinnen in der Habilitationsphase ausgewiesen. Das HEP Ost wurde unter der Hand auch als „Arbeitsbeschaffungsprogramm" für westdeutsche Wissenschaftler und Wissenschaftlerinnen, die zuvor noch nie eine feste Stelle im Hochschul- und Forschungsbereich innegehabt hatten, gesehen.[102] Noch ehe die Ost-Hochschulfrauen die Notwendigkeit des Kampfes um den Erhalt ihrer Stellung und ihres Gleichstellungsvorsprunges erkannten – Netzwerke bildeten, Öffentlichkeit suchten, Gleichstellungsbeauftragte einschalteten – waren die Weichen in Richtung einer wieder von Männern dominierten Hochschullandschaft gestellt. An den Schaltstellen der Hochschulerneuerung saßen fast ausschließlich Männer: Unter den sechs für den Hochschulbereich verantwortlichen Ministern auf Landesebene war nur kurzzeitig eine Frau – und zwar die zuständige Senatorin in Berlin – im Amt. Die HEP-finanzierten Gründungsprofessuren wurden zu lediglich sechs Prozent mit Frauen besetzt! Noch schlechter fiel die Frauenunterrepräsentanz bei den Landeshochschulstrukturkommissionen[103] aus: Hier betrug die Frauenquote weniger als drei Prozent: In der Berliner Hochschulstrukturkommission saßen 18 Männer und zwei Frauen; in der Brandenburger 14 Männer und eine Frau; in Mecklenburg-Vorpommern 23 Männer; in Sachsen 17 Männer; in Thüringen und in Sachsen-Anhalt ebenfalls nur Männer. Von den insgesamt 112 Mitgliedern stellten die Frauen drei.[104]

---

[100] Vgl. so die irritierende Behauptung bei Anke Burkhardt, Ruth Heidi Stein, Frauen an ostdeutschen Hochschulen, S. 508.
[101] Zitiert in: Erneuerungsprogramm für Hochschule und Forschung, S. 513 f.
[102] Vgl. Anke Burkhardt, Ruth Heidi Stein, Frauen an ostdeutschen Hochschulen, S. 514.
[103] Der Wissenschaftsrat hatte den ostdeutschen Landesregierungen nahe gelegt, Hochschulstrukturkommissionen mit unabhängigen Sachverständigen, in der Mehrzahl anerkannten Wissenschaftlern, einzusetzen. Die Mitglieder sollten nicht aus den jeweiligen Bundesländern stammen. Vgl. Hochschulstruktur und Berufungspolitik in den neuen Bundesländern, S. 469.
[104] Vgl. Anke Burkhardt, Ruth Heidi Stein, Ausgewählte Aspekte, S. 25 f.

Bei der Abfassung der Landeshochschulgesetze orientierten sich die neuen Länder am geltenden westdeutschen Hochschulrahmengesetz und übertrugen den dürftigen Satz zur Frauenthematik in ihr jeweiliges Gesetzeswerk: „Die Hochschulen wirken bei der Wahrnehmung ihrer Aufgaben auf die Beseitigung der für Wissenschaftlerinnen bestehenden Nachteile hin." Dabei hatte es durchaus weitergehende alternative Vorschläge gegeben wie das der Gesamtkonferenz von Frauen in Wissenschaft und Technik, Kassel, vom November 1990: „Die Hochschulen wirken bei der Wahrnehmung ihrer Aufgaben auf die Beseitigung der Nachteile für weibliche Hochschulangehörige hin. Sie stellen dafür Programme zur Förderung der Frauen auf, in denen sie insbesondere festlegen, bis zu welchem Zeitpunkt und auf welche Art sie mindestens 50 Prozent Frauen in den verschiedenen Funktionsgruppen des Personals [...] erreicht haben wollen. Erreichen die Hochschulen die von ihnen selbst gesetzten Ziele im Anteil von Frauen nicht, bleiben die für Frauen vorgesehenen Stellen unbesetzt."[105]

Die weitaus größten Verschiebungen gingen in der Statusgruppe der wissenschaftlichen Mitarbeiter und Mitarbeiterinnen vonstatten. Hier hatten die Frauen bis 1989 einen Anteil von rund 40 Prozent erreicht. Der sogenannte Mittelbau bestand aus Nachwuchswissenschaftlern, Doktoranden und Doktorandinnen, männlichen und weiblichen wissenschaftlichen Assistenten und Oberassistenten, Lektoren sowie Lehrern und Lehrerinnen im Hochschuldienst. Diese waren zu 80 Prozent auf unbefristeten Stellen tätig. Das Hochschulrahmengesetz und die Sonderkündigungsregelung – sprich Änderungskündigung – im Einigungsvertrag, gültig bis Ende 1993, machte es möglich, dass es hier zu einer Umkehrung und damit einer Angleichung an westdeutsche Verhältnisse kam. Bis Mitte der 1990er Jahre waren nun 70 bis 80 Prozent der Mittelbaustellen befristet.[106] Oft – auch unter Androhung einer Bedarfskündigung – wurden die Mitarbeiter und Mitarbeiterinnen genötigt, einer Änderung ihres unbefristeten Arbeitsvertrages in vier bis fünf Jahresverträge zuzustimmen. Das zog eine Welle des Ausscheidens dieser dann zwischen 1995 und 1997 nach sich, die von der Öffentlichkeit nicht weiter wahrgenommen wurde.[107] Bis zu diesem Zeitpunkt war knapp die Hälfte aller Mittelbaustellen weggefallen. Hatte es in Ostdeutschland 1989 noch 31.400 Stellen im Mittelbau an Universitäten und Hochschulen gegeben, zählte man 1993 nur noch 14.800 Stellen. Die Angabe von 1995/96 über ein wissenschaftliches Personal von 23.000, darunter 7.350 Frauen, beruhte auf der Personenzahl auf Teilzeit- und Vollzeitstellen.[108] Zudem hatte ein dramatischer Einbruch an Habilitationen im

---

[105] Manifest zur Frauenpolitik in Wissenschaft, Technik und Kunst, in: ADS BT/12. WP-121, Bl. 303 f.
[106] Vgl. Anke Burkhardt, Uta Schlegel, Frauen an ostdeutschen Hochschulen, S. 25; Torsten Bultmann, Die absurde Personalstruktur des deutschen Hochschulsystems, PDS-Bundestag 1995, in: ADS BT/14. WP-946, Bl. 205.
[107] Vgl. Marianne Kriszio, Die Zeit nach 1989, S. 71 f.
[108] Bei den Zahlenangaben muss berücksichtigt werden, dass einmal Stellenzahlen und andersmal Personalzahlen ausgewiesen werden. 1995 arbeiteten 20 Prozent Frauen und zwölf Prozent Männer des wissenschaftlichen Personals in Teilzeit. Vgl. Anke Burkhardt, Stellen- und Personalbestand, S. 11, 15, 17, 19.

1. Evaluierung und „Erneuerung" auf Kosten der Physikerinnen? 237

Osten stattgefunden: Habilitierten 1989 noch 925 Frauen und Männer, waren es 1992 nur 153 und 1993 nur 109 und 1995 123,[109] hier ohne eine Ausweisung von Männern und Frauen. Frauenanteile bei den Promotionen stabilisierten sich schneller. An der Ost-Berliner Humboldt-Universität lagen die Frauenanteile bei den Promotionen Mitte der 1990er Jahre bei 43 Prozent.[110]

Zu keiner Bestandsreduzierung von Stellen in der Wissenschaft war es in der Fächergruppe Mathematik/Naturwissenschaften gekommen.[111] Von vormals 5.830 Stellen existierten 1995 5.875 Stellen. Der Frauenanteil lag 1989 bei 18,5 Prozent und 1995 bei 19,5 Prozent. Unter den 995 Professoren im Jahr 1995 im Fach Mathematik/Naturwissenschaften waren 62 Professorinnen,[112] 1989 zählte man 42 Hochschullehrerinnen. Ob sich 1995 wieder zirka zehn ostdeutsche Physikprofessorinnen darunter befanden, konnte nicht ermittelt werden. Mit fünf Professorinnen der 1990er Jahre wurde ein Interview geführt.

Auf die Anfrage der PDS an die CDU/CSU-FDP-Bundesregierung im Oktober 1992, ob der Wissenschaftler-Personalschlüssel an die unzureichenden westdeutschen Verhältnisse im Hochschulsystem – ein Personalsockel, der trotz wachsender Aufgaben und Studierendenzahlen seit 1977 gleich geblieben war – angepasst werden soll, wurde mit Unwahrheiten geantwortet: „Die Empfehlungen [des Wissenschaftsrates] gehen hinsichtlich Stellenumfang und -struktur der jeweiligen Fächer von international üblichen Ausstattungsstandards in Forschung und Lehre aus. Die Betreuungsrelationen der überlasteten westdeutschen Hochschulen bilden insofern nicht die Grundlage für die Stellenpläne der Hochschulen der neuen Länder."[113] Die PDS war und blieb im Transformationsjahrzehnt die einzige politische Partei, die hin und wieder öffentliches Interesse zeigte und Auskunft verlangte über Stellung und Situation ostdeutscher Wissenschaftler und Wissenschaftlerinnen im Hochschul- und Forschungssystem. Gleiches galt für ein Thematisieren von Frauenanteilen bei den Professuren und Juniorprofessuren in Ostdeutschland.[114]

---

[109] Vgl. Anke Burkhardt, (K)ein Platz für Wissenschaftlerinnen, S. 359; Anke Burkhardt, Uta Schlegel, Frauen an ostdeutschen Hochschulen, S. 25 f.; Torsten Bultmann, Die absurde Personalstruktur des deutschen Hochschulsystems, in: ADS BT/14. WP-946, Bl. 199 f.; Anke Burkhardt, Stellen- und Personalbestand, S. 33.

[110] Vgl. Marianne Kriszio, Bericht der zentralen Frauenbeauftragten der Humboldt-Universität 1993–1996, S. 47.

[111] Zum Vergleich: In den Rechts-, Wirtschafts- und Sozialwissenschaften betrug der Personal- bzw. Stellenabbau 60 Prozent, von 5.500 auf 2.200. Vgl. Anke Burkhardt, Zwischen Abbau und Aufbau, S. 34 f.

[112] Vgl. Anke Burkhardt, Stellen und Personalbestand, S. 12, 20 f. Der Hochschullehrerinnenanteil im Fach Mathematik/Naturwissenschaften lag 1989 in der DDR bei 3,5 Prozent, 1995 in Ostdeutschland bei knapp sieben Prozent – im Vergleich zu der alten BRD bei knapp drei Prozent. Vgl. ebenda, S. 37.

[113] Antwort der Bundesregierung auf die Große Anfrage der Abgeordneten Gruppe der PDS/ Linke Liste, 21. Oktober 1992, Deutscher Bundestag, 12. WP, Drucksache 12/3492.

[114] Vgl. PDS-Bundestagsfraktion: Frauen in Deutschland – 10 Jahre nach der Einheit, August 2000, in: ADS BT/14. WP-950; Kleine Anfrage PDS-Fraktion, 20. August 2002, Drucksache 14/9873, Dt. BT 14. Wahlperiode: Erhöhung des Frauenanteils an der Professorenschaft; Novellierung des Hochschulrahmengesetzes, 2. Mai 2001, in: ADS BT/14. WP-942; Bildung:

Das DDR-Spezifikum mit dem wissenschaftlichen Mittelbau wurde schnell und rigoros abgeschafft. Nicht nur der Personalabbau um die Hälfte der Stellen, die massive Verschiebung der Relation hin von unbefristeten zu befristeten Stellen im Verhältnis 20 zu 80 sowie die Abwertung der Funktion des Mittelbaus hin zum Erbringen von wissenschaftlicher Dienstleistung kennzeichnete den Umbauprozess. Wissenschaftliche Mitarbeiter wurden in der Regel einem Professor, einer Professorin zugeordnet, unter deren fachlicher Verantwortung sie ihre Tätigkeit ausübten. Die Kompetenz für Lehre und Forschung wurde einseitig der Gruppe der Professoren und Professorinnen zugeordnet, die Berechtigung der wissenschaftlichen Mitarbeiter zu eigenständiger und selbstverantworteter Lehre und Forschung beschränkt. Eine dauerhafte und eigenständige Tätigkeit als Wissenschaftlerin oder Wissenschaftler an Hochschulen war unter den neuen, westdeutsch vorgegebenen Bedingungen im Prinzip gebunden an die Berufung auf eine Professur.[115] Drei Viertel des wissenschaftlichen Personals zählte zum sogenannten Mittelbau oder auch „Nachwuchs" genannt, und von diesen hatte kaum ein Drittel die Chance auf eine Professur. Das hatte zur Folge, dass in bestimmten zeitlichen Rhythmen große Teile des Mittelbaus ausgetauscht wurden, d. h., eine starke Fluktuation bestand.[116] Verbleibsforschungen über diese hoch qualifizierten männlichen und weiblichen Wissenschaftler interessierten und existierten nicht. Die berufliche Situation von ostdeutschen Wissenschaftlern und Wissenschaftlerinnen im Mittelbau war vor der Wende 1989 sowohl gesicherter als auch verantwortungsvoller.[117]

Karriererelevant im vereinten Deutschland wurde nun, Erfahrungen an verschiedenen Hochschuleinrichtungen gesammelt sowie Auslandsaufenthalte im westlichen Europa bzw. in den USA absolviert zu haben. Vor allem für jüngere Wissenschaftlerinnen mit Familie war das schwieriger zu organisieren. Zudem wurde das besondere frühere Engagement von Frauen in der Lehre und in der Wissenschaftsorganisation nicht ausreichend honoriert. Die ostdeutschen Qualifikations- und Berufsbiographien, insbesondere die der Frauen, wichen damit vom westdeutschen Mainstream erheblich ab.[118] 75 Prozent der Professorinnen in der DDR hatten Familie mit Kindern. In der alten BRD sah das Verhältnis fast entgegengesetzt aus: 60 Prozent der Professorinnen waren ohne Kind/er.[119]

Auf die sich anbahnenden Personalabbau- und -austauschprozesse in der ersten Hälfte der 1990er Jahre regte sich Kritik. Es wurden Korrekturen angemahnt, die auch hinsichtlich des westdeutschen Hochschulsystems nicht neu waren. Man forderte: Quantitative Erhöhung von Funktionsstellen für die ständig wachsenden

---

Hochschule: Frauen: Juniorprofessur bei Frauen beliebt, 16. Juli 2002, in: ADS BT/14. WP-944.
[115] Vgl. Anke Burkhardt, Uta Schlegel, Frauen an ostdeutschen Hochschulen, S. 25–27.
[116] Vgl. Torsten Bultmann, Die absurde Personalstruktur des deutschen Hochschulsystems, 1995, in: ADS BT/14. WP-946, Bl. 201–203, 205 f.
[117] Vgl. Ruth Heidi Stein, Angelika Wetterer, Nach der Wende, S. 247.
[118] Vgl. Anke Burkhardt, Uta Schlegel, Frauen an ostdeutschen Hochschulen, S. 26 f.
[119] Vgl. Marianne Kriszio, Personalpolitische Weichenstellungen, S. 24.

Daueraufgaben an Universitäten und Hochschulen; mehr statusunabhängige, sozial abgesicherte wissenschaftliche Berufsausübung auf Dauerstellen auf Kosten der ständig befristeten sogenannten Qualifizierungs- bzw. Nachwuchsstellen bzw. Kettenarbeitsverträge; „Ent-Hierarchisierung und Demokratisierung" der Personalstruktur durch Abschaffung der Habilitation oder der gestaffelten Professuren hin zu einem einheitlichen Professorenamt. Bezüglich von Chancengleichheit wurde die Forderung nach einer fächerbezogenen Quotierungspolitik für Wissenschaftlerinnen bis hin zu der Forderung nach einem mindestens zehnjährigen umfassenden Hochschulsonderprogramm ausschließlich für Frauen laut.[120]

Der Personalumbau an ostdeutschen Hochschulen – aus der Sicht der Betroffenen – zu oft euphemistisch als „personelle Erneuerung" bezeichnet,[121] war geprägt durch Abwicklung, Vorruhestandsregelung und Berentung, Personalreduzierung durch Bedarfskündigung,[122] politische und fachliche Evaluation. Für das dann verbleibende ostdeutsche Wissenschaftspersonal begann die konkurrierende Neubewerbung mit westdeutschen Bewerbern und Bewerberinnen um die dezimierten Dauerstellen. Alle diese Punkte trafen die Wissenschaftlerinnen hart: Frauen waren gerade an den abgewickelten Fachrichtungen quantitativ stark vertreten gewesen. Frauen konnten und mussten eher, im Alter von 55 Jahren, die Vorruhestandsregelung in Anspruch nehmen und sie nahmen dieses Angebot mehr als ihre männlichen Kollegen auch wahr. Die 50-prozentige Reduzierung der Stellen des wissenschaftlichen Mittelbaus, wo ebenfalls Frauen gut präsent gewesen waren und die strukturell wirkende krasse Verschiebung hin zu befristeten statt unbefristeten Stellen wirkten ebenfalls nachteilig für Wissenschaftlerinnen. Bei den Neubewerbungen auf die reduzierten, festen Stellen im Wissenschaftsbetrieb konkurrierten die ostdeutschen Wissenschaftlerinnen mit Männern aus Ost und aus West sowie mit westdeutschen Frauen und internationalen Kandidaten.[123] Dies ließ zunächst die generelle und immer wieder zu lesende Aussage zu, dass der Transformationsprozess im ostdeutschen Hochschulsystem zum Nachteil und auf Kosten von Frauen in Wissenschaft und Forschung ging. Sieben Jahre nach der Wende konnten erste umfassendere statistische Ergebnisse über den Personalbestand an

---

[120] Vgl. Torsten Bultmann, Die absurde Personalstruktur des deutschen Hochschulsystems, 1995, in: ADS BT/14. WP-946, Bl. 199, 202, 204, 206, 210 f.
[121] Vgl. Mitchell G. Ash, S. 110 f. Zutreffend von „Erneuerung" muss im Sinne von einer Wiederherstellung der Freiheit der Forschung und Lehre sowie die Demokratisierung der Universität durch die Erhöhung des Gewichts bestehender Gremien oder die direkte Wahl von Institutsdirektoren gesprochen werden.
[122] Neben der Bedarfskündigung gab es die Änderungskündigung: die Umwandlung von bisher unbefristeten in befristete Stellen. Diese Stellen liefen oft zwischen 1995 und 1997 aus.
[123] Vgl. Anke Burkhardt, (K)ein Platz für Wissenschaftlerinnen, S. 355, 357, 364. Die Entwicklung in den neuen Bundesländern gab täglich zu erkennen, dass „angesichts der knappen Arbeitsplätze die Herren sich wieder mit Vorrang bedienen und allein in die erste Reihe setzen." „Unverhohlen zum Ausdruck gebrachte Frauenfeindlichkeit" und „patriarchale Aggressivität" seinen leider keine Einzelfälle. Frauen werden offensichtlich nur so lange toleriert, wie sie nicht als Konkurrentinnen auf dem akademischen Arbeitsmarkt in Erscheinung treten. Vgl. ebenda, S. 364; Birgit Bütow, S. 52.

ostdeutschen Hochschulen konkret Auskunft geben.[124] Diese Auszählung zeigte, dass die Wissenschaftlerinnen ihren in der DDR erkämpften Anteil im Wissenschaftssystem halten konnten. Sie wurden nicht – wie immer behauptet – im Vergleich zu ihren männlichen Kollegen überproportional abgebaut.

Gleichstellungsaspekte waren und blieben im Hochschulerneuerungsprozess Ost marginalisiert. In Stellungnahmen, Programmen, Empfehlungen, Thesenpapieren von Bundes- bzw. Landesministerien, Wissenschaftsrat, Kultusministerkonferenz usw. wurden Genderaspekte, wenn überhaupt, nur am Rande thematisiert. Diese erweckten den Eindruck, mit einer allgemeinen Formulierung lediglich einer „political correctness" genüge getan zu haben, und vordergründig wurde der Schein von geschlechtsneutral deklarierten Hochschulaufgaben demonstriert. Die Vernachlässigung der Genderperspektive hatte langfristige Folgen.[125] Als Sinnbild dafür stand das Hochschulerneuerungsprogramm (HEP), welches verbal das Ziel Förderung von Frauen auswies, ohne Nennung konkreter Maßnahmen und ohne Zuweisung von Finanzmitteln jedoch wirkungslos blieb. Wie die Bilanz der Mittelverwendung zeigte, gelang es Wissenschaftlerinnen nicht im gleichen Maße wie Wissenschaftlern am Förderprogramm zu partizipieren.[126] Das dritte Hochschulsonderprogramm mit der Laufzeit von 1996–2000 (HSP III) galt nun für alle Bundesländer, eingeschlossen die ostdeutschen, und verfügte erstmals über einen spezifischen Topf für frauenfördernde Maßnahmen. Auch galt die Vorgabe, ein Fünftel aller Mittel für personenbezogene Maßnahmen zur Frauenförderung einzusetzen. Das Programm wurde zu einem Teilerfolg, auch wenn hauptsächlich wieder mit den vielkritisierten Stipendien, Promotions- und Habilitationsstipendien, gearbeitet wurde. Eine deutliche Anhebung des Frauenanteils an den einzelnen Qualifikationsstufen wurde auch hier nicht erreicht.[127]

Seit 1997 besetzte beispielsweise die Humboldt-Universität 14 C1/2-Stellen aus dem Berliner Landesprogramm zur Förderung von Nachwuchswissenschaftlerinnen. Bei diesen Stelleninhaberinnen war mit einem Habilitationsabschluss 2003 zu rechnen. In den 2000er Jahren ging diese Förderungsart in die Juniorprofessuren über, die zunächst wieder nur zu einem Drittel an Frauen vergeben wurde. Der Frauenanteil unter den Habilitationen erreichte an der HU erstmals wieder mehr als 20 Prozent.[128] Es ist positiv zu bewerten, wenn Extrastellen für Frauen

---

[124] Vgl. Anke Burkhardt, Stellen und Personalbestand. Leider wurde die Datenerhebung nicht fortgeschrieben.
[125] Vgl. Anke Burkhardt, Uta Schlegel, Frauen an ostdeutschen Hochschulen, S. 27.
[126] Vgl. ebenda, S. 29.
[127] Anteilige Beteiligung von Frauen im Graduiertenkollegs bei 34 Prozent, Promotionsförderung bei 35 Prozent, Postdoktorandenförderung 26, Habilitationsförderung 34 Prozent, Tutorien 37 Prozent, vorgezogene Berufungen 37 Prozent – insgesamt also 33 Prozent anteilige Mittel für Frauen. Vgl. Gemeinsames Hochschulsonderprogramm III. Abschlussbericht. S. 20; Bundeskonferenz der Frauen- und Gleichstellungsbeauftragten, Deutscher Hochschullehrerinnenbund, Februar 2002, beide in: ADS BT/14. WP-942; Marianne Kriszio, Bericht der Zentralen Frauenbeauftragten der Humboldt-Universität 1993–1996, S. 57–59.
[128] Vgl. Marianne Kriszio, Bericht der zentralen Frauenbeauftragten der Humboldt-Universität 2000–2001, S. 14, 29, 36 f.

in Sachen Chancengleichheit geschaffen wurden. Aber die eigentliche Wende muss bei der Besetzung der regulären Stellen erfolgen. Ansonsten wird das Signal ausgesendet, die männlich dominierte Stellenstruktur wird nicht angetastet, für die Frauen wird von „außen gesorgt". Es schien und scheint eine Entwicklung eingetreten zu sein, dass, wenn der Druck von außen wegen fehlender Geschlechterparität steigt, werden befristete Zusatzstellen für Frauen geschaffen, um dieses Ungleichgewicht zeitweise zu kaschieren.

Ebenso wie im Westen Deutschlands – an der Freien und Technischen Universität in West-Berlin bereits beschrieben – standen an den ostdeutschen Hochschulen die 1990er Jahre im Zeichen der Institutionalisierung von Zentralen und dezentralen Gleichstellungs- bzw. Frauenbeauftragten, der Diskussion um Frauenförderrichtlinien und Frauenförderplänen an den Fachbereichen. Dabei wurden die Entwicklung und die Maßnahmen in Berlin als beispielhaft gesehen.[129] Die Landeshochschulstrukturkommission (LHSK) Berlins[130] sprach 1992 die Situation von Frauen umfassend an – von Studium, wissenschaftlicher Qualifizierung, Berufung sowie Frauen- und Geschlechterforschung. Der Maßnahmenkatalog umfasste: spezielle Angebote für Studieninteressentinnen in den Technikfächern und Naturwissenschaften; Hilfe und Bereitstellung von Kinderbetreuungsplätzen und Wohnraum für studierende Eltern; Orientierung bei Einstellungen auf den fachspezifischen Frauenanteil bei Studienabschluss; gezielte Habilitationsförderung von Wissenschaftlerinnen; Sicherung und Bewahrung des hohen aus DDR-Zeiten übernommenen Wissenschaftlerinnenanteils; verstärkte Bemühungen von Hochschulen und Senat von Berlin bei der Professorinnenberufung. Ähnlich ausführliche Empfehlungen fanden sich noch in der Brandenburgischen Landeskommission für Hochschulen und Forschungseinrichtungen, während in Mecklenburg-Vorpommern, Sachsen und Sachsen-Anhalt die Empfehlung zur Förderung von Frauen nur globale Erwähnung fand. Dagegen enthielt der Hochschulplan des Landes Thüringen keine einzige Aussage zur Wissenschaftlerinnen-Problematik.[131]

Die Einrichtung und vor allem Kompetenz und Ausstattung des Amtes der zentralen und dezentralen Frauen- bzw. Gleichstellungsbeauftragten an den Hochschulen bzw. Fachbereichen war Streitthema die 1990er Jahre hindurch. Die Beauftragten sollten nach Vorgabe aus der Politik an allen Berufungs-, Einstellungs- und Besetzungsfragen mit Stimmrecht bzw. aufschiebendem Vetorecht beteiligt werden. Ein Mitspracherecht in Evaluierungs- und Kündigungsfragen wurde

---

[129] Vgl. ebenda. Vgl. Manifest zur Frauenpolitik in Wissenschaft, Technik und Kunst. Kassel, November 1990, in: ADS BT/12. WP-121, Bl. 304–306; Anke Burkhardt, (K)ein Platz für Wissenschaftlerinnen, S. 367–369.
[130] Vgl. LHSK: Stellungnahmen und Empfehlungen, S. 121–126.
[131] Vgl. Anke Burkhardt, (K)ein Platz für Wissenschaftlerinnen, S. 369 f. 1992/93 waren der Regierende Bürgermeister von Berlin Eberhard Diepgen (CDU), der Ministerpräsident von Brandenburg Manfred Stolpe (SPD), der von Mecklenburg-Vorpommern Alfred Gomolka (CDU) bzw. Berndt Seite (CDU); der Ministerpräsident von Sachsen Manfred Biedenkopf (CDU), von Sachsen-Anhalt Werner Münch (CDU) und von Thüringen Bernhard Vogel (CDU).

empfohlen. Als wichtige zentrale Aufgabe, da im Osten Deutschlands traditionell nicht vorhanden, wurde die Netzwerkbildung von Frauen in Wissenschaft und Technik genannt. Zu den ersten grundlegenden Aufgaben der Gleichstellungsbeauftragten musste eine Bestandsaufnahme gehören sowie die Herstellung von Öffentlichkeit über die Situation von Wissenschaftlerinnen im jeweiligen Fachbereich mit einer detaillierten Analyse struktureller Benachteiligungen durch das Wissenschaftssystem.[132]

Die Zentralen Frauen- bzw. Gleichstellungsbeauftragten der Universitäten und Technischen Universitäten konnten bereits 1991 bzw. 1992 ihr Amt antreten,[133] die Wahl der dezentralen fachbereichsbezogenen Gleichstellungsbeauftragten zog sich hingegen bis zum Ende des Jahrzehnts hin. Zwei Drittel der Zentralen Beauftragten gehörten der Statusgruppe wissenschaftliche Mitarbeiterinnen an, ein Viertel zur Statusgruppe der Hochschullehrerinnen. Keine der Amtsinhaberinnen war Studentin. In Bezug auf die Mitwirkungsrechte gaben zwei Drittel der Frauenbeauftragten an, ständiges bzw. reguläres Mitglied mit aufschiebendem Vetorecht im Senat oder in anderen Gremien der akademischen Selbstverwaltung zu sein. Ein Drittel jedoch verfügte über keine formal abgesicherten Mitwirkungsrechte. Weit über die Hälfte der Amtsinhaberinnen nahm ihre Aufgabe ehrenamtlich bzw. nebenamtlich wahr. 1993 waren nur vier hauptamtliche Frauenbeauftragte tätig, drei davon in Berlin an der Freien Universität, Technischen Universität und Humboldt-Universität. Die Ausstattung des Amtes steckte noch in den Anfängen. Weniger als ein Drittel der Inhaberinnen hatte personelle Unterstützung in Form von Bürokräften oder Referentinnen, dafür existierten an der Hälfte der Hochschulen begleitende ehrenamtliche Arbeitsgruppen bzw. Beiräte der Frauenförderung.[134]

Die historische Chance im Osten Deutschlands nach 1990, Fach- und Personalentscheidungen in erheblichem Umfang mit gleichstellungspolitischen Vorgaben zu verknüpfen, um einen spürbaren Schritt in Richtung Geschlechtergerechtigkeit und damit zu einer Demokratisierung und Modernisierung des Hochschulbereichs voranzukommen, wurde vertan. Eine nächste größere Möglichkeit bot sich gut zehn Jahre später. Zwischen den Jahren 1997 und 2006 musste aus Altergründen die Hälfte der Professuren vor allem im Westen neu besetzt werden.[135] Auch diese Chance wurde nicht genutzt. Gendergerechtigkeit im Hochschulbereich sowie in der Forschungslandschaft stand nicht oben auf der Agenda der von außen agierenden Hochschulpolitiker und -politikerinnen und schon gar nicht auf der der überwiegend männlich besetzten internen Hochschulgremien. Um das Jahr 2000 lag der Professorinnenanteil im Osten Deutschlands bei 13 Prozent, damit etwas höher als in Westdeutschland, dort elf Prozent, und ebenfalls höher als 1989 der DDR-Hochschullehrerinnenanteil von neun Prozent. Das immer wieder vom

---

[132] Vgl. Manifest zur Frauenpolitik in Wissenschaft, Technik und Kunst. Kassel, November 1990, in: ADS BT/12. WP-121, Bl. 305–307.
[133] Vgl. Ruth H. Stein, Anke Burkhardt, Ausgewählte Aspekte, S. 20 f.
[134] Vgl. ebenda, S. 22 f.
[135] Vgl. Torsten Bultmann, Die absurde Personalstruktur des deutschen Hochschulsystems, 1995, in: ADS BT/14. WP-946, Bl. 199 f.

Bund propagierte Ziel, bis zum Jahr 2005 durch Neuberufungen einen Anteil von 20 Prozent an weiblichen Professuren zu erreichen, blieb unerreicht.[136] Bei den Promotionen und Habilitationen hielten die Frauen Ost und Frauen West anteilig die gleichen Positionen: Promotionen 36 Prozent Ost, 34 Prozent West; Habilitationen 17 Prozent Ost und 19 Prozent West.[137]

Wissenschaftlerinnen in Gänze als Verliererinnen der deutschen Einheit zu bezeichnen, war falsch. Doch auf der Gewinnerseite standen sie auch nicht. Sie konnten ihre Positionen an den Hochschulen zehn Jahre nach der Wende nur halten, jedoch nicht ausbauen.[138] Es könnte die Vermutung ausgesprochen werden, dass strukturell die Frauen in der Wissenschaft mehr Nachteile als ihre männlichen Kollegen hinnehmen mussten. Aus den Daten und geführten Interviews kann geschlossen werden, dass sich die Wissenschaftlerinnen nach 1989/90 eher auf befristeten Stellen wiederfanden und einen langen Atem brauchten, feste Stellen zu erhalten. Mehr als die Männer im Wissenschaftsbetrieb arbeiteten die Frauen in Teilzeit und sie wichen auch öfter in feste Stellen ins Wissenschaftsmanagement aus. Deutlich weniger Hochschullehrerinnen als Hochschullehrer erlangten eine C4-Professur.[139] Die bisher verfolgte Politik in Ost und West, Chancengleichheit über Frauensonderförderung im Sinne der Einpassung von Frauen in das bestehende System herzustellen, zeigte geringe Erfolge und musste ergänzt bzw. verändert werden.[140] Neue Ansätze waren erforderlich. Ein wissenschaftspolitischer Wille, gepaart mit längerfristig laufenden Finanzmitteln und ein Umdenken – was Wissenschaft und Forschung als Beruf für Frauen und Männer eigentlich bedeute – gehörten dazu, ebenso einer neuen Definitionsmacht über Leistungskriterien, Bewertungsverfahren, Qualifizierungswege und Karrieremechanismen.

2. Physikerinnen in den neuen Bundesländern

In der Fächergruppe Mathematik/Naturwissenschaften, eingeschlossen die Physik,[141] war es im Zuge des Transformationsprozess zu keiner Reduzierung von Stellen, Personal und Frauenanteil gekommen. Es war sogar eine leichte Zunahme, zah-

---

[136] Vgl. Kleine Anfrage der PDS: Erhöhung des Frauenanteils an der Professorenschaft, 20. August 2002, in: Deutscher Bundestag, 14. WP, Drucksache 14/9873.
[137] Vgl. Anke Burkhardt, Uta Schlegel, Frauen an ostdeutschen Hochschulen, S. 30.
[138] Vgl. ebenda, Anke Burkhardt, Ruth Heidi Stein, Frauen an ostdeutschen Hochschulen, S. 514 f. Befürchtungen zu Beginn des Transformationsprozesses, dass vor allem und quantitativ überproportional Frauen im wissenschaftlichen Bereich verdrängt werden, bewahrheiteten sich letztlich nicht. Vgl. Veränderungen in der Erwerbstätigkeit von Frauen, Mai 1992, in: ADS BT/12. WP-121, Bl. 61.
[139] Vgl. Anke Burkhardt, Stellen und Personalbestand, S. 38.
[140] Vgl. Anke Burkhardt, Uta Schlegel, Frauen an ostdeutschen Hochschulen, S. 30.
[141] Physikfakultäten/Institute fanden sich nach 1990 in Mecklenburg-Vorpommern an den Universitäten Greifswald und Rostock, in Brandenburg an der Potsdamer Universität, in Sachsen an den beiden Technischen Universitäten Chemnitz und Dresden sowie der Bergakademie Freiberg und der Universität Leipzig, in Sachsen-Anhalt an der Universität Halle-Wittenberg und der TU Magdeburg sowie in Thüringen an der TU Ilmenau und der Universität Jena.

lenmäßig und anteilmäßig für Frauen, zu verzeichnen. Nach Neubewerbungen auf alle Professuren und auf alle festen Stellen, eine politisch gewollte Ost-West-Durchmischung,[142] Berentung und Vorruhestand sowie Ausscheiden durch Kündigung aufgrund großer politischer Systemnähe muss gemutmaßt werden, dass ein Drittel der vorigen DDR-Naturwissenschaftler und Naturwissenschaftlerinnen sich Mitte der 1990er Jahre an ostdeutschen Hochschulen wiederfanden[143] Die Zahl an Bedarfskündigungen dürfte insgesamt nicht hoch gewesen, könnte aber regional sehr unterschiedlich ausgefallen sein. Schwerpunkt für Lehre und Forschung im Hochschulbereich in den Naturwissenschaften waren und blieben die Länder Sachsen und Sachsen-Anhalt.[144] Die Zahl der Stellen in Mathematik/Naturwissenschaften hatte sich erhöht, war aber noch entfernt von den anteiligen Stellenzahlen im alten Bundesgebiet. In den neuen Bundesländern lag ihr Anteil im Fächergruppenspektrum 1995 bei 20 Prozent, im alten Bundesgebiet bei 25 Prozent.[145] In der Fächergruppe zählte man 933 Professoren und 62 Professorinnen (anteilig sechs Prozent). Von den Professorinnen forschten und lehrten 20 in Sachsen, jeweils 13 in Thüringen und Ost-Berlin, 10 in Sachsen-Anhalt und 6 in Mecklenburg-Vorpommern.[146] 1997 nahm der Professorinnenanteil in der besagten Fächergruppe in Ostdeutschland sieben Prozent ein, in Westdeutschland 2,8 Prozent. Der Anteil westdeutsch besetzter Professuren in Mathematik/Naturwissenschaften lag 1995/96 bei 29 Prozent mit aufsteigender Tendenz zu anteilig mehr als die Hälfte im Jahr 2000. In der Rechtswissenschaft – als Vergleichsmuster – wurden die Professuren zu 90 Prozent oder in den Wirtschafts- und Sozialwissenschaften zu 64 Prozent von westdeutschen Wissenschaftlern und wenige Wissenschaftlerinnen eingenommen.[147] Auch in den Naturwissenschaften, hier konkret in der Physik, vollzog sich auf der Ebene der Professuren ein Eliteaustausch,[148] der nicht fachlich begründet war, auch wenn

Vgl. Physik-Fachbereiche in den neuen Ländern, S. 815–819; Physik an der Universität Rostock, S. 446; Physik an der Ernst-Moritz-Arndt-Universität Greifswald, S. 60 f.; Physik an der Technischen Hochschule Merseburg, S. 224; Physik an der TU Magdeburg, S. 315 f.; Physik an der Martin-Luther-Universität Halle-Wittenberg, S. 535 f.

[142] Die Hälfte der Professuren nahmen zum Ende der 1990er Jahre Westdeutsche ein, die ihrerseits oft ihren engsten Mitarbeiterstamm mitbrachten. Der vom deutschen Wissenschaftsrat empfohlene zehnprozentige westdeutsch sozialisierte Wissenschaftleranteil war auch im Hochschulbereich sehr weit übertroffen worden. Vgl. Renate Mayntz, Deutsche Forschung im Einigungsprozess, S. 259.

[143] Das wurde so in allen Interviews so auch geschätzt.

[144] Vgl. Anke Burkhardt, Stellen und Personalbestand, S. 12 f.

[145] Vgl. ebenda, S. 23.

[146] Vgl. ebenda, S. 21. Brandenburg hatte 1995 keine Zahlen gemeldet.

[147] Vgl. ebenda, S. 29, 37; zum Elitewechsel in der Geschichts-, Sozial- und Politikwissenschaft in: Stefan Bollinger, Ulrich van Heyden.

[148] Vgl. Mitchell G. Ash, S. 119–130. Wie im Folgenden gleich nachzulesen waren um das Jahr 2000 an den untersuchten ostdeutschen Universitäten die Physikprofessuren in Ost-Berlin, an der TU Dresden und in Leipzig zu zwei Dritteln mit westdeutsch sozialisierten Wissenschaftlern besetzt, an der Jenaer Universität zu einem Drittel. Die Physikprofessuren der Universität Potsdam waren zu 100 Prozent westdeutsch besetzt, an der TU Ilmenau zu 100 Prozent ostdeutsch.

dieser abgeschwächter als in Geistes- und Sozialwissenschaften daher kam. Die These – dass die abgewickelten und nichtabgewickelten Sozial- und Geisteswissenschaften bezüglich der Ost-West-Durchmischung des wissenschaftlichen Personals „weitgehend dem Westen und die Naturwissenschaften weitgehend dem Osten zugeschlagen wurden",[149] bewahrheitete sich für die Naturwissenschaft Physik nicht.[150]

Über alle Fächergruppen hinweg fanden sich in Ost-Berlin und in Brandenburg die meisten Professorinnen, anteilmäßig rund zwölf Prozent, etwa acht Prozent in Sachsen-Anhalt und Thüringen und um die sieben Prozent in Mecklenburg-Vorpommern und Sachsen. Gleiches spiegelte sich auf der Ebene der wissenschaftlichen Mitarbeiterinnen wider mit einer Spannbreite von fast 40 Prozent in Ost-Berlin und nur 31 Prozent in Thüringen.[151]

2.1. Ost-Berlin

Mit der Wende trafen 1989/90 Ost-[152] und West-Berlin auch in Form der beiden großen West-Berliner Universitäten und der Ost-Berliner Universität aufeinander. Die Unterschiede bei dem hauptberuflichen weiblichen wissenschaftlichen Personal waren auch rein quantitativ gravierend: Lag der Anteil der Professorinnen an der Humboldt-Universität bei über zehn Prozent, der der Dozentinnen bei 21 Prozent sah es sowohl an der Freien wie an der Technischen Universität mit jeweils rund sieben Prozent schlechter aus. Der Stellung der unbefristeten wissenschaftlichen Assistentinnen an der HU mit 49 Prozent standen 33 Prozent an der FU und 18 Prozent an der TU gegenüber.[153] Es wunderte daher nicht, dass Wissenschaftlerinnen aus Ost und West zum Erhalt und zur Verteidigung der errungenen Positionen der Ost-Berliner Wissenschaftlerinnen aufriefen. An der Ost-Berliner Humboldt-Universität Berlin vollzog sich der Transformationsprozess in drei größeren Etappen.[154] Die erste war geprägt durch Versuche der Selbstreform zwischen Ende 1989 und Dezember 1990, die zweite kennzeichnete

---

[149] Vgl. Mitchel G. Ash, S. 123 f.
[150] Einen in den Ohren von Ostdeutschen zynische westdeutsche Antwort bezüglich der Ost-West-Durchmischung in der Physik lautete: Da die BRD neunmal so viele Physiker als die DDR ausgebildet hatte und demnach rein quantitativ auf jede nach 1990 ausgeschriebene Stelle in der Physik im ostdeutschen Hochschulsystem neun westdeutsche und ein ostdeutscher Bewerber kommen konnte, hätten etwa zwölf Prozent der Stellen mit ostdeutschen Bewerbern besetzt werden müssen. Da aber – wie im Weiteren zu lesen sein wird – rund ein Drittel der Professuren und zirka zwei Drittel des Mittelbaus zunächst ostdeutsch besetzt wurde, seien die ostdeutschen Physiker und Physikerinnen „insgesamt doch gut weggekommen".
[151] Vgl. Anke Burkhardt, Stellen und Personalbestand, S. 17.
[152] Die Entwicklung an der Humboldt-Universität wird ausführlich wegen der Quellen- und Literaturlage dargestellt und wegen einer Vergleichbarkeit mit den beiden West-Berliner Universitäten.
[153] Vgl. Maßnahmen zur beruflichen Integration, S. 317 f.
[154] Vgl. Thomas Raiser, Berlin 1998.

die Umgestaltung von außen, d. h. unter der Regie des komplett „westdeutsch" besetzten Berliner Senats bzw. des jeweils amtierenden Wissenschaftssenators bis März 1994. Die dritte Etappe, ab Mitte 1994, war bestimmt durch Konsolidierung und Neuprofilierung unter strikten Sparauflagen.[155]

Aus berechtigter Sorge vor der Restaurierung der alten SED-dominierten Professorenautoritäten konstituierte sich im Januar 1990 an der HU ein Runder Tisch, an dem diverse Vertreter von Studentenrat, Vereinigung des akademischen Mittelbaus, vom Hochschullehrerverband, Gruppen der Bürgerbewegung wie z. B. das Neue Forum sowie Vertreter politischer Parteien und auch die „Humboldt-Frauen" teilnahmen.[156] Das Konzept des damals amtierenden Rektors und Theologen, Heinrich Fink, der „Erneuerung der Universität auch mit den vorhandenen Menschen", ging nicht auf. Die Reformbemühungen von innen heraus scheiterten. Insgesamt vollzog sich der zunächst angestrebte Prozess der Selbstreform zu langsam, zu inkonsequent und mit Illusionen von einem „Dritten Weg" zwischen Ost und West behaftet, dem die Ostdeutschen mit ihrer Wahlentscheidung vom 18. März 1990 eine Absage erteilten. Die Humboldt-Universität musste sich zudem dem Wettbewerb mit den beiden anderen großen Berliner Universitäten, der Freien und der Technischen Universität, stellen. Mit der Herstellung der Deutschen Einheit am 3. Oktober 1990 ging die Zuständigkeit auch für die Entwicklung der HU an die Senatsverwaltung für Wissenschaft und Forschung über.[157] Die konsequente und zeitnahe Umgestaltung der Humboldt-Universität und ihre Einpassung in die Gesamt-Berliner Hochschullandschaft wurden fortan vor allem von außen gesteuert. Die Vertreter der universitären Selbsterneuerung mit eigenständigen Reformen sahen die Übertragung des bundesdeutschen Modells und den Elitenwechsel als „Fremdbestimmung durch die Politik", als „akademische Kolonialisierung" von oben und außen. Die auch aus der Universität kommenden Befürworter eines radikalen Neubeginns betonten hingegen eine notwenige Re-Konstruktion ideologisierter Bereiche und einen „evaluierenden Austausch von korrumpiertem Personal".[158] An der Universität wurden juristische Auseinandersetzungen um den durch den Einigungsvertrag ermöglichten Abwicklungsvorgang geführt.[159] Auf Empfehlung des Wissenschaftsrates schuf man im März 1991 eine westdeutsch-dominierte Zentrale Struktur- und Berufungskommission, deren Ergebnis in Personalfragen darin bestand, alle Professuren bzw. aller unbefristeten Stellen auszuschreiben und neu zu besetzen.[160] Eine „Ehrenkommission" befasste sich mit den „Verbindungen von Mitarbeitern der Universität zum ehemaligen MfS". Bei der bis ins Jahr 1992 dauernden Überprüfung von 780 Hochschullehrern wurde bei 155, d. h. mehr als einem Fünftel, eine inoffizielle Mitarbeit festgestellt, da-

---

[155] Vgl. Konrad H. Jarausch, Das Ringen um Erneuerung 1985–2000, S. 585 ff., 615 ff., 657 ff.
[156] Vgl. ebenda, S. 596 f., 604 f.
[157] Vgl. Konrad H. Jarausch, Das Ringen um Erneuerung, S. 604 f., 608, 612 f.
[158] Vgl. ebenda, S. 616.
[159] Vgl. ebenda, S. 616–623.
[160] Vgl. ebenda, S. 623–626.

von waren 44 Prozent der Professoren, 37 Prozent der Dozenten sowie sieben Prozent der Oberassistenten betroffen. Die höheren akademischen Ränge waren damit überproportional involviert. Die meisten IMs fanden sich in den Wirtschaftswissenschaften, in der Physik und in den Asienwissenschaften.[161]

Im Zuge der Prüfung von fachlicher Qualifikation und Eignung, Feststellung persönlicher Integrität und des Bedarfs anhand des erstellten Soll-Stellenplanes wurde der sehr drastische Abbau an Personal vorgeschlagen. Vermutlich fand an der Humboldt-Universität mit der radikalste Personalwechsel an einer ostdeutschen Universität statt. Der Wissenschaftsrat hatte in seiner Gesamtempfehlung für die Humboldt-Universität einen mindestens 30-prozentigen Abbau an Wissenschaftlerstellen vorgegeben.[162] Für westdeutsche Verhältnisse war die Humboldt-Universität personell überbesetzt. So kamen z. B. in der Physik an der West-Berliner TU 40 Studenten auf einen Physikprofessor, an der West-Berliner Freien Universität 20 Studenten auf einen Professor, an der Ost-Berliner Humboldt-Universität jedoch nur zehn auf einen Hochschullehrer in der Physik. Dafür wurde in Ost-Berlin die Regelstudienzeit von fünf Jahren zum Diplom fast ausnahmslos eingehalten, während an den West-Berliner Universitäten die Studierenden für ihren Abschluss durchschnittlich sieben bis acht Jahre benötigten.[163]

Als Kernproblem stellten sich auch an der HU jene wissenschaftlichen Mitarbeiter und Mitarbeiterinnen heraus, die positiv evaluiert wurden, deren Weiterbeschäftigung wegen fehlender Stellen aber auf längere Sicht scheiterte. Positiv begutachtet aber dem Bedarf nach nicht benötigte Mitarbeiter des Mittelbaus, denen nicht sofort gekündigt werden konnte, erhielten befristete Drei, Vier- bzw. Fünfjahresverträge auf sogenannten Überhangstellen.[164] Ihr Ausscheiden aus der Universität erfolgte, ähnlich wie bei den ehemaligen Akademieforschern und -forscherinnen im Wissenschaftler-Integrationsprogramm, von der Öffentlichkeit eher unbemerkt 1996/97.[165] Im Zeitrahmen der versuchten Selbstreform bis Juni 1991 verließen 119 Hochschullehrer (15 Prozent) und 765 wissenschaftliche Mitarbeiter (29 Prozent) die Universität. Der Rückgang ging zurück auf ein altersbedingtes Ausscheiden und auf „freiwilligen Rückzug" von Wissenschaftlern ohne Perspektive bzw. nach Kündigung wegen fehlender „persönlicher Integrität", unzureichender „fachlicher Qualifikation" oder „mangelnden Bedarfs". Bis März 1993 reduzierte sich das Personal nochmals um 204 Professuren und 521 vor allem unbefristete Mittelbaustellen zurück. Der Abbau an Wissenschaftlerstellen zwischen 1989 und 1993 von 3.485 auf 1.849 machte einen Verlust von 47 Prozent

---

[161] Vgl. ebenda, S. 637.
[162] Vgl. Thomas Raiser, S. 79 ff.
[163] Vgl. Richard Sietmann, Hochschulphysik in Berlin, S. 725.
[164] Überhangstelle bedeutete, dass in der ersten Hälfte der 1990er Jahre noch nicht alle neuen Soll-Stellen an der HU besetzt waren, und dafür konnten befristete Übergangsstellen eingerichtet und besetzt werden.
[165] Vgl. Marianne Kriszio, Bericht der zentralen Frauenbeauftragten der Humboldt-Universität 1993–1996, S. 43.

aus.[166] Die personelle Negativbilanz ging weiter: Von vormals – 1989 – 2.755 Personen auf Dauerstellen waren bis Ende 1997 nur noch 452, also nur rund 16 Prozent weiter beschäftigt.[167]

Die Entwicklung des personellen Abbaus von hochausgebildeten Wissenschaftlern und Wissenschaftlerinnen ließ sich auch im Fach Physik nachvollziehen. Hier konnte die Stellenzahl nicht erhalten werden. Klar schien von Anfang an gewesen zu sein, dass der Fachbereich Physik an der Humboldt-Universität verbleiben würde, auch wenn an beiden West-Berliner Universitäten gleiche Fachbereiche existierten. Die Physik gehörte als naturwissenschaftliches Grundlagenfach zur Ausstattung einer jeden großen Universität.

Kurz anzumerken ist, dass in der Physik der Ablauf, der Lehrprozess und Lernprozess des Studienganges – das Curriculum – zwischen Ost und West, DDR und BRD, sich nicht unterschied. Fachliche „Anpassungsschwierigkeiten" hatten die ostdeutschen Physiker und Physikerinnen im Universitätsbetrieb nicht.[168] Im Fach Physik der HU erfolgten inhaltlich-strukturelle Änderungen. So wurde die Meteorologie ausgegliedert und dem Fachbereich Geowissenschaften der Freien Universität zugeordnet; der bisher eigenständige Studiengang Kristallographie wurde in die Festkörperphysik eingegliedert.[169]

Um Vorstellungen über die Größenordnungen in der Berliner Hochschulphysik zu haben, hier der folgende Überblick mit Stand 1990 und mittelfristiger Planung für Mitte der 1990er Jahre:

Tabelle 13: Personalausstattung in der Hochschulphysik an den drei Berliner Universitäten[170]

	FU – Ist	FU – Planung	TU – Ist	TU – Planung	HU – Ist	HU – Planung
Professoren	41	34	31	25	38*	26
unbefristete wiss. Mitarbeiter	18	14	8	8	111	12
befristete wiss. Mitarbeiter	63	69	57	57	19	63
Studierende insg.	824		1.250		366	–

* Professoren und Dozenten zusammen.

Anhand der Tabelle sind die Besonderheiten der befristeten und unbefristeten Stellenverhältnisse in Ost- und West-Berlin, aber auch der angestrebte Abbau an Professuren für alle drei Physikfachbereiche bei gleichbleibender Studierendenzahl bzw. eines erwarteten Anwachsens abzulesen. Anfang 1991 hatte es in der

---

[166] Vgl. Konrad H. Jarausch, Das Ringen um Erneuerung 1985–2000, S. 94 ff.
[167] Vgl. ebenda, S. 646 f. 1997 liefen 710 befristete Stellen aus und fielen ersatzlos weg.
[168] Vgl. die Interviews mit allen ostdeutschen Physikerinnen und Physikern sowie u. a. Dieter Simon, S. 516 f.; Renate Mayntz, Die Folgen der Politik, S. 516–518.
[169] Vgl. Richard Sietmann, Hochschulphysik in Berlin, S. 724; Physik an der Humboldt-Universität, S. 490 f.
[170] Vgl. Richard Sietmann, Hochschulphysik in Berlin, S. 725.

Physik der HU noch 162 Wissenschaftler und Wissenschaftlerinnen gegeben, 35 Professoren und Dozenten, 25 befristete und 102 unbefristete wissenschaftliche Mitarbeiter.[171] Ein Jahr später war die Zahl um rund 40 Prozent reduziert auf 101 Physiker und Physikerinnen insgesamt, davon 26 Professoren, nun 63 befristete und nur noch 12 unbefristete Wissenschaftler.[172] Wie zu sehen ist, ging die Zahl der unbefristeten Wissenschaftler in der Physik sogar um 90 Prozent zurück!

Die Empfehlung der Personal- und Strukturkommission nach der Evaluierung der Fachbereiche im Sommer 1991 für die Physik überraschte. Von 28 Fachbereichen an der Humboldt-Universität nahm die Physik den dritten Platz bei der Negativevaluation der Professorenschaft ein. Konkret hieß das: Von 23 überprüften Physikprofessoren erhielten zwölf eine negatives Votum und nur acht ein positives, vier Dozenten ein negatives und elf ein positives. Von 88 unbefristeten Mitarbeitern erhielt nur einer eine negative Bewertung.[173] Die Physik gehörte damit zu den Fachbereichen, die mit dem Aussortieren von rund zwei Dritteln ihrer Hochschullehrer einen personellen Neubeginn anstrebte. Es ist anzunehmen, dass der hohe Anteil von Negativvoten der Evaluation nicht auf mindere fachliche Qualifikation, sondern auf „politische, persönliche Belastungen", z. B. die hohe IM-Belastung der Physik, zurückzuführen war. Bis Anfang 1995 waren die neu ausgeschriebenen und berufenen Physikprofessuren zu mehr als die Hälfte westdeutsch besetzt.[174] Dieser Trend verstärkte sich im zeitlichen Verlauf, ostdeutsch sozialisierte Berufungen zur Professur fanden zum Ende der 1990er Jahre kaum mehr statt.[175] Diese neuberufenen westdeutschen Professoren brachten in der Regel ihre wissenschaftlichen Mitarbeiter, kaum Mitarbeiterinnen mit.

Die personelle Konsolidierung an der Humboldt-Universität ab Mitte der 1990er Jahre wurde zum Teil konterkariert durch Sparzwänge mit zum Teil drastischen finanziellen Kürzungen, die der Berliner Senat veranlasste und überproportional die Ost-Berliner Universität traf. Sparauflagen und die Übertagung des westlichen Hochschulmodells auf Ost-Berlin bzw. Ostdeutschland machten die dringend nötigen Reformen im gesamtdeutschen Hochschulsystem sichtbar. Trotzdem gingen die Einsparungen weiter. Mehr als 16 Prozent reale Kürzungen der Berliner Ausgaben für den Hochschulbereich zwischen 1995 und 2001 fanden statt.[176] Streichlisten machten 1995/96 die Runde. Für die Physik lautete die Vorgabe: Wegfall von zwei Professuren und fünf Mitarbeiterstellen.[177] Verteilungs- und Einsparkämpfe zogen sich bis 1998 hin. Der Soll-Strukturplan von 1998 wies

---

[171] Die Zahlenangaben variieren leicht von Statistik zu Statistik, sind in der Größenordnung jedoch relativ gleich.
[172] Vgl. Thomas Raiser, S. 81–84; Richard Sietmann, Hochschulphysik in Berlin, S. 725.
[173] Vgl. Konrad H. Jarausch, Das Ringen um Erneuerung 1985–2000, S. 638 f.
[174] Vgl. ebenda, S. 645 f.
[175] Ende 1996 waren in der Physik zwei Drittel der Professuren Westdeutsche. Vgl. Thomas Raiser, S. 103.
[176] Vgl. Konrad H. Jarausch, Das Ringen um Erneuerung 1985–2000, S. 683.
[177] Vgl. ebenda, S. 657–661.

dann nur noch 21 Professuren und 58 Mittelbaustellen aus.[178] Von vormals geplanten 26 Professuren und 75 Mittelbaustellen blieben 21 und 58, das hieß eine Reduzierung von Wissenschaftlerstellen um fast ein Viertel. Die sich verschärfende Finanzkrise des Landes Berlin und die Mängel des westdeutschen Wissenschaftssystems insgesamt erschwerten und verzögerten das Ankommen der Humboldt-Universität in der bundesrepublikanischen Normalität.[179]

Wie wenig wichtig bis in die Gegenwart den männlichen Historikern der Geschichte der Humboldt-Universität die Differenzierung zwischen Frauen und Männern in der Wissenschaft ist, zeigte sich in der Nichterwähnung dieser Thematik in ihren Studien. Die Genderfrage existiert für sie nicht. Auch die ausgewiesenen offiziellen Statistiken nahmen diese Unterscheidung oft nicht vor.[180] Die zuständigen Gleichstellungsbeauftragten jedoch verfügten über konkrete Zahlen.

Wie sahen die Transformations- und Erneuerungsprozesse an der Humboldt-Universität aus frauenpolitischer Sicht aus? 2016 wurde ein Gespräch sowohl mit der ehemaligen Zentralen Frauenbeauftragten der Universität, Frau Dr. Marianne Kriszio, und mit der dezentralen Frauenbeauftragten des Fachbereichs Physik, Frau Evi Poblenz[181] geführt. Beide Beauftragte waren während des Umgestaltungsprozesses im Amt bzw. im Fachbereich Physik tätig. Welche prägenden Erinnerungen blieben ihnen über den Transformationsprozess? Die meisten neuen Physikprofessoren stammten aus dem Westen, so die dezentrale Frauenbeauftragte. Die DDR-Professoren gingen aus Altersgründen in den Ruhestand oder wurden wegen starker SED-bzw. Systemnähe abgelöst, was, ihrer Meinung nach, allgemeine Zustimmung am Fachbereich fand. Anders hatte es beim Mittelbau ausgesehen. Mittels Änderungskündigungen sollten und wurden alle unter 38-jährigen kurz- bzw. mittelfristig gekündigt, mit dem Argument: Diese fänden auf dem Arbeitsmarkt am leichtesten eine neue Anstellung. Diese Wissenschaftlerinnen und Technikerinnen traf das hart, da sie meist Familie mit noch schulpflichtigen Kindern hatten. Und wer stellte damals junge Frauen mit Kindern neu ein? Vereinbarkeit von Beruf und Familie fand keine Erwähnung mehr, Angebote staatlicher Kinderbetreuung brachen weg. Sozialverträglicher Stellenabbau hieß damals, die Sicherung des Arbeitsplatzes für den „männlichen Versorger". „Gefühlt" habe es vor 1990 mehr Frauen als heute – 2016 – in der Physik gegeben, was vermutlich an der hohen Frauenzahl im Labor- und Werkstattbereich lag. Bei den Physikerinnen sei

---

[178] Vgl. ebenda, S. 675–677.
[179] Vgl. ebenda, S. 683; Renate Mayntz, Aufbruch und Reformen von Oben, 1994, S. 7 ff.
[180] Jarausch schrieb im Jahr 2012 im 150 Seiten umfassenden Abschnitt „Ringen um Erneuerung 1985–2000" der jüngsten HU-Geschichte diese zwei wenig aussagekräftigen Sätze dazu (S. 680, 686): „Gestützt allein auf die Ressourcen der Universität konnten Frauen berufen und innovative Ideen, wie der fachübergreifende Studiengang Geschlechterstudien, der ‚ein Novum in der Bundesrepublik' darstellte, eingerichtet werden." Als zweiten Satz zitierte Jarausch einen Zeitzeugen aus dem Jahr 2003: „Bei den Berufungen gäbe es größere Transparenz und Sachlichkeit des Verfahrens sowie die Möglichkeit verstärkter Frauenförderung."
[181] Evi Poblenz ist seit 1984 an der Sektion Physik der HU tätig. Sie ist Fachschul-Diplomingenieurin und war bzw. ist im Bereich Technische Assistenz tätig. Vgl. Gespräch am 10. Februar 2016.

die Zahl gleich klein geblieben.[182] Marianne Kriszio war die erste hauptamtliche Zentrale Frauenbeauftragte der Humboldt-Universität und seit 1993 im Amt. Die promovierte Soziologin, westdeutsch sozialisiert, verfügte über Erfahrungen in der universitären Gleichstellungspolitik und war ein „Glücksfall" für die Frauen der Ost-Berliner Universität im Umgestaltungsprozess. Ihr und den beiden Frauenbeauftragten der Technischen und der Freien Universität war es mit zu verdanken, dass der Berliner Universitätsbereich in frauenpolitischer Hinsicht zu den fortschrittlichsten in Gesamtdeutschland gehörte. Marianne Kriszios Rückblick auf den Transformationsprozess fasste sie knapp in vier Punkten zusammen: Sie habe, zum ersten, die Universitätsleitung zwingen können, alle Personalstatistiken nach männlich und weiblich aufzuschlüsseln und zu veröffentlichen. Mit der Teilnahme der Frauenbeauftragten wurde, zum zweiten, dem „Gemauschel unter Männern/Professoren" in den Berufungskommissionen durch ein festgelegtes, geregeltes, durchsichtigeres Verfahren ein Ende gemacht. Bis zirka 1993/94 seien auch noch Ostdeutsche zu Professoren berufen worden, danach kamen nur noch Westdeutsche. Und viertens: Es habe vonseiten der westdeutschen Wissenschaftler große Begehrlichkeiten auf die Ost-Berliner Universitätsstellen gegeben.[183] Der CDU-dominierte und sich sehr „politisch-gerierende", nur aus West-Politikern bestehende Senat habe alle Neuberufungen von Ost-Wissenschaftlern abgelehnt, die jemals irgendeine Funktion zu DDR-Zeiten ausgeübt hatten. In den anderen neuen Bundesländern saßen auch ostdeutsche Politiker in den Landesregierungen, die in der Neuberufungspolitik nicht nur nachteilig für die Ost-Wissenschaftler entschieden.[184]

Zu den Fakten zählte, dass an der Humboldt-Universität von 1989 bis 1996 die Zahl der Wissenschaftler sich insgesamt, wie bereits gesagt, um 46 Prozent verringerten, die Zahl der Wissenschaftlerinnen um 41 Prozent, d. h. von 1.290 auf 525. Der Anteil der Wissenschaftlerinnen betrug 1989 37 Prozent und sank leicht 1996 auf 34 Prozent.[185] Die Zahlen belegen den drastischen Personalabbau gleichermaßen bei Männern und Frauen. Obwohl frauenpolitische Ansprüche in dem Umgestaltungsprozess kaum berücksichtigt wurden, verteidigten die Wissenschaftlerinnen ihren erreichten quantitativen und bezüglich der Statusgruppen qualitativen Stand. Es wurden prozentual kaum mehr Wissenschaftlerinnen als Wissenschaftler abgebaut. Der personelle Umbauprozess ging nicht einseitig zu Lasten der

---

[182] Vgl. Gespräch mit Evi Poblenz am 10. Februar 2016. Vgl. Vorlesungsverzeichnis Sommersemester 1991, S. 296–303; Vorlesungsverzeichnis Sommersemester 1995, S. 164–173; Vorlesungsverzeichnis Sommersemester 2000 der HU, S. 139–145. Die Vorlesungsverzeichnisse der Jahre ab 1993–2000 wiesen zum Teil die in der Lehre tätigen nicht mit Vor- und Zunamen aus, es konnte hier nicht zwischen Männern und Frauen unterschieden werden.
[183] „Da die Humboldt-Universität ein sehr attraktiver Standort war, handelte es sich hier bei den Bewerbungen aus dem Westen oft um etablierte und renommierte Fachvertreter." Marianne Kriszio, dies., Bericht der zentralen Frauenbeauftragten der Humboldt-Universität 1993–1996, S. 36.
[184] Vgl. Gespräch mit Dr. Marianne Kriszio am 23. März 2016.
[185] Vgl. Marianne Kriszio, Die Zeit nach 1989, S. 67. Im anlaufenden Prozess der Transformation befürchtete man viel stärkere Einbrüche bei den Wissenschaftlerinnenzahlen. Vgl. dazu Christina Felber, Krisha Monté, Sabine Röhl, S. 57–70.

Frauen. Der Frauenanteil beim übergeleiteten wissenschaftlichen Personal blieb bei 37 Prozent. Die HU wies mit knapp der Hälfte einen ungewöhnlich hohen Frauenanteil bei den verbliebenen unbefristeten Mittelbaustellen auf. Bei den Neueinstellungen jedoch gab es deutliche frauenpolitische Rückschritte. Die neu berufenen Professoren aus dem Westen ließen sich in den Berufungsverfahren zusichern, ihre Mitarbeiter, meist junge Männer, mitzubringen.[186] In den zu Ende gehenden 1990er Jahren stieg der Frauenanteil auch über Nachwuchsstellen wieder an. Im Jahr 1999 stand der Anteil des weiblichen Mittelbaus bei 43 Prozent, bei den Professorinnen nach wie vor bei 13 bis 14 Prozent.[187] Die strukturelle Position von Wissenschaftlerinnen im Mittelbau hingegen hatte sich aufgrund des Umkehrens von unbefristeten zu befristeten Positionen verschlechtert. Die Zahl positiv evaluierter Wissenschaftlerinnen, die die Universität verlassen mussten und nicht in Vorruhestand bzw. Rente gingen, war hoch und war, vor allem bei den promovierten Frauen und hochqualifizierten Dozentinnen, ein tatsächlicher Verlust für Wissenschaft und Forschung und bedeutete für die Betroffenen oft das Aus ihrer akademischen Karriere und einen tiefen Bruch in ihrem Leben.[188]

Zu einem öffentlichen Eklat bei der Besetzung von weiblichen Professuren kam es 1991, da sich unter den 50 vorgeschlagenen sogenannten Eckprofessuren – welchen die Neustrukturierung der Fächer oblag – nur zwei Frauen fanden.[189] In den darauffolgenden Berufungsverfahren bis 1995 wurden dann mehr Frauen berücksichtigt, ein höherer Anteil als 14 Prozent konnte jedoch nicht erzielt werden. Dieser Wert lag zwar höher als 1989 die Ost-Professorinnen mit elf Prozent erreicht hatten, jedoch niedriger als der Hochschullehrerinnenanteil von fast 23 Prozent gewesen war. Die Hälfte der Professorinnen hatte schon vor 1989 an der Humboldt-Universität als Professorin oder Dozentin gelehrt.[190] Die Frauen-Männer-Problematik wurde für die Professorinnen-Berufung noch von der Ost-West-Problematik überlagert. Von den 54 Professorinnen stammten 30 von der Humboldt-Universität bzw. einige aus den ostdeutschen Bundesländern, 24 waren westdeutsche Frauen.[191] Die 13 bis 14 Prozent Frauen auf Professuren an der HU waren Erfolge auch der Frauenpolitik, vor allem mit Blick auf die Situation in Westdeutschland. Gemessen an dem Stand zum Ende der DDR hätten es mehr sein müssen! Stellenkürzungen und Sparauflagen wirken immer negativ in Sachen Chancengleichheit. Die Wissenschaftlerinnen der

---

[186] Vgl. Marianne Kriszio, Die Zeit nach 1989, S. 76 f.; dies., Bericht der zentralen Frauenbeauftragten der Humboldt-Universität 1997–1999, S. 97; dies., Personalpolitische Weichenstellungen, S. 24 f.

[187] Vgl. Marianne Kriszio, Bericht der zentralen Frauenbeauftragten der Humboldt-Universität 1997–1999, S. 98 f.; dies., Die Wende und die Integration der Humboldt-Universität, S. 256.

[188] Vgl. Marianne Kriszio, Die Wende und die Integration der Humboldt-Universität, S. 257; dies., Bericht der zentralen Frauenbeauftragten der HU 1993–1996, S. 35–38.

[189] Vgl. Marianne Kriszio, Die Wende und die Integration der Humboldt-Universität, S. 256.

[190] Vgl. ebenda, S. 256 f.; dies., Bericht der zentralen Frauenbeauftragten der Humboldt-Universität 1993–1996, S. 30–33.

[191] Vgl. Marianne Kriszio, Bericht der zentralen Frauenbeauftragten der Humboldt-Universität 1993–1996, S. 32.

Humboldt-Universität konnten ihre Positionen verteidigen, nennenswerte Fortschritte in Sachen Chancengleichheit waren zehn Jahre nach der Einheit nicht zu sehen. Im Osten herrschte Stillstand auf der Gleichstellungsebene, der Westen holte langsam auf.[192]

Im Fachbereich Physik der HU sah es 1998 für Physikerinnen nicht sonderlich günstig aus:

Tabelle 14: Physiker und Physikerinnen an der Humboldt-Universität 1998[193]

Institut für Physik 1998	Professuren			Mittelbau		
	gesamt	weiblich	in %	gesamt	weiblich	in %
	24	1	4 %	84	9	11 %

Zu der einen Physikprofessorin und den neun Physikerinnen im Mittelbau kamen noch drei Drittmittelbeschäftigte und eine Habilitandin mit Stipendium[194] so dass der Wissenschaftlerinnenanteil bei knapp zehn Prozent lag. Der Anteil der physikstudierenden Frauen war auf 17 Prozent von zu DDR-Zeiten 25 Prozent gefallen.[195] Die Physik nahm damit den letzten Platz im Ranking des Frauenanteils aller Fachbereiche der HU ein. Zum Vergleich: Die Informatik wies 14 Prozent Frauenanteil mit auch nur einer Professorin aus; die Mathematik 15 Prozent mit zwei Professorinnen, die Chemie 30 Prozent Wissenschaftlerinnen mit auch nur einer Professorin und die Biologie mit 25 Prozent Frauen und wieder nur einer Professorin. Spitzenreiter beim Wissenschaftlerinnenanteil nach Fächern waren mit rund 60 Prozent die Institute Pharmazie, Deutsche Sprache und Linguistik und Institut für Romanistik.[196]

In den Umgestaltungs- und Erneuerungsprozess an der Humboldt-Universität griff die Initiativgruppe „Humboldt-Frauen" zwischen 1989 und 1993 ein. Sie engagierten sich für eine „Gleichberechtigung, die nicht nur auf dem Papier stand" und sie griffen aktiv in die Entwicklung ein. Sie forderten schon 1989 eine Gleichstellungsbeauftragte und gründeten Arbeitsgruppen (AG), die Frauenforderungen unterstützten, wie AG Umstrukturierung der Universität, AG Kinderbetreuung[197] und AG zur juristischen Unterstützung der Frauen in Sachen Arbeitsverträge und Arbeitsplätze. Die „Humboldt-Frauen" arbeiteten aktiv am „Runden Tisch" mit.[198]

---

[192] Vgl. ebenda, S. 40 f.
[193] Vgl. Marianne Kriszio, Bericht der zentralen Frauenbeauftragten der Humboldt-Universität 1997–1999, S. 100, 105, 115.
[194] Vgl. Universitätsverzeichnis 1998/99 der Humboldt-Universität, S. 87–97.
[195] Vgl. Marianne Kriszio, Bericht der zentralen Frauenbeauftragten der Humboldt-Universität 1997–1999, S. 115.
[196] Vgl. ebenda, S. 98.
[197] Die Arbeitsgruppe erreicht erst ab 1995 die Einrichtung einer Kinderbetreuungsstätte „Die Humboldte".
[198] Vgl. Marianne Kriszio, Bericht der zentralen Frauenbeauftragten der Humboldt-Universität 1993–1996, S. 17–20.

Die erste Gleichstellungsbeauftragte wurde am 29. Mai 1990 gewählt,[199] sie war damit früher im Amt als ihre Partnerinnen an den beiden West-Berliner Universitäten. Auseinandersetzungen um Kompetenz und materielle Ausstattung der Beauftragten zogen sich bis 1992 hin. Ab September 1990 wurden Gleichstellungsbeauftragte der Fachbereiche gewählt. Die erste öffentliche und bundesweite Ausschreibung für eine hauptamtliche Zentrale Frauenbeauftragte der HU erfolgte im Februar 1993, und im August konnte Marianne Kriszio ihr Amt antreten. Parallel dazu arbeitete man, unter intensiver Mitarbeit der „Humboldt-Frauen", an den Frauenförderrichtlinien der Universität. Auch hier ging der Streit um Kompetenzen und Einspruchsmöglichkeiten bei allen Personalentscheidungen.

Die Abwicklungen, Evaluierung und Neustrukturierungen der Fachbereiche, später Fakultäten, war mit „erheblicher Diskriminierung von Wissenschaftlerinnen" verbunden, urteilten die Gleichstellungsbeauftragte und die „Humboldt-Frauen".[200] Sie konnten in den Umgestaltungsprozessen eher reagieren als aktiv agieren. Ihr Fazit lautete 1994/95: „Das Ergebnis des Erneuerungsprozesses an der Universität brachte jedenfalls für die Gleichberechtigung der Frauen keine Fortschritte, sondern eher Rückschritte".[201] Zehn Jahre nach der Einheit – das galt auch für die Physik – herrschte in Sachen Chancengleichheit Stillstand auf dem Niveau von 1989. Quantität und Status der Physikerinnen veränderte sich nur schleppend, 15 bzw. 25 Jahre nach Herstellung der Deutschen Einheit stellte sich die Lage folgendermaßen dar:

Tabelle 15: *Wissenschaftliches Personal in der Physik an der Humboldt-Universität 2005 und 2014*[202]

	Frauen				Männer	
	2005		2014		2005	2014
Studierende	177	(24 %)	119	(18 %)	729	531
wiss. Mittelbau	17	(16 %)	34	(15 %)	106	195
Habilitationen*	0		1		5	2
Juniorprofessuren	0		0		0	1
Professuren	1	(4 %)	3	(12 %)	26	21

* Habilitationen 2005 bis 2008 bzw. 2012/13

Die Zahlen der Physikerinnen am Institut für Physik der Humboldt-Universitäten erhöhten sich auf der Ebene der Studierenden, im wissenschaftlichen Mittelbau,

---

[199] Das war Dr. Gisela Petruschka. Vgl. ebenda, S. 38.
[200] Anfang 1994 stellten die „Humboldt-Frauen" ihre Tätigkeit ein, ihr Wirken setzten die Frauenbeauftragten der HU fort. Vgl. Marianne Kriszio, Bericht der zentralen Frauenbeauftragten der Humboldt-Universität 1993–1996, S. 21–24.
[201] Vgl. ebenda, S. 24.
[202] Vgl. Marianne Kriszio, Bericht der zentralen Frauenbeauftragten der Humboldt-Universität 2003–2006, S. 16 f.; dies., Bericht der zentralen Frauenbeauftragten der Humboldt-Universität 2007–2008, S. 24; Gleichstellungskonzept Instituts für Physik 2014.

bei einem Wachstum insgesamt, und bei den Professuren. Anteilmäßig konnten sie nicht aufholen, abgesehen von den Professuren. Wie unbefriedigend die Stellung für Physikerinnen war, konnte für 2015 abgelesen werden: Von 21 unbefristeten Mittelbaustellen hatten Frauen nur zwei inne, bei den befristeten Stellen gab es 32 Frauen von 208.[203]

Währen des Transformationsprozesses erhob die Zentrale Gleichstellungsbeauftragte Einsprüche gegen frauendiskriminierende Mechanismen im Berufungsverfahren für Professuren – vier Einsprüche 1993, drei 1994, vier 1995 und ebenfalls vier 1996. Die Erfolgsquote war gering, nur in einem beanstandeten Fall ging der Ruf an die zweitplatzierte Frau.[204] Im Berichtszeitraum 1997–1999 kam es zu einem weiteren Einspruch gegen eine Berufungsliste und zu vier kritischen und damit dokumentierten Stellungnahmen. Im Ergebnis wurde jedoch immer der ursprüngliche Vorschlag umgesetzt.[205] Mitte der 1990er Jahre begannen die Fakultäten der Humboldt-Universität erste Frauenförderpläne zu erarbeiten, dies zog sich bis 1998 hin.[206] Die Mathematisch-Naturwissenschaftliche Fakultät I – mit Physik, Biologie, Biophysik, Chemie – legte ihren Plan 1996 vor. Wie verlangt, waren hier die konkreten Statistiken getrennt nach Frauen und Männern, Voll- und Teilzeitstellen bzw. Befristungen aufgelistet,[207] die geforderte jährliche Aktualisierung ließ jedoch zu wünschen übrig, wie auch die jährliche Berichtspflicht der Fakultäten, sie fand nicht statt. Im Vergleich zur Biologie und Pharmazie stand die Physik erwartungsgemäß in Sachen Chancengleichheit schlecht da. Diese starke Unterrepräsentanz von Wissenschaftlerinnen in der Physik, auch in der Informatik, zieht sich bis in die Gegenwart.[208] Alle „Forderungen und Maßnahmen" des ersten Frauenförderplanes blieben Absichtserklärungen, Versprechungen, Empfehlungen. Jegliche verbindlichen Zielvorgaben oder Selbstverpflichtungen, ein Anreiz- bzw. Sanktionssystem, fehlten durchgängig. Immer wieder hieß es pauschal: Erhöhung des Anteils weiblicher Beschäftigter auf allen Qualifikationsstufen; Frauen sollen angemessen bei Promotions- und Habilitationsstellen berücksichtigt werden; noch freie Professuren an den Instituten sollen jeweils mit mindestens einer Frau besetzt werden; Gast- und Vertretungsprofessuren sollen nach Möglichkeit an Wissenschaftlerinnen vergeben werden usw.[209] Alle diese Unzulänglichkeiten

---

[203] Vgl. Gleichstellungskonzept des Instituts für Physik 2014.
[204] Vgl. Marianne Kriszio, Bericht der zentralen Frauenbeauftragten der Humboldt-Universität 1993–1996, S. 33–35.
[205] Vgl. Marianne Kriszio, Bericht der Zentralen Frauenbeauftragten der Humboldt-Universität 1997–1999, S. 82.
[206] Das basierte auf der Grundlage des Berliner Hochschulgesetzes, Paragraph 59 vom 12. Oktober 1990, und des Landesgleichstellungsgesetzes vom 13. April 1993.
[207] Vgl. Frauenförderplan der Mathematisch-Naturwissenschaftlichen Fakultät I 1996–1998. Bereitgestellt von Evi Poblenz; Marianne Kriszio, Bericht der Zentralen Frauenbeauftragten der Humboldt-Universität 1993–1996, S. 108–116.
[208] Vgl. Marianne Kriszio, Bericht der Zentralen Frauenbeauftragten der Humboldt-Universität 1997–1999, S. 5, 67–69; Gleichstellungskonzept des Instituts für Physik, 2014, S. 1–6.
[209] Vgl. Frauenförderplan der Mathematisch-Naturwissenschaftlichen Fakultät I 1996–1998, bereitgestellt von Evi Poblenz, S. 5–7.

fanden kritische Erwähnung in den Berichten der Zentralen Frauenbeauftragten in den 1990er Jahren.[210] Auch 1999 lautete ihr Fazit: „Es fehlen echte Mitbestimmungsmöglichkeiten der Frauenbeauftragten, es fehlen verbindliche Zielvorgaben im Sinne der Reservierung von Stellen für Frauen (mit Ausnahme der Sonderprogramme des Landes Berlin), es fehlt ein Konzept zur Frauenpolitik für Zeiten von Sparprogrammen, und es fehlt ein effektiver Anreiz- und Sanktionsmechanismus."[211] Das von der Politik vorgegebene Ziel von 20 Prozent Professorinnenanteil in allen Fächern lag nach wie vor in weiter Ferne.[212]

Die dezentralen Frauenbeauftragten hatten ihre Zuständigkeit für relativ große Fakultäten, so dass an einzelnen Instituten, wie am Institut für Physik, weitere Frauenbeauftragte gewählt werden konnten. Die Fakultätsfrauenbeauftragte hatten die Möglichkeit, sich für die Ausübung ihres Amtes von ihren Dienstaufgaben bis zu 50 Prozent entlasten zu lassen. Das nahm keine von ihnen in Anspruch, die Furcht vor Nachteilen in der Karriere war zu groß. Die 2016 amtierende dezentrale Frauenbeauftragte des Instituts Physik nahm für ihre Amtsführung keinerlei reduzierte Arbeitszeit in Anspruch.[213] In der überwiegenden Zahl übten wissenschaftliche Mitarbeiterinnen in unbefristeter Stellung das Amt der dezentralen Frauenbeauftragten an der HU aus. In nur drei Fällen waren es Studentinnen, in einem Fall eine Professorin. In einigen Fällen reduzierte die Fakultätsleitung von sich aus die Lehrverpflichtungen für die Amtsinhaberinnen.[214]

Seit 1999 existierte an der HU ein erstes finanzielles Anreizsystem zur Frauenförderung. Lagen die Werte des Wissenschaftlerinnenanteils eines jeden Fachgebietes unter 15 Prozent – mit weiteren Staffelungen bis unter 45 Prozent – wurden fünf bis sieben Prozent der Sachmittel der Fakultät/des Instituts gesperrt und für Gleichstellungsaufgaben reserviert. Für die Physik waren das jährliche Beträge von 20.000 DM, die für Lehraufträge und Gastvorträge, Kolloquien und Dienstreisen usw. eingesetzt werden konnten. Nicht möglich war es aus haushaltstechnischen Gründen jedoch, das Geld z. B. für Verlängerungen von Promotionen oder Habilitationen von Frauen zu nutzen. Dieser Grund bzw. der doch geringe Umfang der Mittel brachten keinen wirklichen Anreiz für Wissenschaftlerinnenförderung.[215] Seit dem Jahr 2000 gingen erste Initiativen für ein offizielles Mentoring-Programm für Habilitandinnen aus, angedacht wurde ein gemeinsames Programm mit der

---

[210] Vgl. Marianne Kriszio, Bericht der Zentralen Frauenbeauftragten der Humboldt-Universität 1993–1996, S. 112–116.
[211] Marianne Kriszio, Bericht der Zentralen Frauenbeauftragten der Humboldt-Universität 1997–1999, S. 7.
[212] Vgl. ebenda, S. 18, 71 f.
[213] Vgl. Gespräch mit Evi Poblenz am 10. Februar 2016.
[214] Vgl. Marianne Kriszio, Bericht der Zentralen Frauenbeauftragten der Humboldt-Universität 1993–1996, S. 131–135; dies., Bericht der Zentralen Frauenbeauftragten der Humboldt-Universität 1997–1999, S. 74–77.
[215] Vgl. Marianne Kriszio, Bericht der Zentralen Frauenbeauftragten der Humboldt-Universität 1997–1999, S. 39–44.

Freien und Technischen Universität.²¹⁶ Ebenfalls stieg man ein in eine Diskussion über Zielvereinbarungen zur Frauenförderung, wobei sich die Hochschulleitungen damit viel Zeit ließen. Die Universitätsleitung der HU legte sich auf das „Kaskadenprinzip" bei Neueinstellungen für C1-, Promotionsstellen und studentischen Hilfskräften fest, das hieß eine anteilige Frauenbesetzung gemessen ab Studienabschluss im jeweiligen Fach. Für die Physik bedeutete die Messlatte im Jahr 2002 knapp 21 Prozent. Real und tatsächlich lag der Physikerinnenanteil in Mittelbaustellen (ohne Doktorandinnen und Tutorinnen) gerade bei zehn Prozent, 15 Jahre später bei den unbefristeten Mitarbeiterinnen immer noch bei zehn Prozent und bei den befristeten bei 15 Prozent.²¹⁷ Das Kaskadenmodell wirkte noch immer nicht.

Ein Novum in Ostdeutschland stellte das seit 1990 existierende „Zentrum für interdisziplinäre Frauenforschung" an der Humboldt-Universität dar. In exzellenter Art und Weise sammelte und dokumentierte das Zentrum Literatur zur Genderfrage und Frauenforschung, unterstützte die Frauenbeauftragten, verfolgte die Karrieren von Wissenschaftlerinnen an der HU, organisierte wissenschaftliche Tagungen, Ringvorlesungen, Workshops, und machte sich einen Namen in der Netzwerkarbeit.²¹⁸ Ende der 1990er Jahre verfügte das Zentrum über vier reguläre Stellen. Seit 1992 wurden drei, seit 1995 drei weitere Frauenforschungsprofessuren eingerichtet, keine in den Naturwissenschaften. Diese Stellen waren jedoch bis 1999 nicht regulär besetzt, sondern wurden durch wechselnde Gastprofessuren wahrgenommen. Seit 1997/98 bot man ein Magisterstudiengang „Gender Studies" an, der auf große Nachfrage stieß und die Kapazitäten sprengte. Nicht gelungen war es hingegen, inneruniversitäre Forschungs- und Vorlesungsschwerpunkte auf dem Gebiet der Frauen- und Geschlechterforschung in den einzelnen Fächern zu verankern.²¹⁹

Im Jahr 2016 wurden im Rahmen dieser Studie Interviews mit fünf Physikerinnen von der Humboldt-Universität geführt. Alle fünf Frauen waren noch aktiv im Beruf.²²⁰ Wie sahen ihre Erinnerungen über den Transformationsprozess aus? Zu Beginn der 1990er Jahre wurde eine von ihnen zur Professorin berufen, zwei waren gestandene und promovierte Physikerinnen, eine jüngere promovierte Diplomingenieurin der Elektronik gehörte dazu und eine junge promovierte Nachwuchswissenschaftlerin auf dem Weg zur Habilitation. Alle fünf Wissenschaftlerinnen hatten Familie mit Kindern; ihre politische Einstellung zur DDR reichte von engagiert, loyal bis zu totaler Ablehnung. Eine junge promovierte Physikerin

---

[216] Vgl. Marianne Kriszio, Bericht der zentralen Frauenbeauftragten der Humboldt-Universität 2000–2001, S. 42 f.
[217] Vgl. ebenda, S. 68–70, Tabelle 2, 3, 12; Gleichstellungskonzept des Instituts für Physik, 2013/14.
[218] Vgl. Gabriele Jähnert, Das Zentrum für interdisziplinäre Frauenforschung, S. 261–264.
[219] Vgl. Marianne Kriszio, Bericht der Zentralen Frauenbeauftragten der Humboldt-Universität 1997–1999, S. 7, 84 f.
[220] 2016 waren darunter zwei Professorinnen, zwei „gestandene" promovierte Physikerinnen und eine promovierte Elektronik-Diplomingenieurin. (Vgl. Interviews 4, 23, 1, 2, 7.)

in der Habilitationsphase hatte denkbar positive Erinnerungen an diese Zeit.[221] So erzählte sie: Die westdeutsch besetzte Wissenschaftlerkommission, die die Physik an der HU evaluiert habe, sei mit klugen weitsichtig denkenden Männern besetzt gewesen, denen sie auch in ihrer späteren Karriere immer wieder begegnete. Die hätten in ihr die junge Nachwuchswissenschaftlerin auf dem Weg zur Habilitation gesehen, die an der HU keine dafür entsprechende Umgebung – den Kopf frei zum Forschen – haben würde. Sie initiierten ein DFG-Stipendienprogramm für sie und andere in dieser Qualifizierungsphase. Sie habe ein Post-Doc-Stipendium bis 1997 erhalten und konnte damit an eine Hochschule nach Südwestdeutschland wechseln. *„Arbeitsklima, Ausstattung und Forschungsmittel dort waren wie im Paradies. [...] Raus aus der Unsicherheit im Osten. [...] Im Osten ging ein Hauen und Stechen los um jede Stelle. Ich bin diesen westdeutschen Kollegen sehr dankbar, dass sie von oben und aus ihrer Erfahrung heraus, so auf uns ostdeutsche Nachwuchswissenschaftler und -wissenschaftlerinnen geschaut haben."*[222] Diese Physikerin machte in Westdeutschland und später in Berlin Universitätskarriere, 1995 habilitierte sie, 1997 erhielt sie mit 39 Jahren eine C3-Professur.

Anders der Rückblick der bereits in den 1980er Jahren an der HU habilitierten gestandenen Physikerin, die Mitte der 1990er Jahre zur Professorin berufen wurde.[223] *„Die Zeit von 1989 bis 1993 war traumatisch – hervorgerufen durch die eigenen Leute und von Westdeutschen".* Von westlicher Seite sei ein ständiger „Rufmord mit Stasivorwürfen" ausgegangen. Die älteren Mitarbeiter seien alle in die Arbeitslosigkeit oder in Rente gegangen, es sei trostlos gewesen, mit diesen später zusammenzutreffen. Ihrer Meinung nach sei es eine Schande für die reiche BRD gewesen, so mit den Leuten umzugehen. Einige Kollegen seien in die Industrie, einige ins Ausland, einige in neu gegründete Physikinstitute gegangen. Sie selbst habe eine Professur nur erhalten, weil sie international auf ihrem Fachgebiet bekannt war und Unterstützung von italienischen, israelischen und US-amerikanischen Kollegen erhalten habe.[224]

Den drei Wissenschaftlerinnen des „gestandenen Mittelbaus" mit vormaliger Festanstellung war gemeinsam, dass sie bis Mitte der 1990er Jahre versuchten, nun auf befristeten Stellen, in Lehre und Forschung in der Physik zu bleiben, was ihnen nicht bzw. nur zum Teil gelang. Alle drei wechselten auf sogenannte Funktionsstellen in der Studienorganisation bzw. Öffentlichkeitsarbeit, nun wieder feste Stellen. Der Verlust der Forschungsarbeit wurde als einschneidend negativ reflektiert. Eine promovierte Physikerin, 1968 als Studentin an die HU gekommen,[225] gehörte in den Wendejahren zu der gewählten „Dreiergruppe der Frauenkommission" der Universität, bevor Mitte 1993 die Zentrale Frauenbeauftragte Marianne Kriszio

---

[221] Vgl. Interview 23.
[222] Vgl. Interview 23.
[223] Vgl. Berufungsakte B.R., in: BAB DR 3 B 796.
[224] Vgl. Interview 4.
[225] Vgl. Interview 2.

ins Amt kam. In diesem Interimsamt saß sie in der westdeutsch dominierten Stellenplankommission, die zunächst nur neue Strukturen an der Humboldt-Universität aufbauen sollte und später dann Personalüberprüfungen vornehmen musste. *„Die Mitgliedschaft in der Stellenplan-Kommission waren für mich die schwersten und generell schlimmsten Jahre meines Berufslebens",* so ihre Erinnerung. *„Die Westdeutschen in der Kommission hatten kein Verständnis für die Situation in der DDR, obwohl viele sich bemühten. Ihr Auftrag lautete, alte Strukturen zerschlagen und das alte Personal loswerden. Einige wenige haben die Personalüberprüfung abgelehnt mit dem Argument, wir haben im Westen selbst genug zu evaluieren. In der Physik gab es keinen Professor bzw. Professorin, die nach der Evaluierung wieder eine Professur innehatten. [...] Zwei Professoren erhielten noch befristete Gastprofessuren. Das organisierte die Universität von sich aus gegen die Vorgaben der (West)-Berliner Senatsverwaltung. Es war knallhart für mich, was ich zwischen 1991 und 1994 erlebt habe, wie das alles läuft, wie die Berufungen vor sich gingen [...] von der Sichtung der Bewerbung bis zur Berufung. Ich habe erlebt, wie Berufungen funktionieren [...] Wer keine Lobby hatte, hatte keine Chance [...] Ich saß in diesen Sitzungen wie gepanzert, wie versteinert."*[226] Sie selbst habe über eine Änderungskündigung bis 1995 eine befristete sogenannte Überhangstelle erhalten. Dann habe sie sich nach einer Dauerstelle umgesehen. *„Es wurden neue Funktionsstellen geschaffen, und da ich in den Kommissionen saß und die neuen Professoren mich kannten, erhielt ich diese Referentenstelle. Es war eine reine Verwaltungsstelle, Forschung war absolut nicht mehr möglich. Anfänglich war ich unglücklich auf dieser Stelle. Sie wurde dann ein Job für mich, er hat mich nicht gefordert."* Da sie Mitglied der Kommission gewesen sei, habe sie auch in anderen Bereichen mitbekommen, wo Stellen neu entstanden. So konnte sie zwei, drei weiteren Frauen helfen, eine Berufsperspektive an der Universität zu finden.[227]

Die nächste interviewte Physikerin kam von einem Physikinstitut der Akademie der Wissenschaften an die Universität.[228] *„1990/91 war für die AdW ein sehr harter Einschnitt und auch sehr ungerecht gegenüber den Universitäten, weil gerade an der Akademie Leute waren, die nicht so systemnah waren. Die Universitäten wurden evaluiert und es wurde versucht, viele zu halten, Stellen zu schaffen, obwohl die Universitäten sehr viel näher zum SED-System standen. Ich empfand den Kündigungsbrief Ende 1991 als eine große Ungerechtigkeit. Für mein Akademie-Physik-Theorie-Institut lief es nach 1991 noch relativ günstig. Es wurde ein Nachfolgeinstitut gegründet und die Max-Planck-Gesellschaft finanzierte eine Arbeitsgruppe an der Humboldt-Universität. Zu dieser gehörte ich. [...] Zweimal, jeweils fünf Jahre, wurde ich von der Max-Planck-Gesellschaft finanziert. 2001 war dann Schluss mit der Finanzierung, es drohte Arbeitslosigkeit. Mittels eines Rechtsanwalts konnte ich mich auf eine halbe Stelle an der Universität einklagen, später wurde daraus eine Dreiviertelstelle. Ich*

---

[226] Vgl. Interview 2.
[227] Vgl. Interview 2.
[228] Vgl. Interview 1.

habe überwiegend Verwaltungsarbeiten wahrgenommen, aber ich bin auch in der Wissenschaft geblieben. Einmal im Jahr publiziere ich einen wissenschaftlichen Artikel, [...] ich bin soweit beruflich zufrieden."[229]

Die Diplomingenieurin, Elektronikerin, war seit 1978 an der Humboldt-Universität, an der Sektion Physik, wo sie 1983 promovierte und die meiste Zeit in der Forschung verbrachte.[230] Die fachliche und persönliche Evaluation sei für sie positiv gelaufen, aber ihr Arbeitsgebiet, das Technikum Elektronik in der Sektion Physik, wurde bis 1993 abgewickelt. Viele Kollegen ihrer Abteilung seien in die von ihnen neu gegründete selbständige Firma für Infrarotsensoren gegangen. Sie sei zunächst in der Physik geblieben, weil auch soziale Aspekte bei der Weiterbeschäftigung eine Rolle gespielt hatten. *„Ich war Alleinerziehende mit Kind und erhielt einen Dreijahresvertrag bis 1996 auf einer Überhangstelle.*[231] *Ich arbeitete in der Forschung, in der Bauelementestrukturierung. Mein Chef wollte mich behalten und beantragte einen weiteren Fünfjahresvertrag, der von der Hochschulverwaltung abgelehnt wurde, da ich mich dann auf ein unbefristetes Arbeitsverhältnis hätte einklagen können. [...] Ich bewarb mich 1996 auf eine neue Stelle in der Forschungsverwaltung, die unbefristet und niedriger dotiert war und die ich erhielt. Das erste Jahr war furchtbar für mich, vom Labor und blauem Kittel an den Schreibtisch verbannt zu werden".* Aber die Arbeit in der Drittmitteladministration und Öffentlichkeitsarbeit sei dann zunehmend interessant für sie geworden.[232]

Zwei der interviewten Physikerinnen und die dezentrale Frauenbeauftragte der Physik von 2016 antworteten auf die Frage – wie im Jahr 2000 die Ost-West-Mischung unter dem wissenschaftlichen Personal im Institut für Physik ausgesehen habe:[233] Von 22 Professuren waren acht ostdeutsch besetzt (36 Prozent); es gab eine Professorin darunter, eine ostdeutsch sozialisierte. Die festen Mittelbau- und die Funktionsstellen waren noch zu 60 Prozent mit ostdeutschen Mitarbeitern besetzt. Bei den Doktoranden und Postdoktoranden war eine für Berlin ausgewogene Mischung zu beobachten. Physikerinnen waren am Institut zu DDR-Zeiten, wenige und sie blieben es auch, um die zehn Prozent. Der Transformationsprozess ging quantitativ nicht einseitig zu Lasten dieser, es hatte die Männer gleichermaßen getroffen.

---

[229] Ebenda.
[230] Vgl. Interview 7.
[231] Die Berliner Großbetriebe der Elektronik waren geschlossen und tausende Ingenieure arbeitslos geworden.
[232] Vgl. Interview 7.
[233] Vgl. Auskünfte von Evi Poblenz vom 29. Dezember 2016 und von Interviews 1 und 2. Die interviewte Informatikprofessorin von der HU beantworte diese Frage folgendermaßen: von den 13 Professuren waren je die Hälfte ost- bzw. westdeutsch, darunter eine ostdeutsche Frau (sie selbst); der Mittelbau war zu 60 Prozent ostdeutsch, zu 40 Prozent westdeutsch besetzt, darunter waren knapp zehn Prozent Frauen. Vgl. Interview 3; Berufungsakte B. M., in: BAB DR 3 B 609.

2.2. Sachsen

Der Transformationsprozess, die Struktur- und Personalumgestaltung im Hochschulbereich im Allgemeinen und in der Physik,[234] gestaltete sich in Ostdeutschland ähnlich, Unterschiede waren jedoch vorhanden. Im Bundesland Sachsen nahm die am 14. Oktober 1990 gewählte CDU-Landesregierung unter dem aus Westdeutschland kommenden CDU-Ministerpräsidenten Kurt Biedenkopf und seines ostdeutschen Staatsministers für Wissenschaft und Kunst, Professor Hans Joachim Meyer,[235] ihre Arbeit auf und beeinflusste den Umbauprozess des Hochschulsystems maßgeblich. Im Mai 1991 erließ das sächsische Staatsministerium eine Richtlinie zur Einzelfallprüfung der persönlichen Integrität und der fachlichen Kompetenz des Wissenschaftspersonals mit dem Ziel, neue Strukturen in der Hochschullandschaft zu erarbeiten und das Hochschulpersonal politisch und fachlich zu erneuern. Das personelle Fundament sollten Professoren bilden, die in einem Berufungsverfahren, in einem verkürzten Berufungsverfahren, oder durch kommissarische Beauftragung „Professoren neuen Rechts" wurden. Der neu gewählte Rektor der Technischen Universität Dresden signalisierte dem Staatsministerium, dass die dafür zur Verfügung stehenden Wissenschaftler in den technischen und naturwissenschaftlichen Fächern aus dem Mittelbau der TU kommen sollten.[236] Die siebenköpfigen Personalkommissionen – besetzt zur Hälfte mit Personen der TU und zur anderen Hälfte mit Personen des öffentlichen Lebens außerhalb der TU – prüften die persönliche Integrität, auch die Frage der IM-Tätigkeit für das MfS, sowie die Ausübung höherer SED-Funktionen, als auch die fachliche Kompetenz. 95 Prozent aller Überprüften wurden sowohl fachlich als auch politisch positiv bewertet. Die Zahl der für die Universität und den öffentlich Dienst als „untragbar" Angesehenen war sehr klein.[237] Aber auch hier bedeutete ein positives Votum keine automatische Weiterbeschäftigung. Die Entscheidung hing ab von der neuen Struktur- und Stellensituation, basierend auch auf dem finanziellen Rahmen der Haushaltsmöglichkeiten des Freistaates Sachsen.

In den Ingenieur- und Naturwissenschaften der TU Dresden waren bis 1990 516 männliche und weibliche Professoren sowie 1.742 Angehörige des wissenschaftlichen Mittelbaus tätig. Solche Anzahl an Wissenschaftlerstellen waren aus Steuermitteln nicht zu bezahlen, zumal die TU zur Voll-Universität mit einer neuen Juristischen und Medizinischen Fakultät ausgebaut wurde. Zeitgleich wurden

---

[234] Physiksektionen existierten in Sachsen an drei Hochschulstandorten, an der Universität Leipzig, an den TUs Chemnitz und Dresden. Vgl. Physik an der TU Chemnitz, in: Physikalische Blätter 47 (1991), Nr. 1, S. 59 f. und ebenda, 1/1993, S. 54; Physik an der Universität Leipzig, S. 130 f.; Physik an der TU Dresden, S. 537.
[235] Hans Joachim Meyer (Jg. 1936), als Student der Rechtswissenschaft 1958 gemaßregelt und exmatrikuliert; später Studienabschluss der Anglistik und Geschichte, 1985 a. o. Professor für angewandte Sprachwissenschaften an der Humboldt-Universität, 1990 in der Regierung de Maizière Minister für Bildung und Wissenschaft der DDR, seit 1990 CDU-Mitglied, 1990–2002 Sächsischer Staatsminister.
[236] Vgl. Reiner Pommerin, S. 339 f.
[237] Vgl. ebenda, S. 340–342.

die Hochschule für Verkehrswesen Dresden und die Pädagogische Hochschule Dresden aufgelöst bzw. zum Teil in die TU eingegliedert.[238] Nach den sogenannten Bedarfskündigungen bis 1993, bezogen auf das Ingenieur- und Naturwissenschaftspersonal, zeigte sich der Abbau folgendermaßen: von vormals 516 Professoren und Dozenten auf 308 Professuren; bei den Stellen des Mittelbaus von 1.742 auf 1.326.[239] In Prozent hieß das: Es wurden 40 Prozent der Professuren und 24 Prozent der Stellen des wissenschaftlichen Mittelbaus reduziert. Die 42 „Eckprofessuren" in Ingenieur- und Naturwissenschaft besetzte man in einem verkürzten Verfahren, d. h. ohne öffentliche Ausschreibung, überwiegend mit Wissenschaftlern aus dem früheren Mittelbau der TU. Die Berufungskommissionen waren paritätisch mit Dresdner Hochschullehrern und Hochschullehrern aus den alten Bundesländern zusammengesetzt.[240] Auch bei dieser hier genutzten Literaturbasis über die TU-Geschichte spielte eine Differenzierung oder eine Fragestellung nach Berücksichtigung von Wissenschaftlerinnen im Umgestaltungsprozess keine Rolle. Alle hier angeführten Zahlen wurden nicht zwischen Frauen und Männern aufgeschlüsselt.

Ein kurzer Vergleich der Transformationsgeschichte der TU Dresden mit der Ost-Berliner Humboldt-Universität zeigte Unterschiede in der Personalpolitik: Das ministerielle Mitspracherecht war in Dresden auch geprägt durch agierende ehemalige Ostdeutsche. Die westdeutschen Begehrlichkeiten auf die TU-Wissenschaftlerstellen waren Anfang der 1990er Jahre nicht so hoch wie in Berlin, und schließlich handelte es sich um eine Technische Universität. Diese war mit ihrem Fächerspektrum ideologieferner ausgerichtet[241] als die Humboldt-Universität mit ihrem hohen Anteil an sozial- und geisteswissenschaftlichen Fakultäten. Alle drei Punkte zusammen erklärten den geringeren Grad des Personalabbaus, insbesondere im Mittelbau, und den größeren Anteil von Ostdeutschen unter dem Universitätspersonal. Was bedeutete der Transformationsprozess für die Wissenschaftlerinnen von der TU, deren Zahl und Anteil aufgrund der technischen und naturwissenschaftlichen Ausrichtung bis 1990 kleiner als an anderen ostdeutschen Universitäten gewesen war? Aus gleichstellungspolitischer Sicht herrschte in Sachsen ein – im Vergleich zu Berlin oder zu Potsdam, was noch gezeigt wird, – „konservativ-hierarchisch-patriarchales Klima", so beschrieben es Genderforscherinnen während des laufenden Umbauprozesses.[242] Die Stimmung in Sachsen schien auch beeinflusst durch öffentliche, sich wiederholende, Frauen ausgrenzende Äußerungen wie die des CDU-Ministerpräsidenten Kurt Biedenkopf: Die Frauenerwerbstätigkeit ist auf ein „vernünftiges Maß", d. h. natürlich westdeutsches Maß zu senken.[243]

---

[238] An der PH Dresden existierte bis 1990 eine Sektion Physik, die in Teilen zur TU kam. Vgl. dazu Carl Holste.
[239] Vgl. Reiner Pommerin, S. 342–344.
[240] Vgl. ebenda, S. 345. An der TU Dresden sollen für alle Fachrichtungen 90 Professuren im verkürzten Verfahren, also ohne Ausschreibung, vergeben worden sein, darunter an keine Frau. Vgl. bei Karin Reiche, S. 5.
[241] Vgl. Reiner Pommerin, S. 337 f.
[242] Vgl. Birgit Bütow, S. 45–55; Ruth Heidi Stein, Angelika Wetterer, Nach der Wende, S. 259.
[243] Zitiert in: Birgit Bütow, S. 52; Ruth Heidi Stein, Angelika Wetterer, Nach der Wende, S. 258.

2. Physikerinnen in den neuen Bundesländern

Die Entwicklung an der Leipziger Universität schien eine Negativvorlage zu bilden: Die männlichen „Mitglieder der Berufungskommissionen werden immer schamloser in ihrem Auftreten gegenüber den Gleichstellungsbeauftragten der Fachbereiche. Sie werden [...] seit dem Bestehen der Berufungskommissionen übergangen oder ‚vergessen'. Insbesondere habilitierte Frauen [haben] kaum Chancen, in den neuen fachlichen Strukturen weiterhin wissenschaftlich arbeiten zu können"[244] – so referierten Frauenforscherinnen 1992 auf einer wissenschaftlichen Tagung.[245] Etwas positiver ging der Prozess an der TU Dresden vor sich. Hier sei es gelungen, in alle Kommissionen auch Frauen zu berufen, und die TU richtete eine „Koordinierungsstelle Frauenforschung" ein. Leipzig[246] machte weitere Negativschlagzeilen. Die gewählte Gleichstellungsbeauftragte sollte in Berufungs- und Einstellungsgesprächen nur dann beteiligt werden, so ein Senatsbeschluss von 1992, wenn in der jeweiligen Besetzungskommission keine mit beschließender Stimme anwesende Wissenschaftlerin vertreten war. Es sollte so verhindert werden, dass zwei Frauen an den Sitzungen einer Kommission teilnahmen. Welche Sorge um ihre Vormachtstellung müssen die männlichen Leipziger Senatsmitglieder gehabt haben?[247] Bei aller Kritik jedoch nahm die Leipziger Universität 1993 hinsichtlich ihres Wissenschaftlerinnenanteils – Hochschullehrerinnen 14 Prozent und weiblicher wissenschaftlicher Mittelbau 42 Prozent – im bundesweiten Vergleich einen vorderen Platz ein.[248]

Die den sächsischen Transformationsprozess beobachtenden Genderforscherinnen sahen zu Beginn der 1990er Jahre wenig „Frauenbewusstsein" unter den Wissenschaftlerinnen selbst. Noch immer herrsche die Meinung unter diesen, „Leistung setze sich durch und ‚mit Feminismus wollen wir nichts zu tun haben'".[249] Der Stellenabbau werde unkritisch als „Notwendigkeit" und als nicht

---

[244] Birgit Bütow, S. 49.
[245] Ausgegrenzt und mittendrin – Frauen in der Wissenschaft. 1992.
[246] Zur Erneuerung und personellen Umgestaltung der Leipziger Universität vgl. Konrad Krause, S. 420–442. Im Vergleich zur HU Berlin oder der Jenenser Universität begann der Prozess einer „von Innen angestoßenen demokratischen Erneuerung" an der Leipziger Universität spät, im Juni/Juli 1990 (in Berlin und Jena bereits im Januar/Februar 1990). Der „Abwicklungsbeschluss" bzw. eine Teilabwicklung betraf 21 Einrichtungen. Von vormals – 1990 – 4.081 Wissenschaftlern blieben 1994 2.400 Planstellen, die zu diesem Zeitpunkt zum Teil auch mit neuem, größtenteils aus Westdeutschland stammendem Wissenschaftspersonal besetzt waren. Grob geschätzt wird daher, dass rund nur ein Drittel der vormaligen Wissenschaftler und Wissenschaftlerinnen an der Universität blieben. Grundsätzlich alle wissenschaftlichen Mitarbeiter mussten sich neu bewerben, alle wurden einer politischen und fachlichen Evaluation unterzogen. Vgl. ebenda, S. 420–425, 434 f. Die Genderfrage wurde im Erneuerungsprozess der Leipziger Universität auch hier nicht gestellt. Vgl. ebenda. Hingegen zu finden in: 100 Jahre Frauenstudium an der Alma Mater Lipsiensis, S. 253–277.
[247] Vgl. Karin Reiche, o. S., (S. 1–13, hier S. 9.)
[248] Vgl. Anne-Sophie Arnold, S. 3.
[249] Birgit Bütow, S. 54. An der Leipziger Universität hatte 1992 der Verein „alma – Frauen in der Wissenschaft" ein Treffen mit der Senatskommission für Gleichstellung zum Thema „Feminismus, Frauengleichstellung" organisiert, welches mangels Interesses bei den Wissenschaftlerinnen ausfiel. Vgl. ebenda.

spezifisches Frauenproblem hingenommen; Als Gleichstellungsbeauftragte fungierten zu oft Referentinnen auf kurz befristeten ABM-Stellen. Es fand keine Solidarisierung unter Wissenschaftlerinnen im Transformationsprozess und keine Unterstützung durch westdeutsche Kolleginnen, z. B. dadurch, Ost-Wissenschaftlerinnen in westdeutsche Frauennetzwerke zu integrieren, statt. Bei den männlichen Kollegen funktionierten diese letztgenannten Strategien besser.[250]

An der TU Dresden wurde, wie in Berlin und in den anderen neuen Bundesländern auch, eine Zentrale Gleichstellungsbeauftragte gewählt und 1991 vom Senat bestätigt. Die Physikerin Dr. Karin Reiche nahm das Amt die 1990er Jahre hindurch hauptberuflich wahr. Ihr zur Seite standen neun Akademikerinnen auf ABM-Stellen, die zusammen das Referat Gleichstellung bildeten. An das Referat war auch die „Koordinierungsstelle Frauenforschung/Frauenstudien" angebunden. Die ersten dezentralen Gleichstellungsbeauftragten an den Fachbereichen hatten einen schweren Stand. Einige wurden auf ihren befristeten oder ABM-Stellen mit dem Verweis auf ihre Funktion nicht weiterbeschäftigt.[251] Auch an der TU wurde in den 1990er Jahren zunächst ein zentrales Frauenförderungsprogramm erarbeitet,[252] welches mit Konflikten und Auseinandersetzungen einherging – wie überall. 1994 musste das erste Programm von 1992 angepasst werden an das Sächsische Hochschul- wie auch an das Sächsische Frauenförderungsgesetz. Obwohl diese Anpassung bis März 1996 hätte vollzogen sein müssen, dauerte es, trotz diverser Senatsarbeitsgruppen „Frauenförderung", bis 1998.[253] Allein dieser Zeitraum lässt den konfliktreichen Prozess erahnen.[254] Immer wieder wurden die Vorlagen vom Rektoratskollegium bzw. Senat zurückverwiesen. Sie verlangten „knappere, rechtssichere Formulierungen" „ohne unnötige Details",[255] will heißen: unkonkrete und schwammige Absichtserklärungen und Zielvorgaben für die Frauenförderung an der TU. Die jährliche statistische Erhebung über die Anteile der Wissenschaftlerinnen und über die Frauenförderstatistik wurde zwar begrüßt, jedoch auch gewarnt, dass „überzogene Reaktionen" bei unzureichendem Stand „dem Ansehen der TU schaden könnte".[256] Negativformulierungen wie „Misserfolge bei der Frau-

---

[250] Vgl. Birgit Bütow, S. 53–55; Ruth Heidi Stein, Angelika Wetterer, Nach der Wende, S. 259; Anne-Sophie Arnold, S. 1–5.
[251] Vgl. Karin Reiche, S. 10–12.
[252] Vgl. Frauenförderprogramm TU Dresden, 5. Dezember 1991, in: Archiv TU Dresden Dezernat 4, C 3.4, 5628/1.
[253] Vgl. Vermerk zum Frauenförderungsprogramm, 6. Oktober 1994; Vorlage für die Universitätsleitungssitzung am 4. Juni 1994; AG Frauenförderplan, 4. Dezember 1996; Beratung der Gleichstellungsbeauftragten mit Rektor und Kanzler, 25. November 1997, in: Archiv TU Dresden C 3.2/Dezernat 2, 5522/1, 5522/2.
[254] Vgl. Vorlage für die Senatssitzung am 11. März 1998: Frauenförderplan der TU Dresden, in: Archiv TU Dresden C 3.2, Dezernat 2, 5522/2.
[255] Vorlage zur Rektoratskollegium am 18. Februar 1998, in: Archiv TU Dresden C 3.2, Dezernat 2, 5522/2.
[256] Gedächtnisprotokoll: Beratung der Gleichstellungsbeauftragten mit Rektor und Kanzler, 12. Juni 1998, in: Archiv TU Dresden C 3.2, Dezernat 2, 5522/1.

enförderung" sollten durch „Nachholbedarf" abgemildert werden.[257] Ein Anreizsystem für Frauenförderung – fünf bis sieben Prozent der jährlichen Sachmittelfinanzen wie in Berlin – wurde abgelehnt. Die Mittel seien zu gering, um Anreize auszusenden. Zudem sei in den Fakultäten nicht zu erklären, Geld für Frauenförderung auszugeben, wenn nicht genügend Mittel für notwendige allgemeine Reparaturen vorhanden seien.[258] Alle Formulierungen in der Wissenschaftlerinnenförderung die in Richtung Quote, paritätische Besetzung von Gremien oder Begründungspflicht bei Ablehnung von Frauen auf eine Bewerbung gegenüber der Gleichstellungsbeauftragten gingen, erwiesen sich als nicht mehrheitsfähig.[259]

Während in Sachsen zum Ende der 1990er Jahre die dezentralen Gleichstellungsbeauftragten an den Fachbereichen für ihr Amt eine Freistellung von nur zwei Lehrstunden erhielten, konnten die Berliner Beauftragten 25 Prozent ihrer Arbeitszeit für diese Dienstaufgabe verwenden[260] – wenn sie sich denn wagten, dies einzufordern. An der TU hatte man vorgerechnet, dass die dezentralen Beauftragten durchschnittlich zehn Stunden pro Woche für die Gleichstellungsarbeit benötigt hätten.[261] Änderungen traten nicht in Kraft.

Die Zentrale Frauenbeauftragte der TU hatte, ähnlich wie die Beauftragten in Berlin, bei Berufungen bzw. Stellenbesetzungen ein „aufschiebendes Beanstandungsrecht", welches aktenkundig wurde.[262] Eine solche Beanstandung bezog sich 1998 auf die ungerechtfertigte Verwendung von Mitteln aus dem Hochschulsonderprogramm III, deren Gelder für Promotions- und Habilitationsstipendien zur Förderung des wissenschaftlichen Nachwuchses, insbesondere der Frauenförderung, gedacht waren. Die Universitätsleitung hatte für die Besetzung von zwei C4-Professuren in der Biologie für Männer Mittel aus diesem Fond abgezweigt.[263] Die Beanstandung der Gleichstellungsbeauftragten wurde zurückgewiesen mit der Begründung: „Neben der Förderung des wissenschaftlichen Nachwuchses und der Frauen dient das Programm weiteren Zwecken, so auch der Verbesserung der Strukturen im Hochschulbereich",[264] was die Besetzung der Professuren rechtfertige. Das Rektoratskollegium schienen jedoch nicht unbeeinflusst von dieser akten-

---

[257] Vgl. Kurzprotokoll zur Beratung der Gleichstellungsbeauftragten mit Rektor und Kanzler, 6. Dezember 1999, in: ebenda, 5522/2.
[258] Vgl. Gedächtnisprotokoll: Beratung der Gleichstellungsbeauftragten mit Rektor und Kanzler, 12. Juni 1998; in: ebenda, C 3.2, Dezernat 2, 5522/1.
[259] Vgl. Astrid Franzke, S. 56 f.
[260] Vgl. Arbeitsbedingungen für Gleichstellungsbeauftragte, S. 43.
[261] Vgl. Umfrage des Sächsischen Staatsministerium zu Gleichstellungsbeauftragten, 20. April 1999, in: Archiv TU Dresden C 3.2, Dezernat 2, 5522/2.
[262] Vgl. Frauenförderplan der TU Dresden, 1998/99; Beratung der Gleichstellungsbeauftragten mit Rektor und Kanzler, 1. November 1999, in: Archiv TU Dresden C 3.2, Dezernat 2, 5522/2.
[263] Vgl. Schriftwechsel/Stellungnahmen: TU-Leitung und Zentrale und dezentrale Gleichstellungsbeauftragten 12. November, 11. Dezember 1998, in: Archiv TU Dresden C 3.2, Dezernat 2, 5522/2.
[264] Beschluss zum Protokoll der Universitätsleitungssitzung vom 17. November 1998, in: Archiv TU Dresden C 3.2, Dezernat 2, 5522/2.

kundigen Beanstandung gewesen zu sein. Mit selbem Schreiben der Zurückweisung des Einspruchs wurde angekündigt, dass ab kommendem Jahr DM 200.000 zusätzlich für Frauen- und Nachwuchsförderung zur Verfügung gestellt werde.[265] Ab den 2000er Jahren griffen weitere Bund-Länder-Vereinbarungen mit „Programmen zur Förderung der Chancengleichheit für Frauen in Forschung und Lehre". Hauptziel sollte die Qualifizierung von Wissenschaftlerinnen nach der Promotion für eine Professur sein. Die TU erhielt aus diesen Maßnahmen fünf BAT-O IIa-Stellen für fünf Jahre für Habilitandinnen, die Leipziger Universität acht Stellen, die TU Chemnitz und die Bergakademie Freiberg je eine Stelle.[266] Die von den Gleichstellungsvertretungen immer wieder geforderte Abschaffung der Altersgrenzen für die Habilitationsstellen – 35 bzw. 40 Jahre – konnte nicht durchgesetzt werden.[267] Auch dieses Programm stellte wieder „nur" Zusatzmittel für Zusatzstellen und keine notwendigen Zielvorgaben oder Quotierungen der regulären Stellen bzw. Professuren zur Verfügung.

An der TU Dresden hatten sich die Frauenanteile an den Statusgruppen innerhalb von zehn Jahren – zwischen 1987 und 1996 – positiv entwickelt: Der Anteil an Professorinnen war von 1,3 auf fünf Prozent gestiegen; der Dozentinnenanteil von sieben auf fast 15 Prozent und die wissenschaftlichen Mitarbeiterinnen hielten ihren Anteil von 23 Prozent sowohl 1987 als auch 1996.[268] Zahlen für die Physik getrennt nach Frauen und Männern zu erhalten, war schwierig. 1991/92 lehrten und forschten in der Physik 17 Professoren und 15 Dozenten, darunter mindestens sechs habilitierte Frauen, vier Professorinnen und zwei Dozentinnen,[269] also immerhin 19 Prozent Hochschullehrerinnenanteil.[270] Der Wissenschaftsrat hatte 1992 nach der Evaluation eine Ausstattung der Physik von 20 Professuren empfohlen. Die Zahl der wissenschaftlichen Mitarbeiter und Mitarbeiterinnen kann nicht angegeben werden.[271] Bis zum Jahr 2001 hatte sich das Wissenschaftspersonal in der Fachrichtung Physik an der TU, auch nach Gleichstellungsgesichtspunkt, folgendermaßen entwickelt:

---

[265] Vgl. Ergebnisprotokoll der Universitätsleitungssitzung vom 24. November 1998; Richtlinien zur Förderung von Frauen an der TU, 1999, in: Archiv TU Dresden C 3.2, Dezernat 2, 5522/2.
[266] Hinzu kamen Promotionsstipendien für Frauen, zehn für die Leipziger Universität, acht für TU Dresden u. a.
[267] Vgl. Schreiben des Sächsischen Staatsministeriums an die Rektoren der sächsischen Hochschulen, 28. Oktober 2003, in: Archiv TU Dresden C 5.04, FO 8, 5783/46.
[268] Vgl. Arbeitskräfte an der TU Dresden 1983–1996 (Zahlen 1996 ohne neue Fakultät Medizin, aber mit eingegliederter Verkehrshochschule und PH), Mai 1998, in: Archiv TU Dresden C 3.2, Dezernat 2, 6255/28.
[269] Professorinnen Bahr, Dörschel, Krämer, Rotter; Dozentinnen Schober, Kutter.
[270] Vgl. Physik an der TU Dresden, in: S. 537; Telefonverzeichnis 1989 der TU Dresden, S. 58–60; Vorlesungsverzeichnis Wintersemester 1991/92 der TU Dresden, S. 37–40; Vorlesungsverzeichnis Sommersemester der TU Dresden 1995, S. 38–42.
[271] Vgl. Physik-Fachbereiche in den neuen Ländern. Konsolidierung vor Neuaufbau, S. 816 f.

Tabelle 16: Fachrichtung Physik TU Berlin 2001[272]

Status	gesamt	Frauen	Anteil
C4-Professur	19	–	
C3-Professur	10	2	20 %
Dozentur	2	1	50 %
unbefristete wiss. Mitarbeiter	27	2	7 %
befristete wiss. Mitarbeiter einschließlich Doktoranden	98	10	10 %
Wissenschaftler insgesamt	156	15	10 %

Der Physikerinnenanteil war mit gerade zehn Prozent ernüchternd, ein Negativtrend zeigte sich bei den unbefristeten Stellen – zwei Physikerinnen gegenüber 25 Physikern. 1996 waren an der TU erst 18 Professuren neu besetzt, davon stammten sieben aus den neuen und elf aus den alten Bundesländern. Der aus Bochum kommende Prodekan und Physikprofessor wollte dies als „gesunde Mischung", die die „einmalige Chance des Neuanfangs" geboten habe, sehen.[273] Die Auswertung des Personalverzeichnisses vom Jahr 2000 durch die Gleichstellungsbeauftragte, eine Physikprofessorin, ergab in der Ost-West-Durchmischung 19 Professuren westdeutsch und 16 ostdeutsch besetzt. Auf der Ebene der Dozenturen, Oberassistenten und festen Mitarbeiterstellen sah das Verhältnis 14 aus den alten und 57 aus den neuen Bundesländern aus. Die Mittelbaustellen waren noch zu drei Vierteln mit ostdeutschem Personal besetzt.[274]

Für eine Ost-West-Durchmischung liegen auch Ergebnisse aus der Physik von der Leipziger Universität vor. Um das Jahr 2000 waren 21 Professuren mit Ostdeutschen und neun mit Westdeutschen besetzt. Auf der Ebene der Mittelbaustellen hatten noch 80 Prozent der Stellen ostdeutsche Wissenschaftler inne. Es gab in den 1990er Jahren sehr wenige Physikerinnen, keine Physikprofessorin und nur zwei Physikdozentinnen. Mitte der 2000er Jahre fand sich eine Physikprofessorin unter 36 Professuren. Es lehrten und forschten weniger Physikerinnen an der Leipziger Universität als zu DDR-Zeiten.[275]

Drei Physikerinnen von der TU Dresden gaben 1996 schriftlich Auskunft über ihre Wissenschaftlerinnenkarriere und mit drei weiteren wurde 2016/17 ein Interview geführt. Birgit Dörschel studierte ab 1963 Physik an der TU, 1987, mit 42 Jahren, wurde sie Professorin für Experimentalphysik. In ihrer Rückbesinnung bezeichnete sie die Zeit nach 1990 als die „größte berufliche Herausforderung" in

---

[272] Vgl. Dokumentation zur 20. Tagung, S. 43; Personen- und Vorlesungsverzeichnis Sommersemester 2000, S. 46–51.
[273] Hartwig Freiesleben, S. 971.
[274] Vgl. Interview 34, auch ihr Schreiben als Gleichstellungsbeauftragte vom 15. Januar 2017.
[275] Vgl. Auskünfte von Prof. Dieter Michel, 20. Oktober 2016 und von Interview 24; Bärbel Schulze, S. 266; Universität Leipzig Vorlesungsverzeichnis Wintersemester 1991/92, S. 57–64 und Sommersemester 1999, S. 473–481.

ihrem Leben. Sie wurde damals „mangels Bedarfs" gekündigt. Da aber weder die Physik noch ihr spezielles Fachgebiet wegfiel, musste die Kündigung, auch aufgrund der Unterstützung von Kollegen aus den alten Bundesgebieten, zurückgenommen werden. 1995 wurde sie als Professorin wiederberufen. Und sie vertrat die Überzeugung: „Wenn Frauen fachlich gut sind, haben sie die gleichen Chancen wie Männer".[276] Die 1939 geborene Ursula Krämer studierte von 1957 bis 1962 Physik an der TU, habilitierte 1981 und ging dann an die Medizinische Akademie Dresden. Nach 1990 kehrte sie an die Universität zurück und wurde dort 1993 a. o. Professorin. Ich ergriff „nach der Wende die Gelegenheit [...] zurückzukehren, um wieder auf meinem ursprünglichen Forschungsgebiet [Metallphysik] zu arbeiten".[277] Der Transformationsprozess verlief durchaus positiv für sie, beförderte ihre Karriere, so wie auch das nächste Beispiel zeigt. Auch Christa Schober studierte Physik an der TU von 1960 bis 1965. Anfang der 1980er Jahre stand für sie der Antrag für eine außerordentliche Dozentur zur Diskussion, der jedoch wegen der fehlenden Habilitation und fehlender SED-Zugehörigkeit nicht weitergeleitet wurde. Die Physikerin entschloss sich, im Alleingang die Habilitation zu beginnen und beendete diese 1989.[278] Die Wende und die Deutsche Einheit brachten ihr die Ernennung zur a. o. Dozentin. Sie engagierte sich in der „Initiativgruppe für die Umgestaltung der Universität".[279]

Die Berufslaufbahn einer Professorin für Kernphysik, die am Akademie-Kernforschungszentrum Dresden/Rossendorf zu DDR-Zeiten forschte und wegen ihrer verweigerten IM-Tätigkeit in die berufliche Isolation geriet, wurde hier bereits vorgestellt. Für sie brachte die politische Umwälzung eine „Befreiung" ihres Forscherinnendaseins. Nach positiver Evaluierung 1992 wurde sie in die TU Dresden eingegliedert und konnte sich in Forschung und vor allem auch in die Betreuung von Doktoranden einbringen. Einen „Dämpfer in der neuen Wissenschaftsfreiheit" bekam sie durch ihren aus Westdeutschland stammenden, unkollegial agierenden Lehrstuhlleiter, der ihr das selbständige Einwerben von Drittmittel verbot. Auch die Promotionen der von ihr betreuten Doktoranden und Doktorandinnen schlug er kurzerhand seinem „Betreuungskonto" zu. *„Das war eine Diskriminierung, vor allem weil ich aus dem Osten und dann noch Frau war."*[280] Zwei weitere Physikerinnen, die im Interview über ihre Karriere sprachen, stammten von der Pädagogischen Hochschule Dresden, Sektion Physik. Auch sie wurden nach positiver fachlicher Prüfung in die Technische Universität, Fachrichtung Physik, übernommen. Eine der Wissenschaftlerinnen war in der Didaktik der Physik ausgewiesen, hatte 1985 die Promotion B abgelegt und eine Dozentur erhalten. Sie wurde positiv

---

[276] Frau Professor rer. nat. habil. Birgit Dörschel, S. 64 f.; Ihre Berufungsakte, in: BAB DR 3 B 3077.
[277] Frau Prof. Dr. rer. nat habil. Ursula Krämer, in: ebenda, S. 124 f.
[278] „Die Habilitation [...] war weniger Anlass, die Karriereleiter emporzusteigen, als vielmehr das Bewusstsein, ‚die höchste Qualifikation, die man selbst erreichen kann, zu erlangen'". Frau Doz. Dr. rer. nat. habil. Christa Schober, in: ebenda, S. 191.
[279] Vgl. ebenda, S. 191.
[280] Interview 41.

evaluiert und erhielt dieselbe Position nun an der TU. „*Einen Knick in der Karriere hatte ich nicht.*"[281]

Die sechste hier vorgestellte Erinnerung an den Evaluations- und Transformationsprozess ist von einer Physikerin, die 2007 habilitierte, eine a. o. Professur an der TU erhielt und Gleichstellungsbeauftragte des Fachbereichs Physik war. In den Wendejahren gehörte sie an der Pädagogischen Hochschule zum wissenschaftlichen Nachwuchs mit einem „SED-Kaderentwicklungsplan" auf dem Weg zur Habilitation. Sie war bis 1989 eine überzeugte und öffentlich sehr engagierte FDJ-SED-Vertreterin. Der Zusammenbruch der DDR war für sie ein Schock. Ihre fachliche Evaluierung verlief positiv. „*Ich fühlte mich fachlich kompetent in der Metall-Ermüdungsforschung. Die Evaluatoren waren zwei parteilose Ost-Professoren und ein Professor von der Universität Erlangen/München. Die drei kannten sich lange vor 1989 von der Forschung her. Die konnten gut miteinander, sie waren sehr loyal und fair zu den Mitarbeitern*". Es seien etwa 60 Mitarbeiter in der Physik an der Pädagogischen Hochschule, ohne technische Kräfte, gewesen. Die neuen Stellen an der TU wären weniger als zehn gewesen. Für diesen Personalabbau sei die Altersstruktur günstig gewesen, viele Kollegen wären in den Vorruhestand gegangen. Die Physiker und Physikerinnen auf befristeten Stellen wurden nicht übernommen, sie gingen meist als Lehrer bzw. Lehrerinnen an die Schulen, eine ging in die Politik. „*In der DDR waren mehr Frauen in der Physik als heute. [...] Obwohl ich SED-politisch sehr engagiert aufgetreten, aber in keiner Verbindung zum MfS gestanden bin, bekam ich vonseiten der Universität keine Schwierigkeiten. [...] Ich habe 1990 überlegt* [im Alter von 34 Jahren], *ob ich mich überhaupt auf diese unbefristete Stelle an der TU bewerbe. Meine fertige Habilitation habe ich in den Papierkorb geworfen. [...] Du kannst dich jetzt nicht vor Studenten hinstellen und denen erklären, wie die Welt geht. Ich wollte 1990 keine Hochschullehrerin mehr werden. Ich habe mir das einfach nicht mehr zugetraut. [...] Du kannst jetzt nicht so tun, als ob das* [in der DDR] *nicht alles gewesen wäre und jetzt auf Fachidiot machen. Als Hochschullehrer – so dachte ich – hat man nicht nur eine Ausbildungs-, sondern auch eine Vorbildrolle.*"[282] Im Nachhinein sei die Interviewte froh gewesen, dass ihr alter Chef sie auf eine unbefristete Mitarbeiterstelle an die TU mitnahm." *Ich habe nach 1990 sehr gute Fachforschung machen können. [...] Um 2000 habe ich dann beschlossen, doch noch zu habilitieren, auch um im Fach eigene Vorlesungen halten zu können.*"[283]

Hier konnten sechs unterschiedliche, insgesamt positiv gelaufene „Wendegeschichten" von Physikerinnen in Wissenschaft und Forschung aus Sachsen angeführt werden. Eine weitere kommt von der Universität Leipzig dazu. Im Interview gab die Physikerin – Jahrgang 1944, Physikstudium von 1962 bis 1967 in Leipzig, 1989 habilitiert – Auskunft über ihre Wahrnehmung der Transformationsjahre.

---

[281] Vgl. Interview 33.
[282] Interview 34.
[283] Vgl. ebenda.

„*Die politische Überprüfung kam von drüben. Es wurde akribisch gesucht, ob man stasimäßig oder politisch etwas an den Personen finden konnte. [...] Es wurde viel verunglimpft, es war eine wirklich hässliche Zeit. [...] Ich war in den 1980er Jahren an der Sektion Physik Frauenbeauftragte und ich war es wieder von 1993 bis 1997. [...] So saß ich nach der Wende in vielen Berufungskommissionen. Die Kommissionen waren zu über der Hälfte mit West-Professoren besetzt. Da hat man gemerkt, die wollten die Leute, die sie kannten, auf die Stellen bekommen. Hausbesetzungen waren nicht möglich. Ich hatte mich auch für eine Professur beworben. Ich habe die Stelle nicht bekommen. [...] Mein Mann* [auch Physiker an der Leipziger Universität] *und ich hatten lange überlegt, ob ich mich in Westdeutschland bewerben sollte. Die Evaluation war dann vorbei, wir durften beide unsere unbefristeten Stellen behalten. Wir entschieden, hierzubleiben, und eben keine Karriere mehr zu machen. [...] In den Berufungs- und Stellenbesetzungskommissionen gab es keinen anderen Blick auf die Frauen, aber es gab auch nur sehr wenige Frauen in der Physik. [...] Die Wende ist nicht zu Lasten der Frauen gegangen, wenn – dann traf es Männer wie Frauen gleichermaßen*".[284]

Wie verschieden die Wendeerinnerungen ausfallen konnten, wie abhängig sie waren vom eigenen beruflichen Fortkommen widerspiegelten die Aussagen der beiden nächsten ehemaligen Leipziger Physikerinnen. Hier bot sich die Gelegenheit, mit zwei Frauen zu sprechen, die, trotz intensiver Bemühungen, ihre Wissenschaftlerinnen-Karriere an der Universität nicht fortsetzen konnten. Beide, eine in die biophysikalische Forschung eingebunden und die zweite eine Kristallographin, gehörten 1990 zum promovierten wissenschaftlichen Nachwuchs. Die Biophysikerin mit zwei kleinen Kindern erinnerte sich: Im Evaluationsverfahren 1991 habe man sie gezwungen, den unbefristeten Arbeitsvertrag in einen befristeten umzuschreiben. Wer damals älter als 45 Jahre gewesen sei, habe eine personengebundene neue Stelle erhalten. „*Dass ich eine junge Frau mit zwei Kindern war, zählte nicht. Diese Art ‚Sozialplan' fand ich unangemessen, wie und wo sollte ich mit den Kindern einen anderen Job finden? [...] Für mich und an der Sektion Physik sind die Frauen mit der Altersauswahl insgesamt schlechter als die Männer weggekommen. [...] In der Physik gab es dann fast keine Frauen mehr. [...] Mit der Evaluation verloren wir drei sehr gute Professoren, die gingen in die westdeutsche Wissenschaft bzw. ins Ausland. [...] Es hat dann Leute hochgeschwemmt, die nicht sonderlich gut waren. Ich kenne gute Leute, die aus dem Westen gekommen sind und ich kenne schlechte, die im Westen nichts werden konnten.*" Mit dem neuen, sehr guten West-Chef habe sie Sonderforschungsmittel für die Biophysik eingeworben. „*Wir hatten immer viel Geld für Geräte und Instrumente, aber nicht für das Personal, welches die Geräte bedienen konnte. Ich habe sehr gerne Forschung und Lehre an der Uni gemacht. Meine Projekte sind bis 1998 immer wieder verlängert worden. Dann wurde alles von der DFG auf kaum eine halbe Stelle zusammengekürzt. Mein West-Professor sagte, die Kürzungen seien seine Schuld, er hätte meinen* [weiblichen] *Vornamen nicht*

---

[284] Vgl. Interviews 24 und 25.

ausschreiben dürfen. Das waren seine Erfahrungen mit Frauen in der Physik. Ich habe mich dann nach beruflichen Alternativen umgeschaut und bin in die Kommunalverwaltung gegangen." Seit 2001 arbeitet die Physikerin als Bürgermeisterin einer sächsischen Gemeinde. *„Man hat uns Frauen nicht unterstützt, [in der Wissenschaft] bleiben zu können. [...] Die Unsicherheit war sehr groß, das Selbstbewusstsein hat sehr gelitten. Es war ein harter Schlag von der Universität gehen zu müssen, ich hatte Existenzängste. [...] Meine letzte Veröffentlichung kam 2000, ich habe noch lange die Fachzeitschriften bezogen."*[285]

Die 1985 promovierte Kristallographin, spezialisiert auf die Halbleiterforschung, auch Mutter von zwei Kindern, blieb bis 1995 in der Physik der Leipziger Universität. *„Es war eine ziemlich schlimme Zeit [nach 1990], es war totale Unsicherheit. [...] Ich hatte bis 1990 eine unbefristete Assistentenstelle, die zunächst in eine befristete Dreijahresstelle mit der Möglichkeit auf eine zweijährige Verlängerung umgewandelt wurde. Wir wurden in die Enge getrieben, diese befristeten Arbeitsverträge zu unterschreiben. [...] Die politische und fachliche Evaluation wurde von außen, von westdeutscher Seite, gesteuert. [...] Es kamen neue Leute aus dem Westen, die in der Physik angestellt wurden, die zuvor Biologie gemacht hatten und im Westen nicht untergekommen sind. Man hatte das Gefühl, dass hier alles den Bach runter geht. [...] Es kam ein neuer Professor für unseren Bereich, die Forschung wurde fachlich neu ausgerichtet. Er brachte seine Promovenden und Habilitanden mit, das waren Westdeutsche. [...] Für mich stand dann fest, du musst gehen, du hast hier keine Chance. [...] Das Ausscheiden aus der Wissenschaft, der Verlust des Arbeitsplatzes, war ziemlich hart. Man fühlte sich nicht mehr gebraucht – mit 38 Jahren."* Sie nahm dann eine Beschäftigung in Koblenz in einer großen Gießerei, im Qualitätsmanagement, auf. Seit 2008 arbeitet sie in einer Leipziger Gießerei in der Materialprüfung.[286]

Im Jahr 2003 wurde ein Hochschulranking – bundesweit – nach Gleichstellungsaspekten[287] veröffentlicht. Den Spitzenplatz nahm Berlin ein, Brandenburg gehörte zum oberen Mittelfeld, Mecklenburg-Vorpommern, Sachsen-Anhalt und Sachsen zum Mittelfeld. Den vorletzten Platz von 16 Bundesländern belegte Thüringen, Schlusslicht war Baden-Württemberg.[288] Bei der Aufschlüsselung konkret zum hauptberuflichen weiblichen wissenschaftlichen Personal belegten die ersten vier Plätze Berlin, Sachsen-Anhalt, Mecklenburg-Vorpommern und Brandenburg. Die Schlussgruppe bildeten NRW, Bayern und Baden-Württemberg.[289] Ostdeutschland konnte auch nach mehr als zehn Jahren Deutsche Einheit den Gleichstellungsvorsprung von Frauen im Hochschulbereich verteidigen.

---

[285] Interview 27.
[286] Interview 26.
[287] Berücksichtigung fanden: Promotionen und Habilitationen von Frauen; hauptberufliches wissenschaftliches Personal; weibliche Professuren; weibliche Studierende.
[288] Vgl. Hochschulranking nach Gleichstellungsaspekten. 1. Fortschreibung 2003–2005.
[289] Vgl. ebenda.

2.3. Thüringen

Im besagten Hochschulranking nach Gleichstellungskriterien nahm im Jahr 2003 Thüringen den vorletzten Platz ein.[290] Gleichstellungsbeauftragte der traditionsreichen Universität Jena oder der TU Ilmenau schlugen im Evaluierungsprozess zwischen 1992 und 1994 Alarm, in „Thüringen [werde] auf eine Wissenschaftslandschaft fast ohne Frauen ‚hinstrukturiert'".[291] Diese Beobachtung traf auf ein von der Politik verbreitetes Klima nach dem Motto: „Wir müssen erstmal dafür sorgen, dass der Ernährer eine Arbeit hat".[292] Thüringer Gleichstellungsbeauftragte beklagten, dass ihre Wahl und Amtsübernahme in die Hoch-Zeit des Umstrukturierungsprozess im Hochschulbereich fiel und die Fülle der anfallenden Aufgaben kaum zu bewältigen war. Ihre oft kritischen Stellungnahmen zu Senatsbeschlüssen bzw. Berufungslisten der Hochschulen oder zu Entscheidungen des Thüringischen Wissenschaftsministeriums wurden zwar aktenkundig und abgeheftet, änderten aber nichts an den getroffenen Entscheidungen. Ihren Protest gegen die nur mit Männern besetzte Hochschulstrukturkommission beantwortete der Minister im April 1991: Die Kommission „soll sich mit der Neustrukturierung der Hochschullandschaft befassen und wird damit voraussichtlich keine spezifischen Belange von Frauen berühren."[293] Bis Oktober 1992 waren an der Universität Jena nur vier von 95 C4- und C3-Professuren mit Frauen besetzt worden, an der TU Ilmenau drei von 30. Zahl und Anteil der Hochschullehrerinnen war offensichtlich rückläufig. In Jena ging zwischen 1990 und 1992 ihre Zahl in der Pädagogik, Rechtswissenschaft und Wirtschaftswissenschaft sogar auf null zurück.[294] Auch in den Naturwissenschaften sah es nur wenig besser aus: Während an der Chemischen Fakultät die Zahl der wissenschaftlichen Mitarbeiter auf festen Stellen um zwei Drittel sowohl bei den Männern als auch bei den Frauen zurückgefahren wurde, zeigten sich im Bereich Physik deutliche Ungleichheiten zuungunsten der Physikerinnen. Von vormals elf Wissenschaftlerinnen auf unbefristeten Stellen blieb eine übrig; bei vormals 76 Männern immerhin 20.[295] Die Etablierung von Frauenforschung an Thüringer Hochschulen, so auch in Jena, scheiterte wegen fehlender Stellen und Finanzen sowie wegen offenkundigen Desinteresses bei den Hochschulleitungen und dem Ministerium. Das erklärte erste Ziel der Gleichstellungsbeauftragten und ihrer Arbeit hieß, den Anteil der Wissenschaftlerinnen in allen Statusgruppen und Fächern von 1990 zu erhalten. Sie forderten vom Land und von den Universitäten Quoten, um diesen vormals schwer errungenen DDR-Standard zu halten.[296]

---

[290] Vgl. ebenda.
[291] Gabriele Schade, S. 37; vgl. Käte Rosenberger, S. 6.
[292] Ruth Heidi Stein, Angelika Wetterer, Nach der Wende, S. 258.
[293] Zitat vom 11. April 1991, in: Gabriele Schade, S. 34. Hans-Jürgen Schulz (FDP), bis September 1991 Minister für Wirtschaft, Wissenschaft und Technik.
[294] Vgl. Gabriele Schade, S. 33.
[295] Vgl. Käte Rosenberger, S. 6.
[296] Vgl. Gabriele Schade, S. 34, 36; Käte Rosenberger, S. 6.

2. Physikerinnen in den neuen Bundesländern 273

An der Friedrich-Schiller-Universität Jena begann die demokratische Erneuerung von innen heraus vergleichsweise früh, im Dezember 1989. Die freie Wahl eines neuen Rektors, eines Physikers, im März 1990, dem konfliktreiche Auseinandersetzungen vorausgingen, und die Rückkehr zu alten Strukturen mit zehn Fakultäten, darunter der „Physikalisch-Astronomischen", prägten diese Eigeninitiative.[297] Mit dem Einsetzen der Hochschulstrukturkommission des Landes Thüringen im Dezember 1990 ging hochschulpolitische Entscheidungshoheit wie z. B. auch Berufungs- und Organisationsfragen über auf die Landesregierung. „Herzstück der Transformation" hieß auch in Jena „personelle Erneuerung". Nach einer Prüfung möglicher MfS-Verstrickungen verließen bis Ende 1992 rund 100 Mitarbeiter die Universität. Eine erste, interne und freiwillige, fachliche Evaluierung 1991 brachte 19 Abberufungsempfehlungen; eine zweite, von der Landesregierung angewiesene fachliche und „moralische" Evaluierung bis Ende 1993 von 1.939 Hochschullehrern und wissenschaftlichen Mitarbeitern, zog bei weniger als 50 Mitarbeitern das Votum: „Zweifel an der persönlichen Eignung" nach sich.[298] Auch in Jena wurde trotz größter Widerstände der Abwicklungsbeschluss für bestimmte Fachbereiche durchgesetzt.[299] Seit 1991 wurde die Berufungs- und Personalpolitik von außen und von westdeutscher Seite betrieben.[300] Die Bilanz der personellen Transformation in Jena zeigte um das Jahr 2000, dass von insgesamt 373 Professuren nur 116 (31 Prozent) auf ostdeutsche Akademiker entfielen. Die unbefristeten Mittelbaustellen waren von 3.600 auf rund 2.000, d. h. um 45 Prozent, gestrichen worden.[301] Wie sich dies aufgliederte nach Wissenschaftlerinnen und Wissenschaftlern blieb unerwähnt und wohl auch ohne Interesse bei den Autoren der großen Jenenser Universitätsgeschichte von 2009.[302]

Die Auswertung des Personalverzeichnisses der Fakultät Physik und Astronomie im Jahr 2000 durch die langjährige und erfahrene dezentrale Gleichstellungsbeauftragte, eine promovierte Physikerin, ergaben konkrete Angaben über die Ost-

---

[297] Vgl. zur Transformationsgeschichte der Universität Jena vgl. Michael Ploenus, S. 850–877.
[298] Vgl. ebenda, S. 856–859, 865, 869 f.
[299] Vgl. ebenda, S. 859–865.
[300] Abgewickelte Geistes- und Sozialwissenschaftler urteilten durchweg negativ und einseitig über diesen Prozess: Demnach wurde der universitäre Lehrkörper reduziert, verwestlicht und vermännlicht, ohne dass eine Ost-West-Durchmischung gelungen sei. „Einige erstklassige ältere Wissenschaftler fanden den Weg nach Osten, auch einige vielversprechende junge. Aber aufs Ganze gesehen rückte doch eher die zweite Garnitur des Westens in die ostdeutschen Positionen ein." Diese Urteile bleiben zu hinterfragen, denn für die Etablierung eines Wissenschaftspluralismus in den Geistes- und Sozialwissenschaften, in der Rechts- oder Wirtschaftswissenschaft fehlte schlichtweg das hinreichend qualifizierte ostdeutsche Personal. Vgl. ebenda.
[301] Vgl. ebenda, S. 869.
[302] Vgl. auch die Aufsatzsammlung Elke Wendler/Alexander Zwickies (Hrsg.), 100 Jahre Frauenstudium in Jena. Das „Büchlein" widmete sich nicht dem Frauenstudium der Universität nach 1945. Dafür beleuchtete es in einem Beitrag den Werdegang von ersten promovierten Physikerinnen in Jena nach 1900. Vgl. Renate Tobies, Physik: Berufsfeld für Frauen. S. 57–60.

West-Durchmischung und deren Aufteilung nach Männern und Frauen.[303] Die Physikprofessuren besetzten 19 ostdeutsch und acht westdeutsch sozialisierte Männer. Frauen auf Professuren gab es nicht. Auf unbefristeten Mittelbaustellen saßen 67 Ostdeutsche und 13 Westdeutsche, auf befristeten Stellen 84 ostdeutsche und 13 westdeutsche sowie 24 ausländische Mitarbeiter.[304] Alle vier Wissenschaftlerinnen, die Haushaltsstellen innehatten, waren Ostdeutsche. Bei der großen Gruppe der Drittmittelbeschäftigten gab es 18 Frauen, davon acht Ostdeutsche, drei Ausländerinnen und sieben Westdeutsche.[305] In Jena waren damit zwei Drittel ostdeutsch besetzte Professuren und rund 85 Prozent Ostdeutsche im Mittelbau vorhanden. Erste statistische Daten bezüglich der Physik sahen nicht erfreulich für die Physikerinnen aus:

Tabelle 17: Physiker und Physikerinnen an der Physikalisch-Astronomisch-Technikwissenschaftlichen Fakultät der Universität Jena 1995[306]

C4- und C3-Professuren		C2-Professuren		Wissenschaftliche Mitarbeiter	
Insgesamt	Frauen	Insgesamt	Frauen	Insgesamt	Frauen
19	0	3	0	127	20 (16 %)

Ein veröffentlichter Vergleich verschiedener deutscher Universitäten von 1997/98 belegte für Jena einen Frauenanteil im Physik-Fachbereich von 22 Prozent bei befristeten Mitarbeiterstellen, bei den unbefristeten drei und bei den Hochschullehrerinnen auch drei Prozent. Noch negativer stand die Universität Greifswald da. Hier lagen alle Anteile bei Null. Positiver sah es bei den bereits dargestellten sächsischen Universitäten aus: an der Leipziger Universität elf Prozent Physikerinnen in befristeter Stellung, fünf Prozent in unbefristeter und sechs Prozent bei den Hochschullehrerinnen; und an der TU Dresden 17 Prozent befristete und zehn Prozent unbefristete Mitarbeiterinnen sowie zwölf Prozent Dozentinnen/Professorinnen.[307] Wichtiges Fazit: Physikerinnen hatten es schwerer als ihre männlichen Kollegen, an die begehrten festen Wissenschaftsstellen zu gelangen.

Die Karrieresituation für Physikerinnen an der Jenenser Universität besserte sich in den Folgejahren nur schleichend. Kurzzeitig – zwischen 1997 und 2001 – konnte die Fakultät mit einer a. o. Professorin für Experimentalphysik aufwarten. Sabine Rentsch (1938–2001) war eine langjährige, seit ihrem Studienbeginn 1962, Physikerin an der Universität Jena. Sie habilitierte 1983 und wurde 1988 zur a. o.

---

[303] Vgl. Interview 12 und deren Auskunft vom 23. Oktober und 9. November 2016.
[304] Im Jahr 2000 gab es 80 wissenschaftliche Mitarbeiterstellen auf regulären Haushaltsstellen. Dazu kamen 121 wissenschaftliche Mitarbeiter und Gastdozenten auf Drittmittelstellen/Stipendien aller Art. Vgl. ebenda.
[305] Vgl. ebenda.
[306] Vgl. Richtlinien zur Förderung der Gleichstellung von Frau und Mann an der Universität Jena, 30. Januar 1996. (Zur Verfügung gestellt vom Gleichstellungsbüro.)
[307] Vgl. Angela Unkroth, S. 263.

Dozentin berufen. Sie war nicht Mitglied der SED, möglicherweise ein Grund, warum die in Forschung und Lehre ausgewiesene Wissenschaftlerin es in der DDR nur zur a. o. Dozentin brachte. Warum aber, bei dem großen Mangel an Hochschullehrerinnen in der Physik, sie erst 1997 zur a. o. Professorin berufen wurde, konnte nicht geklärt werden.[308] Frauen auf unbefristeten wissenschaftlichen Mitarbeiterstellen in der Physik in Jena suchte man weiter vergebens. Auf befristeten Stellen saßen 15 Frauen mit einem Anteil von 19 Prozent. „Ermutigung, gezielte Unterstützung und Beratung" von jungen Physikerinnen bei der Einwerbung von Promotions- und Habilitationsstipendien reichten nicht aus, um die Situation zu ändern. Zielführenderes in Sachen Chancengleichheit wiesen die Frauenförderpläne dieser Jahre nicht aus.[309] Die ganzen 2000er Jahre hindurch traten keine Änderungen ein, keine Hochschullehrerin und keine feste Stelle für eine Physikerin waren in Sicht. Die Messlatte in den Statusgruppen – entsprechend dem Kaskadenprinzip – lag bei 20 Prozent, das war der Anteil von Diplomabsolventinnen im Physikstudium in Jena. Im Zweijahresrhythmus musste der Dekan der Physikalisch-Astronomischen Fakultät gegenüber der Zentralen Gleichstellungsbeauftragten Auskunft über diesen Zustand geben. Die immer gleiche Erklärung des Dekans lautete – „auf die ausgeschriebenen Stellen hat sich keine Frau beworben", „zweimal ging ein Ruf an eine Frau, die diesen nicht angenommen hat". Sein Schluss: „Das Fehlen einer Hochschullehrerin hat also objektive Ursachen und es bleibt zu hoffen, dass sich auf zukünftige Stellen mehr geeignete Frauen bewerben."[310] Dem Dekan blieb nur „die Hoffnung". Aktiv tätig werden, im Sinne von Habilitandinnenförderung oder bundesweiter bzw. internationaler aktiver Suche nach Kandidatinnen, schien keine Option für ihn gewesen zu sein. Dabei hätte er zwei habilitierte Physikerinnen, die seit ihrem Studium in Jena forschten und lehrten, vor Ort gehabt. Die eine, 1999 habilitiert, wurde erst 2013 zur a. o. Professorin ernannt.[311] Die zweite Physikerin, 2006 habilitiert, erhielt 2010 eine unbefristete Stelle, jedoch nicht in der Forschung, sondern eine Funktionsstelle als Leiterin des Physikpraktikums für 16 Studiengänge an fünf Fakultäten.[312] Im Interview von 2016 hieß es von einer ihrer Kolleginnen zu diesem „Fall": *„Der Dekan der Fakultät hat angeregt, diese habilitierte Frau mit dieser wichtigen Funktionsstelle zur apl. Professorin zu machen und vonseiten der Universitätsleitung wird seit einiger Zeit eine Verzögerungstaktik gefahren, um die sehr guten, hervorragenden Gutachten für eine*

---

[308] Vgl. ihre DDR-Berufungsakte, in: BAB DR 3 B 2866.
[309] Vgl. Frauenförderplan der Physikalisch-astronomischen Fakultät 1998–2002; Statistik zum Frauenförderplan, 20. Mai 1998. (Zur Verfügung gestellt vom Gleichstellungsbüro.)
[310] Schreiben Dekan an Zentrale Gleichstellungsbeauftragte mit Tabelle zur Beschäftigungssituation der Frauen an der Fakultät 29. November 2002; Schreiben des Dekans an die Gleichstellungsbeauftragte mit Tabelle zur Beschäftigungssituation der Frauen an der Fakultät, 21. Februar 2005; vgl. Frauenförderplan der Physikalisch-Astronomischen Fakultät, 2007–2009 und 2011–2013 und Schreiben des Dekans an die Gleichstellungsbeauftragte vom 18. November 2011. (Zur Verfügung gestellt vom Gleichstellungsbüro.)
[311] Vgl. Interview 16.
[312] Vgl. Interview 13.

apl. Professur mit aller Macht negativ auszulegen. Wer wirklich Frauen in der Physik eine gleiche Chance geben wollte, hätte diese Ernennung schon längst durchgesetzt. […] Das Gleichstellungsthema ist bei der Universitätsleitung zur Zeit [2016] kein aktuelles Thema. […] Unser Dekan hingegen ist sehr an Gleichstellung interessiert. Es hängt auch immer an den Personen."[313] Die besagte Praktikumsleiterin wurde nicht berufen. Mit ihr konnte ein Interview geführt werden.

Auch im Jahr 2016 hatte die Physik in Jena nur eine ordentliche C3-Physikprofessorin sowie eine a. o. Professorin, die auch zu einem Interview zur Verfügung stand.[314] Man kann sich des Eindrucks nicht erwehren, dass Hausberufungen mehr gefürchtet wurden in der Physik in Jena als völlig ohne Hochschullehrerinnen dazustehen. Wirkliches Interesse hätte anderes Handeln nach sich gezogen. So war 2011 die Situation von Physikerinnen an der Fakultät sehr weit entfernt von Chancengleichheit: unter den 30 Professuren und vier Dozenturen keine Frau; von 267 wissenschaftlichen Mitarbeitern 44 Frauen (16 Prozent), davon jedoch 42 auf befristeten, oft Drittmittel-finanzierten Stellen bzw. Stipendien.[315] In den Auskünften des Dekans der Physikfakultät gegenüber der Gleichstellungsbeauftragten im Jahr 2005 kam ein weiteres, sehr bezeichnendes Problem über Frauen in der Physik zur Sprache: Unter den technischen Mitarbeitern, „also in den schlechter bezahlten Gehaltsgruppen, […] haben wir den höchsten Frauenanteil von 40 Prozent. […] Darunter sind nicht wenige engagierte diplomierte und promovierte Frauen, die aus Gründen einer langfristigen sozialen Absicherung eine schlechter bezahlte Dauerstelle im Bereich Technik und Verwaltung einer unsicheren wissenschaftlichen Karriere vorgezogen haben […] Leider haben sie sich damit oftmals jegliche Aufstiegschancen verbaut. Und selbst in Fällen, wo ein Bewährungsaufstieg möglich ist, wird dieser oft [von der Universitätsleitung] nicht gewährt."[316] Nicht wenige hochqualifizierte Physikerinnen arbeiteten unter ihrer Qualifikation im Technik-, Werkstatt- und Laborbereich, und dies nicht nur deshalb, weil sie die festen Stellen an sich vorzogen, sondern auch, weil sie fast chancenlos waren auf Wissenschaftsstellen.

In Jena wurden 2016 fünf Interviews mit aktiv im Beruf stehenden Physikerinnen geführt. Zwei davon waren zu Wendezeiten noch Studentinnen, sie konnten keine Auskunft über den Transformationsprozess geben.[317] Zwei weitere diplomierte Physikerinnen waren nicht als Wissenschaftlerinnen, sondern im Technik- bzw. Verwaltungsbereich tätig.[318] Das fünfte Interview fand mit einer in Jena studierten und 1984 promovierten Physikerin statt. Zunächst ihre Erinnerungen: Am Ende der DDR seien es doch einige Frauen gewesen in der Physik, insgesamt mehr

---

[313] Interview 16.
[314] Vgl. Interview 16.
[315] Vgl. Frauenförderplan der Physikalisch-Astronomischen Fakultät von 2011–2013; Gleichstellungsmonitor der FSU [Friedrich-Schiller-Universität Jena] 2012/13. (Zur Verfügung gestellt vom Gleichstellungsbüro.)
[316] Schreiben des Dekans an die Gleichstellungsbeauftragte am 21. Februar 2005. (Zur Verfügung gestellt vom Gleichstellungsbüro.)
[317] Vgl. Interviews 13 und 15.
[318] Vgl. Interviews 12 und 14.

als zehn Prozent. Nach 1990 blieb in ihrem Fachbereich nur eine unbefristete Mittelbaustelle übrig, die ein habilitierter Kollege mit zwei Kindern erhielt. In ihrem direkten Bereich wurde ein neuer Professor aus Erlangen berufen, der brachte zwei männliche Mitarbeiter mit. Aus den unbefristeten wurden befristete Vierjahresverträge. *„Es wurde einem die Pistole auf die Brust gesetzt: entweder den neuen Vertrag unterschreiben oder möglicherweise sofortige Kündigung. Wir wurden unter Druck gesetzt, es waren damals rechtsfreie Räume."* Da sie selbst keine feste Stelle erhalten habe, verhandelte sie mittels eines Anwalts ein akzeptables Weiterbeschäftigungsangebot aus: zweimal eine Dreijahres-C1-Stelle und vier Jahre eine C2-Stelle. Mit dieser 10-jährigen Sicherheit sei sie zufrieden gewesen, auch weil sie halbwüchsige Kinder hatte. Sie habe in den zehn Jahre viel geforscht, viel publiziert und Drittmittel eingeworben, dann 1999 habilitiert im Alter von 42 Jahren. *„Vom ehemaligen Mittelbau ist kaum etwas übrig geblieben und möglicherweise hat es die wenigen Frauen doch mehr getroffen als die Männer. [...] Das Verhältnis Frauen und Männer im Mittelbau hat sich nach 1995 zuungunsten der Frauen verschoben."* In den letzten 15 Jahren (seit 2000) sei ein kontinuierlicher Anstieg von Frauen in der Physik in Jena zu beobachten gewesen. *„Es gebe eben keine Sprünge, sondern nur kontinuierliches Anwachsen. Zu DDR-Zeiten lag in Jena der Physikstudentinnenanteil bei zehn Prozent, jetzt (2016) steht er bei 19 Prozent. [...] Ich bin da optimistisch."*[319]

Eine weitere Wissenschaftlerin diplomierte 1982 und promovierte 1989 in Jena. Über die Wendezeit sagte sie: *„Aus der Physik mussten sehr viele Mitarbeiter beiderlei Geschlechts gehen. Frauen, die ich von der Fakultät her kannte, haben sich selbständig gemacht, sind an außeruniversitäre Forschungsinstitute und in die Industrie gegangen. Während der Evaluierung wurden alle Mitarbeiter auf ihre mögliche Zusammenarbeit mit der Staatssicherheit überprüft. Wer den ‚Persilschein' hatte, konnte sich auf die ausgeschriebenen Stellen bewerben. Meine unbefristete Stelle als Ingenieurin für Lehre und Forschung wurde 1993 in eine befristete Assistentenstelle zur Habilitation umgewandelt. [...] Die Habilitationsstelle, in die man mich gedrängt hatte, war mir zu stressig. Am Wochenende musste ich die Seminare vorbereiten und Übungsaufgaben kontrollieren und hatte keine Zeit für die Familie [zwei Kinder]. Eigentlich wollte ich nur eine schöne Stelle in der Forschung und nicht Professorin werden. Dieser Zwang zur weiteren Qualifizierung ist familienunfreundlich. Ich war oft am Rande eines Nervenzusammenbruchs."* 1996 habe sie die Chance ergriffen, auf eine unbefristete Verwaltungsstelle im Dekanat zu wechseln. *„Anfangs hat mir die Forschung schon gefehlt. Aber die Geschäftsführerstelle ist auch sehr interessant und abwechslungsreich, [...] und immerhin bin ich in der Physik geblieben."*[320]

Die Technische Hochschule Ilmenau, ab 1992 Technische Universität, bot vor und nach 1989 kein Diplomphysik-Studiengang an, aber sie verfügte über ein Institut für die Physikausbildung der ingenieurtechnischen Hochschulstudiengän-

---

[319] Vgl. Interview 16.
[320] Vgl. Interview 12.

ge.³²¹ Mit drei Professorinnen von der TH Ilmenau konnte auch hier ein Interview geführt werden. Der berufliche Werdegang bis 1990 von Frau Professorin Dagmar Schipanski wurde bereits im Anfangskapitel dargestellt. Dagmar Schipanski erlebte den Umbruch 1989/90 als Befreiung von politischen Zwängen.³²² Sie habe sich aktiv in den Umgestaltungsprozess eingebracht, indem sie mit anderen, nicht in der SED organisierten, Mitarbeitern und Mitarbeiterinnen eine „*Kollegenbewertung in fachlicher, politischer und menschlicher Hinsicht nach einer typischen Technikerskala von +1 über 0 bis −1 initiierte. [...] Jeder bewertete jeden, auch die Mitarbeiter in den Werkstätten haben die Professoren bewertet und umgekehrt [...] Die fachlich sehr guten, egal ob SED oder nicht, sind somit letztlich geblieben.*" Alle Wissenschaftsstellen seien neu ausgeschrieben worden. Parallel habe man sich der Neustrukturierung der Hochschule in Fakultätsstrukturen gewidmet. Die „*stasibelasteten Kollegen sind schnell und heimlich verschwunden, die sind nach dem Westen gegangen.*" In Eigenregie habe man eine Personalkommission gegründet, für die Fachkommission, für Berufungsverfahren, habe man Fachkollegen aus Westdeutschland geholt. „*Die Frauen sind nicht durch das Raster gefallen. Eine fachlich sehr gute Professorin, obwohl sehr SED-engagiert, ist geblieben. Eine weitere fachlich nicht gute Wissenschaftlerin ist geblieben, sie wurde zur Oberassistentin zurückgestuft und nicht wieder berufen. Eine dritte Professorin der Ökonomie wurde nicht neu berufen, blieb aber trotzdem als Mitarbeiterin. [...] Im Mittelbau – wir waren nicht so viele Frauen – da ist keiner rausgeflogen*". Am Ende der Evaluierung habe man wie zuvor wieder drei Professorinnen in den Technikwissenschaften gezählt. Der Anteil von zehn Prozent Frauen auf der Wissenschaftlerebene an der TU sei erhalten geblieben.³²³ „*Unmittelbar nach der Wende sind die Frauen nicht auf der Strecke geblieben, bei uns nicht. [...] Wir hatten einen höheren Frauenanteil als im Westen. Ich hatte gedacht, dass das sich fortsetzt, das ist aber offensichtlich nicht der Fall gewesen. [...] In der Berufungspraxis der letzten 20 Jahre haben sich die Verhältnisse zuungunsten von Wissenschaftlerinnen vollzogen, das sei der westdeutschen Berufungspraxis geschuldet*", so Dagmar Schipanski. Sie blieb von 1990 bis 1993 Dekanin der Fakultät für Elektro- und Informationstechnik, dann wurde sie Prorektorin und 1995/96 war sie Rektorin der TU Ilmenau. Anschließend wechselte sie in die Landespolitik Thüringens.³²⁴

Die zweite in Ilmenau interviewte Professorin gab eine etwas andere Sicht auf „ihre" Wendezeit. Die Wissenschaftlerin war die erste Professorin überhaupt an der TH Ilmenau geworden, sie wurde 1975 im Alter von 34 Jahren als Professorin für Glas- und Keramikwerkstoffe³²⁵ berufen. Sie trat in ihrer Studienzeiten der

---

[321] Vgl. Physik-Fachbereiche in den neuen Ländern, S. 819.
[322] Vgl. Interview mit Dagmar Schipanski.
[323] Vgl. ebenda; TH Ilmenau Personal- und Vorlesungsverzeichnis Herbstsemester 1990/91, S. 48–52.
[324] Vgl. Interview; 1999/2000 gab es keine Wissenschaftlerin mehr im Institut für Physik. Vgl. TU Ilmenau. Semesterheft Wintersemester 99/00, S. 114–117.
[325] Sie war damit keine „reine" Physikprofessorin, ihr Fachgebiet ein Spezialgebiet der Werkstoffwissenschaft.

SED bei. Als eine herausragende Wissenschaftlerin ihres Fachgebietes und zudem „Frau" stand sie von 1987 bis 1992 als Präsidentin an der Spitze der Kammer der Technik der DDR. Seit 1986 gehörte sie als Ordentliches Mitglied der Sächsischen Akademie der Wissenschaften zu Leipzig an.[326] *„In der Wendezeit ist mir mein Amt als Präsidentin der Kammer der Technik[327] auf die Füße gefallen".* Man habe ihr vorgehalten, als Frau und als langjähriges SED-Mitglied dafür ausgesucht worden zu sein. Zu Wendezeiten sei sie deshalb von konkurrierenden männlichen Kollegen, vor allem aus Jena, diskreditiert worden nach dem Motto: Sie habe das Amt nur aus politischen Gründen erhalten. Die politische Evaluierung sei für sie „schwierig" gewesen und „von den eigenen Kollegen gemacht worden". Man habe sie zweimal auf MfS-Zusammenarbeit überprüft, in Thüringen als Professorin an der TH Ilmenau und in Sachsen als Mitglied der Sächsischen Akademie der Wissenschaften. Die fachliche Evaluierung hätten Westdeutsche, u. a. Wissenschaftler aus Darmstadt vorgenommen. *„Ich hatte 36 Patente, darunter Weltpatente, fachlich gab es keine Beanstandungen. […] Trotzdem musste ich lange warten, bis 1995, bis ich Professorin neuen Rechts in Ilmenau wurde."* Ihre Berufungsurkunde habe ein viertel Jahr auf dem Tisch der Rektorin gelegen, *„bis es zu spät für mich war, noch verbeamtet zu werden. Ich war dann zu alt und es hing an diesen wenigen Monaten."* Die Professorin blieb regulär bis 2006 an der TU, ihre Nachfolgerin wurde eine junge Physikprofessorin aus Westdeutschland mit sehr viel Engagement in der Gleichstellungsarbeit.[328] Im Rückblick erklärte die 2006 emeritierte Professorin auch, dass die Transformationsphase nicht überproportional die Frauen getroffen habe. Sie habe in ihrer langen Karriere und auf ihrem werkstofftechnischen Fach 46 Doktoranden und Doktorandinnen betreut, darunter mehr als ein Viertel Frauen, und in den 2000er Jahren seien es mehr Frauen geworden. *„Es wurde niemandem – ob Frau oder Mann – etwas geschenkt. Aber ich habe alles getan, um junge Frauen mit Kindern, die promovieren oder habilitieren wollten, das Umfeld zu erleichtern, sie zu motivieren, sie zu fördern. […] Meine Doktorandinnen haben eigentlich alle Kinder gehabt […]."*[329]

Zwei der interviewten Professorinnen, eine davon zugleich Gleichstellungsbeauftragte an der TU, schätzten in Beantwortung der Frage nach der Ost-West-Durchmischung, dass um das Jahr 2000 zu 80 bis 90 Prozent die Professuren ostdeutsch besetzt waren und auch beim wissenschaftlichen Mittelbau über 90 Prozent ostdeutsche Wissenschaftler die Stellen innehatten.[330] Es wird hier die These gewagt, dass an vielen Technischen Hochschulen der DDR das Wissenschaftspersonal vor und

---

[326] Vgl. Berufungsakte Dagmar Hülsenberg, in: BAB DR 3 B 7817; Dagmar Hülsenberg, S. 112; Interview Hülsenberg April 2009, https://tu-freiberg.de/node/18098. Zuletzt abgerufen am 27. November 2019; Interview 9.

[327] Ingenieure und ihre vielfältigen Fachrichtungen waren in der Kammer der Technik (Ingenieurverband) organisiert. Sie war eine DDR-Organisation, die nach 1990 als „staatsfern" eingestuft wurde und die ihr Vermögen behalten konnte.

[328] Auch sie stand für ein Interview zur Verfügung. Vgl. Interview 10.

[329] Vgl. Interview 9.

[330] Vgl. Auskünfte der Interviewten 10 und 9.

nach der Wende relativ konstant im Sinne regional und ostdeutsch geprägt blieb. Die Gründe dafür lagen in der ideologiefernen und quantitativ benötigten ingenieurtechnischen Fachausrichtung, der regional geprägten Studentenschaft, aus der der wissenschaftliche Nachwuchs gespeist wurde sowie an der geringeren Attraktivität der Wissenschaftlerstellen für Westdeutsche in der „ostdeutschen Provinz" der 1990er Jahre.

Gleichstellungskonzepte von der TU Ilmenau konnten erst für die 2000er Jahre ermittelt werden. Aufgrund der Ausweitung der Technischen Hochschule zur Technischen Universität erweiterte sich die Einrichtung um sozial- und kommunikationswissenschaftliche Fachrichtungen, was den Wissenschaftlerinnenanteil auf rund 20 Prozent hochschnellen ließ. In den Ingenieur- und Naturwissenschaften betrug ihr Anteil 16 Prozent und entsprach damit dem der weiblichen Studierenden. Auch der Anteil weiblicher Promovierender lag zwischen zwölf und 15 Prozent und war berechtigter Anlass des Stolzes der Gleichstellungsarbeit. Eine Lücke klaffte auch hier bei den Professorinnen, von insgesamt 105 besetzten Frauen neun.[331] Das große gleichstellungspolitische Ziel hieß, die Professorinnenquote bis 2020 auf 15 Prozent anzuheben. Dies sollte erreicht werden über für Frauen reservierte Habilitationsstipendien, die jedoch wegen fehlender sozialer Absicherung nicht sonderlich beliebt waren, und über eine „aktive Rekrutierung" von berufungsfähigen Wissenschaftlerinnen. Die Fakultäten und Berufungskommissionen hatten gezielt Kandidatinnen deutschlandweit bzw. international zu suchen, auf eine Bewerbung hin anzusprechen und dieses Bemühen auch zu dokumentieren.[332] Konzept und Plan der Gleichstellungsarbeit bezeugen ein vermutlich auch aus DDR-Zeiten übernommenes großes Bemühen um Frauen an der TH/TU Ilmenau.

2.4. Brandenburg

Brandenburg war das einzige ostdeutsche Land ohne eigene Universität. Auch deshalb beschloss die Brandenburger Regierung noch 1990, trotz der Nähe und Konkurrenz zu Berlin, eine Universität Potsdam aufzubauen.[333] Im Gegensatz zu den anderen ostdeutschen Ländern und ihren Universitäten, die Wissenschaftspersonal abbauen mussten, hatte das Land Brandenburg Nachholbedarf und musste aufbauen. Die DDR-Akademie für Staats- und Rechtswissenschaften, die Juristische Hochschule des Ministeriums für Staatssicherheit[334] und die Pädagogische Hochschule bildeten die drei Vorgängereinrichtungen für die Universität Potsdam. Der Hoch-

---

[331] Vgl. Gleichstellungsplan der TU Ilmenau 2015–2021; Gleichstellungskonzept 2015–2021. (Zur Verfügung gestellt von der Gleichstellungsbeauftragten der TU.)
[332] Vgl. ebenda.
[333] Im Juli 1991 eröffnete die Europa-Universität Viadrina/Frankfurt (Oder). Sie bietet Studiengänge in Kulturwissenschaften, Jura und Wirtschaftswissenschaften.
[334] Die Juristische Hochschule war die Ausbildungsstätte für das MfS und hatte nichts mit einem Studium der Rechtswissenschaft zu tun. Vgl. Irina Stange, S. 77–91.

schulumgestaltungsprozess in Brandenburg, speziell hier an der Potsdamer Universität, wird im Vergleich zu Ost-Berlin und den vier anderen neuen Bundesländern als „Sonderweg" bezeichnet.[335] Unter der Brandenburgischen Landesregierung mit Ministerpräsident Manfred Stolpe (SPD) an der Spitze, Regine Hildebrandt (SPD) als Arbeits- und Sozialministerin und Hinrich Enderlein (FDP) als Wissenschafts- und Forschungsminister,[336] und dem neuen, von der PH Potsdam kommenden Rektor der Universität Potsdam,[337] lief die Hochschulumgestaltung unter den beiden Prämissen: Umgestaltung mit vorzugsweise vorhandenem und erneuerungswilligem Personal sowie Berücksichtigung sozialer Aspekte der Weiterbeschäftigung und Vermeidung von Arbeitslosigkeit.

Im Rahmen des personellen Um- und Neuaufbaus für die Potsdamer Universität wurde kein wissenschaftliches Personal der MfS-Hochschule und nur eine Handvoll von Mitarbeitern – konkret zehn Hochschullehrer und ein wissenschaftlicher Mitarbeiter – der Akademie für Staats- und Rechtswissenschaften in die sich in Gründung befindende Universität übernommen.[338] An der Pädagogischen Hochschule Potsdam waren 1990 123 Hochschullehrer und Hochschullehrerinnen und 647 wissenschaftliche Mitarbeiter und Mitarbeiterinnen beschäftigt. Nach Gründung und Strukturierung der Universität, der fachlichen und politischen Evaluierung des Personals, lagen die verbliebenen Mitarbeiterzahlen 1994 bei noch 61 Hochschullehrern und 548 Personen des wissenschaftlichen Mittelbaus. Das Personal der Universität Potsdam setzte sich demnach in seiner Gründungsphase bei den Professoren zur Hälfte und bei den wissenschaftlichen Mitarbeitern zu drei Vierteln aus Mitarbeitern der ehemaligen Pädagogischen Hochschule zusammen.[339]

Unter vielfacher Kritik stand in der ersten Hälfte der 1990er Jahre der Prozess der Prüfung der fachlichen Eignung und der persönlichen Integrität des Wissenschaftspersonals der Universität. Die fachliche Eignung[340] wurde nicht mittels einer Fachkommission, sondern über Fragebögen, d. h. über Selbstauskünfte, durchgeführt. Von rund 500 Wissenschaftlern, die sich der Fragebogenaktion unterzogen, wurde nur einer als „nicht geeignet" eingestuft. Durch eine

---

[335] Vgl. Manfred Görtemaker, Das Problem der personellen Kontinuität: S. 51–75; Barbara Marshall, 2016.
[336] Hinrich Enderlein kam 1990 aus Baden-Württemberg.
[337] Prof. Dr. Rolf Mitzner, ein Chemiker, seit seinem Studium 1950–1956 an der Landeshochschule/PH in Potsdam, 1967 zum o. Professor ernannt; im Juli 1991 Gründungsrektor der Universität und im Amt bis 1996, 1993–1999 Verfassungsrichter des Landes Brandenburg.
[338] Die Akademie und die „Juristische Hochschule" wurden abgewickelt, Teile des administrativen und technischen Personals gingen in die Universität Potsdam über, und zwar von 179 konkret 49. Vgl. Manfred Görtemaker, Das Problem der personellen Kontinuität: S. 55 f.; Barbara Marshall, S. 24–35.
[339] Vgl. Manfred Görtemaker, Das Problem der personellen Kontinuität: S. 56 f.; Barbara Marshall, S. 35–51.
[340] Vgl. Manfred Görtemaker, Das Problem der personellen Kontinuität. Barbara Marshall ließ sich immerhin (!) zu zwei Sätzen und einem Absatz über das Thema Wissenschaftlerinnen an der neuen Universität hinreißen. Vgl. dies., S. 82, 137 f., 197.

Änderung des Brandenburgischen Hochschulgesetzes im Oktober 1992 konnte das wissenschaftliche Personal nach „Maßgabe von Eignung und Bedarf" durch „Überleitung" in ein „Rechtsverhältnis neuer Art" übernommen werden. Im Unterschied zu den anderen vier ostdeutschen Ländern und Ost-Berlin fand somit keine Neuausschreibung und -bewerbung bzw. ein ordentliches Berufungsverfahren für alle ehemalige DDR-Hochschullehrer und wissenschaftliche Mitarbeiter statt. Allein 43 Professoren stellten diesen Überleitungsantrag mit meist positiver Entscheidung.[341] Die „Personalüberleitung" war gebunden an die sogenannte Bedarfsfeststellung. Von 499 in das Verfahren einbezogene männliche und weibliche Mitarbeiter erhielten 401 Personen die Zuordnungsempfehlung basierend auf dem Struktur- und Stellenplan der Universität. Für 75 Wissenschaftler wurde ein Bedarfskündigungsverfahren eingeleitet, aber das Wissenschaftsministerium sprach die Kündigungen nicht aus. Zudem weigerten sich die Männer und Frauen des Mittelbaus konsequent, bei der „Überleitung" ein „Arbeitsvertragsverhältnis neuer Art" zu unterschreiben. Sie behielten über Änderungsverträge ihre unbefristeten Stellen aus DDR-Zeiten bei. Damit waren rund drei Viertel der Mittelbaustellen an der Potsdamer Universität Jahre an Personal auf festen Stellen gebunden.[342] Kritik richtete sich wiederholt gegen diese große Zahl an Mitarbeitern auf unbefristeten Stellen, womit „jegliche Flexibilität" im Bereich des Wissenschaftspersonals für lange Zeit verlorengegangen sei.[343] Unterschwellig kam der Vorwurf hinzu, ob die fachliche Qualität von Wissenschaftlern und Wissenschaftlerinnen, die zuvor an einer Pädagogischen Hochschule Lehrer ausgebildet hatten, ausreichend für Forschung und Lehre einer Universität war.[344] Diese beiden Kritikpunkte wiederholten sich immer dann, wenn die Potsdamer Universität als „Einrichtung mittelmäßiger Qualität" mit „geringer Attraktivität" beschrieben wurde.[345] Die betroffenen Wissenschaftler sahen dies naturgemäß anders und konterten nicht weniger provokant: Die aus dem Westen angeworbenen Wissenschaftler ließen in ihrer „Qualität zu wünschen übrig. ‚Man schickte uns zweite Wahl'", und diese Stellen waren auch auf Jahre bzw. Jahrzehnte besetzt.[346]

Zögerlich und geradezu schleppend verlief die Prüfung des Universitätspersonals auf Kontakte mit dem MfS. Unvollständige Personallisten, vom Potsdamer Wissenschaftsministerium nicht weitergeleitete Listen zur „Gauck-Behörde", zeitliche Verzögerungen und immer neue Anläufe hielten die Überprüfung bis 1995 in der Schwebe.[347] Als dann Ende 1995 alle 1.572 Anfragen aller Universitätsmitarbeiter abgearbeitet waren, ergaben sich in 122 Fällen Hinweise auf eine IM-

---

[341] Vgl. Vgl. Barbara Marshall, S. 120–125.
[342] Vgl. ebenda, S. 81 f., 109 ff., 126–136.
[343] Vgl. Manfred Görtemaker, Das Problem der personellen Kontinuität: S. 61–64.
[344] Vgl. ebenda, S. 64, 71.
[345] Vgl. ebenda, S. 52.
[346] Vgl. Barbara Marshall, S. 149. Auf die ausgeschriebenen Professuren in Potsdam gab es einen Ansturm an (männlichen) Bewerbern, die „wohl eher die große Anzahl arbeitsloser Akademiker im Westen" spiegelte. Ebenda, S. 138.
[347] Vgl. Manfred Görtemaker, Das Problem der personellen Kontinuität: S. 66–71.

Tätigkeit. In 28 Fällen wurden daraufhin Kündigungen ausgesprochen bzw. Auflösungsverträge abgeschlossen, im Rest der Fälle „klärende Einzelgespräche" geführt, die nicht den Verlust des Arbeitsplatzes nach sich zogen.[348] Und wieder führte auch das zu Kritik. Ab Mitte der 1990er Jahre machten sich immer mehr Sparzwänge, wie überall in Ost- und Westdeutschland, bemerkbar. An der Potsdamer Universität zog das z. B. eine Reduzierung der Professuren von 243 auf 190 nach sich, die brandenburgischen Hochschulen litten in den Folgejahrzehnten an chronischer Unterfinanzierung.[349] Der Sonderweg der Potsdamer Universität war gekennzeichnet durch fast keine Bedarfskündigung, die Weiterführung der großen Zahl von Wissenschaftlern auf festen Mittelbaustellen, die großzügige „Überleitung" von Wissenschaftlern ohne Neuausschreibung der Stellen oder ordentliche Berufungsverfahren sowie eine fachliche Eignungsfeststellung über Selbstauskünfte. In den Naturwissenschaften, in der Physik, sah um das Jahr 2000 die Ost-West-Mischung folgendermaßen aus: Von den zwölf Professuren war nur eine ostdeutsch besetzt. Die unbefristeten Mittelbaustellen besetzten nach wie vor ausschließlich ostdeutsche Wissenschaftler, während die befristeten Qualifikationsstellen – Doktoranden – zu gleichen Teilen aus Ost und West stammten.[350] Der Fachbereich Physik[351] wurde im Zuge der Universitätsgründung erweitert und ausgebaut, da nun neben dem bestehenden Lehramtsstudium auch ein Diplom-Physikstudiengang angeboten wurde. Die Hauptklientel blieben jedoch bis in die Gegenwart die Studierenden auf das Lehramt.[352]

Erste Zeichen von Veränderungswillen in Potsdam zeigten sich, erst im Sommer 1990. In den Naturwissenschaften herrschte lange Zeit eine selbstbewusste Ruhe. Man sah wegen der Ideologieferne der Fächer, außer einer verbesserten materiellen Ausstattung, keinen Reformbedarf. Kritische ostdeutsche Wissenschaftlerstimmen behaupteten hingegen, dass wegen der hohen Lehrbelastung bei knappem Personal die Forschung, auch und gerade in der Physik, bereits in den 1980er Jahren immer mehr auf der Strecke geblieben war.[353]

Eine „natürliche" Personalreduzierung setzte auch in Potsdam durch Berentung und Vorruhestandsregelung ein. In der Physik waren Mitte 1991 von den 25 Wissenschaftlern fünf über 60 und neun zwischen 55 und 59 Jahre alt, also mehr als die Hälfte konnte demnächst aus Altersgründen ausscheiden.[354] Die Professuren wurden öffentlich und bundesweit ausgeschrieben und nachbesetzt mit westdeutschen Physikern. Zwei Physikprofessuren aus DDR- bzw. PH-Zeiten z. B. wurden

---

[348] Vgl. Barbara Marshall, S. 177 f.
[349] Vgl. ebenda, S. 187–189.
[350] Vgl. Auskunft Interview 5. Im Fachbereich Mathematik waren 40 bis 50 Prozent der Professuren durch Ostdeutsche von Vorgängereinrichtung besetzt, der wissenschaftliche Mittelbau bestand noch zu 85 bis 90 Prozent aus Ostdeutschen. Vgl. Auskunft Interview 6.
[351] Vgl. Physik in Potsdam, in: S. 362.
[352] So auch in der Mathematik. Vgl. Interview 6.
[353] Vgl. Barbara Marshall, S. 54 f., 72, 84 f.
[354] Vgl. ebenda, S. 120.

1993 „übergeleitet" auf C4-Professuren.[355] Es gab vor 1989 und danach keine weibliche Hochschullehrerin in der Physik. 1991 waren am Fachbereich Physik 26 Physiker und vermutlich nur eine Physikerin, diese im Mittelbau, tätig. Die eingesetzte Strukturkommission[356] ging für die Folgejahre von einem künftigen Bedarf von 14 Professuren und 36 wissenschaftlichen Mitarbeitern aus,[357] tatsächlich stieg die Zahl bis zum Jahr 2000 auf elf Professuren, darunter keine Frauen, 19 unbefristete wissenschaftliche Mitarbeiter, darunter keine Frau und 15 befristete wissenschaftliche Mitarbeiter, davon zwei Frauen. Im Vorlesungsverzeichnis 1999 wurde auf Stipendien- und weiteren Drittmittelstellen 14 Frauen ausgewiesen.[358] Für Physikerinnen und ihre Chancen als Wissenschaftlerinnen an der Potsdamer Universität auf einer Stelle eine Berufslaufbahn einzuschlagen, sah denkbar schlecht aus. Diese Feststellung galt für die DDR-Zeit und für danach. In den Fachbereichen Mathematik und Informatik fanden sich ähnliche Verhältnisse.[359] Auch bis in die 2010er Jahre hinein verbesserte sich diese Situation nicht. 2012 fanden sich am Institut für Physik und Astronomie zwei Wissenschaftlerinnen im Mittelbau von insgesamt 38 sowie eine Professorin unter 20 Professuren. Auf Drittmittel-Qualifizierungsstellen fanden sich zwölf Frauen von insgesamt 54.[360] Diese kaum vorhandenen Chancen als Physikerinnen an der Potsdamer Universität in Lehre und Forschung eine Wissenschaftskarriere anzustreben, wogen umso schwerer, da der Anteil von weiblichen Studierenden hier hoch war, bedingt durch die aus der DDR kommende Ausrichtung auf die Lehrerausbildung. So lag von 1994 bis 2002 der Studentinnenanteil im Lehramtsstudiengang mit Hauptfach Physik bei 39 Prozent und im Diplomstudiengang Physik bei 20 Prozent; und im Jahre 2012 bei 34 Prozent im Lehramt und 38 Prozent im Diplom bzw. Masterabschluss. Einschränkend sei angemerkt, dass die absolute Zahl der Absolventinnen ausgesprochen niedrig war: In den acht Jahren von 1994 bis 2002 schlossen nur 29 Frauen

---

[355] Vgl. ebenda, S. 125.
[356] In den Senats-Strukturkommissionen der Mathematisch-Naturwissenschaftlichen Fakultät saßen für Physik sechs Männer, keine Frau; für Mathematik sechs Männer, eine Frau; für Informatik sechs Männer, keine Frau; für Chemie sieben Männer, keine Frau; für Biologie sieben Männer, keine Frau, für Biochemie sechs Männer, keine Frau; für Geowissenschaften sechs Männer, keine Frau. Vgl. Frauen-Info, Universität Potsdam, 1/1993, S. 6 f.
[357] Vgl. Protokoll Strukturkommission des Fachbereichs Physik, 12. November 1991; Empfehlungen des wissenschaftlichen Strukturbeirats, 11. März 1994, in: Archiv Universität Potsdam 6981, 6988.
[358] Vgl. Universität Potsdam Vorlesungs- und Personalverzeichnis Wintersemester 1991/92, S. 54–58; Wintersemester 1999/2000, S. 203–208; Frauenförderplan in der Mathematisch-Naturwissenschaftlichen Fakultät 2001/2002, S. 7; Neue Gleichstellungsbeauftragte an der Mathematisch-Naturwissenschaftlichen Fakultät, in: Frauen-Info 2/2001, S. 9.
[359] Vgl. ebenda. In Potsdam waren im Transformationszeitraum noch weniger Frauen auf Lehrstühlen berufen worden, als in den genderpolitisch schlechter dastehenden westdeutschen Universitäten. Vgl. Barbara Marshall, S. 137 f., 197.
[360] Vgl. Chancengleichheit verbessern: Gleichstellungsplan 2012–2014, S. 5 f. Auf der Promotionsebene holten die Physikerinnen auf. Zwischen 2010 und 2013 promovierten 30 Physikerinnen, das entsprach einem Anteil von 29 Prozent. Vgl. Gleichstellungsplan 2015–2018 der Mathematisch-Naturwissenschaftlichen Fakultät der Universität Potsdam.

das Lehramtsstudium Physik ab und nur acht erhielten Diplom als Physikerin.[361] Im Zeitraum von vier Jahren, 1998 bis 2002, promovierten 17 Frauen (15 %) von insgesamt 111 in der Physik, drei von insgesamt 14 habilitierten.[362]

Angesichts dieser Zahlen und vor allem des Fehlens von Hochschullehrerinnen in der Physik und Wissenschaftlerinnen im Mittelbau schienen die Frauenfördermaßnahmen der Mathematisch-Naturwissenschaftlichen Fakultät in Potsdam nicht sonderlich wirkungsvoll gewesen zu sein. Eine diplomierte Astrophysikerin brachte ihre Erfahrungen rückblickend über ihr Studium, Abschluss 2002, so auf den Punkt: Auf die Frage, „was Frau denn studiere", kam die ungläubige Nachfrage: „Du studierst ‚Musik?' – ‚Nein, Physik!' – ‚Ach so, Lehramt?' – ‚Nein, Diplom.' „Es gibt an der Uni Potsdam elf Lehrstühle in der Physik, aber kein einziger ist mit einer Frau besetzt. Bei wissenschaftlichen Vorträgen sind die Räume voll mit Männern, vielleicht zwei Studentinnen, höchstens mal eine Doktorandin. […] So mancher wissenschaftliche Mitarbeiter oder Professor würde es zwar nie zugeben, traut aber Frauen einfach nicht die fachliche Kompetenz zu."[363]

Die Frauenförderrichtlinien,[364] Frauenförderpläne, die erst zwischen 1997 und 1999 an den einzelnen Fakultäten vorlagen,[365] und Gleichstellungsprogramme der Universität Potsdam der 1990er und 2000er Jahre waren wie überall voll mit den gängigen Absichtserklärungen, Appellen und Versprechen.[366] Richtlinien und Programme mit vierjähriger Laufzeit umfassten Forderungen nach exakter Bestandsaufnahme, einer zweijährigen Berichtspflicht der Leitungen, die Zielsetzung bei der Erhöhung des Wissenschaftlerinnenanteils gemessen am „Kaskadenprinzip", d. h. die Orientierung am Frauenanteil der jeweils vorangegangenen Qualifikationsstufe. Für die Physik lag die Messlatte um das Jahr 2000 bei zirka 22 bis 25 Prozent Physikerinnen im Diplom- bzw. Lehramtsstudiengang.[367] Das Ziel lautete daher: Mehr als 20 Prozent Frauen bei den Promotionen, Habilitationen, Professuren und auf festen wissenschaftlichen Mitarbeiterstellen.

Die Bund-Länder-Kommission (BLK) für Forschungsförderung und Bildungsplanung propagierte 2000, dass bis 2005 eine 40-prozentige Beteiligung von Wis-

---

[361] Vgl. Frauenförderplan in der Mathematisch-Naturwissenschaftlichen Fakultät 2001/2002, S. 4; Chancengleichheit verbessern: Gleichstellungsplan 2012–2014, S. 5 f.
[362] Vgl. Frauenförderplan in der Mathematisch-Naturwissenschaftlichen Fakultät 2001/2002, S. 6 f.
[363] Janine Heinmüller, S. 89.
[364] Vgl. Arbeitsgruppe Frauen an den Hochschulen in den neuen Ländern, 6. Oktober 1992, in: Frauen-Info, Potsdam, 1/1993, S. 9–11; Frauenförderrichtlinien, 5. September 1996, in: ebenda, 2/1996, S. 16 f.
[365] Vgl. Stand der Erarbeitung der Frauenförderpläne, in: Frauen-Info, Potsdam, 2/1997, S. 17; Zur Arbeit mit den Frauenförderplänen an der Universität Potsdam, 11. November 1999; Frauenförderplan in der Mathematisch-Naturwissenschaftlichen Fakultät Potsdam, Berichtszeitraum 2001/2002.
[366] Vgl. Gleichstellungskonzept der Universität Potsdam, 3. Juni 2008; Gleichstellungsplan der Mathematisch-Naturwissenschaftlichen Fakultät 2012–2014.
[367] Vgl. Frauenförderplan in der Mathematisch-Naturwissenschaftlichen Fakultät der Universität Potsdam 2001/2002.

senschaftlerinnen auf allen Stufen des Qualifikationsprozesses – von der Stipendienvergabe bis zur Stellenbesetzung – erreicht werden und Neubesetzungen von Professuren sowie Führungspositionen 20 Prozent erreichen sollten.[368] Das waren unrealistische Zielvorgaben für die „harten" Naturwissenschaften Physik, Informatik, Mathematik. Sie blieben Absichtserklärungen ohne Anreizsystem bzw. wirksame Konsequenzen, z. B. in Form von auch rückwirkenden Mittelkürzungen, die man in den Naturwissenschaften weder in Potsdam noch anderswo in Deutschland erreichte.

Großen Platz in den Richtlinien und Plänen der deutlich frauenunterrepräsentierten Naturwissenschaften nahmen Werbemaßnahmen um weibliche Studierende ein sowie Angebote zu Gasthörerinnenschaft für Schülerinnen, Schnupperstudium, mündliche und schriftliche Informationsangebote in brandenburgischen Gymnasien. Seit 1999 organisierte die naturwissenschaftliche Fakultät Potsdam ein Frauen-Institutstag an den beiden Instituten für Physik und Mathematik, um Motivation und Identifikation für das Fach für Studentinnen und Nachwuchswissenschaftlerinnen zu heben. An beiden Fakultäten fehlten Hochschullehrerinnen als Berufsvorbilder und man gestaltete das Programm mit Gastdozentinnen von außeruniversitären Forschungseinrichtungen.[369] 2001 fand der erste sogenannte Girl's Day in Potsdam statt, eine Kampagne, wo Väter ihre Töchter an ihren Arbeitsplatz mitnahmen, um berufliche Perspektiven außerhalb traditioneller Frauenberufe aufzuzeigen.[370] Im gleichen Jahr organisierte Potsdam die erste Brandenburgische Sommer-Universität für Schülerinnen in Naturwissenschaft und Technik.[371] Ohne mehr weibliche Studenten für Physik blieben alle Zielvorgaben Illusion. In der Physik in Potsdam musste bereits auf der Ebene der Doktorandinnen über Ermutigungen, direktes Ansprechen, Hilfe beim Erstellen von Drittmittelanträgen und Mentoring-Programme unterstützend eingegriffen werden, um die Zahlen zu steigern. Gleiches galt umso mehr beim Habilitieren. Jährlich wurden Gesprächsrunden mit Diplomandinnen und Doktorandinnen angeboten, um nach Ursachen für den starken Abfall des Frauenanteils nach dem Studium zu suchen. Werkverträge und Zwischenfinanzierungen für Wissenschaftlerinnen nach der Schwangerschaftspause waren im Gespräch. Zum Ende der 1990er Jahre tauchten Begriffe nach „aktiven Maßnahmen" zum Abbau der Unterrepräsentanz von Wissenschaftlerinnen auf. Dazu zählten die gezielte Suche und das gezielte Ansprechen von Frauen für ausgeschriebene Stellen und Professuren sowie für die Vergabe von Qualifikationsstellen und -stipendien. Die „aktiven Bemühungen" waren zu dokumentieren. Aktuelle Datenbanken habilitierter Frauen sollten erstellt und in Berufungsverfahren genutzt werden.[372]

---

[368] Vgl. Frauen in der Wissenschaft – Entwicklungen und Perspektiven, S. 34–36.
[369] Vgl. Frauen-Institutstag, 30. Juni 1999, in: Frauen-Info Potsdam, 1/1999, S. 38 f.
[370] Vgl. Erster Girl's Day, S. 9; Joachim Wambsganß, S. 10–12; Gleichstellungskonzept der Universität Potsdam, 3. Juni 2008.
[371] Vgl. Computer, Algorithmen und Quarks, S. 26–28.
[372] Vgl. Frauenförderrichtlinien der Universität Potsdam, 11. November 1999; Gleichstellungskonzept der Universität Potsdam, 3. Juni 2008.

Auf dem Feld „Work-Life-Balance" bot Potsdam eine ganze Reihe an Maßnahmen für Frauen und Männer an: der Wechsel von Voll- in Teilzeit, Ansparen von Zeitkonten, flexible Arbeitszeit und Arbeitsortwahl, Telearbeit, Kinderbetreuung in der Betriebskindertagesstätte sowie diverse Kinder- und Wickelräume mit Arbeitsplatzausstattung. In speziellen Programmen wurden Sensibilisierungsseminare zum Thema Gleichstellung für Entscheidungsträger und -trägerinnen angeboten, Richtlinien für gendergerechte Sprache in Umlauf gebracht. Es gab Trainingsprogramme, um mit möglichen sexuellen Belästigungen bzw. Gewalt, Mobbing, Rassismus umzugehen. Zu Forderungen der „Institutionalisierten Gleichstellungspolitik" gehörten wiederkehrend, bessere räumliche und personelle Ausstattung vor allem der dezentralen Gleichstellungsbeauftragten in den Fakultäten. Ungeregelt war und blieb eine zeitliche Entlastung von Arbeitsaufgaben für die dezentralen Amtsinhaberinnen.[373] Appelle von exakten Statistiken, deutlicher Sprache beim Aufzeigen von Defiziten bei der Verwirklichung von Chancengleichheit sowie verbindliche und realistische Ziele machten immer wieder die Runde. Parallel zu allen diesen Maßnahmen auf dem Papier und dem Institutionalisierungsprozess „Chancengleichheit in der Wissenschaft" herrschte in den 1990er Jahren eher ein Klima von wenig Akzeptanz und unterschwelliger Ablehnung bei konkreten Zielen zur Frauenförderung.[374] Dies änderte sich in den 2000er nur langsam.

Im Gründungsprozess der Potsdamer Universität war es 1992 der Gleichstellungsbeauftragten gelungen, den frauendiskriminierenden Passus für die Arbeit von Stellenbesetzungs- und Berufungskommissionen streichen zu lassen: „Die Gleichstellungsbeauftragten [...] nehmen mit Sondervotum an den Beratungen der Berufungskommission teil. [...] Die Einschränkung ‚sofern sich Damen unter den Bewerbern befinden' fällt weg."[375] Weiterhin berichteten Frauenbeauftragte an den Fakultäten von ihrem Ausschluss an Informationen, weil noch immer sortiert werde nach: welche Fragen Frauen betreffen und welche nicht.[376]

Bei den Zuarbeiten zum Erstellen der Frauenförderrichtlinien und Frauenförderprogrammen, so berichteten die Amtsinhaberinnen, reichten Wortmeldungen und Tonfall von positiv konstruktiv über kritisch begleitend bis arrogant und herablassend. „Dass die negativen Anmerkungen vorrangig aus Bereichen kamen, in denen der Männeranteil besonders hoch ist, mag Zufall sein. So richtig will [niemand ...] daran glauben."[377] Gleichzeitig klagten die Gleichstellungsbeauftragten über das mangelnde Interesse der Wissenschaftlerinnen an den Fakultäten bei der

---

[373] Zur Arbeit mit den Frauenförderplänen an der Universität Potsdam und Frauenförderrichtlinien vom 11. November 1999; Frauenförderplan der Mathematisch-Naturwissenschaftlichen Fakultät der Universität Potsdam für 2001/2002.
[374] Vgl. Frauenförderrichtlinien, 5. September 1996, in: Frauen-Info, Potsdam, 2/1996, S. 16 f.; Zwischen Anspruch und Wirklichkeit, in: Frauen-Info, Potsdam 1/1997, S. 13.
[375] Brief an den Gründungssenat der Universität Potsdam betr.: Tagung des Gründungssenats, 30. März 1992, in: Frauen-Info, Potsdam, 1/1993, S. 24.
[376] Vgl. Gleichstellungsbeauftragte an der Universität Potsdam, in: Frauen-Info Potsdam, 1/1997, S. 14 f.
[377] Vgl. Frauenförderung/Frauenforschung, in: Frauen-Info, Potsdam, 1/1996, S. 13 f.

Erstellung der diversen Pläne.[378] Frauenförderrichtlinien und das Amt der Gleichstellungsbeauftragten waren, wie fast überall in Deutschland, „von oben", durch die Wissenschaftsministerien initiiert und durchgesetzt worden. Aus den Universitäten und Fakultäten wurde erheblicher Widerstand in aktiver und passiver Form geleistet, auch unter dem Slogan: „Weniger Staat für die staatlichen Hochschulen". Männliche, professorale Vorbehalte wie Stellenbesetzungsverfahren würden durch Gleichstellungsinstrumente verzögert oder Frauen einzustellen sei unökonomisch, hielten sich hartnäckig.[379] 1999 machte die Gleichstellungsbeauftragte der Potsdamer Universität öffentlich, wieviel Ignoranz und Verzögerungstaktik ihr bei der Überarbeitung der Frauenförderrichtlinien vonseiten des Senats und von Fakultäten entgegenschlug. „Anerkannte Standards der Frauenförderung werden nicht akzeptiert. Das betrifft insbesondere die Festlegungen zu Stellenausschreibungen. Befürchtet wird ein zu hoher Verwaltungsaufwand. [...] Ein wesentlicher Einwand kommt von den Professoren, die sich auf ihre grundgesetzlich garantierte Wissenschaftsfreiheit berufen und diese durch den Zwang der Stellenausschreibung verletzt sehen. Strittig sind Maßnahmen, die eine Mindestbeteiligung von Frauen bei Stellen- und Stipendienvergabe sichern sollen."[380]

Trotz all dieser kritischen Anmerkungen gelang es der Potsdamer Universität zum Ende der 2000er Jahre zu einer Art Vorzeige-Universität in Sachen Chancengleichheit zu rangieren. Der Wissenschaftlerinnenanteil in wichtigen Kategorien lag deutlich über dem Bundesdurchschnitt: 42 Prozent Frauenanteil bei den Promotionen, 26 Prozent bei den Habilitationen, 22 Prozent Frauen auf Professuren – so die Statistik von 2008.[381] Die Ursache für dieses gute Abschneiden lag in der Ausrichtung der Potsdamer Universität auf pädagogische, sozialwissen- und kommunikations- und lebensweltwissenschaftliche Fächer. Für die „harten" Naturwissenschaften Physik, Informatik, Mathematik galten die Erfolgszahlen nicht. Physikerinnen in Forschung und Lehre zu haben, schien und scheint bis in die Gegenwart hinein nicht zur Reputation der Physik einer Universität oder Hochschule zu gehören. Viel zu selten traf die Beobachtung einer jungen Physikerin aus dem Jahr 2002 zu, die in ihrer Post-Doc-Phase bemerkte, „dass Physiker erfreut und oft auch stolz waren, wenn in ihrem Umfeld oder in ihrer Arbeitsgruppe Frauen waren".[382]

Aus Mangel an Physikerinnen an der Universität Potsdam wurden die Interviews mit einem promovierten Physiker und einer Mathematikprofessorin geführt. Der Physiker, seit seinem Diplomlehrerstudium Physik und Mathematik in Potsdam, 1982 promoviert, war zur Wendezeit ein sehr engagierter und in Pots-

---

[378] Vgl. ebenda.
[379] Vgl. Birgit Riegraf, S. 28 f.
[380] Monika Stein, Frauenförderrichtlinien in der Überarbeitung, in: Frauen-Info Potsdam, 2/1999, S. 17 f.; Frauenförderrichtlinien der Universität Potsdam vom 11. November 1999. Monika Stein, wissenschaftliche Mitarbeiterin im Institut für Slawistik der Universität Potsdam, seit 1994 Gleichstellungsbeauftragte der Universität.
[381] Vgl. Gleichstellungskonzept der Universität Potsdam, Juni 2008, S. 1 f.
[382] Caroline Pfeifer, S. 82 f.

dam öffentlich bekannter Vorsitzender des Personalrats der Pädagogischen Hochschule bzw. dann der Universität. Seine 1991 eingereichte Dissertation B nach DDR-Recht wurde nicht auf eine Habilitation umgeschrieben. Grund dafür sei „fehlende Lehrerfahrung" gewesen. Sein Kommentar dazu: Und das nach zehn Jahren Lehre, seit 1981, an der PH.[383] Seine Erinnerungen über die Transformationszeit sind stark geprägt von seinem Personalratsamt: Es waren „*drei Etappen, womit wir belästigt wurden, fachlich, politisch, Stasi.*" Formaljuristisch sei mit der Entscheidung, die Pädagogische Hochschule nicht abzuwickeln, klar gewesen, „*dass man den Mitarbeitern und Mitarbeiterinnen schwere Unfähigkeit hätte nachweisen müssen, um sie zu kündigen.*" Das hätte der Personalrat damals durch sehr gute Beratung aus den alten Bundesländern abwenden können. In der Physik sei der Didaktik-Professor von den vier weiteren Physikprofessoren „geopfert" worden. „*Damit haben sich die vier Professoren ‚gerettet', haben sich so ‚selbst gereinigt'. [...] Wir haben alle, wo Herr Gauck nicht dazwischengefunkt hat, übernommen.*" Zur 25-Jahrfeier der Universitätsgründung im Jahr 2016 habe ein hier bekannter Historiker[384] sich sehr unflätig über die Mitarbeiter geäußert: Potsdam hätte ein Exzellenzproblem, weil die meisten wissenschaftlichen Mitarbeiter von früher übernommen worden seien. Aber gerade diese hätten in den Wendejahren die Lehre für die sich verdreifachenden Studentenzahlen gemacht. Diese Studenten hätten einen Anspruch darauf gehabt, ihr Studium pünktlich und in guter Qualität abzuschließen. Davon werde nie gesprochen.[385] In Ost-Berlin an der Humboldt-Universität habe man eine neue Struktur neben die alte gestellt und die wissenschaftlichen Mitarbeiter genötigt, sich neu zu bewerben, und damit wurden alle Neuverträge befristet. „*Das haben viele gemacht, diese Änderungskündigung unterschrieben, zu wenige haben geklagt. Viele Dinge, wo die ‚dummen Ossis' sich nicht oder zu wenig gewehrt haben.*"[386] Der Transformationsprozess in Potsdam, meinte der Interviewte, sei nicht zu Lasten der Frauen gegangen. In der Physik seien kaum Frauen gewesen, und in den anderen Bereichen lehrten viele Frauen, und die seien geblieben, wie die männlichen Kollegen auch.

Die Mathematikprofessorin war eine von einer Handvoll Wissenschaftlern bzw. Wissenschaftlerinnen,[387] die über das Wissenschaftler-Integrationsprogramm (WIP) es schafften, von der Akademie der Wissenschaften an die Potsdamer Universität zu wechseln. Nach Abschluss des Mathematikstudium 1976 forschte sie bis

---

[383] Vgl. Interview 5.
[384] Gemeint ist Prof. Manfred Görtemaker.
[385] Mit gleichem Tenor die interviewte Mathematikprofessorin und mit der rhetorischen Gegenfrage im Interview: Wie sehe es in Potsdam gegenwärtig mit fehlender Exzellenz aus, da seit Jahren/Jahrzehnten hier „*fast alles West-Professoren*" sind. „*Mir soll jemand sagen, dass die Mathematiklehrerausbildung im Westen besser war!*" Interview 6.
[386] Interview 5.
[387] 1994 sollen 151 Wissenschaftler im Rahmen des WIP an die Universität Potsdam zunächst übernommen worden sein. 129 seien 1997, wegen fehlender Finanzierung, in die Arbeitslosigkeit entlassen worden (85 Prozent). Vgl. Manfred Görtemaker, Das Problem der personellen Kontinuität, S. 66; Barbara Marshall, S. 157.

1991 an der Akademie. Sie promovierte 1985 und habilitierte 1999 (mit 45 Jahren), anschließend wurde sie zur apl. Professorin am Institut für Mathematik ernannt. Sie erlebte den Transformationsprozess in Potsdam als von außen Kommende nur bedingt mit.[388] Nach der fachlichen und politischen Evaluation noch an der Akademie habe 1991 für sie die Möglichkeit bestanden, sich für das neugeschaffene Weierstraß-Institut für Angewandte Analysis und Stochastik, Berlin, oder für das WIP-Programm zu bewerben. Für das letztere sei die Entscheidung gefallen. Von 1992 bis Ende 1994 wurde sie über das Programm finanziert. Drei Wissenschaftler von ihrem Akademie-Institut, die im WIP waren, schafften es an die Potsdamer Universität. *„Wir hatten Glück, weil Potsdam nun zur Universität werden sollte und man unser Fachgebiet ‚Mathematische Statistik' nicht hatte."*[389] *„Mit denen ich damals an der Akademie promoviert habe, die Frauen sind alle in der Wissenschaft geblieben, die sind nach Uppsala (Schweden), Halle oder Berlin gegangen. [...] Nur sehr wenige Männer sind [damals] aus der Forschung bzw. dem Arbeitsleben rausgefallen."*[390] Nicht alle Frauen ihres vormaligen Akademie-Instituts hätten nach 1990 weiter Karriere gemacht, so wie sie. Das hätte nicht an der Frauen-Problematik, sondern an der Ost-West-Problematik gelegen. Sie selbst sei trotz Habilitation nur apl. Professorin geworden und nicht verbeamtet. *„Die Jüngeren konnten sich im Westen profilieren, wir mussten [damals] zusehen, überhaupt eine Stelle zu finden."*[391]

---

[388] Vgl. Interview 6.
[389] Ebenda.
[390] Ebenda.
[391] Ebenda.

VII. Ein Blick ins Ausland und zu Entwicklungen in der Physik bis heute

Im europäischen aber vor allem im US-amerikanischen Ausland befasste man sich bereits früher als in Deutschland mit der Frage, warum der weibliche Anteil an den mit Macht, Prestige und Einkommen ausgestatteten Positionen in Wissenschaft und Forschung so niedrig ausfiel. Repräsentanz und Aufstiegschancen von Frauen auf den einzelnen Karrierestufen im Wissenschaftssystem sind europa- ja weltweit auch heute noch schlechter als die von Männern. Obwohl inzwischen in der Bundesrepublik in Sachen Chancengleichheit viel erreicht und noch mehr getan wurde, übertreffen Länder wie Portugal, Spanien, Italien, Schweden, Finnland und die USA den bundesdeutschen Anteil an Professorinnen um mehr als das Doppelte. Um das Jahr 2000 wiesen die höchsten Anteile von weiblichen Professuren im Wissenschaftsbetrieb Portugal, die Türkei, Frankreich und Spanien mit um die 27 Prozent, in den USA mit 22 Prozent, auf. Im Vergleich dazu lag Deutschland mit acht bis neun Prozent im letzten Drittel des Rankings.[1] Diese Unterschiede schreiben sich bis heute fort. Deutschland konnte nicht aufschließen, auch wenn gegenwärtig, 2015/16, der Professorinnenanteil[2] insgesamt bei 22 Prozent liegt, haben sich die Abstände zu den Spitzenreitern in Europa nicht verändert.[3] Gemeinsam war jedoch allen Ländern, obwohl die Zahlen der Physikstudierenden z. B. in Frankreich, Italien oder Osteuropa traditionell hoch war und ist, dass Physikerinnen in leitenden Stellen in Forschung und Industrie weit hinter den Erwartungen zurückblieben.[4] Im Jahr 2003 und im Fach Physik gehörte die Bundesrepublik mit drei Prozent bei weiblichen Professuren zum Schlusslicht: Führend war Portugal mit 26 Prozent, Türkei elf Prozent, Frankreich mit knapp neun, immerhin dreimal so viele Frauen auf Physikprofessuren wie in Deutschland. Die USA wies zehn Prozent weibliche „Associate Professors" in der Physik, aber nur vier Prozent weibliche „Full Professors" aus.[5]

Historisch begründete Erklärungsmodelle für Deutschland zeigten, dass im Gegensatz zu den angloamerikanischen Ländern oder zu Frankreich eine feministi-

---

[1] Vgl. Ilse Costas, S. 158 f.; Ibrahim Laafia, Anna Larsson; GEW-Gender-Report 2003, Statistisches Bundesamt: Fachserie 11, Reihe 4.1 und 4.3.1.; European Commission: Directorate-General for Research: She Figures 2006, Woman and Science, Statistics and Indicators.
[2] C4- bis C2-Professuren und Juniorprofessuren insgesamt.
[3] Der EU-Durchschnitt 2012 bei weiblichen „Full Professorships" (nur C4/C3-Professuren) lag bei 20 Prozent (mit osteuropäischen Spitzenreitern Lettland und Rumänien 36 Prozent) und in Deutschland unter 15 Prozent. Vgl. Karen Hagemann, S. 108 f. Vgl. https://www.destatis.de/DE/PresseService/Presse/Pressemitteilungen/2016/07/PD16_245_213.html. Zuletzt abgerufen am 28. November 2019; speziell für die Geschichtswissenschaft (leider nicht für die Naturwissenschaften) vgl. Karen Hagemann, S. 108–135.
[4] Vgl. Vereinte Physikerinnen, S. 14.
[5] Vgl. Monika Bessenrodt-Weberpals, Physikerinnen in Deutschland. Der große kleine Unterschied, https://www.spektrum.de/magazin/der-grosse-kleine-unterschied/830118. Zuletzt abgerufen am 27. November 2019.

sche egalitäre Frauenbewegung mit öffentlichem Diskurs in Sachen akademischer Bildung und Berufsausübung in Deutschland rund fünfzig Jahre später, erst um 1900, einsetzte. Zu keinem Zeitpunkt war in Deutschland der Gedanke von Geschlechteregalität in der Frauenbewegung ähnlich ausgeprägt wie in England, den USA oder in Frankreich. Stets überwog in der Auseinandersetzung die Prämisse unterschiedlicher Geschlechtercharaktere, d. h. die Auffassung einer komplementären Ergänzung der Geschlechter.[6] Ein nächster nachteiliger Punkt für Deutschland war, bekannt und oft angemerkt, der im internationalen Vergleich späte Zugang von Frauen zum Studium – in den USA in den 1830er Jahren, in England in den 1840er Jahren, in Frankreich und in der Schweiz in den 1860er Jahren und in einzelnen deutschen Bundesstaaten erst um 1900. Des Weiteren kam die weitgehend staatliche Organisation des Hochschulwesens und der hohe Grad der Professionalisierung akademischer Berufe hinzu, die die Abwehrhaltung männlicher Akademiker und Politiker gegen die Integration von Frauen begünstigten.[7]

Vor allem die USA verfügte über eine längere und vielfältigere Tradition mit dem Diversity-Problem hinsichtlich ethnischer Vielfalt – Weiße, Schwarze, Menschen puertoricanischer Abstammung – oder Nationalität – US-Amerikaner und Ausländer –, oder Alter, Geschlecht, Religion – umzugehen. In den USA erregten in den 1990er Jahren Studien des weltbekannten Massachusetts Institute of Technology (MIT) – eine führende Eliteuniversität für Naturwissenschaften in Boston/Cambridge – über Geschlechterdiskriminierung von Frauen in den Naturwissenschaften, insbesondere auch in der Physik, Aufsehen.[8] Ergebnisse der Untersuchungen besagten, dass es nicht ausreiche, allein die Zahlen von Naturwissenschaftlerinnen an den Fakultäten der Universitäten zu erhöhen. Benachteiligungen werden erst deutlich sichtbar auf der Ebene der weiblichen Senior-Research-Fellows. Diese „gestandenen" Wissenschaftlerinnen fühlten sich in den Fakultäten an den Rand gedrängt.[9] Objektiv nachzuweisen war diese Marginalisierung im Vergleiche zu den gleichaltrigen männlichen Kollegen durch Gehaltsunterschiede – niedriger bei Frauen –, geringere zur Verfügung gestellten Forschungsressourcen in Form von Mitarbeitern und Geld. Diese „gestandenen" Wissenschaftlerinnen hatten weniger Ämter und Funktionen inne, saßen weniger oft in Fachkommissionen, waren durch schlechtere und entlegenere Arbeitsräume (Büro, Labor, Werkstätte usw.) von internen Kommunikationswegen ausgeschlossen. Trotz gleicher, langjähriger wissenschaftlicher Forschungs- und Lehrtätigkeit – Zahl an Vorlesungen, Seminaren, Veröffentlichungen – erhielten sie seltener als ihre männlichen Kollegen externe Angebote zu Vorträgen, For-

---

[6] Vgl. zu Unterschieden in der Frauenbewegung, der Struktur des Bildungs- und Hochschulsystems, Grad der Professionalisierung akademischer Berufe und bei der Arbeitsmarktlage bei Ilse Costas, S. 161–175.
[7] Vgl. Karen Hagemann, S. 108–112; Karriere unter Männern?, S. 27–29.
[8] Vgl. A study on the Status of Woman Faculty in Science at MIT. 1999.
[9] In den Jahren als Junior-Research-Fellows (Doktoranden- und Post-Doc-Phase) war diese Benachteiligung objektiv noch nicht gegeben und auch nicht von den jungen Wissenschaftlerinnen reflektiert worden.

schungsaufenthalten und Lehraufträgen. Dieses Muster wiederholte sich von einer Forscherinnengeneration auf die folgende. Trotz dieser Diskriminierung waren alle diese Frauen exzellente Naturwissenschaftlerinnen, oft Mitglied in der Nationalen Akademie der Wissenschaften und/oder der American Academy of Arts and Sciences. Erst nach längerer Berufslaufbahn registrierten diese Frauen, dass für ihre Karriere nicht nur die wissenschaftliche Kompetenz eine Rolle gespielt hatte. Nach vielen Jahren im Beruf und im Austausch mit anderen Kolleginnen fiel ihnen die Anhäufung von leichten Nachteilen gegenüber männlichen Kollegen auf, die sehr oft auch mit der Gründung einer Familie zusammenhingen. Hatte die einzelne Wissenschaftlerin öffentlich auf Nachteile in ihrer Karriere verwiesen, war sie als „Unruhestifterin an den Rand" der Fakultät gedrängt worden. Diese Frauen wurden „unsichtbar" gemacht, sie hatten keine Stimme mehr in der Fakultät. Die Formen der Diskriminierung sollen insgesamt subtil, aber weit verbreitet und in meistens unbewusstem, unreflektiertem Denken und Handeln der Vorgesetzten begründet gewesen sein. Andere Untersuchungsergebnisse formulierten hier krasser: „Die Beförderung von Frauen an dieser weltbekannten Institution [... wurde und wird ...] systematisch verhindert."[10]

Erste Schritte einer versuchten Lösung des Problems wurden damit eingeleitet, dass die Fakultätsspitzen, die Dekane, von Anbeginn das Problem nicht leugneten oder beschönigten, sondern es anerkannten. Es wurden paritätisch aus Frauen und Männern besetzte Untersuchungsausschüsse am MIT gebildet. Relativ schnell und unproblematisch, zwischen 1996 und 1999, konnten zugunsten der Wissenschaftlerinnen Gehälter, Räume und andere Ressourcen für die Forschung zur Verfügung gestellt werden. Bis 1999 erhöhte das MIT zudem die Zahl an Naturwissenschaftlerinnen um 40 Prozent. In regelmäßig wiederkehrenden Gesprächsrunden mit den Frauen der Senior-Research-Ebene wurden ihr Status sowie ihre Einbindung in die Lehr- und Forschungsstruktur der Fakultäten abgefragt, diskutiert und öffentlich gemacht. Ein ständiger Ausschuss mit diesen Wissenschaftlerinnen wurde institutionalisiert.[11] Ob und inwieweit hier eine Langzeitwirkung in Richtung mehr Chancengleichheit für Naturwissenschaftlerinnen einsetzte, blieb abzuwarten. 2002 hieß es noch eher pessimistisch: „In den USA, wo man seit Jahren die Chancengleichheit als Ziel offiziell anerkennt, geht es nur sehr langsam voran."

Eine Physikerin und ein Physiker, die in Interviews zur Verfügung standen, verbrachten in den 1980er bzw. Anfang der 2000er einige Jahre in den USA, die Physikerin speziell am besagten MIT, und erinnerte sich an die dort Aufsehen erregende „Study on the Status of Woman Faculty in Science at MIT".[12] Die Ost-Berliner Physikerin, heute Professorin, verbrachte ihre Post-Doc-Phase zunächst in Spanien, dann von 2005 bis 2007 in Boston am MIT. Dort erlebte sie noch den „unheimlichen Druck", der auf den Fachbereichen lastete, auf die Einstellung von Frauen

---

[10] Vereinte Physikerinnen, S. 13 f.
[11] Vgl. A study on the Status of Woman Faculty in Science at MIT.
[12] Vgl. Interviews 17 und 21.

und anderen „Minorities" zu achten sowie wiederkehrende Diskussionen dazu. Als sie selbst 2007 das MIT in Richtung Berlin wieder verließ, gingen zeitgleich aus ihrer Forschergruppe eine Physikerin in Rente, eine weitere fiel wegen längerer Krankheit aus. Der Fachbereichsleiter sei händeringend durch die Fakultät gelaufen und habe immer wieder geklagt – *„I am loosing all my ladies, what can I do?"* Er sei Monate ernsthaft damit beschäftigt gewesen, über Headhunter das Frauen-Männer-Ungleichgewicht wieder auszugleichen.[13] Es gehörte zum Ansehen des MIT – war und ist ein werbewirksames Aushängeschild für weibliche Studierende und Nachwuchswissenschaftler in den Naturwissenschaften –, dass auf ein Drittel an weiblichen „Full Professors" geachtet wird.

Der bis 2018 amtierende Präsident der TU Berlin, Physiker, erinnerte sich an seine Post-Doc-Phase in den 1980er Jahren an der Brown University in Providence/Rhode Island bezüglich von Diversity-Diskussionen: *„In den USA war es nicht so, dass so wenige Frauen Physik studiert haben. Dort war es sehr international, nur die Hälfte waren Amerikaner, [...] die Frauen kamen aus Israel, Korea usw. [...] Das spielte keine Rolle, sondern nur, wer gut ist im Fach, [...] das waren Männer und Frauen und die Unterscheidung spielte gar keine Rolle. Das war das Sympathische an den USA, dass nur das zählt, was man bringt."*[14]

Zurück nach Deutschland: Der ostdeutsche wie der gesamtdeutsche Arbeitsmarkt für Physiker und Physikerinnen sah in den 1990er Jahren schlecht aus.[15] Der Zusammenbruch der ostdeutschen Industrie, einhergehend mit dem Verlust der Arbeitsplätze dort, auch in der Industrieforschung, ließ die Arbeitslosigkeit hochschnellen. Damit bot sich für die Physiker und Physikerinnen von der Akademie der Wissenschaften und aus dem Hochschulbereich kaum eine Chance auf eine neue Beschäftigung in der ostdeutschen Industrie. Eine statistische Analyse der Deutschen Physikalischen Gesellschaft vermittelte einen Eindruck über die katastrophale Lage in Ostdeutschland. Anfang 1990 waren in der DDR 9.500 diplomierte Physiker tätig, die Hälfte davon, 4.750, in der Industrie. Ende 1991 waren 3.400 davon arbeitslos gemeldet. Zusammen mit den Physikern von der Akademie und von den Hochschulen zeigte sich bereits Ende 1991, noch vor der großen Bedarfskündigungswelle aus dem universitären Bereich, das Bild von 57 Prozent beschäftigungslosen Physikern und Physikerinnen in Ostdeutschland.[16] „Entgegen zahlreichen [...] Behauptungen liegt die auf die Bevölkerungszahl normierte Physikerzahl in der ehemaligen DDR geringfügig unter der der Bundesrepublik, d. h., eine aus Proporzbetrachtung abgeleitete Forderung nach Abbau von Physiker-

---

[13] Vgl. Interview 17; Winzige Teile, große Karriere. Stephanie Reich, Professorin für Nanophysik, https://www.deutschlandfunkkultur.de/winzige-teile-grosse-karriere.1153.de.html?dram:article_id=182176. Zuletzt abgerufen am 28. November 2019.
[14] Vgl. Interview mit Prof. Christian Thomsen am 24. August 2016. Gegenteilige Meinungen: Vgl. Thorsten Dambeck, S. 12.
[15] Vgl. Arbeitsmarkt für Physiker: Bericht über das Jahr 1989, S. 400 f.; Physiker – Sorgenkinder des Arbeitsamtes?, S. 892; Arbeitsmarkt für Physiker: Wie dramatisch ist die Lage?, S. 1112 f.
[16] Vgl. Zur Beschäftigung von Physikern nach der Vereinigung. Ergebnisse einer Analyse im Auftrag der DPG, S. 318 f.; Heinz Bethge, S. 363–367.

Arbeitsstellen ist unbegründet."[17] Diese Einschätzung der DPG half nicht, den laufenden Abbau von Anstellungen in Industrie, Wissenschaft und Forschung abzumildern. Der angespannte Arbeitsmarkt für Physikerinnen und Physiker begann sich erst um das 2000er Jahr zu entspannen. Waren auf dem Höhepunkt Mitte der 1990er Jahre 4.000 Physiker arbeitslos gemeldet, halbierte sich die Zahl bis 2000.[18] Physikerinnen waren von Arbeitslosigkeit mehr betroffen.[19] Und noch einen Fakt konnte man aus den Statistiken schließen: Allein aus Ostdeutschland zählte die Deutsche Physikalische Gesellschaft 1992 auf einen Schlag rund 5.000 beschäftigungslose Physiker und Physikerinnen, die gesamtdeutsche Arbeitslosenstatistik erhöhte sich jedoch „nur" um 1.700.[20] Behält man die Vorruhestandsregelung und mögliche Berentungen im Auge, müssen doch eine beachtliche Zahl an ostdeutschen Physikerinnen und Physikern in der westdeutschen Wirtschaft und Forschung bzw. im Ausland eine Anstellung gefunden haben.

Noch in der alten Bundesrepublik begannen sich 1977 die wenigen Naturwissenschaftlerinnen und Ingenieurinnen auf dem Kongress „Frauen in Naturwissenschaft und Technik" erstmalig zu organisieren. Zu Beginn der 1980er traf man sich dann in einzelnen Fachdisziplinen in Arbeitsgruppen, so auch 1981 die Physikerinnen in Hannover. Die jährliche Teilnehmerzahl lag damals bei 20 bis 30 Physikerinnen. Diese Wissenschaftlerinnen tauschten sich auch über ihre Benachteiligungen am Arbeitsplatz und über Möglichkeiten einer Gegenstrategie aus. Breiten Raum nahm die Vorstellung von erfolgreichen Physikerinnenkarrieren ein, Kontakte und Adressen vertieften eine erste Vernetzung.[21] Seit 1991 – nun gesamtdeutsch – fanden jährlich im November Physikerinnentreffen statt mit 30 bis 50 Teilnehmerinnen, seit 1997 unter der festen Bezeichnung „Deutsche Physikerinnentagung (DPT)". Neben aktuellen Fachvorträgen richtete sich hier auch ein Interesse auf Forschungen über Frauen in der Physik. Die langjährig bestehende „Deutsche Physikalische Gesellschaft"[22] wurde gebeten, die „Physikerinnentagung" finanziell zu unterstützten, was diese ablehnte, da die DPG keinen Sonderweg der Frauen wünschte. Im Gegenzug schlug sie vor, innerhalb der Gesellschaft einen Fachausschuss „Frau-

---

[17] Vgl. Zur Beschäftigung von Physikern nach der Vereinigung. Ergebnisse einer Analyse im Auftrag der DPG, S. 319.
[18] Vgl. Gute Aussichten für Physikerinnen und Physiker am Arbeitsmarkt, S. 28–29; Weiterhin gute Aussichten für Physikerinnen und Physiker auf dem Arbeitsmarkt, S. 63–64; Arbeitsmarkt für Physikerinnen und Physiker, Trends 2005, S. 20 f.
[19] Arbeitslose Physikerinnen machten im Jahr 1999 15 Prozent an der Gesamtzahl aus, obwohl ihr Anteil an diplomierten und promovierten und beschäftigen Physikern neun Prozent betrug. „Dies weist darauf hin, dass Physikerinnen in Industrie und Wirtschaft (noch) nicht als gleichwertige Bewerber angesehen werden." In: Gute Aussichten für Physikerinnen und Physiker am Arbeitsmarkt, Trends 2000, S. 29.
[20] Vgl. Arbeitsmarkt für Physikerinnen und Physiker, Trends 2005, S. 20.
[21] Vgl. Helene Göschel, Netzwerke von Physikerinnen S. 137 f.; Wunsch nach mehr Kolleginnen, S. 18–20; Die Naturgesetze gelten in Ost und West. Biographien von Frauen in Naturwissenschaft und Technik.
[22] Seit 1921 als „Physikalische Gesellschaft". Vgl. Wilhelm Walcher, S. 214–219; Dieter Hoffmann, S. F-157 bis F-182; Horst Nelkowski, S. F-143 bis F-156.

en in der Physik" zu gründen. Im November 1998, parallel zur Deutschen Physikerinnentagung, konnte der „Arbeitskreis Chancengleichheit (AKC)" innerhalb der Deutschen Physikalischen Gesellschaft mit 150 Teilnehmerinnen, darunter 13 Physikprofessorinnen, institutionalisiert werden. Der Arbeitskreis organisierte und initiierte seither Projekte und Studien über berufstätige Physikerinnen. Er vergibt seit 2002 den „Hertha-Sponer-Preis" – benannt nach der ersten deutschen Physikprofessorin – an Physikerinnen. Nach wie vor wird eine autonome Vernetzung unter den Physikerinnen gepflegt, u. a. mittels einer Physikerinnen-Mailing-Liste. Die jährliche Deutsche Physikerinnentagung findet Unterstützung durch den Arbeitskreis und an internationalen Kongressen wird sich aktiv beteiligt, so beispielsweise 2002 in Paris – „Woman in Physics" – an der ersten Konferenz dieser Art. Hier hörten die deutschen Physikerinnen von französischen, britischen und US-amerikanischen Kolleginnen über ähnliche Marginalisierungslagen, wenn auch auf bereits quantitativ höherem Level.[23] Engagierte Physikerinnen begrüßten ihre Selbstorganisation, denn: „viele Physikerinnen empfinden in ihrem männerdominierten Umfeld den Umgangston und ihre Exponiertheit, das ständige Auffallen, als Belastung […]"[24]

Erst seit den Initiativen zur Selbstorganisation der Physikerinnen zum Ende der 1990er Jahre schien die (männliche) Physiker-Community sich des Themas Chancengleichheit, wenn auch sehr zögerlich und durch Druck von außen, anzunehmen. Eine Wissenschaftlerin brachte es auf den Punkt: „Die Deutsche Physikalische Gesellschaft entdeckt eine Minderheit: die Physikerinnen!"[25] Zudem fiel auf, dass jegliche verlässliche Statistik über die Berufssituation von Physikerinnen fehlte, auch internationale Vergleiche anzustellen, war daher schwer möglich.[26] In den 2000er Jahren häuften sich Themen über einen als notwendig erachteten Imagewandel im Fach. Von den Schulen bis hin zu öffentlich-medialen Darstellungen sollte der „Abschreckungseffekt" der Physik auf Schülerinnen und jungen Frauen abgebaut werden.[27] Kritisch wurde vor allem die Schuldidaktik gesehen und immer wieder, scheinbar vergeblich, angemahnt, dass Erklärungen und Anwendungen physikalischer Gesetze in der Medizin und Biologie für Mädchen und junge Frauen passgenauer und motivierender sei.[28]

Breiten Raum in Zeitschriftenpublikationen, auf Workshops des Arbeitskreises Chancengleichheit der DPG oder auf Physikerinnentagungen nahmen Darstellungen von erfolgreichen Berufskarrieren[29] von Frauen in Wissenschaft und Wirt-

---

[23] Vgl. Helene Göschel, Netzwerke von Physikerinnen, S. 137–140; Eleonore Köpp, S. 5; Vereinte Physikerinnen, S. 13 f.
[24] Eleonore Köpp, S. 5.
[25] Als Physikerin leben und arbeiten?, S. 1026; vgl. auch Sybille Krummacher, S. 619. Nach 160 Jahren der Vereinigung deutscher Physiker übernahm von 2012 bis 2014 zum ersten Mal eine Physikerin das Amt einer Präsidentin der Deutschen Physikalischen Gesellschaft. Vgl. Eine Frau an der Spitze, S. 33.
[26] Vgl. Sybille Krummacher, S. 619; Edelgard Bulmahn, S. 3.
[27] Vgl. Ist die Physik reif für eine Image-Kampagne?, S. 65–68; Alexander Pawlak, S. 24 f.
[28] Vgl. Ist die Physik reif für eine Image-Kampagne?, S. 65–68.
[29] Vgl. Einsteins Kolleginnen. (Hier mit 28 Berufsbiographien, darunter zwei Ostdeutsche).

schaft ein. Auffallend dazu war, dass die jungen qualifizierten Physikerinnen, alle mit Familie und Kindern, ihre Doktoranden- und Postdoktorandenphase nicht in Deutschland verbracht hatten. Während eine Physikprofessorin von den Verhältnissen in Italien, wo die Hälfte der Physikstudierenden Frauen waren, berichtete, lobten andere Professorinnen das hervorragende französische Kinderbetreuungssystem. Die „Krippe auf Abruf" und die Einstellung zur Kinderbetreuung in Frankreich, ähnlich wie in der früheren DDR, habe es den Wissenschaftlerinnen ermöglicht, ihre Qualifikation erfolgreich abzuschließen.[30] Diese Physikprofessorinnen verwiesen auf notwendige Rahmenbedingungen für eine erfolgversprechende akademische Berufslaufbahn in Deutschland wie mehr weibliche Vorbilder, Mentoring-Programme, variable Kinderbetreuungssysteme, flexiblere Arbeitszeitmodelle auch hinsichtlich experimenteller Labor- und Werkstattforschungsarbeit, verstärkte Dual-Career-Angebote, Netzwerkbildung unter Frauen und vor allem aber auch der feste Wille der Wissenschaftlerinnen selbst, Spitzenkarrieren anzustreben.[31] Das Fehlen von weiblichen Vorbildern schien ein wesentliches Manko für junge Frauen zu sein, eine akademische Karriere als Physikerin anzustreben. Dabei ging es vor allem um weibliche Vorbilder vor Ort an Universitäten und Hochschulen, weniger um einige medial herausgestellte Spitzenphysikerinnen.

Die Deutsche Physikalische Gesellschaft, ab 1999/2000 zusammen mit ihrem Arbeitskreis Chancengleichheit, initiierte und finanzierte seit 1997 Umfragen und Untersuchungen zu Physikerinnen im Beruf und konkret zu Physikerinnenkarrieren in Wissenschaft und Forschung. Mit diesen Studien konnten, wenn auch zeitlich gesehen erstaunlich spät, exakte Zahlen und Fakten zusammengetragen werden, die die fehlende Chancengleichheit von Physikerinnen als eine nicht zu leugnende Tatsache dokumentierte.[32] Bis zur Umfrage „Physikerinnen und Physiker im Beruf" im Jahr 2002, das sei angemerkt, fehlten in den Studien der Physikalischen Gesellschaft Fragen und Fakten zur familiären Situation und deren Wirkung auf Berufswege von männlichen, aber vor allem weiblichen Physikerinnen. Auch irritierte es die Physikerinnen, dass die Deutsche Physikalische Gesellschaft und ihre Gremien bis Ende der 1990er Jahre noch immer keine weibliche Anredeform für sie gefunden hatte und kommentierten dies damit: „Solange ältere Herren

---

[30] Vgl. Ilka Flegel, S. 37–42; Petra Rudolf, S. 3; Workshop „Mit mir ist zu rechnen!" S. 72; „Mit mir ist zu rechnen!, S. 53; 8. Deutsche Physikerinnentagung in Aachen, S. 56; „Ich dachte fast, Physiker müssen Bärte haben", S. 69; Frauen vor!, S. 8 f.; Wunsch und Wirklichkeit, S. 11; Cornelia Denz, S. 3; Christine Meyer u. a., Mehr Physikerinnen – weiter so!, S. 41–44; Frauen in der Physik!, in: Physik Journal, 2009, S. 46–48.
[31] Vgl. ebenda.
[32] Vgl. Hans Sixl, DPG-Berufsumfrage 1997, S. 504–511; Physik in Deutschland, in: Physik-Handbuch 1998, http://www.isn-oldenburg.de/~stamer/hb/kap2.html. Zuletzt abgerufen am 28. November 2019; Arbeitskreis Chancengleichheit in der DPG: Umfrage; Monika Bessenrodt-Weberpals, S. 31–35; Der Zugang zur Hochschullehrerlaufbahn im Fach Physik an deutschen Universitäten: 2010; Christine Meyer, Agnes Sandner, Physikerinnen: Heidelberg 2013; Physikerinnen und Physiker im Beruf. Anschlussstudie für die Jahre 2005 bis 20013, https://www.dpg-physik.de/veroeffentlichung/broschueren/studien/arbeitsmarktstudie_2016.pdf. Zuletzt abgerufen am 28. November 2019.

ohne Kontakt zum Arbeitsmarkt im Elfenbeinturm Entscheidungen treffen", ändere sich für sie auch mit Umfragen nichts.[33] Noch bis in die 2000er Jahre schien es in Gesamtdeutschland in der Physiker-Community kein Gespür bzw. wenig Interesse für Wissenschaftlerinnen in der Physik gegeben zu haben. Nach wie vor stellen die Umfragen heraus, dass zirka ein Drittel aller Physikerinnen und Physiker in Wissenschaft, Lehre und Forschung beschäftigt sind. Neben den Hochschulen und Universitäten existieren in Deutschland rund 80 öffentlich finanzierte Institute und Einrichtungen, in denen physikalische Forschung betrieben wird.[34]

Während 1990 zirka zwölf Prozent aller Studienanfänger im Fach Physik weiblich waren, steigerte sich der Anteil auf knapp über 20 Prozent im Jahr 2000. Erst um das 2000er Jahr erreichte Gesamtdeutschland mit dieser Prozentzahl wieder die Bestmarke beim Anteil der Physikstudentinnen, die das Land in den 1920er und frühen 1930er Jahren schon einmal gehabt hatte.[35] Das Universitätsdiplom in Physik legten um das Jahr 2000 anteilmäßig elf bis 13 Prozent Frauen ab. Dieser Anteil war seit mehr als 15 Jahren konstant geblieben. Auf um die 25 Prozent schaffte es der Frauenanteil im Lehramtsstudium. Frauen, die ein Physikstudium wählten, trafen diese Entscheidung sehr bewusst und verfügten über überdurchschnittliche Fähigkeiten und Interesse für das Fach. Physikerinnen stammten häufiger aus Elternhäusern mit höherem Bildungsniveau als ihre männlichen Kollegen, Physikerinnen kommen etwas häufiger als Physiker bereits aus einer naturwissenschaftlich geprägten Familie.[36] Physikerinnen wurde zu fast einem Fünftel abgeraten, dieses Fach zu studieren. Das war bei Männern nicht der Fall, und übrigens auch nicht bei den Physikerinnen,[37] die aus der DDR stammten.

Für „Physikerinnen im Beruf" in Industrie, Wirtschaft und Wissenschaft ließ sich um das Jahr 2000 zusammenfassend sagen: Die Physik war und ist ein männerdominiertes Fach mit einem Frauenanteil – langjährig und fast unverändert – von bundesweit rund zehn Prozent und damit von beruflicher Chancengleichheit weit entfernt. In Spitzenpositionen fanden sich Physikerinnen viel seltener als Physiker, unabhängig davon, ob sie Kinder hatten oder nicht. Die Einkommen von Physikerinnen waren im Schnitt um 25 Prozent niedriger als bei ihren männlichen Kollegen. Spitzengehälter erzielten nur sieben Prozent der Frauen, aber 38 Prozent der Männer. Physiker mit Kindern standen auf der Gehaltsskala ganz oben, Physikerinnen mit Kindern ganz unten. Physikerinnen, die Kinder hatten, verdienten nur unwesentlich weniger als ihre kinderlosen Kolleginnen. Mehr als 70 Prozent der berufstätigen Physikerinnen hatten keine Kinder. Physikerinnen wurden im Laufe ihres Berufslebens immer unzufriedener mit ihrer beruflichen Situation, bei den über 45-jährigen betraf dies 17 Prozent der Frauen, aber nur zwei Prozent der

---

[33] Vgl. Hans Sixl, S. 511.
[34] Vgl. Hans Sixl, S. 507; Physik in Deutschland, in: Physik-Handbuch 1998, http://www.isn-oldenburg.de/~stamer/hb/kap2.html. Zuletzt abgerufen am 28. November 2019.
[35] Vgl. Helene Göschel, Netzwerke von Physikerinnen, S. 137.
[36] Vgl. Bärbel Könekamp, Beate Krais, Physikerinnen und Physiker im Beruf, S. 2 f.
[37] Vgl. Cornelia Denz, S. 3.

Männer. Ursachen für diesen Zustand lagen in einer minderen Förderung von Wissenschaftlerinnen durch ihre Vorgesetzten. Während der Berufskarriere häuften sich, das wurde reflektiert, „kleine" Benachteiligungen von Frauen gegenüber männlichen Kollegen. Zudem standen die wenigen Physikerinnen immer im Fokus der Aufmerksamkeit. Sie hatten doppelt so hohe Leistung – Patente, Publikationen, Fachvorträge, Nachwuchsbetreuung – zu erbringen, um als Frau gleichrangig dem Mann angesehen zu werden. Physikerinnen lebten zu mehr als 85 Prozent mit einem Akademiker als Partner zusammen, lebten als Dual-Career-Couples, d. h. als Paare, bei denen Mann und Frau eine Karriere anstrebten. In der Arbeitswelt trafen diese Paare häufig auf Ignoranz ihrer spezifischen Schwierigkeiten, z. B. am selben Ort für beide eine entsprechende Anstellung zu finden.

An den Befragungen der Physikalischen Gesellschaft hatten fünf Prozent Physikerinnen und drei Prozent Physiker teilgenommen, die in der DDR studiert bzw. bereits dort berufstätig waren. Für die in der DDR aufgewachsenen Frauen war Physik eine häufigere Berufswahl als für ihre westdeutschen Altersgenossinnen. Ihr Anteil war in den betreffenden Altersgruppen doppelt so hoch.[38] Erfahrungen bzw. Gleichstellungsvorstellungen von und über Physikerinnen aus der DDR wurden als Fakten zwar aufgelistet, spielten bei der Bewertung oder gar bei Überlegungen zu mehr erfolgversprechenden Maßnahmen keine Rolle.

Für Physikerinnen mit einer weiteren akademischen Laufbahn ließ sich für das Jahr 2000 ergänzen: Die Ausbildung dieser Physikabsolventinnen verlief zielstrebig, denn der Frauenanteil bei der Promotion lag wie beim Diplom bei 13 Prozent. Das verwies darauf, dass Physikabsolventinnen erfolgreich ihre akademische Ausbildung betrieben. Analoges galt für die Habilitation. Mit acht Prozent Frauenanteil wurde das Potenzial promovierter Physikerinnen gut ausgeschöpft. Die absoluten Zahlen in Physik waren allerdings niedrig. Im Jahr 2001 hatten sich z. B. nur zehn Frauen habilitiert. Die Frauenanteile bei Promotion und Habilitation zeigten einen langjährigen leichten Aufwärtstrend.[39] Im akademischen Mittelbau in Physik waren Frauen mit einem Anteil von zehn Prozent adäquat, gemessen am Diplom bzw. Promotion, vertreten. Obwohl jedoch ihre Habilitationsanteile schon seit Jahren bei um die acht Prozent variierten, lag der Professorinnenanteil in der Physik bei nur drei Prozent. Hatten sich zwischen 1993 bis 2000 45 Frauen in der Physik habilitiert, stieg die Anzahl der Physikprofessorinnen nur um 16 auf insgesamt 35. Dieses Missverhältnis entkräftete das Argument, dass zu wenige

---

[38] Vgl. Bärbel Könekamp, Beate Krais, Physikerinnen und Physiker im Beruf, 2000–2001, S. 2–18; Chancengleichheit von Physikerinnen und Physikern im Beruf? Eine Umfrage 1999–2002, https://www.dpg-physik.de/dpg/gliederung/ak/akc/projekte/umfrage2002.html. Zuletzt abgerufen am 28. November 2019; Bärbel Könekamp, Beate Krais, Martina Erlemann, Corinna Kausch, S. 22–27.
[39] Ihr Anteil an Promotionen lag 1983 (Westdeutschland) bei unter fünf Prozent und 2012, nach 30 Jahren, bei rund 20 Prozent. Vgl. Christine Meyer, Agnes Sandner, Physikerinnen: Zahlen und Fakten, November 2013, https://www.dpg-physik.de/dpg/gliederung/ak/akc/Publikationen/Meyer_Statistiken_DPT-2012.pdf. Zuletzt abgerufen am 28. November 2019.

qualifizierte Frauen für eine Professur bereitstünden.[40] Obwohl Physikerinnen gute Voraussetzungen für den Beruf mitbrachten, konnten sie sie nicht optimal als Vorteil im Berufsalltag nutzen. Die Benachteiligung entstand, entgegen der oft gemachten Annahme, nicht durch eine Entscheidung für Familie mit Kindern, sondern aufgrund von Vorbehalten der meist männlichen Arbeitgeber allein durch den Umstand, dass sie Frauen waren. Die Diskriminierung, die Unterrepräsentanz von Physikerinnen im Vergleich zu Physikern, begann während bzw. direkt nach der Promotion und setzte sich im Berufsleben fort.

Welche Schritte hielt man um das Jahr 2000 für zielführend für eine bessere Chancengleichheit? Die Hauptverantwortung für Änderungen wurde bei jedem Lehrstuhl- bzw. Fachbereichsleiter der Physik gesehen. Diese könnten durch einen „reflektierten Umgang mit eigenen Wertungsmustern und Toleranz von anderen Lebensentwürfen" Benachteiligung von Frauen abbauen helfen und Physikerinnen durch Anerkennung ihrer Leistungen adäquate berufliche Positionen ermöglichen.[41] Im Umkehrschluss hieß das auch: Dort, an Hochschulen und Forschungsinstituten, wo es keine ausreichende Zahl an Physikerinnen und Hochschullehrerinnen in der Physik gab, lag die Verantwortung dafür bei den männlichen Leitern und Institutschefs, nicht jedoch, wie als Ausrede immer wieder zu hören, an fehlenden qualifizierten Wissenschaftlerinnen.[42] Als konkrete Maßnahmen für ein Mehr an „Physikerinnen im Beruf" fasste man ins Auge, dass Arbeitgeber ihren hochqualifizierten Physikern und Physikerinnen eine zeitlich begrenzte Reduktion der Arbeitszeit, ohne Karrierenachteile, während einer Familienphase ermöglichen sollten. Statt immer nur auf die Länge der Arbeitszeit, der Berufsjahre oder auf die Zahl der Publikationen zu schauen, müsse mehr die Qualität der Publikationen und Forschungs- bzw. Lehrerfahrungen zählen. Forschung und Lehre sollten einen gleich hohen Stellenwert bei der fachlichen Bewertung der Wissenschaftlerinnen und Wissenschaftler einnehmen. Der „Umzugswahnsinn" an deutschen Universitäten, d. h. nach jeder Qualifikationsstufe die Hochschule wechseln zu müssen, müsse beendet werden, denn dies benachteilige Familien/Frauen mit Kindern zusätzlich. Zudem erschwere es bzw. mache es Akademikerpaaren fast unmöglich, gleichwertige Anstellungen an immer wieder wechselnden Standorten zu finden. Letztlich gehe es bei Chancengleichheit für Frauen in der Wissenschaft nicht nur um die Verwirklichung eines Grundrechtes, sondern um die Nutzung eines originären Potenzials für die Gesellschaft – so resümierte die DPG.[43] Sicher begrüßenswert war die seit 2002 stattfindende Auslobung des „Hertha-Sponer-Preises" für weibliche Nachwuchswissenschaftlerinnen in der Physik. Aber entscheidender für Chancengleichheit war und ist die Nominierung von Wissenschaftlerinnen für die gängigen Physikpreise. Diese Preisverleihungen durch die Deutsche Physikalische

---

[40] Vgl. Monika Bessenrodt-Weberpals, Physikerinnen in Deutschland: S. 31 ff. Mit den Zahlen dieser DPG-Umfragen ließen sich nun auch internationale Vergleiche anstellen.
[41] Vgl. Bärbel Könekamp, Beate Krais, Martina Erlemann, Corinna Kausch, S. 27.
[42] Vgl. Monika Bessenrodt-Weberpals, Physikerinnen in Deutschland, S. 32–34.
[43] Vgl. ebenda, S. 34 f.; Kai P. Schmidt, S. 3.

Gesellschaft gestaltete sich nach wie vor als eine fast „reine Männerveranstaltung".[44]

Fast 15 Jahre später jedoch trafen alle diese Expertenaussagen von der Physikalischen Gesellschaft unverändert noch immer zu, auch wenn sich inzwischen prozentuale Verschiebungen zugunsten von Physikerinnen feststellen ließen.[45] Im Zeitraum von 2000 bis 2013 steigerten sich die Anteile der Frauen in der Physik am Diplomabschluss von um die zehn Prozent auf knapp unter 20 Prozent, am Lehramtsabschluss von 28 auf fast 40 Prozent und am Abschluss einer Promotion von um die neun auf 20 Prozent. Im Jahr 2012 hatten 1.500 Frauen einen Abschluss in Physik/Astronomie absolviert.[46] Kritisch hieß es jedoch hinsichtlich der Promotionen wiederholt, dass Frauen hierfür seltener Universitäts- oder Drittmittelstellen als Männer und dafür häufiger die sozial nicht abgesicherten Stipendien erhielten.[47] Der Anstieg des Physikerinnenanteils bei den Habilitationen hielt dem Aufwärtstrend der Diplom- und Promotionsabschlüsse nicht stand. Er schwankte sehr in den absoluten Zahlen. So lag der weibliche Habilitationsanteil 2009 bei drei Prozent, aber 2013 bei zwölf Prozent. Konnte Deutschland Ende der 1990er Jahre erst mit 21 Physikprofessorinnen – zirka die Hälfte davon aus und in Ostdeutschland – aufwarten, zählte man 2012 132 Professorinnen von insgesamt zirka 1.400 Physikprofessuren, also knapp zehn Prozent.

Junge Physikerinnen entschieden sich seit den späten 2000er Jahren eher als ihre männlichen Kollegen für eine Juniorprofessur. Ihr Anteil an den Juniorprofessuren betrug knapp ein Viertel. Die weiblichen wie die männlichen Juniorprofessuren an den Universitäten waren in den meisten Fällen jedoch ohne eine Tenure-Track-Option,[48] also ohne feste Zukunftsperspektive eingestellt worden. Gegenwärtig ist noch offen, ob und wie viele Juniorprofessorinnen in der Physik den Sprung von diesem Modell in eine reguläre Professur schaffen und damit Stand und Wirkung in der deutschen Wissenschaftslandschaft verbessern können. Die Juniorprofessuren insgesamt, so Untersuchungen dazu, waren oft finanziell, materiell und personell unzureichend ausgestattet und mit hohen Anforderungen

---

[44] Vgl. Physik-Preis 2006 oder 2007 oder 2008 oder 2016, in: Physik Journal 5, 2006 S. 45–52; Physik Journal 6 2007 S. 44–50; Physik Journal 7 (2008), Nr. 1, S. 56–64; für 2016 https://www.dpg-physik.de/preise/preistraeger2016.html?print=true&. Zuletzt abgerufen am 28. November 2019.
[45] Vgl. Physikerinnen und Physiker im Beruf. Anschlussstudie für die Jahre 2005 bis 2013, 2016, S. 33–35.
[46] Vgl. Christine Meyer, Agnes Sandner, Physikerinnen: Zahlen und Fakten, https://www.dpg-physik.de/dpg/gliederung/ak/akc/Publikationen/Meyer_Statistiken_DPT-2012.pdf. Zuletzt abgerufen am 28. November 2019; Trendwende(n) im Physikstudium?, S. 25–30, hier S. 30.
[47] Vgl. Professorinnen gesucht, S. 11; Zufriedene Doktoranden, S. 6.
[48] Die Tenure-Track-Perspektive umfasst einen zeitlich befristeten Sechsjahresvertrag mit klaren Zielvorgaben wie Veröffentlichungen, Einwerbung von Drittmitteln, Lehre, Nachwuchsbetreuung mit positiver Bewertung durch die Studierenden und ein Engagement an Fakultät und Hochschule. Werden diese vertraglich festgelegten Verpflichtungen umgesetzt, wird die Anstellung auf eine reguläre unbefristete Professur umgewandelt. Ohne diese Option müssen die Inhaber ihren Fachbereich/Universität nach sechs Jahren verlassen.

in Sachen Forschung, Lehre, Publikationen, Auslandsaufenthalten, Nachwuchsbetreuung und Drittmitteleinwerbung überlastet worden.[49] Nach wie vor hieß es in den 2010er Jahren bei der Vereinbarkeit von Beruf und Familie, dass Physikerinnen mit Kindern langsamer und schwerer Karriere machen, wohingegen Männer mit Familie und Kindern diese am schnellsten machen, d. h. für Deutschland immer noch: Kinder verzögern die Karriere von Wissenschaftlerinnen, beschleunigen aber die von Wissenschaftlern. Es fehlen in Deutschland erfolgversprechende Rollenmodelle für die Vereinbarkeit von Familie und Wissenschaftskarrieren.[50]

Tabelle 18: Frauenanteile auf Qualifikations-/Statusebenen an Hochschulen in Deutschland 2014[51]

	Physik	Mathematik
Studium/Masterprüfung	21 %	38 %
Promotionen	20 %	27 %
Juniorprofessuren	29 %	23 %
Professuren	10 %	16 %

Jüngste Studien, die die akademische Karriere von Physikerinnen und Mathematikerinnen verglichen, wiederholten und ergänzten die Fakten.[52] Physikerinnen können gegenwärtig ihr Potenzial – gemessen am Anteil ihres Diplom- und Promotionsabschlusses – konsequenter und zeitlich stringenter nutzen als Mathematikerinnen. Obwohl in der Mathematik die weiblichen Anteile auf allen Qualifikations- bzw. Statusebenen deutlich höher liegen als in der Physik, gehen in der Physik von Stufe zu Stufe weniger Frauen verloren. In der Physik trifft damit der gängige Begriff von „Leaky Pipeline" nicht mehr zu. Hier wird das weibliche Rekrutierungspotenzial ausgeschöpft.

Um in der Physik eine gendergerechtere Weiterentwicklung anzustreben, muss zunächst das weibliche studierende Potenzial erhöht werden. In der Mathematik hingegen klafft die Lücke zwischen Absolventinnen des Masterstudiums und der Promotion. Das bestätigt auch der Frauenanteil am hauptberuflichen Hochschulpersonal: In der Mathematik 22 Prozent, in der Physik 16 Prozent.[53] In beiden Fächern traten keine Geschlechterunterschiede auf hinsichtlich der Promotionsdauer und den ersten Publikations- und Vortragstätigkeiten. Die Post-Doc-Phase dauerte geschlechtsneutral in der Physik länger als in der Mathematik, da Physiker und

---

[49] Vgl. Der Zugang zur Hochschullehrerlaufbahn im Fach Physik an deutschen Universitäten, S. 11–15, 73–86.
[50] Vgl. Christine Meyer, Agnes Sandner, Physikerinnen. Zahlen und Fakten, November 2013, https://www.dpg-physik.de/dpg/gliederung/ak/akc/Publikationen/Meyer_Statistiken_DPT-2012.pdf. Zuletzt abgerufen am 28. November 2019.
[51] Vgl. ebenda, S. 81, gerundete Zahlen.
[52] Vgl. Bettina Langfeldt, Anina Mischau, S. 80–99.
[53] Vgl. ebenda.

Physikerinnen längere Auslandsaufenthalte als nahezu obligatorisch für die akademische Karriere ansahen und absolvierten.[54] Eine klassische Karriereplanung findet kaum – ebenso geschlechtneutral – in der Mathematik wie in der Physik statt. In beiden Fächern geht es eher um einen „Überlebenskampf, um Weiterbeschäftigung im Wissenschaftssystem". In Punkten von Publikationstätigkeit, Beteiligungen an Tagungen und Anerkennung innerhalb der Scientific Community treten zwischen Physikerinnen und Physikern keine Unterschiede auf, wohingegen in der Mathematik vor allem die älteren Mathematiker deutlich sichtbar in der Wissenschaftslandschaft sind als ihre Kolleginnen. Die Strategie der Selbstpräsentation gilt als besonders karriereförderlich. Physiker sind signifikant stärker um Selbstinszenierung bemüht als Physikerinnen, dies auch im Vergleich zu männlichen Mathematikern. Physikerinnen stuften sich selbst erfolgreicher als Mathematikerinnen ein, Männer beider Fachrichtungen erfolgreicher als die Frauen.[55]

Karrieren in der Wissenschaft im deutschen Wissenschaftssystem sind nach wie vor nicht als „Beruf", sondern als eine „Berufung" konzipiert, die nur mit steter Leidenschaft und Hingabe betrieben werden kann. Dieser Wissenschaftsmythos impliziert eine Arbeitskultur, die auf ein zeitlich und räumlich unbegrenztes Arbeiten abzielt. Familie und Geburt bzw. Betreuung von Kindern steht bei Wissenschaftlerinnen im Widerspruch zu dem an der männlichen Normalbiographie ausgerichteten normativen akademischen Idealbild. Im Wissenschaftsmythos und seiner Wirkmächtigkeit wird zudem eine Erklärung für die höhere Kinderlosigkeit unter Akademikerinnen bzw. die zeitliche Verschiebung der Elternschaft während der Qualifizierungsphasen in ein späteres Lebensalter gesehen. Die beruflichen Ausfallzeiten für Wissenschaftlerinnen pro Geburt eines Kindes betrugen durchschnittlich sowohl bei Physikerinnen als auch bei Mathematikerinnen acht Monate. In beiden Fächern fallen berufliche Einschränkungen aufgrund von Kinderbetreuung deutlich geschlechterdifferenziert aus. Frauen haben im Vergleich zu Männern signifikant häufiger im Berufsverlauf ihre Tätigkeit unterbrochen, ihre Arbeitszeit vorübergehend reduziert, ihre Karriereziele verschoben. In der Physik fielen die Geschlechterdifferenzen gravierender aus als in der Mathematik. Männer beider Fachrichtungen mit Erwerbsunterbrechungen wegen Kinderbetreuung fühlten sich weniger erfolgreich als ihre männlichen Kollegen ohne Inanspruchnahme einer Berufsunterbrechung.[56]

Verschiedene aktuelle Studien bleiben gegenwärtig bei ihrem Urteil, dass Geschlechterunterschiede bei der Umsetzung von Karrieren heute immer noch auf den Faktor Kind zurückgeführt werden. Solange deutsche Hochschulen bei ihrem implizierten Wissenschaftsideal trotz zunehmender Gleichstellungsbemühungen verharren und die Reproduktionsaufgaben auf andere, sprich einseitig weibliche Schultern verlagern, wird sich am ungleichen Geschlechterproporz in universitären Spitzenpositionen nichts ändern.

---

[54] Vgl. ebenda, S. 83–87.
[55] Vgl. ebenda, S. 89 f., 92.
[56] Vgl. ebenda, S. 84, 86, 90–92; auch Anina Mischau, Bettina Langfeldt, S. 37–59.

VIII. Resümee

I.

Für die SED-Führung in der DDR war es nicht nur Ideologie und Propaganda, sondern auch Überzeugung, dass die „Teilnahme am Arbeitsprozess die Frau dem Mann gleichstelle".[1] Hier spiegelte sich sowohl deutsche sozialistische Tradition als auch zeittypische mitteleuropäische Erfahrung wider. Frauen aus der ökonomischen und finanziellen Abhängigkeit von Männern zu befreien, schien der durchaus richtige Ansatz für die Gleichberechtigung der Geschlechter zu sein. Gleichzeitig war die DDR während ihrer gesamten Existenz dringend auf die Frauen als Arbeitskräfte für die nicht sonderlich rentabel laufende Wirtschaft angewiesen. Relativ flache Einkommens- und Vermögensverhältnisse machten zudem ein Mitverdienen von Frauen geboten, um den Lebensstandard anheben zu können. Sowohl in der DDR-Verfassung von 1949 wie in den darauffolgenden Gesetzeswerken[2] wurde die rechtliche Gleichstellung von Mann und Frau fixiert und politisch durchgesetzt. Während die 1950er Jahre ganz im Zeichen der maximalen Integration der Frauen in den Arbeitsmarkt standen, setzte in den 1960er Jahren eine umfassende Qualifizierungsoffensive ein, die auch die Hochschulausbildung von Frauen einschloss. Dabei unterlag die DDR dem fundamentalen Irrtum – wie die Bundesrepublik auch –, dass sich nach der rechtlichen Gleichstellung der Frau und mit dem Abbau ihres Qualifikationsdefizits eine Geschlechterparität auch im akademischen Bereich praktisch im Selbstlauf einstellen würde. Wissenschaftlerinnenförderung an Universitäten und Hochschulen ließ sich ab Beginn der 1960er Jahre nachweisen. Nie vorher und nie wieder wurde so intensiv um Wissenschaftlerinnen geworben. Die Vertretung von Fraueninteressen in Wissenschaft und Forschung war zwischen staatlichen, SED- und Gewerkschaftsleitungen angesiedelt mit der Folge, dass die Verantwortung dafür bis in die 1980er Jahre zwischen diesen Institutionen hin- und hergeschoben wurde.

II.

Die rechtliche und ökonomische Gleichstellung, die flankierenden sozialpolitischen Maßnahmen zur Vereinbarkeit von Beruf und Familie, einseitig für Frauen gedacht, die Förderung von Wissenschaftlerinnen sowie ein erreichter paritätischer Frauenanteil beim Abschluss im Hochschulstudium seit 1974/75 hatte zu sichtbaren Fortschritten in Sachen Gendergerechtigkeit geführt, die Unterrepräsentanz von Frauen in Wissenschaft und Forschung jedoch nicht aufgehoben. Das

---

[1] Gesetzbuch der Arbeit der DDR, 12. April 1961, in: GBl. der DDR, I, 1961, S. 27.
[2] Ehe- und Familienrecht 1950; „Gesetzbuch der Arbeit" 1961.

galt für naturwissenschaftliche und technische Fachrichtungen, auch für die Physik, und für die höheren Statusgruppen, die Dozenten und Professoren, sowie für hohe Leitungsfunktionen. Der Frauenanteil im Hochschulbereich entwickelte sich bis in die 1980er Jahre – über alle Fächergruppen hinweg – auf rund 35 Prozent, bei den Professuren auf knapp fünf Prozent, bei den Dozenturen auf zwölf Prozent. Typisch und ein DDR-Kennzeichen im Wissenschaftsbetrieb war die arbeitsrechtlich abgesicherte Stellung von drei Vierteln des Wissenschaftspersonals auf unbefristeten Stellen. In der Fächersparte Mathematik und Naturwissenschaften lag der Wissenschaftlerinnenanteil unter dem Durchschnitt. Hier erreichte die Professorinnenquote keine zwei Prozent, die Dozentinnenquote keine fünf Prozent und die des wissenschaftlichen Mittelbaus 22 Prozent. Die Physik rangierte unter den Naturwissenschaften mit höchstens zwölf bis 14 Prozent Physikerinnen auf Mittelbauebene auf dem letzten Platz. Für die 1980er Jahre konnten zehn bis zwölf aktive ordentliche Physikprofessorinnen im Hochschulbereich ermittelt werden. Unter den 37 Rektoren von Universitäten und Hochschulen waren drei weiblich, darunter eine Physikerin als Rektorin der Technischen Hochschule Leuna-Merseburg. In der Physik im Hochschulbereich betrug die Zahl der Wissenschaftlerinnen 1989 nicht mehr als 200 von insgesamt knapp 1.700 Wissenschaftlern und Wissenschaftlerinnen. Der Anteil der Diplomabsolventinnen in der Physik pendelte sich stabil bei 25 Prozent ein, mit einer jedoch kleinen absoluten Zahl von jährlich 60 Physikerinnen. Ein weiterer positiver Trend zeichnete sich bei der wissenschaftlichen Qualifikation ab. Unter den wissenschaftlichen Mitarbeiterinnen insgesamt stieg der Anteil Promovierter von 1970 zwölf Prozent auf 1988 38 Prozent. Diese Aufholbewegung kam bei den Habilitationen allerdings noch nicht zum Tragen: Betrug der weibliche Habilitiertenanteil 1980 14 Prozent, verharrte er 1988 bei 15,5 Prozent. Obwohl der Dozentinnenanteil gleich klein blieb, erhöhte sich deren absolute Zahl langsam, aber kontinuierlich. Waren die Professorinnen- und Dozentinnenberufungen der 1960er und 1970er Jahre oft schlichtweg an ausreichenden Bewerberinnen gescheitert, begann sich dies mit den 1980er Jahren zu wandeln. An der Ost-Berliner Humboldt-Universität beispielsweise stieg der Frauenanteil unter den Neuberufenen auf fast 40 Prozent.

Eine SED-Parteimitgliedschaft konkret für Wissenschaftlerinnen im Hochschulbetrieb war schwer zu ermitteln. Aus Einzelstatistiken konnte geschlossen werden, dass die Quote der SED-Zugehörigkeit von Frauen im Wissenschaftsbetrieb zwei bis vier Punkte unter denen der Männer lag. Daher können die Durchschnittszahlen für den SED-Anteil unter den Wissenschaftlern insgesamt leicht reduziert auch für die Wissenschaftlerinnen gelten. 1988 waren demnach 30 Prozent der naturwissenschaftlichen Professuren mit Nicht-SED-Mitgliedern besetzt, 34 Prozent der Dozenturen. Rund 60 Prozent der wissenschaftlichen Mitarbeiter und Mitarbeiterinnen in den Fächern Mathematik und Naturwissenschaften besaßen kein SED-Mitgliedsbuch. Physikprofessorinnen an Universitäten ohne SED-Mitgliedsbuch fanden sich als Einzelfälle. Von namentlich ermittelten Physikdozentinnen hielten sich die Wissenschaftlerinnen mit und ohne Parteibuch die

Waage. Bekannt ist, dass eine nicht kleine Zahl an Physikdozentinnen aufgrund ihres verweigerten SED-Eintritts zu DDR-Zeiten keine Professur erhielt.

III.

Das System und die Palette an Fördermaßnahmen für Frauen in der Wissenschaft der DDR waren breit gefächert und änderten sich von den 1960er bis in die 1980er Jahre nicht. Die von außen und durch die Politik der SED angeordnete Förderung umfasste Frauenausschüsse und jährlich aufgestellte Frauenförderungspläne bzw. Kaderentwicklungspläne auf zentraler, d. h. Universitätsebene, und auf dezentraler, d. h. Fachbereichsebene, mit Berichtspflicht und Berichtsflut, zentral und regional angeordnete Frauenkonferenzen, organisierte Aussprachen mit Wissenschaftlerinnen jeder Status- und Fachgruppe vor Ort sowie Kontrollen und Inspektionen im Jahresrhythmus. Pläne und Programme waren und blieben inhaltlich dünn, oft ohne konkrete Fakten und Termine, voll mit Versprechungen, Hinweisen, Ankündigungen und nichtssagenden Phrasen. Es fehlten abrechenbare Festlegungen sowie Konsequenzen bei Nichterfüllung, die die Rektoren, Kaderchefs und Wissenschaftsleiter in die Pflicht genommen hätten. Durch die Anbindung der Frauenkommissionen und Frauenbeauftragten bei der Gewerkschaft und nicht bei den staatlichen Leitern fehlte ihnen zudem die Durchschlagkraft, um speziell für Wissenschaftlerinnen und deren Karriere einzustehen.

Bei den Wissenschaftsleitern und Personalchefs an den Universitäten galten Wissenschaftlerinnen nach wie vor als „Unsicherheitsfaktoren" wenn es darum ging, die Qualifizierungen pünktlich abzuschließen und die an feste Termine gebundenen Industrie-Forschungsaufträge abzuliefern. Ihnen wurde per se mangelndes wissenschaftliches Engagement wegen familiärer Verpflichtungen unterstellt. Hartnäckig hielt sich das Klischee, dass Frauen für Lehre und Ausbildung und Männer für die „harte" Forschungsarbeit geeignet seien. Habilitierenden und habilitierten Männern wurde aus Effizienzgründen der Vorzug eingeräumt, weil hier ein zeitlich und örtlich uneingeschränkter Einsatz vorausgesetzt wurde.

Durchweg erfolgreich war die Förderung von Frauen im Studium. Keine Studentin mit Kind musste seit den frühen 1970er Jahren ihr Studium wegen der Gründung einer Familie aufgeben. Studiensonderpläne – verschobene Prüfungstermine und Praktika oder Praxiseinsätze – sowie das Netz an Kinderbetreuungseinrichtungen und Wohnheimplätzen am Studienort ermöglichten den erfolgreichen Abschluss des Studiums. Hinzu kam, dass bereits seit Ende der 1960er Jahre der Anteil von Hochschulabsolventinnen, die in ihrem studierten Fach berufstätig waren, bei 85 Prozent lag.

IV.

Oberste Priorität genoss die Frage der Unterrepräsentanz von Wissenschaftlerinnen bei den SED-Kaderplanern bis in die 1980er Jahre nicht. Eine Änderung begann erst einzusetzen, als nicht mehr zu leugnen war, dass die Personalsituation im Hochschulbereich wegen steigender Überalterung ins Negative zu driften drohte. Zum Ende der 1980er Jahre erreichten 54 Prozent der Professoren und 30 Prozent der Professorinnen sowie ein Drittel der Dozenten und die Hälfte der Dozentinnen das Vorruhestands- bzw. Rentenalter. In dieser Situation rückten habilitierende bzw. habilitierte Frauen in das Interesse des Hochschulministeriums. Der Status einer Hochschullehrerin war zudem Voraussetzung, um Wissenschaftlerinnen Leitungsposten übertragen zu können. Ein nächster großer Schritt in Richtung Gleichstellung musste auf der Stufe der habilitierten Wissenschaftlerinnen und in den Naturwissenschaften erfolgen. Für die Physik galt dieses Ziel nach wie vor für alle Status- und Qualifikationsebenen. Immer offensichtlicher war es auch geworden, dass die bisherigen Instrumentarien der Frauenförderprogramme trotz ständiger Erfolgsberichte dafür nicht mehr taugten. Hochschulminister Hans-Joachim Böhme erteilte daraufhin im September 1987 an alle Rektoren der Universitäten und Hochschulen die Weisung, eine sogenannte zentrale Kaderreserve „zur zielstrebigen Heranbildung von Frauen zu Hochschullehrern" zu bilden. Namenskonkret mussten die Rektoren Wissenschaftlerinnen für die Frauenkaderreserve nach Ost-Berlin melden. Als Ergebnis stand 1988 im Ministerium ein Pool an 300 Frauen für den Karriereweg zur Hochschullehrerin fest. Dem Hin- und Herschieben von Verantwortung wurde ein Ende bereitet. Unmissverständlich erklärte der Minister gegenüber seinen Rektoren, dass es allein von ihrer Autorität und ihrem Führungsstil abhänge, ob leistungsfähige und leistungsbereite Wissenschaftlerinnen ihre Karrierechance bekämen. Der Druck von oben wurde weiter erhöht, als sich im November 1988 der Ministerratsvorsitzende Willi Stoph einschaltete und von Minister Böhme „echte Ergebnisse der zielgerichteten Heranbildung leistungsfähiger Wissenschaftlerinnen und ihren Einsatz in wissenschaftlichen Funktionen" verlangte. Kontrollaktionen von oben durch das Ministerium bezüglich dieser weiblichen Kaderreserve folgten 1988 und 1989 Schlag auf Schlag. Bei einem Stand von nur 138 ordentlichen Professorinnen – von insgesamt 2.866 Professoren – hätte eine zeitnahe Erhöhung um wenigstens einen Teil der besagten 300 Wissenschaftlerinnen einen deutlichen quantitativen Sprung bedeutete. Es lagen begründete Hoffnungen für künftige Professorinnenberufungen vor. Ob die intendierte Wirkung erzielt worden wäre, bleibt offen. Das Ende der DDR kam dem zuvor.

V.

Die Akademie der Wissenschaften als große außeruniversitäre Forschungseinrichtung umfasste in der Fachrichtung Physik 17 Institute. Die Fachbereiche Physik und Geo- und Kosmoswissenschaften zählten 1988 3.100 Hochschulkader, davon 480 Frauen. Das entsprach einer Quote von 16 Prozent. Von diesen Wissenschaftlerinnen hatten nur vier eine Professur inne, 15 hatten habilitiert und 126 promoviert. Dieses wissenschaftliche Qualifikationsbild zeigt auch, dass zwei Drittel aller

Physikerinnen an der AdW „nur" über einen Hochschulabschluss verfügten. Das Promovieren und Habilitieren der Forscher und Forscherinnen insgesamt genoss an der Akademie keine große Priorität und wurde zur Privatangelegenheit erklärt. Alles Forschen stand unter dem Fokus des volkswirtschaftlichen Nutzens.

In den Kaderstatistiken der AdW lag die Quote der SED-Mitgliedschaft bei Naturwissenschaftlern und -wissenschaftlerinnen unter 40 Prozent und damit deutlich unter dem Stand im Hochschulbereich. In den wenigen zugänglichen Archivquellen von der AdW konnte in Unterlagen eines Physikinstituts – dem Zentralinstitut für Elektronenphysik – für 1980 ein SED-Anteil von nur zwölf Prozent ausgewiesen werden. Die naturwissenschaftlichen Institute der AdW waren eine Nische für politisch uninteressierte oder unangepasste Wissenschaftlerinnen und Wissenschaftler. Eine SED-freie Insel waren sie nicht. Wer Karriere machen, in der Wissenschaftshierarchie aufsteigen und ins westliche Ausland reisen wollte, passte sich, auch in opportunistischer Weise, ein. Ein Teil von Wissenschaftlern und Wissenschaftlerinnen war sicher auch SED-politisch überzeugt. Aber die SED bediente sich des naturwissenschaftlichen intellektuellen Potenzials und der Forschungskapazität von politisch eher unangepassten, jedoch nicht offen opponierenden Männern und Frauen. An der Akademie kamen diese nicht in Berührung mit der Ausbildung von Studierenden. Sie konnten so – im Denken der SED – die junge Generation politisch nicht beeinflussen, erbrachten aber mit ihrer Forschungsleistung volkswirtschaftlichen Nutzen bzw. internationale Anerkennung für die DDR. Umgekehrt fanden die hochqualifizierten „Unangepassten" an der AdW berufliche Perspektiven und wurden damit politisch absorbiert bzw. „ruhiggestellt".

Förderpläne für Wissenschaftlerinnen und die Erfüllungsberichte dazu blieben genauso unkonkret, ermüdend und langweilig wie die aus dem Hochschulbereich. Es scheint, dass die diversen Frauenausschüsse in Sachen Akademikerinnenförderung noch weniger Einfluss auf die staatliche Leitung ausüben konnten, als das im Hochschulbereich der Fall war. In den Augen der Akademieleitung gab es Dringenderes als Wissenschaftlerinnenförderung, nämlich die fachgerechte Erledigung der Forschungsaufträge. Einen verstärkten Druck von Ministerium oder ZK-Apparat auf Akademikerinnenförderung gab es zu keiner Zeit.

VI.

Die Physik an Universitäten und an den Instituten der Akademie der Wissenschaften stand zu jeder Zeit im Fokus des Ministeriums für Staatssicherheit (MfS). Diese „hervorgehobene Position" teilte sie mit den Fachbereichen Chemie und Elektronik. Die Physik, vor allem mit ihren Fachbereichen Optik-, Laser-, Kern- und Weltraumforschung, war in Zusammenhänge der Militärforschung eingebunden und stellte damit einen Schwerpunkt der MfS-Absicherung dar. Der IM-Anteil unter allen Physikerinnen und Physikern wird auf fünf Prozent geschätzt. Die im Rahmen der Studie durchgeführte namentliche Überprüfung von 26 Physikprofessorinnen und Physikdozentinnen der 1970/80er Jahre, die nach 1990 aus Altersgründen oder politischen bzw. nicht zu ermittelnden Gründen die Universitäten und die Akademieinstitute verließen, ergab, dass ein Drittel als IM-belastet einzustufen ist. Das ist ein hoher Wert. Die Physikerinnen, die nach 1990 ihre berufliche Laufbahn in Wissenschaft und Forschung fortsetzten, wurden bei ihrer Neueinstellung mehrfach „gegauckt", so dass hier kein IM-Bezug zu erwarten war.

Rechnet man die Zahlen des Hochschulbereichs und der Akademie zusammen, kommt man in der DDR zum Ende der 1980er Jahre auf unter 700 Physikerinnen in Wissenschaft und Forschung, darunter vermutlich nicht mehr als 15 oder 16 Physikprofessorinnen.

Ein kurzer vergleichender Blick in die Bundesrepublik zum Ende der 1980er Jahre zeigte: während in der DDR 1989 60 Frauen und 180 Männer ihr Physikstudium jährlich abschlossen, waren es in der BRD knapp dreimal so viele Frauen, 160, und zehnmal so viele Männer, 1.800. Der Anteil der Physikstudentinnen (ohne Lehramt) lag 1985 in der BRD bei acht Prozent, der Anteil von wissenschaftlichen Mitarbeiterinnen im Fachbereich Physik bei reichlichen vier Prozent, Westdeutschland konnte nur acht Physikprofessorinnen, 13 Physikdozentinnen und 291 wissenschaftliche Mitarbeiterinnen vorweisen. Ein weiterer Vergleichsmoment zwischen Ost und West in Sachen Physikerinnen: Während sich an der Leipziger Universität[3] zwischen 1970 und 1990 fünf Frauen in der Physik habilitierten, von denen zwei zu Professorinnen berufen wurden, habilitierte im Fachbereich Physik der Freien Universität West-Berlins bis 1990 keine Physikerin, es gab dort keine Physikprofessorin. Die erste weibliche Professur von 1995 bis 2016 hatte eine Schweizer Physikerin inne. Die erste deutsche Physikprofessorin an der Freien Universität wurde 2007 berufen. Sie stammte aus Ost-Berlin. Auch an der Technischen Universität West-Berlins habilitierte bis 1990 keine Frau in der Physik. Auch hier erhielt 2008 eine Ost-Berlinerin als erste Frau eine Physikprofessur. Die Wissenschaftlerinnen der DDR allgemein wie die Physikerinnen konkret gingen damit im Vergleich zu ihren westdeutschen Kolleginnen mit einem sichtbaren Gleichstellungsvorsprung in die Deutsche Einheit.

VII.

Dass die ostdeutschen Wissenschaftlerinnen keineswegs nur Objekte waren, denen staatliche Förderung zuteilwerden musste, zeigte sich nicht nur im letzten DDR-Jahrzehnt. Mit Kompetenz und Beharrlichkeit, mit Ausdauer und Durchsetzungsvermögen hatten sie sich ihren Platz im Wissenschaftssystem erkämpft. Das galt umso mehr für Physikerinnen in ihrem nach wie vor männerdominierten Fach. Die

---

[3] Ein Vergleich mit der Ost-Berliner Humboldt-Universität wäre hier wünschenswert gewesen, konkrete Zahlen lagen hier jedoch nicht vor. Gesichert ist, dass an der HU mindestens vier Dozentinnen/Professorinnen wirkten.

Wissenschaftlerinnen begannen sich seit Ende der 1970er Jahre in kleinen, informellen Gruppen zusammenzufinden, um die „Erfolge" der SED-Frauenpolitik im Hochschulbetrieb zu hinterfragen und nachdrücklicher ihre Ansprüche zu formulieren. Wissenschaftlerinnen entdeckten das Thema Frauenforschung bzw. die Problematik Chancengleichheit im Wissenschaftsbetrieb und gründeten halboffizielle Arbeitskreise an ihren Universitäten, wie im Februar 1989 ein „Frauenforschungszentrum" an der Humboldt-Universität. Daraus konstituierte sich in den Wendemonaten, im Herbst 1989, das „Zentrum für interdisziplinäre Frauenforschung". Das hervorragend aufgestellte Zentrum entwickelte sich zu einem ostdeutschen Netzwerk für Wissenschaftlerinnen und zu einem Dokumentationszentrum für Frauen- und Geschlechterforschung, welches bis in die Gegenwart sehr aktiv wirkt. Die vor allem gleichstellungspolitisch aktiven Wissenschaftlerinnen der Ost-Berliner Universität versammelten sich am 4. Dezember 1989 in der Initiative „Humboldt-Frauen". Sie brachten sich aktiv in den Umstrukturierungs- und Transformationsprozess der Universität ein.

Ab Herbst 1989 begann sich die Situation der Wissenschaftlerinnen, Frauenforscherinnen und der Frauenpolitikerinnen widersprüchlich zu entwickeln. Die Wende war zunächst für alle mit positiven Veränderungen verbunden, wie dem Ende von Forschungsbeschränkungen, dem Abwerfen von politischem und ideologischem Ballast, dem Zugang zur internationalen Forschung und zu Reisemöglichkeiten. Im weiteren Verlauf gingen die politischen Wandlungen einher mit stärker werdenden Verunsicherungen über die zukünftige berufliche Situation.

Auch die Forscherinnen der zahlreichen Institute der Akademie der Wissenschaften wurden in den Wendemonaten aktiv. An der Akademie gründete sich eine 15-köpfige Initiativgruppe „Frauen in der Wissenschaft". Sie zog zunächst eine „Bilanz des Versagens" der Wissenschaftlerinnenförderung, belegt mit den Zahlen von nur 4,5 Prozent Professorinnenanteil, sieben Prozent habilitierten und 19 Prozent promovierten Forscherinnen. Der Qualifikationsabstand zu den männlichen Kollegen war nicht kleiner, sondern größer geworden, denn die Akademieforscher waren zur Hälfte promoviert, zu 17 Prozent habilitiert. Noch sichtbarer zeigte sich die Disproportion darin, dass die Hälfte der habilitierten Männer, aber nicht einmal ein Drittel der habilitierten Frauen in den letzten Jahren eine Professur erhalten hatte. Die neuen Frauenvertreterinnen forderten im Rahmen einer angedachten Akademiereform Maßnahmen zur sofortigen Berufung von qualifiziert bereitstehenden Wissenschaftlerinnen zu Professorinnen, eine Quotierung bei der Professorenernennung insgesamt und bei der Vergabe von Leitungsposten sowie die Institutionalisierung einer Interessenvertretung beim Akademiepräsidium. Das waren zeitgenössische Forderungen aller neuen Wissenschaftlerinnengremien.

Bei den Verhandlungen um die Herstellung der Deutschen Einheit im Frühjahr und Sommer 1990 spielte das Thema Gleichstellung von Frauen und Männern keine entscheidende Rolle, noch weniger Beachtung fand es im Hochschul- und Forschungsbereich. Gleichstellungs- und Geschlechterfragen fielen im hektischen Einigungsprozess unter den Tisch. Ihnen wurde das Prädikat „unwichtig" aufgestempelt.

Staatlich verordnete Wissenschaftlerinnenförderung und eine Sozialpolitik zur Entlastung der Frauen im Beruf waren nicht nur SED-politisch gewollt, sondern insgesamt in der DDR-Öffentlichkeit auch akzeptiert worden. Keine dieser Maßnahmen musste von den DDR-Frauen erkämpft, erstritten, eingefordert werden, machte sie deshalb jedoch nicht weniger wert für sie. Die Frauen hielten dieses Umfeld für eine Selbstverständlichkeit und erkannten diesen Wert in den Wendemonaten nicht.

Als Ost- und West-Akademikerinnen 1989/90 aufeinandertrafen waren beide Seiten voneinander doppelt enttäuscht. Jede Seite war der jeweils anderen Propaganda – Feminismusbewegung im Westen und „Frau im Sozialismus" im Osten – aufgesessen. Ost- wie West-Wissenschaftlerinnen hatten Zahl, Status und Stellung ihrer „Kolleginnen" im Wissenschaftsbetrieb als jeweils höher angenommen. Die Ostdeutschen zeigten sich gegenüber dem streitbaren Feminismus mit Quotenforderungen reserviert. Die Westdeutschen verstanden nicht, warum die Ost-Wissenschaftlerinnen ihre „sozialpolitischen Errungenschaften" und ihre Frauenförderinstitutionen nicht schätzten und nicht verteidigten. Die westdeutschen Akademikerinnen sahen die 35 Prozent DDR-Wissenschaftlerinnen im Mittelbau – im Westen 18 Prozent –, die fast durchweg unbefristete Stellen innehatten, mit Anerkennung, aber zugleich eine ähnliche Problemlage in der Geschlechterhierarchie. Auf der Statusebene der Professuren und Dozenturen glichen sich die niedrigen Anteile in Ost und West. Es verblüffte, dass in beiden deutschen Staaten gleiche hierarchische Strukturen das Wissenschaftssystem prägten: Je höher die Status- und Entscheidungsstufe, desto geringer der Frauenanteil.

VIII.

Mit dem Einigungsvertrag im Sommer 1990 wurde klar, dass die bisherige Existenz des Verbundes der Forschungsinstitute der Akademie der Wissenschaften im Dezember 1991 zu Ende gehen würde. Das schockierte die Forscherinnen und Forscher der Akademie sehr und prägte ihre Erinnerung auf den Transformationsprozess negativ. Personalreduzierung, Neuformierung der Forschungseinrichtungen und ihre Einpassung in die westdeutsche Forschungslandschaft, auch vor dem Hintergrund ihrer Finanzierbarkeit durch Bund und neue Länder – so sollte der Angleichungsprozess angegangen werden. Die Evaluierung der Akademieinstitute durch den westdeutsch dominierten Wissenschaftsrat vollzog sich zwischen September 1990 und Juli 1991. Der Wissenschaftsrat empfahl die Weiterbeschäftigung von rund der Hälfte der Forscher und Forscherinnen, das bedeutete eine Reduktion von ehemals 7.700 auf rund 4.000. Die Evaluierungsempfehlung umfasste auch die Verlagerung eines nicht unbedeutenden Teils der Akademieforscher, knapp 2.000 von den empfohlenen 4.000 Personen, in den Hochschulbereich. Dies zielte auf eine Stärkung der Forschung an ostdeutschen Hochschulen, ähnlich wie dies in der alten Bundesrepublik der Fall war. Das Wissenschaftler-Integrationsprogramm war politisch gewollt, bedeutete jedoch eine hohe finanzielle Belastung der

Länderhaushalte, die diese nicht zu stemmen vermochten, was den politischen Entscheidungsträgern von Anbeginn klar war. Das WIP lief fünf Jahre. Das quantitativ umfangreiche Ausscheiden von ehemaligen Akademie-Forschern und -Forscherinnen erfolgte 1995/96 und blieb von der Öffentlichkeit eher unbemerkt. Vermutlich gelang es nur zwölf bis 15 Prozent der WIP-finanzierten Forscher und Forscherinnen, in das Hochschulsystem längerfristig integriert zu werden.

Die zwölfköpfige Physik-Evaluierungsarbeitsgruppe bestand aus acht Wissenschaftlern aus der alten BRD, zwei aus der DDR und zwei aus dem westeuropäischen Ausland. Angaben über die Beteiligung von Wissenschaftlerinnen konnten nicht ermittelt werden. Die Empfehlung des Wissenschaftsrates über den personellen Erhaltungsgrad variierte zwischen den Forschungsbereichen. Er war hoch bei den Geo- und Kosmoswissenschaften mit 75 Prozent und recht niedrig bei den reinen Physikinstituten mit knapp 40 Prozent. Bezogen auf das „Forschende Personal" hieß das konkret: Von vormals rund 2.800 Physikern und Physikerinnen (anteilig 15 Prozent Frauen) sollten 1.550, also die Hälfte, weiterbeschäftigt werden, davon aber 380 über das WIP. Eine Thematisierung oder gar Aufschlüsselung der Empfehlungen bezogen auf weibliche und männliche Forscher fand sich nirgendwo. Für zwei Drittel der ehemals 17 Physikinstitute der Akademie empfahl man eine Um- und damit Neugründung, die restlichen Institute sollten aufgegliedert bzw. als Arbeitsgruppen in bestehende Forschungseinrichtungen bzw. Universitäten eingegliedert werden.

Tatsächlich fanden bis Ende der 1990er Jahre rund 35 Prozent vormaliger Akademieforscher und -forscherinnen der Naturwissenschaften eine Anstellung in Wissenschaft bzw. Forschung in Ostdeutschland. Von denen, die die Institute verlassen mussten (also rund 65 Prozent), ergab sich vermutlich für mehr als die Hälfte eine neue adäquate Beschäftigung vor allem in der Wirtschaft und manchmal auch in der Wissenschaft in Westdeutschland und im westlichen Ausland. Etwa 15 Prozent nahmen die Vorruhestandsregelungen in Anspruch.

Eine abschließende Antwort, ob Evaluierung, Neu- und Umgründungen bezüglich der Physikinstitute der AdW die Physikerinnen eher negativ betrafen als die Physiker und wie sich eine Ost-West-Mischung unter den Forschern und Forscherinnen gestaltete, kann nicht gegeben werden. Als Trend gilt: Reichliche 40 Prozent der Wissenschaftler und Wissenschaftlerinnen schafften es, im Laufe des Transformationsprozesses in der Forschung zu bleiben, in den umgegründeten Instituten, in ostdeutschen Universitäten und Hochschulen sowie in westdeutschen bzw. internationalen Forschungseinrichtungen. Das blieb unter den 50-Prozent-Empfehlungen des Wissenschaftsrates, auch weil das WIP nur ansatzweise funktionierte und die weiblichen und männlichen Akademieforscher mit westdeutschen Bewerbern um die neu ausgeschriebenen Stellen konkurrieren mussten. Der Anteil der Physikerinnen an der Akademie blieb vor und nach der Wende etwa gleich: Zu Zeiten der AdW waren es 15 bis 20 Prozent, und in den 1990er Jahren schwankten die Angaben aus den einzelnen neuaufgestellten Instituten zwischen zehn und unter 20 Prozent. Wenn der Akademie-Transformationsprozess auch quantitativ nicht zu Lasten der Physikerinnen ging, so wurden sie jedoch strukturell insofern benachteiligt, als sie sich eher in schlechter dotierten Zeitarbeitsverträgen auf den unteren Wissenschaftsrängen wiederfanden. Mit ihrem ausgeprägten Selbstbewusstsein, ihrem aktiven Agieren in Form von Drittmitteleinwerbung und Mobilität hin in westdeutsche (Mutter)-Einrichtungen machten sie diese Nachteile im zeitlichen Verlauf wett.

Der Wissenschaftsrat hatte 1991/92 die Empfehlung von einem anteiligen „Durchmischungsgrad" der ostdeutschen Forschungsinstitute von rund zehn Prozent westdeutsch sozialisiertes Forschungspersonal ausgegeben. Tatsächlich variierte die Mischung mit ost- und westdeutschen Wissenschaftlern und Wissenschaftlerinnen von Institut zu Institut sehr. Er entwickelte sich in den 1990er Jahren tendenziell aufsteigend von zirka 20 zu 50 Prozent und mehr westdeutsch sozialisiert und lag damit sehr viel höher als ursprünglich angedacht. Die gesamten Leitungsebenen der neuen Physikinstitute und Forschungsverbände wurden fast durchweg westdeutsch besetzt. Das war eine politische Entscheidung, die nichts mit der fachlichen Kompetenz vor Ort zu tun hatte.

IX.

Der Transformationsprozess im Hochschulbereich zeitigte ähnliche Ergebnisse wie an der Akademie der Wissenschaften. Die maßgeblichen Reformziele für Ostdeutschland – Wiederherstellung der Hochschulselbstverwaltung, Stärkung der Hochschulforschung, Integration in die westdeutschen Hochschulstrukturen auch im Interesse der Vereinheitlichung der Ausbildungsgänge und Abschlüsse für die Studierenden – waren kaum umstritten. Dennoch vollzog sich Hochschulumgestaltung Ost konfliktreich. Die personelle Neuaufstellung, die teilweise zugleich Instrument fachlicher Erneuerung war, genoss größte Aufmerksamkeit und geriet zum spannungsvollsten Aspekt des Transformationsprozesses.

Die mit dem Einigungsvertrag einhergehende Möglichkeit der „Abwicklung" von ideologieträchtigen Fachbereichen betraf die Physik nicht. Auch das Curriculum, also der Ausbildungskanon, änderte sich nicht. Zwischen Ost- und Westdeutschland existierten hinsichtlich des Studieninhaltes und -ablaufs für ein Physikhochschulstudium keine Unterschiede, so dass es keine fachlichen Anpassungsschwierigkeiten gab. Das galt so auch für die Forschung. Die Forschungsthemen konnten von den Physikerinnen und Physikern oft weitergeführt bzw. ausgebaut werden oder es fand eine Neuausrichtung hinsichtlich der Einpassung in möglicherweise neu ausgerichtete Forschungsfelder der jeweiligen Universität statt. Ein Instrument der Personalreduzierung wurde die Vorruhestands- und Altersübergangsregelung. Die Überalterung beim ostdeutschen Wissenschaftspersonal zum Ende der DDR begünstigte den Personalabbau und ließ deren Auswirkungen weniger drastisch zur Wirkung kommen.

Die 1991/92 in Kraft gesetzten Hochschulerneuerungsgesetze der ostdeutschen Bundesländer ließen eine Überprüfung des Hochschulpersonals auf politische Belastung und fachliche Eignung zu sowie eine Bedarfskündigung, um den Personalbestand an das gängige westdeutsche Niveau anzupassen. Die Mehrzahl der Gekündigten – drei Viertel – wurde aus Mangel an Bedarf, nicht aufgrund politischer Belastung oder fehlender fachlicher Eignung entlassen. Die Bedarfskündigung positiv Evaluierter wurde als große Ungerechtigkeit von den Betroffenen selbst und den ostdeutschen Zeitgenossen empfunden.

Die Zahl der Wissenschaftlerstellen sank zwischen 1989 und 1995 in Ostdeutschland im Hochschulbereich insgesamt um ein Viertel von rund 39.000 auf 30.000. Berücksichtigt man zudem die politisch gewünschte personelle Ost-West-Durchmischung – nur die Hälfte der neu berufenen Professoren z. B. kam aus den neuen Bundesländern – zusammen mit Berentung, Vorruhestand und Bedarfskündigung, dürften höchstens 40 Prozent der vormaligen DDR-Wissenschaftler und -Wissenschaftlerinnen im Hochschulbereich wieder eine Stelle gefunden haben. Die hohe Frauenquote am wissenschaftlichen Personal in Ostdeutschland wurde über die Zäsur 1989/90 fortgeschrieben. Lag sie 1989 bei 31 Prozent so 1996 bei 29 Prozent. Im Vergleich zu den alten Bundesländern waren und blieben ostdeutsche Wissenschaftlerinnen in allen Fächergruppen anteilig sichtbar besser vertreten.

Das Reduzieren von Personal traf die Gruppe der Hochschullehrer und -lehrerinnen am wenigsten, während der wissenschaftliche Mittelbau sich um 58 Prozent verringerte. Die absolute Zahl von Professorinnen und Dozentinnen blieb gleich: 1989 696 und 1996 (jetzt aber Ost-West-gemischt) 693. Im Jahr 1996 waren bei den Neuberufungen – alle Professuren wurden, außer in Brandenburg, neu ausgeschrieben – zu 48 Prozent ostdeutsche Männer, zu 38 Prozent westdeutsche Männer, zu sieben Prozent ostdeutsche Frauen, zu vier Prozent westdeutsche Frauen sowie zu drei Prozent ausländische Bewerber zum Zuge gekommen. Bis zum Jahr 2000 wurden die Professuren in Ostdeutschland dann zur Hälfte von westdeutsch sozialisierten Wissenschaftlern und Wissenschaftlerinnen besetzt. Ein Wandel der Eliten auf Professorenebene, politisch so gewollt, war zu einem nicht unbeträchtlichen Teil vollzogen worden. Er unterschied sich von Fach zu Fach sehr. Der Frauenanteil an den Berufungen für eine Professur lag bis Mitte der 1990er Jahre bei zwölf Prozent und war damit doppelt so hoch wie in den alten Bundesländern. Gemessen an dem seit 20 Jahren erreichten paritätischen Frauenanteil im Abschluss eines Hochschulstudiums in Ostdeutschland war dies jedoch nur ein bescheidener Erfolg. Die weitaus größten Verschiebungen gingen in der Statusgruppe wissenschaftliche Mitarbeiter bzw. Mitarbeiterinnen vor sich. Bis Mitte der 1990er Jahre fiel die Hälfte der Mittelbaustellen weg – von rund 31.000 auf 14.500. Der wissenschaftliche Mittelbau gehörte zu „den Verlierern" der Deutschen Einheit. Die Frauen konnten mit anteilig 32 Prozent, vormals 35 Prozent, ihre Stellung knapp halten. Sie stieg bis 2000 wieder an auf fast 40 Prozent. Die Mittelbaustellen waren nun aber zu 80 Prozent befristet. Die DDR-Spezifika des wissenschaftlichen Mittelbaus – hohe Zahl, unbefristete Stellen, dauerhafte Tätigkeit als Wissenschaftler/Wissenschaftlerin im Hochschulbereich, eigenständig verantwortete Lehre und Forschung – wurden konsequent abgeschafft. Verbleibsforschungen über die bedarfsgekündigten hoch qualifizierten weiblichen und männlichen Wissenschaftler aller Fachrichtungen existieren nicht.

Zu keiner Stellenstreichung war es in der Fächergruppe Mathematik/Naturwissenschaften gekommen. Von Naturwissenschaft zu Naturwissenschaft bzw. von Einrichtung zu Einrichtung konnte das jedoch variieren. Es blieben die 5.800 Wissenschaftsstellen erhalten. Davon hielten die Naturwissenschaftlerinnen nach wie vor 19 Prozent. 1989 hatte man 42 Hochschullehrerinnen in dieser Fächergruppe ausgewiesen, 1995 62 Professorinnen.

Der Personalumbau im ostdeutschen Hochschulbereich, aus Sicht der Betroffenen zu oft euphemistisch als „personelle Erneuerung" bezeichnet, war geprägt durch Abwicklung, Berentung, Personalreduzierung durch Bedarfs- und Änderungskündigung, politische und fachliche Evaluation. Für das dann verbleibende Personal begann die konkurrierende Neubewerbung mit westdeutschen Wissenschaftlern und Wissenschaftlerinnen um die dezimierten Stellen.

Der Transformationsprozess im ostdeutschen Hochschulsystem ging in der Physik nicht einseitig zum Nachteil von Physikerinnen vor sich. Sie als Verliererinnen der Deutschen Einheit zu bezeichnen, ist falsch. Doch auf der Gewinnerseite standen sie auch nicht. Sie hielten ihren Gleichstellungsvorsprung, der zugleich ein Modernisierungsvorsprung in Sachen Geschlechtergerechtigkeit war. Die westdeutschen Wissenschaftlerinnen holten in Sachen Chancengleichheit im Nachwendejahrzehnt auf.

X.

Gleichstellungsaspekte blieben im Hochschulerneuerungsprozess Ost marginalisiert. In Programmen, Empfehlungen, Stellungnahmen hochschulpolitischer Akteure wie Bundes- und Landesministerien, Wissenschaftsrat, Kultusminister- und Rektorenkonferenz wurden Genderaspekte nicht thematisiert bzw. lediglich als Formulierung, einer „political correctness" geschuldet, abgehakt. Als Sinnbild dafür stand das Hochschulerneuerungsprogramm (HEP) 1991–1996, welches ohne Nennung konkreter Maßnahmen und ohne Zuweisung eines bestimmten Finanzvolumens wirkungslos blieb. Das dritte Hochschulsonderprogramm 1996–2000, es galt nun für alle Bundesländer, verfügte zwar über einen separaten Finanztopf für frauenfördernde Maßnahmen, über einen Teilerfolg kam man aber auch hier nicht hinaus. Eine sichtbare Anhebung des Wissenschaftlerinnenanteils der vor allem höheren Statusgruppen wurde nicht erreicht. Das von der Politik vorgegebene Ziel von einem 20-prozentigen Professorinnenanteil in allen Fächern bis 2005 wurde weit verfehlt.

Ebenso wie im Westen Deutschlands standen an den ostdeutschen Hochschulen die 1990er Jahre im Zeichen der Institutionalisierung von Zentralen und Dezentralen Gleichstellungs- bzw. Frauenbeauftragten, der Diskussion um zentrale Frauenförderrichtlinien und Frauenförderpläne an den Fachbereichen. Einrichtung und vor allem Kompetenz und Ausstattung des Amtes der Gleichstellungsbeauftragten blieb ein Streitthema die 1990er Jahre hindurch. Um das Jahr 2000 lauteten die kritischen Bestandsaufnahmen von Amtsträgerinnen: fehlende echte Mitbestimmungsmöglichkeiten der Frauenbeauftragten, fehlende verbindliche Zielvorgaben im Sinne von Stellen- bzw. Mittelreservierungen für Wissenschaftlerinnen, fehlende Konzepte für Gleichstellungspolitik in Zeiten von Sparprogrammen und ein Fehlen von effektiven Anreiz- und Sanktionsmechanismen.

XI.

Umfassende und allgemein zutreffende Aussagen über den konkreten Transformationsprozess im Fachbereich Physik im ostdeutschen Hochschulsystem können wegen des fehlenden Zugangs zum Quellenmaterial noch nicht getroffen werden. Es zeichnen sich aber Trends ab: Nach Neubewerbung auf alle Professuren und feste Stellen, eine politisch gewollte Ost-West-Durchmischung, Berentung, Bedarfskündigung sowie Kündigung wegen Systemnähe fand ein Drittel der vorherigen DDR-Physiker und Physikerinnen sich Mitte der 1990er Jahre an ostdeutschen Hochschulen wieder. Diese allgemeine Feststellung musste im Einzelnen geprüft werden. Im Rahmen der Studie wurden sechs Fachbereiche, Institute bzw. Physikfakultäten von Universitäten näher in den Blick genommen – von der Humboldt-Universität Berlin, den Universitäten Leipzig, Jena und Potsdam und den Technischen Universitäten Dresden und Ilmenau.

An der Humboldt-Universität (HU) Berlin, sie stand in Konkurrenz mit den beiden West-Berliner Universitäten, wurden die Stellenzahlen in der Physik um ein reichliches Drittel gekürzt von 38 auf 22 Professuren und von 130 auf 75 Stellen im Mittelbau. Die Physik der Ost-Berliner Universität zählte zu den am negativsten bewerteten Fachbereichen im Evaluationsverfahren. Von 38 Professoren und Dozenten wurden 16 negativ evaluiert. Dieses Votum ging nicht auf mindere fachliche Kompetenz, sondern auf „politische Belastung" und die „große westdeutsche Begehrlichkeit"[4] auf die HU-Stellen zurück. Mit zwei Dritteln westdeutsch besetzten Professuren und 40 Prozent westdeutsch besetzten Mittelbaustellen gab es hier die größten Verschiebungen in Richtung Elitenaustausch im Fach Physik in Ostdeutschland. Im Jahr 2000 fanden sich unter 24 Professoren nur eine Frau, eine Ostdeutsche, im Mittelbau rund elf Prozent Physikerinnen. Die Physik an der Technischen Universität Dresden, an der Leipziger Universität und an der Universität Jena konnte die Stellenzahl gerade so erhalten. In Dresden fanden sich 1991 vier Physikprofessorinnen und zwei Physikdozentinnen – insgesamt anteilig knapp 20 Prozent. Zehn Jahre später hatte es aus Gendersicht einen Rückschritt gegeben mit nur noch drei Physikprofessorinnen und -dozentinnen und knapp zehn Prozent Physikerinnen im Mittelbau. Die Ost-West-Durchmischung sah ähnlich „sonderlich" wie in Berlin aus – mit 60 Prozent westdeutsch besetzten Pro-

---

[4] So in einer Vielzahl der Interviews vgl. Teil B und die Zentrale Frauenbeauftragte, Dr. Marianne Kriszio, der HU jener Jahre. Vgl. dies., Bericht der zentralen Frauenbeauftragten 1993–1996, S. 36.

fessuren, aber 75 Prozent Ostdeutschen auf Mittelbaustellen. An der Leipziger Universität fand eine ähnliche Entwicklung statt mit dem Ergebnis von zwei Dritteln westdeutsch dominierten Professuren, jedoch 80 Prozent ostdeutsch besetzten Mittelbaustellen. An der Universität Jena hingegen war der Austausch der Professoren weniger drastisch ausgefallen mit „nur" einem Drittel Westdeutschen auf Professuren und 85 Prozent Ostdeutschen im Mittelbau. Der Anteil der Physikerinnen blieb vor und nach 1990 mit 16 Prozent gleich groß. Die Technische Hochschule, dann Universität Ilmenau, konnte bis zum Jahr 2000 eine leichte Steigerung an Stellen in der Physik verzeichnen. Im Gegensatz zu allen anderen hier aufgeführten Physikbereichen blieben sowohl die Professoren wie auch die wissenschaftlichen Mitarbeiter zu nahezu 100 Prozent ostdeutsch sozialisiert. Es wird angenommen, dass an Technischen Hochschulen „in der DDR-Provinz" das Wissenschaftspersonal vor und nach der Wende relativ konstant im Sinne regional und ostdeutsch geprägt blieb. Die Universität Potsdam gehörte zu den wenigen ostdeutschen Universitätseinrichtungen, die ihr Personal nicht ab-, sondern aufbauten. Das betraf auch die Physik. Die Zahl der Physiker und Physikerinnen stieg bis 1999 von 26 auf 45, darunter keine Physikprofessorin und nur zwei Physikerinnen im Mittelbau. Im Jahr 2000 hatten die Potsdamer Physikprofessuren fast durchweg Westdeutsche und alle unbefristeten Mittelbaustellen ausschließlich Ostdeutsche inne.

XII.

In der Physik an Universitäten und Hochschulen wurde die Professorenschaft zu ein bis zwei Dritteln – die Leitungsebenen an Forschungsinstituten zu fast 100 Prozent – ausgetauscht. Dieses Vorgehen war politisch intendiert. Es basierte nicht auf einem Fehlen von fachlicher Kompetenz vor Ort. Dieser Austausch fand zunächst nicht so radikal statt wie in anderen Fächergruppen – z. B. in der Rechtswissenschaft zu 90 Prozent. In den 2000er Jahren schieden durch Berentung weitere ostdeutsch sozialisierte Physikerinnen und Physiker aus. Die Physik in Ostdeutschland wurde noch männlicher und westdeutscher. Das lag zum einen an den mit Westdeutschen besetzten Leitungen und deren Vernetzungen in und nach Westdeutschland. Zum anderen aber erklärte dies die schiere Überzahl an qualifizierten westdeutschen männlichen Physikern, die im Bewerbungs- und Nachbesetzungsverfahren bereit standen. Die BRD hatte bis 1989 achtmal so viele Physiker und dreimal so viele Physikerinnen ausgebildet wie die DDR.

Warum konnten die hoch qualifizierten Physikerinnen Ostdeutschlands im Transformationsprozess ihren Anteil nur halten, aber Stand und Stellung nicht sichtbar ausbauen? Das DDR-System, eingeschlossen die Wissenschaft, stand 1990 in der Ost- und West-Öffentlichkeit vollkommen diskreditiert da, so dass kein Innehalten und Nachdenken stattfand, ob an Fortschritt und Modernität im Frauenbild und bei Akademikerinnen im Beruf nicht zum Teil festzuhalten sei. Obwohl anteilig mit um die 15 Prozent in DDR-Zeit aufgestellt war die absolute

Zahl an ostdeutschen Physikerinnen klein. Der Gleichstellungsvorsprung war ein noch zu junger, noch nicht lang genug etablierter Erfolg in Ostdeutschland. Die Wissenschaftlerinnen der DDR waren als „Frauen in der Wissenschaft" nicht organisiert oder vernetzt. Sie verfügten über keine Erfahrung mit dem Erkämpfen von gleichstellungspolitischen Maßnahmen oder dem Abwehren subtiler Diskriminierungsmechanismen. Die ostdeutschen Wissenschaftlerinnen hatten weder in Ost noch in West eine politische Lobby. Wirksame Gleichstellungskonzepte und öffentlicher Druck in Sachen Gendergerechtigkeit in der Hochschulpolitik existierten in den 1990er Jahren nicht. Die schnelllebige und durch tiefe politische, soziale und ökonomische Brüche gekennzeichnete Wendezeit war in der Wissenschaft geprägt von Einzelkämpfertum. Wissenschaftlerin wie Wissenschaftler suchten nach einer eigenen beruflichen Weiterexistenz und hatten sich in das neue gesamtdeutsche Wissenschaftssystem einzupassen. Und Frauen mussten sich zudem mit der konservativen westdeutschen Sicht auf Wissenschaftlerinnen im Beruf auseinandersetzen. Das galt umso mehr für Physikerinnen in ihrem Fach.

Teil B: Die Interviews

Einführende Erläuterungen

Bei der ursprünglichen Konzipierung des Forschungsvorhabens wurde davon ausgegangen, dass neben den Archiv- und Literaturstudien zehn leitfadengestützte Interviews mit Physikerinnen zur Illustration der Thematik geführt werden sollten. Anders als zunächst angenommen zeigten sich die ersten Gespräche und Interviews so vielschichtig, faktenreich, differenziert und insgesamt so überraschend interessant, dass der Entschluss gefasst wurde, so viele wie möglich an DDR-sozialisierten Physikerinnen über ihre Karriere in der DDR und nach 1990 zu befragen. Schnell wurde zudem klar, dass die Antworten auf wesentliche Fragen davon abhingen, ob die Physikerinnen zur Generation derer gehörten, die um 1940 geboren wurden, oder zu jenen, die um 1960 geboren wurden, welcher Statusgruppe sie angehörten, ob sie in Wissenschaft und Forschung nach 1990 verblieben oder ausscheiden mussten oder welche Art von Karrierebrüchen sie erfuhren. Die Entscheidung, mehr Interviews als ursprünglich geplant zu führen, beruhte auch auf der Überlegung, dass die um 1940 geborenen Physikerinnen zum Zeitpunkt der Entstehung der Studie bereits 75 Jahre alt waren und viel später vielleicht nicht mehr befragt hätten werden können. Die Interviewaussagen über den Evaluations- und Transformationsprozess im Bereich Physik an den Universitäten und Forschungseinrichtungen in den 1990er Jahren kompensierten zudem die fehlenden bzw. nicht zugänglichen Archivquellen über diesen Entwicklungsprozess.

Im Zeitraum von Februar 2016 bis November 2017 wurden 41 leitfadengestützte Interviews geführt. 38 davon sind auf Tonband mitgeschnitten worden.[1] Eine Physikprofessorin erklärte sich mit der Tonaufzeichnung nicht einverstanden. Hier wurde nach dem Gespräch ein Gedächtnisprotokoll gefertigt. Zwei Interviews liegen nur in schriftlicher Form vor. Die Tonmitschnitte der Interviews, die auch verschriftlicht wurden, befinden sich im Besitz der Autorin. Konkreter aufgeschlüsselt sah das Interview-Sample folgendermaßen aus: Gesprochen wurde mit 32 ostdeutschen Wissenschaftlerinnen, darunter 29 Physikerinnen, zwei Mathematikerinnen und eine Informatikerin. Von diesen 32 ostdeutsch sozialisierten Wissenschaftlerinnen gehörten 13 der Statusgruppe der Professorinnen an. In der großen Mehrzahl waren die übrigen Frauen promovierte Physikerinnen. Zur interviewten Gruppe gehörten weiterhin vier westdeutsch sozialisierte Physikerinnen, drei Physikprofessorinnen und eine Privatdozentin. Gesprochen wurde auch mit fünf männlichen Wissenschaftlern, darunter drei westdeutschen Physikprofessoren und zwei ostdeutschen promovierten Physikern. Die älteste interviewte Wissenschaftlerin war eine ostdeutsche Physikprofessorin des Jahrgangs 1924 und die jüngste, eine Juniorprofessorin der Physik des Jahrgangs 1976, auch noch ostdeutsch sozialisiert. Sechs Interviewpartnerinnen bzw. -partner kamen von der Humboldt-Universität Berlin, zwei von der Potsdamer Universität, drei von der Technischen Universität Ilmenau.

---

[1] Zwei Interviews davon waren jeweils zweistündige Telefoninterviews, die auch aufgezeichnet wurden.

An der Universität Jena wurde mit fünf Physikerinnen, an der Freien Universität und Technischen Universität, beide West-Berlin, mit sechs weiblichen und einem männlichen Physiker gesprochen. Von der Leipziger Universität standen drei Physikerinnen und ein Physiker im Gespräch zur Verfügung, von der Technischen Universität Dresden zwei Physikerinnen. An den Physik-Nachfolgeinstituten der ehemaligen DDR-Akademie der Wissenschaften wurde das Interview mit zwölf Wissenschaftlerinnen und Wissenschaftlern in Berlin, Potsdam und Dresden, konkret mit zehn Physikerinnen und zwei Physikern geführt. Die Interviewten gehörten den Statusgruppen Diplom-Physiker, promovierte und habilitierte Physikerinnen und Physiker, Hochschuldozentinnen, ordentliche und außerordentliche Professorinnen und Professoren an. Bereits nicht mehr im Arbeitsleben stehend, d. h. pensioniert, berentet bzw. emeritiert, waren neun Interviewte. In Lehre und/oder Forschung im Fach Physik zum Zeitpunkt des Interviews nicht mehr tätig, aber noch berufstätig, z. B. im Wissenschaftsmanagement, waren vier ehemalige Physikerinnen.

Das größere Manko des Samples bestand darin, dass von allen 41 Interviewten nur zwei Physikerinnen vollkommen und nicht freiwillig aus dem Wissenschaftsbetrieb ausscheiden mussten. Es war schwierig, Kontakte zu dieser Gruppe von ehemaligen Wissenschaftlerinnen herzustellen. Und wenn Ansprechpartnerinnen namentlich ausgemacht werden konnten, wurde die Interviewanfrage abgelehnt. Kein einziges Interview kam mit Physikerinnen zustande, die nach 1989/90 Universität oder Forschungsinstitut aufgrund politischer Belastungen – der Ausübung von höheren SED-Funktionen oder einer nachweislichen MfS-Belastung – verlassen mussten. Keine der Angefragten war für ein Gespräch bereit.

Die Mehrheit der Interviewten zog es vor, mit ihren Antworten und Aussagen nur in anonymisierter Form in der Studie in Erscheinung zu treten. Einige wenige verzichteten ausdrücklich darauf. Dazu zählten die CDU-Politikerin und Physikerin Frau Prof. Dr. Dagmar Schipanski aus Ilmenau, der Präsident der Technischen Universität Berlin, ebenso Physiker, Herr Prof. Dr. Christian Thomsen, und auch die derzeitigen Leiter des Ferdinand-Braun-Instituts, Herr Prof. Dr. Günther Tränkle, und des Leibniz-Instituts für Astrophysik, Herr Prof. Dr. Matthias Steinmetz.

Die leitfadengestützten Interviews werden nach vier größeren thematischen Schwerpunkten ausgewertet und in zwei Jahrgangskohorten unterteilt: Befragte, die um 1940 geboren wurden und diejenigen, die um 1960 geboren wurden.[2] Die westdeutsch sozialisierten vier Physikerinnen und drei Physiker zählen alle zu den um 1960 Geborenen.

Die Interviewaussagen der 32 ostdeutschen Wissenschaftlerinnen und Forscherinnen werden hin und wieder ergänzt von Sozialstrukturdaten von weiteren 14 ostdeutschen Physikerinnen, deren DDR-Personal- und Berufungsakten im Bundes-

---

[2] Von den 32 Wissenschaftlerinnen, davon 29 Physikerinnen, zählten 15 zu den um 1940 Geborenen und 17 zu den um 1960 Geborenen.

archiv vorliegen.³ In drei Fällen standen sowohl das Interview als auch die besagte Berufungsakte zur Verfügung. Wie an den Geburtsdaten der 14 Physikerinnen mit Berufungsakte ablesbar, gehörten diese alle zur Gruppe der um 1940 Geborenen. Dies ist in der Tatsache begründet, dass das Vorhandensein von Unterlagen für eine Dozenten- bzw. Professorenberufung eine entsprechende berufliche Karriere voraussetzte. Die Auswertung der Interviews folgt, wie schon erwähnt, vier Schwerpunkten. Diese korrelieren mit den zuvor festgelegten Fragestellungen.⁴ Die Interviews wurden als relativ offenes Gespräch entlang des Fragenkatalogs geführt, dem Erzählfluss wurde freien Lauf gelassen und auf eindringliches, mehrfaches Nachfragen zu bestimmten Punkten verzichtet.

Die Schwerpunkte waren: 1. Sozialstatistische Daten und die Frage nach dem Motiv für die Wahl des Studienfaches Physik;⁵ 2. Studium und die Entscheidung für eine akademische Berufslaufbahn sowie Frauenförderung in der DDR; 3. Karriereverlauf in der DDR und nach 1990;⁶ 4. Fragen nach Repräsentanz von Frauen in der Physik und Erfolg bzw. Misserfolg von Maßnahmen zur Gleichstellung gestern und heute.⁷

Mittels der selbst erarbeiteten Quellen – den 41 sogenannten Egodokumenten – werden Physikerinnen-Berufskarrieren in der DDR und in den 1990er Jahren umfassend nachgezeichnet. Berücksichtigung finden dabei Planung und Gestaltung von Hochschul- bzw. Forscherinnen-Karrieren vor und nach der Wende 1989/90 (Karrierestrategien), berufliche und private Lebensentwürfe – deren Erfolge und

---

3 Vgl. Personal- bzw. Berufungsakten aus dem DDR-Ministerium für Hoch- und Fachschulen, heute im Bundesarchiv Berlin: Birgit Dörschel (Jg. 1945), in: BAB DR 3 B/3077; Maria Haase (Jg. 1921), in: BAB DR 3 B/11345; Lieselott Herforth (Jg. 1916), in: BAB DR 3 B/11457; Dagmar Hülsenberg (Jg. 1940), in: BAB DR 3 B/7817; Brigitte Klose (Jg. 1942), in: BAB DR 3 B/456; Edeltraud Kolley (Jg. 1940), in: BAB DR 3 B/1459; Helga Königsdorf-Bunke (Jg. 1938), in: BAB DR 3 B/10671; Ursula Lindner (Jg. 1938), in: BAB DR 3 B/1528; Gisela Ranft (Jg. 1937), in: BAB DR 3 B/15153; Margit Rätzsch (Jg. 1934), in: BAB DR 3 B/7412; Beate Reetz (Jg. 1942), in: BAB DR 3 B/3466; Sabine Rentsch (Jg. 1938), in: BAB DR 3 B/2866; Beate Röder (Jg. 1952), in: BAB DR 3 B/796; Dagmar Schipanski (Jg. 1943), in: BAB DR 3 B/7877.
4 Der Fragenkatalog wurde in der Regel den Interviewten bereits vor dem Gespräch zur Verfügung gestellt. Einige Wissenschaftlerinnen beantworteten diesen Katalog zusätzlich auch schriftlich.
5 Dazu zählten u. a.: Soziale Herkunft, Gründung einer eigenen Familie – Ehemann/Partner und dessen Beruf, Kinder; Frage nach der Förderungen des naturwissenschaftlichen Interesses durch Elternhaus, Schule, Freunde und Bekannte; Wahl der Physik als relativ ideologiefreies Fach und in diesem Zusammenhang politisches und gesellschaftliches Engagement bzw. Bekenntnis zum Staat DDR.
6 Dazu zählen u. a. auch Wege der wissenschaftlichen Qualifikation und Wahl der Forschungsthematik; Planung einer Berufskarriere; Auslandserfahrungen; Frauenfördermaßnahmen; Konkurrenzerfahren zwischen männlichen und weiblichen, ostdeutschen und westdeutschen Wissenschaftlern; persönliches Erleben und Bewerten von Transformations- und Evaluationserfahrungen; Karriereaufbruch oder -abbruch nach 1990? Wie stehen die Befragten zu den in der Literatur anzutreffenden Behauptungen, dass die Professuren und Institutsleiterposten mit eher „zweitklassigen", aus Westdeutschland kommenden Wissenschaftlern besetzt wurden?
7 Hierzu zählte u. a. auch die Ursachenforschung, warum studierten und forschten zu DDR-Zeiten und bis heute sehr viel mehr Frauen in der Mathematik (35–40 Prozent) und, trotz aller Maßnahmen und Werbung, nicht in der Physik (15–20 Prozent)?

auch ihr Scheitern; Arbeitshabitus, Selbst- und Fremdwahrnehmungen, das Spannungsfeld von Kooperation und Konkurrenz in der DDR und im geeinten deutschen Wissenschaftsbetrieb. Beschrieben und begründet wird, dass sich spezifische Karrieremuster ostdeutscher Physikerinnen in der DDR ausgeprägt hatten, die auch nach 1990 bis in die heutige Zeit spürbar nachwirken. Am Ende des Kapitels wird als Zusammenfassung eine „Gruppenbiographie" über ostdeutsche Physikerinnen stehen. Die Stellungnahmen aus den Interviews werden im Folgenden ausführlich zitiert, da diese Quellen zwar der Autorin vorliegen, jedoch allgemein nicht zugänglich sind. Bei der schriftlichen Wiedergabe der mündlich getätigten Aussagen wurde so wenig wie nur möglich in den Text eingegriffen. Nicht zu Ende geführte Sätze im mündlichen Interview wurden vorsichtig vervollständigt oder einzelne missverständliche Worte ersetzt, der Inhalt der Aussage jedoch nicht verzerrt oder verändert. Auslassungen und Ergänzungen im Sinne der Verständlichkeit sind kenntlich gemacht.

1. Soziale Herkunft und die Entscheidung für die Physik

Die Physikerinnen, die um 1940 geboren wurden,[8] stammten zu zirka der Hälfte aus mittleren Angestelltenverhältnissen. Unter der Rubrik „Beruf des Vaters" hieß es demnach oft Kaufmännischer Angestellter oder Leitender Angestellter oder konkreter Justizangestellter, Finanzamtsangestellter oder Reichsbahnangestellter. Zu jeweils etwa einem Fünftel kamen die Wissenschaftlerinnen aus Akademikerfamilien – Lehrer, Pfarrer, Forstwirt, Ingenieur – sowie aus Arbeiterfamilien – Bergmann, Fabrikarbeiter. Manch eine Berufsangabe des Vaters klang auch exotisch, wie z. B. Farmer in Südamerika, oder ungewöhnlich, wie Historiker an der DDR-Botschaft in Moskau. Bei zirka einem Viertel dieser späteren Physikerinnen übten auch die Mütter, oft erst nach 1945, eine Tätigkeit aus, als Erzieherinnen und zum Teil Lehrerinnen. Genauso oft hieß es aber auch: „Tätigkeit der Mutter" Hausfrau.

Die Physikerinnen der um 1960 Geborenen stammten hingegen zu mehr als der Hälfte aus Akademikerfamilien – Ärzte-, Professoren-, Lehrer-, Diplomingenieurhaushalte. Wie üblich in der DDR verfügten auch die Mütter über eine Ausbildung und sie standen im Beruf oft auf gleicher Stufe mit ihrem Ehepartner – Ärztin, Bauingenieurin, Lehrerin, Ökonomin.[9] In einem Viertel der Fälle stammten die Befragten aus einem Arbeiterhaushalt – Dreher, Hauer, LPG-Bauer. Auffallend bei dieser jüngeren Physikerinnengeneration war zudem, dass die Geschwister der Be-

---

[8] Die Spannbreite ist groß, aber mehrheitlich lagen die Geburtsjahre zwischen 1935 und 1950.
[9] Aus sozialstrukturellen Untersuchungen der DDR-Gesellschaft ist bekannt, dass sich die sogenannte Schicht der Intelligenz der Generationen der nach/um 1960 Geborenen sich wieder vorwiegend aus sich selbst reproduzierte. Die „Brechung des bürgerlichen Bildungsprivilegs" fand einmalig für die Nachkriegsgenerationen statt.

fragten zu drei Vierteln auch ein naturwissenschaftliches Studienfach mit anschließender adäquater Tätigkeit gewählt hatten. Die Berufsangaben lauteten Chemiker, Mathematiker, Bauingenieur, Lehrer, Physiker bzw. Ärztin, Informatikerin, Kristallographin usw. Das naturwissenschaftliche Interesse bzw. die Begabung wurden in diesen Familien nicht nur an die befragten Physikerinnen weitergegeben. Der Blick auf die Berufe, die die Geschwister der um 1940 geborenen Physikerinnen gewählt hatten, zeigte ein anderes Bild. Hier war eine größere Bandbreite der Berufsausübung vorhanden.

Alle 15 interviewten Wissenschaftlerinnen der älteren Generation zeigten bereits in ihrer Schulzeit ein ausgeprägtes Interesse und eine ausgesprochene Neigung für die Mathematik und die Naturwissenschaften. Interesse und Neigung wurden oft durch das Elternhaus und durch die Lehrer in den Schulen unterstützt. Ihre Leistungen in Mathematik und Physik waren so offensichtlich hervorragend, dass es kaum einen Fall gab, dass ihnen als Mädchen – in den 1940er und 1950er Jahren – abgeraten wurde, ein naturwissenschaftliches Studium aufzunehmen. Die Schule förderte die naturwissenschaftliche Begabung der Mädchen durch Empfehlungen, an den jährlichen Mathematikolympiaden auf Jahrgangsebene und DDR-weit teilzunehmen. Die Schulen unterstützten auch Möglichkeiten zum Besuch von naturwissenschaftlichen, oft Mathematik ausgerichteten Spezialschulen. Alle diese Mädchen hatten insgesamt hervorragende Schulnoten in fast allen Fächern, so dass sie, ihren Erinnerungen nach, fast jedes Studienfach hätten wählen und studieren können. Ihre Wahl fiel auf die Physik, in wenigen Fällen auf die Mathematik, in erster Linie aus Interesse und Neigung und Fähigkeit. Relativ oft studierten diese Frauen in der Sowjetunion. Bei einem Drittel der Interviewten spielte hingegen die Ideologieferne des Faches Physik eine nicht unerhebliche Rolle.

Hier einige Beispiele: Physikprofessorin[10] an einer Universität, Jahrgang 1952:[11] *„Ich war insgesamt eine sehr gute Schülerin und hatte sehr gute Physiklehrer. [...] Eine Geisteswissenschaft zu studieren war mir zu trivial, zu einfach, zu uninteressant. Ich wollte nichts auswendig lernen, sondern etwas begreifen und verstehen."*[12] Mathematik, Physik und Biologie hätten sie interessiert. Die Entscheidung sei auf ein fünfjähriges Biologie-Physik-Studium in der Sowjetunion gefallen. Die Wahl des Studienortes war politisch motiviert. Die Physikerin stammte aus einem überzeugten SED-Elternhaus, sie teilte auch bis nach 1989 diese politische Überzeugung. Obwohl selbst langjähriges SED-Mitglied mit diversen Funktionen machte sie nach 1990 als Physikprofessorin an einer Universität weiter Karriere.[13]

---

[10] Der bei allen Interviewausschnitten angegebene Status bezieht sich auf den Zeitpunkt des Gesprächs, 2016/17.
[11] Interview 4.
[12] Das Interview ist nicht auf Band, als Gedächtnisprotokoll mit einigen wörtlichen Kernaussagen vorhanden.
[13] Interview 4; Berufungsakte in: BAB DR 3 B/796.

Promovierte Physikerin, vor und nach 1990 an einem Forschungsinstitut, Jahrgang 1953:[14] *„Ich war eine sehr gute Schülerin, ich hatte in vielen Fächern sehr gute Leistungen. [...] Ich habe für ein Studium nach einer Herausforderung gesucht. Es sollte schon in Richtung Naturwissenschaften gehen. Sprachen waren wichtig, aber ich wollte nicht Dolmetscherin werden, [...] Biologie war gut, aber ich wollte nicht Ärztin werden. [...] Die Physik hat mich am meisten angesprochen. [...] Lehrer spielen immer eine Rolle, ich hatte immer sehr gute Lehrer, u. a. einen sehr guten Mathematiklehrer an der EOS. Der hat mich immer ermutigt, [...] er hat mich zur Teilnahme an Mathematikolympiaden angemeldet. Den Eltern war die Studienfachwahl ein bisschen unheimlich. Sie wussten nicht so richtig, was daraus werden soll, aber sie haben mir da schon vertraut. [...] Von 1971 bis 1976 war ich zum Studium der Physik in der Sowjetunion. Dafür konnte man sich nicht bewerben, die Schule delegierte einen dahin.*[15] *[...] Die Überlegung, ein ideolgiefreies Studienfach zu wählen, war für mich nicht relevant. Das hat keine Rolle gespielt."*

Promovierte Physikerin von einer Universität, Jahrgang 1949:[16] Da ihr Vater zeitweise an der Moskauer Botschaft arbeitete, sie stammte aus einem politisch überzeugten SED-Elternhaus, habe sie die 5. und 6. Klasse an einer Moskauer Schule besucht. *„Ich habe dort unheimlich gerne Mathematik gemacht und war dort in einer Mathematik-Arbeitsgemeinschaft. [...] Zurück in der DDR ist die Begeisterung für Mathematik geblieben. Ich hatte sehr gute Mathematiklehrer, ich nahm an Matheolympiaden teil und habe Preise gewonnen. Die 9. und 10. Klasse habe ich an einer Spezialschule für Mathematik in Kleinmachnow bei Berlin besucht [...] und in der Abiturstufe, 11. und 12. Klasse, wurden wir in Mathematik bereits von Universitätsdozenten unterrichtet, so dass wir mit dem Abitur bereits den Mathestoff des ersten Studienjahres erlernt hatten."*[17] Die Entscheidung für ein Physikstudium sei damals gefallen, weil in den 1960er Jahren das Gefühl herrschte, speziell die Physik führe zur *„Welterkenntnis"*. *„Die Theoretische Physik, die Astronomie und die Philosophie führen zum Verstehen der Welt. [...] Wenn ich Theoretische Physik mache, habe ich die Mathematik und die Physik, und hier spielte dann auch die Philosophie mit rein. [...] Mein Interesse an Mathematik und Physik kam aus mir heraus. Ich hatte keine Vorbilder oder Beeinflussung um mich herum. [...] Vor Studienaufnahme hatte ich ein Gespräch mit meinem Vater über die Frage, ob nicht auch ein Philosophiestudium in Frage käme. Mein Vater sagte damals: ‚Wenn du etwas anderes kannst als Philosophie, mach etwas anderes.' Ich bin nicht in Contra zu diesem Staat aufgewachsen,*

---

[14] Interview 29.
[15] Interview 29. Die Studienaufnahme in der Sowjetunion setzte den mindestens einjährigen Besuch des „Instituts zur Vorbereitung auf das Auslandsstudium" in Halle zum besseren Erlernen der russischen Sprache voraus. In den meisten Fällen wurde dort das 12. Schuljahr, das Abitur, absolviert. Für die Vorbereitung zur Aufnahme eines naturwissenschaftlichen Studiums wurde dort verstärkt Mathematik und Naturwissenschaften unterrichtet.
[16] Interview 2.
[17] Ebenda.

vielleicht verständlich bei meiner Herkunft."[18] Sie studierte Physik in Ost-Berlin, sie wurde SED-Mitglied. *„Dort bin ich nie an politische Grenzen gestoßen, ich habe mich unterstützt gefühlt. Parteimitglieder waren im Physikbereich in der Minderzahl."* Erst in den 1980er Jahren seien erste Zweifel am politischen System der DDR aufgetaucht.

Promovierte Ingenieurin der Elektrotechnik/Physik, Forschungsinstitut, Jahrgang 1952:[19] *„Ich war in der Schule mit die Leistungsstärkste, ich war sehr gut in Mathematik und Physik. Deutsch und Geschichte waren nicht meine Fächer. Ich habe an Mathematikolympiaden teilgenommen und Preise gewonnen. [...] Ich habe die Mathematikspezialschule ab der 10. Klasse besucht. [...] Meine Eltern haben sich um den Schulplatz bemüht. Die Eltern waren mit meiner Studienwahl einverstanden. Im Osten war man als Mädchen völlig gleichwertig. Die Studienfachwahl hat keinerlei Bedenken ausgelöst bei den Eltern, bei den Lehrern sowieso nicht. Ich war ja auf einer Spezialschule. [...] Ich wollte nicht reine Mathematik studieren, sondern etwas Angewandtes. Ich bewarb mich für ein Studium der Theoretischen Elektrotechnik an der TH Ilmenau. [...] Ich bin in einer sehr ‚roten' Familie aufgewachsen. Zu dieser Zeit gab es für mich keinen politischen Abstand zur DDR. Mein Vater war ein sehr gläubiger SED-Anhänger. Ich durfte kein Westfernsehen zu Hause gucken.*[20] Einige Jahre nach dem Studium sei sie angesprochen worden, einen SED-Aufnahmeantrag zu stellen. Als sie aber kurz darauf entschied, abends einer Parteiversammlung fern und bei ihren zwei kleinen Kindern zu bleiben, wurde sie so massiv unter Druck gesetzt, dass sie von der Kandidatenliste für die Aufnahme in die SED wieder gestrichen wurde. *„Das war ein echtes politisches Drama und ich konnte mich aus der ‚Schusslinie' bringen, weil ich ein drittes Kind bekam."*[21]

Hier folgen zwei Beispiele einer bewussten Entscheidung für die Physik/Informatik als ideologieferne Studienfächer: Promovierte Physikerin an einer Universität, Jahrgang 1952.[22] Die Familie der befragten Physikerin wohnte in Ost-Berlin. Der Vater, ein mittlerer Angestellter, arbeitete als „Grenzgänger" bis August 1961 in West-Berlin. Mit dem Mauerbau am 13. August verlor er seinen Arbeitsplatz und fand danach nur noch einen bei der Kirche, was große finanzielle Einschränkungen für die Familie mit drei Kindern nach sich zog: *„Ich komme aus einem sehr naturwissenschaftlich interessierten und gebildeten Elternhaus [die Mutter war Lehrerin, ohne Anstellung]. Ich musste Latein lernen. [...] Die Auswahl des Studienfaches lief nach Ausschlusskriterien. Es war alles interessant: Mathematik, Physik, Chemie. Alles was irgendwie einen politischen Touch hatte, schied vollkommen aus. [...] Eine Geisteswissenschaft zu studieren kam gar nicht in Frage. Ich war sehr an Mathe-*

---

[18] Ebenda.
[19] Interview 28.
[20] Ebenda.
[21] Ebenda.
[22] Interview 1.

matik interessiert, es gab in der DDR die Matheolympiaden, ich hatte gewisse Talente dafür [...] und habe dort an Kreis- und Bezirksausscheiden teilgenommen und Preise gewonnen. Daher bekam ich auch problemlos einen Oberschulplatz, obwohl ich weder Pionier noch in der FDJ war und keine Jugendweihe mitgemacht habe. [...] Ein Mathematikstudium hat abgeschreckt, weil ich danach nicht in der elektronischen Datenverarbeitung landen wollte. Chemie hat abgeschreckt, wegen möglicher Tätigkeit in Leuna und Buna. Also blieb die Physik. Mit ihr war das Große und Allgemeine in der Naturwissenschaft verbunden."

Informatikprofessorin an einer Universität, Jahrgang 1947:[23] *„Es war schwierig für mich, auf die Oberschule zu kommen, weil mein Vater [kleiner Ladenbesitzer] immer wieder auffiel durch kritische politische Bemerkungen. EOS ging nicht, meine Eltern waren parteilos. [...] Ich war sehr gut in Mathematik. Ich schwärmte für den Mathematiklehrer, der seinen Unterricht ‚für die zwei Mädchen, die etwas im Kopf hatten' machte. Es gab in unserer Familie keine Beziehung zum späteren Studienfach Theoretische Elektrotechnik. [...] Es gelang, einen Platz Berufsausbildung mit Abitur für mich zu ergattern. Bei uns im Umkreis [im Norden der DDR] gab es nur drei Möglichkeiten dieser Ausbildung: In einem Lederwerk, da stank es wie die Pest, in einer Großgärtnerei oder im VEB Funkelektronik. Ich entschied mich für die Ausbildung zur Funkmechanikerin mit Abitur. Ich war danach unentschlossen bei der Studienfachwahl [...] Theaterdramaturgie interessierte mich, die Studienplätze waren dort rar [...] Ich entschied mich dann für die TH Ilmenau, das zu studieren, was ich in der Berufsausbildung gelernt hatte. [...] Die ‚rationalen Mädchen' haben die Natur- oder Ingenieurfächer als Studienfach gewählt. Ich wollte nichts Politisches studieren. [...] Im Studium gab es einige, die [mit der Fachwahl] der Politik und Ideologie entgehen wollten."*

Von den 15 im Interview gesprochenen Wissenschaftlerinnen der „1940er Generation" hatten nach Studium, Berufsaufnahme und Berufsweg in der DDR die Hälfte ein SED-Parteibuch. Sie waren mehr oder auch weniger überzeugte und ausgesprochen loyale DDR-Bürgerinnen. Ein Drittel der Frauen, konkret fünf, drückten hingegen ihre deutliche Distanz zu Politik und Ideologie der DDR aus. Wie exemplarisch dargestellt, wurde ihre Studienfachwahl davon maßgeblich beeinflusst. Sie wählten bewusst die Physik als ideolgiefernes Studienfach. Von den weiteren zwölf Physikerinnen dieser älteren Generation, für die nur eine Berufungsakte im Bestand des DDR-Hochschulministeriums vorlag, die es demnach in ihrer Hochschulkarriere bereits zur Dozentin bzw. Professorin gebracht hatten, gehörten acht, also zwei Drittel der SED an. Alle Professorinnen der Physik, mit nur einer Ausnahme, waren lange vor ihrer Berufung SED-Mitglied geworden. Überwiegend vollzogen sie ihren Parteieintritt in jungen Jahren, noch während oder kurz nach ihrem Studium. Die vier Physikerinnen ohne SED-Parteibuch blie-

---

[23] Interview 3.

ben auf der Karriereleiter auf der Ebene der Dozentur stecken. Darunter fanden sich auch hochqualifizierte Wissenschaftlerinnen, die z. B. bereits 1971 eine Promotion B vorgelegt hatten und trotz dieser formalen Qualifikation, hervorragenden Forschungsarbeiten und breiter Lehrerfahrung fast zwanzig Jahre lang, bis 1989/90, auf der Hochschuldozentur verharren mussten.[24] Der Aufstieg zur Physikprofessorin an einer Universität war auch für die dort quantitativ sehr unterpräsentierten Frauen an eine SED-Mitgliedschaft gebunden. Die Professorinnen und Dozentinnen mit Berufungsakte füllten während ihrer Berufslaufbahn zeitweise alle nur denkbaren politischen und gesellschaftlichen Funktionen aus. Sie waren u. a. Mitglied der SED-Hochschulparteileitung, der SED-Universitätskreisleitung, sie übten Gewerkschaftsfunktionen aus, eingeschlossen die Mitgliedschaft bzw. Leitung von Frauenkommissionen und Frauenausschüssen. Die hier einzige Physikprofessorin ohne SED-Parteibuch gehörte mit zu den ältesten in diesem Zusammenhang betrachteten Wissenschaftlerinnen. Geboren 1921 studierte sie Physik und Mathematik in Tübingen und Rostock. In der noch jungen DDR der 1950er Jahre machte sie als Frau Wissenschaftskarriere. 1954 wurde sie Dozentin an der Universität Rostock und im selben Jahr zur Professorin mit Lehrauftrag an der TU Dresden.[25] Einen kurzen Dämpfer schien ihre Karriere zu nehmen, als 1962 der TU-Kaderleitung bekannt wurde, dass die Professorin verschwiegen hatte, von 1939 bis 1945 NSDAP-Anwärterin gewesen zu sein.[26] Sie blieb jedoch im Beruf und an der TU. Eine nur angepasste Wissenschaftlerin schien die Professorin nicht geworden zu sein. In einer Beurteilung von 1962 stand zu lesen: „Im gesellschaftlichen Leben verhält sich Frau Prof. Hasse inaktiv. Sie sieht nur ihre wissenschaftliche Arbeit und ihre wissenschaftlichen Leistungen. […] In den Tagen des 13. August 1961 verhielt sie sich zu den Beschlüssen und Maßnahmen der Partei und Regierung loyal."[27] Zur Professorin mit eigenem Lehrstuhl wurde sie 1968 berufen.[28] Professorin ohne SED-Buch zu werden, war eine Ausnahme und in diesem Fall, neben herausragenden Forschungs- und Lehrleistungen, einschließlich dem Verfassen von Lehrbüchern, ihrem beruflichen Aufstieg schon in der frühen DDR geschuldet. 1981 wurde sie emeritiert.

Die Generation der um „1960 Geborenen" – 17 Interviewte[29] – wählten gleich ihren älteren Kolleginnen das Studienfach Physik[30] aus Interesse und Begabung. Oft war das Interesse breiter auf die Naturwissenschaften und die Mathematik insgesamt ausgerichtet. In einem Drittel der Fälle hätte die Studienfachwahl auch auf

---

[24] Vgl. Akte Lindner, in: BAB DR 3 B/1528 oder das Beispiel Dagmar Schipanski, in: BAB DR 3 B 7877.
[25] Vgl. diverse von ihr ausgefüllte Personalbögen in ihrer Berufungsakte, in: BAB DR 3 B 11345.
[26] Vgl. Aussprache mit Frau Prof. Hasse bei der Kaderabteilung, 13. Januar 1962, in: BAB DR 3 B 11345.
[27] Beurteilung der Kaderabteilung, in: ebenda.
[28] Vgl. Berufungsurkunde, in: ebenda..
[29] Spanne der Geburtsjahrgänge der 17 Frauen zwischen 1956 und 1976, mehrheitlich zwischen 1956 und 1966.
[30] Und angrenzende Fachgebiete wie die Werkstoffwissenschaften (Festkörperphysik).

ein anderes naturwissenschaftliches Fach als die Physik fallen können. In zwei Fällen wurden die späteren Physikerinnen in dieses Fach vermittelt, da die ursprünglichen Wünsche, Ärztin bzw. Kapitän zu werden, sich nicht realisieren ließen. Ausgeschlossen war bei der großen Mehrzahl der Befragten, dass sie ein sozial- oder geisteswissenschaftliches Fach oder Ökonomie bzw. Jura studiert hätten. Die Gründe dafür lagen überwiegend in der Interessenausrichtung und nicht in der Ideologienähe dieser nicht naturwissenschaftlichen Fächer. Etwa die Hälfte der Befragten wurde bei der Studienfachwahl durch die Eltern und die Lehrer unterstützt und gefördert. Auch hier spielten die DDR-weiten Mathematikolympiaden, naturwissenschaftliche Arbeitsgemeinschaften an den Schulen und Mathematikspezialschulen eine Rolle bei der Förderung der Begabung. Die andere Hälfte der Befragten traf früh und selbstbestimmt ihre Entscheidung für die Physik. In nur zwei Fällen kam es zu Andeutungen, dass das Physikstudium und die spätere Berufsausübung für junge Frauen Schwierigkeiten mit sich bringen könnten. Alle anderen brachten zum Ausdruck, dass ihnen niemand abgeraten hätte, Physik zu studieren, weil sie Mädchen/junge Frauen waren. Auch hier schienen die mathematisch-naturwissenschaftliche Begabung und die allgemein sehr guten Schulleistungen in grundsätzlich fast allen Fächern offensichtlich gewesen sein.

Im Unterschied zu der älteren Physikerinnengeneration jedoch standen die Jüngeren reservierter, distanzierter und kritischer zu SED und DDR-Staat. Sie hielten mehrheitlich Abstand zum SED-System, ohne jedoch explizit die Physik gewählt zu haben als Ausdruck der Ideologieferne des Faches. Begabung und Interesse überwog das Ideologische. Nur drei der Befragten gingen in die SED, eine davon geriet aus konkreten Lebensumständen schnell in Konflikt mit der Staatspartei und konnte ihre SED-Mitgliedschaft streichen lassen.[31]

Knapp ein Drittel, konkret fünf von 17, brachten zum Ausdruck, in Abstand und Distanz zu SED und DDR gelebt und die Entscheidung für die Physik ausdrücklich im Sinne der Ideologieferne getroffen zu haben. Von diesen Interviewten hier zuerst:

Physikerin, AdW, heute im Wissenschaftsservicebereich an einem Physik-Forschungsinstitut, Jahrgang 1956:[32] *„Ich wollte immer schon Astronomie studieren."* Die Anregung kam durch die Schule, sie besuchte in der Abiturstufe eine Mathematikspezialschule nahm auch an Mathematikolympiaden *„nicht mit übergroßem Ehrgeiz"* teil. *„Da ich ein Mädchen war, war man erfreut über meine Studienfachwahl, da gab es nach dem Abitur gar keine Schwierigkeiten. [...] Die Studienfachwahl war mein Interesse. Ein politisches Studienfach hätte ich nie in Erwägung gezogen. So etwas kam nicht in Frage. Das war mir von Anfang an klar. Ich wäre auch nicht Mathe-Physik-Lehrer in der DDR geworden, was man vielleicht*

---

[31] Zur Erinnerung, die um 1960-Geborenen waren in ihrer Berufskarriere aufgrund ihres Alters noch nicht weit vorangekommen, Physikprofessorinnen und -dozentinnen fanden sich in diesem Sample noch nicht.
[32] Interview 38.

gerne gewollt hätte. Es wäre für mich nicht infrage gekommen, Geschichte, Politik oder Jura zu studieren." Aus politischen Gründen habe sie sich nach dem Studium eine Stelle an einem „liberalen Akademie-Institut" gesucht, *„aus eben diesen politischen Gründen hat man an der AdW mich nie gefragt, ob ich promovieren will."*[33] Die befragte Physikerin stammte aus einem Elternhaus, welches politisch-ablehnend zur DDR stand, worüber die Befragte jedoch keine weiteren Angaben machen wollte.

Informatikerin, AdW, nach 1990 an einem Physik-Forschungsinstitut, Jahrgang 1957:[34] Die Interviewte gab im Gespräch an, aus privaten Gründen, die Mutter war früh verstorben, die EOS abgebrochen zu haben, um eine Berufsausbildung mit Abitur zu machen. *„Für Naturwissenschaften, für Mathematik hatte ich mich schon immer interessiert. Ich habe auch an Matheolympiaden teilgenommen. Einen typischen Mädchenberuf wollte ich auf keinen Fall, ich wollte etwas Technisches machen und die Informatik*[35] *kam damals so auf. Es hat mich gereizt, mit Computern umzugehen, zu programmieren. Ich habe mein Abitur mit Auszeichnung gemacht. Ich hätte alles studieren können. [...] Vom Informatikstudium hat mir keiner abgeraten, mein Vater hat wegen des mathematischen Aspekts zugeraten. In meiner Familie kam niemand aus den Naturwissenschaften. [...] Ich war in allen Fächern sehr gut, auch in Sprachen. Ich bin auch zur Russischolympiade gegangen. [...]. Das Fach Physik hat mich nicht abgeschreckt, aber die Mathematik war attraktiver für mich. Mit Mathematik konnte man mehr modellieren, abstrahieren. [...] Mich interessierte mehr die theoretische und nicht die praktische Seite. [...] Bis zur Oberstufe war ich politisch total auf Linie, schon durch meinen Vater bedingt. Dann kam der Bruch mit meinem Vater, der auch darauf basierte, politische Sachen zu hinterfragen. Ich wollte aus der FDJ austreten, was nicht ging, obwohl ich die Beitragszahlung einstellte. [...] Ich war nicht mehr politikkonform. [...] Bei absolut freier Wahl hätte ich vielleicht Archäologie studiert. [...] 1989 [dann als junge Wissenschaftlerin an der AdW] habe ich mit das Neue Forum in meinem Wohngebiet aufgebaut.*[36]

Promovierte Kristallographin,[37] vor und nach 1990 an einem Physik-Forschungsinstitut, Jahrgang 1966:[38] *„Ich bin in der DDR groß geworden. Meine Eltern waren selbständige Handwerker. Wir hatten eine Schlosserei. [...] Mit dieser Herkunft wäre ich nicht zur EOS gekommen. [...] Das war für mich und meine Geschwister klar, so dass ich mich gleich für eine Berufsausbildung mit Abitur beworben habe. Ich*

---

[33] Ebenda.
[34] Interview 35.
[35] In der DDR hieß das in den 1980er Jahren noch Mathematische Methoden und Datenverarbeitung.
[36] Interview 35.
[37] Die Kristallographie, eine Werkstoffwissenschaft, war, hier in diesem Fall der Befragung, an der Humboldt-Universität als Bereich an der Sektion Physik angegliedert.
[38] Interview 30.

habe im Stahlwerk [...] eine Berufsausbildung zum Metallurgen gemacht. Als Metallurge vom Stahlwerk ist der Weg zur Kristallographie ziemlich nah. Ich wollte nie einen Frauenberuf, [...], ich wollte immer einen Beruf mit vielen männlichen Kollegen, wo es auch technisch zugeht. [...] Ich wurde dann vom Stahlwerk zum Studium delegiert. [...] Mein Vater war von meiner Wahl überrascht. Er konnte sich darunter nichts vorstellen, aber er ist mit mir zur Studienberatung zur Universität mitgefahren. [...] Ein ideologienahes Fach hätte ich nie studiert. Meine Familie als Selbständige stand 40 Jahre unter Kontrolle [des Staates]. Ich wäre niemals auf die Idee gekommen, in das System einzusteigen."

Es folgen die drei Physikerinnen, die politisch engagiert dem DDR-Staat verbunden waren:[39]

Physikprofessorin an einer Universität, Jahrgang 1956:[40] *"Ich habe Diplomlehrer studiert für Physik und Mathematik an einer Pädagogischen Hochschule. [...] Ich hatte ein Einser-Abitur und ich wollte Medizin studieren und ich bin abgelehnt worden, überraschend für mich. [...] Es gab ja Zulassungsbeschränkungen für das Medizinstudium und ich passte sozial nicht in die Auswahl. [...] Meine Mutter war Handwerkerin, mein Vater promovierter Diplomingenieur. [...] Mein liebster Wunsch war dann, Lehrer zu werden [...] Physik und Mathematik. Es war schon klar, dass die Naturwissenschaften meines sind. [...] Die Fächerwahl fanden meine Eltern gut, obwohl meine Mutter eher die Zahnmedizin für mich gesehen hätte. [...] Ich habe mich diesem Staat, der da untergegangen ist, sehr verbunden gefühlt. [...] Vom ersten Studienjahr an war ich FDJ-Sekretär meiner Studiengruppe. [...] Später war ich Mitglied in einer Arbeitsgruppe ‚Internationale Arbeit des Zentralrates der FDJ der DDR', und da bin ich mehrfach in der Bundesrepublik gewesen als Studentin. Das war auch ein Austausch mit Juso-Gruppen und die habe ich dann auch in der DDR mitbetreut. Ich kannte die BRD lange vor der Wende. Ich wusste, wie die ticken und wie das Leben dort aussieht. Ich bin dort sehr engagiert gewesen. [...] Ich war Mitglied der SED."*[41] Obwohl diese Wissenschaftlerin in das politische System der DDR mit ihrer hochrangigen FDJ-Funktion stark eingebunden war, jedoch ohne MfS-Kontakte, konnte sie aufgrund hervorragender Forschungsleistungen ihre Wissenschaftskarriere fortsetzen. Sie habilitierte 2007 und hat gegenwärtig eine a. o. Professur für Halbleiterphysik inne.

Physikprofessorin an einer Universität, Jahrgang 1957:[42] *"Sprachen haben mich zunächst interessiert. Ich wollte Dolmetscherin oder Stewardess werden. Ich war auf einer Spezialschule mit verstärktem Russischunterricht. [...] In der Oberstufe haben mich die Naturwissenschaften dann mehr interessiert. [...] Erst wollte ich Mathematik studieren. [...] Dann habe ich ein Buch gelesen mit der Fragestellung, was ist*

---

[39] Interviews 34, 16, und 36.
[40] Interview 34.
[41] Ebenda.
[42] Interview 16.

1. Soziale Herkunft und die Entscheidung für die Physik 335

Geruch, dann wollte ich Chemie studieren. Aber die Chemiezentren Leuna und Buna [als spätere mögliche Arbeitsplätze] haben mich abgeschreckt. [...] Dann bin ich zur Physik geschwenkt und meine Schulkameraden sagten, Physik würde viel besser zu mir passen als Chemie. [...] Ich hatte auch einen sehr guten Physiklehrer in der Oberschule. Wir Mädchen haben alle für ihn geschwärmt. [...] Die Eltern haben zu dieser Studienfachwahl nicht groß was gesagt. Beide haben keinen Einfluss auf meine Studienfachwahl genommen. [...] Ich bin im positiven Sinne zur DDR erzogen worden. Die Studienfachwahl hatte nichts mit politischer Abstinenz zu tun. [...] Ich war Mitglied in der SED. Ich bin mit jugendlichem Enthusiasmus eingetreten. Ich war von der positiven Grundidee der DDR, des Sozialismus, überzeugt. [...] Manchmal bin ich mir in der Vergangenheit selbst fremd, weil ich über viele Dinge nicht nachgedacht habe. Ich habe es so genommen, wie es war. Die Entwicklung verlief so gradlinig, dass ich nichts hinterfragt habe. Ich habe in jungen Jahren nicht so bewusst reflektiert."[43]

Physikerin, vor und nach 1990 an einem Physikinstitut, Jahrgang 1960:[44] „*Ich hatte einen Vater, der sehr an Mathematik interessiert war, [...] obwohl er von Hause aus Philosoph war. Schon als kleines Mädchen haben wir zusammen Aufgaben, Textaufgaben, gerechnet. Dann gab es zu DDR-Zeiten die Mathematikolympiaden. Das war immer sehr schön, die Aufgaben in kürzester Zeit lösen zu können. [...] Es hat schlichtweg Spaß gemacht. [...] Der zweite Punkt ist etwas gewesen, was ich mir selbst gesucht habe aus Interesse. Das war die Astronomie. Ich bin hier [...] in die Archenhold-Sternwarte und in die [dortige] Arbeitsgemeinschaft für Astronomie gegangen. Das habe ich mir selbst gesucht. [...] In der Freizeit sich das zu suchen, was einen interessiert, das war einfach genial. Diese Arbeitsgemeinschaft war nicht überlaufen und schon gar nicht von jungen Mädchen. [...] Wir haben viele Beobachtungen gemacht, Sonnenfinsternis, Mondfinsternis usw., und das alles weit vor dem Abitur. [...] Von der Schule war ich dann nicht so gefördert. [...] Ich hatte ein Einser-Abitur, wovon man nur träumen kann. Ich hätte alles studieren können, auch Medizin. Aber ich wollte Physik studieren und nur Physik und wenn nicht Physik, dann gar nicht studieren. [...] Meine Eltern haben mich wenig beeinflusst in dieser Hinsicht und sie hätten es auch nicht gekonnt. [...] Ich war sehr eigenständig. [...] Ich war politisch offen und interessiert – Geschichte oder Philosophie oder Literatur und Theaterwissenschaft. [...] Aber das war Freizeit. [...] Man geht ins Theater in der Freizeit, man studiert so was nicht. [...] Es gab schon einige, die gesagt haben, studiere nicht Physik, das ist anstrengend [...] und als Mädchen schwierig. Das ist an mir abgeperlt. [...] Es hat mich in keiner Weise beeinflusst. [...] Ich glaube, ich war da keine Ausnahme. [...] Gerade junge Mädchen waren so und haben sich ihren Weg selbst gesucht. [...] Zum Ende des Studiums 1984] war ich neues Mitglied der SED, voller Enthusiasmus, Illusionen, Zukunftswünschen, etwas*

---

[43] Ebenda.
[44] Interview 36.

besser zu machen. Es war eine sehr politische Zeit. Es ging um die Stationierung der sowjetischen SS-20 Raketen auf dem Gebiet der DDR als Antwort auf den NATO-Doppelbeschluss. [...] Wir Studenten sollten eine Resolution unterschreiben zur Begrüßung der Stationierung der sowjetischen Raketen. [...] Ich habe gesagt, das unterschreibe ich nicht. Ich unterschreibe keine Begrüßung zur Stationierung von Atomsprengköpfen. [...] Und das löste eine ziemlich große Welle aus. Ich habe ein Parteiverfahren bekommen. [...] Es ging letztlich glimpflich aus, ich bekam eine ‚Rüge'. Man hätte mich auch exmatrikulieren können. [...] Ich weiß bis heute nicht, wer seine schützende Hand über mich gehalten hat. [...] Die Diplomarbeitsverteidigung allerdings war ein Spießrutenlauf. [...] Später, bei der Arbeitsstellenwahl, habe ich keinerlei Nachteile verspürt. Ich habe meine Stelle wie geplant an der Akademie angetreten. [...] Ich war keine Widerstandskämpferin, ich war keine Systemgegnerin, ich war nur fürchterlich geerdet."[45]

Knapp die Hälfte der jüngeren 17 Interviewten studierten Physik aus Interesse, ohne den Wunsch mit Ideologienähe oder -ferne zu verbinden, auch wenn sie eher Abstand zur SED-Ideologie hielten. Hier vier Beispiele: Promovierte Diplomingenieurin der Metallkunde/Werkstoffwissenschaft, vor und nach 1990 an einem Physikinstitut, Jahrgang 1961:[46] *„Ich hatte immer ein Faible für die Technik. Ich war immer sehr an Physik und Mathematik orientiert. [...] Aber ich wollte etwas Anwendungsorientiertes studieren. [...] Die Metallkunde, metallische Werkstoffe, [...] das hat mich interessiert. [...] Meinem Vater hat die Studienfachwahl gefallen, dass ich in die Technik ging. [...] Ansonsten haben die Eltern mich nicht beeinflusst. [...] Mathe und Physik auf der EOS hat auch wegen der Lehrer Spaß gemacht. In Mathematik hatte ich eine sehr gute Lehrerin, und einen sehr guten Lehrer in Physik. [...] Auch der ‚Unterrichtstag in der Produktion' in der Schule – wir haben an der Erstellung von TGL's [Technische Normen und Gütevorschriften und Lieferbedingungen in der DDR] mitgearbeitet – das hat mir Spaß gemacht. Das war auch ein Punkt für die Studienfachwahl. In der DDR gab es das nicht, dass Frauen abgeraten wurde, technische Disziplinen zu studieren. Das gibt es eher heute wieder. [...] Ein ideologiefreies Fach zu studieren, spielte keine Rolle. Meine Eltern waren fern der Politik des Staates. Ich sollte auf keinen Fall in die Partei eintreten. [...] Aber das war keine Entscheidung dafür, ein technisches Fach zu studieren."*

Promovierte Physikerin von einer Universität, die 1998 nicht freiwillig aus der Wissenschaft ausschied, Jahrgang 1960:[47] *„Ich bin ein Dorfkind. [...] Mathematik fiel mir sehr leicht. Alles was strukturiert war, gefiel mir. In der EOS-Zeit war ich in einer Sprachklasse, das war nicht meines, bin aber da nicht rausgekommen. [...] Ich wollte eigentlich Medizin studieren. Physik lag mir auch [...] und ich hatte den*

---

[45] Ebenda.
[46] Interview 31. Metallkunde: ein Teilgebiet der Werkstoffwissenschaft, physikalisch-kristallographische Fachrichtung.
[47] Interview 27.

Wunsch, ins Ausland zu gehen und so bewarb ich mich bei der ABF in Halle[48] *für ein Auslandsstudium mit Fachrichtung Physik. [...] Ich wollte nur in der Sowjetunion studieren, denn ich wollte nicht noch eine weitere Sprache lernen müssen. [...] Ich hatte eine naturwissenschaftliche Grundbegabung und ich war nicht faul. Ich bin breit interessiert. Ich habe immer Musik gemacht. [...] Ich hatte einen fantastischen Mathematiklehrer. Der hat mich gefördert, indem er mich zu den Mathematikolympiaden geschickt hat. [...] Ich habe keine Ahnung, ob die Wahl des Studienfaches meine Eltern überhaupt interessiert hat. Ich weiß es nicht. [...] Meine Mutter war Bürgermeisterin und kümmerte sich um alles, so ein richtiger Macher [...] Meine Eltern waren beide in der SED. Die Wahl des Studienfaches hatte nichts mit politischer Abstinenz zu tun. Politischen Widerspruch gab es auch an der EOS nicht [...] Und auch während des Studiums war die politische Welt in Ordnung für mich."*[49]

Promovierte Physikerin, vor und nach 1990 an einem Physik-Forschungsinstitut, Jahrgang 1959:[50] „*Ich wollte eigentlich Kapitän werden, das ging zu DDR-Zeiten nicht. [...] Dann wollte ich Meeresbiologie studieren. Ich wollte einfach aufs Meer. [...] Mein Vater ist mit mir zum Institut für Meereskunde nach Stralsund gefahren. Dort sagte man: ‚Wenn Sie Meeresbiologe werden wollen, sitzen Sie hinterm Mikroskop und zählen Plankton. Studieren Sie besser Meteorologie.' Damals wurden gerade nur Meteorologen für die Armee ausgebildet. [...] Und dann war die Alternative Physik. Da gab es keine Schwierigkeiten beim Zugang, und Frauen in der Physik wurden sowieso gefördert. [...] Da ich alles Einsen auf dem Zeugnis hatte, war das alles geregelt. Mein Denken ging in Richtung Mathematik und Physik. Zur Matheolympiade war ich auch zweimal. Eine weitere besondere Förderung hatte ich in der Schule nicht. [...] Die Wahl eines ideologiefernen Studiums spielte überhaupt keine Rolle. Es wurde sehr gefördert, Frauen in die Physik zu bekommen. [...] Mein Diplom habe ich dann in Richtung Geowissenschaften abgelegt. [...] Ich war nicht in der Partei. [...] Man hatte mich mal gefragt einzutreten. Ich habe abgelehnt und dann war man eben draußen. [...] Es war klar, wer in der Partei war, war mehr an Informationen dran. Man konnte aber auch Dinge klären über die FDJ oder die Gewerkschaft.*"

---

[48] Die Bezeichnung „ABF" wurde immer noch benutzt, obwohl es sich seit den 1960er Jahren nicht mehr um eine Arbeiter- und Bauern-Fakultät zur Vorbereitung von Arbeiter und Bauern auf ein Hochschulstudium, in Form des Erwerbs des Abiturs, handelte. Offiziell hieß es das Institut zur Vorbereitung auf das Auslandsstudium. Das Institut in Halle gehörte zur Martin-Luther-Universität Halle-Wittenberg. Die Schüler hatten bereits den Status von Studenten und bezogen ein Stipendium. Sie kamen aus der gesamten DDR und mussten dorthin von den Oberschulen delegiert werden. Voraussetzungen waren sehr gute schulische Leistungen und aktive gesellschaftliche Arbeit. Der Lehrplan entsprach dem der EOS, angereichert mit speziellem Sprachunterricht.
[49] Interview 27.
[50] Interview 37.

Physikprofessorin an einer Universität, Jahrgang 1958:[51] „*Der Wunsch, Physik zu studieren, entstand schon lange vor dem Abitur. Der Wunsch ist auch nicht geschlechtsspezifisch,* [es hat etwas] *mit kindlicher Neugier zu tun.* [...] *Ich habe viel und gerne gelesen und aus der Bibliothek auch alles Naturwissenschaftliche.* [...] *Ich hatte sehr gute Lehrer, eine ganz junge Mathematiklehrerin. In den höheren Klassen war ein sehr großes Angebot an Arbeitsgemeinschaften da. Es gab da sehr viel in naturwissenschaftlichen Bereichen – Mathematik, Informatik* [...] *Die Lehrer haben durch ihre Begeisterung am Fach überzeugt. Es waren alles Personen, die für ihre Fächer gebrannt haben und in dem Sinne beeindruckende Persönlichkeiten waren.* [...] *Die Eltern haben nicht so begeistert auf den Studienwunsch Physik reagiert.* [...] *Zuerst kam ihr Rat, Physiklehrer zu werden.* [...] *Man spürte Ängste bei ihnen um meine Zukunft.* [...] *Man wünscht seinem Kind einen Weg, der nicht so viele Konflikte beinhaltet.* [...] *Ich glaube nicht, dass sie Bedenken hatten, ob ich das kann oder nicht. Von den Leistungen her war das sicher keine Frage. Ich denke, dass es nicht am Vorurteil lag, dass Mädchen dafür nicht geeignet sind. Es kam eher aus ihrer Lebenserfahrung heraus, mit welchen Konflikten Frauen auf solch einem Berufsweg konfrontiert sein werden.* [...] *Auffallend war, alle Mädchen im Physikstudium hatten das Abitur mit ‚Auszeichnung' bestanden. Bei den Jungs gab es das ganze Spektrum an Abschlüssen in den Abiturnoten.* [...] *Die Mädchen, die zum Studium zugelassen wurden, waren die, an denen man kein Makel finden konnte.* [...] *Ich denke, die Wahl des Physikstudiums* [bezüglich des] *DDR-Systems hat bei allen eine Rolle gespielt.* [...] *Jena und Berlin* [die Befragte begann ihr Studium in Jena und wechselte kurz vor dem Diplom nach Ost-Berlin aus familiären Gründen] *waren in der politischen Hinsicht extrem unterschiedlich. Die Humboldt-Universität in Berlin war ganz anders eingebettet in die Gesellschaft. In Jena war die Grundstimmung kritischer in Bezug auf das politische System,* [...] *was für die Wahl des Studienfaches doch eine Rolle gespielt hat. Man war nicht unpolitisch, aber ideologisch hielt man Abstand. Wir waren alles sehr bewusste junge Leute, die sich mit ihrer Umgebung auseinandergesetzt haben. Wir wussten, wenn wir die Geisteswissenschaften studieren, in die Ökonomie gehen, dass das sehr ideologisch belastete Fächer sind. Wenn man beide Interessen gleichwertig hat,* [...]*, ging die Wahl mehr zu den Naturwissenschaften, weil man die Hoffnung hatte, dass die weniger ideologisch belastet sind. Ich denke, diese Dinge haben eine Rolle gespielt.*"

Allen interviewten Wissenschaftlerinnen, sowohl der „1940er Generation" – eingeschlossen die zwölf mit nur vorhandener Personalakte – als auch der „1960er Generation", insgesamt 44 Frauen, war gemein, dass sie mit einem Ehepartner zusammenlebten, der auch Akademiker war, und dass sie eine Familie mit Kindern gründeten. Mehr als drei Viertel der Frauen waren verheiratet, sehr wenige davon später geschieden, und fünf Frauen alleinerziehende Mütter. In mehr als der Hälfte des Samples, 23 genau, waren die Physikerinnen mit Physikern verheiratet. Die Ehepartner der zweiten Gruppe waren vorzugsweise Naturwissenschaftler wie

---

[51] Interview 23.

Mathematiker, Mediziner, Diplomingenieure. Unter den Partnern fanden sich vereinzelt Lehrer, ein Soziologe, ein Ökonom. In nur einem einzigen Fall übte der Ehepartner einen Handwerkerberuf aus. Nur vier Physikerinnen, ausschließlich der älteren Generation, waren unverheiratet und kinderlos geblieben. Von den 44 Wissenschaftlerinnen insgesamt blieben nur fünf ohne Kinder. Zwei Drittel davon gründeten Familien mit zwei Kindern, in drei Fällen waren es auch drei und in zehn Fällen ein Kind. Die Frauen bekamen ihre Kinder in jungen Jahren, sehr oft zum Ende ihres Studiums bzw. kurz danach. Nur in einem Fünftel der Fälle wurde bewusst mit dem Nachwuchs auf die Zeit nach der Promotion gewartet. Alle Wissenschaftlerinnen mit Kind/Kindern erklärten, zu keinem Zeitpunkt darüber nachgedacht zu haben, ob sie sich für den Beruf oder für die Familie entscheiden müssten. Die Vereinbarkeit von Wissenschaftsberuf und Familie in der DDR – sowohl für die ältere als auch für die jüngere Physikerinnengeneration – wurde als Normalität, Selbstverständlichkeit, als unproblematisch wahrgenommen und gelebt. Die positiven Aussagen zu dieser Vereinbarkeit ähneln sich in den Befragungen sehr. Hervorgehoben wurden die sozialpolitischen Maßnahmen und das gesellschaftliche Klima in der DDR, einschließlich der Stimmung am Arbeitsplatz und der Vorgesetzten, die diese Vereinbarkeit zur Selbstverständlichkeit machten. Nur in zwei Fällen wurde die Situation, den Wissenschaftsberuf und Familiengründung in Einklang zu bringen, negativ konnotiert. Eine alleinerziehende Physikerin empfand diese Situation als „sehr hart". Eine zweite Physikerin kritisierte den Zustand, nach Schwangerschaft, Geburt und gesetzlich vorgeschriebenem Mutterschutz, genötigt worden zu sein, die Berufstätigkeit sofort wieder aufzunehmen. Ansonsten hätte der Verlust des Arbeitsplatzes an der Akademie der Wissenschaften gedroht. Sie selbst hätte gerne eine Zeitlang beruflich pausiert.

Die große Mehrheit der Physikerinnen, eingeschlossen die nur als Personalakte vorliegenden, lebte somit als „dual career couple", als Doppelkarriereehepaar. Das hieß, dass beide Partner, Akademiker, eine berufliche Karriere anstrebten und oft auch realisierten zur selben Zeit und am selben Ort. Das war in der DDR möglich und zu vereinbaren. Die Probleme taten sich eher auf der Ebene der Organisation des Alltagslebens auf. Schlechter und mangelnder Wohnraum erschwerten besonders für junge Nachwuchswissenschaftlerinnen und ihre Partner den Beginn der Berufslaufbahn in der Wissenschaft. Hinzu kamen mangelhafte Dienstleistungsangebote, schlechte Versorgungslage mit zeitraubenden Beschaffungs- und Einkaufstätigkeiten sowie lange Fahrwege zwischen Wohnort, Kindertagesstätten und Berufsort. Dieses Organisieren des alltäglichen familiären Zusammenlebens blieb, trotz aller propagierten Gleichberechtigung, in den allermeisten Fällen an den Frauen hängen. Erste Änderungen zu einer mehr partnerschaftlichen Aufteilung aller Familienpflichten ließen sich bei der jüngeren Physikerinnengeneration, den „1960ern", erkennen.

Hier einige typische Antworten im Interview zur Frage Kinder und Familie und deren Vereinbarkeit mit dem Beruf einer Wissenschaftlerin:

Habilitierte Physikerin an der Universität, Jahrgang 1944, zwei Kinder:[52] *„1969 ist die erste, 1971 die zweite Tochter geboren. 1972 habe ich promoviert. [...] Es war von Anfang an klar, dass ich eine Familie gründe und auch weiter in der Wissenschaft arbeite. Beides musste gehen. [...] Nach der Geburt der ersten Tochter habe ich mich um einen Wochenkrippenplatz bemüht. Von Montag bis Donnerstag habe ich sie dort abgegeben. [...] Mein Chef hat mich sehr unterstützt. Er sagte immer, wann ich was mache, ist ihm egal, Hauptsache ist, ich schaffte die Forschungsziele. Mit Nachtschichten konnte ich [es bewerkstelligen], das Kind am Donnerstag abzuholen. Das fand ich besser, als es jeden Tag in die Tageskrippe zu bringen. Da hätte ich vom Kind noch weniger gehabt. [...] Einen Wochenkrippenplatz zu bekommen, war nicht einfach gewesen. [...] Was ich machte, hat den Leuten imponiert."*

Informatikerin an der Universität, Jahrgang 1947, zwei Kinder:[53] *„Als ich 1971 angefangen habe an der Universität zu arbeiten, war ich bereits schwanger. Ich habe die gesetzlichen Wochen ausgesetzt und noch einen Monat drangehängt, und dann bin ich wieder arbeiten gegangen. Das war normal in der DDR. Krippenplätze waren rar damals noch. Eine Tagesmutter habe ich mir selbst organisiert [...], ich habe erst später Kindergartenplätze in Anspruch genommen. Mein Mann hat nichts getan. Das war ja die Merkwürdigkeit der DDR-Frauenpolitik. [...] Flexible Arbeitszeit war selbstverständlich. Bei Ausfällen wegen der Kinder haben sich die Kollegen untereinander geholfen, z. B. mit Selbstverständlichkeit die Lehrveranstaltungen übernommen, und die Nachbarschaftshilfe bei der Kinderbetreuung war sehr gut."*

Physikerin an der Universität, Jahrgang 1949, zwei Kinder:[54] *„Nach der Promotion kam als erstes Kind 1979 das Mädchen, 1984 der Sohn. Dazwischen lag die Scheidung. Ich war Alleinerziehende mit zwei Kindern. Ich hatte nicht das Gefühl, dass mir geholfen werden muss. Meine Mutter hat geholfen. [...] Aber mit zwei Kleinkindern konnte ich meinen Habilitationsmaßstab an mich selbst nicht erfüllen. Es war sehr, sehr hart für mich, nicht zu habilitieren."*

Elektronikerin an der Universität, Jahrgang 1954, ein Kind:[55] *„1985 ist mein Sohn geboren. Ich habe ein halbes Jahr pausiert, die übliche mir zustehende Zeit. Ich war alleinerziehende Mutter. Dann musste ich ein bisschen ums Geld kämpfen, weil man mir wegen der Babypause die mir im Zweijahresrhythmus zustehende Gehaltserhöhung nicht anrechnen wollte. [...] Mit der Androhung, in die Industrie zu gehen, konnte ich meine Gehaltsforderung durchsetzen. Beruf und Kind waren gut vereinbar. Ich hatte schnell einen Krippenplatz und mein Sohn war gesundheitlich robust und stabil. Es gab keine Schwierigkeiten der Vereinbarkeit. Ich hatte immer Unter-*

---

[52] Interview 24.
[53] Interview 3.
[54] Interview 2.
[55] Interview 7.

stützung durch Kollegen und meinem Chef. [...] Die Hindernisse für Alleinerziehende, an der Universität als wissenschaftliche Mitarbeiterin zu arbeiten, wären heute größer. Und heute wird man schief angesehen, wenn man sein Kind in die Kinderkrippe gibt."

Physikerin an der AdW, Jahrgang 1953, zwei Kinder:[56] *„Ich habe erst einmal nicht promoviert, ich habe Kinder gekriegt. Ich hatte damit nie Probleme, auch nicht mit meinen Vorgesetzten. Die hatten auch Frauen, die berufstätig waren, und sie hatten Kinder, die kannten die Probleme bei Krankheit der Kinder. [...] Erst kam der Sohn, dann die Tochter. Beim zweiten Kind hatte ich die Möglichkeit, verkürzt zu arbeiten, für zwei Jahre täglich sechs Stunden. Krippe und Kindergarten konnten unproblematisch in Anspruch genommen werden. [...] Nach der Wende bin ich zu Physikkongressen gefahren, oft nach Münster. Das waren meine ersten Begegnungen mit Westphysikerinnen und deren Problemen. Da war ich völlig baff und von den Socken, was da für Probleme aufgetreten sind. Sie hatten keine Kindergärten an den Universitäten [...] Die Entscheidung der Westphysikerinnen gegen Kinder finde ich ganz schrecklich. Das war kein Thema in der DDR."*

Physikprofessorin an einer Universität, Jahrgang 1958, zwei Kinder:[57] *„Während des Studiums habe ich das erste Kind bekommen. [...] Mein Mann ist auch Physiker. Für die Entscheidung zur Promotion mit Kind war wichtig, dass die Entwicklung [in der Gesellschaft] so weit war, dass auch die Männer sich ganz normal um das Kind gekümmert haben. Das hatte Selbstverständlichkeit, das war normal in der DDR der 1980er Jahre. Die gesellschaftliche Akzeptanz, beide Elternteile kümmern sich um das Kind. Ich dachte, dass die Rahmenbedingungen da sind für Promotion und Kind. Es gab Kindergarten, es gab Schulhort. Es gab die Möglichkeit für meinen Mann halbtags zu arbeiten, ohne Prestigeverlust für ihn. [...] Mein Mann hat in der Industrie gearbeitet. Es war für ihn nicht mit einem Karriereknick verbunden. Auch ich arbeitete wegen des Kindes ein halbes Jahr halbtags. [...] Die Akzeptanz, dass Erziehungsarbeit sich auf beide verteilt, war da. Sie ist nach der Wende zurückgegangen und kommt jetzt wieder langsam."*

Physikerin, AdW, zwei Kinder, Jahrgang 1959:[58] *„Ich habe meine Tochter während des Studiums bekommen. Es waren da die Kommilitonen, die eigenartige Bemerkungen machten. [...] Überlegungen Studium und Karriere gegen Kinder gab es nicht. Es wurde sogar gefördert. Bekommt eure Kinder im Studium, damit ihr danach voll ins Berufsleben einsteigen könnt! Als das Kind da war, war es nicht so einfach. Das Geld war knapp. [...] Meine Eltern haben uns unterstützt. [...] Wir lebten [Berlin] Prenzlauer Berg, Hinterhof, Kohleheizung [...] Das war alles ein bisschen hart, aber*

---

[56] Interview 29.
[57] Interview 23.
[58] Interview 37.

wir haben es geschafft. [...] Ich habe mein Studium wegen des Kindes um drei Monate verlängert. [...] Man hat mir keine Probleme deswegen gemacht, aber mich auch nicht gefördert. [...] Für mich war gut, dass ich meine Arbeitsstelle bereits vermittelt bekommen hatte als ich schwanger wurde. [...] Das Kind ging dann in die Krippe. [...] Ich habe dann noch mein zweites Kind bekommen. Danach war ich eineinhalb Jahre zu Hause, auch wegen fehlenden Krippenplatzes. 1988 bin ich wieder zurück ans Institut. [...] In der DDR war es keine Frage, in der Wissenschaft zu forschen und eine Familie mit Kindern zu haben. Nach der Wende habe ich mir klar gemacht, ich hätte [unter den neuen Umständen] keine Kinder bekommen."

Informatikerin, AdW, zwei Kinder, Jahrgang 1957:[59] *„Nach meiner Berufsausbildung bin ich ins Datenverarbeitungszentrum der AdW als Programmiererin gegangen. [...] Dann habe ich mein erstes Kind bekommen und bin ein Jahr zu Hause geblieben und habe gleich mit dem Fernstudium angefangen. Am liebsten wäre ich direkt nach Dresden gegangen. Dort konnte man Informatik im Direktstudium studieren, in Berlin nicht. Aber ohne Wohnung und mit Kind ging das nicht. [...] Das Fernstudium wurde in Dresden und in Berlin angeboten, ich war dann an der Hochschule für Ökonomie [Berlin]. Krippenplätze waren nach dem jeweiligen Jahr [Babyjahr] unproblematisch zu bekommen. Beim ersten Kind war ich 20 Jahre alt, mit 24 Jahren war ich schon geschieden, d. h., beim zweiten Kind war ich nicht mehr verheiratet, und ich habe noch schneller einen Krippenplatz bekommen."*

Physikerin an der AdW, zwei Kinder, Jahrgang 1956:[60] *„Es gab keine Überlegung Familie oder die Wissenschaft. Solche Überlegungen gab es zu DDR-Zeiten nicht. [...] Als ich nach dem ersten Kind wieder anfing konnte ich verkürzt arbeiten, was eigentlich unüblich war in der Wissenschaft. Aber das ging problemlos. [...] Ich habe vor der Wende und nach der Wende ein Kind bekommen, das war nie die Frage. Meine Eltern hatten fünf Kinder und haben auch gearbeitet."*

Physikprofessorin an der Universität, ein Kind, Jahrgang 1956:[61] *„Ich war die einzige in meiner Seminargruppe, die am Ende des Studiums noch kein Kind hatte. Alle anderen Mädchen hatten Kinder und die Bedingungen waren ja auch optimal. Die Pädagogische Hochschule hatte sehr gute Wohnheime, wo es Mutter-Kind-Räume gab, und das kostete ja nichts. Und nie wieder hat man ein Kind so gut unterbringen [Krippe und Kindergarten] können. Und dann war man schon mit dem Kind aus dem Gröbsten raus, wenn man karrieremäßig loslegen wollte. Ich habe erst 1983 meine Tochter geboren [nach der Promotion]. Es war überhaupt keine Frage, ich wollte ein Kind, ich war verheiratet. [...] Ich habe ein halbes Jahr ausgesetzt nach der Geburt meiner Tochter [...] Es war klar, das Kind musste in den Kindergarten [...]"*

---

[59] Interview 35.
[60] Interview 38.
[61] Interview 34.

Kristallographin an der Universität, zwei Kinder, Jahrgang 1957:[62] „*Als Forschungsstudentin habe ich das erste Kind bekommen. Das war eher nachteilig als dass mir geholfen wurde. Ich konnte das Forschungsstudium nach den bestehenden Gesetzlichkeiten verlängern. Ein Krippenplatz zu bekommen, war nicht einfach, noch schwieriger, überhaupt eine Wohnung zu bekommen. Solche Rahmenbedingungen kann man heute nicht mehr erklären. [...] Die Uni hat nichts Positives beigetragen für die Suche von Wohnung und Kindergartenplatz. [...] Wir hatten eine Wohnung, wo neben dem Kinderwagen auf dem Hinterhof die Ratten getanzt haben. [...] Mein zweites Kind lag in der Schrankschublade im Flur, so lange es da reinpasste, weil alles so beengt war. Wenn die Kinder schliefen, konnten wir [Ehemann ist Physiker] arbeiten. [...] Die Rahmenbedingungen zum Promovieren mit Kind waren günstig, aber das Wohnungsproblem war gravierend. [...] Das Thema Frauen in der Wissenschaft – jetzt mit zwei Kindern – das war nie ein Thema. Ich hatte immer das Gefühl, nur deine Leistung zählt, die nehmen dich [...] aufgrund der Leistung.*"

Drei interviewte ostdeutsch sozialisierte Physikerinnen waren so jung, dass sie ihr Studium und die Familiengründung nach 1990 in Angriff nahmen bzw. abschlossen. Alle drei Frauen,[63] Jahrgänge 1973 und 1976, zwei Professorinnen in Berlin und eine promovierte Physikerin in Jena, lebten die DDR-typische Sozialisation von Wissenschaftskarriere und Familie mit Kindern weiter. Sie reflektierten sehr wohl, dass im nun geeinten Deutschland es schwieriger war, beides miteinander zu verbinden. Das schreckte sie nicht ab, jeweils zwei Kinder und in einem Fall drei Kinder zu bekommen und den Beruf als Wissenschaftlerin erfolgreich zu leben. Diese Entscheidung trafen alle drei bewusst, auch wenn sie um die berufliche Unsicherheit mit den befristeten Qualifizierungsstellen an den Universitäten wussten. Anders als zu DDR-Zeiten haben alle drei die Betreuung der Kinder privat organisiert, durch die Hilfe der Eltern oder durch Bezahlung einer Kinderfrau/ Tagesmutter. Alle drei erinnerten sich positiv an die Unterstützung, die ihnen vonseiten ihrer Vorgesetzten und wissenschaftlichen Betreuer entgegengebracht wurde, um im Beruf, trotz Kinder, voranzukommen. Hier ein Beispiel:

Juniorprofessorin der Physik an einer Universität, zwei Kinder, Jahrgang 1976:[64] „*2003 ist der Sohn und 2006 die Tochter geboren. [...] Von 2003 bis 2011 habe ich auf einer C1-Stelle habilitiert. [...] Man hat mich genommen, obwohl ich schwanger war. [...] Ich wollte Familie, da wollte ich keine Abstriche machen, und auch gerne die Wissenschaft, wenn es sich vereinbaren lässt. Versuche es, solange wie es geht, sagte ich zu mir. Ich hatte auch immer den Absprung im Hinterkopf, Physiklehrerin an einer Fachhochschule oder Schule. Den Ausweg hatte ich immer im Blick, weil die Chancen auf eine Professur schlecht aussehen. [...] Ich hatte immer das Einverständnis*

---

[62] Interview 26.
[63] Interviews 15, 17 und 22.
[64] Interview 22.

von meinem Habilitationsvater, dass ich viel zu Hause arbeiten konnte. Zwei Tage die Woche musste ich nicht ins Büro kommen. Das machte alles einfacher. [...] Bei mir war der Focus nicht hundertprozentig auf die Wissenschaft, sondern auch auf die Familie. Ich wäre nicht für die Wissenschaft quer durch Deutschland gezogen. [...] Diese ganzen Kindergartenbetreuungsprogramme helfen nicht. Ich möchte nicht die Kinder von morgens bis abends wo unterbringen. Da braucht man die Familie im Hintergrund und die hatte ich nur hier. [...] Jetzt, wo die Kinder groß sind, gehe ich mit der ganzen Familie für ein Jahr nach Neuseeland."

In die Interviewreihe wurden auch vier westdeutsch sozialisierte Physikerinnen, Jahrgänge 1960, 1962, 1963 und 1972, einbezogen. Diese drei Physikprofessorinnen und eine habilitierte Physikerin forschen und lehrten u. a. an den West-Berliner Universitäten. Die Aussagen der kleinen Zahl an Gesprächen sind nicht repräsentativ, sie sollen aber nicht unberücksichtigt bleiben. Drei der vier Frauen kommen aus nicht-akademischen Elternhäusern. Die Väter übten eher Handwerksberufe aus. Die vierte Physikerin stammte aus einem Lehrerhaushalt. Alle vier Mütter waren Hausfrauen. Drei der vier Physikerinnen blieben kinderlos. Diese Entscheidung, mit dem Partner/Ehemann ohne Kinder leben zu wollen, wurde sehr bewusst getroffen. Es fand sich in ihren Lebensplanungen keine Möglichkeit, den Wissenschaftlerberuf mit einer Familie und Kindern in Einklang zu bringen. Eine Physikprofessorin bekam ein Kind, lebte aber als Alleinerziehende. Zwei Physikerinnen waren mit Physikern verheiratet, eine mit einem diplomierten Techniker und eine blieb ohne festen Partner. Auch diese vier Wissenschaftlerinnen wählten die Physik als Studienfach aus großem Interesse, aus Neigung und Begabung. Zwei der vier Frauen besuchten ein reines Mädchengymnasium. Die Lehrer der vier Frauen erkannten die naturwissenschaftliche Begabung und förderten diese. Eltern und Lehrer standen der Entscheidung, reine Physik zu studieren, eher kritisch gegenüber. Sie rieten eher ab als zu und begründeten dies ausdrücklich damit, dass für Frauen im Anschluss an das Studium sich keine adäquaten Berufsmöglichkeiten böten. Eltern und Lehrer konnten sich gerade noch ein Lehramtsstudium für Physik vorstellen, das aber alle vier Frauen ausdrücklich nicht anstrebten.

Hier die Interviewbeispiele:

Physikprofessorin an einer Universität, Jahrgang 1960:[65] *„Ich habe eine Mädchenschule mit naturwissenschaftlichem Zweig besucht. [...] In Physik in der Schule war ich super gut, in Sprachen eine Katastrophe und mit Sozialwissenschaften konnte ich gar nichts anfangen. Dinge, die unkonkret sind, wo ich mich nicht auf Gesetze berufen kann, sind nichts für mich. [...] Ich hatte sehr gute Lehrer und Lehrerinnen in Physik, Chemie und Mathematik. [...] In den Ferien hatte ich in einem Jahr mal alles über Einstein und seine Relativitätstheorie* [aus der Bibliothek] *geholt und gele-*

---

[65] Interview 10.

sen und wusste schließlich mehr als meine Physiklehrerin im Leistungskurs. [...] Die Lehrer sagten zu einem Physikstudium, mache das nicht, höchstens als Lehrerstudium. [...] Der Vater einer Mitschülerin war Physiker bei Siemens. Den haben wir nach Hause eingeladen. Der sagte: ‚Niemand wird Dich als Frau einstellen, bei Siemens, wo ich arbeite, auf keinen Fall.' [...] Und bei der Berufsberatung auf dem Arbeitsamt riet man mir ausdrücklich ab: ‚Tun Sie sich das nicht an – als Frau! Als Diplomphysiker stellt Sie niemand ein!'"

Habilitierte Physikerin an einer Universität, Jahrgang 1962:[66] „*Ich hatte mich für die Physik begabt gefühlt und hatte den Eindruck, Begabungen soll man nutzen. [...] In der Abiturzeit und danach war ich sehr stark in der Anti-Atomkraft-Bewegung aktiv. Dann kam hinzu, dass ich gerade aus der Physik heraus für diese Bewegung etwas tun kann. [...] Ich war auf einem Mädchengymnasium. [...] Mein Physikunterricht war sehr gut. [...] Mit den geisteswissenschaftlichen Fächern konnte ich damals nicht so viel anfangen. [...] Mathe und Physik haben mich fasziniert im Unterricht. [...] Zu- oder abgeraten zum Physikstudium hat keiner damals. [...] Mein Vater hat sich über die Fachwahl gefreut. [...] Meine Mutter schwankte zwischen Bewunderung und Erschrecken. [...] Mein Mann [Physiker] und ich haben keine Kinder. Wir haben uns bewusst dagegen entschieden. [...] In Gießen [Studien- und erster Arbeitsort] gab es damals eine einzige Ganztagseinrichtung für Kinder, alle anderen haben mittags zugemacht. [...] Es gab keine Möglichkeit, Beruf und Familie zusammenzubekommen. [...] Später waren wir Jahre in Frankreich und Israel, das Kind-Karriere-Problem ist dort seit langem gelöst. [...] Kinder hatten sie dort alle. [...]*"

Physikprofessorin an einer Universität, Jahrgang 1963:[67] „*Mich hat die Astrophysik fasziniert. [...] Eine sehr gute Biologielehrerin vermittelte mich an eine Schule mit Astronomie Unterricht, und da fuhr ich mittwochs nachmittags an diese Schule, um am Astronomie-Kurs teilzunehmen. [...] Und diese Lehrer dort haben mich dann sehr unterstützt bei der Suche nach einem adäquaten Studienort für Astrophysik. [...] Ich komme aus einer bildungsfernen Familie. Meine Eltern wollten nicht, dass ich studiere. Sie hatten Angst, sie schaffen es nicht [finanziell], mich da durchzubringen. [...] Sie hatten auch Angst, mich aus ihrer Welt zu verlieren, einer Welt, wo sie keinen Zugang hatten. [...] Meine Mutter sagte immer, du kannst so gut rechnen, geh' doch zur Sparkasse. [...] Im Studium war ich mit Kommilitonen in der Anti-Atomkraft-Bewegung. [...] Ich wollte nie eine Familie haben, keine Kinder, das hat und hatte aber nichts mit dem Beruf zu tun.*"

Professorin der Physikalischen Chemie an einer Universität, Jahrgang 1972:[68] „*Ich habe mich sehr für das Fach Chemie interessiert. [...] Ich hatte das Glück, einen sehr*

---

[66] Interview 20.
[67] Interview 19.
[68] Interview 18.

guten Chemielehrer zu haben, ich habe Chemie als Leistungsfach gewählt. [...] Eine Vorbildfunktion in Form der Ausrichtung auf die Naturwissenschaften hatten meine Eltern nicht.[69] *[...] Im letzten Studienjahr [1997] habe ich einen Sohn bekommen. [...] Ich habe mich dann doch für eine Promotion entschieden, weil meine wissenschaftliche Neugier nicht befriedigt war. [...] Mein Doktorvater hat mich in der Diplom- und Promotionsphase mit nur Vier-Tage-Anwesenheitspflicht u. a. sehr unterstützt. [...] Eine Kita-Betreuung gab es zu dieser Zeit im Westen kaum. Meine Eltern haben die Kind-Betreuung übernommen. [...] Meine Mutter hat meinen Wissenschaftsberufswunsch kritisch gesehen, aber die Eltern haben ihn mir auch nicht ausreden wollen."*

2. Studium und die Entscheidung für eine Karriere in der Wissenschaft. Frauenförderung in der DDR

Von allen 43 vorliegenden Unterlagen über Physikerinnen,[70] die Interviewaussagen und die Personalunterlagen der Berufungsakten zusammengenommen, haben fünf Frauen ihr Studium – in der Regel ein fünfjähriges Diplomstudium – in der Sowjetunion absolviert. Die anderen 38 studierten in der DDR. Das Physikstudium wurde von allen befragten ostdeutsch sozialisierten Frauen als sehr schwer beschrieben, welches sie selbst aber ohne größere Schwierigkeiten meisterten. In den meisten Fällen gehörten sie mit zu den besten Absolventen ihres Studienganges. Die um „1940 geborenen" Physikerinnen studierten in den 1960er Jahren. Im Physik-Studium und danach lag der Frauenanteil bei um die zehn Prozent, nur bei den Mathematikern war er damals schon deutlich höher. Diese Unterrepräsentanz von Frauen im Physikstudium hatte die Interviewten nicht überrascht, aber dies sei damals nicht registriert worden. Im Studium wie auch im Beruf hätten sie keine Andersbehandlung im Vergleich zu den Männern erlebt. Die interviewten Wissenschaftlerinnen erinnerten sich an keine Diskriminierungserfahrungen als Frau. Auch hätten sie keine Konkurrenz zwischen Männern und Frauen im Studium und am späteren Arbeitsplatz bemerkt. Zirka die Hälfte dieser Wissenschaftlerinnen arbeitete selbstbewusst und selbständig auf eine akademische Karriere hin. Ein Drittel der Frauen wurde aufgrund ihrer Leistungen direkt von Vorgesetzten und Leitern angesprochen, eine Berufskarriere in Wissenschaft und Forschung anzugehen. Oft war es aber eine Mischung zwischen selbständigem Bemühen und Angesprochenwerden. Bei etwa einem Fünftel der Frauen ergab sich Schritt für Schritt oder aus Zufall bzw. aus anderen Motiven, z. B. unbedingt nach Berlin zu wollen, die Entscheidung für eine akademische Laufbahn. Die angehenden Wissenschaftlerinnen promovierten zügig. Mehr als die Hälfte von ihnen strebte genauso zügig eine Hochschullehrerinnen-Karriere an. In der Regel hatten die Wis-

---

[69] Diese Aussage, obwohl der Vater Mathematik-Physik-Lehrer war.
[70] Eingeschlossen die Spezialgebiete der Werkstoffwissenschaften und Theoretischen Elektrotechnik, zwei Mathematikerinnen und zwei Informatikerinnen.

senschaftlerinnen Kenntnis von Frauenfördermaßnahmen, hielten diese jedoch für überflüssig, scheinheilig-propagandistisch und „aufgesetzt". Mehrheitlich hätten sie selbst keinen Gebrauch davon gemacht, so ihre Aussagen. Dabei blendeten sie oft aus, dass Gesetze und Programme der Vereinbarkeit von Beruf und Familie wie z. B. die problemlose Verlängerung von Studium oder Promotion bei Schwangerschaft oder zügiger Bereitstellung von Kinderbetreuungsmöglichkeiten, monatlicher Haushaltstag, zeitweiliges verkürztes Arbeiten wegen der Betreuung von Kleinkindern, zu den DDR-Frauenförderprogrammen zählten. Sie schätzten diese Rahmenbedingungen nicht sonderlich, sondern hielten sie für normal und gegeben.

Bei der jüngeren Wissenschaftlerinnen-Generation, den um „1960 Geborenen" – diese studierten Ende der 1970er, dann 1980er Jahre[71] – hatte sich der weibliche Anteil unter den Studierenden und später im Beruf stehenden Physikerinnen sichtbar erhöht, auf knapp 20 Prozent. In den physikalischen Spezialdisziplinen wie der Werkstoffwissenschaft oder im Diplomlehrerstudiengang für Physik lag die Frauenquote bei 50 Prozent. Dies galt auch für die Mathematik. Die erinnerten Zahlen korrespondieren mit den offiziellen Statistiken, die im Text bereits dargestellt wurden. Das quantitative Ungleichgewicht zwischen Physikerinnen und Physikern überraschte die Frauen nicht, oftmals registrierten sie es damals genauso wenig wie ihre älteren Kolleginnen. Fast alle Befragten aber erinnerten sich, weibliche akademische Lehrer, z. B. Professorinnen und Dozentinnen, in der Ausbildung und später als Kolleginnen gehabt zu haben. Sie wurden von einigen auch als Vorbilder gesehen. In fast allen Fällen stellte sich erst im Laufe des Studiums der Wunsch ein, eine akademische Karriere an der Universität bzw. im Forschungsbereich anzustreben. Eine Mischung aus sehr guten Studienleistungen und Interesse für die Wissenschaft begründete diese Erwägung. Eher die Ausnahme blieb, dass die jungen Frauen explizit und von Anbeginn eine Wissenschaftlerinnen-Karriere anstrebten und dies auch öffentlich kundtaten.

Mehr als die Hälfte der interviewten Frauen gab an, direkt von ihrem Diplomarbeitsbetreuer bzw. Studiendirektor angesprochen worden zu sein, nach dem Studium in Wissenschaft und Forschung zu gehen. Es soll hier eine Mischung zwischen geäußertem Interesse an der Forschung und Ansprechen durch den Vorgesetzten gewirkt haben. Es erscheint, dass bei der jüngeren Physikerinnengeneration die DDR-Politik der Frauenförderung dahingehend gewirkt hatte, dass wissenschaftliche Leiter aktiver versuchten, Frauen für die Wissenschaft zu gewinnen, und dies ungeachtet, dass diese bereits eine Familie mit Kind gegründet hatten und ihre Partner eine gleichwertige Karriere anstrebten. Andere äußerten sich auch dahingehend: Wenn man sich entschieden hatte, Wissenschaftskarriere machen zu wollen und das laut sagte, bekam man jede Art von Unterstützung auf diesem Weg. Aber es sei nicht Realität gewesen, dass die staatlichen Leiter ständig nach „taffen Frauen" Ausschau hielten. In erster Linie sei es immer um Leistungen gegangen – auch in der DDR mussten Forschungspläne erfüllt werden – egal ob

---

[71] 17 Interviewte.

Frau oder Mann. Bei der „jüngeren" Physikerinnengeneration ging es in Richtung Normalität, dass auch Frauen in diesem Fach eine erfolgreiche Karriere anstrebten. Bei den „älteren" Physikerinnen schien es mehr eine Ausnahme gewesen zu sein. Diese Ausnahme-Frauen strebten viel zielstrebiger und stringenter die Hochschullehrerinnen-Berufslaufbahn an. Unter den Jüngeren fand sich eine Gruppe, die sich durchaus mit dem Status einer wissenschaftlichen Mitarbeiterin auf Mittelbauebene zufrieden gab.

Die jüngere Physikerinnengeneration nahm mehrheitlich wie die ältere keine Ausgrenzungen oder Zurücksetzungen als Frau in der Wissenschaft wahr. Etwa ein Drittel der Frauen jedoch registrierte bei den männlichen Kommilitonen und späteren gleichaltrigen Kollegen ein Konkurrenzverhalten um die wenigen attraktiven Stellen an Universitäten bzw. Forschungsinstituten. Dabei bedienten sich diese sehr wohl alten Stereotypen der Zurücksetzung von Frauen. Bezüglich eines Gefördertwerdens sagten die Physikerinnen mehrheitlich aus, dass sie weder besonders gefördert noch benachteiligt wurden auf ihrem beruflichen Werdegang. Spezielle Frauenfördermaßnahmen oder -programme waren auch ihnen bekannt, wurden jedoch, genauso wie von den Älteren, als aufgesetzt abgelehnt. Sie seien, so ihr Urteil, mit einem durchweg „negativen Touch" versehen gewesen. Sehr wohl jedoch reflektierten diese Frauen, und das mehr als die Älteren, die Unterstützung, die die gängigen Frauenfördermaßnahmen zu Vereinbarkeit von Beruf und Familie in der DDR mit sich brachten. Dazu zählten sie die angemessene Verlängerung des Studiums bzw. der Doktorandenphase bei der Geburt eines Kindes, das Verschieben bzw. Wegfallen von bestimmten Industriepraktika und -einsätzen, wenn bereits Kinder da waren, das übliche einjährige Aussetzen – sprich Babyjahr – nach der Geburt eines jeden Kindes und nicht zu vergessen, das Vorhandensein von Kinderbetreuungseinrichtungen, Krippe, Kindergarten, Schulhort. Diese Maßnahmen und DDR-Rahmenbedingungen waren ihnen mehr im Hinterkopf geblieben als den älteren Wissenschaftlerinnen, vermutlich weil sie deren Wegfallen nach 1990 zum Teil noch an eigenen Lebenssituationen erlebten. Für die älteren Wissenschaftlerinnen schien die Familiengründungsphase bereits zeitlich so weit zurückzuliegen, dass sie wenig Augenmerk auf die Veränderungen nach 1990 legten.

Entgegen der offiziellen DDR-Politik spielten konkrete Fördermaßnahmen für Frauen in der Wissenschaft eine eher untergeordnete Rolle. Wohl aber schufen Politik und Propaganda seit den 1960er Jahren ein gesellschaftliches Umfeld und Klima, das eine Selbstverständlichkeit von Frauen in akademischem Beruf nach sich zog.

In sehr vielen Fällen sowohl der älteren wie der jüngeren Wissenschaftlerinnen konnte das Diplomarbeitsthema in der Promotion ausgebaut bzw. weitergeführt werden. Oft waren diese Themen eingebettet in die Auftragsforschung für die Industrie. Auch die jüngeren Physikerinnen promovierten zielstrebig, sofern sie an einer Universität oder Hochschule angestellt waren. Wollten diese beruflich an der Universität verbleiben, stand über kurz oder lang eine Habilitation an, was nicht wenige Interviewte auch anstrebten. Das galt jedoch nicht für die Forscherinnen an Akademie-Instituten. Die meisten Physikerinnen an der AdW blieben bis 1990

2. Studium und die Entscheidung für eine Karriere in der Wissenschaft 349

unpromoviert. Der Focus ihrer Tätigkeit musste ausschließlich auf der Erfüllung ihrer Forschungsaufträge liegen. Qualifizierung, wie eine Promotion, wurde vom vorgesetzten Institutsleiter zur Privatangelegenheit erklärt, die die Frauen neben der täglichen Forschungsarbeit und dem Managen einer Familie hätten bewältigen müssen. Auch viele Männer an den Akademieinstituten promovierten nicht bzw. die Promotionsphase zog sich lange hin. Das zog negative Konsequenzen für die Berufslaufbahn nach 1990 nach sich. Zunächst Interviewaussagen der „1940er Generation", die in den 1960er Jahren bzw. Anfang der 1970er Jahre studierten und berufstätig wurden.

Professorin der Werkstoffwissenschaften an einer TH, Jahrgang 1940:[72] Da die Befragte aus einem christlichen Elternhaus stammte, sie z. B. die Jugendweihe verweigert hatte, sei ihr klar gewesen, nach dem Abitur keinen Studienplatz zu erhalten. Der Zufall entschied, dass sie sich in einem nahegelegenen Betrieb zum *„Techno-Keram-Facharbeiter* [Herstellung von Hochtemperatur-Porzellan; Hochspannungsisolatoren] *ausbilden* [ließ]. *Ich konnte die Lehre dort in einem Jahr abschließen. Der Betrieb stellte dann fest, wir müssen Leute zum Studium delegieren, da können wir doch die Frau schicken. [...] Ein wirklich einfühlsamer Betriebsleiter riet mir zum Studium an der Bergakademie [...] Die Lehre hat mich zum Studium motiviert. [...] Unter den 300 immatrikulierten Studenten der Bergakademie waren zu meiner Zeit 16 oder 17 Frauen, unter den akademischen Lehrern hatten wir keine Frau. [...] Ich bin nicht gesondert als Frau registriert worden, und ich für mich habe es auch nicht registriert. Ich musste nie auf das Frausein pochen. [...] Als ich nach dem ersten Studienjahr das Karl-Marx-Stipendium* [Höchststipendium für hervorragende Leistungen] *erhielt, das hat manch einen Professor überrascht. Hier habe ich das erste und einzige Mal mitbekommen, dass es nicht zwingend ist, dass Männer und Frauen gleich beurteilt werden. Ich habe keine besondere Förderung erwartet und auch keine erfahren. [...] Eigentlich sollte ich zurück in den Betrieb, aber ich bin nach dem Diplom an der Bergakademie geblieben.*[73] *Was in dieser Entscheidung zwischen Bergakademie und Betrieb gelaufen ist, weiß ich nicht. [...] Ich habe sofort, mit 26 Jahren, Vorlesungen gemacht und Praktika durchgeführt. 48 Wochenstunden war die damalige Arbeitszeit bis Sonnabendnachmittag. [...] Was ich forschte und ob ich promoviere hat an der dortigen Bergakademie meinen Chef [...] überhaupt nicht interessiert. Ich habe nie ein fachliches Wort mit ihm gesprochen. Bei den männlichen Kollegen vermute ich, war es ähnlich. Ich habe kein Forschungsthema von der Akademie bekommen. Mich hat die Hochtemperaturkeramik bis 1800 Grad Celsius interessiert. [...] Da habe ich mich reingehängt. Der entsprechende Forschungsantrag wurde mit einem Betrieb nahe Weimar abgeschlossen. [...] Vor der Industrie musste ich meine Forschungsergebnisse vorstellen und verteidigen. So ist dann auch meine Promotion zustande gekommen. [...] Mein sogenannter Doktorvater hat mich nicht unterstützt, aber die jungen männlichen*

---

[72] Interview 9.
[73] Während des Studiums (1963) trat sie der SED bei. Vgl. Berufungsakte, in: BAB DR 3 B 7817.

Kollegen auch nicht. Aber wir hatten eine große Freiheit in der wissenschaftlichen Arbeit. [...] Im Institut an der Bergakademie war ich die einzige Frau. Das war eben so, das habe ich nicht registriert."

Mathematikprofessorin, Universität, Jahrgang 1940:[74] *„Aus Neugier habe ich das Auslandsstudium in der Mathematik gemacht. In Leningrad im Studium waren mindestens die Hälfte Frauen. [...] Es war ganz selbstverständlich, es war gar kein Thema, dass unter Dozenten und Professoren in der Mathematik auch Frauen waren. Das war keine Ausnahme. Gefördert wurden im Studium die guten Leute, das hatte nichts mit Mann oder Frau zu tun. [...] Unter der Spitze der Studenten waren Frauen wie Männer, halb und halb. [...] Ich hatte ein Diplom mit Auszeichnung. [...] Es war vorprogrammiert und selbstverständlich, dass ich im Fach promovieren werde. Dazu brauchte ich nicht angesprochen werden. [Zurück an der Universität in der DDR] war es schon deutlich, dass es hier unter den Dozenten und Professoren weniger Frauen waren als in der UdSSR. Ich habe es aber damals nicht wahrgenommen. Es hat keine Diskriminierung an der Universität in den 1970er/80er Jahren gegeben. [...] Die Habilitation [1978] habe ich persönlich angestrebt, ich bin nicht angesprochen worden. Ich wollte die akademische Karriere machen. Wer an der Universität bleiben will, sollte das [Habilitieren] machen, wenn man leistungsmäßig dazu in der Lage ist. [...] Es gab auch Frauenförderpläne, aber ich habe das nicht als besonders wichtig angesehen. [...] Es gab keine Diskriminierung von Frauen."*

Physikprofessorin an einer TH, Jahrgang 1943:[75] Das Studium der Angewandten Physik an der Technischen Hochschule war hart. *„Wir waren 30, die angefangen haben, darunter vier Frauen. [...] Ich war eine sehr gute Studentin. Es war mein Wunsch zu promovieren. Vorbilder hatte ich nicht. [...] Für mich war die akademische Laufbahn immer meine Zielstellung. [...] Ich bin relativ schnell Oberassistentin auf einer unbefristeten Stelle geworden, wo ich auch promovierte. [...] Zwischen Promotion und Habilitation habe ich drei Kinder bekommen. Beim Habilitieren bin ich unterstützt worden vom Sektionsdirektor. [...] Ich habe mir immer gesagt, ich mache das, was ich selbst erreichen kann. [...] Ich war im Beruf immer von Männern umgeben. Es war mir angenehm. Ich war ein gleichberechtigter Partner dort, ich bin voll anerkannt gewesen. [...] Von der Frauenkommission habe ich nicht viel gemerkt, [...] es gab immer Frauenförderpläne, aber es wirkte immer so aufgesetzt."*

Physikerin an der Universität, Jahrgang 1949:[76] *„Mich hat im Studium die Theoretische Physik und nur diese interessiert. Im Studium waren wir vier Mädchen und 60 Männer. Die Professoren haben uns ohne Unterschied akzeptiert. Ich kam von*

---

[74] Interview 8.
[75] Interview Schipanski.
[76] Interview 2.

einer Spezialoberschule, ich hatte keine Probleme im Studium, ich war wirklich sehr gut. [...] Mich interessierte und ich wollte und ich ging zur ‚Theorie der Teilchen und Felder'. Bei der Diplomthemenwahl da wurde zum ersten Mal gesagt von meinem Chef – eine Frau, wird das nicht zu viel und zu schwer! [...] Ich konnte [nach Studienabschluss] mit meinem Mann nach Dubna ins sowjetische Kernforschungszentrum gehen. [...] Wir waren drei Jahre von 1973 bis 1976 in Dubna. [...] Ich habe dort angefangen zu promovieren. Es war klar, dass ich promoviere. Ich wollte und ich konnte. Eine extra ‚Ansprache' dazu hat es nicht gegeben. [...] Die Atmosphäre dort in Dubna war sehr fördernd. Wissenschaftler kamen aus Ost und West, große Konferenzen fanden dort statt, alle wissenschaftliche Westliteratur war vorhanden. Es war ein Traum dort. [...] An der Universität zurück zu Hause war man mehrfach zerrissen – Lehre, Forschung, Studienbetreuung und zu Hause Familie. [...] Ich habe immer weiter geforscht und publiziert. [...] Habilitiert habe ich nicht. [...] Wenn ich habilitiere, das wusste ich und habe es bei der Professorin [XY] gesehen, die saß in allen Gremien, hatte alle Funktionen und sah dabei nicht glücklich aus. Überall war man dann [als Frau] ‚Mode' – in der Parteileitung, Sektionsleitung, Frauenkommission usw. [...] Ich lebte in dieser Männerwelt und Frauenförderung hatte doch etwas Herablassendes und dazu war ich zu stolz."

Physikerin an der AdW, Jahrgang 1952:[77] *„Es gab damals nur wenige Mädchen im Physikstudium. Man fiel auf als Mädchen, auch wenn man gut war. Frauen im Studium und danach waren um die zehn Prozent. [...] Ich wollte promovieren, aber ich wollte nicht an der Universität bleiben aufgrund des politischen Drucks. [...] Ich wollte weg von der Universität. Das Thema zur Diplomarbeit durfte auch im Umfeld der Akademie der Wissenschaften gesucht werden. [...] Gleich das erste Gespräch mit einem Professor dort war sehr positiv fachlich und auch politisch sehr angenehm. [...] Vom betreuenden Professor wurde ich aufgefordert zu promovieren an der AdW. Die Stelle wurde in eine unbefristete umgewandelt. [...] Frauen als Vorbilder in der Physik, das war völlig unwichtig für mich. Für jeden, der sich für das Fach als solches interessiert, muss das unwichtig sein. Mich hat die Wissenschaft interessiert und nicht wer sie macht. Ich habe nichts von DDR-Frauenfördermaßnahmen mitbekommen, bis auf die Tatsache, dass es nach dem zweiten Kind einen monatlichen Haushaltstag gab, [...] und ich konnte nach dem zweiten Kind für drei Jahre Teilzeit arbeiten. [...] Die Konkurrenz um Stellen wurde insgesamt härter, das hatte aber nichts mit Frauen oder Männern zu tun."*

Physikerin an der AdW, Jahrgang 1953:[78] *„Ich habe Physik in der Sowjetunion studiert. Das letzte Abiturjahr habe ich in Halle gemacht.[79] [...] Unter den deutschen Physikstudenten waren rund 15 Prozent Frauen. In meinem Studienjahr waren wir*

---

[77] Interview 1.
[78] Interview 29.
[79] Vgl. die Erklärungen zum Institut zur Vorbereitung auf ein Auslandsstudium in Halle.

30, davon sechs Frauen. [...] Überrascht hat mich das nicht, es war mehr oder weniger klar. Unter den Akademischen Lehrern dort waren auch Frauen, gerade in der Mathematik. Das war sehr angenehm. [...] Frauen als Vorbilder an der Universität – das habe ich überhaupt nicht reflektiert. Das war für mich keine Frage, die ich mir stellte. [...] Die Frauen wurden im Studium nicht anders behandelt, eher im Gegenteil. [...] Na klar sind wir Frauen immer Exoten, aber dafür werden wir immer gesehen und das ist durchaus ein Vorteil. Als Mann kann man sehr schnell in der Masse untergehen und als Frau wird man zumindest wahrgenommen. [...] Es war ein schwieriges Studium, aber kurz vor einem Abbruch stand dort niemand. Zum Ende des Studiums gab es eine Studienberatung, eine Art Kontaktbörse. [...] Ich entschied mich für ein Akademie-Institut. Das war meine Entscheidung für das Berufsfeld Forschung. [...] Auch dort waren [1976] wenige Frauen, [...] etwa zehn Prozent. Das Promovieren an der AdW war nicht wichtig. Forschung wurde betrieben ohne Promotion, anders als an Universitäten. Ich habe nicht promoviert, ich habe Kinder gekriegt. [...] In den 1980er Jahren war es nicht in meinem Interesse zu promovieren.[80] Ich hätte es sicher gekonnt, wenn ich gewollt hätte. Dafür hatte ich keine Zeit. Ich war in der Forschung in wichtigen Themen dabei, ich hatte meine Kinder. [...] Dass es Frauenförderpläne gab, war mir nicht unbekannt. Ich weiß aber gar nicht, was da drin stand."

Nun ausgewählte Interviewaussagen der „jüngeren" Physikerinnen-Generation, die in den End-1970ern und in den 1980ern Jahren studierten und ihre akademische Karriere begannen. An den Geburtsjahren ist zu erkennen, dass der Übergang von den „Älteren" zu den „Jüngeren" durchaus fließend ist:

Physikprofessorin, Pädagogische Hochschule, dann Universität, Jahrgang 1956:[81] „An mein Studium [an der Pädagogischen Hochschule] habe ich eine wahnsinnig gute Erinnerung. Im Lehrerstudium Physik/Mathematik waren wir Halbe Halbe – Frauen und Männer. [...] Ich habe in allen Klausuren eine Eins geschrieben, es fiel mir alles leicht. [...] Ein Professor hat mich bereits Anfang des 2. Studienjahres eingeladen, in der Forschung mitzumachen. [...] Ende der 1970er Jahre wurde ein bisschen Eliteförderung [in der DDR] betrieben und ich habe einen Sonderstudienplan bekommen. [...] Ich habe bereits [während des Studiums] viel Zeit in der Forschung, in der Experimentalphysik zugebracht. [...] Es war dann schon schnell klar, ich will und sollte promovieren. Mein Sonderstudienplan war ausgerichtet auf eine Hochschullehrerkarriere. [...] Ich war sehr gesellschaftlich aktiv, ich war FDJ-Sekretär der Sektion und in der APO[82] der SED. [...] Die Nachwuchswissenschaftlergruppe, wo ich promoviert habe, war auch Halbe Halbe – Frauen und Männer. Es waren relativ viele Frauen an der Sektion Physik an der PH. [... Nach der Geburt der

---

[80] Sie promovierte dann erst 1998.
[81] Interview 34.
[82] APO: Abteilungsparteiorganisation der SED. Eine APO bildete jede einzelne Sektion.

Tochter] *war ich wissenschaftliche Assistentin und habe angefangen an der Promotion B zu arbeiten [1984/85]. Es gab einen Kaderentwicklungsplan für mich zur Hochschullehrerin. [...] Da war ich dann in der B-Aspirantur. Das ging nicht so flott wie ich dachte, aber im Frühjahr 1989 hatte ich die Promotion B fertig. [...] Aspirantur und Kaderplan liefen bei mir nicht unter der Überschrift ‚Frau'. Alle Pläne hatten zur Grundlage meine fachliche Exzellenz. [...] Auch war ich nicht nur politisch korrekt, sondern Mitglied der SED. Ich erfüllte das Karriereschema. Ich weiß gar nicht, ob es an der PH das mit den Frauensonderplänen überhaupt gegeben hat. Die Gewerkschaft hat ja nicht wirklich eine Rolle gespielt. Das Sagen hatten die Parteileitung und der Sektionsdirektor. [...] Ich wusste es, dass ich zum Pool der Nachwuchshochschulkader gehörte, die die Rektoren der Hochschulen in den 1980er Jahren direkt zu verantworten hatten. [...] Die Hochschullehrerlaufbahn – das war passend für mich. Das wollte ich unbedingt werden."*

Physikprofessorin an einer Universität, Jahrgang 1957:[83] *„Wir waren rund zehn Prozent Frauen im Studium. Es waren sehr wenige Dozentinnen oder Professorinnen an der Universität im Bereich Physik. [...] Das ist mir erst sehr viel später bewusst geworden. Die Frauen in der Physik hatten keine Vorbildwirkung. Es spielte einfach keine Rolle. Man hat es so nicht wahrgenommen. Ich erinnere mich nicht, dass die Frauen im Studium anders behandelt wurden als die Männer. Ich habe mich auch nicht als Exot unter den vielen männlichen Studenten empfunden. [...] Für eine Promotion bin ich von meinem akademischen Lehrer angesprochen worden. [...] Ich war eine sehr gute Studentin. Aber sicher hat auch mein SED-Engagement eine Rolle gespielt, dass ich ein Forschungsstudium bekam. [...] Im Forschungsstudium waren wir etwa zehn Prozent Frauen. Es waren immer Frauen da, zwar mehr Männer, aber Frauen waren nicht die Ausnahme. [...] Ich bin angesprochen worden, etwas in der Halbleiterphysik zu forschen. In Kooperation zur Halbleiterindustrie [...] habe ich mein Diplom geschrieben und promoviert. Ich bin dann an der Universität geblieben: Ich war politisch korrekt, ich war Frau, ich war engagiert, ich war gut. [...] Mir ist es angeboten worden, so bin ich an der Universität in Lehre und Forschung geblieben. Mir hat es Spaß gemacht. Ich bin nicht an der Universität geblieben, um weiter Karriere in Richtung Professur zu machen. [...] Nach einigen Jahren dort an der Sektion Physik hätte für mich auch die Promotion B angestanden. Mir war klar, dass das kommen sollte.*[84] *[...] Wer an der Universität bleibt und geeignet ist, so das Denken der Chefs, auf den kommt die Promotion B zu. Das traf auf Männer und Frauen gleichermaßen zu. [...] Ende der 1980er Jahre waren wir an der Sektion doch einige Frauen, vor allem im Mittelbau. Wir waren mehr als zehn Prozent Physikerinnen. [...] DDR-Frauenfördermaßnahmen habe ich erhalten als Studentin. [...] Als meine Studienkommilitonen das sechswöchige Industriepraktikum absolvierten, war ich in der Babypause. Ich musste es nicht nachholen. Als Ersatz bearbeitete ich eine technische Aufgabe an der Universität und schrieb den nötigen Bericht."*

---

[83] Interview 16.
[84] Sie habilitierte 1999.

Physikprofessorin, Universität, Jahrgang 1958:[85] *„Wir waren rund zehn bis 15 Prozent in der Physik an der Universität [...]. Wir Frauen haben uns sehr schnell als Gruppe gefunden, [...], auch zur wechselseitigen Unterstützung und Bestätigung. Wir hatten alle gute Leistungen und wir hatten unsere Erfolgserlebnisse. [...] Von den älteren, etwas konservativen akademischen Lehrern – da kamen dann schon mal Bemerkungen [gegen Frauen in der Physik]. Aber wir dachten, das sind keine relevanten Meinungen. Diese Meinung dieser Generation ist nicht mehr wesentlich. Die hatte keinen Einfluss mehr. Wir hatten nicht das Gefühl, eine besondere Behandlung zu bekommen. [...] Es gab wenige Frauen als akademische Lehrer, aber immer und überall war wenigstens eine Frau präsent. Man hat das schon gesehen und sich nun selbst in der Verantwortung gesehen, dass wir dann mal mehr sein werden. Wir sind jetzt die Generation, die das ändern wird. Wir hatten das Gefühl, wir sind erwünscht. [...] Aber vielleicht war das Vorurteil stärker als wir es wahrnehmen wollten. [...] Wir haben diese Ernsthaftigkeit des Vorurteils vielleicht nicht wahrgenommen. Das konservative Vorurteil – [eigentlich können die Frauen die Physik doch nicht] – gab es zur gleichen Zeit im Westen. Die Frauen gehen an die Universität, weil dort der Heiratsmarkt ist. Diese Haltung war auf jeden Fall vorhanden, wurde jedoch öffentlich nicht geäußert, [...], und wir haben sie damals nicht bemerkt oder als nicht wesentlich weggeschoben. Wir waren der Meinung, solche Dinge sind überlebt. Wir befinden uns schon in der Welt der Gleichberechtigung. Im Nachhinein [...] aber war es* [das Vorurteil] *viel stärker subtil da, als wir das gemerkt haben." Ich bin nie gefragt oder angesprochen worden, ob ich promovieren will. Da habe ich mich von mir aus durchgesetzt. [...] Ich habe mich entschieden, zu promovieren, das Kind* [das erste Kind kam zum Ende des Studiums] *hat die Entscheidung noch gepuscht. Durch das Kind hatte ich noch eine zusätzliche Motivation. [...] Dann kam zum ersten Mal die Frage der Konkurrenz. Mein Professor hatte zwei Assistentenstellen, die bereits von Männern besetzt waren. [...] Ich bin dem Konflikt ausgewichen. Unter den Doktoranden war ich die einzige Frau. [...] Ich habe das dreijährige Forschungsstudium mit Stipendium genommen. Das Forschungsstudium haben oft Frauen bekommen, weil für Männer diese Art finanziell nicht sonderlich attraktiv war. [...] Hier habe ich zum ersten Mal Konkurrenz registriert. Die ältere Generation hatte keine Konkurrenzgedanken, aber die eigene Kohorte schaute schon, wer da kommt. [...] Mein Forschungsthema wurde aus der Diplomarbeit hergeleitet. Es war Experimentalphysik, Halbleiteroptik. Ich war da sehr auf mich selbst gestellt. [...] Die Assistenten haben nicht so sehr als Team gearbeitet. [...] Es war Wettbewerb und Konkurrenz. Man wusste, man wird daran gemessen, was man als einzelne Person bringt. Ich habe* [hinsichtlich einer Karriere] *nicht langfristig gedacht. Das sieht man auch heute bei Frauen. Die scheuen sich, eine langfristige Karriereplanung zu machen mit dem Ziel: Dann bin ich Professor. Frauen gehen eher ran, mal sehen, was klappt, dann reden wir weiter. Und immer ist alles abhängig vom Wachstum der Reputation. [...] Man traut sich nicht, dieses große Ziel Professur anzustreben und*

---

[85] Interview 23.

2. Studium und die Entscheidung für eine Karriere in der Wissenschaft 355

schon gar nicht zu äußern. [...] So war das bei mir auch immer. Wenn man das gleich von Anfang an thematisiert hätte, das war nicht üblich für eine Frau. Bei den Männern scheint es legitim zu sein. Wenn es eine Frau gesagt hätte, die hätte eher Gegenwind bekommen, von Anfang an. [...] Die Assistentenstelle [nach der Promotion] *habe ich dann aufgrund der Leistung bekommen. An der Universität gab es immer* [in den einzelnen Fachbereichen] *eine Professorin und auch überall Assistentinnen. Frau Professorin Herrmann*[86] *war uns Vorbild, das hat sie auch sehr gut ausgefüllt. [...] Frauenförderpläne nutzte ich aktiv nicht. Aber die gesellschaftliche Entwicklung war so, dass die Akzeptanz da war für Frauen in der Naturwissenschaft und auch für Wissenschaftlerinnen mit Kindern. Wenn eine Frau sagte, ich habe mich entschieden, ich will das, dann wurden auch Wege gefunden, um das umzusetzen. [...] Strukturelle Förderungen waren durch Kinderbetreuungsplätze, finanzielle Absicherung [...] vorhanden. Wer sich entschieden hatte, diesen Weg* [in die Wissenschaft] *zu gehen, dem wurde auch der Weg geebnet, das muss man positiv sagen."*

Physikerin an der AdW, Jahrgang 1959:[87] *„Im Physikstudium waren wir 40, und davon 10 Frauen. [...] Ich hatte auch eine Professorin als Akademischen Lehrer. [...] Von den Lehrkräften haben wir Frauen keine andere Behandlung gespürt. [...] Nach dem 4. Studienjahr musste man sich in eine Liste eintragen, wo man hingehen möchte zum Arbeiten. Ich wollte zurück nach Berlin. [...] Der Direktor für Erziehung und Ausbildung von der Sektion kam zu mir und fragte mich gezielt, ob ich mir vorstellen könnte am Institut [...] der AdW anzufangen. Dann hatte ich dort ein Vorstellungsgespräch und dann habe ich da schon mein Diplom gemacht. Die AdW suchte gezielt nach Absolventen insgesamt, nicht gezielt nach Frauen. [...] Am Institut waren wir zur Hälfte Frauen* [1985].[88] *[...] Ich wollte schon promovieren, aber ich stand jetzt* [nach der Geburt des zweiten Kindes] *nicht im Focus der Leitung. Man hatte schon bestimmte Leute rausgesucht, aber ich war nicht dabei. [...] Ich hätte schon gewollt. Aber es hieß: außerhalb der Arbeitszeit und kein Thema, welches das derzeitiges Forschungsthema ist. [...] Mein Bereichsleiter hatte schon ein Problem damit, dass so viele Frauen bei ihm im Bereich waren. [...] Ein leichter Chauvinismus unter den Männern hat es in der DDR ja auch gegeben. An meinem Bereich waren weder die meisten Männer noch Frauen promoviert. [...] Die Arbeit, die Forschung stand im Vordergrund. Das Promovieren lief nebenher. Für die Karriere war das nicht so wichtig. Nach der Wende habe ich es dann selbst organisiert, das Promovieren."*[89]

Physikerin an der AdW, Jahrgang 1960:[90] *„In Jena sammelten sich viele Bewerber, die über ein Physikstudium in die Astronomie wollten. Das war total begehrt, aber*

---

[86] Vgl. Physikprofessorin, Berufungsakte in: BAB DR 3 B 344.
[87] Interview 37.
[88] Vermutlich wurden hier die weiblichen Labor- und technischen Kräfte mit Fachschulabschluss mit gesehen.
[89] Sie promovierte 1997.
[90] Interview 36.

ich bin da nicht zum Zuge gekommen. [...] Ich habe mich während des Studiums umorientiert und ich fand auf einmal die ganze Physik toll. [...] Von 60, die mit dem Studium angefangen haben, waren wir vier Frauen. [...] Das ist ein starkes Missverhältnis, was ich auch wahrgenommen habe. Ich wusste irgendwie, es würde mich so erwarten. Dass es aber so ausgeprägt war, wusste ich nicht. Es war gewöhnungsbedürftig. Es gab bei mir keine weiblichen Akademischen Lehrer. [...] Beide Richtungen [des Umgangs mit Frauen] habe ich gespürt. Viele der Professoren waren anerkannte ältere Herren, die ihr Fach verstanden [...] und sehr gute Vorlesungen gehalten haben. Da war es relativ entspannt und auf reine Wissensvermittlung und fachliche Diskussion beschränkt. Da empfand ich keinerlei Zurücksetzung, aber auch keine spezielle Förderung. Es war für alle gleich hart. [...] Es sind viele gegangen, einige wenige Frauen, sehr viel mehr Männer. [...] Zurücksetzung gab es, ohne Frage. Keine Frau macht ihr Physikstudium, auch nicht zu DDR-Zeiten, ohne dass man es sie nicht merken lässt, dass man eine Frau ist. [...] Vom Mittelbau habe ich Zurücksetzung als Frau mehrfach erfahren. [...] Wenn man vorne an der Tafel eine Aufgabe nicht lösen konnte, kamen von den Assistenten Bemerkungen wie – ‚vielleicht haben Frauen in der Physik doch nichts zu suchen'. Es gab vergleichbare Situationen auch für männliche Kommilitonen. Wir waren ja nicht alles Überflieger. Da fielen solche Bemerkungen nicht. [...] Nach dem Studium wollte ich wieder zurück nach Berlin mit meinem Mann. [...] Ich habe am Akademie-Institut angefangen. Es gab sehr wenige Frauen dort unter den Wissenschaftlern. [...] Ich wäre dort sicher in die Promotionsphase gekommen, wenn die DDR zeitlich noch länger existiert hätte. Aber ich habe zunächst ein Kind bekommen. [...] In meiner Ebene an der AdW sind Dinge wie Frauenförderung, Frauenpläne nicht gelaufen. Auf mich ist niemand zugekommen. Es wurden Fördermaßnahmen für alle jungen Kollegen gemacht, aber als Frau bin ich nicht direkt angesprochen worden. [...] Man wurde als Frau nicht benachteiligt, aber man wurde auch nicht bevorzugt."

Welche Erfahrungen hatten die vier westdeutsch sozialisierten Physikerinnen im Studium gesammelt und wie verlief ihre Entscheidungsfindung, eine akademische Karriere anzustreben? Nachdem diesen vier Frauen eher ab- als zugeraten worden war, das Studienfach Physik zu wählen, vor allem, weil eine anschließende Berufstätigkeit für Frauen negativ gesehen wurde, erlebten diese Frauen ein hartes Studium unter fast nur Männern. Drei von vier Frauen bezeichneten ihren Studienbeginn als „Kulturschock". Frauen in der Physik in den 1980er Jahren in Westdeutschland waren die totale Ausnahme. In den vier vorliegenden Fällen lag ihr Anteil bei verschwindenden zwei bis drei Prozent. Offene Diskriminierungen erlebten die Frauen im Studium mal mehr, mal weniger, subtil sei sie immer vorhanden gewesen. Die Entscheidung für eine akademische Karriere trafen die Frauen eher aus eigenem Antrieb. Sie wurden nicht angesprochen oder sie wählten sich ein Fachgebiet mit wissenschaftlichem Betreuer, der sich offen für Frauen in der Wissenschaft zeigte und sie förderte. Die Karrierevorstellungen der westdeutschen promovierenden Frauen zeigten sich offener, vielfältiger, nicht nur auf die Wissenschaft ausgerichtet. Dies stand im Gegensatz zu den ostdeutschen Frauen. Das hing mit den gängigen

2. Studium und die Entscheidung für eine Karriere in der Wissenschaft 357

Bedingungen in der Bundesrepublik zusammen. Konkurrenzerfahrungen hatten sie vielfach gesammelt. Die Frauen dachten immer über berufliche Alternativen nach. Eine Art Karriereplanung fand nicht statt.

Physikprofessorin an einer TU, Jahrgang 1960:[91] *„Im Physikstudium in Erlangen haben [1979] rund 120 angefangen, davon drei Frauen. Es war ein Kulturschock vom Mädchengymnasium zum Studium, fast nur unter Männern, zu kommen. [...] Ein Professor hat bei der täglichen Begrüßung die ‚Damen' besonders herausgestellt, was man als [...] widerlich empfand. Im persönlichen Umgang war er hingegen nicht diskriminierend. Das wäre in der Physikergemeinde auch völlig verpönt gewesen, irgendwie auf äußere Merkmale wie Mann oder Frau zu achten. Die Beurteilung ging danach, was man konnte, und nichts anderes zählte. [...] Das Grundstudium in Physik ist sehr schwer, für Frauen und Männer. Die Abbrecherquote lag bei 50 Prozent. Die drei Frauen waren nicht darunter. [...] Auch hier wurde nur auf die Leistung geschaut, nicht auf die Person. [...] Nach dem Grundstudium war das Studium fantastisch. Wir hatten dann extrem viel Freiheit und extrem viel Zeit, anders als heute. [...] Im Studium habe ich mich auf Astronomie spezialisiert. Mit der Wahl des Faches für die Diplomarbeit habe ich mir einen Traum verwirklicht, auch wenn ich wusste, danach gibt es keine Jobs. [...] Mein Betreuer riet mir, mich für ein Stipendium [1985/86] zu bewerben, um zu promovieren, und ich habe es bekommen. [...] Ich war dann in Italien und [...] Bamberg an Sternwarten. In Italien traf ich zum ersten Mal auf eine Professorin, [...], es war zum ersten Mal ein Vorbild da. [...] Ich hatte dann einen neuen idealen Doktorvater zur Weiterführung der Promotion an der TU Clausthal/ Niedersachsen. Es war dort ein Job in der Weltraumforschung, [...], wie verändern sich Gläser im Weltraum unter Sonnenstrahlen. [...] So bin ich zur Glasforschung gekommen. [...] In der Arbeitsgruppe Werkstoffwissenschaft waren Frauen. [...] Auch wenn man es sich nicht selbst eingesteht, man braucht diese weiblichen Vorbilder. Dort, wo bereits Frauen sind, kommen auch neue hin. Man braucht ein weibliches Vorbild, um zu sehen, wo es hingeht in der beruflichen Entwicklung. [...] 1991 habe ich dann dort auch promoviert. Danach lag eine – positiv ausgedrückt – abwechslungsreiche Zeit vor mir mit einem Habilitationsstipendium, Arbeitslosigkeit, Beschäftigung in der Industrie, kurzen Drittmittelverträgen und Jahren als wissenschaftliche Koordinatorin eines Kooperationsprojektes zwischen Universität und Firmen."*

Habilitierte Physikerin an einer Universität, Jahrgang 1962:[92] *„Ich habe in Gießen und Hamburg studiert. [...] Wir waren ganz wenige Frauen im Physikstudium, deutlich unter fünf Prozent. Es kam oft vor, dass ich die einzige Frau in den Vorlesungen war. Das ist mir sofort aufgefallen. Die männlichen Mitstudenten haben sich normal verhalten. Ich erinnere mich an keine Zurücksetzungen. Nur das Gefühl, dass ich auffalle, egal wo ich hinkomme. [...] Die Professoren waren nur Männer. [...] Das Physik-*

---

[91] Interview 10.
[92] Interview 20.

studium ist sehr schwer, auch heute noch mit hoher Abbruchquote. [...] Diskriminierungen sind immer subtil. Richtig offene Diskriminierung habe ich im Studium nicht erfahren. [...] Aber es kamen schon eigenartige Sprüche. Wenn ein Professor in der Vorlesung sagte – das ist so einfach, das versteht auch jede Hausfrau – und man sitzt dort als einzige Frau, ist das unangenehm. [...] Die Entscheidung zu promovieren, habe ich selbst getroffen. [...] Die Entscheidung hat mit großem Interesse für die Theoretische Physik zu tun. [...] Angesprochen hat mich niemand. Ich musste selbst auf einen Professor zugehen, musste nach einem Thema fragen und fragen, ob man mich in der Forschungsgruppe akzeptiert. [...] Auch die Männer, so glaube ich, wurden nicht angesprochen, um zu promovieren. [...] Man musste selbst aktiv werden. [...] Es war für mich jedoch eine gewisse Mutprobe, einen Professor anzusprechen. Das mag daran gelegen haben, dass ich als Frau in der Ausnahmesituation war und ich eher das Gefühl hatte, ich kann froh sein, dass ich mitmachen darf. Ich hatte dieses Gefühl, offen wurde es nicht kommuniziert. [...] Mein Promotionsthema zählte zur Grundlagenforschung in der Materialwissenschaft. [...] Damals war es ein relativ neues Thema, heute gehört es zum harten Kernbereich der Physik. 1992 habe ich promoviert, in drei Jahren mit einem Stipendium. [...] Nach der Promotion wollte ich Grundlagenforschung weitermachen und mir hat die Atmosphäre an der Universität gefallen und die Perspektive, ins Ausland zu kommen. In meinem Umfeld waren viele Personen ähnlich orientiert, mein Mann auch."

Physikprofessorin an einer Universität, Jahrgang 1963:[93] „Im Physikstudium in Bonn gab es 300 Anfänger, darunter keine zehn Frauen. Das war schon auffällig für mich. Ich hatte mir zuvor gar keine Gedanken gemacht. Das Studium war ein doppelter Kulturschock: 1. weil ich so in der Minderheit war als Frau und 2. weil ich aus einem nicht-akademischen Elternhaus kam. Die Sprache, der Habitus der Kommilitonen war schon anders. [...] Es gab explizit erlebte Diskriminierung. [...] In der Vorlesung Experimentalphysik [...] guckte der Professor durch die Reihen mit der Bemerkung: ‚Ich verstehe nicht, was sie hier wollen, meine Damen [1982]'. [...] Ich habe auch Prüfungen erlebt, wo zu zweit geprüft und nur mein männlicher Kommilitone befragt wurde, bis ich laut gesagt habe, ich möchte jetzt auch mal antworten. [...] Für die Diplomarbeit habe ich zusammen mit zwei Kommilitonen nach Bremen an die Universität gewechselt. [...] [Die Interviewte war politisch sehr engagiert in der AKW-Bewegung und wechselte zu einem in der AKW-Bewegung bekannten Bremer Physikprofessor, der politisch links orientiert war und den westdeutschen Feminismus unterstützte.] Nach dem Diplom habe ich ein halbes Jahr Auszeit genommen, bin nach Frankreich gegangen, auch um zu überlegen ob ich Physik [...] weitermache. [...] Mein Betreuer in Bremen hat mich massiv bearbeitet, [...] ich sollte promovieren. Ich selbst war da sehr unsicher, wusste nicht, ob ich das schaffe. Er hat mir seine einzige wissenschaftliche Mitarbeiterstelle angeboten, mit der Zusicherung, dass ich jederzeit die Stelle kündigen könnte. [...]

---

[93] Interview 19.

Die Promotion in der Physik in Bremen habe ich 1995 abgelegt. [...] Die weitere wissenschaftliche Karriere wurde nicht sehr bewusst verfolgt, sie wurde sehr naiv angegangen. [...] Nach dem plötzlichen Tod meines Betreuers haben wir die Arbeitsgruppe noch etwas weitergeführt. Ich und meine beiden Arbeitskollegen haben überlegt, in welche Stadt gehen wir nun. An der Bremer Universität war unser Arbeitsbereich als kommunistische Kaderschmiede verschrien. [...] Wir hatten dann erste ostdeutsche Kontakte nach dem Mauerfall mit ostdeutschen Kollegen von der AdW, aus Jena und Leipzig. [...] Wir sind dann nach Berlin-Adlershof gegangen, [...], ich mit einem Post-Doc-DFG-Projekt an ein abgewickeltes Akademie-Institut."

3. Karriereverlauf in der DDR und nach 1990

Die Hälfte der interviewten Naturwissenschaftlerinnen, der „um 1940-Geborenen", strebte zügig und aus eigener Motivation eine akademische Karriere im Hochschulsystem oder in der Forschung an. Dafür brauchten sie weder durch Akademische Lehrer oder Institutsleiter aufgefordert werden noch benötigten oder nahmen sie eine Fördermaßnahme für junge Wissenschaftlerinnen in Anspruch. Unter diesen befanden sich einige wenige Frauen, denen bewusst war, dass mit ihrer zu erkennenden SED-Systemabstinenz, d. h. nicht Mitglied der SED zu werden, sie trotz formaler Qualifikation – Promotion, Habilitation – keine Professur im DDR-Hochschulsystem erhalten würden. Trotzdem entschieden sie sich zu habilitieren, um – wie sie aussagten – alles was aus eigener Kraft an wissenschaftlicher Leistung und Qualifikation zu erreichen war, auch abzulegen. Diese Wissenschaftlerinnen wurden meist in den letzten Monaten der Existenz der DDR noch zur Professorin berufen. Die andere Hälfte der interviewten Naturwissenschaftlerinnen strebte keine Berufslaufbahn als Professorin an, sie wollten nicht habilitieren, sie hatten keine konkrete Karriereplanung vor Augen. Sie begnügten sich mit einer unbefristeten Mittelbaustelle mit Lehre, Forschung, Studentenbetreuung bzw. mit Aufgaben akademischer Selbstverwaltung. Sie promovierten in der Regel zügig, um die feste Mittelbaustelle an den Universitäten und Hochschulen zu sichern. Nur eine Physikerin äußerte konkret, dass in ihrem Lebensentwurf die Familie und die Kinder wichtiger waren, als eine Habilitation anzustreben und sie daher darauf verzichtet hatte. Bei der Gruppe der Wissenschaftlerinnen, die auf der Ebene im akademischen Mittelbau verharrten, spielte sicher eine große Rolle, dass auf dieser Stufe sowohl eine interessante und ausfüllende wissenschaftliche Tätigkeit zu leisten als auch ein Familienleben mit Kindern gut zu organisieren war.

Die Wissenschaftlerinnen an der Akademie der Wissenschaften benötigten und ließen sich selbst mehr Zeit für eine Promotion. Eine Habilitation anzustreben war absolute Ausnahme. Ihre Haupttätigkeit richtete sich auf die Forschung. Sich weiter wissenschaftlich zu qualifizieren, lag mehr in eigenem Ehrgeiz und Interesse und hatte weniger mit der Sicherheit einer unbefristeten Stelle in der Forschung zu tun.

Um zu promovieren wurde rund die Hälfte der Hochschulabsolventinnen ermuntert und aufgefordert. Auch etwa die Hälfte der Frauen nahmen in ihrer akademischen Laufbahn Förderungen für Nachwuchswissenschaftlerinnen in Anspruch. Rahmenbedingungen der Vereinbarkeit von Beruf und Familie wurden als gegeben vorausgesetzt. Die Themen der Forschung waren oft anwendungsorientiert und ausgerichtet auf die Industrie. Es existierten enge Kooperationsbeziehungen zwischen Physiksektionen von Universitäten oder Physikinstitute der Akademie und der örtlichen relevanten Industrie. Oft konnten und sollten Forschungsthemen der Diplomarbeit weitergeführt werden in eine Promotion.

Drei Viertel der befragten Wissenschaftlerinnen verfügten über Auslanderfahrungen. Wochen, einige Monate bis hin zu einigen Jahren verbrachten diese Frauen während oder kurz nach ihrer Qualifizierungsphase Forschungsaufenthalte vorwiegend in der Sowjetunion, aber auch in Ungarn, Bulgarien, Jugoslawien oder in der ČSSR. Wer sich in der Forschung mit Themen der Atom- bzw. Kernphysik bzw. mit Problemen der Theoretischen Physik befasste, absolvierte die Auslandsaufenthalte sehr oft in Dubna, nahe Moskau. Die dort zeitweise forschenden Frauen mussten nicht SED-Mitglied sein. Eher die Ausnahme waren Forschungserfahrungen im westlichen Ausland. In den 1980er Jahren konnten drei von 15 Wissenschaftlerinnen u. a. zu Tagungsveranstaltungen in den USA, nach Italien oder in die BRD fahren. Im östlichen Ausland – vor allem in der Sowjetunion und in Bulgarien – registrierten die Wissenschaftlerinnen, dass in der Physik mehr Frauen im Beruf anzutreffen waren als im eigenen Land. Warum das so war, hinterfragten sie damals nicht. Im Hochschulbereich bzw. an den Forschungsinstituten im eigenen Land war der Bereich Physik männerdominiert, der Frauenanteil bei dieser Generation schwankte zwischen fünf und zehn Prozent. Auch dieses Ungleichgewicht wurde zwar wahrgenommen jedoch nicht hinterfragt, sondern als gegeben angesehen.

Eine Männer-Frauen-Problematik in der Physik in Wissenschaft und Forschung wurde zu DDR-Zeiten nicht gesehen, sie existierte für die Wissenschaftlerinnen nicht. Berufliche Konkurrenzerfahrungen zwischen Mann und Frau im Wissenschaftssystem der DDR wurde nicht erfahren. Alle interviewten Wissenschaftlerinnen – ohne Ausnahme – fühlten sich als Frau im DDR-Wissenschafts- und Forschungssystem anerkannt und gleichberechtigt. Dieses Gefühl verstärkte sich nach 1990, wenn sie sich an die DDR-Zeit erinnerten. Erst in der Transformations- und Umgestaltungsphase des ostdeutschen Wissenschafts- und Forschungssystems nach 1990 nahmen sie eine wachsende Konkurrenz um die deutlich weniger werdenden Stellen im Hochschul- und Forschungsbereich wahr. Von allen Interviewten wurde diese Konkurrenz als eine zwischen Ostdeutschen und Westdeutschen gesehen, nicht zwischen Männern und Frauen.

Die ostdeutschen Physikerinnen bzw. Naturwissenschaftlerinnen sahen sich im Wendeprozess erstmalig mit Stereotypen bzw. männlichen Vorurteilen westdeutsch sozialisierter Vorgesetzter bezüglich „Frau in der Wissenschaft" konfrontiert. Es erstaunte sie zunächst, machte sie dann ärgerlich und ließ sie daraufhin aktiv für ihre weitere akademische Berufstätigkeit eintreten. Sie kämpften energisch um ihre Position und gingen auf der Suche nach adäquaten und geeigneten beruflichen Perspektiven pragmatisch vor. Unterstützung bzw. Solidarität von ihren vormaligen ostdeutschen männlichen Kollegen erhielten sie kaum. Obwohl der Herbst 1989 von fast allen Wissenschaftlerinnen als politisch befreiend erlebt wurde, eingeschlossen die positiven neuen Forschungsmöglichkeiten im internationalen Austausch sowie das Abschütteln der ideologischen Enge in der DDR, wird der gesamte Transformationszeitraum eher negativ erinnert, und das bis heute. Den Transformations- und Evaluationsprozess zwischen 1990 und 1995 erlebten die Wissenschaftlerinnen mehrheitlich als dramatischen Einschnitt in ihrer Berufslaufbahn. Obwohl alle Befragten ihre Karriere in der Physik bzw. in deren Umfeld fortsetzten – zwei Drittel ohne Bruch ihrer Wissenschaftlerinnen-Laufbahn, drei, die jetzt karrieremäßig durchstarteten und drei, die in das Wissenschafts- bzw. Studienmanagement wechselten – beschrieben sie diese Jahre als belastend, enttäuschend und oft auch ungerecht. Antworten von entlassenen Physikerinnen bzw. von in den Vorruhestand Gedrängten hätten sicher drastisch negativer ausgesehen. Diese Frauen standen aus oben beschriebenen Gründen nicht zur Verfügung.

Die politische und fachliche Evaluation, die Verfahren der Neubewerbung auf die ausgeschriebenen Stellen wurden als von außen, von Westdeutschland gesteuert und durchgedrückt, als befremdlich, unfair und unkollegial bewertet. Die größte Kränkung bereitete den Wissenschaftlerinnen, dass auf ihre Berufserfahrung, auf ihre Kompetenz, ihre Meinung von westdeutscher Evaluatorenseite und dann neuen westdeutsch besetzten Leitungsebene keinerlei Wert gelegt wurde. Der Vorgang der Evaluation und Transformation wurde fast durchweg als undemokratisch und unter Ausschluss der eigentlich Betroffenen gesehen, und das vor dem Hintergrund gerade erlebter demokratischer Aufbruchstimmung von Herbst 1989 bis Herbst 1990. Dieses Urteil galt, mit einer Ausnahme, auch für die Wissenschaftlerinnen, die kritisch zum DDR-Staat gestanden und sich der SED ferngehalten hatten. Nur eine Physikerin erlebte den Evaluationsprozess und die Umstrukturierung ihrer Hochschule durchweg als befreienden Prozess, die aus Westdeutschland kommende personelle, fachliche Unterstützung tatsächlich als „Hilfe", auch weil sie persönlich in die Umgestaltung in leitender Stellung einbezogen war. Etwa die Hälfte der befragten Wissenschaftlerinnen musste mit Ausdauer und Geschick um ihre Stelle bzw. um eine neue Stelle entsprechend ihrer Ausbildung und bisher zurückgelegten Berufslaufbahn kämpfen. Ein Drittel der Frauen hatte zunächst nur zeitlich befristete Stellen inne, welches große berufliche und persönliche Unsicherheiten mit sich brachte. Das traf besonders auf Wissenschaftlerinnen von Akademie-Forschungsinstituten zu. Bei einem Viertel der interviewten Wissenschaftlerinnen zeigte sich der Bruch ihrer Berufslaufbahn darin, dass sie aus der Forschungs- und Wissenschaftsarbeit ausschieden, um eine Stelle im Wissenschaftsmanagement anzunehmen. Das geschah mehr oder weniger freiwillig. Diese Stellen waren insofern attraktiv, da sie unbefristet waren.

Durchweg alle Naturwissenschaftlerinnen, Physikerinnen, (zwei) Mathematikerinnen, (zwei) Informatikerinnen, brachten zum Ausdruck, keine fachlichen Anpassungsschwierigkeiten in Forschung, Lehre bzw. Wissenschaft an den westlichen Standard gehabt zu haben.

Die Hälfte der Wissenschaftlerinnen hatte vor und/oder nach 1990 einen engagierten Blick auf Frauen in der Wissenschaft. Sie übten zeitweise das Amt einer Frauen- bzw. Gleichstellungsbeauftragten aus. Fast alle jedoch sagten übereinstimmend aus, dass Gleichstellung oder gar Förderung von Wissenschaftlerinnen die ganzen 1990er Jahre, also im Transformationszeitraum, keine Rolle spielte. Erste Ansätze zu Gleichstellungsfragen begannen erst in der Mitte der 2000er Jahren wiederaufzuleben, an Universitäten und Hochschulen zeitlich etwas früher, etwas vorbildlicher in Berlin und Potsdam, als an den Physik-Nachfolgeinstituten der ehemaligen Akademie der Wissenschaften. Ein, zwei Wissenschaftlerinnen, damals bereits auf der Professorinnenebene und gestaltend am Umbauprozess beteiligt, waren jedoch der Meinung, dass Förderprogramme in Berlin und die DFG in den 1990er Jahren bereits günstigere Bedingungen für Nachwuchswissenschaftlerinnen schuf.[94]

Worin unterschieden sich die Karrieren vor und nach 1990 der „um 1960 geborenen" Physikerinnen, die die in den 1980er Jahren studierten und ihre berufliche Laufbahn begannen, gegenüber der „älteren Generation". Für diese „Jüngeren" war der Frauenanteil im Studium und im Beruf von durchschnittlich 15 bis 20 Prozent bereits zur Normalität geworden. Dabei schwankten die Anteile je nach speziellem Fachgebiet und Arbeitsort sehr: in den Werkstoffwissenschaften konnte er bereits bei 30 bis 40 Prozent liegen, während in der Experimentellen Physik und oft an Akademieinstituten er um die zehn Prozent verharrte. Alle Wissenschaftlerinnen hatten weibliche Akademische Lehrer nicht mehr als Ausnahme erlebt. Mehrheitlich hatten die in den 1980er Jahren studierenden bzw. die akademische Karriere beginnenden Physikerinnen ihre Berufslaufbahn nicht mit dem Ziel Dozentur bzw. Professur geplant. Auch hier, vergleichbar mit der „älteren Generation", war es für die Akademie-Forscherinnen nicht zwingend notwendig, zu promovieren. Das brachte nach 1989/90 Schwierigkeiten und Nachteile bei der Neubewerbung auf Stellen für diese Frauen mit sich. Oft holten sie als Externe eine Promotion in den 1990er Jahren nach. Ihre berufliche Zukunft sahen die Physikerinnen in den 1980er Jahren der DDR als Wissenschaftlerin bzw. Forscherin auf der Mittelbauebene, d. h. als unbefristet eingestellte wissenschaftliche Mitarbeiterin. Dies hatte ihre Gründe auch in ihrer Lebensplanung, akademischen Beruf mit einer Familie in Einklang zu bringen. Ein ausgesprochener Ehrgeiz, Wissenschaftskarriere in höchste Ebenen hinein anzustreben, lag ihnen mehrheitlich fern. Die Wende- und Umbruchereignisse erlebten sie etwas weniger einschneidend und tiefgreifend, mit einigen Ausnahmen, als ihre älteren Kolleginnen. Die politische und fachliche Evaluierung war zunächst weniger bedeutsam und dramatisch, da die jungen Frauen noch am Anfang ihrer Berufslaufbahn standen. Auch diese Wissenschaftlerinnen erlebten mehrheitlich den Umbruch 1989/90 als politisch befreiend für Wissenschaft, Forschung und für den internationalen wissenschaftlichen Austausch. Das Abstreifen ideologischer Enge und das Wegfallen unnützer, ermüden-

---

[94] Interview 8 und Frauenbeauftragte der HUB Dr. Marianne Kriszio.

der gesellschaftlicher Verpflichtungen wirkten durchweg befreiend. Jedoch auch hier wurde der ab Oktober 1990 anlaufende Angleichungsprozess der Hochschul- und Forschungslandschaft Ost an westdeutsche Verhältnisse als von oben und außen – von westdeutschen hochschulpolitischen Gremien und Forschungsinstitutionen – gesteuert angesehen. Dieser Prozess wurde als undemokratisch erlebt. Er enttäuschte tief und nachhaltig auch deshalb, da die Betroffenen nicht einbezogen wurden, ja auf ihre Erfahrungen, Kenntnisse keinerlei Wert gelegt wurde. Diese negative Einschätzung galt für mehr als die Hälfte der Interviewten. Die Wendezeit wurde von diesem Drittel der Physikerinnen als positiv günstiger Zeitpunkt gesehen, um ihre Karriere jetzt richtig oder mit mehr Schwung anzugehen. Konkret hieß das: von 14 Interviewten dieser Gruppe starteten drei beruflich richtig durch, drei Physikerinnen wechselten von der Wissenschaft ins Wissenschaftsmanagement, dort zu unbefristeten Anstellungen, und zwei mussten, keineswegs freiwillig, die Wissenschaft verlassen.

Zwei wesentliche Punkte in den Nachwendekarrieren der jüngeren Physikerinnen waren, dass sie zum einen von ihren ostdeutschen Einrichtungen für meist mehrere Jahre an westdeutsche Universitäten oder Institute wechseln mussten, um eine Stelle in Wissenschaft und Forschung zu behalten. Zum anderen wurden aus den DDR-üblichen unbefristeten Wissenschaftlerstellen nun befristete Arbeitsverhältnisse. Diese beiden Punkte bzw. Erfahrungen prägten die „jüngere Generation". Hier zeigte sich ein Unterschied zu den „Älteren".

Das Fehlen unbefristeter Wissenschaftler- bzw. Forscherstellen, die fortlaufenden Befristungen, die ewigen Projektstellen und Zeitarbeitsverträge brachten eine sehr große und vordem nicht gekannte Unsicherheit in der gesamten Lebensplanung mit sich. Es war nicht ungewöhnlich, dass die Wissenschaftlerinnen zehn bis 20 Jahre lang mit diesen unsicheren befristeten Anstellungen leben mussten. Diese Erfahrung verstärkte einen negativen Blick auf das westdeutsche, nun gesamtdeutsche Wissenschafts- und Forschungssystem und auf den Transformationsprozess.[95] Auch das registrierten die Physikerinnen in diesem Zusammenhang: Die Frauen waren nach 1990 sichtlich öfter und eher von den unsicheren befristeten Anstellungen betroffen als ihre männlichen Kollegen. Sie beobachteten, dass auf den wenigen festen Stellen immer und zuerst die männlichen Wissenschaftler und Kollegen saßen. Die Frauen mussten länger und ausdauernder kämpfen, um solche Stellen für sich zu sichern. Männliche Unterstützung erhielten sie dabei nicht. Die Wissenschaftlerinnen schienen überzeugt, dass nicht ihre fehlende Qualifikation oder geringere Leistungsfähigkeit Ursache war für die unsicheren Anstellungsverhältnisse. Das Denken der vor allem westlichen Instituts- und Bereichsleiter – einem Mann als Familienernährer sei die befristete, unsichere Stelle nicht

---

[95] Ein weiterer Negativeffekt ist, dass oftmals die Kinder dieser „1960er Generation", in nicht wenigen Fällen auch Naturwissenschaftler und -wissenschaftlerinnen, ganz bewusst nicht in das deutsche Wissenschaftssystem gegangen sind. Überproportional forschen sie im Ausland und/oder in der deutschen bzw. ausländischen Industrie. Der unsichere Berufsweg ihrer Eltern wirkte überaus abschreckend nach. Vgl. die Interviews 38, 40 und 41.

zuzumuten – sei ausschlaggebend für das Vorgehen gewesen. Insgesamt zutreffend sei der Fakt gewesen, so fast alle Wissenschaftlerinnen, dass der Transformationsprozess quantitativ nicht zu Lasten der Physikerinnen ging, jedoch strukturell. Denn diese fanden sich eher auf befristeten Mittelbau- bzw. wissenschaftlichen Mitarbeiterinnenstellen wieder.

Für etwa die Hälfte der Physikerinnen war es unvermeidlich, um im akademischen Beruf bleiben zu können, von der ostdeutschen Einrichtung in eine westdeutsche zu wechseln. Oft blieben sie dort einige Jahre, um dann an die ursprüngliche Institution zurückzukehren. Damit bewiesen die Frauen ihre Mobilität, ihre Wendigkeit sowie Eigeninitiative und berufliches Engagement, obwohl sie sich auf eine Wochenendehe einrichten mussten und die meist halbwüchsigen Kinder beim Partner blieben. In diesem Zusammenhang muss das gelebte partnerschaftliche Verhältnis, die Gleichberechtigung, zwischen den betroffenen Physikerinnen und ihren Männern hervorgehoben werden. Diese Männer waren bereit und in der Lage, über Jahre das Familienleben mit Kindern zu gestalten. Jedoch gab es auch Wissenschaftlerinnen, die die geforderte – positiv ausgedrückt – Mobilität und – negativ – Wissenschaftsnomadentum – ablehnten und verweigerten. Der Grund dafür lag in familiären Verhältnissen begründet. Trotzdem versuchten sie selbstbewusst, ihren Platz im neuen Wissenschafts- und Forschungssystem zu finden und zu verteidigen.

Die Physikerinnen, die für Jahre nach Westdeutschland gingen, beschrieben diese Zeit als glücklich und für die berufliche Entwicklung als sehr gewinnbringend und innovativ. Weit weg gewesen zu sein von den „schlimmen Kämpfen" und deprimierenden Auseinandersetzungen an den ostdeutschen Universitäten und Forschungseinrichtungen in den Nachwendejahren blieb den Wissenschaftlerinnen nachhaltig positiv im Gedächtnis. Obwohl diese Wissenschaftlerinnen im Westen Deutschlands als Ost-Frauen und Physikerinnen einiges Aufsehen erregten – vor Ort kaum auf Kolleginnen trafen, ein deutlich konservativeres Klima bezüglich Frauen in der Wissenschaft vorfanden – erlebten sie dort kollegiale Aufnahme und hilfsbereite westdeutsche männliche Mentoren. Anders als die „1940er Generation" machten die „Jüngeren" einschneidende Konkurrenzerfahrungen um die wenigen unbefristeten Wissenschaftsstellen. Diese spielten sich, so die Interviewaussagen, nicht nur zwischen Ost- und Westdeutschen, sondern auch zwischen Männern und Frauen ab. Einzelkämpfer im Bereich Wissenschaft und Forschung zu sein, war im neuen Deutschland deutlich ausgeprägter als in der DDR. In der DDR, so erinnerten sich die Wissenschaftlerinnen, habe man ein solches Gegeneinander und ein Ausspielen Männer gegen Frauen nicht gekannt.

Jegliche Art von inhaltlich fachlichen Anpassungsproblemen existierte in der Physik auch für die jüngeren Physikerinnen nicht, obwohl nach 1990 einige ihr Forschungsfeld wechseln mussten, um sich der neuen wissenschaftlichen Ausrichtung von Instituten und Forschungsbereichen anzupassen.

Alle Frauen stimmten in der Erfahrung überein, dass in den 1990er und beginnenden 2000er Jahren Fragen wie Frauenförderung in der Wissenschaft oder die gesamte Gleichstellungsproblematik keine Rolle gespielt habe. Die DDR-erlebte

Selbstverständlichkeit von Frauen in der Wissenschaft, vor allem auch in den Naturwissenschaften, schien auf Jahre, wenn nicht sogar für zwei Jahrzehnte einen Rückschritt erlitten zu haben. Häufige Aussagen der Interviewten hießen: Der Punkt des Geschlechterverhältnisses im Fach ist nach 1989 deutlich schlechter geworden und beginnt jetzt allmählich, in den späten 2010er Jahren, sich den alten DDR-Verhältnissen wieder anzunähern. Auch etwa die Hälfte der „jüngeren Wissenschaftlerinnen", gleich den „Älteren", engagierte sich in der Gleichstellungsarbeit oder in anderen Gremien der akademischen Selbstverwaltung. Auch diese hatten, ihren Aussagen nach, ein besonderes Auge auf gute Frauen im Fach in der Wissenschaft. Sie beobachteten zudem den Effekt, dass – wo gute Wissenschaftlerinnen sind weitere gute hinzukommen. Aussagen im Interview der um „1940 Geborenen":

Dozentin für Physikdidaktik, Pädagogische Hochschule, nach 1990 TU, Jahrgang 1937:[96] *„Ich habe zunächst als Lehrerin [für Physik und Mathematik] in Görlitz gearbeitet [bis zirka 1965]. Da habe ich das Angebot bekommen, ein Fernstudium [an der PH Potsdam] aufzunehmen, um die Lehrbefähigung für die Abiturstufe zu bekommen. [...] Zum Ende dieser Zeit hat man mich angerufen und gefragt, ob ich Interesse hätte, Assistentin an der PH Dresden zu werden. Ich habe sofort zugesagt. Um meinen Sohn kümmerten sich meine Mutter und meine Schwiegermutter. [...] Als ich anfing an der PH hat das Frausein keine Rolle gespielt. [...] Als ich dann promoviert war [1975], da hat es sicherlich den Leuten gefallen, dass ich eine Frau war. [...] Im Bereich Didaktik der Physik waren wir 16 Mitarbeiter, darunter zwei Frauen. [...] Ich wurde dann Direktor für Erziehung und Ausbildung. Ich habe Frauenförderpläne für Studentinnen miterarbeitet, damit Studentinnen mit Kind letztlich ihr Studium schaffen in der Regelstudienzeit oder mit einem Jahr aussetzen. Da haben wir viel gemacht. Nur des Kindes wegen hat niemand das Studium abgebrochen. [...] Ich habe mich immer bemüht, ich hatte immer einen Blick auf Frauen, wenn sie gut waren. [...] Zu DDR-Zeiten hat man die Begabung, egal welche, besser erkannt und gefördert. Es hing weniger vom Elternhaus ab. [...] Das Geld in der Bildung hat in der DDR nicht so eine Rolle gespielt. [...] Ich selbst, als ich Direktor für Erziehung und Ausbildung war, habe mich von der SED fernhalten können. Ich musste nicht in die Partei eintreten. [...] Ich habe die Physiklehrpläne mitgemacht hier in Sachsen und das war wirkliches Niveau. [...] In der DDR hat man den Naturwissenschaften sehr viel Bedeutung zugemessen. Vieles konnte bis jetzt erhalten bleiben. [...] Und auch die Mädchen konnten sicher sein, sie schaffen das. Sie haben das Experimentieren in der Schule genauso gelernt wie die Jungs. [...] Die Schüler-Experimentier-Sätze und die Praktikumssätze von den Klassen 6 bis 12 waren so was von gut. [...] Die Schülerinnen konnten sich experimentell genauso gut entwickeln wie die Jungs. Das hat sich langfristig ausgewirkt. Sie waren beim Experimentieren nicht mehr ängstlich. [...] Das ist ein wichtiger Aspekt. [...] 1985 hatte ich die Promotion B gemacht.*

[96] Interview 33.

Ich war schon Hochschullehrerin als die Wende kam. [...] 1990 fiel sofort die Entscheidung, dass die Pädagogische Hochschule zur Technischen Universität kommt. [...] Ich habe die fachliche Evaluierung gleich überstanden. Ich hatte dann gleich die Stelle an der TU und ich habe die Lehrerausbildung hier weiter gemacht. [...] Sie haben mich gleich zum Privatdozenten gemacht. Einen Knick in der Karriere habe ich nicht mitgemacht. [...] Die TU war zuallererst auf ihr wissenschaftliches Niveau aus und erst in zweiter Linie auf Frauen. Bis 2002 habe ich offiziell gearbeitet und dann noch auf Zeitverträgen für ein paar Jahre weitergemacht. Die Sache mit den Stellen ist im Laufe der Zeit immer schlechter geworden."

Professorin der Werkstoffwissenschaft, vor und nach 1990 TH/TU, Jahrgang 1940:[97]
"Um nach der Promotion [in Freiberg ...] weiterzukommen, musste man in die Industrie gehen. Mein ‚Industrieeinsatz' ging ins Ministerium für Leichtindustrie nach Berlin [1970–1975]. Dort wurde ich mit 31 Jahren Abteilungsleiterin. Ich war verantwortlich für den Aufbau eines großen Werkes für Technisches Glas in Ilmenau mit 5000 Beschäftigten und ein Industrie-Porzellanbetrieb mit 2000 Beschäftigen. [...] Technisches Glas – war ein sehr junges Fachgebiet, wir haben sehr eng mit den Kombinaten zusammengearbeitet. Heute sind davon nur noch Ruinen übrig. [...] Es war keine schöne Zeit für mich in Berlin, auch wegen der Großstadt. [...] Der Rektor der TH Ilmenau ist tätig geworden, ich wusste davon nichts, und meinte, die Frau könnten wir nach Ilmenau holen. [...] Seit 1975, mit 34 Jahren, erhielt ich eine völlig neue Professur für Glas/Keramik an der TH. Ich war die erste Professorin in Ilmenau. Ich habe nicht habilitiert, aber zwei Doktortitel schienen ausreichend für die Professur. Womöglich gab es auch eine Weisung von der SED-Bezirksleitung [...]. Auf Untertöne damals [gegen Frauen] habe ich nicht reagiert, diese überhört und auch nicht wahrgenommen. [...] Es war die Zeit der Miniröcke: Wenn ein Kollege sagte, ‚wenn Sie mit dem kurzen Röckchen zur Vorlesung kommen, was da die Studenten denken'. Ich dann: ‚Na Hauptsache, die Studenten kommen.' In Kassel an der Universität wurde ich nach der Wende eingeladen, um über meine ‚Kampferfahrungen' als Frau in der Wissenschaft zu erzählen und ich hatte gar nichts zu erzählen. Die haben mich nie wieder eingeladen. [...] Es waren wenige Frauen an der TH. Wenn man aber merkte, eine Frau hat das Zeug und das Interesse, hat man alles getan, um ihr das Umfeld beim Promovieren zu erleichtern. [...] Fachlich habe ich den Frauen nichts geschenkt. [...] 1976 wurde ich Vorsitzende des Fachverbandes Silikat-Technik in der Kammer der Technik der DDR. [...] Von 1987 bis 1992 bin ich dann Präsidentin der Kammer der Technik geworden. Die Kammer der Technik war die einzige DDR-Organisation, die nach 1990 als ‚staatsfern' eingestuft wurde. [...] Trotzdem ist mir dieses Amt in der Wendezeit auf die Füße gefallen. Man hielt mir vor, [...], ich sei ausgesucht worden, weil ich Frau [und SED] war. Beworben hatte ich mich darum nicht. Ich könnte mir jedoch vorstellen, dass man sich ‚Oben' überlegt hatte, die DDR wäre der erste Staat der Welt, wo eine Frau an der Spitze eines Ingenieurverbandes steht. [...] Auf internationalen Tagungen des Faches waren sehr, sehr wenige Frauen.

---

[97] Interview 9 und Berufungsakte in: BAB DR 3 B/7817.

Aber auch das habe ich nicht zur Kenntnis genommen. Ich fühlte mich nicht als etwas Besonderes. Bei den Fachgesprächen war man sofort aufgenommen. In der Sowjetunion habe ich auf meinem Fachgebiet viele Kolleginnen getroffen, in Bulgarien lernte ich drei Professorinnen kennen. [Die Wendezeit] war schwierig. Die politische Evaluierung haben die eigenen Leute gemacht, [...], die fachliche Evaluierung wurde nur durch Leute aus dem Westen, u. a. von der Technischen Universität Darmstadt, gemacht. [...] Ich war SED und dann noch Präsidentin der Kammer der Technik. Die Kommission entschied: Ich hätte niemanden wegen politischer Überzeugungen drangsaliert. [...] Ich bin relativ zeitig auf Stasi überprüft worden. [...] Die Professuren sind alle ausgeschrieben worden, deutschlandweit, weltweit. Ich hatte 36 Patente, darunter West-Patente. Fachlich gab es keine Beanstandungen, das hatte nichts mit SED zu tun. Trotzdem musste ich lange warten, bis 1995, bis ich Professor neuen Rechts wurde. [...] Meine Berufungsurkunde kam ein Vierteljahr zu spät, um noch verbeamtet zu werden. Ich war dann zu alt, es hing an diesen wenigen Monaten. [...] Im März 2007 bin ich in den Ruhestand gegangen. Als meine Nachfolgerin wurde eine Frau, eine Professorin, berufen. [...] Es sind in den Jahren in meinem Fach deutlich mehr Frauen geworden. Ich hatte 46 Doktoranden, davon ein Viertel Doktorandinnen. In den letzten Jahren meiner Tätigkeit waren es dann rund ein Drittel Frauen."

Dozentin der Physik an einer Universität, Jahrgang 1944:[98] „Weibliche Akademische Lehrer im Studium gab es in der Theoretischen Physik, nicht in der Experimentellen, [...], wofür ich mich entschied. [...] Eigentlich war einem das vollkommen egal damals. Die Frauen wurden von den Hochschullehrern nicht anders wahrgenommen. Mein Chef an der Uni hat immer sehr darauf geachtet, dass er linienkonform ist. Da war es sehr gut, wenn er eine Frau in seiner Arbeitsgruppe hatte. [...] Ich war die Beste von Fünf in seiner Arbeitsgruppe, die bei ihm diplomierte. Die Akademischen Lehrer waren bei mir die alte Generation, die in den 1920er Jahren Geborenen. Sie kamen aus bürgerlichen Kreisen. Die haben die Wissenschaft in der DDR aufgebaut und waren international bekannt. [...] Mein Chef suchte also eine neue Mitarbeiterin für sein Team. Es stand die Wahl: befristete Assistenz oder Aspirantur. Ich habe 1968 mit der Aspirantur angefangen, mit dem Ziel zu promovieren. Man bemühte sich selbst und man wurde angesprochen. 1972 habe ich promoviert [dazwischen lag die Geburt von zwei Kindern]. Danach bekam ich eine unbefristete Anstellung mit dem Ziel, 1974 eine Oberassistentenstelle zu bekommen. Während der Aspirantur und danach lief für mich der Frauenförderungsplan. [...] Das größte Problem damals war, dass wir als Familie eine Wohnung fanden. [...] In der Physik an der Universität waren wir eher weniger als zehn Prozent Frauen, das entsprach dem Anteil der Physikstudentinnen. [...] Ich war rundum glücklich mit unseren beiden Stellen [Ehemann ist auch Physiker] an der Universität und mit den beiden Kindern. Ich habe nicht nach einer Professur gestrebt. [...] Ich war zufrieden mit dem Niveau, welches ich erreicht hatte. [...] Nur mein Chef drang darauf, die Promotion B

---

[98] Interview 24.

zu machen. Die Facultas Dozenti habe ich schon vorher gemacht. Ich war gerne in der Lehre tätig. Ich habe die Promotion B nur ihm zuliebe gemacht. [...] Ich habe sehr eng mit der Chemischen Industrie in Bitterfeld zusammengearbeitet und dort ein Industrieproblem durch intensive Forschung gelöst. [...] Ich war die erste Frau [an der Universität], *die auf dem Gebiet der Experimentalphysik die Promotion B gemacht hat. [...] Dann kam die Wende und es brach alles zusammen. [...] Ich war nicht ehrgeizig genug, sonst hätte ich bestimmt eine Professur angestrebt und bekommen. Es war für mich eine Hochschullehrerlaufbahn vorgesehen.* [Seit der zweiten Hälfte der 1980er Jahre] *gehörte ich zu einer Kaderentwicklungsgruppe. [...] 1979 bin ich das erste Mal aus der DDR rausgekommen. Eine Woche in Prag, später zwei Wochen in Jugoslawien. Nach dem Westen sind wir zu DDR-Zeiten nie gekommen, unsere Professoren schon. An der Akademie in Moskau und Leningrad war ich. [...] Zahlenmäßig gab es sehr viel mehr Frauen in der Physik in Russland. Auch Professorinnen gab es dort. Das ist mir aufgefallen. Gefragt, warum, habe ich nicht. Es war eben so. [...] Von Westliteratur hatten wir alles. Die Sonderdrucke haben wir angefordert und auch bekommen [...].* [In den Wendejahren] *wurde von oben mit Akribie gesucht, ob man stasimäßig oder politisch am Personal etwas finden konnte. Die politische Überprüfung kam von drüben. Fragebögen ausfüllen, Lebensläufe schreiben. [...] Es wurde viel verunglimpft, es war eine wirklich hässliche Zeit. Ich war Frauenbeauftragte noch zu DDR-Zeiten. Ich war Mitglied der Frauenkommission der Gewerkschaftsleitung der Universität. Ich war auch im Frauenausschuss der SED-Kreisleitung. [...] Ich habe mich* [nach 1990] *schwer getan mit dem SED-Austritt. [...] Ich wurde gebeten, das Amt der Gleichstellungsbeauftragten zu übernehmen. So war ich nach der Wende in vielen Berufungskommissionen. Diese waren zu über der Hälfte mit Westprofessoren besetzt. Da hat man gemerkt, die wollen die Leute, die sie kannten, auf Stellen bekommen. Hausbesetzungen waren nicht möglich. Ich hatte mich auch für eine Professur beworben. [...] Ich war zu ehrlich im Gespräch, ich hätte das Blaue vom Himmel runterlügen müssen, dann hätte ich die Stelle vielleicht bekommen. Ich und mein Mann haben hin- und herüberlegt, ob ich mich im Westen bewerben soll. Ich hatte durch Konferenzen Kontakt zu westdeutschen Hochschulen. Ich war sicher, dass ich eine Professur bekommen hätte. Das hätte aber Wochenendehe geheißen. Die Evaluation war dann vorbei. Wir durften beide unsere Stellen behalten, das waren unbefristete Stellen. [...] Wir entschieden: wir bleiben hier, wir machen jetzt keine Karriere mehr.* [In der Forschung] *nach der Wende machte jeder auf totale Abschottung. Keiner guckte nach rechts und links, niemand half, jeder hütete egoistisch seins. Der wissenschaftliche Ruhm sollte einem alleine gehören, obwohl die Stellen sicher waren. [...] Die Frauenausschüsse zu DDR-Zeiten – man konnte nicht viel erreichen. Aber man konnte bei Kleinigkeiten helfen, mal einen Krippenplatz oder eine Wohnung organisieren oder mit einem Professor reden, eine Frau nicht runterzumachen, weil sie mit ihrer Promotion hängt. [...] Aber nach der Wende ging gar nichts mehr. Bis 2004* [Jahr der Berentung] *war das Thema Frauen in den Naturwissenschaften, in der Physik, kein Thema."*

Professorin der Informatik an einer Universität, Jahrgang 1947:[99] *„Es war der Drang nach Berlin [zu gehen] und nicht nach wissenschaftlicher Karriere. Ab 1971 war ich an der [...]-Universität. Wir mussten promovieren, es war [zunächst] eine befristete Stelle, um an der Universität bleiben zu können. [...] Die Sektion Elektronik hatte einen Forschungsvertrag mit dem Betrieb VEB Messelektronik Berlin. [... Ich erhielt den Auftrag] zur digitalen Signalverarbeitung zu forschen. Ich fand das gut, es war spannend. [...] Mit der Promotion 1976 [nach der Geburt von zwei Kindern] wurde die Stelle umgewandelt in eine unbefristete. Ich wurde gefördert vom Stellvertretenden Sektionsdirektor, der auch mein Organisationstalent schätzte. [...] Bei der Promotion B habe ich mich selbst gekümmert, eine Aspirantur zu bekommen. [...] Ich wusste, dass es solche Aspiranturen gibt mit einer Art Stipendium. Ich bin da nach wie vor regelmäßig zur Arbeit gegangen, aber ich hatte insgesamt mehr zeitliche Freiheiten [zur Forschung]. [...] Die Promotion B war 1983 und ich bin sehr schnell zur Hochschuldozentin 1984 berufen worden. [...] Ich wollte meine Karriere ausreizen, soweit es in meinen eigenen Kräften steht. Alles, was ich tun kann, ohne Parteimitglied zu sein, wollte ich tun. [...] Ich hatte nicht den Berufswunsch Professorin, es gab sehr wenige Professorenstellen. Aber ich habe gerne an der Universität gearbeitet. Dass es wegen des Politischen dann nicht weiterging, war mir klar. Mein gleichaltriger Kollege war Parteimitglied, und er ist vor mir Hochschuldozent und Professor geworden. Das hat mich nicht gestört. Es hat ja solche hierarchischen Unterschiede in der DDR nicht gegeben. [...] Ich habe es dann doch als Parteilose zum Dozenten gebracht. Das war schon ein bisschen Frauenförderung, durch die Unterstützung des Sektionsdirektors, [der agierte in die Richtung], ‚da muss auch mal eine Frau dazwischen sein bei der Dozentenberufung'. [...] Es waren immer ‚gut Genossen' da, die vor einem dran waren. Da nutzte auch ‚Frausein' nichts. Aber in der letzten Runde [im DDR-Hochschulministerium] im September 1989 [...] bin ich dann doch noch zur Professorin berufen worden. Da habe ich mich schon gefreut. Ich wollte meinen Eltern diese Freude machen, diesen Stolz auf mich. [...] Vielleicht wollte ich es auch meinem Mann ein bisschen beweisen. [...] Nach 1990 war wirklich befreiend die Selbständigkeit in der Forschung. Anpassungsprobleme inhaltlich-wissenschaftlicher Art in der Elektrotechnik/Informatik [...] hat es in keiner Weise gegeben. Wir hatten nur Westliteratur gelesen, daran musste man sich orientieren und das haben wir auch immer gemacht. [...] Ich konnte [bereits] 1980 nach den USA fahren. [...] Die Sektion Elektronik wurde nicht abgewickelt, sondern ‚ausgehungert'. ‚Aushungern' bedeutet, es werden keine Studenten mehr immatrikuliert. Ich wollte das nicht hinnehmen, ich wollte Gerechtigkeit nun im neuen Deutschland. Ohne Gesetz und ohne Abwicklungsbeschluss uns ‚auszuhungern', empfand ich als ungerecht. [...] Mit der Lupe wurde nach den wenigen Parteilosen gesucht, und so wurde ich plötzlich Dekanin. [...] Die Evaluierung der Mitarbeiter, fachlich und politisch, fand statt. Ich gehörte auch zu dieser Kommission. [...] Die Kollegen wurden fachlich positiv evaluiert und politisch für unbescholten erklärt. Trotzdem hieß es vom Berliner Senat, die*

---

[99] Interview 3.

Elektrotechnik wird geschlossen, [...], obwohl der Kommissionsvorsitzende, der aus Stuttgart kam, eine bitterböse Beschwerde schrieb [nach Berlin], [...], was man sich denkt, ihn und die anderen über zwei Jahre arbeiten zu lassen, um dann solch einen Beschluss zu verkünden. Die Westleute waren genauso empört wie wir. [...] Als Trostpflaster und zur Beruhigung der Lage wurde der Kompromiss gefunden: Am Bereich Informatik sollten drei Professuren reserviert werden für unsere [frühere] Sektion Elektronik. Von den drei Professoren, die sich bewerben konnten, schieden zwei wegen Stasibelastung aus. Ich erhielt eine Professur 1993 am Institut für Informatik. [...] Insgesamt zehn bis zwölf Mitarbeiter [mit technischen Kräften] habe ich mitgenommen von ehemals 110 bis 115. [...] Ich war die einzige Frau, und war lange die einzige. [...] Die Männer im Bereich begegneten mir [nach 1990] mit einer Mischung aus Angst und Ehrfurcht. [In Berufungsverfahren, an denen ich auch als Professorin beteiligt war ...] hieß es tatsächlich: ‚Es gibt keine guten Frauen'. Ich dagegen gehalten: ‚Woher wissen Sie das? Keine Antwort!' [...] Diese Art der Diskriminierung habe ich früher zu DDR-Zeiten nicht erlebt. Es ging gegen Genossen oder Nichtgenossen, aber nicht gegen Frauen als Frauen."

Promovierte Physikerin an der Universität, Jahrgang 1949:[100] *„Auf einer unbefristeten Mittelbaustelle [...] konnte man lebenslänglich und relativ selbständig forschen und arbeiten als ‚nur' promovierte Wissenschaftlerin unterhalb der Professorenebene. Ich war frei in meiner wissenschaftlichen Arbeit. Dafür bin ich unheimlich dankbar, dass ich so als Physikerin arbeiten durfte. Habilitieren war wirklich hart. [...] Von Frauensonderaspiranturen war mir gar nichts bekannt. Solche konkreten Gespräche haben nicht stattgefunden. Ich wollte meinen Kindern eine gute Mutter sein [Alleinerziehende mit zwei Kindern]. Ich habe 1989 wirklich das letzte Mal publiziert. [...] In unserem Bereich der Teilchenphysik, der Teilchentheorie konnte jeder mal in den Westen fahren. Das hat unser Chef arrangiert. Ich war zweimal in Triest, Italien, am Zentrum für Theoretische Physik, einmal drei und einmal sechs Wochen. [...] Für mich kam die Wende zu spät. Ich konnte nicht meine Kinder nehmen und mit diesen in die Welt ziehen. [...] Die Forschungsbedingungen in der DDR: Wir hatten nicht die Möglichkeiten gleichzuziehen mit den Spitzenleistungen. [...] In meinem Forschungsgebiet hätten wir ständig international zusammenarbeiten müssen. Wir blieben immer zweite Liga. Das hatte ich schon in Dubna gesehen. Man hätte nach Luzern, nach Genf gehen müssen. Das war nicht möglich. [...] Ende 1989 kamen Frauen von der Freien Universität [West-Berlin], die darauf drängten, Frauenstrukturen aufzubauen. Ich gehörte dann zur Frauenkommission auf Universitätsebene. [...] Ich bin gewählt worden. Ich war auch neugierig. Ich habe mich der Sache Gleichstellung angenommen. [...] Ich saß somit in allen diesen Kommissionen [...] Stellenplankommission, Strukturkommission, Berufungskommissionen. [...] Es waren furchtbare, bittere, generell die schlimmsten Jahre meines Lebens. [...] Die neuen Professoren hatten kein Verständnis für die Situation in der DDR, obwohl viele sich bemüht haben. [...] Einige wenige Westpro-*

---

[100] Interview 2.

fessoren haben den Auftrag [der Evaluierung] auch abgelehnt mit der Begründung: Wir haben bei uns im Westen genug zu evaluieren. [...] Mein Glück war, dass ich in allen Kommissionen saß, [...] und so wusste ich, wo neue Stellen geschaffen wurden, eine davon für mich. Es war eine reine Verwaltungs- und Studienbetreuungsstelle. Forschung war nicht mehr möglich. [...] Anfänglich war ich unglücklich gewesen mit dieser Referentenstelle ohne Forschung. [...] Die Referentenstelle war für mich ein Job. Er hat mich nicht gefordert, auch wenn ich ihn hundertprozentig gemacht habe. Bis zur Berentung 2014 hatte ich diese Stelle inne. Ich war aber auch froh über diese Stelle damals mit meinen beiden halbwüchsigen Kindern."

Dozentin der Physik an der AdW, nach 1990 an einer Universität, Jahrgang 1952:[101]
„Wir am Institut [der AdW] wurden nicht evaluiert. Wir erhielten einen Brief, ihr Arbeitsverhältnis ist dann und dann gekündigt. [...] Für die AdW-Mitarbeiter war es nach 1990 sehr hart. Mein Institut ist noch gut weggekommen. [...] Für mein Institut wurde ein Nachfolge-Leibniz-Institut, eine Max-Planck-Arbeitsgruppe [...] gegründet. Ich hatte das Glück, dass die Max-Planck-Gesellschaft mich förderte durch die Einrichtung einer Arbeitsgruppe an der Universität für fünf Jahre 1991 bis 1996. Dann wurde die Arbeitsgruppe gestrichen, weil mein Chef in Rente ging. Ich war für acht Monate arbeitslos und habe mich über eine Klage und mittels eines Vergleichs für eine halbe Stelle an der Universität eingeklagt. Die Max-Planck-Gesellschaft hat bis 2001 weitergezahlt. Inzwischen, 1998, habe ich habilitiert. [...] Ich habe die halbe Stelle genommen und bin zu Verwaltungsarbeiten [...] herangezogen worden. [...] Zunächst hatte ich keine wissenschaftliche Anbindung. [...] Später hat mein neuer Chef eine dreiviertel Stelle für mich ausgehandelt. [...] 2016 gehe ich in Rente. Ich muss immer noch die ganze Verwaltungsarbeit machen. Aber ich bin auch in der Wissenschaft geblieben. Einmal im Jahr publiziere ich eine wissenschaftliche Arbeit. Frauenfördermaßnahmen waren und sind unsinnig. Ich habe auch keine bemerkt oder erfahren. An der AdW bin ich nie mit einer Frauenkommission oder ähnlichem in Verbindung gekommen. Gute Frauen und gute Männer setzen sich immer durch. [...] Nach 1990 wurde die Konkurrenz um Stellen insgesamt härter. Das hatte aber nichts mit Frauen oder Männern zu tun. [...] Es findet keine Ausgrenzung von Frauen statt. [...] Ich saß in Berufungskommissionen. [...] Einziges Auswahlkriterium zu DDR-Zeiten und danach war und ist die wissenschaftliche Fähigkeit und das Hineinpassen in die Arbeitsgruppe. [...] Ein Aufstieg zur Professur liegt meiner Meinung nach an familiären Dingen. Ich war in einer Arbeitsgruppe der Max-Planck-Gesellschaft. Wenn ich gewollt hätte, hätten sie mir Arbeitsaufenthalte in den USA finanziert. Ich hätte Karriere machen können. Aber mein Mann hatte nach der Wende eine feste Stelle an der Physikalisch-Technischen Bundesanstalt. Wir hatten noch schulpflichtige Kinder. Ich wollte nicht ins Ausland gehen. Ich denke, dass die Frauen nicht nur die Karriere sehen, sondern auch die Familie. Meine Familie ist mir wichtiger als meine Karriere. [...] Ich habe mich so für mich entschieden. Ich bin nicht ins Ausland gegangen. [...] Das war

---

[101] Interview 1.

auch ein Punkt bei der Habilitation 1998. Ich war nie im Ausland, ich war nur in Berlin. [...] Kann man da überhaupt habilitieren? Mit dieser Vita hätte ich mich nie auf eine Professur bewerben können."

Promovierte Kristallographin, AdW, dann Forschungsinstitut, Jahrgang 1952:[102]
"1977 habe ich an der AdW angefangen, [...], und über eine Frauenförder-Aspirantur habe ich 1987 [nach der Geburt von drei Kindern] promoviert und bin in den Bereich Kristallzüchtung gegangen. [...] Der politische Druck an der AdW schien weniger groß als im Hochschulbereich gewesen zu sein, auch wenn das für mich kein Auswahlgrund war damals. Ich fand die Akademiestelle interessant und spannend. Ins östliche Ausland zum wissenschaftlichen Austausch bin ich gekommen. In Budapest war ich, in Prag, dort waren genauso wenige Frauen im Fach wie in der DDR. [...] Von der alten Arbeitsgruppe Kristallzüchtung an der AdW sind [nach 1990] an das neue Institut etwa ein Drittel [der Mitarbeiter] oder ein bisschen mehr übernommen worden. [...] Es war ein ziemlicher Übernahmepoker. [...] Ich hatte Glück, da hat mir meine Promotion geholfen. Ohne Promotion hätte es vielleicht nicht geklappt. [...] Ich habe die Kündigung in einem mit dem neuen Vertrag erhalten. Wir galten aber als weiterlaufend [beschäftigt], die ganze Akademiezeit wurde uns angerechnet. [...] Einige Mitarbeiter sind aus Westdeutschland dazugekommen, in unser Institut eigentlich nicht. Die Wessis sind ja alle in den Forschungsverbund,[103] in die Leitungsebenen, gekommen. [...] Die Geschäftsführer dieser Institute waren alles Wessis, da gab es keinen einzigen Ossi. [...] Auch bei den Leibniz-Instituten gab es keinen einzigen Ossi. [...] Nur unser Institut war die Ausnahme. Unser Institutsleiter war der einzige ostdeutsche Institutschef eines neugegründeten Nachfolgeinstituts. [...] Die fachliche Überprüfung haben unsere eigenen Leute gemacht. Und das Fachliche hat auch gezählt. Wir haben unseren Erfolg mit dem Institut selbst erstritten. Wir sind nach Hannover und nach Burghausen/Bayern gefahren. [...] Die waren sehr interessiert und erstaunt, was bei uns alles gelaufen war. [...] Wir waren auf Augenhöhe. Es gab keine fachlichen Anpassungsschwierigkeiten. Fakt ist, die BRD hat diesem Institut eine bestimmte Anzahl von Stellen zugesprochen und dann kamen die Namen dazu, [genannt] von unseren Leuten. Und da muss man schon sagen, die besser bezahlten Jobs haben ausschließlich Männer bekommen. [...] Ich habe eine befristete Stelle bekommen. Das war doch eine Unverschämtheit. Ich hatte die befristete Stelle, die Männer hatten die unbefristete Stelle. Eine Begründung dafür gab es nicht. Die Art befristeter Stellen hat mehr die Frauen getroffen. [...] Es war das Denken ausgeprägt, [befristete] Stelle konnte man einem Mann nicht zumuten. [...] Nicht, dass die Frauen weniger leisten, sondern dass das einem Mann, das geringer Dotierte, nicht zuzumuten ist. [...] In meinem Fall fand ich es ein Unding, dass ein männlicher Kollege, obwohl wir jahrelang das Gleiche taten, mehr verdiente. Das ist

---

[102] Interview 28.
[103] Der Forschungsverbund Berlin e. V. (FVB) ist ein Zusammenschluss von acht natur-, lebens- und umweltwissenschaftlichen Forschungseinrichtungen, die ursprünglich Institute der AdW der DDR waren.

3. Karriereverlauf in der DDR und nach 1990

dann aber bereinigt worden, es wurde mir alles nachgezahlt. [...] Es waren rund fünf bis sechs Frauen, die im Vergleich zu den Männern schlechter bezahlt worden sind. Ich war Betriebsrätin. [...] Gleichstellungsbeauftragte griff damals noch nicht. Ich finde, dass die Gleichstellungsbeauftragte auch nur so eine bürokratische Beisitzertätigkeit ist. Ich habe nicht erlebt, dass das wirklich was bringt. [...] Ich habe dafür gekämpft als Betriebsrätin, dass das bereinigt wurde. Das war mein persönliches Engagement. [...] Das ist mir gelungen zusammen mit der Institutsleitung. Die Stellen wurden dann alle [nach Jahren] entfristet vom Senat. 52 Stellen hatte das neue Institut, davon 30 Wissenschaftlerstellen, und viele waren auf vier Jahre befristet, und das waren oft Schlüsselposten, da wären ganze Arbeitsgruppen plötzlich verschwunden. Das hat den Senat dann doch überzeugt."

Promovierte Physikerin, AdW, nach 1990 Forschungsinstitut, Jahrgang 1953:[104]
„Ich habe mich bereits während des Studiums in der Sowjetunion auf Festkörperphysik spezialisiert. [...] 1977 bin ich mit meinem Mann [kein Naturwissenschaftler] nach Berlin ans AdW-Institut gegangen. Dort habe ich angefangen, das entsprach meiner Ausbildung. Wir hatten sehr enge Forschungs- und Kooperationsbeziehungen mit dem Werk für Fernsehelektronik in Berlin-Schöneweide. Wir haben dort an vorderster Front geforscht. [...] Unser Institut hatte enge Beziehungen zu Akademie-Instituten in der Sowjetunion in Moskau und Leningrad. Auch ich persönlich hatte wegen meiner guten Sprachkenntnisse sehr gute Kontakte. [...] Ich war z. B. ein halbes Jahr in Leningrad am Joffé-Institut.[105] *[...] [Zu Wendezeiten] gab es eine fachliche und eine politische Evaluierung. [...] Nur ein Viertel der vormals Beschäftigten sind später [in das Nachfolgeinstitut] übernommen worden. Das hieß aber nicht, dass die Leute, arbeitslos wurden. Die haben sich in der Wirtschaft was gesucht. Viele sind ins Ausland gegangen – nach Japan, Amerika, Finnland, Holland, Schweden – alles war möglich. Sie sind nicht unbedingt freiwillig gegangen, aber eben um im Fach Arbeit zu haben. Das war damals nicht einfach, weil eine richtige Welle auf den bundesdeutschen Arbeitsmarkt schwappte. Davon hat man sich die ganzen 1990er Jahre nicht erholt. [...] Ich kann mich genau erinnern an meine erste Begegnung im Heinrich-Hertz-Institut [in West-Berlin, Frauenhofer-Institut für Nachrichtentechnik] nach der Wende. Da waren wir mit Kollegen zur Vortragsveranstaltung. [...] Ganz selbstverständlich wurde dort eröffnet: ‚Guten Morgen meine Herren.' Dann wurde es unruhig um mich herum. ‚Ach ja, wir haben ja heute auch [...] Guten Morgen meine Dame!' Das war ja nun wirklich Hardcore. Da gab und gibt es keine Frauen. [...] 1998 habe ich als Externe an der Potsdamer Universität promoviert. [...] Es war nicht mein persönlicher Wunsch, nun zu promovieren. Es war der äußere Druck. Ich hatte die Promotion schon vorbereitet in der Vorwendezeit, nachdem ich in der Sowjetunion gewesen war. [...] Nach der Wende musste man*

---

[104] Interview 29.
[105] Physikalisch Technisches Institut Joffé, in Leningrad/St. Petersburg, war und ist ein Physikinstitut der Russischen Akademie der Wissenschaften mit Schwerpunkt Festkörper- und Halbleiterphysik.

sich neu sortieren. Ich war dann mit die erste, die im neuen Institut promovierte. Es ist eine Reihe an Mitarbeitern mitgegangen, die in ähnlicher Situation wie ich waren. Das Promovieren war natürlich sehr spät. Man musste sich mit der neuen Wissenschaftslandschaft auseinandersetzen. Diese Zeitverträge haben doch ziemlichen Druck ausgeübt. Da steht man sehr unter Stress, Forschungsergebnisse vorweisen zu müssen. [...] Und dass man nicht wusste, wie gestaltet sich der Lebensweg weiter, wenn man den Vertrag nicht verlängert bekommt. Es war heftig, aber es ist gut gegangen. Der befristete Vertrag ist erst nach der Promotion entfristet worden, nachdem ich zehn Jahre am Institut gewesen war. Das geforderte Wissenschaftsnomadentum, auch in der Physik, ist ein Problem. [...] Thematische Anpassungsschwierigkeiten [nach 1990] gab es nicht. Wir konnten mit unseren Themen weitermachen. [...] Wir haben die ganze Zeit nur Projektarbeit gemacht. Hier am Institut haben wir [nach der Wende] mit zehn Prozent Frauen angefangen. Jetzt sind wir mit Doktorandinnen [2016] 20 Prozent. Diese Zahlen ziehen sich durch mein ganzes Berufsleben. Da hat sich nicht viel geändert. Vielleicht sind es in den letzten Jahren ein paar mehr Doktorandinnen geworden. [...] Ich war die erste Gleichstellungsbeauftragte hier am Institut von 2006 bis 2014. Vorher hat Gleichstellung keine Rolle gespielt. Das wurde erst spät als Instrument gesehen, [...] Wissenschaftlerinnen und Technikerinnen zu fördern."

Hier ausführlich die Beispiele der „jüngeren" Wissenschaftlerinnengeneration: Physikprofessorin, PH, nach 1990 Universität, Jahrgang 1956:[106] *„Die Hochschullehrerlaufbahn war für mich vorgesehen. [...] Im Frühjahr 1989 hatte ich die [Promotion] B komplett fertig. [... 1989/90] fanden als erster Schritt an der PH Säuberungen statt. [...] Es wurde schnell klar, dass die Lehrerbildung an die TU kommt. [...] Es war gedacht nach der Evaluierung, die Physikkollegen von der PH an der TU forschungsmäßig zu integrieren. [...] Das günstige für den Personalabbau war die Altersstruktur. Viele Kollegen konnten in den Vorruhestand gehen. [...] Es gab eine fachliche Evaluierung. Man musste aufschreiben Publikationen, Vorlesungen, Seminare usw., Fragebögen ausfüllen. Darüber habe ich nicht nachgedacht. Ich fühlte mich fachlich kompetent. Die Evaluatoren kannten mich. Ich war Mitglied in allen [DDR]-Organisationen gewesen – FDJ, Gewerkschaft, Partei – und dort mit Funktionen. Das war kein Ausschlussgrund, wenn man nicht bei der Stasi war. Das war ich nicht, obwohl mir das fast keiner glaubte. [...] Aufgrund der günstigen Altersstruktur sind, bis auf zwei Kollegen, wir von der PH zur TU gewechselt, vier Männer und ich. Zwei weitere Physikerinnen auf zuvor befristeten Stellen sind in die Schule gegangen. [...] Eine Frau ging in die Politik, ins Wissenschaftsministerium. [...] In der DDR waren mehr Frauen in der Physik als jetzt oder im Jahr 2000 im Westen. Das wirklich Schlimme ist die Besetzung der Professuren mit nur Westdeutschen. Die letzten dann in Rente gehenden wenigen Ostprofessoren wurden ersetzt durch nur Westdeutsche. [...] Ich habe 1990 überlegt, ob ich mich auf diese unbefristete Stelle der TU überhaupt bewerbe. Ich dach-*

---

[106] Interview 34.

te [zunächst], ich schreibe meine Promotion B nur ab und reiche sie dann ein. [...] Ich habe es nicht versucht und ich habe meine Promotion B weggeworfen in den Papierkorb. Ich war dann sehr froh, dass mein ehemaliger Chef mich mitnahm an die TU auf diese unbefristete Mitarbeiterstelle und ich mich nicht bewerben musste. [...] Ich war total verunsichert. [...] Ich war hier nie weg. [...] Ich konnte nicht gut Englisch. Ich hatte publiziert in ostdeutschen Zeitschriften – „Zeitschrift für Metallkunde" – was es hier so gab. Ich hatte keine renommierten internationalen Paper. Ich war auf einmal nicht mehr sicher, ob meine Promotion B dem internationalen Vergleich standhält. Ich habe dann in den 1990er Jahren eine gute Fachforschung machen können. [...] Von 1991 an hatte ich DFG-Gelder, Gelder für neue Instrumente und der ganze gesellschaftliche Ballast fiel ab. [...] Um das Jahr 2000 habe ich dann beschlossen, du schreibst die Habilitation. Ich wollte im Fach habilitiert sein, auch um eigene Vorlesungen halten zu können. 2007 habe ich habilitiert. Ich war dann schon zu alt, um mich auf manche Ausschreibung erfolgreich zu bewerben. Es hat nie geklappt. [...] Zum Weggehen war die Zeit schon abgefahren. Ich bin dann hier in das Institut für Angewandte Physik gegangen, in die Halbleiterphysik gewechselt. Das war ein großer Schritt für mich. Ich konnte dort ein Rastermikroskop kaufen und Materialien untersuchen. Das ist auch toll. [...] Ich konnte immer Lehre machen, ich habe immer Vorlesungen gehalten. Ich habe immer Kontakte zu Studenten gehabt. Ich habe viele Diplomarbeiten und viele Doktoranden betreut. Ich bin dann aus der SED ausgetreten. Ich dachte, ich engagiere mich nie mehr – du hast so danebengelegen. Aber ich habe mich dann doch wieder eingemischt. Ich war eine Zeit lang im Senat der TU für den Mittelbau. [...] Die Gremientätigkeit in diesem System habe ich da gelernt. Hat mir viel Spaß gemacht. Und für Frauen wollte ich noch was tun. [...] Ich bin jetzt für die Fakultät Mathematik/Naturwissenschaften Gleichstellungsbeauftragte."

Physikerin an der AdW, nach 1990 Forschungsinstitut, Jahrgang 1956:[107] 1980 nahm die Interviewte an einem Akademie-Institut in Potsdam ihre Berufstätigkeit auf, in diesem Jahrzehnt bekam sie zwei Kinder. „Kurz vor der Wende habe ich in der [Instituts]-Bibliothek angefangen. Hier war immer ein Wissenschaftler Leiter der Bibliothek, seit 200 Jahren. [...] Zu DDR-Zeiten hätte ich Wissenschaft gemacht und den Bibliotheksposten ausgefüllt, 20 Prozent Arbeitszeit Bibliothek, 80 Prozent Wissenschaft. Das haben alle meine Vorgänger so gemacht. Zwischen Wende und Neugründung [des Instituts 1992] war es noch so, aber dann nicht mehr. Ich habe hier keine Wissenschaftlerstelle mehr. [...] Die Evaluation fand mit richtiger deutschlandweiter Kommission statt [...] Das Institut ist im Vergleich zur DDR deutlich reduziert worden. [...] Das große Rechenzentrum hatte sich schon zwischen 1989 und 1992 erledigt durch die neuen modernen Computer. [...] Diese Mitarbeiter sind schon vor der Abwicklung der AdW weggewesen. Wir mussten uns alle neu bewerben auf die neuen Stellen. Wir waren alle eine Sekunde arbeitslos oder für immer arbeitslos. Das war ja sozusagen der Trick. Die Akademie der Wissenschaft, alle Institute, sind auf-

---

[107] Interview 38.

gelöst worden. Man brauchte nicht einzeln zu kündigen. [...] Da wo die Institute geschlossen wurden, gab es auch nichts zu bewerben und da wo neue Institute aufgebaut wurden, mussten sich alle bewerben. [... In den 1990er Jahren] waren deutlich mehr ostdeutsche Wissenschaftler, viele sind inzwischen ausgeschieden. [...] 1992 gab es zirka 30 Wissenschaftlerstellen, die meisten Wissenschaftler waren vom ursprünglichen ostdeutschen Institut. Unser Gründungsdirektor war aus unserem Institut. Das blieb er, bis er in Rente ging 2000. [...] Mittlerweile hat es sich durchmischt mit hohem internationalem Anteil. [...] Die meisten Frauen, die hier bei uns in etwas höherer Position sind, sind keine Deutschen. Es ist keine einzige Frau [1990] als Wissenschaftlerin in eine unbefristete Stelle gekommen bei uns. [...] Ich hatte nicht promoviert und hätte daher nur eine befristete Wissenschaftlerstelle/Promotionsstelle bekommen. Ich hatte mich auf zwei Stellen beworben. Die Wissenschaftlerstelle wäre befristet gewesen, [...], die Bibliotheksstelle war dann unbefristet. Diese Wahl habe ich zusammen mit meinem Mann [Naturwissenschaftler im Hochschulbereich] getroffen. Ich hätte natürlich promovieren können, [...], wir haben auch überlegt, ob mein Mann habilitiert. Und dann haben wir uns entschieden, dass er habilitiert. [...] Aber beide [promovieren und habilitieren] mit Kindern, das ging natürlich nicht. [...] Und da mein Mann seit 25 Jahren auf befristeten Stellen sitzt, [...], war das, im Nachhinein gesehen, eine gute Entscheidung. Wir hätten auch nach Amerika gehen können. Das haben wir uns nicht getraut, weil man das nicht überblickt hat zu dem Zeitpunkt. Ich hätte eine Doktorandenstelle kriegen können. Dazu war ich auch schon etwas alt. Bei der Promotion wäre ich 40 gewesen. [...] Eine Frau denkt pragmatischer als ein Mann. Mit spätestens Mitte 30 muss ich wissen, wo ich bleibe. Wir hatten auch viele Frauen, die in die Industrie gegangen sind – Lufthansa usw., auch zum Teil ins Ausland, nach England – und sehr gute Stellen bekommen haben. Es sind nicht alle raus aus der Wissenschaft, aber man musste sich entscheiden."

Promovierte Kristallographin, Universität, ab 1995 in der Wirtschaft, Jahrgang 1957:[108] *„1985 habe ich promoviert. Bei der Halbleiterforschungsgruppe [an der Universität] hat es mir gefallen, ich habe meine Diplomarbeit geschrieben und dort dann auch promoviert. Kristallographie gehörte in Berlin zur Physik und in Leipzig zur Chemie. [...] Ich bin dann angesprochen worden, ob ich weitermachen will. Das war die Entscheidung für die Wissenschaft. [...] Das Forschen an der Universität war spannender als in der Industrie. [...] Auf der Ebene der Forschungsstudenten und der Assistenten waren wir halb Männer und halb Frauen. [...] Beim Halbleiterthema gab es starke Kooperation mit der Festkörperphysik. [Mein] Versuch, an ein Akademie-Institut für Medizin-Keramik zu kommen, scheiterte. [...] Mein Betreuer hat mich sehr unterstützt. Frau in der Wissenschaft, jetzt mit zwei Kindern, das war nie ein Thema. Ich hatte immer das Gefühl, deine Leistung zählt, die nehmen dich deshalb. [...] Ich habe eine unbefristete Assistentenstelle genommen an der Universität, die dann alle [die unbefristeten Stellen] nach 1990 in Frage gestellt wurden. Über eine mögliche*

---

[108] Interview 26.

Habilitation habe ich noch nicht so intensiv nachgedacht. Ich hatte mittlerweile zwei Kinder. Ich bin damals eingestellt worden, weil die Supraleiter aufkamen. Ich war für die Synthese Chemie in Richtung Physik zuständig. Ich war kein richtiger Physiker, das habe ich schon gespürt. Das ist ja nur eine Kristallographin! [...] Das waren solche Rivalitäten mit Augenzwinkern. [1990 und danach] - *es war eine ziemlich schlimme Zeit. Es war totale Unsicherheit. [...] Das politische und fachliche Evaluieren wurde von außen, von Westdeutschland, gesteuert. [...] Man hatte einen Dreijahresvertrag gekriegt, hat sich da dran geklammert und auch noch die zwei Jahre Verlängerung mit abgefasst. Wenn es darum ging, wer bleibt, wer geht, hieß es Altersgrenze. Ich war zu jung, um bleiben zu können. [...] Es ging eher Alter vor Leistung.*[109] *[...] Es war damals ja auch so, man ging dann wirklich in die Arbeitslosigkeit. Für den DDR-Bürger war das etwas ganz Schlimmes. [...] Bis 1995 war ich an der Universität. [...] Ich habe mich dann umgehört. [...] Zu Nachwendezeiten war die Umwelt ein recht großes Thema. In diese Richtung habe ich Umschulungen gemacht [...] und mich als Sachverständiger im Umweltschutz auf dem Markt angeboten. Dann hatte ich mich in Westdeutschland beworben, in Koblenz in einer Gießerei. Das war das erste Mal, dass ich wieder im Fach, im Qualitätsmanagement, arbeiten konnte. [...] Später bekam ich das Angebot, wieder zurück nach Sachsen zu gehen in die Galvanik als Qualitätsleiterin. Dort war ich vom ganzen Umfeld her sehr glücklich, es war halt nur nicht zu Hause. Ich musste pendeln. [...] Meine Kinder waren soweit, dass ich das verantworten konnte. [...] Mein Mann hatte versucht, auch drüben etwas zu bekommen. Aber es hat nicht geklappt. Seit 2008 bin ich wieder zurück in Leipzig, in einer Gießerei bei der Materialprüfung. [...] Als Frau, als Technikerin, ist man schon etwas exotischer in einer Gießerei, aber die einzige war ich nicht. Ich habe mich nicht benachteiligt gefühlt. [...] Im Osten waren insgesamt mehr Frauen tätig."*

Informatikerin an der AdW, nach 1990 Forschungsinstitut, Jahrgang 1957:[110] *„1980 habe ich bei der AdW angefangen,* [dann zwei Kinder bekommen]. *An der AdW gab es ein offeneres politisches Klima, das würde ich bestätigen. [...] 1989/90 - unser Institut war relativ schnell mit dem Deutschen Luft- und Raumfahrtzentrum im Gespräch. Vorher gab es schon russisch-deutsche Raumfahrtmissionen, da gab es schon Gespräche mit Kollegen aus Oberpfaffenhofen. Bis zur Wende durfte nur ein kleiner ausgesuchter Kreis dort verhandeln.* [...Dann kam die Frage] *wie viele Mitarbeiter werden übernommen, wer nicht. Dann wurden Listen aufgestellt, Kompetenzlisten, Erfahrungslisten - wie auch immer. Die Listen waren sehr eigenartig, sie wurden auch geheim gehalten. [...] Sie wurden von einem kleinen Grüppchen von ostdeutschen Professoren gemacht. [...] Eine Art fachliche Evaluation hat am ‚Grü-*

---

[109] Es existierte eine als „sozial" bezeichnete Altersgrenze für Weiterbeschäftigung an der Universität Leipzig. Wer jünger als 45 Jahre alt war, sollte ausscheiden, da diese Altersgruppe angeblich größere Chancen auf dem Arbeitsmarkt hatte. Keiner aber fragte danach, dass die jungen Frauen, wie hier die Interviewte, zwei kleine Kinder hatten. Wie sah es in den 1990er Jahren mit ihren Chancen auf dem Arbeitsmarkt aus?
[110] Interview 35.

nen Tisch' wohl stattgefunden, aber nicht mit den Kollegen zusammen. [...] Da habe ich mir gesagt, das machst du nicht mit. Ich bin dann zunächst nach Göttingen zum Max-Planck-Institut [...] gegangen, ein Professor vergab Stipendien. Dort konnte man Daten auswerten vom Hallischen Kometen. Da sind einige von uns hingegangen. [...] Von Oberpfaffenhofen beim DLR wurden Stellen ausgeschrieben mit der Verpflichtung, später zurück nach Berlin zu gehen. [...] Ich habe mich dort beworben und bin nach Bayern gegangen. Mein Lebensgefährte, auch Physiker, ist mit den Kindern in Berlin geblieben. [...] 1992 war ich dann wieder in Berlin. [...] Ich würde so nicht sagen, dass die Wende zu Lasten der Frauen ging. [...] Ein Großteil der Frauen ist mit viel Eigeninitiative [...] woanders hingegangen, z. B. in die Schweiz ans CERN. Die haben probiert, selbst etwas zu finden. Die Frauen hatten auch alle Männer, die ihnen viel abgenommen haben. Die Männer waren auch fast alles Naturwissenschaftler an der AdW, die sind mit den Kindern alleine geblieben. Bei diesen Männern war eigenartigerweise die Stelle schon sicher. Bei den Männern [...], bei den Listen standen deutlich mehr Männer drauf als Frauen. Die Männer waren schneller auf der sicheren Seite. Die Frauen mussten sich bewegen. Sie waren sehr aktiv. [...] Die Frauen, obwohl fachlich besser, standen auf der Kippe. Wir haben das nie hinterfragt, damals. [...] Und die meisten Frauen haben dann gesagt, gut – dann machen wir was. Viele sind auch an andere DLR-Institute gegangen. [...] In den ganzen Auswahlgremien, auf der Ost- wie auf der Westseite, in Gesprächen beim DLR, ..., es saßen immer nur Männer drinnen. Und das ist einfach so: Männer wählen erst einmal Männer aus. Es geht nicht darum, wer besser oder schlechter ist. Darum geht es überhaupt nicht. Der erste Moment ist immer so, gleich zu gleich, und dann wird nach Qualifikation geguckt. [...] Ich sitze jetzt als Gleichstellungsbeauftragte in Berufungskommissionen und da ist das ganz augenscheinlich."

Physikprofessorin an der Universität, Jahrgang 1958:[111] „Für mich kam der Umbruch [1989] genau richtig in der eigenen Lebensplanung und für unsere Familie. Die Kinder sind schon fast in der Schule gewesen. Ein Sohn wurde 1980 geboren, der zweite in der Doktorandenphase 1985. Als die Frage der Mobilität aufkam, waren die Kinder schon aus dem Gröbsten raus. [...] Ich habe im Rahmen des DFG-Stipendienprogramms von Berlin nach Kaiserslautern gewechselt. Ich hatte ein Habilitationsstipendium. [...] Es war dort wie im Paradies. Raus aus der Unsicherheit im Osten, psychisch sehr wohltuend. Im Osten ging ein Hauen und Stechen los. [...] Ich bin nicht mit der Familie nach Kaiserslautern gegangen. Mein Mann hatte eine Position in der Wissenschaft, und nur das Stipendium hätte die Familie nicht ernährt. Mit der Mobilität begann das Leben der Pendelei, das Leben in zwei Orten und die Wochenendehe. [...] Mein [westdeutscher] Mentor hat sich sehr gekümmert. Er bekam einen Ruf nach Karlsruhe und ich bin mitgegangen, bekam eine C1-Stelle. [...] Habilitiert habe ich 1995. Da bin ich in das baden-württembergische Beamtensystem aufgenommen worden. Die ganze politische Überprüfung im Osten für die Ost-Leute

[111] Interview 23.

hat dort nicht stattgefunden, das hat niemanden interessiert. [...] Ich bekam dann einen Ruf nach Nordrhein-Westfalen auf eine C3-Stelle. Ich wurde nur noch gemessen, was ich leiste. [...] Der Frauenanteil war gleich wenig in Karlsruhe und Kaiserslautern verglichen mit Berlin. [...] Aber man hörte und äußerte sehr viel mehr Vorurteile. Die von der Gesellschaft unterdrückte konservative Meinung im Osten, die hat mich im Westen konfrontativ getroffen. Da wurde kein Hehl draus gemacht, was man von mir hielt. Da fühlte ich mich um 10 bis 20 Jahre oder noch weiter zurückversetzt. Die Auffassung von Frauen in Naturwissenschaften oder überhaupt im Beruf war nicht vergleichbar mit der Entwicklung, die stattgefunden hatte im Osten. Warum ich überhaupt habilitiere? Ich hätte ja schon Familie, ein Mann und Einkommen – diese Meinung war dominant. Erst in meiner Generation – im Westen – hat ein Kollege eine Frau geheiratet, die auch im Beruf war. Frauen, die Biss hatten und selbst etwas erreichen wollten, ihr eigenes Geld verdienten, das wurde allmählich zum Statussymbol. [...] Da wurden wir zum positiven Beispiel mit unserem Familienmodell. [...] Mit dem Habilitieren war entschieden, die Professur anzustreben. Aber es existierte immer ein Plan B. [...] Plan B war Lehrerin in der Schule, und da hatte ich mich auch zwischendurch erkundigt in Berlin. [...] Wird die Habilitation anerkannt als Lehrbefugnis für die Schule? Es war klar, mit der akademischen Karriere musste man mal woanders hin – ins Ausland. Ich ging [...] in die USA. In der DDR-Zeit hatte ich Besuche in Leningrad am Joffé-Institut mir selbst organisiert und auch in Vilnius. Da waren große Laserzentren. Das waren maximal immer drei Monate. [...] Wir waren Einzelkämpfer, jeder hat die Steinchen seiner Karriere selbst zusammengesucht. Ein Jahr im Ausland [in den USA] zu organisieren, das war schwer in der Gemengelage Pendeln und Kinder und Lehrverpflichtungen. Ich hatte DFG-Projektgelder, drei Doktoranden, die ich betreute [...] Aber wenn man will, findet sich auch eine Möglichkeit. [...] Ich bin zum Experimentieren zwei Monate pro Semester in die USA gefahren, [...] Zu Hause habe ich die Auswertung der Datenlage gemacht, Publikationen sind entstanden. So konnte ich mir in der Summe den Auslandsaufenthalt zusammenstückeln. Das wurde bei meinen Bewerbungen dann so mehr oder weniger akzeptiert. [...] In Leningrad und in den USA sind viel mehr Frauen in der Physik in Arbeitsgruppen, nicht auf Leitungsebenen. [...] In den USA war die Genderfrage genauso wichtig wie die Minorities. [...] Wir haben bei ‚Diversity' immer nur Geschlecht, in den USA ist es von vornherein breiter – Rasse, Herkunft, Nationalität – Geschlecht ist nur eines von anderen. Das hat die ganze Diskussion ein bisschen entspannter gemacht. In den Professuren in den USA gab es mehr Frauen, die mussten aber auch ein dickes Fell haben. Dort war der Konkurrenzkampf öffentlich. [...] Wir haben hier [in Deutschland] die Gesellschaft, wo öffentlich keiner den Mund aufgemacht hat und wo alles unterschwellig und subtil kam. Dagegen kann man sich schwerer wehren. [...] Wenn man anfängt sich zu bewerben [auf Professuren, ...] kommen die Vorurteile subtil. [...] Man muss härter kämpfen und zeigen und leisten, um sich zu positionieren. Berlin ist extrem konservativ. [Die Interviewte bewarb sich acht Jahre immer wieder neu um eine C4-Stelle in Berlin, die sie in der zweiten Hälfte der 2000er Jahre erhielt, weil den Männern, wie sie sagte, die Argumente ausgingen, warum sie nicht Listenplatz 1 bekam.] [...] Die

Berufungsverfahren haben sich im Laufe der Jahre geändert. In dem Moment wo es quantifizierbare Sachen gab – Publikationsliste, h-Faktor[112] oder Drittmitteleinwerbung, die in die Verfahren eingingen – ist es für Frauen einfacher geworden. [...] Die Verfahren zuvor basierten auf von Autoritäten geäußerten Meinungen, und da kam sehr stark zum Tragen, dass Frauen weniger sichtbar sind im System."

Promovierte Physikerin an der AdW, nach 1990 Forschungsinstitut, Jahrgang 1959:[113] *„Ich bin erst 1988 so richtig am Institut* [nach der Geburt zweier Kinder mit jeweiligem Babyjahr] *angekommen und es wurde ein bisschen problematisch für mich. [...] Unser AdW-Institut ist aufgelöst worden und 1992 sind wir übernommen worden durch das neugegründete Institut. [...] Wir mussten uns alle neu bewerben. Ob wir eine Kündigung bekommen haben, weiß ich nicht mehr. [...] Es war klar vom Deutschen Luft- und Raumfahrtzentrum, dass sie uns übernehmen, weil sie die Kontakte zu Russland brauchten. [...] Ich glaube, es gab 40 neue Dauerstellen für zuvor 300 bis 400 Leuten, und am Ende ist wohl die Hälfte geblieben. [...] Mein Eindruck war, dass die* [andere] *Hälfte ziemlich schnell weg war. Irgendwann wurden es auch wieder mehr Stellen. Viele Ältere sind in den Vorruhestand gegangen. Ein Teil ist zum Max-Planck-Institut gekommen. Einige haben sich auch ausgegründet, z. B. die Firma Astrofeinwerktechnik, dort lief es sehr gut. Einige sind in den Westen gegangen, nach Oberpfaffenhofen, Braunschweig usw. Einige haben es nicht geschafft. [...] Es war eine Zeit, wo alles unsicher war. [...] Ich saß auf einmal auf einer Zeitstelle, aber Männer traf das auch. [...] Ich würde jetzt nicht sagen, dass Frauen überproportional schlechter weggekommen sind. [...] 17 Jahre hat es gedauert, eine feste Stelle zu bekommen. Das Hauptproblem war, das man nach dem neuen System bemessen wurde, konnte das aber nicht liefern. Ob das Veröffentlichungen waren oder die Frage, warum ich nicht promoviert war. [...] Man hat dann selber für sich gekämpft. Ich habe dann versucht, ins Ausland zu kommen, ein Vierteljahr nach Frankreich zu gehen, diese Kontakte zu nutzen. [...] Aber geholfen hat es nicht. [...] Von Oberpfaffenhofen hatte ich dann einen Mentor, das war das, was dann geholfen hat. Der hat mich in das System eingeführt. [...] 1997 habe ich* [als Externe] *an der Freien Universität Berlin promoviert. [...] Zu unserer Abteilung Planetenforschung kamen viele Westdeutsche mit ‚Buschzulage'. Die Westdeutschen waren da und es wurden immer mehr. [...] Ich habe ganz viele Zeitverträge gehabt, ich habe sie nicht mehr gezählt. [...] Irgendwann wurde der Druck immer größer, dass ich umziehen soll nach Bayern* [Oberpfaffenhofen]. *Das hätte ich jedoch nur mit einem Dauervertrag erwogen. [...] Ich war alleine mit zwei Kindern. [...] Dann wurde hier in Berlin-Adlershof ein neues Institut gegründet, 2001, und da hat man mich genommen. [...] Nach fünf Jahren habe ich mich dann wieder umgeguckt, hier am alten DHL-Institut, und gleichzeitig habe ich auch geklagt auf eine Dauerstelle. Ich habe das öffentlich gemacht. [...]*

---

[112] Der h-Index ist eine Kennzahl für das weltweite Ansehen eines Wissenschaftlers in Fachkreisen. Die Kennzahl basiert auf bibliometrischen Analysen, d. h. auf Zitationen der Publikationen des Wissenschaftlers.

[113] Interview 37.

2005 habe ich die Dauerstelle bekommen. [...] Ich hätte mit Zeitverträgen nach Neustrelitz ziehen müssen, nach Oberpfaffenhofen [...], um meine wissenschaftliche Karriere richtig durchziehen zu können. [...] So hieß es aber, man ist nicht anpassungsfähig, unflexibel. [...] Frauenförderung fand überhaupt nicht statt. Gar nicht! Ich persönlich bin nicht für Frauenförderung, sondern für Familienförderung. Frauen braucht man nicht zu fördern, man muss Familien fördern. [...] Man braucht eine feste Stelle, um eine Familie versorgen zu können. Bei mir war es immer der Goodwill der Chefs, und wenn sie selber Druck gekriegt haben, haben sie den Druck weitergegeben."

Physikerin an der AdW, nach 1990 Forschungsinstitut, Jahrgang 1960:[114] *„Mein Mann ist auch Physiker. Wir sind zusammen nach Berlin [gegangen]. Ich wäre dann sicher in die Promotionsphase gekommen, [...], aber ich habe dann ein Kind bekommen. Ich hatte einen Dreijahresvertrag bis 1988 und danach hatte ich einen unbefristeten Vertrag. Das war für sehr lange Zeit mein letzter unbefristeter Vertrag. [...] Politisch fand [1990/91] keine Evaluation statt. [...] Wir mussten Fragebögen ausfüllen und das war es. Ob die Gauck-Behörde involviert war, weiß ich nicht. Wir wurden evaluiert vom Großforschungszentrum Deutsches Luft- und Raumfahrtzentrum, nur von Westdeutschen. Unsere Abteilung Theorie, ich fand auf hohem Niveau stehend, wurde von DLR als nicht übernehmenswert eingestuft. [...] Wir passten dort nicht rein. In der Wendezeit gab es ein, zwei Jahre relativ freien Raum, da konnten die Mitarbeiter des Instituts ihren eigenen Institutsdirektor implementieren. Das habe ich nie wieder erlebt. Das war eine sehr schöne Aufbruchzeit, eine befreiende Zeit, die letzte DDR-Zeit. [...] Ich habe [beruflich] nach Alternativen gesucht, ich war 29/30 Jahre alt. Ich habe mich mit etwa 20 anderen beworben in Oberpfaffenhofen/Bayern beim DLR, erst einmal nur für ein halbes Jahr. Ich habe eine Wochenendehe geführt. Aus dem halben Jahr sind dann viereinhalb Jahre geworden – eine sehr glückliche Zeit, eine sehr innovative Zeit. Ich habe eine Menge gelernt. Ich habe in dieser Zeit die Hardware kennengelernt, Instrumente zu bauen und optisch zu vermessen. Wir haben an den tollsten Rechnern gearbeitet. Heute arbeite ich immer noch auf dem Gebiet. Das DLR hatte sich dann auch hier [Berlin] gegründet. [...] Bis 1996 war ich nicht da [in Berlin]. [...] Hier im Osten wurde sehr viel Ungerechtigkeit erlebt, was wir im Westen nicht so mitbekommen haben. Ich kann es über meine Eltern sagen, die fanden sich im Vorruhestand wieder. Viele Kollegen hier aus dem Haus haben es ins DLR geschafft, 80 bis 90 Prozent! Das ist eine große Ausnahme. Ich denke, das war nicht überall so. Es waren und blieben wenige Frauen. Woher sollten die Frauen auch kommen. Aus dem Westen kamen nur Männer. [...] Wir haben aus Pfaffenhofen einige Kollegen mitgebracht. [...] Die 1990er Jahre waren noch nicht so proper in Berlin vom Wohnumfeld usw. Kollegen aus Bayern waren nur bedingt bereit, hier nach Ost-Berlin mit Familie zu kommen. Einige haben es gemacht. Vor denen habe ich Hochachtung, vor allem wenn man gesehen hat, wie gut sie in*

---

[114] Interview 36.

Bayern aufgestellt waren. [...] Da konnte nur mit viel Geld gelockt werden. [...] In den 1990er Jahren waren [die Stellen zu] *15 Prozent West und 85 Prozent Ost besetzt. Allerdings wurden die meisten aus dem Westen irgendwelche Chefs. Das muss man auch dazu sagen – mindestens Arbeitsgruppenleiter oder Abteilungsleiter. [...] Für die späten 1990er Jahre kann ich bestätigen, dass der Wendeprozess zu Lasten der Frauen ging. Ich war selbst eine derjenigen, die sich ständig von einem Zeitvertrag zum nächsten Zeitvertrag hangeln mussten. [...] Ich habe so einen Stapel an Arbeitsverträgen [...] in der Größenordnung ein Jahr, ein halbes Jahr, zwei Jahre. Manches Mal war ich dann in der ‚Günstlingsliste' nach unten gerutscht, [...], es war ein bisschen wie ein Kesseltreiben. Es war schwierig. Ich habe gesehen, wie zwei Frauen auf diese Art und Weise rausgefallen sind. Ich habe es auch bei Männern gesehen. Prozentual sind mehr Frauen rausgefallen. Auch in den 1990er Jahren bin ich in keinerlei Berührung mit Frauenfördermaßnahmen gekommen. Das hat auf der Leitungsebene überhaupt keine Rolle gespielt. [...] Zu Dienstreisen und zu Schulungszwecken, zu Kursen, war ich in den USA, immer nur ein paar Wochen. [...] Ich hatte die Möglichkeit, intensiv Englisch mit Einzeltrainer zu lernen. Es war ein großes Manko, nicht gut Englisch sprechen zu können, und Russisch hat keine Rolle gespielt. [...] Ich habe Vorträge im Ausland auf Meetings gehalten. [...] Es gab auch dort keine größere Anzahl an Frauen. Man hatte immer den Exotenstatus in meinem Fachgebiet, aber ich bin dort auf mehr Akzeptanz gestoßen. Es war nicht ungewöhnlich dort, Physikerin zu sein. [...] 1999 hatte ich [... genug] von den Kurzzeitverträgen! Das Erpresstwerden mit Zeitverträgen, der Goodwill und das gewisse Erpressen von Arbeitsleistung. Es wurde schlichtweg erpresst mit diesen Verträgen. Ich konnte es nicht mehr aushalten. Man ist sozial nicht abgesichert, man kann keinerlei Bankverträge, Kredite, Darlehen abschließen. [...] Ich habe mit dem DLR einen Aufhebungsvertrag gemacht. Zuvor habe ich mich beworben am Max-Planck-Institut für Sonnensystemforschung [...] nahe Göttingen. [...] Mit einem Fünfjahresvertrag habe ich dort angefangen. Man konnte das Weggehen in Berlin-Adlershof nicht verstehen. [...] In diesem renommierten Max-Plank-Institut war ich eine von zwei Wissenschaftlerinnen. Hier war das* [quantitative] *Verhältnis Männer zu Frauen noch schlimmer. Aber es waren dort meine glücklichsten Jahre. Ich war sieben Jahre dort. Ich habe mich da sehr wohl gefühlt, sehr angenommen, sehr produktiv, obwohl Kollegen* [dort] *zunächst dachten, wer kommt denn hier, eine Frau aus dem Osten. Und dann übernimmt sie hier auch gleich noch ein großes Arbeitsgebiet. Ich konnte dort eine Menge Vorurteile ausräumen. Mein Mann blieb mit meiner Tochter in Berlin. An den Wochenenden hatten wir ein glückliches Familienleben. Dann* [nach sieben Jahren] *bin ich in die Arbeitslosigkeit gegangen. [...] Ich habe Weiterbildungsprogramme in Göttingen belegt.* [Dazwischen kam 2001 eine ernsthafte Erkrankung. Ein Jahr später stieg die Interviewte in den Beruf wieder ein. ...] *Für rund 80 Prozent meiner Bewerbungen habe ich Einladungen zum Vorstellungsgespräch bekommen. [...] Ich hatte schon ein kleines Netzwerk für mich aufgebaut, ich kannte viele Leute an vielen Stellen. So habe ich auch beim DLR in Berlin-Adlershof angerufen und die Antwort: Ich könnte hier anfangen, erst einmal für sechs Monate. [...] Ich hatte noch lange Zeitverträge, die immer wieder drohten zu kippen. Nach 22 Jahren in Zeitverträgen habe ich mich durchgerungen, zum Arbeitsanwalt zu gehen und zu klagen. [...] Der Anwalt hat mir relativ schnell klargemacht, dass 20 Jahre Zeitverträge [als Grund der Klage] völlig nebensächlich sind. Ich habe nicht geklagt. Ich habe den nächsten Zeitvertrag unterschrieben und den übernächsten [...] und der übernächste war dann ohne Kommentar ein unbefristeter Vertrag! Das ist ein hartes Leben. Ich habe diese Härte gegenüber Männern nicht richtig erkennen können. Ich meine gegenüber Frauen werden sie bis in die letzte Konsequenz durchgezogen. Ich habe schon mehrere Frauen hier gehen sehen, die sich nicht gewehrt haben. Und das Fixieren der Wissenschaft auf die Finanzierung – das bringt auch auf die nächsten 20 Jahre keinen Nobelpreis aus Deutschland."*

Promovierte Kristallographin, Forschungsinstitut, Jahrgang 1966:[115] Studium der Kristallographie an der Sektion/Fachbereich Physik der HUB 1986–1991: „*Ich bin in der Wendezeit fertig geworden. [...] In der DDR habe ich noch mein Industriepraktikum gemacht. Da war ich in Hennigsdorf/b. Berlin bei der Kupferfolienentwicklung – Materialentwicklung. [...] Ich hatte die Zusage, dass ich dort meine Diplomarbeit hätte schreiben können und ich hätte gewusst, wo mein Schreibtisch nach dem Studium stehen würde [...], wäre nicht die Wende dazwischen gekommen. [...] Als ich mit dem Diplom anfing, machte Hennigsdorf einen Rückzieher. [...] Sie kündigten den Vorvertrag. [...] Im Sommer 1991 bin ich fertig geworden. Unter meinen Akademischen Lehrern waren 20 bis 30 Prozent Frauen. Wir hatten auch Dozentinnen, das war normal. Das war das Bild, das man in der DDR überall hatte. Wir hatten ja noch nicht gearbeitet, so jobbte ich ein dreiviertel Jahr. Wäre ich in Richtung Ruhrgebiet damals gegangen, hätte ich etwas im erlernten Beruf [Metallurgiefacharbeiterin] bekommen. Aber ich wollte unbedingt im Beruf als Kristallographin arbeiten. [...] 1992 bin ich an die Bergakademie nach Freiberg gegangen. Ich habe dort eine Assistentenstelle bekommen und habe dort auch promoviert. Ursprünglich wäre ich gerne in die praxisnahe Industrieforschung gegangen. [...] Eigentlich wollte ich nicht promovieren, aber wenn man in die Forschung gehen will, muss man promoviert sein. [...] Die Uni in Freiberg war sehr männerlastig. Professoren, Oberassistenten, Assistenten – alles in Männerhand [...] Mit irgendeiner Art Frauenförderung bin ich nicht in Berührung gekommen. Ganz im Gegenteil, man musste sich gegenüber den Männern durchbeißen. [...] Öffentlich und sichtbar bin ich nicht diskriminiert worden. Es wurde verlangt, was von den Männern verlangt wurde. [...] In der ersten Hälfte der 1990er Jahre war an der Bergakademie noch alles ostdominiert. [...] Um 1995 kam der erste Doktorand aus den alten Bundesländern. Das war eine Sensation. 1996 habe ich promoviert, das hat die normalen drei Jahre gedauert. An der Uni hat es mir sehr gut gefallen. Die Mischung aus Lehre und Forschung [...] hat mir Spaß gemacht. Damals fiel die Entscheidung, in der Wissenschaft zu bleiben. [...] [1996 bis 1998 Elternzeit für das erste Kind und 2002 das zweite Kind bekommen.] Mein Mann ist vom gleichen Fach, arbeitet aber in der Industrie. [...] Für die Mitbetreuung der Kinder*

---

[115] Interview 30.

hatte ich meine Mutter. [...] Ich war wissenschaftliche Mitarbeiterin auf Projektstellen. [...] Ich hatte immer noch ein befristetes Arbeitsverhältnis und musste [nach dem zweiten Kind 2002] *entscheiden, gleich nach dem Mutterschutz wieder hier zu sein oder meine Projektaufgabe anderen zu übertragen. [...] Die Unsicherheit war groß. 2014 habe ich meine Festeinstellung bekommen, da war ich hier schon Gruppenleiterin. Die Festeinstellung kam, als schon* [arbeitsrechtlich] *gar nichts anderes mehr ging. [...] Das mit den Stellen ist nicht besser, sondern eher schlechter geworden. [...] Desto weniger Stellen, desto mehr die Leute suchen müssen, die Konkurrenz ist stark, muss man ziemlich die Ellenbogen rausfahren. Und wer jetzt sagt, ich will jetzt mal zwei Jahre ganz raus sein, dann ist man weg. Weil – wer nicht da ist und nicht mitboxt, wird nicht berücksichtigt [...] bei den wenigen unbefristeten Stellen. Die Hälfte unseres Hauses ist nur befristet und das kommt* [als Anweisung] *direkt vom Wissenschaftlichen Beirat und von der Leibniz-Gesellschaft. [...] Der Konkurrenzkampf um die wenigen Stellen ist extrem hoch. Da ist sich jeder selbst der nächste und da wird auch mit unfairen Mitteln gekämpft und ausgenutzt, wenn jemand nicht da ist. [...] Ein Jahr* [nach dem zweiten Kind] *habe ich nur 30 Stunden, also vier Tage die Woche* [freitags nicht] *gearbeitet. Da habe ich gemerkt, plötzlich fielen alle wichtigen Entscheidungen am Freitag. Und es kamen die Bemerkungen: Du warst ja nicht da! Haben wir doch besprochen! Und ich wusste, wenn ich jetzt nicht aufpasse, wird jetzt alles am Freitag entschieden, wenn ich nicht da bin. [...] Ich habe mich einmal mit einem Leiter aus Erlangen gefetzt, der mich als ‚Rabenmutter' bezeichnete, weil ich mein Kind zehn Stunden in der Kita lasse. ‚Ich bringe mein Kind nicht wie Deine Frau in die Kita, weil ich zum Friseur möchte, sondern ich gehe arbeiten!' [...] Unterstützung nach dem Motto – junge Frau in der Wissenschaft mit Kindern – gab es gar nicht! [...] Wir haben hier zwar viele Frauen als Gruppenleiter, aber es gibt keine Abteilungsleiterin. Man denkt nicht mal dran. Es gibt noch einige Alte aus DDR-Zeiten, die sich um den Frauenanteil bemühen, aber man merkt den Wandel zum Negativen. [...] Das Problem mit dem Geschlechterverhältnis ist schlechter geworden. Diese Selbstverständlichkeit, die wir früher hatten – Männer und Frauen –, dass man nicht einmal darüber nachgedacht hat, wie viele Frauen dort arbeiten und ob da nun Frauen in der Leitung sind oder nicht, das ist schlechter geworden – deutlich."*

Habilitierte Physikerin an der Universität, Jahrgang 1967:[116] Physikstudium von 1987 bis 1992: „*Ich habe in Jena Physik studiert, weil es nur dort die Spezialisierung in Astronomie gab. [...] Im sechsten Semester* [1989] *wurde mir mitgeteilt, dass ich nicht in der Astronomie eine Diplomarbeit schreiben dürfe, [...], da ich zuvor eine Arbeitsstelle in einer Sternwarte hätte* [mir organisieren müssen]. *Daraufhin habe ich sämtliche Astro-DDR-Forschungsinstitute angeschrieben, [...], aber keine Zusage bekommen. Zu Hilfe kam mir dann 1990 die Wende, als eine Max-Planck-Aufbau-Hilfe-Ost-Gruppe an der Sternwarte der Universität etabliert wurde und die drin-*

---

[116] (Schriftliches) Interview 13.

gend Doktoranden suchten. So wurde bei mir angefragt. [...] Dann war ich nahezu am Ziel meiner Wünsche. Ich durfte nach Hawaii, nach Chile, nach Australien, zu sämtlichen großen Teleskopen auf dem Erdenrund. [...] Mit den Jahren promovierte [1997] und habilitierte [2006] ich und konnte eine Privatdozentur für Astrophysik bekommen. In den zentralen Jahren meiner Habilitation wechselte leider mein Doktorvater und Förderer nach Heidelberg. [...] Für den Nachfolger hier war [...] ich immer ein ‚ungeliebtes Kind'. [...] Mit unglaublichen Glücksumständen konnte ich meine Arbeitsverhältnisse so lange in Jena fortsetzen, bis ich an die 12-Jahres-Befristungsregelung gestoßen bin und mir ‚Berufsverbot' drohte [2008/09]. Ich stand nun vor der Wahl, mich im Ausland zu bewerben oder in die Industrie zu gehen. Meine Familie war komplett dagegen. [...] So ergriff ich die Chance, mich auf eine feste Funktionsstelle in der Physik zu bewerben – als Praktikumsleiter für 16 Studiengänge von fünf Fakultäten. [...] Ich erhielt diese Stelle. Nach 23 Jahren in Jena endlich eine feste wissenschaftliche Mitarbeiterposition. Leider komme ich nun seit 2010 nicht mehr sehr viel zu irgendeiner Wissenschaft, so dass ich der Astronomie ein wenig nachtraure. [...] Das Praktikum schlaucht doch mehr Zeit als gedacht. Da mein Ehemann [Diplomingenieur ...] eine Stelle in Stuttgart angetreten hat, habe ich die Kinderbetreuung in der Woche allein zu bewältigen. So bleibt nun nahezu nichts an Zeit mehr für die Astrophysik übrig."

Die interviewten ostdeutschen Wissenschaftlerinnen sind im Zusammenhang mit ihrer Karriere gefragt worden, ob sie Aussagen treffen können, wie der berufliche Werdegang ihrer früheren Kolleginnen und Kollegen im jeweiligen Fachbereich nach 1990 ausgesehen hat. Alle gaben zu verstehen, dass sie diese Frage nur recht allgemein beantworten könnten, jedoch konkret, wenn es um den eigenen Bereich bzw. die eigene Arbeitsgruppe ging. 14 Physikerinnen von Universitäten und zehn von Akademie-Instituten konnten ihre Erinnerungen formulieren. Die anderen waren durch ihr Weggehen nach Westdeutschland nicht in der Lage, Angaben zu machen, oder noch zu jung, um den Transformationsprozess als Wissenschaftlerinnen erlebt zu haben. Zusammenfassend bleibt festzustellen, dass generelle Aussagen dazu schwierig sind. Es kam sehr darauf an, welche Universität oder Hochschule es konkret betraf – ob die Physik der Ost-Berliner Universität oder die der Technischen Hochschule Ilmenau beispielsweise. Oder es hing davon ab, ob das aufgelöste ostdeutsche Akademie-Physikinstitut in die Forschungslandschaft der alten BRD passte bzw. einen adäquaten westdeutschen Partner fand und eine Institutsneugründung möglich wurde. Für die Universitäten und Hochschulen könnte verallgemeinert werden, dass die große Mehrzahl an Professoren und Professorinnen, Dozenten und Dozentinnen der älteren Generation durchweg in den Vorruhestand bzw. in die Rente geschickt, ja gezwungen wurden – egal ob und inwieweit sie als politisch belastet galten. Die etwas jüngeren dieser Statusgruppe konnten sich in Einzelfällen an ihrer Wissenschaftseinrichtung behaupten oder sie gingen an westdeutsche Wissenschafts- und Forschungseinrichtungen bzw. ins Ausland in die Forschung bzw. in die Industrie und Wirtschaft. Sowohl in Westdeutschland als auch im Ausland soll niemand, so die Aussagen, nach politischen Belastungen gefragt haben. Die politisch stark und vor allem MfS-Belasteten sollen sehr schnell, bereits Ende 1989, von den Hochschuleinrichtungen „verschwunden" sein und durch ihren frühen Weggang noch die besten und lukrativsten Posten in Industrie, Wirtschaft und Wissenschaft in Westdeutschland und im Ausland „abgefasst" haben. Diese Aussagen galten vor allem für die großen ostdeutschen Universitäten in Berlin, Leipzig oder Dresden z. B., während an regional abgelegenen Technischen Hochschulen/Universitäten wie z. B. in Ilmenau die männlichen und wenigen weiblichen Professoren und Dozenten in den Naturwissenschaften ihre Stellung behaupteten, sofern sie keine MfS-Kontakte unterhalten hatten.

Anders sah es für den wissenschaftlichen Mittelbau aus. Hier variierten die Angaben von – dieser sei fast vollkommen wegreduziert worden – bis zu, dass zwei Drittel des Mittelbaupersonals auf Zeitverträgen geblieben sei. Die Mehrheit der Interviewten brachte noch zum Ausdruck, dass es Arbeitslose und „einige Tragödien" unter diesen jüngeren akademischen Naturwissenschaftlern und -wissenschaftlerinnen gegeben habe, aber der größere Teil sei in andere oft westdeutsche bzw. internationale Forschungsinstitute, in die Wissenschaftsverwaltung und vor allem aber in Industrie und Wirtschaft im In- und Ausland gegangen.

Auch die erinnerten Angaben der Physikerinnen von ehemaligen Akademie-Instituten differierten stark. Hier galt zunächst ebenso, dass alle älteren Kollegen und Kolleginnen – ab 50 bzw. 55 plus Jahre – in den Vorruhestand gedrängt wurden. Kommentiert wurde dieser Vorgang oft mit Sarkasmus in dem Sinne, welche Gesellschaft kann sich solch einen Verlust an Wissenschaftskapazität leisten? Je nach Physikinstitut sagten die Frauen aus, dass ein Viertel bis ein Drittel der vormals wissenschaftlich Beschäftigten in die neugegründeten diversen außeruniversitären Forschungseinrichtungen wechseln konnten, d. h. im Sinne von sich neu bewerben konnten. Gehörten Institute z. B. in den Interessen- bzw. Übernahmebereich der westdeutschen Großforschungseinrichtung Deutsches Zentrum für Luft- und Raumfahrt, lauteten die Antworten sogar 50 bis 80 Prozent der Mitarbeiter blieben auf befristeten Posten. Gehörte der Forschungsgegenstand jedoch zur Kernphysik beispielsweise, schaffte es kaum ein Ostdeutscher/eine Ostdeutsche in das Nachfolgeinstitut. Fast einhellige Meinung war, dass Physikerinnen und Physiker kaum in längere Arbeitslosigkeit gerieten. Kollegen gingen in die Wirtschaft, es wurden diverse Firmen von ehemaligen Mitarbeitern ausgegründet oder es fanden sich neue Anstellungen in Forschung und Industrie im Ausland. Auf die Frage nach in der Literatur[117] verbreiteten gängigen Negativurteilen, vielleicht auch Vorurteilen, angesprochen – nur die „zweite und dritte Riege" von Wissenschaftlern, die im Westen nicht unterkommen konnten, sei nach Ostdeutschland gegangen –, wollte sich die Hälfte der Befragten nicht äußern. Sie standen noch voll im Berufsleben und fürchteten – vermutlich –, ihre nicht positive Meinung könnte auf sie zurückgeführt werden. Von den 17, die antworteten, äußerten sich lediglich zwei[118] wohlwollend über die neuen Kollegen. Tenor der anderen: Westdeutsche

---

[117] Vgl. z. B. Barbara Marshall, S. 148 f.; Dan Bednarz, S. 7 ff.
[118] Interviews 36 und 35.

kamen und es wurden immer mehr – Männer. Es kam keine einzige Frau. Die westdeutschen Dozenten bzw. Professoren der Physik oder neuen Institutsleiter brachten ihre jungen Doktoranden, Habilitanden oder engste Mitarbeiter mit. Diese besetzten zusätzlich die an sich schon reduzierten Stellen. Die Westdeutschen erhielten sofort die Chef- und Leitungsposten und wurden übermäßig gut bezahlt. Nach kompetenten und erfahrenen Leuten vor Ort wurde nicht gefragt.[119] Die neuen westdeutschen Kollegen werden bis heute nicht sonderlich positiv erinnert, auch wenn sich über die Jahre bzw. Jahrzehnte in den meisten Fällen ein gutes berufliches Miteinander eingestellt hat. Ihr Ankommen und Bleiben schien wenig kollegial geprägt gewesen zu sein. Besonders negativ nachzuwirken scheint, dass es oft an einem respektvollen Umgang mit den Arbeits- und Lebensleistungen der ostdeutschen Kolleginnen und Kollegen vor Ort fehlte. Die ostdeutschen Naturwissenschaftlerinnen wurden weder, von wenigen Ausnahmen abgesehen, gestaltend in den Umbauprozess der Forschungs- und Wissenschaftslandschaft für das Fach Physik einbezogen noch wurde Wert auf ihre Berufserfahrungen gelegt. So hörten sich die Antworten der befragten Wissenschaftlerinnen und zwei Wissenschaftlern im Interview folgendermaßen an und bestätigten damit das gängige Urteil, was in der Physik dann kein Vorurteil ist.

Promovierte Physikerin an einer Universität:[120] *„Es hat Leute hochgeschwemmt, die nicht sonderlich gut waren. Ich kenne gute Leute, die aus dem Westen gekommen sind und ich kenne schlechte, die im Westen nichts werden konnten. Aber ich kenne mehr, wo man verwundert war, dass diese eine Professur bekamen."*

Professorin an einer Universität:[121] *„Ich weiß von einigen [Professoren]-Kollegen aus dem Westen, dass sie ihren jüngeren Kollegen verboten haben, sich zu bewerben oder empfohlen haben sich nicht auf unsere Stellen [im Osten] zu bewerben und einige so anständig waren, sich auch nicht zu bewerben. Aber es haben sich genug andere beworben."*

Professorin an einer Universität:[122] *„Das ist jetzt vielleicht ein bisschen gemein den Kollegen gegenüber, aber es ist ja nicht die erste Garnitur, die hierhergekommen ist."*

Promovierte Kristallographin an einer Universität:[123] *„Es sind neue Leute aus dem Westen gekommen, die an der Physik angestellt wurden, die zuvor Biologie gemacht hatten und die im Westen nicht [...] untergekommen sind. Man hatte das Gefühl, dass hier alles den Bach runtergeht."*

---

[119] Interviews 34, 26, 27, 16, 37, 2, 8, 24, 25, 41, 3, 33 und 28.
[120] Interview 27.
[121] Interview 8.
[122] Interview 34.
[123] Interview 26.

Physikerin an einem Forschungsinstitut: [124] *„Aus dem Westen kamen nur Männer, ich habe keine Frau gesehen. Ging auch gar nicht. Es gab sie dort nicht."*

Promovierte Physikerin an einem Forschungsinstitut:[125] *„Es kamen viele Westdeutsche mit ‚Buschzulage'.[...] Die erinnern sich heute, als sie hierherkamen, alles sei grau und schlimm gewesen. Ich dachte: Ihr Arschlöcher, habt euch hier gesund gestoßen, die haben sich dumm und dämlich verdient. Wir haben ja in einem Zimmer gesessen, die haben das Doppelte verdient. [...] Von den beiden Chefs wissen wir, dass in Oberpfaffenhofen alle froh waren, die los zu sein. Sie waren nicht die Nummer 1 in der Wissenschaft. Die Nummer 1 haben ihre Stellung genutzt, um die eigene Position im Westen zu verbessern. [...] Unser neuer Westchef war [fachlich] nicht schlecht, aber er war ein Choleriker."*

Physikprofessorin an einer Universität:[126] *„Die Westdeutschen guckten gierig, wo eine frei Stelle hier war. [...] Nur sie hätten gute Physik gemacht. [...] Es sind nur Kollegen aus dem Westen auf die Stellen der Kernphysik gekommen. [...] Es gab einen großen negativen Einfluss von Westdeutschland. [...] Aber in meinem Fach, waren auch Leute von uns da, qualifizierte. [...] Diejenigen, die dann aus dem Westen kamen, haben sich hier nicht positiv aufgeführt."*

Promovierte Physikerin an einer Universität:[127] *„Wer keine Lobby [im Westen] hatte, hatte keine Chance. [...] Ich habe erlebt, wie die russischen Kollegen, die in Zeuthen [AdW-Institut für Hochenergiephysik] [...] nun zu Arbeitssklaven von den Westprofessoren gemacht wurden."*

Habilitierte Physikerin und promovierter Physiker, beide an einer Universität:[128] *„Es wurde hier alles schlechtgemacht, aber wir haben doch auch etwas fertiggebracht. [...] Diese Zeit ist genutzt worden, um viele Wissenschaftler in Ostdeutschland loszuwerden und die dritte Garde der westdeutschen Wissenschaftler einzusetzen. Das würde ich aber niemals öffentlich sagen, wer weiß, was mir dann passiert."*[129]

Habilitierte Physikerin an einer Universität:[130] *„Ich habe die Berufungen mitgemacht. [...] Da haben sich schon viele, viele Westdeutsche beworben. Die hatten schon einen Bonus, weil sie Westdeutsche waren. [...] Sie kannten das System, wie es funktioniert. [...] Wir hatten [anfangs] auch ein paar West-Promovenden. Die sind auch fertig geworden, aber gute Hochschullehrer wären es nie geworden. Da hat*

---

[124] Interview 36.
[125] Interview 37.
[126] Interview 41.
[127] Interview 1.
[128] Interview 24 und 25.
[129] Interview 24 und 25.
[130] Interview 33.

sich mit der Zeit dann doch wieder durchgesetzt, ein bisschen vorsichtiger mit den Westdeutschen [umzugehen]. Wir gucken jetzt eher wieder auf Leistung als auf Herkunft. [...] Von den Westdeutschen waren es immer mehr [Bewerber] – es standen fünf neue gegen neun alte Bundesländer."

Promovierte Physikerin an einem Forschungsinstitut:[131] *„Die Wessis sind ja alle in den Forschungsverbund [Berlin], in die Leitungsebene dort gekommen. Institutsleiter, [...], Geschäftsführer – das waren alles Wessis."*

Die drei „jüngsten" Physikerinnen, geboren Mitte der 1970er Jahre,[132] die als ostdeutsch sozialisiert bezeichnet werden können, studierten in den 1990er Jahren und begannen ihre akademische Laufbahn in den 2000er Jahren, nun im geeinten Deutschland. Ihr Karriereeinstieg war im Unterschied zu ihren älteren, aus der DDR kommenden, Kolleginnen durch eine typische berufliche Unsicherheit auf der Karriereleiter durch das gesamtdeutsche Hochschulsystem geprägt. Sie ließen sich auf diese Unsicherheit ein, mit dem Wissen, dass vermutlich erst mit der Berufung zur Professorin eine unbefristete Stelle ihren akademischen Beruf absichern würde. Zwei der Interviewten erreichten diesen Status, 2007 und 2016. Die dritte promovierte Physikerin ergatterte eine der wenigen unbefristeten Stellen in der Physikdidaktik für die Ausbildung von Lehramtsstudierenden, deren Zahlen in den 2010er Jahren anstiegen. Gleich ihren früheren ostdeutschen Kolleginnen, jedoch im Unterschied zu ihren westdeutschen, lebten die drei Wissenschaftlerinnen, wie bereits oben erwähnt, die DDR-Normalität von Berufskarriere und Familiengründung fort. Ein Bericht einer Physikerin, der jedoch nicht als exemplarisch gelten kann, folgt hier:

Physikprofessorin an einer Universität, Jahrgang 1973:[133] *„Diese Vorstellung, dass Physik etwas nicht für Frauen ist, ist mir erst im Studium begegnet. [...] Ich habe von 1991 bis 1996 an der Universität [in West-Berlin] studiert. [...] Die Studentinnen wurden von den Akademischen Lehrern anders wahrgenommen, anders angesprochen, das habe ich registriert. Im Projektlabor hat der Professor immer von den ‚Damen' gesprochen, die es galt, auf die verschiedenen Gruppen zu verteilen. Aber mir sind auch Sprüche begegnet: ‚Was, Physik machst Du!' Oder charmanter von einem Professor: ‚So sehen Sie aber gar nicht aus! Na ja, Sie sind ja erst im 2. Semester' – implizierend, dass ich abbrechen werde und ähnliche Bemerkungen. Das ist typisch für Deutschland. Dass man ein singulärer Fall ist, ist bestimmt ähnlich gewesen in Ostdeutschland. Aber es wäre nicht in dieser Art und Weise offen angesprochen worden, [...], obwohl an der Zahl der Physikprofessorinnen zwischen Ost und West kein Unterschied war. [...] Die Akademischen Lehrer waren ausschließlich*

---

[131] Interview 28.
[132] Interview 17, 15 und 22.
[133] Interview 17.

Männer. Das Projektlabor, wo ich als Tutorin gearbeitet habe, bestand seit 25 Jahren. Ich war dort die zweite Frau. [...] Dann hat der Professor da eine zweite Stelle ausgeschrieben, hat das Besetzungsverfahren dann abgebrochen, [...], weil die Beste wieder eine Frau war. Zwei Frauen, wenn er nur zwei Positionen zu besetzen hat, das ging nicht – Mitte der 1990er Jahre! [...] Das wurde so auch offen ausgesprochen. [...] Nach sehr guten Studienleistungen und Diplomarbeit ist mir die Stelle einer wissenschaftlichen Mitarbeiterin und Promotion angeboten worden. Meine Vorstellung war, auf jeden Fall die Promotion zu machen, dann ein Jahr ins Ausland eine Post-Doc-Phase machen und dann entscheiden, ob ich in der Wissenschaft bleibe. [...] Mein Arbeitsgruppenleiter hat sich sehr bemüht, Physikerinnen zu bekommen. [...] Meine Promotion mit einem nochmaligen Themenwechsel war 2001. Mein Doktorvater hat mir klar gemacht, dass ich [akademische] Karriere machen soll. Ich sollte aber ins Ausland gehen, raus aus dem deutschen Betrieb. [...] Eine richtige Post-Doc-Phase im Ausland sollte ich machen. [...] Verändert hatte sich in den zehn Jahren [1991 bis 2001], dass man nicht mehr abfällig öffentlich über Frauen in der Physik sprechen darf. Das ist sehr stark zurückgedrängt worden. [...] Das ist anders geworden ab den 2000er Jahren. In den 1990er Jahren hieß es immer noch ‚Hexenfrühstück', [wenn wir Frauen aus der Physik uns trafen]. Ich bin dann [2002] ein Jahr nach Barcelona/Spanien gegangen in ein Materialwissenschaftliches Forschungsinstitut. Dann [ging ich] nach Cambridge/England und von dort bin ich angesprochen worden, mich für als [...] Assistant-Professor am Massachusetts Institute of Technology (MIT) in Boston zu bewerben. Das war jenseits von allem, was ich je erwartet hätte. [...] Die Stelle habe ich bekommen [2005–2007], es war eine Tenure-Track-Professur. [...] Mein Mann war die ganze Zeit hier in Berlin. [...] Ich bin nicht habilitiert. [...] Dann war die FU Berlin dabei, eine neue Position auszuschreiben, [...], mein Name fiel dort. [...] Sie haben die Berufungsverhandlungen mit mir gemacht. 2007 bin ich nach Berlin zurück. [...] Zwischen 2009 und 2016 habe ich drei Kinder bekommen. Karriere und Familie war eine ganz bewusste Entscheidung."[134]

Die Berufslaufbahn der vier interviewten westdeutschen habilitierten Physikerinnen der „1960er Generation"[135] gestaltete sich im Vergleich zu ihren ostdeutschen Kolleginnen wechselvoller und facettenreicher im Sinne von mehrfach sich ändernden Arbeitsorten, Betreuungsverhältnissen, Geldgebern, Forschungsinhalten oder Arbeitsbereichen. Ihre Berufslaufbahn war von vielen Zwischenstationen, gepaart mit großen Unsicherheiten, geprägt. Mit der Entscheidung zum Habilitieren hatten alle vier Wissenschaftlerinnen die Professur als Berufsziel vor Augen, da im Universitätsbereich kaum andere langfristige Stellen existierten. Chancen in der Industrie und Wirtschaft eine adäquate Anstellung zu finden, verringerten sich mit einer Habilitation gegen null, so ihre Erfahrungen. Drei der vier Frauen er-

---

[134] Vgl. auch Deutschlandradio Kultur vom 23. März 2010: Winzige Teile, große Karriere. Stephanie Reich, Professorin für Nanophysik, von Achim Damm.
[135] Interview 10, 20, 19 und 18.

langten die Professur und konnten erst im Alter von Mitte 40 die erste unbefristete Wissenschaftlerstelle einnehmen. Das Beispiel einer Physikerin und ihrer beruflichen Laufbahn vom Studium bis zur Professur[136] führte über einen Zeitraum von 25 Jahre vom Universitätsstudium in Erlangen und der Schwerpunktsetzung Astronomie im Diplom zunächst an zwei Sternwarten nach Bamberg und Triest/Italien. Die Promotion und Habilitation, nun im Fach Materialforschung, wurde über eine auf sechs Jahre befristete Beamtenstelle auf Zeit, ein DFG-Habilitationsstipendium, Geldern vom Bundesministerium für Bildung und Forschung, kurzfristigen Drittmittelverträgen und auch Arbeitslosigkeit vollzogen und finanziert. Die Arbeitsorte wechselten in gleicher Weise oft. Bis zur Annahme der Professur wurde diese „reine" Wissenschaftlerinnenkarriere unterbrochen durch eine fünfjährige Tätigkeit im Wissenschaftsmanagement als Wissenschaftskoordinatorin. Drei der vier befragten Physikerinnen entschieden sich schon zu Beginn ihres anvisierten Wissenschaftlerinnendaseins gegen eine Familie mit Kindern. Familie und akademische Karriere zu vereinbaren erschien ihnen unter westdeutschen Bedingungen schwer möglich. Gleich ihren ostdeutschen Kolleginnen führte sie ihr Berufsweg – nach der Promotion – ins, hier, westliche Ausland, wo sie auf sehr viel mehr Frauen in der Physik stießen und dies auch reflektierten. Die vier Physikerinnen waren sehr sensibilisiert, im Gegensatz zu ihren ostdeutschen Kolleginnen, auf Konkurrenzsituationen zwischen Männern und Frauen um die wenigen Stellen in der Wissenschaft. Ihr akademischer Berufsweg war davon stark geprägt, sie hatten diese starke Konkurrenz selbst erlebt und erfahren. Die Wissenschaftlerinnen waren bezüglich von Fragen der Gleichstellung hoch sensibilisiert. Sie hatten ein feines Gespür für (subtile) Diskriminierungen von Frauen in ihrem Fach, hatten Diskriminierungserfahrungen gesammelt und ihren eigenen Weg gefunden, sich zu positionieren und damit umzugehen. Ein Interviewbeispiel:

Habilitierte Physikerin, Privatdozentin an einer Universität-West, Jahrgang 1962:[137] *„Wer schnell Geld verdienen wollte oder musste ging in die Industrie. Als Doktorand* [an einer hessischen Universität] *hat man ja nur eine halbe Stelle. Ich hatte zu Beginn nur ein Stipendium. Nach der Promotion wollte ich in der Grundlagenforschung weitermachen und mit hat auch die Atmosphäre an der Universität gefallen und die Perspektive ins Ausland zu kommen. [...] In meinem Umfeld waren viele Personen ähnlich orientiert. Mein Mann* [er war Physiker] *auch. Nach der Promotion war ich sechs Jahre im Ausland: 1992–1996 in Paris und dann noch ein Jahr in Tel-Aviv. Als ich 1997/98 zurück nach Deutschland kam, war der Anteil der Frauen in der Physik kontinuierlich angestiegen. In Frankreich waren ganz andere Verhältnisse als in Deutschland. Frankreich hatte schon das Problem Familie und Karriere gelöst. In Deutschland sind von den wenigen Physikerinnen, meine Kolleginnen und Freundinnen, die ich hatte, alle früher oder später ausgeschieden, weil sie Kinder*

---

[136] Interview 10.
[137] Interview 20.

gekriegt haben. [Sie] haben dann zehn Jahre später als Lehrerinnen, das ist ja immer der Notausgang, einen Job gesucht. Das war in Frankreich gar nicht der Fall. Die Frauen haben irgendwann ihre Kinder gekriegt und waren dann für ein viertel oder halbes Jahr nicht da. Aber eigentlich waren sie immer präsent. [...] Der Frauenanteil in der Physik ist dort wesentlich höher. [...] Mein Mann und ich, wir haben keine Kinder. [...] In Israel war ich an einer religiösen Universität. [...] Da waren etliche Frauen, die hatten untergeordnete Positionen inne. Kinder hatten sie alle. Das ist in Israel keine Frage. Das Kinder-Karriere-Problem war da auch schon gelöst. [...] Ich habe von 1998 bis 2006 auf einer normalen Mitarbeiterstelle [an einer hessischen Universität] habilitiert. [Dort] waren zirka zehn Prozent der Habilitierenden weiblich. [...] Direkte und offene Vorurteile sind mir nicht aufgefallen. [...] Ich war völlig unvorbereitet [nach der Rückkehr nach Deutschland], dass hier nun Konkurrenz und Wettbewerb anfing. Denn dann wurde allen, die noch dabei waren, klar, dass die Professorenstellen sehr, sehr rar sind. Und dass man jetzt auch wirklich besser sein muss als die anderen und schauen muss, dass man einen richtigen Wettbewerb gewinnt. Ein bisschen hatte ich das Gefühl, dass man als Frau noch besser sein muss. Aber das ist schwer fassbar. Ich hatte mal den Spruch gehört: Wenn die Spielkarten schlecht gemischt sind, dann hat man als Frau immer die etwas schlechteren Karten. Das ist schwer nachzuweisen oder schwer selbst zu erkennen. [...] Mein Eindruck war z. B., wenn ein Professor Doktorarbeiten vergibt und er hat ein richtig spannendes, risikoreiches Thema, wo man nach der Veröffentlichung gleich 200 Mal zitiert wird und er hat die Wahl zwischen einem männlichen und einem weiblichen Doktoranden, würde er es eher dem Mann geben. Das heißt, dass die Männer mit höherer Wahrscheinlichkeit auch die Themen haben, in denen man sehr gut punkten kann. Den Grund dafür zu nennen, ist noch schwieriger. In den 1980er Jahren waren die Professoren noch sehr traditionell eingestellt, [sie dachten], bei der Frau ist das Risiko höher, dass sie ein Kind bekommt und aufhört oder, dass sie nicht so viel Zeit investiert. [...] In den 1980er/90er Jahren hatte ich den Eindruck für mich, ich bin schon froh, dass ich mitmachen darf. Diese Ausnahmeposition – Frau in der Physik –, das führt auch dazu, dass man nicht ganz so offensiv auftritt. Ich bin auch nicht so gerne zu Konferenzen gefahren. Also, ich war oft auf Konferenzen, aber war dann immer ganz froh, wenn ich meinen Vortrag gehalten hatte, um das Konferenzgebäude wieder zu verlassen. [...] In dieser Hinsicht habe ich die Konferenzen nicht so stark zur Vernetzung genutzt. Ich habe auch diese ganze Konkurrenzsituation als unangenehm empfunden. Ich bin nicht gerne offensiv von einem Poster zu einem anderen gegangen und habe gesagt, aber das kann man doch viel besser machen! Aber die Leute, die so auftreten, haben hinterher in der Physik auch bessere Chancen, sie werden besser wahrgenommen. [...] Die ganze Fachkultur in der Physik kommt eher den Männern entgegen. Männer konkurrieren lieber als Frauen. [...] Im Durchschnitt fehlt es den Frauen an Selbst- und Sendungsbewusstsein. Nicht bei allen natürlich! [...] Ich habe 2003 habilitiert. [...] Ich bin seit 2006 in Berlin. [...] Ich habe es nicht geschafft, Professorin zu werden. Als ich habilitierte, war ich schon über 40 Jahre alt. [...] Wir hatten eine Hochschulreform, wo die Habilitation abgeschafft wurde und durch die Juniorprofessur ersetzt. Und mit einem Schlag hatten sich die Professuren um zehn Jahre verjüngt. [...] Ich hatte mich ein paar Jahre beworben und dann habe ich die jetzige Stelle bekommen: Oberstudienrätin im Hochschuldienst. [...] Ich bin verbeamtet und ich habe 16 Stunden Lehrverpflichtung. [...] Ein Viertel [der Arbeitszeit] ist noch für die Forschung, aber die Universitätsverwaltung sieht das eher als mein Privatvergnügen. [...] In der Physik [existiert] *für viele Plan B. Das hat mein Mann gemacht, Lehrer zu werden als Quereinsteiger, Mathe-Physiklehrer."*

4. Mehr Repräsentanz von und Chancengleichheit für Physikerinnen

Die 32 Physikerinnen und die vier Mathematikerinnen bzw. Informatikerinnen wurden im Interview danach gefragt, worin sie die Ursache für die starke Unterrepräsentanz von Frauen in der Physik in Deutschland sehen. Sie sollten bei ihren Überlegungen nach Möglichkeit Vergleiche zum Frauenanteil in der Mathematik anstellen sowie ihre persönlichen Erfahrungen, die sie im Ausland gesammelt hatten, einbringen. Die Überlegungen und Erklärungen der Wissenschaftlerinnen wurden nicht hinterfragt oder diskutiert. Die Antworten lassen sich in fünf Erklärungszusammenhänge fassen, die fließend bzw. überlappend ineinander übergehen. Alle Interviewten betonten, dass es keine singulären Ursachen bzw. Gründe für diese Unterrepräsentanz, sondern einen ganzen Komplex dafür gebe. Es konnten keine Unterschiede in den Erklärungen zwischen den älteren und jüngeren Wissenschaftlerinnen ausgemacht werden. Grundsätzlich wurde von keiner die intellektuelle Fähigkeit von Frauen im Gegensatz zu Männern als Grund für die kaum 20 Prozent Physikerinnen in Wissenschaft und Forschung oder als Unterscheidungsmerkmal zwischen Physikerinnen und Mathematikerinnen, mit ihren knapp 40 Prozent Anteil, gesehen. Die mathematisch-naturwissenschaftliche Begabung sei auf Frauen und Männer gleich verteilt, wie auch jede andere Begabung – musische, sprachliche, sportliche usw. Dies wurde nicht durch einzelne Bemerkungen wie – Frauen denken möglicherweise in anderen Strukturen – eingeschränkt.[138]

Die Physik in Deutschland wird zum 1. verortet in eine sehr lange historische, männerdominierte Traditionslinie. Die Physik in Deutschland sei bis in die Gegenwart sehr technisch und sehr ingenieurwissenschaftlich geprägt. Das unterscheide sich zu Ländern Südeuropas bzw. Lateinamerikas z. B., wo deutlich mehr Physikerinnen und Naturwissenschaftlerinnen im Beruf angetroffen werden. Dort werde die Physik kulturell anders definiert und zwar als eine allgemeine, übergreifende, die Naturgesetze insgesamt verstehende und erklärende Wissenschaft. Diese Sichtweise der „naturwissenschaftlichen Welterkenntnis" sei für Frauen attraktiver und interessanter als der anwendungs- und ingenieurtechnisch dominierte Aspekt. Im Unterschied zur Physik mit Experimenten, Geräten, Labor- und Werk-

---

[138] Interviews 2, 13 und 34.

stattarbeit sei die Mathematik – dies zum 2. – eine Wissenschaft, die zu jeder Zeit vom Schreibtisch aus betrieben werden könne. Die zeitliche Abhängigkeit in Labor und Werkstatt, das laufende Experiment, das nicht einfach unterbrochen werden könne, mache es Frauen mit naturwissenschaftlicher Begabung schwerer, sich für die Physik zu entscheiden, vor allem, wenn sie ein Lebensmodell mit Familie planten. Frauen wären sehr viel weniger von Technik begeistert als Männer. Die Experimentelle Physik mit großen Apparaten und Aufbauten schrecke die Frauen nach wie vor eher ab. Die Mathematik hingegen sei, unabhängig vom Zeitfaktor, eine Theorie, welche durch logisches Denken beherrschbar ist und nicht durch das Experiment „unberechenbarer", „unüberschaubarer" wird. Mathematik bedeute, in den Augen der Interviewten, „Klarheit", „Verlässlichkeit", „Schönheit". Die Mathematik bediene eine Abstraktionsstufe, die den Frauen eher liege, mit „Symmetrien, strengen Regeln, Ordnungsprinzipien", also widerspruchsfrei aufgebauten logischen Zusammenhängen. Eine 3. Erklärungsrunde bezieht sich auf Bildung, Erziehung und Sozialisation von Jungen und Mädchen in Schule, Elternhaus und Gesellschaft. Dieser Punkt wurde von allen Wissenschaftlerinnen ins Feld geführt und als ein wesentlicher für die Erklärung von Unterrepräsentanz herausgestellt. Die Mathematik begleite, im Gegensatz zur Physik, Jungen und Mädchen die gesamte Schulzeit. Mathematik habe einen anerkannt hohen Stellenwert in der Bildung, das Fach kann zu keiner Zeit im Schulunterrichtsangebot abgewählt werden. Das Abwählen von Naturwissenschaften habe es im DDR-Schulsystem nicht gegeben, was bis heute eine sehr positive Bewertung findet. Mathematiklehrerinnen seien genauso häufig wie Mathematiklehrer in den Schulen anzutreffen, was auch vorbildwirkend für Mädchen sei. Die Didaktik der Mathematik umfasse eine lange, mehr als hundertjährige Tradition in Deutschland. In Mathematikdidaktik werde umfassend geforscht. An den Fachbereichen Mathematik der Universitäten gebe es immer zwei und mehr anerkannte Didaktikprofessuren. Durch diese Forschungen sei die Vermittlung des Faches schon lange auch auf die Lebens- und Vorstellungswelt von Mädchen und Jungen gleichermaßen ausgerichtet. All das treffe für Physik nicht bzw. nur eingeschränkt zu. Es finden sich wenige Physiklehrerinnen an den Schulen, Physik komme erst spät, mit der 7. Klasse, zum Bildungskanon hinzu. Der Ruf des Faches, vermittelt durch Eltern, ältere Geschwister, Umwelt, schwer und unverständlich zu sein, führe zum schnellstmöglichen Abwählen des Faches. Die Physikdidaktik habe einen minderen Stellenwert im Fach insgesamt. Ein Blick in die Physiklehrbücher zeige die starke Ausrichtung der Fachvermittlung über Fahrzeuge, Rennautos bzw. diverse Maschinenteile, die fast ausschließlich auf die Lebens- und Interessenwelt von Jungen ausgerichtet sind.[139]

Alle ostdeutschen Naturwissenschaftlerinnen waren sich im Interview einig, dass die DDR in der naturwissenschaftlichen Schulbildung auf einem besseren, im Sinne von umfassenderen und geschlechtergerechten Weg gewesen war. Dafür

---

[139] Ausführlich dazu in Interviews 3, 6, 4, 31, 15 und 16.

standen die Allgemeinbildenden Polytechnischen Oberschulen mit ihrem „Unterrichtstag in der Produktion" und „Unterricht im Technischen Zeichnen" für alle Mädchen und Jungen sowie eine Abiturstufe mit dem Erlangen der Hochschulreife in Mathematik und ausnahmslos allen drei Naturwissenschaften Physik, Chemie und Biologie. Das System von Spartakiaden - z. B. die Messe der Meister von Morgen[140] -, die Mathematikolympiaden, die in jedem DDR-Bezirk vorhandenen Spezialschulen mathematisch-naturwissenschaftlicher Richtung[141] sowie das Angebot und Engagement der Lehrer in außerschulischen Arbeitsgruppen, Experimentierzirkeln usw., gleichermaßen für Mädchen und Jungen, unterstrichen und komplettierten ihre positive Erinnerung und Sicht. Aufgrund dieser Kenntnis und persönlichen Erfahrungen sind die Wissenschaftlerinnen nach wie vor davon überzeugt, dass zu DDR-Zeiten eine Begabung, egal welche, besser erkannt und gefördert wurde und dies weniger abhängig vom Elternhaus, deren Status und Sicht, und deren Einkommen gewesen war. Sie stehen zu der Behauptung, dass vorhandene Begabungen und Interessen bei Mädchen und jungen Frauen für Naturwissenschaften, speziell für Physik, vonseiten der DDR umfassender erkannt, genutzt und „mitgenommen" werden konnte. Im Gegensatz dazu sehen sie die Entwicklung nach 1990 kritisch. Sie sei bezüglich von Frauen in der Physik in Wissenschaft und Forschung rückwärtsgewandt, konservativ, antimodern. Gesellschaftliche Prägung und Erziehung finde seit der Wende bzw. im vereinten Deutschland wieder mehr in Richtung statt „was ist typisch für Jungen und für Mädchen", „was schickt sich für Mädchen", „vorgeprägtes Spielzeug - Baukasten für Jungs, rosa Püppchen für Mädchen". Das Denken in Geschlechterkategorien in Schule und Elternhaus habe wieder zugenommen, wofür auch die westdeutsch geprägte Öffentlichkeit und die Medien verantwortlich gemacht werden. Den Medien insgesamt gilt zudem der Vorwurf, dass keine Bilder von Physikerinnen im Beruf, weder in Dokumentationen, Filmserien, Nachrichten noch sonst wo Verbreitung finden und es auch keine positive Besetzung des ‚Physikers' gibt. Diese werden hingegen als „Freaks" oder „Nerds" - intelligent, aber sozial „gestört" und isoliert - dargestellt.[142] Und zum 4. zählten die Befragten die negativ veränderten, verschlechterten Rahmenbedingungen in Wissenschaft und Forschung im nunmehr fast 30 Jahre vereinten Deutschland als Grund dafür auf, warum die Zahlen der Physikerinnen in Wissenschaft und Forschung nur langsam ansteigen. Stellenreduzierungen, keine permanenten Stellen unterhalb der Professorenebene, ständige Befristungen von Arbeits- und Forschungsverträgen und die damit einhergehende berufliche Unsicherheit scheint es Frauen mit und ohne Familienwunsch schwer

---

[140] Die Messe der Meister von Morgen (MMM) war ein Jugendwettbewerb in der DDR. Sie war, abgesehen von ihrer ideologischen Komponente, vergleichbar mit dem einige Jahre später eingerichteten Wettbewerb „Jugend forscht" in der BRD. Sie wurde von der FDJ organisiert und fand von 1958 bis 1990 jährlich auf Kreis-, Bezirks- und Republikebene statt. Ziel war es, bei der Jugend das Interesse für Technik und Wissenschaft zu steigern.
[141] Vgl. Christian Hache, Mathematisch-naturwissenschaftliche Spezialschulen in Ostdeutschland.
[142] Vgl. die Fernsehserie „The Big Bang Theory".

zu machen, eine akademische Karriere anzustreben. Da dies genauso für die männlichen Kollegen gelte, hoben die interviewten Physikerinnen hervor bzw. stellten sich gegen ein gängiges Vorurteil, indem sie erklärten: „Die Männer nehmen diese Unsicherheit nicht ‚eher' auf sich als Frauen. Es sind einfach sehr viel mehr Männer, und so finden sich unter denen auch zahlenmäßig mehr für diesen unsicheren Karriereweg als unter den viel wenigeren Frauen."[143] Und 5.: Mit Blick auf die Auslandserfahrungen der befragten Naturwissenschaftlerinnen und der dort angetroffenen Berufskolleginnen kam ausnahmslos die Antwort, außerhalb Deutschlands deutlich mehr berufstätige Physikerinnen angetroffen zu haben. Mit Ausnahme der Länder Österreich und Schweiz, hier war und ist der Physikerinnenanteil gleich niedrig wie in Deutschland, hatten die Interviewten einige Monate bis hin zu einigen Jahren Forschungserfahrungen in Frankreich, Portugal, Spanien, Italien, Großbritannien, Norwegen, Schweden, in Estland und Lettland, in Polen bis hin zu den USA, Argentinien, Brasilien und Kuba gesammelt. Zirka zwei Drittel der befragten Frauen konnten über persönliche Erlebnisse und Erfahrungen im Ausland und mit dortigen ausländischen Berufskolleginnen berichten. Sie hatten diese Unterschiede in Zahl, Anteil und Stellung von Physikerinnen sehr wohl registriert und sich ihre Erklärungen dafür zurechtgelegt. An vier bis fünf Punkten machten sie die Gründe dafür fest. Im Gegensatz zu Deutschland sei der Status einer Professur hinsichtlich von Macht, Einfluss, Prestige und Bezahlung in süd- und osteuropäischen Ländern weniger hoch als in Deutschland. Wer in diesen Ländern viel verdienen und Einfluss auf die Forschung ausüben wolle, gehe in die Wirtschaft. Industrie und Wirtschaft sei daher attraktiver für Männer. Professuren an den Universitäten werden in diesen Ländern eher mit akademischer Lehrtätigkeit verbunden und das Feld daher oft Frauen „überlassen" bzw. von Frauen besetzt und gewählt. Als einen zweiten Punkt wird für Deutschland das bereits erwähnte Fehlen von unbefristeten Bleibemöglichkeiten als „Lecture", als akademischer Lehrer, akademische Lehrerin, unterhalb der Professuren gesehen. In nord-, ost- und südeuropäischen Ländern seien Anzahl und Stellung dieser Posten nach der Post-Doc-Phase reichlicher vorhanden und positiv besetzt, ganz im Gegensatz zum „Totalausfall des Mittelbaus"[144] in Deutschland. Des Weiteren verwiesen die Befragten auf ein kulturell bedingtes anderes Frauenbild in diesen Ländern im Gegensatz zu Deutschland. Ob in nordeuropäischen, noch vom Sozialismus geprägten osteuropäischen oder in südwesteuropäischen Ländern waren Frauen dort immer schon bzw. seit Jahrzehnten berufstätig in ihrem Ausbildungsberuf. Die Frage Karriere und Familie sei ebenso lange gelöst und gesellschaftlich positiv verinnerlicht. Die Selbstverständlichkeit von Frauen im Beruf, in Wissenschaft und Forschung und in den Naturwissenschaften sei ebenso lang gegeben. Das Rollenbild als Frau, eingeschlossen als Mutter, mache sich in diesen Ländern nicht am Beruf fest, sondern z. B. mehr an Äußerlichkeiten, am Auftreten, an Verantwortlichkeit für bestimmte Lebens-

---

[143] Interview 28.
[144] Interview 34.

4. Mehr Repräsentanz von und Chancengleichheit für Physikerinnen 397

bereiche. In Deutschland wird Physik bis heute immer und sofort mit männlich konnotiert. Eine Physikprofessorin brachte es eindringlich so auf dem Punkt: Weder in Spanien, noch in England oder in den USA habe „es diese komische Koppelung, die ich als typisch deutsch empfinde, gegeben, dass von Frauen erwartet wird, dass sie dumm sind – dies als Grundannahme, dass Intelligenz sich nicht mit Weiblichkeit verträgt."[145] Und im Vergleich mit den Forschungsaufenthalten von deutschen Wissenschaftlerinnen in den USA wird auf die dort langjährigen Erfahrungen in der Gender- bzw. der Minority-Frage verwiesen. Die Frage der Repräsentanz von Frauen steht in einer Linie mit der Einbindung schwarzer, mexikanisch/spanischer und asiatischer Bevölkerungsgruppen. Durch die verschiedenen „Minderheiten" – Herkunft, Nationalität, Rasse und Geschlecht – und deren wechselseitige Unterstützung in ihren Forderungen nach gleicher Teilhabe sei auch die US-amerikanische Wissenschafts- und Forscher-Community viel weiter auf dem Weg des Sensibilisiertseins und des Abbaus von Unterrepräsentanzen.[146]

Die vier interviewten westdeutschen Physikerinnen legten den Focus ihrer Benennung von Ursachen – warum es in Deutschland deutlich weniger forschende und lehrende Physikerinnen als in sehr vielen anderen europäischen Ländern bzw. den USA und auch Lateinamerikas gibt – mehr noch auf das Nachwirken eines NS-geprägten Frauen- und Mutterbildes in der alten BRD. Dieser Grund wurde von den ostdeutschen Frauen kein einziges Mal angeführt, vermutlich, da die DDR konsequent mit diesem Bild in Praxis und Propaganda gebrochen hatte. Betont wurde von diesen Wissenschaftlerinnen auch, dass es bis weit in die 1990er Jahre sehr beschränkte Berufsaussichten für Physikerinnen weder in der Industrie noch in der Wissenschaft gegeben habe, abgesehen von fehlenden Rahmenbedingungen für Vereinbarkeit von akademischer Karriere und Familie. Für die Westdeutschen spielte das noch immer fehlende Selbstvertrauen bei den Physikerinnen eine Rolle, auch der ungeübte Umgang mit Konkurrenzsituationen. Ausgewählte konkrete Interviewaussagen:

Promovierte Physikerin:[147] *„Die Geschichte der Physik in Deutschland ist absolut männlich besetzt. Es war immer so ein Nimbus um die Physiker in Deutschland. Die deutsche Physik hat eine lange Tradition, die es in anderen Ländern so nicht gibt. [...] Die Physik ist sehr technisch ausgerichtet. Frauen können mit Technik irgendwie nicht so viel anfangen. Ich weiß auch nicht warum. [...] Mathematik ist viel abstrakter. Ich finde Physik viel interessanter, da ist die Mathematik Mittel zum Zweck und man hat einen starken Anwendungsaspekt, Erkenntnisaspekt. Man macht etwas, was auch nützlich ist."*

Promovierte Physikerin:[148] *„Die Vorstellung von Physik ist in Deutschland sehr technikorientiert, sehr mit Ingenieurtechnik [verbunden]. Deutschland war und ist sehr*

---
[145] Interview 17.
[146] Interview 23 und 17.
[147] Interview 29.
[148] Interview 1.

gut in Ingenieurtechnik. [...] Mathematik ist eher etwas Abstraktes, ohne solchen Technikbezug und daher attraktiv für Mädchen. [...] Mathematik ist nicht Technik, und daher gehen Frauen eher noch zur Mathematik. Technik ist nichts für Foraueninteressen: Labor, riesige Messgeräte, Werkstätten sind für Frauen eher abschreckend. [...] In den Ländern wie Spanien, Portugal, Italien wird Physik kulturell anders gesehen als eine allgemeine, übergreifende, die Naturgesetze erklärende Wissenschaft. In den Südländern gibt es unterhalb der Professorenebene Bleibemöglichkeiten als wissenschaftlicher Lehrer, unbefristet, das ist attraktiv für Frauen."

Habilitierte Physikerin:[149] *„Der Unterschied [zwischen] Mathematik und Physik ist das Experiment. In der Mathematik bin ich ‚Bleistift-Luther'. Bin ich Physiker muss ich Apparate bedienen oder konstruieren. Das ist den Frauen nicht so gegeben. [...] Die meisten Frauen [in der Physik] sind in der Theorie gelandet. Das ist eigentlich Mathematik mit einem physikalischen Hintergrund. [...] Es liegt an der Erziehung, dass die Mädchen das Experiment scheuen."*

Promovierte Physikerin:[150] *„Mathematik bedeutet Klarheit, Verlässlichkeit. Mathematik wird am Schreibtisch gemacht. Der Erfolg hängt sehr von einem selbst ab. Frauen wollen das Resultat und die Folgen überblicken. Physik und die Experimente sind unberechenbarer, sind komplexer, nicht leicht zu beherrschen. Jungs finden sich leichter im Wust zurecht, machen und probieren einfach."*

Physikprofessorin:[151] *„Mathematik scheint einfacher. [In der] Physik muss das mathematisch gut Gemachte bestehen [...] durch die Bestätigung im Experiment. In der Mathematik muss das Gebäude schön und ordentlich, logisch aufgebaut sein, widerspruchsfrei. Es wird nicht geprüft, wo man die schwachen Seiten sieht, wo man sieht, bis dahin geht es und ab dann geht es nicht mehr. Ich finde es gut, wenn die Mathematik konfrontiert wird mit dem Experiment. [...] Und die Sozialisation spielt eine Rolle, nicht die unterschiedliche intellektuelle Begabung."*

Physikprofessorin:[152] *„In Mathematik sind viele Mädchen in der Schule wirklich gut. [...] Ich kann es nicht erklären, warum so viele Frauen eher Mathematik als Physik studieren. Physik muss man machen, wenn das Experiment läuft, Mathematik kann man zu jeder Zeit machen. Wenn wir Bestrahlungszeit am Beschleuniger haben, dann arbeiten wir vier Wochen am Stück durch. Man fährt nach Genf [ins CERN] oder die Astronomen machen ihre Beobachtungen, wenn sie ihre Beobachtungszeit [an den Sternwarten der Welt] haben. Danach kann ausgewertet werden zu jeder Zeit, wann immer sie es wollen. [...] Und der Umgang mit so großen Maschinen ist sicher gewöhnungsbedürftig".*

---

[149] Interview 24 und 25.
[150] Interview 2.
[151] Interview 41.
[152] Interview 10.

4. Mehr Repräsentanz von und Chancengleichheit für Physikerinnen 399

Physikprofessorin:[153] *„In der Physik und [insgesamt] bei den Professorinnen im europäischen Ausland ist der Status bei Weitem nicht so anerkannt wie bei uns. Es ist ein typischer Frauenberuf, weil er in der Lehre ist und nicht so in der Forschung. Der harte Kampf spielt sich ab, wer [...] in der Forschung ist. [...] C4-Professorinnen sind in Deutschland und Schweden bei fünf Prozent, in Portugal und Spanien bei 20 Prozent.* [Die Professur ist] *nicht mit solcher Reputation und solchem Geld verbunden."*

Physikprofessorin:[154] *„Es gibt da sehr interessante nationale Unterschiede. In Portugal sind die Hälfte an der Universität in der Physik Frauen. Die soziale Stellung der Professur an portugiesischen Universitäten ist anders, weniger Macht, Prestige, Einkommen. [...] Auch in Osteuropa sieht es ganz anders aus. In Polen, in den ganzen baltischen Ländern ist der Frauenanteil deutlich höher. Dort ist wirklich noch sozialistische Tradition* [vorhanden]. *Und in Deutschland* [... haben wir] *diesen Totalausfall des Mittelbaus."*

Promovierte Physikerin:[155] *„In Portugal auf Tagungen waren extrem viele Frauen, das hat mich sehr gewundert. Auch in Estland, Lettland sind viele Frauen im Wissenschaftsbetrieb und das wurde damit begründet, dass diese Jobs nicht attraktiv für Männer sind. Die Bezahlung ist schlechter. In der Wirtschaft kann man mehr verdienen, deshalb gehen die Männer aus dem Wissenschaftsberuf raus. Da gibt es dann Möglichkeiten für Frauen, diese Stellen zu besetzen. [...] Die jungen Spanierinnen, Portugiesinnen, Italienerinnen sind unheimlich selbstbewusst und auch sehr gut ausgebildet. Die haben diese Mäuschenmentalität nicht so sehr."*

Promovierte Physikerin:[156] Es sind so wenige Frauen in der Physik *„wegen fehlenden festen Anstellungen. [...] In der sozialen Unsicherheit liegt das Problem begründet. Wir sind moderne Lohnsklaven geworden, [...] und für uns läuft es darauf hinaus, dass wir* [hier in der Forschung mittlerweile] *keine Leute mehr kriegen. Die gehen in die Industrie mit Dauerverträgen und sehr viel mehr Geld. [...] Man lässt die Frauen alleine. Das muss man der Gesellschaft richtig vorwerfen. Die Gesellschaft ist wissenschaftsfeindlich. [...] In Frankreich sind wesentlich mehr Frauen in der Wissenschaft. Da heißen sie auch nicht Physikerinnen, sondern Optikerinnen, Materialwissenschaftlerinnen, usw. [...] Das Fach ist mehr aufgespalten. [...] Die Hälfte der dort auftauchenden Mannschaft besteht aus Frauen. In Frankreich haben sie kein Problem, im positiven Sinne, ihre Kinder in die Kinderkrippe zu geben".*

Informatikprofessorin:[157] *„Den Unterschied von Frauen in der Physik oder Frauen in der Mathematik machen die Lehrer aus. Die Lehrer sind wichtig. [...] Die Mädchen/*

---

[153] Interview 11.
[154] Interview 34.
[155] Interview 29.
[156] Interview 37.
[157] Interview 3 (Informatikerin); vgl. auch Interview 6 (Mathematikerin).

Frauen werden demotiviert durch die Physiklehrer. Es sind selten Lehrerinnen in der Physik. [...] Es gibt sehr viel mehr Lehrerinnen in der Mathematik. Die Didaktik in der Mathematik ist 100 Jahre alt und älter. In der Informatik gibt es gar keine, in der Physik schon, aber eine schlechte. In der Mathematik gab und gibt es an den Sektionen/ Fachbereichen immer mindestens zwei Didaktikprofessuren. Da wird geforscht, da hat sich ganz viel in den letzten Jahren verändert. Ich habe Physikbücher unter Genderaspekten vor Jahren durchgeschaut, da existieren nur Rennautos, nichts weiter."

Promovierte Physikerin:[158] *„Ich kann mir nur vorstellen, dass es mit den Lehrkräften in der Schule zusammenhängt. Der Anteil von Mathematiklehrerinnen und -lehrern ist ausgewogen. Jeder wird sich an seine eigene Schulzeit erinnern. In der Physik ist das nicht so. Physik wird oft sehr technisch unterrichtet und es werden Beispiele aus der Lebensumwelt von Jungen und nicht speziell von Mädchen genommen. [...] Die Kontexte sind wichtig, woran Physik erklärt wird für Mädchen und Jungs. Mehr Interesse für Physik kann nur über Schule und Lehrer gehen oder über außerschulische Angebote. [...] Die Schwellenangst [vor Physik] ist riesengroß: 'Ich bin zu blöd dafür und ich kann das nicht' – das wird durch Elternhäuser und ältere Geschwister transportiert. Die Mädchen sitzen noch keine Stunde im Unterricht und wissen schon, [...], wie furchtbar Physik ist. So etwas weicht sich nur langsam auf. Die Erfolgserlebnisse sind da ganz wichtig. [...] Und dann gibt es im Fernsehen Serien wie 'Big Bang Theorie', wo keine Frau als Wissenschaftlerin vorkommt, nur als Anhängsel [der Physiker]."*

Habilitierte Physikerin in der Didaktik: *„Die naturwissenschaftliche Ausbildung, die Physikausbildung, im Unterricht der DDR war wirklich was!!! Und die Angebote, die außerschulisch gekommen sind, Experimentierzirkel [...] und die Begeisterung der Lehrer. Die [Lehrer] haben den Mädchen genauso die Möglichkeit zum Experimentieren [gegeben] und ihnen Mut gemacht, ihr schafft das genauso. In der DDR war das Schulsystem besser, schon durch die Organisation. [...] Man ging zur Schule, wo man wohnte. Es waren überall einheitliche Forderungen im Unterricht. [...] Die Ausbildung in den Allgemeinbildenden Polytechnischen Oberschulen war schon wesentlich für Mädchen. In der DDR war man nicht so vorgeprägt, mit Spielzeug vorgeprägt, rosa Püppchen und so. Es ist heutzutage wieder so. [...] Die Lehrer heute sind überfordert mit anderen Dingen, mit sozialen Problemen ihrer Schüler. Früher haben sich die Lehrer sehr verantwortlich gefühlt für ihre Schüler. Heute ist es vielfach ein Job."*

Physikprofessorin:[159] *„Schwierige Frage [warum so wenige Frauen in der Physik sind], ich kann das gar nicht beantworten. [...] Heute sinkt der Stellenwert naturwissenschaftlicher Fächer in der Schule sehr. Die Studenten kommen hierher ohne tat-*

---

[158] Interview 15.
[159] Interview 16.

4. Mehr Repräsentanz von und Chancengleichheit für Physikerinnen

sächliche Hochschulreife in den naturwissenschaftlichen Fächern. Physik wird [in der Schule] oft abgewählt. [...] Mit Rückblick auf die DDR kann ich keine Gründe finden. [...] In der DDR hatten wir eine umfassende polytechnische und naturwissenschaftliche Ausbildung. [Es gab] engagierte Lehrer in der DDR, viele Experimente und Schauexperimente im Physikunterricht."

Physikerin:[160] *"In der Astronomie ist es auch so, dass es mehr Frauen im Ausland gibt. [...] Heute würde ich sagen, die nicht mehr so gute Schulbildung in den Naturwissenschaften ist dafür der Grund. Aber das stimmt für die DDR nicht. [...] Ganz schlimm ist heute das Abwählen der Naturwissenschaften in der Schule. Am Intellekt kann es nicht liegen. Ganz viele Frauen studieren ja Medizin und da brauchen sie Physik, Biologie und Chemie. Da brauchen sie alles und das schaffen sie auch. Ich weiß es ehrlich gesagt nicht."*

Physik-Juniorprofessorin:[161] *"Oft sind die Mädchen von der Schule vorgeprägt, ich würde die Schule dafür verantwortlich machen. Die Jungs machen die technischen Sachen, die [Mädchen] protokollieren. [...] Die Lehrerinnen machen klar ihre Einteilung, das sind die Jungs und das sind die Mädchen. [...] Viele Mädchen interessieren technische Dinge nicht, weil sie ihnen nie nahegebracht wurden. Es ist nicht so, dass sie es nicht können. Man interessiert sich für das, was man gut kennt. Es muss einem erst einmal nahe gebracht werden von irgendeiner Seite. Hat man keine Vorbilder, sieht man das nicht als Option. [In] Spanien, Italien, Frankreich – da sind in der Physik mehr Frauen in der Wissenschaft, vor allem in Spanien. Da habe ich mit vielen Frauen zusammengearbeitet. Die Vorurteile sind nicht so fest, was eine Frau zu können hat, dass das keine Rolle spielt in der Physik, in der Wissenschaft ob ein Mann oder eine Frau."*

Promovierte Kristallographin:[162] *"Ja, bei der Mathematik gibt es mehr Frauen. Es ist ein typisch deutsches Problem. [...] In Spanien, Italien, selbst in Brasilien sieht das ganz anders aus. In Spanien, Portugal usw., [...] in diesen Ländern haben die Frauen auch immer gearbeitet. Und in Westdeutschland war es lange üblich, dass der Mann die Familie ernährt und die Frau zu Hause bleibt. [...] Im Westen gab es diesen Standesdünkel – ‚meine Frau muss nicht arbeiten! Ich kann mir das leisten!' Und in Frankreich – die Franzosen haben schon vor langer Zeit sehr viel gemacht mit Kinderbetreuung, so auch die ganzen nordeuropäischen Länder. Dort ist umfassende Kinderbetreuung ganz normal. [...] Und das andere ist die Mädchenrolle, die den Mädchen so zugespielt wird. Es muss in den Schulen sehr viel mehr gemacht werden, um gegen dieses Klischee anzukämpfen. [...] Presse und Medien sind auch nicht fördernd. Der Physiker wird dargestellt als in sich gekehrte Menschen oder Freaks."*

---

[160] Interview 38.
[161] Interview 22.
[162] Interview 30.

Und eine westdeutsch sozialisierte Physikprofessorin fasste ihre Sicht der Ursachen zur Unterrepräsentanz von Frauen in der Physik folgendermaßen zusammen: „*Hier in Deutschland wirkt der Nationalsozialismus noch nach. Das extreme NS-Frauen- und Mutterbild ist verantwortlich für so wenige Frauen in den Naturwissenschaften.* [Und dann fehlendes Selbstbewusstsein]: *Gegen den ständigen Selbstzweifel bei den Frauen muss viel früher geguckt werden* [und zwar] *in die Erziehung und ins gesellschaftliche Bild über Frauen. Da helfen weibliche Vorbilder. [...] Männer sind von Anfang an so sozialisiert, dass sie mehr Selbstvertrauen haben. Selbstvertrauen ist wesentliche Grundlage für Risikobereitschaft. Selbstvertrauen fehlt vielen Frauen, Selbstzweifel ist eine ‚Frauenkrankheit', und dies ist gepaart mit dem Punkt Familiengründung. [...] Frauen sind weniger erprobt in Konkurrenzsituationen als Männer.* [Hier wirkt] *immer noch die alte Sozialisation: Streit vermeiden!* [Hinzu kommt], *nicht die Kenntnis zu haben, dass es Konkurrenzsituationen gibt, wo es nicht um Streit geht, sondern um ‚sportliche Konkurrenz' und wo es nicht um die Person geht, sondern um die Fähigkeit. Und das ertragen Frauen bis heute schlechter als Männer. Männer können das besser sortieren. Es gibt eine sportliche Konkurrenz, die aber sich nicht auf die Person bezieht. [...] Und es ist die Erziehung. Die Jungs bekommen den Bastelbaukasten, Mädchen nicht. Bei der Mathematik ist die Technik nicht da. Wenn Mädchen klug sind, dann gehen sie in die Mathematik, aber sie müssen keine Technik machen. Das spiegelt sich auch wieder in den Ingenieurwissenschaften. [...] Die Technik ist immer noch der Dreh- und Angelpunkt*".[163]

Die Schlussfrage der Interviews bezog sich auf konkrete Maßnahmen, die die Naturwissenschaftlerinnen nach ihrer jahrzehntelangen Erfahrung in Wissenschaft und Forschung in Ost- und Gesamtdeutschland für sinnvoll und zielführend hielten, um mehr Teilhabe und Gleichberechtigung von Frauen in der Physik durchzusetzen. Eine Nachfrage sollte Überlegungen anstoßen, ob und wenn ja welche „Errungenschaften" in Sachen Wissenschaftlerinnen und Gleichberechtigung aus der DDR gehalten bzw. übernommen wurden? Diese Antworten werden ergänzt durch die Sichtweisen der vier westdeutsch sozialisierten Physikerinnen sowie den einzelnen Überlegungen der drei westdeutschen Physiker, die in Ostdeutschland bzw. Berlin seit zwei Jahrzehnten als Institutsleiter bzw. Fachbereichsleiter forschen, lehren und Wissenschaftsmanagement betreiben. Die Abschlussfrage stand in engem Bezug mit der vorherigen – Ursachen der Unterrepräsentanz von Physikerinnen im Fach. Erwartungsgemäß fand sich auch hier eine ganze Palette an Maßnahmen und Aktivitäten, die die Wissenschaftlerinnen anführten, um Zahl, Stellung, Position und Sichtbarkeit von Physikerinnen in der deutschen Hochschul- und Wissenschaftslandschaft spürbar zu erhöhen. Mehr als drei Viertel der Befragten waren interessiert und sensibilisiert hinsichtlich der Gleichstellungsthematik. Sie verfügten zudem, wie bereits geschrieben, über eigene Erfahrungen in der Gleichstellungsarbeit u. a. im Amt der

---

[163] Interview 19.

4. Mehr Repräsentanz von und Chancengleichheit für Physikerinnen

Frauen- bzw. Gleichstellungsbeauftragten auf Fachbereichsebene bis auf Universitäts- bzw. Institutsebene bzw. sogar in Form einer Mitgliedschaft im Wissenschaftsrat der Bundesrepublik. Zwischen den Überlegungen und Vorstellungen Physikerinnenrepräsentanz zu stärken, konnten keine Unterschiede zwischen den älteren und jüngeren befragten Wissenschaftlerinnen ausgemacht werden, bis auf in einem Punkt, der Frauenquote. Die älteren Physikerinnen, wenn sie sich überhaupt äußerten, lehnten die Quote grundsätzlich ab, empfand sie sogar hinsichtlich von mehr Chancengleichheit als kontraproduktiv:

Physikprofessorin, Jahrgang 1940: *"Das Image der Frauenförderung, diese blöden Quoten sind nur schädlich – schädlich für die Frauen, die wirklich aus eigenem Können heraus was bringen. Weil ‚ach Du bist ja eine Quotenfrau'[...] das ist mehr schädlich als nützlich. Das war so und das ist heute auch noch so! Die guten Frauen schaffen es, die brauchen keine extra Maßnahmen. Sie brauchen natürlich Leute im Umfeld, die sagen, ‚Du brauchst nicht die Vorlesung um 19 Uhr zu halten'. Das kann aber nicht per Gesetz gemacht werden, dazu muss die Bereitschaft vor Ort vorhanden sein."*[164]

Von der jüngeren Physikerinnengeneration befürwortete etwa die Hälfte die Quote, die anderen lehnten sie auch eher ab.[165] Die Befürworterinnen hatten sich zu dieser Haltung erst nach Jahrzehnten der Berufserfahrung durchgerungen. Ihr eigenes Erleben und die nur zögerlichen Änderungen in ihrem Berufsumfeld, wenn überhaupt, hatten zur Anerkennung dieser Maßnahme geführt. Gängige Aussagen dazu lauteten:

Kristallographin, Jahrgang 1966: *„Vor Jahren habe ich darüber gelacht, Quote, die spinnen ja, aber von selbst macht sich nichts".*[166]

Informatikerin, Jahrgang 1957:[167] *„Ohne Druck von außen geht nichts. Das ist ein zäher Prozess. [...] Das ist wie mit der Quote, wer möchte schon als Quotenfrau durch die Gegend laufen. Ich habe auch mal gesagt, wenn man gut ist, schafft man alles. Aber es ist eben nicht so. Manchmal braucht man eine Quote, um was zu bewegen. Auch wenn die jungen Frauen das gar nicht gerne wollen. Ich wollte das früher auch nicht, aber es geht nicht anders."*

---

[164] Interview 9 und vgl. Interview 24.
[165] Eine Privatdozentin der Astrophysik, Jahrgang 1967: „Ich bin gegen die Quote, weil – entweder man ist so gut oder nicht, aber man sollte nicht aufgrund von Frausein bevorzugt werden. [...] Die Frauen sollten sich lieber mit substantiellen Dingen als mit Frauenförderung befassen. Die Männer stellen auch keine Männerförderpläne in weiblich dominierten Berufsrichtungen auf. Die Frauen sollten lieber die Zeit nutzen, fachlich sich zu profilieren, als Zeit in Förderpläne zu stecken." Interview 13.
[166] Interview 30.
[167] Interview 35.

Der Katalog an Maßnahmen und Empfehlungen wurde angeführt mit dem ersten Punkt, politischen Druck und regelrechten äußeren Zwang über Gesetze und Finanzierungsvorbehalten auszuüben. Die Bereitschaft, Frauen in der Physik, in der akademischen Karriere gleiche Chancen wie Männern einzuräumen, hinge gegenwärtig noch zu sehr vom Goodwill des jeweiligen einzelnen Institutsleiters ab. Als zweites wurden die fehlenden unbefristeten Stellen unterhalb der Professur, die mangelnde Zahl an Dauerfunktionsstellen für Lehre, Management und Forschung kritisiert und als Ursache ausgemacht, warum Frauen nach wie vor wenig präsent sind in der Physik. Ständige kurz- bis mittelfristig befristete Projektstellen in der Forschung seien unzumutbar für wirklich gute Frauen und Männer! Die berufliche Unsicherheit in der Post-Doc-Phase habe für Frauen doppelte Tragweite, da diese Zeit bei ihnen mit der Familiengründungsphase zusammenfalle. Alle Wissenschaftlerinnen befürworteten daher Programme – der DFG, anderer Wissenschaftsgesellschaften, des Bundes, der Länder bzw. der Wissenschaftsministerien – für die Einrichtung bzw. Reservierung von Stellen für Frauen wie z. B. die C1- und C2-Qualifizierungsstellen im Berliner Senatsprogramm für Chancengleichheit der 2000er und 2010er Jahre oder reservierte weibliche Juniorprofessuren, um den Pool, das Reservoir, an qualifizierten Physikerinnen sichtbar zu erweitern. Die Anwesenheit von Frauen in den Forschergruppen normalisiere Sichtweisen und die Physikerinnen kämen heraus aus der Ecke der Außenseiterin bzw. Exotin im Fach. Wissenschaftlerinnen-Förderprogramme brächten jedoch nur positive Entwicklungen für Frauen, wenn Geld und Finanzierung daran gekoppelt werden. Zugleich gaben die Befragten jedoch zu verstehen, dass die Wissenschaftlerinnen es anteilig auf den regulären Stellen im Hochschulsystem und in der Forschung schaffen müssen und nicht nur auf temporär zusätzlich geschaffenen. Dazu schlugen sie, drittens, ein Muss an aktiver Rekrutierung und deren aktenkundigem Nachweis, über Physikerinnennetzwerke wie über den Arbeitskreis für Chancengleichheit der Deutschen Physikalischen Gesellschaft vor. Dieses koste zwar Zeit, Engagement und Geld, werde aber als unverzichtbare Daueraufgabe gesehen, da im Selbstlauf sich nichts ändere. Hier stünden auch die Frauen in der Verantwortung, die es inzwischen zur Physikprofessorin, Abteilungs- und Forschungsgruppenleiterin geschafft haben. In diesem Zusammenhang sah man des Weiteren die Berufungs- und Stellenbesetzungsverfahren. Mit sachlichen und messbaren Bewertungskriterien, einschließlich eines Korrekturfaktors Familie ausgestattet sowie mit mehr als zwei stimmberechtigten Frauen in den Berufungskommissionen könne am Ende mehr Gendergerechtigkeit erzielt werden. Hier hinein fiel auch die Thematik der Diskriminierungssensibilisierung über Pflichtschulungen und Seminare. Männer wie Frauen, Leiter wie Leiterinnen, dächten nach wie vor in Vorbehalten und in Stereotypen. Ein und dieselbe Wertung beispielsweise könne für Männer positiv, für Frauen hingegen negativ ausgelegt werden. Im Interview erläuterte das eine Physikprofessorin am folgenden Beispiel:

„Argument: Die Bewerberin/der Bewerber musste durch so viele Konkurrenzkämpfe gehen, um bis zu dieser Stufe, hier ins Berufungsverfahren zu kommen. – Die Frau ist dabei hart geworden, sie ist physisch und psychisch verbraucht. – Der

Mann [hingegen] ist erfolgreich gewesen, der Konkurrenzkampf um diese Stelle ist normal, er musste sich eben durchboxen."[168]

Als fünften, aber nicht minder wichtigen Punkt, forderten die Wissenschaftlerinnen Änderungen in der Wissenschafts- und Fachkultur – weg von dem typisch deutschen Image, Wissenschaft nur an sieben Tagen die Woche und mehr als zwölf Stunden täglich betreiben zu können. Einhergehen müsse damit ein Abstandnehmen von vorausgesetzter Dauermobilität und dem Zwang zu Auslandsjahren in der Berufskarriere. Jungen Frauen mit Familie muss durch Vorbild, Ansprache und Ermutigung das Gefühl vermittelt werden, beides, Wissenschaft und Familie auch leben zu können. In dieses Feld gehörten auch jede Art an Trainingskursen, Mentoring-Programme oder Coaching, um Frauen für den Konkurrenzkampf in der Wissenschaft fit zu machen, ihnen Karrierestrategien, Karrieredenken, Umgang mit Konkurrenzsituationen anzutrainieren. Ebenfalls unverzichtbar gehört eine engagierte, erfahrene und mit Kompetenz ausgestattete Gleichstellungsbeauftragte zum Tableau der Voraussetzungen auf dem Weg zu gleichen Chancen für Frauen in der Wissenschaft. Die Berliner Physikerinnen erinnerten sich in diesem Zusammenhang an die hervorragende Arbeit und das abgestimmte Zusammenwirken der drei Zentralen Gleichstellungsbeauftragten der drei Berliner Universitäten in den 1990er Jahren. Als siebenten Punkt zählten die Interviewten alle gängigen Werbeprogramme auf wie „Girl's Day", „Lange Nacht der Wissenschaften", Schulpraktika, Feriencamps usw., um gegen zu frühe Grundprägung in „typisch Mädchen" bzw. „typisch Junge", gegen Rollenverhalten und Stereotypen schon in der Schulzeit anzugehen, die gegenwärtig wieder ausgeprägter seien als zu Zeiten der DDR. Dies erfordere zwar viel Zeit und Engagement – bei überschaubarem Ergebnis – von den Wissenschaftlerinnen im Beruf, aber ohne diese Programme sehe es für Frauen in Naturwissenschaften noch schlechter aus. Den Frauen selbst wurde von den Interviewten dringend geraten, sich zu vernetzen, Zeit und Kraft in Netzwerkarbeit zu investieren, langfristig und aktiv die Karriere zu planen, dies zu kommunizieren sowie ihre Sichtbarkeit auf Tagungen, Konferenzen, Publikationen zu erhöhen. Eine promovierte Physikerin dazu: *„Diesen aktiven Part zu spielen, das fällt vielen Frauen schwer."*[169]

Zu den positiven Standards und Entwicklungen aus der DDR, die die 32 befragten ostdeutschen Wissenschaftlerinnen für noch in der Gegenwart existent hielten und bei ihnen positiv konnotiert waren, zählten die Kinderbetreuungseinrichtungen und die Akzeptanz und gesellschaftliche Normalität, diese zu nutzen. Beruf und Familie zu vereinbaren, der weibliche Lebensentwurf, die akademische Ausbildung im adäquaten Beruf zu leben, blieben bestehen, ebenso wie das Bewusstsein von Gleichberechtigung im Beruf – in der Wissenschaft, in der Physik – bei ostdeutschen Frauen und ostdeutschen Männern. Zugleich registrierten diese Wissenschaftlerinnen den konservativen Rückschritt, den antimodernen Trend

---

[168] Interview 23.
[169] Interview 29.

bzw. den Stillstand, der mit der Deutschen Einheit in Sachen Chancengleichheit für Naturwissenschaftlerinnen in der deutschen Wissenschafts- und Forschungslandschaft sich ausgebreitet hatte. Für diese sich verzögernde Modernisierung und Demokratisierung der deutschen Wissenschaftslandschaft machten sie westdeutsch dominierte Politik, Öffentlichkeit und Medien aber vor allem konkret die durchweg westdeutsch besetzten Direktoren- oder Leitungsposten in der Physik verantwortlich. Mehr als die Hälfte der Befragten, eher noch die Jüngeren als die Älteren, äußerte sich abschließend insgesamt eher pessimistisch zu Entwicklungen in Sachen Chancengleichheit in den letzten zwanzig bis dreißig Jahren in dem Sinne, dass in Vergangenheit, Gegenwart und Zukunft nur wenige Frauen in der Physik waren, sind und sein werden.[170]

Physikerin, Jahrgang 1960: *"Das Positive in der Gendergerechtigkeit in den Naturwissenschaften sehe ich nicht. Die Situation hat sich verschlechtert. [...] Und von Männern werden immer nur Männer ausgewählt. Das hat sich nicht geändert und wird sich in Bälde auch nicht ändern. Ich kann auch nicht erkennen, dass die Frauenförderung, so sie überhaupt real stattfindet, diesen Weg beeinflussen kann. [...] Die Physikinstitute sind nicht der Hort der Fortschrittlichkeit: zu wenige Frauen, die jungen intelligenten Frauen erhalten keine Chance. Die Leiter werden immer absolutistischer, regieren hierarchischer. Das ist nie gut für Frauen, wenn immer nur einer alles bestimmt."*[171]

Mathematikprofessorin, Jahrgang 1940: *"Man muss sich nur die Zahlen ansehen, die Haltung bei den Männern hat sich nicht grundsätzlich geändert. [...] Der Mann ist automatisch immer der Beste. Das ist heute so."*[172]

Promovierte Physikerin, Jahrgang 1966: *"Es gehört nicht zur Reputation des Physikinstituts, Frauen in sichtbaren [Positionen] zu haben, gezielt, auch international, nach guten Frauen zu suchen. Das gibt es hier nicht. [...] Ich habe den Eindruck, gerade die letzten Jahre, es ist auf keinen Fall besser geworden. Desto mehr darüber geredet wird, desto schlechter ist es geworden. Es werden immer mehr Ostdeutsche berentet, die von der alten Sorte sind, die die Selbstverständlichkeit [...] von Frauenförderung und Frauen in der Wissenschaft noch lebten. Wir werden immer mehr überflutet vom Westen. Desto mehr Westler in die Entscheidungspositionen kommen, kommen auch immer mehr ihre alten Anschauungen [zum Tragen]. Und wenn sie dann sagen, ja – jetzt muss ich auch noch auf die Frauen achten, dann ist gleich wieder dieses Negativimage da. [... Unser Institutschef] akzeptiert die Frauen, aber er promotet die Sache mit den Frauen in der Wissenschaft nicht."*[173]

---

[170] Interviews 1 und 20.
[171] Interview 36.
[172] Interview 8.
[173] Interview 30.

Physikprofessorin, Jahrgang 1957: Die verhalten optimistischen Physikerinnen schienen hingegen überzeugt, *„dass in den letzten zwanzig Jahren die Frauenanteile kontinuierlich ansteigen. Und sie steigen kontinuierlich seit Frauen in den Naturwissenschaften sind. Es gibt keine Sprünge, sondern ein kontinuierliches Anwachsen. [...] Ich bin da optimistisch."*[174]

Physikprofessorin, Jahrgang 1956: *„Es gibt gute Frauen, gerade in der Physik. [...] Bei uns hier [...] sind die beruflich erfolgreichen Frauen mit der Gleichstellungsidee groß geworden und das halten sie für selbstverständlich. Das Kaskadenmodell, das leuchtet den Physikern ein. Ich habe den Eindruck, dass man in der Entscheider-, in der Professorenrunde froh wäre, [...] wenn mehr Frauen dazu kämen. Und das wird den jüngeren Kollegen immer bewusster, ein angenehmeres Arbeiten in gemischten Gruppen, Männer und Frauen, Jung und Alt, Deutsch und Ausländisch [...] Ich habe das Gefühl, dass man Hoffnungen haben kann. Aber man muss gezielt etwas unternehmen. Es geht nichts im Selbstlauf. Es kostet Zeit und Geld."*[175]

Als mehrheitliche abschließende Meinung war und blieb, den jungen, interessierten und begabten Frauen auch und gerade heute ein Physikstudium zu empfehlen, die Karriere in der deutschen Wissenschafts- und Forschungslandschaft jedoch zu meiden bzw. gründlich, mit einem Plan B in der Tasche, zu überdenken. Zwei Professorinnen sollen zusammenhängend aus eigenen persönlichen Erfahrungen zum Punkt „wie kommen wir zu mehr Chancengleichheit in der Wissenschaft" zitiert werden.

Zunächst die Physikprofessorin und engagierte CDU-Politikerin Dagmar Schipanski: *„Bessere Vereinbarkeit zwischen Beruf und Familie! Ich hätte unter heutigen Bedingungen nicht drei Kinder bekommen und habilitiert. [...] Diese zeitlich begrenzten Verträge sind das Aus für jede wissenschaftliche Karriere. Im Wissenschaftsrat*[176] *hatte ich eine Arbeitsgruppe ‚Chancengleichheit für Frauen' gegründet. Ich habe mich dort engagiert. Wenn wir es nicht schaffen, für Frauen unbefristete Stellen in der Wissenschaft einzurichten, zusätzliche oder nur Stellen für Frauen, [kommen wir] nicht voran. Das ging nicht, Gleichbehandlungsgrundsatz! – war die Reaktion. Aber man muss doch akzeptieren, dass die familiäre Belastung für Frauen etwas anders ist als für Männer. Da sind die Frauen ohne Kinder über mich hergefallen! Die Männer über mich hergefallen [...]! Ich konnte mich nicht durchsetzen. Wenn man sich bei den Post-Doc-Stellen durchsetzen könnte, acht bis zehn Jahre Zeit auf diesen Stellen, da kannst du habilitieren und auch Kinder kriegen. Die Frauen lehnen sich nicht zurück, aber es wird ihnen unterstellt. [...] Es ist noch so ein Bild heute in der Wissenschaft, dass man*

---

[174] Interview 16.
[175] Interview 34.
[176] Dagmar Schipanski war von 1996 bis 1998 Vorsitzende des Wissenschaftsrates der Bundesrepublik Deutschland. Vgl. http://www.wissenschaftsrat.de/. Zuletzt abgerufen am 28. November 2019.

nur arbeitet. Die einzige, die es gut gemacht hat, ist die Max-Planck-Gesellschaft.[177] *Die haben zusätzliche Stellen, Professorenstellen nur für Frauen, geschaffen und haben sich überhaupt nicht beeinflussen lassen vom öffentlichen Geschrei, und diese Professorinnen werden jetzt woandershin berufen. Die haben einfach den Pool erweitert durch zusätzliche Stellen. Wir brauchen einen größeren Pool, um ständig präsent zu sein. Und diesen größeren Pool kriegen wir nicht mit kurzfristigen Befristungen, wenn wir Frauen wollen, die auch Kinder haben. [...] Sonst gehen die Frauen verloren. Die gehen in die Wissenschaftsverwaltung. Da treffen sich dann alle ehemaligen Doktorandinnen wieder! Wir brauchen nicht mehr finanzielle Mittel, die vorhandenen längerfristig – zehn Jahre – laufen"* lassen. Dagmar Schipanski brach dann noch eine Lanze für die Wissenschaftlerinnen: *"Frauen in der Wissenschaft sind fleißiger, zielstrebiger, genauer, kommunikativer, teamfähiger und verantwortungsbewusster im Sinne der Handlungen und Wirkung ihrer Forschungsergebnisse als Männer".*[178]

Am 8. März 2010 sprach Dagmar Schipanski anlässlich einer Preisverleihung noch folgende Sätze:[179] *"Unsere Gesellschaft kann es sich gar nicht leisten, auf die weibliche Intelligenz in der Entwicklung von Biologie, Chemie, Physik und Informatik zu verzichten. [...] Die Strukturen auf dem Karriereweg müssen verändert werden. Das ‚Hangeln von Projekt zu Projekt' in der Ausbildungsphase, während Promotion, Post-Doc und Habilitation, lässt kaum Zeit für eine vernünftige Familienplanung. [...] Besonders kritisch wird es, wenn Mann und Frau im Wissenschaftsbetrieb bleiben wollen. Hier müssen Stellensituationen für junge Frauen geschaffen werden, die längerfristige Planung ermöglichen. Bei gesicherter Existenz muss eine Familienphase möglich sein, wie es beispielsweise in den USA und auch in der DDR erfolgreich praktiziert wurde. Ebenso plädiere ich dafür, dass in den Forschungsinstituten und Universitäten mehr unbefristete Stellen geschaffen werden. Und ich behaupte: Das würde die Kontinuität und die Effizienz vieler teurer Anlagen und Geräte erheblich erhöhen, es würde die Lehre verbessern und hätte zugleich eine familienpolitische Komponente für gut ausgebildete junge Frauen. Sie alle wissen, ich habe einmal gesagt: Wissenschaft ist nicht männlich und Familie ist nicht weiblich!"*

Eine weitere Professorin, Jahrgang 1947: *"Wir haben uns viele Gedanken gemacht über die Frauenförderung. Ansatzpunkt sind zuerst die Schulen. Wir bieten hier im Haus Arbeitsgemeinschaften, Familientreffen, Feriencamps. Es kommt noch zu wenig dabei raus. Man braucht Geld für die Förderung, Engagement allein reicht nicht. Es wird kaum geforscht zu gendergerechter Didaktik. [...] Die Juniorprofessuren, anfänglich viele Juniorprofessorinnen, waren nicht ordentlich finanziell ausgestattet – nur eine studentische Hilfskraft. Was kann man damit machen! Sie waren diskri-*

---

[177] Dagmar Schipanski war von 1999 bis 2011 Senatorin der Max-Planck-Gesellschaft.
[178] Interview Schipanski; Dagmar Schipanski, Sind Frauen der Erfolgsfaktor; dies., Kräftemessen im beruflichen Alltag.
[179] Dagmar Schipanskis Rede bei der Preisverleihung Verleihung des Soroptimist International Deutschland Förderpreises in Berlin.

miniert zu den ‚alten Professuren' – Männer wie Frauen. Es war schwer für sie, die nächste Stufe zu erklimmen – Forschungen, Lehre, Drittmitteleinwerbung – war zu viel auf einmal. Die heutigen im Berliner Chancengleichheitsprogramm befristeten W2-Professuren haben keine Ausstattung. Oft wird es nicht geschafft, eine Dauerstelle zu erwerben. [...] Man muss den Frauen und Männern Perspektiven aufzeigen. Diese ewigen Befristungen sind schrecklich. Sie sind für Frauen noch schlimmer, weil man bis heute Männern eher signalisiert, dass sie eine mögliche Bleibechance haben. Sie sind in bessere Netzwerke eingebaut. [...] Richtig schlagkräftig sind die Physikerinnen mit ihrem ‚Arbeitskreis für Chancengleichheit' in der Deutschen Physikalischen Gesellschaft. [...] Solche fachspezifischen Vereine bringen was. Die bundesweiten Frauenvereine wie der Deutsche Hochschullehrerinnen-Verband bewirken hingegen nichts. [...] Frauenförderkommissionen an der Universität bringen etwas, wenn Gelder verteilt werden wie beim Berliner Chancengleichheitsprogramm."[180]

Drei der vier aus Westdeutschland stammenden befragten Physikerinnen befürworteten inzwischen jegliche Art zur Unterstützung von Wissenschaftlerinnen, um deren Quantität und Standing im Fach zu erhöhen. Damit schienen sie in dieser Frage, der Notwendigkeit von Wissenschaftlerinnen-Förderungen, überzeugter als ihre ostdeutschen Kolleginnen zu sein – wenn der Vergleich bei der geringen Anzahl an westdeutschen Gesprächspartnerinnen überhaupt erlaubt ist. Zu den Fördermaßnahmen zählten auch sie, vor allem politisch und gesellschaftlich Druck von oben und außen auf die Wissenschaft auszuüben, finanzierte Sonderprogramme auszuschreiben und zusätzliche Post-Doc-Stellen für Frauen zu schaffen wie die bereits mehrfach erwähnten des Berliner Senats für Chancengleichheit. Insgesamt forderten auch sie mehr unbefristete Stellen in der Wissenschaft unterhalb der Professur für Forschung und vor allem für die akademische Lehre. „*Wir brauchen verlässliche Lebenszeitjobs, [...], nur dann kann man auch Expertise aufbauen."*[181] „*Nur drei Prozent der Doktoranden werden* [schließlich] *zu Professoren".*[182]

Engagierte und mit Kompetenzen ausgestattete Gleichstellungsbeauftragte waren in den Augen der (West)-Befragten genauso unverzichtbar wie mit klar definierten Regeln und mit ausreichend weiblichen Entscheidungsträgern ausgestattete Stellenbesetzungs- und Berufungskommissionen. Physikprofessorin, Jahrgang 1960: „*Ich habe es auch in* [Berufungskommissionen] *erlebt. Das hätte ich zuvor nicht gedacht, wenn keine Frauen in den Berufungskommissionen sitzen, haben Frauen auch keine Chance. Das weiß ich aus eigenem Erleben. Es müssen auch mindestens zwei* [stimmberechtigte] *Frauen in der Kommission sein, die sich zuvor abstimmen* [über die Bewerbungslage]. *[...] Wir brauchen noch mehr Frauen in Berufungskommissionen, das dauert noch Jahre."*[183]

---

[180] Interview 3.
[181] Interview 10.
[182] Interview 20.
[183] Interview 10.

Physikerinnen-Netzwerke und Netzwerkarbeit wären mehr denn je unerlässlich für echte Berufs- und Aufstiegschancen, jedoch nicht in Form von Gegennetzwerken zu denen der Männer. Schließlich sei es Ziel jeder Stellenbesetzung „*dass nicht das Geschlecht, sondern nur das Fachliche die Rolle spiele*".[184]

Eine (westdeutsch sozialisierte) Physikprofessorin, Alleinerziehende, hielt hingegen Frauenfördermaßnahmen in der Wissenschaft für inzwischen nur lästig und zeitraubend.[185] Und eine weitere, habilitierte Physikerin, Jahrgang 1962, ergänzte auch eher pessimistisch:

> „*Es hat sich nicht sehr viel* [seit den 1980er Jahren] *geändert. Gut, der Frauenanteil ist etwas höher, aber so die* [Fach]-*Kultur [...] hat sich nicht viel geändert. [...] Karriere- und konkurrenzorientiert zu denken, fällt* [den Frauen] *nach wie vor schwer. Junge Frauen für Gleichstellung* [zu gewinnen] *[...], für Ausnahmeprogramme, ist unmöglich. Sie kennen die ‚gläserne Decke' noch nicht. In Physik herrscht die Meinung, [...], wer gut ist, der schafft es von selbst. Deshalb braucht man sich um die Frauen nicht extra zu bemühen. Deshalb ist von innen kein Anreiz, selbst etwas zu ändern. [...] Es muss ein Druck von außen ausgeübt werden, von Berlin* [Bund und Land], *von der DFG, von der Universitätsleitung.*"[186]

Die drei interviewten Männer, westdeutsch sozialisierten Physikprofessoren, zwei Institutsleiter und ein 2016 noch amtierender Universitätsrektor, zuvor mehr als zehn Jahre Dekan der Mathematisch-Naturwissenschaftlichen Fakultät, hatten durch ihr Wirken in Berlin seit mehr als zwei Jahrzehnten auch direkte Erfahrungen mit ost- und westdeutschen Physikerinnen.[187] Ihr Tableau an Vorschlägen, um Physikerinnenrepräsentanz in Wissenschaft und Forschung in Deutschland zu erhöhen, reichte vom Aufbrechen des tradierten deutschen Denkens von der Unvereinbarkeit „Frau in der Physik" sowie des traditionellen Rollenmodells über Frauen und Familienpflichten bzw. Kinderbetreuung in Richtung solcher Realitäten, wie sie seit Jahrzehnten in Frankreich, Spanien und vor allem in der früheren DDR existierten. Je weiter man auch heute noch geographisch in Richtung Süd- und Südwestdeutschland komme, so ihre Aussagen, spiele die Entscheidung der Frau, zwischen akademischer Karriere oder Familie wählen zu müssen, noch immer eine zu große Rolle. Traditionen und Rollenmodelle seien Hauptgründe für das Fehlen von Physikerinnen im deutschen Wissenschaftssystem. Die Lösung des Problems stehe nicht im Zusammenhang mit der Wissenschaft bzw. der Physik an sich, sondern müsse gesamtgesellschaftlich angegangen werden. Damit brachten die interviewten Männer – unterschwellig, nicht explizit – zum Ausdruck, dass hier Änderungen vonstattengehen müssen, die außerhalb ihres Verantwortungsbereiches lägen. Das Schaffen und vor allem Sichtbarmachen von weiblichen Vorbildern an Universitäten, in Öffentlichkeit und Medien sei ebenso unverzichtbares

---

[184] Interview 19.
[185] Interview 18.
[186] Interview 20.
[187] Interviews Thomsen, Tränkle, Steinmetz.

Mittel zur Erhöhung des Physikerinnenanteils. Die Antworten – wie das umzusetzen sei – blieben die drei Professoren schuldig. Ihr konkretes Wirken ziele, so eigene Angaben, auf die Sensibilisierung der Problematik in Berufungs- und Stellenbesetzungskommissionen, die sie zur Hälfte weiblich zu besetzen versuchten. Zudem müsse man als Leiter eines Instituts bzw. Fachbereichs an der Thematik mehr Chancen für Physikerinnen durchgehend als Daueraufgabe dranbleiben. Ansonsten würden die Frauenanteile schnell wieder „wegrutschen" können.[188] Alle drei Professoren gaben zu, dass sowohl männliche Vorurteile, fehlende Sensibilisierung und eingefahrene männlich dominierte Stellenbesetzungsmuster nach wie vor vorhanden waren, auch wenn sie gleichzeitig dies zum Teil wieder leugneten. Den Wissenschaftlerinnen selbst rieten sie zu Kommunikations- und Trainingsprogrammen, damit diese offensiver, selbstbewusster, d. h. auch „männerartiger" in der Konkurrenz mit ihren Kollegen um die raren Stellen auftreten lernen. Strategien der Wissenschaftskarriereplanung sollten durchdacht, geplant und auch öffentlich von den Frauen kommuniziert werden. In der männerdominierten Physik müssten die Frauen sich männliche Strategien zueigen machen, unbenommen ob man dies gegenwärtig positiv oder negativ bewerte. Erstaunlich war, dass alle drei sowohl die Quote als auch den öffentlichen äußeren Druck durch gesetzliche Vorgaben bzw. Finanzierungsvorbehalte bei nicht hinreichender Beteiligung von Physikerinnen, z. B. praktiziert von der DFG,[189] als notwendiges Mittel anerkannten, um der Unterrepräsentanz von Frauen in der Physik beizukommen. Den Schwellen- und Zielwert der Frauen-Beteiligung in obersten Positionen sahen sie bei „30 Prozent plus" liegen. Auch das Verfahren Headhunting, also die aktive Rekrutierung, als kurzfristige Maßnahme, um den Frauenanteil in der Physik zu steigern, werde als z. Z. gängiger Weg in bestimmten Fachbereichen der Physik beschritten. In der Astrophysik beispielsweise sei die Anzahl der Physikerinnen gegenwärtig beachtlich, auch wenn etwa die Hälfte nicht-deutscher Herkunft wären. So werde in diesem Fach viel international rekrutiert. Die jungen Physikerin-

---

[188] *„Ich war zehn Jahre Dekan an der Universität. [...] Die Männer in den Berufungskommissionen glauben, Männer wie Frauen gleich zu bewerten. Aber sie tun es implizit doch nicht, explizit würden sie es nicht zugeben. [...] Deshalb wirke ich darauf hin, die Berufungskommissionen Hälfte Hälfte zu besetzen. Das stößt auf viel Widerstand. [...] Auch in den Bereichen, wo Frauen unterbesetzt sind, werden die wenigen vorhandenen Frauen verschlissen, wenn sie in allen Kommissionen sitzen müssen."* Interview Thomsen. *„Von Institutsseite wird auf das Verhältnis Männer – Frauen geachtet, schon wegen der Evaluierung. Da muss man hinterher sein und vor allem man muss es auf der Agenda haben, sonst tut sich nichts. Es ist ganz witzig und ich habe auch noch keine Erklärung [für folgendes Phänomen]: Wenn ich zehn Post-Doc-Stellen im Block habe mit Ausschreibung und ich ein Pool an Bewerbern von 30 [weibliche] und 70 [männliche Bewerber] habe, dann ist das Ergebnis auch etwa 30 zu 70. Offensichtlich funktioniert das, wenn man eine Gruppe betrachtet. Wenn ich aber zehn Einzelausschreibungen hintereinander mache, [...], habe ich hinterher zehn Männer. Ich weiß es nicht, warum. Das Pendel bei Einzelentscheidungen kippt immer in die eine männliche Richtung."* Interview Steinmetz.

[189] Seit Jahren vergibt die DFG zur Finanzierung von Sonderforschungsprojekten nur Mittel, bei angemessener Beteiligung – z. Z. 20 Prozent, gemessen am weiblichen Anteil der Absolventen im Physik-Masterstudium – von Forscherinnen. Gleiches gilt für jegliche Art von Auszeichnungen und Ehrungen im Forschungsbereich Physik.

nen kämen aus Italien, Spanien, Frankreich, Argentinien, Brasilien und Chile, und das halte die Aktivitäten, junge deutsche Physikerinnen zu gewinnen, gegenwärtig in Grenzen.[190] Zwei der drei Physikprofessoren[191] waren sich darin einig, dass sie Unterschiede zwischen ostdeutsch und westdeutsch sozialisierten Wissenschaftlerinnen – hinsichtlich Anzahl, stringenter Karriereplanung, Auftreten – heute immer noch sofort ausmachen könnten. Einer beschrieb seine Wahrnehmung so:

Physikprofessor, Jahrgang 1959: *"Auffällig ist, dass es relativ viele Frauen als Hochschullehrerinnen in der Physik in Berlin gibt, die im Osten aufgewachsen sind. Irgendetwas ist an dem DDR-System gewesen, dass man als Frau im Osten Physik studierte, um Professorin zu werden. Die Frage der Kinderbetreuung und der soziale Faktor – zitiert aus einer Stuttgarter Zeitung: ‚Du hast es doch nicht nötig, Deine Frau schaffen zu lassen' – das gab es in Ostdeutschland nicht. Dort haben alle gleichermaßen gearbeitet. Kinderbetreuung gab es, ob gut oder schlecht, weiß ich nicht. [...] Dadurch ist eine höhere Quote an Frauen da. Ich glaube, sie haben auch ein höheres Selbstbewusstsein, [...] jedenfalls die, die ich kenne. In der Physikalischen Gesellschaft in Berlin, wo es auch ältere Kollegen gibt, ist die Selbstverständlichkeit, Frau in der Physik, von ostdeutscher Seite größer. Physikerin war im Osten ein Beruf, den man machen kann, kein leichter, aber machen kann."*[192]

Ein seit 1996 in Berlin-Adlershof amtierender westdeutsch sozialisierter Direktor eines Physik-Leibniz-Instituts, Professor für Mikrowellen- und Optoelektronik, Jahrgang 1956, zeichnete seinen Blick auf die Wissenschaftlerinnen seines Instituts folgendermaßen: *"Es stimmt gar nicht, dass so wenige Frauen Physik studieren. Es ist eher die Frage, warum relativ wenig deutsche Frauen Physik studieren. Es liegt nicht am Geschlecht. Es liegt nicht am Gegenstand an für sich. Denn in Italien oder Spanien gibt es viel, viel mehr. Es liegt am [gesellschaftlichen] Umfeld. Aus irgendwelchen Gründen sind die Rollenmodelle, die Traditionen Deutschlands so, dass relativ wenige Frauen Physik studieren. [...] Physik gilt halt nicht als sexy – Vorstellungen von Spulen, Drähten, Motoren sind nicht unbedingt Frauendomänen. Wenn man [Physik] mit Medizintechnik verbindet, dann schnappt der Anteil hoch, gleiches in der Biophysik. Da ist der Frauenanteil höher. In der Chemie ist das auch überhaupt kein Problem. Der intellektuelle Anspruch in der Chemie und in der Physik ist doch relativ gleich. [...] Es gibt ja andere Dinge, wo man vergleichen kann: Gebe ich mein Kind in die Kita oder nicht. Das sind uralte Traditionen und Muster, [...], die unterscheiden sich zwischen Deutschland und Frankreich drastisch. Das hat definitiv nichts mit dem Geschlecht zu tun, denn das sind ja auch Frauen in Frankreich. Das sind einfach gesellschaftliche Strukturen, [...] in Deutschland sind sie halt sehr traditionell konservativ geprägt. [...] Das sind Rollenmodelle, die außerhalb der Wissen-*

---

[190] Interview Steinmetz.
[191] Interviews Thomsen und Tränkle.
[192] Interview Thomsen.

schaft wirken. [...] *Wir haben hier jede Vertragskonstruktion von 40 Stunden Arbeitszeit bis 20 Stunden Teilzeitarbeit.* [...] *Aber – die Forschungsarbeit muss gemacht werden! Wer sie gut macht, bekommt am Schluss das Lob und damit die Option, Karriere zu machen. Wenn die Frauen weniger machen im zeitlichen Mittel, dann haben sie weniger Chancen aufzusteigen.* [...] *Die Konkurrenz spielt international.* [...] *Die jungen Mädchen wachsen in Deutschland* [...] *mit Null Vorbildern auf. Schauen Sie sich die Fernsehsendungen an. Tierärztin, Ärztin oder Anwältin – das ist völlig normal. Aber, dass es mal eine Ingenieurin gibt, eine Physikerin oder gar Elektrotechnikerin, das gibt es dezidiert nicht.* [...] *Es gibt klare Unterschiede zwischen ost- und westdeutschen Wissenschaftlerinnen.* [...] *Das sind keine in der Wissenschaft* [im Fach Physik] *begründeten, sondern im Verhalten gegenüber dem Partner und im Kinderhaben. Die* [ostdeutschen] *Frauen haben immer ganz normal gearbeitet, wie bereits ihre Mütter und Großmütter. Westdeutsche Frauen haben ganz klar den Trend, dass sie* [ihre Arbeitszeit, wenn sie Kinder bekommen] *stark reduzieren* [...] *oder* [ganz] *aussteigen. Ostdeutsche Frauen machen das viel weniger.* [...] *Ich gucke schon* [bei den Stellenbesetzungen] *auf Frauen, aber es gehört nicht zur Reputation* [des Instituts]. *Aber man findet es angenehmer, wenn Frauen dabei sind. Wir sind zwar Freaks – aber man bekommt angenehmes Arbeiten, die besten Ergebnisse in gemischten Teams. Das ist schon immer so: Altersmischung, Geschlechtermischung – wer will heute reine Männerteams?* [...] *Ich frage mich schon, was man besser machen könnte.* [...] *So etwas wie eine Quote ist wohl schon ein Königsweg.* [...] *Ich bin kein Gegner der Quote, ansonsten bewegt sich ja gar nichts.* [...] *Die, die viele Frauen haben, die haben die Quote und die haben sie seit langem. Die Amerikaner, die Skandinavier – Quoten haben die alle!*[193]

5. Eine Gruppenbiographie

Die Physikerinnen der „älteren Generation", der um 1940 Geborenen, stammten zu mehr als der Hälfte aus mittleren Angestelltenverhältnissen, zu jeweils einem Fünftel aus Akademiker- bzw. Arbeiterfamilien. Die „jüngere Physikerinnengeneration", die um 1960 Geborenen, hingegen kam zu mehr als der Hälfte aus Akademikerhaushalten und zu etwa einem Viertel aus Arbeiterfamilien. Hier waren auch die Mütter durchweg auf gleicher Ausbildungsebene wie die Väter berufstätig. Alle „älteren Physikerinnen" zeigten seit ihrer Schulzeit ausgeprägtes Interesse und ausgesprochene Neigung für die Mathematik und die Naturwissenschaften. Dieses Talent war so offensichtlich, dass sie von Elternhaus und Schule darin bestärkt und unterstützt wurden. Ihre Leistungen in Physik und Mathematik waren so hervorragend, dass den Mädchen und jungen Frauen nicht abgeraten wurde – in der DDR der 1940/50er Jahre –, ein Physikstudium aufzunehmen. In einem Drittel der Fälle spielte die Ideologieferne des Faches Physik eine nicht unerhebliche Rolle

---

[193] Interview Tränkle.

bei der Wahl des Studienfaches. Knapp 60 Prozent dieser Physikerinnen der älteren Generation waren überzeugte und loyale DDR-Bürger mit SED-Parteibuch. Fast alle Physikprofessorinnen waren SED-Mitglied. Der Aufstieg zur Professorin in dieser Generation war für die quantitativ sehr unterpräsentierten Frauen in der Physik an eine SED-Mitgliedschaft gebunden. Ein Drittel der Physikerinnen hielt kritische Distanz zum SED-Staat. Dies hatte allerdings zur Folge, dass habilitierte Physikerinnen auf der Statusebene einer Dozentin in ihrer Karriere stecken blieben. Auch die „jüngeren Physikerinnen" wählten das Studienfach Physik aus Interesse und Begabung und wurden darin bestärkt. Für die große Mehrheit dieser Frauen kam ein sozial- oder geisteswissenschaftliches Fach bzw. Ökonomie oder Jura in der DDR zu studieren nicht in Frage. Die Gründe dafür lagen jedoch mehr in ihrer Interessensausrichtung und nicht in der Ideologienähe dieser Nicht-Naturwissenschaften. Diese Frauen standen aber distanzierter und kritischer zum Staat DDR als die ältere Generation. Nur knapp ein Fünftel wurde SED-Mitglied. Ein Drittel der Frauen stammte aus einem Elternhaus bzw. lebte selbst mit mehr oder weniger offen kritischer ablehnender Haltung zur DDR.

Fast alle Physikerinnen lebten mit (Ehe)-Partnern zusammen, die selbst Akademiker waren, die Hälfte der Physikerinnen war sogar mit Physikern verheiratet. Rund drei Viertel der Wissenschaftlerinnen gründeten eine Familie mit zwei bis drei Kindern. Die Kinder bekamen sie in jungen Jahren, meist im bzw. am Ende des Studiums. Alle standen nie vor der Frage, ob sie sich für den akademischen Beruf oder für die Familie entscheiden müssten. Die Vereinbarkeit von Beruf und Familie wurde in der DDR als Normalität gelebt. Sozialpolitische Maßnahmen und das gesellschaftliche Klima, eingeschlossen die Stimmung am Arbeitsplatz und bei den Vorgesetzten, machten dieses Lebensmodell zur Selbstverständlichkeit. Die große Mehrheit der Physikerinnen lebte demnach als „dual career couple", als Doppelkarrierepaar. Beide Partner realisierten eine akademische Karriere zur selben Zeit und am selben Ort. Das war in der DDR mögliche und gängige Praxis. Probleme taten sich eher in der Organisation des Alltagslebens auf. Für die „jüngeren Physikerinnen" der 1960er Generation konnten Änderungen hin zu einer mehr partnerschaftlichen Aufteilung der Familienpflichten beobachtet werden.

Die Wissenschaftlerinnen beschrieben das Physikstudium als sehr schwer, welches sie selbst jedoch ohne Schwierigkeiten meisterten. In den meisten Fällen gehörten sie mit zu den Besten ihres Studienjahrganges. Die „ältere Physikerinnengeneration" fand sich in einem Frauenanteil von zehn Prozent während des Studiums und bei Beginn der akademischen Berufslaufbahn wieder. Bei den „Jüngeren" war diese Quote auf rund 20 Prozent angewachsen, im Lehramtsstudium mit Hauptfach Physik erreichte der Anteil fast 50 Prozent. Die Unterrepräsentanz von Frauen in der Physik hatte sie nicht überrascht und war in den meisten Fällen damals nicht registriert bzw. hinterfragt worden.

Die „älteren Physikerinnen", die in den 1950er und beginnenden 1960er Jahren studierten, erinnerten sich an keine diskriminierende „Andersbehandlung als Frau" in Studium und Beruf und auch nicht an Konkurrenz zwischen Männern und Frauen im Studium und am Arbeitsplatz. Dies bestätigten auch die „jüngeren

Physikerinnen", die jedoch in ihrer Jahrgangskohorte durchaus Konkurrenz um die attraktiven Stellen an Universitäten bzw. Forschungsinstituten erlebten.

Die Hälfte der Physikerinnen der älteren Generation arbeitete selbstbewusst und stringent auf eine akademische Karriere in Richtung Hochschullehrerin hin, bei nur rund zwanzig Prozent ergab sich die akademische Laufbahn Schritt für Schritt, ohne direkte Planung. Etwas mehr als 40 Prozent der Frauen dieser Generation hielten den Status einer promovierten wissenschaftlichen Mitarbeiterin in Lehre, Forschung und Studentenbetreuung für erstrebenswert und ausreichend als Karriereziel. Ein Drittel der Wissenschaftlerinnen wurden aufgrund ihrer Leistungen während des Studiums direkt von Vorgesetzten angesprochen, eine Berufskarriere in Wissenschaft und Forschung anzustreben. Die Frauen hatten Kenntnis von Frauenfördermaßnahmen in Studium und Beruf, hielten diese jedoch für überflüssig, scheinheilig propagandistisch und „aufgesetzt". Mehrheitlich hätten sie davon keinen Gebrauch gemacht. Auch die „jüngeren Wissenschaftlerinnen" lehnten Frauenfördermaßnahmen eher ab, sie seien durchweg mit einem „negativen Touch" versehen gewesen. Dabei hielten sie – die älteren mehr als die jüngeren – die DDR-geschaffenen Rahmenbedingungen zur Vereinbarkeit von Beruf und Familie für normal und gegeben.

Die „jüngeren Physikerinnen", die in den 1970er und beginnenden 1980er ihr Studium absolvierten, registrierten und hinterfragten ihre Unterrepräsentanz genauso wenig wie die „Älteren". Aber, dies im Gegensatz zu den Älteren, erinnerten sie sich, immer auch weibliche akademische Lehrer, die auch Vorbild waren, gehabt zu haben. Im Gegensatz zu ihren älteren Kolleginnen ergab sich bei fast allen der Wunsch nach einer akademischen Karriere erst im Laufe des Studiums. Eher die Ausnahme blieb hier, dass die jungen Frauen explizit und von Anbeginn eine Wissenschaftlerinnenkarriere anstrebten und dies öffentlich kundtaten. Deutlich mehr als die Hälfte – das auch im Unterschied zu den „Älteren" – wurde von ihren akademischen Lehrern angesprochen und ermuntert, nach dem Studium in Wissenschaft und Forschung zu gehen, obwohl sie bereits eine Familie mit Kind gegründet hatten und ihre Partner eine gleichwertige Karriere anstrebten. Aber, und das unterstrichen alle, in erster Linie sei es beim Einschlagen einer Wissenschaftskarriere immer um Leistung und nicht um Männer und Frauen gegangen, denn, auch in der DDR, mussten Lehraufträge und Forschungspläne erfüllt werden. Bei diesen „jüngeren Physikerinnen" ging es in Richtung Normalität, dass auch Frauen in diesem Fach eine erfolgreiche Karriere anstrebten, bei den „Älteren" war es mehr noch die Ausnahme. Diese Ausnahme-Frauen der 1940er Generation strebten zielstrebiger die Hochschullehrerinnen-Laufbahn an. Dafür brauchten sie weder aufgefordert noch durch Fördermaßnahmen unterstützt zu werden. Unter diesen fanden sich einige Frauen, denen bewusst war, dass trotz formaler Qualifikation mit einer Habilitation, aber ihre erkennbare SED-Distanz, sie keine Professur in der DDR erhalten würden. Unter den „Jüngeren" fand sich eine größere Gruppe als unter den „Älteren", die sich durchaus mit dem Status einer wissenschaftlichen Mitarbeiterin auf Mittelbauebene mit fester Stelle zufrieden gab.

Mehrheitlich hatten die in den 1980er Jahren ihre Karriere beginnenden Frauen ihre Berufslaufbahn nicht mit dem Ziel Hochschullehrerin geplant.

In vielen Fällen sowohl der älteren wie der jüngeren Wissenschaftlerinnengeneration konnte das Diplomarbeitsthema in der Promotion ausgebaut bzw. weitergeführt werden. Die Forschungsthemen gehörten in der Regel zu den Kernthemen in der Physikforschung jener Zeit, waren oft anwendungsorientiert ausgerichtet und eingebettet in Auftragsforschung für die Industrie. Die „jüngeren" wie die „älteren Physikerinnen" promovierten zügig. Sofern sie im Hochschulbereich bleiben wollten, strebte ein Teil auch die Habilitation an. Das galt jedoch nicht für die Forscherinnen an den Physikinstituten der Akademie der Wissenschaften. Qualifizierung, wie eine Promotion, wurde von Vorgesetzten zur Privatangelegenheit erklärt. Deshalb blieben die meisten Physikerinnen – wie auch zirka die Hälfte der Physiker – an der AdW unpromoviert. Das beeinflusste die Berufslaufbahn nach 1990 negativ.

Drei Viertel der Wissenschaftlerinnen der älteren Generation verfügte über Auslandserfahrungen. Die „1960er Generation" hatte hingegen, aufgrund ihrer Jugend, noch nicht den Status im Wissenschaftsbetrieb erreicht, um längere Auslandsaufenthalte zu absolvieren. Die „älteren Physikerinnen" forschten Wochen, einige Monate bis hin zu Jahren im Ausland, vorwiegend in der Sowjetunion, aber auch in Ungarn, Bulgarien, Jugoslawien oder in der ČSSR. Wer sich mit Themen der Kernphysik bzw. der Theoretischen Physik befasste, absolvierte die Auslandsaufenthalte sehr oft in Dubna (nahe Moskau). Die dort zeitweise forschenden Frauen mussten nicht SED-Mitglied sein. Die Ausnahme blieben hingegen Forschungserfahrungen im westlichen Ausland. Im östlichen Ausland trafen die Wissenschaftlerinnen auf mehr Frauen in der Physik als in der DDR. Warum das so war, hinterfragten sie damals auch nicht.

Eine Männer-Frauen-Problematik in der Physik in Wissenschaft und Forschung wurde zu DDR-Zeiten nicht gesehen, sie existierte für die Wissenschaftlerinnen nicht. Alle Wissenschaftlerinnen fühlten sich als Frau im DDR-Wissenschaftssystem anerkannt und gleichberechtigt. Dieses Gefühl verstärkte sich in der Rückschau nach 1990. Erst im Transformations- und Umgestaltungsprozess in den 1990er Jahren nahmen sie eine wachsende Konkurrenz um die deutlich weniger werdenden vor allem unbefristeten Stellen im Hochschul- und Forschungsbereich wahr. Von allen wurde diese Konkurrenz als eine zwischen Ostdeutschen und Westdeutschen gesehen, nicht zwischen Männern und Frauen.

Obwohl der Herbst 1989 von fast allen Physikerinnen als politisch befreiend erlebt wurde, wird der gesamte Transformationszeitraum eher negativ erinnert und das bis in die Gegenwart. Den Transformations- und Evaluationsprozess nahmen die Wissenschaftlerinnen als dramatischen Einschnitt in ihrer Berufslaufbahn und als belastend und enttäuschend wahr. Die politische und fachliche Evaluation, die Verfahren der Neubewerbung auf die ausgeschriebenen Stellen wurde mehrheitlich als von außen, von Westdeutschen gesteuert, als befremdlich und unkollegial gesehen. Die größte Kränkung bereitete vor allem den Physikerinnen der älteren Generation, dass auf ihre Berufserfahrung und auf ihre Kompetenz von westdeutscher, durchweg männlicher Wissenschaftlerseite keinerlei Wert gelegt wurde. Der Vorgang der Transformation und Evaluation wurde fast durchweg als undemokratisch und unter Ausschluss der eigentlich Betroffenen gesehen. Dieses Urteil galt auch – und das ist zu unterstreichen – für Wissenschaftlerinnen, die kritisch und ablehnend zur DDR gestanden hatten. Durchweg alle Physikerinnen versicherten, dass es keine fachlich-inhaltlichen Anpassungsschwierigkeiten in Forschung, Lehre bzw. Wissenschaft an den westdeutschen Standard gegeben hatte.

Etwa die Hälfte der Physikerinnen der älteren Generation kämpfte mit Ausdauer und Geschick um ihre Stelle bzw. um eine neue entsprechend der Ausbildung und der bisher zurückgelegten Laufbahn. Ein Drittel hatte zunächst nur zeitlich befristete Stellen inne, welches ungekannte berufliche und persönliche Unsicherheiten mit sich brachte. Das traf besonders auf Wissenschaftlerinnen von der Akademie der Wissenschaften zu. Bei einem Viertel der Physikerinnen erfolgte ein Bruch in ihrer bisherigen Berufslaufbahn insofern, als sie auf unbefristete Stellen ins Wissenschaftsmanagement wechselten. Die Wende- und Umbruchserfahrungen waren für die „jüngere Physikerinnengeneration", von einigen Ausnahmen abgesehen, etwas weniger einschneidend, da die jungen Frauen noch am Beginn ihrer akademischen Laufbahn standen. Auch diese Wissenschaftlerinnen sahen den politischen Umbruch von 1989/90 als befreiend, aber die seit Oktober 1990 anlaufende Transformation als einen von oben bzw. außen durch Westdeutsche durchgedrückten nicht demokratischen Prozess. Er enttäuschte tief und nachhaltig. Diese negative Sicht galt für gut die Hälfte der „jüngeren" Wissenschaftlerinnen. Ein Drittel hingegen wertete die Wende als positiv günstigen Zeitpunkt, die Karriere jetzt durchzustarten. Bestimmend für die Nachwendekarrieren dieser „Jüngeren" wurden zwei Punkte: Zum einen mussten diese Physikerinnen von ihren Einrichtungen oft für Jahre an westdeutsche Universitäten bzw. Partnerinstitute wechseln, um sich eine Stelle in Wissenschaft und Forschung zu sichern. Zum anderen wurden aus den DDR-üblichen unbefristeten Wissenschaftlerstellen nun befristete. Die nun üblich werdenden Projektstellen und Zeitarbeitsverträge brachten große und vordem nicht gekannte Unsicherheiten in die gesamte Lebensplanung. Es konnte in der Regel zehn bis 20 Jahre dauern, bis aus diesen unsicheren, befristeten Anstellungen die ersehnte feste Stelle wurde. Diese Erfahrung verstärkte einen negativen Blick auf das westdeutsche, nun gesamtdeutsche Wissenschafts- und Forschungssystem. Und auch das registrierten die Physikerinnen in diesem Zusammenhang: Obwohl Einigkeit darin bestand, dass der Transformationsprozess quantitativ nicht zu Lasten der Physikerinnen gegangen war, sahen sich die Frauen strukturell benachteiligt. Eher als Männer fanden sich die Frauen auf den befristeten Stellen wieder, was offensichtlich nicht mit fehlender Qualifikation oder geringerer Leistungsfähigkeit im Zusammenhang stand. Die Wissenschaftlerinnen wurden hier mit Denken und Stereotypen über Frauen in der Wissenschaft der nun durchgängig westdeutschen, männlichen Instituts- und Bereichsleiter konfrontiert, die sie als lange überholt, konservativ und antimodern empfanden. Die „jüngeren Physikerinnen" machten nach 1990 einschneidende Konkurrenzerfahrungen um die stark reduzierten Stellen in der Wissenschaft. Diese Konkurrenz spielte sich nicht nur zwischen West- und Ostdeutschen, sondern auch zwischen Männern und Frauen ab. Einzelkämpfer in Wissenschaft und Forschung zu sein sowie ein solches Gegeneinander zwischen Männern und Frauen hatten sie zuvor in der DDR nicht gekannt. Die Physikerinnen der „1960er Generation" behaupteten mit ihrem jahrelangen ausdauernden Engagement und mit ihrer Leidenschaft für die Wissenschaft ihren Platz im neuen gesamtdeutschen Hochschul- und Forschungssystem. Alle Wissenschaftlerinnen der „jüngeren wie der älteren Generation" stimmten in dem Urteil überein, dass die DDR-erlebte Selbstverständlichkeit von Frauen in der Wissenschaft, vor allem auch konkret in der Physik, auf mehr als zwei Jahrzehnte wenn nicht einen Rückschritt, dann zumindest einen Stillstand erlitten hatte.

Tabellenverzeichnis

Tabelle 1	Wissenschaftliches Personal im Fachbereich Physik/Astronomie im Universitäts- und Hochschulbereich 1985–2014	S. 44
Tabelle 2	Weibliches wissenschaftliches Personal im Fachbereich Physik/Astronomie im Universitäts- und Hochschulbereich 1985–2014	S. 44
Tabelle 3	Wissenschaftliches Personal im Fachbereich Physik/Astronomie im Universitäts- und Hochschulbereich – 1991:	S. 45
Tabelle 4	Weibliches Wissenschaftliches Personal im Fachbereich Physik/Astronomie im Universitäts- und Hochschulbereich – 1991: Letzte Zählung für die alten Bundesrepublik – 1992: erste Zählung für das vereinte Deutschland	S. 46
Tabelle 5	Männliche und weibliche Studierende in der Fächergruppe Physik/Astronomie in der alten BRD, ab 1993 Gesamtdeutschland	S. 47
Tabelle 6	Zum Direktstudium 1964 Zugelassene	S. 53
Tabelle 7	SED- und Frauenanteil nach Wissenschaftsgebieten 1980 und 1988	S. 100
Tabelle 8	Zahl der Hochschullehrerinnen – Professorinnen und Dozentinnen – nach Fachbereichen 1984	S. 101
Tabelle 9	Zahl und Anteil von Frauen nach Statusgruppen und ausgewählten Einrichtungen 1987/88	S. 108
Tabelle 10	Hoch- und Fachschulkader – auch weibliche – in Physik und in den Geo- und Kosmos-wissenschaften 1984 und 1988	S. 132
Tabelle 11	Hochschulkader – nach Akademischen Graden und Bereichen 1988	S. 132
Tabelle 12	Weiblicher Anteil an Statusgruppen im Hochschulsystem im deutsch-deutschen Vergleich 1989	S. 209
Tabelle 13	Personalausstattung in der Hochschulphysik an den drei Berliner Universitäten	S. 248
Tabelle 14	Physiker und Physikerinnen an der Humboldt-Universität 1998	S. 253
Tabelle 15	Wissenschaftliches Personal in der Physik an der Humboldt-Universität 2005 und 2014	S. 254
Tabelle 16	Fachrichtung Physik TU Berlin 2001	S. 267
Tabelle 17	Physiker und Physikerinnen an der Physikalisch-Astronomisch-Technikwissenschaftlichen Fakultät der Universität Jena 1995	S. 274
Tabelle 18	Frauenanteile auf Qualifikations-/Statusebenen an Hochschulen in Deutschland 2014	S. 302

Abkürzungsverzeichnis

ABBAW	Archiv der Berlin-Brandenburgischen Akademie der Wissenschaften
ABF	Arbeiter- und Bauern-Fakultät
ABI	Arbeiter- und Bauern-Inspektion
ABM	Arbeitsbeschaffungsmaßnahme
ADS	Archiv des Demokratischen Sozialismus
AdW	Akademie der Wissenschaften (der DDR)
AEG	Allgemeine Electricitäts-Gesellschaft
AG	Arbeitsgruppe
AK	Arbeitskreis
AKC	Arbeitskreis Chancengleichheit
AKW	Antiatomkraftbewegung
BAB	Bundesarchiv Berlin
BAT-O	Bundesangestelltentarif (Ost)
BdWi	Bund demokratischer Wissenschaftlerinnen und Wissenschaftler
BerlHG	Berliner Hochschulgesetz
BGBl.	Bundesgesetzblatt
BGL	Betriebsgewerkschaftsleitung
BKL	Bund-Länder-Kommission
BKV	Betriebskollektivvertrag
BLK	Bund-Länder-Kommission
BMBW	Bundesministerium für Bildung und Wissenschaft
BRD	Bundesrepublik Deutschland
BStU	Bundesbeauftragte für die Unterlagen des Staatssicherheitsdienstes der ehemaligen DDR
BT	Bundestag
CDU	Christlich Demokratische Union
CERN	Europäische Organisation für Kernforschung
ČSSR	Tschechoslowakische Sozialistische Republik
CSU	Christlich Soziale Union
DAB	Deutscher Akademikerinnenbund
DAW	Deutsche Akademie der Wissenschaften
DDR	Deutsche Demokratische Republik
DEFA	Deutsche Film-Aktiengesellschaft
DFD	Demokratischer Frauenbund Deutschlands
DFG	Deutsche Forschungsgemeinschaft
DLR	Deutsches Luft- und Raumfahrtzentrum
DM	Deutsche Mark
DPG	Deutsche Physikalische Gesellschaft
DPT	Deutsche Physikerinnentagung
DSF	Gesellschaft für Deutsch-Sowjetische Freundschaft
EDV	Elektronische Datenverarbeitung
EOS	Erweiterte Oberschule
EU	Europäische Union
FB	Fachbereich
FBR	Fachbereichsrat
FDGB	Freier Demokratischer Gewerkschaftsbund
FDJ	Freie Deutsche Jugend
FDP	Freie Demokratische Partei
FOB	Forschungsbereich Physik/Geo- und Kosmoswissenschaften
FU	Freie Universität
GBl.	Gesetzblatt
GEW	Gewerkschaft Erziehung und Wissenschaft

GewiFa	Gesellschaftswissenschaftliche Fakultät
GG	Grundgesetz
GVBl.	Gesetz- und Verordnungsblatt
HEP	Hochschulerneuerungsprogramm
HoF	Institut für Hochschulforschung
HRG	Hochschulrahmengesetz
HRK	Hochschulrektorenkonferenz
HSP	Hochschulsonderprogramm
HUB	Humboldt-Universität Berlin
HV A	Hauptverwaltung Aufklärung (MfS)
IM	Inoffizieller Mitarbeiter (MfS)
IUPAC	International Union of Pure and Applied Chemistry
Jg.	Jahrgang
KAI-AdW	Koordinierungs- und Abwicklungsstelle der Akademie der Wissenschaften
KFN	Kommission zur Förderung von Nachwuchswissenschaftlerinnen
KL	Kreisleitung
KMK	Kultusministerkonferenz
KMU	Karl-Marx-Universität
KPD	Kommunistische Partei Deutschlands
LHSK	Landeshochschulstrukturkommission
LPG	Landwirtschaftliche Produktionsgenossenschaft
M/L	Marxismus-Leninismus
MfS	Ministerium für Staatssicherheit
MHF	Ministerium für Hoch- und Fachschulwesen
MIT	Massachusetts Institute of Technology
MNF	Mathematisch-naturwissenschaftliche Fakultät
MPG	Max-Planck-Gesellschaft
NRW	Nordrhein-Westfalen
NS	Nationalsozialismus/nationalsozialistisch
NSDAP	Nationalsozialistische Deutsche Arbeiterpartei
NVA	Nationale Volksarmee
PDS	Partei des Demokratischen Sozialismus
PH	Pädagogische Hochschule
POS	Polytechnische Oberschule
Post-Doc	Post-Doktorand/in
SAPMO-BA	Stiftung Archiv der Parteien und Massenorganisationen der DDR im Bundesarchiv
SED	Sozialistische Einheitspartei Deutschlands
SMA/SMAD	Sowjetische Militäradministration in Deutschland
SPD	Sozialdemokratische Partei Deutschlands
StGB	Strafgesetzbuch
StS	Staatssekretär/Staatssekretariat
SU	Sowjetunion
TGL	Technische Normen und Gütevorschriften und Lieferbedingungen (DDR)
TH	Technische Hochschule
TU	Technische Universität
UA	Universitätsarchiv
UdSSR	Union der Sozialistischen Sowjetrepubliken
UGL	Universitätsgewerkschaftsleitung
UNO	Vereinte Nationen
UPL	Universitätsparteileitung
USA	Vereinigte Staaten von Amerika
UTP	Unterrichtstag in der Produktion
VA	Verwaltungsarchiv
VdgB	Vereinigung der gegenseitigen Bauernhilfe
VEB	Volkseigener Betrieb

VR	Volksrepublik
WIP	Wissenschaftler-Integrationsprogramm
WP	Wahlperiode
WR	Wissenschaftsrat
ZE	Zentraleinheit
ZHB	Zentralinstitut für Hochschulbildung
ZIPC	Zentralinstitut für Physikalische Chemie
ZK	Zentralkomitee
ZV	Zentralvorstand

Quellen und Literatur

1. Quellen

Bundesarchiv Berlin – BAB
Statistisches Amt der DDR DC 20
Hochschulstatistik DR 4
DDR Ministerium für Hoch- und Fachschulbildung DR 3, 2. Schicht (1967–1990)
Berufungsakten DR 3 B
3077   Birgit Dörschel
3973   Marlies Drey
4775   Gisela Grießbach
11345   Maria Haase
309   Monika Hannemann
344   Karin Herrmann
4532   Annemarie Hetzheim
11457   Lieselott Herforth
7817   Dagmar Hülsenberg
7814   Christine Jakob
456   Brigitte Klose
1459   Edeltraud Kolley
10671   Helga Königsdorf (Bunke)
1506   Gerd Laßner
1528   Ursula Lindner
585   Roswita März
609   Beate Meffert
2243   Lieselotte Moenke
15153   Gisela Ranft
7412   Margit Rätzsch
3466   Beate Reetz
2866   Sabine Rentsch
796   Beate Röder
3490   Isolde Röske
7877   Dagmar Schipanski
3852   Ella Tripper

Stiftung Archiv der Parteien und Massenorganisationen der DDR – SAPMO-BA
Bundesvorstand des FDGB DY 34
Gewerkschaft Wissenschaft DY 53
ZK Abteilung Wissenschaft DY 30 DY 30 IV 2/9.04 und DY 30 IV A 2/9.04
ZK Abteilung Frauen DY 30 IV A 2/17
Nachlass und Vorlass Oskar und Irene Hauser NY 4609

Archiv des Bundesbeauftragten für die Unterlagen des Staatssicherheitsdienstes der ehemaligen DDR, Berlin – BStU
Rechercheauftrag und Ergebnisse unter: AU 6 – 016320/17Z.

Archiv der Berlin-Brandenburgischen Akademie der Wissenschaften – ABBAW
Leitungsgremien AKL (1969–1991)
Leitungsgremien VA (Verwaltungsarchiv)
Forschungsbereiche Physik und Geo- und Kosmoswissenschaften (FOB)
Forschungsstandorte/Jahresberichte Adlh. C (Berlin-Adlershof)

Archiv des Demokratischen Sozialismus (ADS), Berlin
PDS-Fraktion der Volkskammer, dann des Deutschen Bundestages
BT/10., 12., 13. und 14. WP (Wahlperiode)
PDS PV 1989–1993 (Parteivorstand)

Archiv der Humboldt-Universität zu Berlin
Rektorat II 1970–1989

Archiv der Freie Universität Berlin – FU Berlin
Direktoriumsprotokolle
Forschungsbereich Physik FB Physik
Fachbereichsratsprotokolle FBR-Protokolle
Schriftwechsel KFN (Kommission zur Förderung von Nachwuchswissenschaftlerinnen)
Zentraleinheit Frauen ZE Frau

Archiv der Technischen Universität Berlin – TU Berlin
Fachbereich Physik FB 04
Gleichstellungsreferat

Archiv der Technischen Universität Dresden – TU Dresden
Rektorat 1968–1990
Direktor Kader und Qualifizierung 1969–1991 (B 3.6)
DGB/Universitätsgewerkschaftsleitung/Frauenkommission ab 1968 bis Gegenwart
Sektion Physik (B 7.05)
Kanzler der TU – Senatsprotokolle (C 3.0) ab 1990
Dezernent C 3.2 Frauenförderung 1992–2000
Dezernat 4 Gleichstellung 1990 ff.
Dezernat 8 Studium und Weiterbildung (C 3.8)
Referat Gleichstellung 1991–2001 (C 4.3)
Bibliothek/Universitätsarchiv: Diverse Studien zur Gleichstellung von Mann und Frau 1994–
    1996 und Universitätsverzeichnis 1977 der TU

Archiv der Universität Greifswald
Rektorat – neue Folge R (nF)
Prorektorat Gesellschaftswissenschaften Gew.
Wissenschaftlicher Rat
Universitätsgewerkschaftsleitung UGL
Universitätsparteileitung UPL
Mathematisch-naturwissenschaftliche Fakultät MNF
Jahresberichte bis 1978

Archiv der Universität Potsdam
Pädagogische Hochschule (PH), Rektor, Kader, Gewerkschaft, Frauenkommission

Archiv der Technischen Universität Ilmenau
Rektorat, Prorektor, Kader, Frauenförderung
Frauenkommission. Schriftenreihe der Kommissionen der Betriebsgewerkschaftsleitung, Berlin
    (Ost) 1982
Informationen über das Studium an der Technischen Hochschule Ilmenau, 1966
50 Jahre Akademisches Leben in Ilmenau, Ilmenau 2003
Schnittler, Christoph, Gottfried Teichmann, Das Institut für Physik der TU Ilmenau im Zeit-
    wandel, Oktober 2001
Dokumentarfilm: Studentinnen. 1965. Regisseur Winfried Junge

Gespräche und schriftliche Auskünfte zur Gleichstellung und zur Personalsituation nach 1990 an den jeweiligen Fachbereichen Physik
Franka Bierwagen, 7. März 2016, Potsdam
Dr. Anke Burkhardt, 18. September 2017, Wittenberg

Dr. Karin Hildebrandt, 20. September 2017, Berlin
Dr. Marianne Kriszio, 23. März 2016 und 6. Juli 2017, Berlin
em. Professor Dr. Dieter Michel, 20. Oktober 2016, Leipzig
Petra Nihsen, 20. Februar 2017, Potsdam
Dr. Ina Ostermay, 24. Oktober 2016, Berlin
Evi Poblenz, 10. Februar und 29. Dezember 2016, Berlin
Dr. Beate Schattat, 29. August 2016, Berlin
Julia Schulze, 13. Juli 2016, Berlin

2. Literatur

8. Deutsche Physikerinnentagung in Aachen, in: Physik Journal 4 (2005), Nr. 2, S. 56.
10 Jahre Frauenbeauftragte an der TU Berlin. News. Frauen-Forum an der TU Berlin, 2001.
35 Jahre Technische Hochschule Ilmenau DDR, Wissenschaftliche Zeitschrift der THI, Heft 5/6 1988.
100 Jahre Frauenstudium an der Alma Mater Lipsiensis. Reden und Vorträge am 9. Mai 2006, hrsg. von Ilse Nagelschmidt, Leipzig 2007.
A Study on the Status of Woman Faculty in Science at MIT [Massachusetts Institute of Technology] 1999. Special Edition: The MIT Faculty Newsletter, Vol. XI No. 4, 1999 March 19th.
Abele, Andrea E./Neunzert, Helmut/Tobies, Renate, Traumjob Mathematik! Berufswege von Frauen und Männern in der Mathematik, Basel 2004.
Adler, Helga, Situation von Wissenschaftlerinnen an ostdeutschen Hochschulen nach der Wende, in: Im Spannungsfeld von Erwerbstätigkeit, Arbeitslosigkeit, Macht und Gewalt sowie Frauenförderung. Landeskonferenz der Gleichstellungsbeauftragten an Hochschulen im Freistaat Sachsen, Dresden 1999, S. 4–10.
Akademie der Wissenschaften der DDR. Jahrbuch 1980, 1988, Berlin (Ost) 1982 und 1989.
Als Physikerin leben und arbeiten?, in: Physikalische Blätter 50 (1994), Nr. 11, S. 1026.
Amos, Heike, Politik und Organisation der SED-Zentrale 1949–1963, Münster 2003.
Amos, Heike, Die SED-Deutschlandpolitik 1961–1989. Ziele, Aktivitäten und Konflikte, Göttingen 2015.
Angela Merkel. Mein Weg, im Gespräch mit Hugo Müller-Vogg, Hamburg 2004.
Anger, Hans, Probleme der deutschen Universität. Bericht über eine Erhebung unter Professoren und Dozenten, Tübingen 1960.
Arbeitsbedingungen für Gleichstellungsbeauftragte, in: Im Spannungsfeld von Erwerbstätigkeit, Arbeitslosigkeit, Macht und Gewalt sowie Frauenförderung. Landeskonferenz der Gleichstellungsbeauftragten an Hochschulen im Freistaat Sachsen, Dresden 1999, S. 43.
Arbeitskreis Chancengleichheit in der DPG: Umfrage: Könekamp, Bärbel/Krais, Beate, Physikerinnen und Physiker im Beruf 2000–2001, Darmstadt 2001.
Arbeitsmarkt für Physiker: Bericht über das Jahr 1989, in: Physikalische Blätter 46 (1990), Nr. 10, S. 400 f.
Arbeitsmarkt für Physiker: Wie dramatisch ist die Lage?, in: Physikalische Blätter 50 (1994), Nr. 12, S. 1112 f.
Arbeitsmarkt für Physikerinnen und Physiker, Trends 2005, in: Physik Journal 4 (2005), Nr. 11, S. 20 f.
Arndt, Marlies/Deters, Magdalena/Harth, Gabriele (Hrsg.), Ausgegrenzt und mittendrin. Frauen in der Wissenschaft, Dokumentation einer Tagung an der Humboldt-Universität Berlin am 23./24. Oktober 1992, Berlin 1993.
Arnold, Anne-Sophie, Zur Situation von Frauen an Hochschulen in den neuen Bundesländern, in: Gleichstellung der Frau. Herausforderung der Einheit. Dokumentation zur 5. Landeskonferenz der Gleichstellungsbeauftragten an Hochschulen im Freistaat Sachsen, Leipzig 1993, S. 1–5.
Ash, Mitchell G., Die Universitäten im deutschen Vereinigungsprozess – „Erneuerung" oder Krisenimport?, in: ders., Mythos Humboldt. Vergangenheit und Zukunft der deutschen Universität, Köln 1999, S. 105–135.

Aspekte der internationalen Beziehungen der Karl-Marx-Universität Leipzig. Dokumentation, hrsg. von der Universität Leipzig 2013.
Aulerich, Gudrun/Döbbeling, Karin, Frauen aus den neuen Bundesländern in der allgemeinen Studienberatung, in: Beiträge zur Hochschulforschung, (15. Jg.) 3/1993, S. 311–322.
Auth, Joachim, Physikausbildung an den Universitäten und Hochschulen in der DDR, in: Physikalische Blätter 45 (1989), Nr. 2, S. 48–50.

Bebel, August, Die Frau und der Sozialismus, Berlin (Ost) 1973.
Becker, Ruth/Kortendiek, Beate (Hrsg.), Handbuch Frauen- und Geschlechterforschung. Theorie, Methoden, Empirie, 3. erw. und durchgesehene Auflage, Wiesbaden 2010.
Bednarz, Dan, East German Intellectuals and the Unification of Germany. An Ethnographic View, Cham 2017.
Berghahn, Sabine/Tappeser, Beatrix/Schuchalter-Eicke, Gabriela (Hrsg.), Wider die Natur? Frauen in Naturwissenschaft und Technik, Berlin (West) 1984.
Bertram, Barbara, Geschlechtstypische Voraussetzungen für hohe und höchste Leistungen. Zum Wirksamwerden von Nachwuchswissenschaftlerinnen, in: Werner Meske (Hrsg.), Frauen in der Wissenschaft. Wissenschaftspotential-Kolloquium am 26. März 1987 in Berlin, Berlin (Ost) 1987, S. 99–105.
Bertram, Barbara, „Nicht zurück an den Kochtopf" – Aus- und Weiterbildung in Ostdeutschland, in: Gisela Helwig, Hildegard Maria Nickel (Hrsg.), Frauen in Deutschland 1945–;1992, Bonn 1993, S. 191–199.
Berufungsreserve. Studierende und lehrende Frauen an der Universität Greifswald 1945–1975, Ausstellung Greifswald 2006.
Bessenrodt-Weberpals, Monika, Physikerinnen in Deutschland: Potential und Fakten, in: Physik Journal 2 (2003), S. 31–35.
Bethge, Heinz, Wann ist die Physik vereint?, in: Physikalische Blätter 48 (1992), Nr. 5, S. 363–367.
Beuchler, Klaus, Unser Porträt: Prof. Dr. rer. nat. habil. Irene Hauser, in: Spektrum 2/1973, Berlin (Ost), S. 24 f.
Biester, Elke u. a. (Hrsg.), Gleichstellungspolitik – Totem und Tabus. Eine feministische Revision, Frankfurt a. M. 1994.
Biographien von Naturwissenschaftlerinnen des Deutschen Akademikerinnenbundes, Lübeck 2001.
Blome, Eva u. a., Handbuch zur universitären Gleichstellungspolitik. Von der Frauenförderung zum Gendermanagement?, Wiesbaden 2005.
Bock, Ulla, Pionierarbeit, Die ersten Professorinnen für Frauen- und Geschlechterforschung an deutschsprachigen Hochschulen 1984–2014, Frankfurt a. M. 2015.
Böhme, Hans-Joachim, Aufgaben und Erfahrungen der Vervollkommnung der Hochschulbildung in ihren Entwicklungsperspektiven in den 90er Jahren, in: Das Hochschulwesen, (37. Jg.) 3/1989, Berlin (Ost), S. 94–98.
Bollinger, Stephan/van der Heyden, Ulrich (Hrsg.), Deutsche Einheit und Elitenwechsel in Ostdeutschland, Berlin 2002.
Bourdieu, Pierre, Homo academicus, Frankfurt a. M. 1992.
Boysen, Jacqueline, Angela Merkel. Eine deutsch-deutsche Biographie, München 2001.
Buck-Bechler, Gertraude/Scharfer, Hans-Dietrich/Wagemann, Carl-Hellmuth, Hochschulerneuerung in den neuen Bundesländern. Bilanz nach vier Jahren, Weinheim 1994.
Budde, Gunilla-Friederike, Frauen der Intelligenz. Akademikerinnen in der DDR 1945 bis 1975, Göttingen 2003.
Bulmahn, Edelgard, Chancengleichheit und Eigenverantwortung, in: Physikalische Blätter 55 (1999), Nr. 4, S. 3.
Bundesgesetzblatt der Bundesrepublik Deutschland, 1949 ff., Bonn ff.
Burkhardt, Anke, (K)ein Platz für Wissenschaftlerinnen an ostdeutschen Hochschulen?, in: Beiträge zur Hochschulforschung, (15. Jg.) 3/1993, S. 339–371.
Burkhardt, Anke, Zwischen Abbau und Aufbau: natur- und ingenieur-wissenschaftliches Personal an ostdeutschen Hochschulen, in: Hellmuth Lange (Hrsg.), „Man konnte und man mußte sich verändern". Natur- und ingenieurwissenschaftliche Fachkräfte aus der DDR in der Marktwirtschaft der BRD, Münster 1995, S. 27–47.

Burkhardt, Anke, Stellen- und Personalbestand an ostdeutschen Hochschulen 1995, Datenreport, Wittenberg 1997.
Burkhardt, Anke/Scherer, Doris/Erdner, Sabine, Personalbestand an Hochschulen der ehemaligen DDR 1989 und 1990, Berlin 1990.
Burkhardt, Anke/Scherer, Doris, Förderung des wissenschaftlichen Nachwuchses an DDR-Hochschulen in den 1980er Jahren. Gesetzliche Grundlagen, hochschulpolitischer Kontext, statistischer Überblick, Berlin 1995.
Burkhardt, Anke/Schlegel, Uta, Frauen an ostdeutschen Hochschulen – in den gleichstellungspolitischen Koordinaten vor und nach der „Wende", in: L'Homme: Europäische Zeitschrift für Feministische Geschichtswissenschaft 15 (2004), S. 11–32.
Burkhardt, Anke/Stein, Ruth Heidi, Ausgewählte Aspekte der Situation von Frauen an ostdeutschen Hochschulen (Arbeitsmaterial), Berlin 1993.
Burkhardt, Anke/Stein, Ruth Heidi, Frauen an ostdeutschen Hochschulen vor und nach der Wende, in: Elke Kleinau u. a. (Hrsg.), Geschichte der Mädchen- und Frauenbildung, Bd. 2: Vom Vormärz bis zur Gegenwart, Frankfurt a. M. 1996, S. 497–516.
Bütow, Birgit, Ausgrenzungen von Frauen bei der Neugestaltung des Hochschulwesens in Sachsen, in: Arndt, Marlies, Deters, Magdalene, Harth, Gabriele (Hrsg.), Ausgegrenzt und mittendrin. Frauen in der Wissenschaft, Berlin 1993, S. 45–55.

Chancen des Neuaufbaus genutzt, in: Physikalische Blätter 51 (1995), Nr. 12, S. 1184–1186.
Computer, Algorithmen und Quarks für Mädchen!, 1. Brandenburgische Sommeruniversität, Potsdam 2002, S. 26–28.
Cornelissen, Waltraud, Traditionelle Rollen-, Frauen- und Männerbilder in den westdeutschen Medien, in: Gisela Helwig, Hildegard Maria Nickel (Hrsg.), Frauen in Deutschland 1945–1992, Bonn 1993, S. 53–69.
Costas, Ilse, Diskurse und gesellschaftliche Strukturen im Spannungsfeld von Geschlecht, Macht und Wissenschaft, in: Frau macht Wissenschaft. Wissenschaftlerinnen gestern und heute, Königstein 2003, S. 161–175.

Dambeck, Thorsten, Karrierechancen im Vergleich, in: Physik Journal 5 (2006), Nr. 10, S. 12.
Degethoff de Campos, Heidi, Chancengleichheit für Frauen an Hochschulen, in: blz [Berliner Bildungszeitschrift], hrsg. von der Gewerkschaft Bildung und Wissenschaft, Berlin 2001.
Degethoff de Campos, Heidi, Zehn Jahre Frauenbeauftragte an der TU Berlin, in: News. Frauen-Forum an der TU Berlin, Berlin 2001, S. 6–8.
Degethoff de Campos, Heidi, Institutionalisierte Frauenpolitik in Hochschulen – erfolgreiche Partizipation?, in: Jubiläumsausgabe. 20 Jahre Frauenförderung an der Technischen Universität Berlin. News. Frauenpolitisches Forum an der TU Berlin, 2011, S. 24–26.
Degethoff de Campos, Heidi, Mein Weg ins Amt. Eine biographische Notiz, in: Jubiläumsausgabe. 20 Jahre Frauenförderung an der Technischen Universität Berlin. News. Frauenpolitisches Forum an der TU Berlin, 2011.
Denz, Cornelia, Gleiche Chancen?, in: Physik Journal 7 (2008), Nr. 11, S. 3.
Der Zugang zur Hochschullehrerlaufbahn im Fach Physik an deutschen Universitäten: Habilitation, Juniorprofessur, Nachwuchsgruppenleitung. Eine Studie der Deutschen Physikalischen Gesellschaft, Bad Honnef 2010.
Die Lage der Physik an den Universitäten der neuen Bundesländer, in: Physikalische Blätter 49 (1993), Nr. 12, S. 1095–1099.
Die Naturgesetze gelten in Ost und West. Biographien von Frauen in Naturwissenschaft und Technik, hrsg. vom Deutschen Akademikerinnenbund, Berlin 2010.
Döhring, Sonnhild/Kauke, Marion, Füreinander – Gegeneinander – Miteinander? Betrachtungen zu Verhaltensweisen der Geschlechter, in: Wissenschaft und Forschung, (39. Jg.) 2/1989, S. 30–35.
Dokumentation zur 20. Tagung der Landeskonferenz der Frauen- und Gleichstellungsbeauftragten an Hochschulen im Freistaat Sachsen, 4. November 2002, S. 43.
Dokumente der Sozialistischen Einheitspartei Deutschlands. Band III, Band VIII, Berlin (Ost) 1952, 1962.

DPG: Stellungnahme zu Strukturfragen im Fach Physik an den Universitäten und Wissenschaftlichen Hochschulen der neuen Bundesländer, in: Physikalische Blätter 47 (1991), Nr. 8, S. 760–762.
DPG-Nachrichten, in: Physikalische Blätter 46 (1990), Nr. 5, S. 162.

Eberle, Henrik, Umbrüche, Personalpolitik an der Universität Halle 1933 bis 1958, in: Werner Buchholz (Hrsg.), Die Universität Greifswald und die deutsche Hochschullandschaft im 19. und 20. Jahrhundert, Stuttgart 2004, S. 309–380.
Eifler, Christine, Frauenforschung in der DDR, in: Elke Kleinau u. a. (Hrsg.), Geschichte der Mädchen- und Frauenbildung, Bd. 2: Vom Vormärz bis zur Gegenwart, Frankfurt a. M. 1996, S. 525–539.
Eine Frau an der Spitze, in: Physik Journal 11 (2012), Nr. 6, S. 33.
„Eine relativ befriedigende Lösung". Der erste Abschnitt der personellen Erneuerung der Hochschulen in Mecklenburg-Vorpommern ist abgeschlossen, in: Physikalische Blätter 49 (1993), Nr. 2, S. 127–129.
Einsteins Kolleginnen – Physikerinnen gestern & heute, hrsg. von Cornelia Denz, Annette Vogt, Berlin/München 2005.
Engels, Friedrich, Der Ursprung der Familie, des Privateigentums und des Staats, in: Marx-Engels-Werke, Bd. 21, Berlin (Ost) 1977.
Erneuerungsprogramm für Hochschule und Forschung, in: Bildung, Wissenschaft, Aktuell, Nr. 16/1992, S. 10.
Erster Girl's Day, in: Computer, Algorithmen und Quarks für Mädchen!, 1. Brandenburgische Sommeruniversität , Potsdam 2002, S. 9.
European Commission: Directorate-General for Research: She Figures 2006, Woman and Science, Statistics and Indicators.
Evaluierung beendet: Außeruniversitäre Forschung in den östlichen Bundesländern vor dem Neuanfang, in: Physikalische Blätter 47 (1991), Nr. 8, S. 763–767.

Färber, Christine, Die Integration von Frauenförderung in den Hochschulentwicklungsplan am Beispiel der Berliner Landeshochschulstrukturkommission, in: Marlies Arndt, Magdalena Deters, Gabriele Harth (Hrsg.), Ausgegrenzt und mittendrin. Frauen in der Wissenschaft, Berlin 1993, S. 139–145.
Felber, Christina u. a., Zur Situation von Wissenschaftlerinnen im Transformationsprozess der Universitäten und Hochschulen in Ost-Berlin und im Land Brandenburg. Ein Vergleich mit dem männlichen Wissenschaftspersonal, in: Marlies Arndt, Magdalena Deters, Gabriele Harth (Hrsg.), Ausgegrenzt und mittendrin. Frauen in der Wissenschaft, Berlin 1993, S. 57–70.
Feth, Andrea, Hilde Benjamin – Eine Biographie, Berlin 1997.
Flegel, Ilka, Wo ein Wille ist, ist auch ein Weg, in: Physik Journal 2 (2003), Nr. 11, S. 37–42.
Forstner, Christian/Hoffmann, Dieter (Hrsg.), Physik im Kalten Krieg. Beiträge zur Physikgeschichte während des Ost-West-Konfliktes, Wiesbaden 2013.
Franzke, Astrid, Das Gleichstellungsprogramm der Universität Leipzig, in: Frauenpolitik auch für Männer?, Landeskonferenz der Gleichstellungsbeauftragten an Hochschulen im Freistaat Sachsen, Dresden 1994, S. 51–58.
Frau Doz. Dr. rer. nat. habil. Christa Schober, in: Frauen aus Lehre, Forschung, Verwaltung. Vorgestellte Lebensläufe und Interviews. TU Dresden 1996, S. 191.
Frau Prof. Dr. rer. nat habil. Ursula Krämer, in: Frauen aus Lehre, Forschung, Verwaltung. Vorgestellte Lebensläufe und Interviews. TU Dresden 1996, S. 124 f.
Frau Professor rer. nat. habil. Birgit Dörschel, in: Frauen aus Lehre, Forschung, Verwaltung. Vorgestellte Lebensläufe und Interviews. TU Dresden 1996, S. 64 f.
Frauen auf dem Campus Adlershof, in: Humboldt-Spektrum 2–3/2008, S. 78–83.
Frauen in der Physik!, in: Physik Journal 8 (2009), Nr. 2, S. 46–48.
Frauen in der Wissenschaft – Entwicklungen und Perspektiven auf dem Weg zur Chancengleichheit, in: Computer, Algorithmen und Quarks für Mädchen!, 1. Brandenburgische Sommeruniversität , Potsdam 2002, S. 34–36.
Frauen vor!, in: Physik Journal 6 (2007), Nr. 1, S. 8 f.

Frauen-Förderungsprogramm des BdWi, in: Forum Wissenschaft, Berlin (West) 1/1987, S. 68–70.
Frauen-Info, hrsg. von der Gleichstellungsbeauftragten der Universität Potsdam, Potsdam 1993 bis 2000.
Freiesleben, Hartwig, Vom Wollen und vom Tun. Hochschulerneuerung in den neuen Bundesländern am Beispiel der Physik in Dresden, in: Physikalische Blätter 52 (1996), Nr. 10, S. 971.
Fulbrook, Mary, Ein ganz normales Leben. Alltag und Gesellschaft in der DDR, Darmstadt 2011.
„Für Dich". Illustrierte Zeitschrift für die Frau, Berlin (Ost) 1964, 1965, 1966.

Gemeinsames Hochschulsonderprogramm III. Abschlussbericht. Bund-Länder-Kommission für Bildungsplanung und zur Forschungsförderung, Bonn 2001.
Geschichte der Sozialpolitik in Deutschland seit 1945. Bd. 7: 1982–1989. Bundesrepublik Deutschland, Baden-Baden 2001.
Geschichte der Universität Unter den Linden. Band 3: Sozialistisches Experiment und Erneuerung in der Demokratie – Humboldt-Universität zu Berlin 1945–2010, hrsg. von Konrad H. Jarausch, Matthias Middell, Annette Vogt, Berlin 2012.
Gesetzblatt der Deutschen Demokratischen Republik, 1949 ff., Berlin (Ost) ff.
Görtemaker, Manfred (Hrsg.), 25 Jahre Universität Potsdam. Rückblicke und Perspektiven, Berlin 2016.
Görtemaker, Manfred, Das Problem der personellen Kontinuität: Belastung oder Chance, in: ders., 25 Jahre Universität Potsdam. Rückblicke und Perspektiven, Berlin 2016, S. 51–76.
Götschel, Helene, Netzwerke von Physikerinnen am Anfang und Ende des 20. Jahrhunderts, in: Immacolata Amodeo (Hrsg.), Frau macht Wissenschaft. Wissenschaftlerinnen gestern und heute, Königstein 2003, S. 137–140.
Götschel, Helene, Die Welt der Elementarteilchen. Geschlechterforschung in der Physik, in: Smilla Ebeling, Schmitz, Sigrid (Hrsg.), Geschlechterforschung und Naturwissenschaften. Einführung in ein komplexes Wechselspiel, Wiesbaden 2006, S. 161–188.
Götschel, Helene, Physik: Gender goes Physical – Geschlechterverhältnisse, Geschlechtervorstellungen und die Erscheinungen der unbelebten Natur, in: Ruth Becker u. a. (Hrsg.), Frauenhandbuch und Geschlechterforschung, Wiesbaden 2010, S. 842–850.
Groß, Gabriele/Tanzler, Rainer, Aspekte der Differenzierung empirischer Ergebnisse zur Nachwuchskader-Entwicklung in der AdW nach Forschungsbereichen, in: Werner Meske (Hrsg.), Frauen in der Wissenschaft. Wissenschaftspotential-Kolloquium am 26. März 1987 in Berlin, Berlin (Ost) 1987, S. 76–86.
Gute Aussichten für Physikerinnen und Physiker am Arbeitsmarkt, Trends 2000, in: Physikalische Blätter 56 (2000), Nr. 11, S. 28 f.
Gutsche, Márta (Hrsg.), Der lange Weg zur Chancengleichheit. Naturwissenschaftlerinnen an der Berliner Universität, Berlin 2014.

Hache, Christian, Mathematisch-naturwissenschaftliche Spezialschulen in Ostdeutschland, in: Physikalische Blätter der Humboldt-Universität zu Berlin, 3/1991.
Hagemann, Karen, Gleichberechtigt? Frauen in der bundesdeutschen Geschichtswissenschaft, in: Zeithistorische Forschungen 1/2016, S. 108–135.
Hampele, Anne, „Arbeite mit, plane mit, regiere mit" – Zur politischen Partizipation von Frauen in der DDR, in: Gisela Helwig, Hildegard Maria Nickel (Hrsg.), Frauen in Deutschland 1945–1992, Bonn 1993, S. 296–301.
Heinmüller, Janine, Physik ist weiblich, in: Computer, Algorithmen und Quarks für Mädchen!, 1. Brandenburgische Sommeruniversität, Potsdam 2002, S. 89.
Helwig, Gisela, Frau und Familie in beiden deutschen Staaten, Köln 1982.
Herta Kuhrig über die Frauen in der Wendezeit, in: SoZ – Sozialistische Zeitung, September 2009, S. 21.
Herta Kuhrig wird 75, in: Sozialistische Zeitung, September 2005, S. 20.
Herzberg, Gundolf/Meier, Klaus, Karrieremuster. Wissenschaftlerporträts, Berlin 1992.
Hilbrich, Romy/Hildebrandt, Karin/Schuster, Robert (Hrsg.), Aufwertung von Lehre oder Abwertung der Professur. Die Lehrprofessur im Spannungsfeld von Lehre, Forschung und Geschlecht, Leipzig 2014.

Hildebrandt, Karin, Einige Bedingungen der Heranbildung eines sozialistischen wissenschaftlichen Nachwuchses, Dissertation Rostock 1968.
Hildebrandt, Karin, Geschlechtstypische Merkmale von Wissenschaftlerinnen im Hochschulwesen – eine Sekundäranalyse. Zentralinstitut für Hochschulbildung, Dezember 1987.
Hildebrandt, Karin, Zur Notwendigkeit von Untersuchungen der wissenschaftlichen Leistungsfähigkeit der Frauen im Hochschulwesen, in: Frauen in der Wissenschaft, Berlin (Ost) 1987, S. 49–54.
Hildebrandt, Karin, Frauen in der wissenschaftlichen Arbeit an den Universitäten und Hochschulen der DDR – Ergebnisse einer Befragung, Zentralinstitut für Hochschulbildung, Berlin (Ost) 1988.
Hildebrandt, Karin, Frauen in der wissenschaftlichen Arbeit, Kurzinformation Rektoren: 4/1988.
Hildebrandt, Karin, Wissenschaftlerinnen im Hochschulwesen der DDR. Ergebnisse einer Befragung, Berlin (Ost) 1989.
Hildebrandt, Karin, Weshalb Quotierung? Beiträge zur Hochschulentwicklung, Berlin (Ost) 1990.
Hildebrandt, Karin, Wozu Forschungen über Frauen im Hochschulwesen?, Zentralinstitut für Hochschulbildung, Berlin (Ost) 1990.
Hochschulstruktur und Berufungspolitik in den neuen Bundesländern – Empfehlungen des Wissenschaftsrates, in: Physikalische Blätter 46 (1990), Nr. 12, S. 469.
Hoerning, Erika M., Akademiker und Profession. Die DDR-Intelligenz nach der Wende, Stuttgart 2007.
Hoffmann, Dieter, Die Physikalische Gesellschaft (in) der DDR, in: Physikalische Blätter, 51 (1995), S. F-157 bis F-182.
Holste, Carl, Zur Physik-Fachforschung an der PH Dresden. Von den Anfängen bis zur Integration in das Forschungsspektrum der Fachrichtung Physik an der TU Dresden, Langebrück 2013.
Hopsch, Ralf G., Physik-Ausbildung in der DDR – eine Abschlußbilanz, in: Physikalische Blätter 47 (1991), Nr. 4, S. 316 f.
Huerkamp, Claudia, Bildungsbürgerinnen. Frauen im Studium und in akademischen Berufen, 1900–1945, Göttingen 1997.
Hülsenberg, Dagmar, Als erste Professorin nach Ilmenau berufen, in: 50 Jahre. Akademisches Leben in Ilmenau, 2003, S. 112.

Ich wurde weitgehend wohlwollend ignoriert. Frauenbeauftragte an der Fakultät VII 1996–2002, in: Jubiläumsausgabe. 20 Jahre Frauenförderung an der Technischen Universität Berlin. News. Frauenpolitisches Forum an der TU Berlin, 2011.
„Ich dachte fast, Physiker müssen Bärte haben", in: Physik Journal 6 (2007), Nr. 3, S. 69.
Isolde Stark, in: Gundolf Herzberg, Klaus Meier, Karrieremuster. Wissenschaftlerporträts, Berlin 1992, S. 74–106.
Ist die Physik reif für eine Image-Kampagne?, in: Physik Journal 1 (2002), Nr. 11, S. 65–68.

Jähnert, Gabriele, Anfänge der Frauen und Geschlechterforschung an der Humboldt-Universität seit dem Ende der 70er Jahre, in: Von der Ausnahme zur Alltäglichkeit. Frauen an der Universität Unter den Linden, Berlin 2003, S. 235–245.
Jähnert, Gabriele, Das Zentrum für interdisziplinäre Frauenforschung, in: Von der Ausnahme zur Alltäglichkeit. Frauen an der Universität Unter den Linden, Berlin 2003, S. 261–264.
Jahrbuch 1990/91 der Akademie der Wissenschaften der DDR und der Koordinierungs- und Abwicklungsstelle für die Institute und Einrichtungen der ehemaligen Akademie der Wissenschaften der DDR, Berlin 1994.
Jarausch, Konrad H., Das Ringen um Erneuerung 1985–2000, in: Geschichte der Universität Unter den Linden. Band 3: Sozialistisches Experiment und Erneuerung in der Demokratie – Humboldt-Universität zu Berlin 1945–2010, hrsg. von Konrad H. Jarausch, Matthias Middell, Annette Vogt, Berlin 2012, S. 555–690.
Jens Reich, Biochemiker, in: Gundolf Herzberg, Klaus Meier, Karrieremuster. Wissenschaftlerporträts, Berlin 1992, S. 406–444.
Jessen, Ralph, Akademische Elite und kommunistische Diktatur. Die ostdeutsche Hochschullehrerschaft in der Ulbrich-Ära, Göttingen 1999.

Jessen, Ralph, „Bildungsbürger", „Experten", „Intelligenz". Kontinuität und Wandel der ostdeutschen Bildungsgeschichten in der Ulbricht-Ära, in: Weimarer Klassik in der Ulbricht-Ära, Köln 2000, S. 113-134.
Jetzschmann, Frieda, Bemerkungen zu einem Artikel in der Zeitschrift „Wissenschaft und Fortschritt", in: Für Dich 14/1989, Berlin (Ost), S. 21.
Kahlert, Heike, Gender Mainstreaming an Hochschulen. Anleitung zum qualitätsbewussten Handeln, Opladen 2003.
Kahlert, Heike/Schindler, Delia, Mit Hochschulreform Chancengleichheit herstellen?, in: Die Hochschule. Journal für die Wissenschaft und Bildung, (12. Jg.) 2003, Wittenberg, S. 50-63.
Kaiser, Tobias/Mestrup, Heinz, Die Universität Jena in der Zeit der Sowjetischen Besatzungszone und der DDR, in: Traditionen - Brüche - Wandlungen. Die Universität Jena 1850-1995, Köln 2009, S. 588-840.
Kaminsky, Anna, Frauen in der DDR, Berlin 2016.
Kanter, Rosabeth Moss, Men and Women of the Corporation. Basic Books, New York 1977.
Karriere unter Männern?, in: Physikalische Blätter 56 (2000), Nr. 9, S. 27-29.
Keusch, Claudia, Einige Aspekte zur Problematik „Wissenschaftlerinnen als staatliche Leiter", in: Frauen in der Wissenschaft. Wissenschaftspotential-Kolloquium, 26. März 1987, Berlin (Ost) 1987, S. 95-98.
Kiss the Future! Physikerinnen stellen sich vor. Tagungsband der Deutschen Physikerinnentagung 1998, Kirchlinteln 1999.
Klemm, Klaus/Böttcher, Wolfgang/Weegen, Michael, Bildungsplanung in den neuen Bundesländern. Entwicklungstrends, Perspektiven, Vergleiche, München 1992.
Kocka, Jürgen, Reform von oben und außen, in: Das Hochschulwesen 42 (2), 1994, S. 93-96.
Kocka, Jürgen/Mayntz, Renate (Hrsg.), Wissenschaft und Wiedervereinigung. Disziplinen im Umbruch, Berlin 1998.
Könekamp, Bärbel u. a., Chancengleichheit für Männer und Frauen in der Physik, in: Physik Journal 1 (2002), Nr. 2, S. 22-27
Königsdorf, Helga, Meine ungehörigen Träume. Geschichten, Berlin (Ost) 1978.
Königsdorf, Helga, Landschaft in wechselndem Licht. Erinnerungen, Berlin 2002.
Köpp, Eleonore, Chancengleichheit: muß das sein?, in: Physikalische Blätter 55 (1999), Nr. 2, S. 5.
Kowalczuk, Ilko-Sascha, Die Humboldt-Universität zu Berlin und das Ministerium für Staatssicherheit, in: Geschichte der Universität Unter den Linden. Band 3: Sozialistisches Experiment und Erneuerung in der Demokratie - Humboldt-Universität zu Berlin 1945-2010, hrsg. von Konrad H. Jarausch, Matthias Middell, Annette Vogt, Berlin 2012, S. 437-553.
Krause, Konrad, Alma mater Lipsiensis. Geschichte der Universität Leipzig von 1409 bis zur Gegenwart, Leipzig 2003.
Kriszio, Marianne, Personalpolitische Weichenstellungen. Wissenschaftlerinnen vor und nach der Wende an der Humboldt-Universität, in: Forum Wissenschaft, (12. Jg.) 1995, September, S. 22-26.
Kriszio, Marianne, Frauen und Machtstrukturen an ostdeutschen Hochschulen vor und nach der Wende, in: Virginia Penrose u. a. (Hrsg.), Zwischen Machtkritik und Machtgewinn. Feministische Konzepte und politische Realität, Frankfurt a. M 1996, S. 143-159.
Kriszio, Marianne, Die Wende und die Integration der Humboldt-Universität in bundesdeutsche Hochschulstrukturen, in: Von der Ausnahme zur Alltäglichkeit. Frauen an der Universität Unter den Linden, Berlin 2003, S. 249-260.
Kriszio, Marianne, Die Zeit nach 1989. Neuer Aufbruch - wohin?, in: Frauen an der Humboldt-Universität 1908-1998, Berlin 2003, S. 67-80.
Kriszio, Marianne, Bericht der zentralen Frauenbeauftragten der Humboldt-Universität zu Berlin 1993-1996, Berlin 1997; 1997-1999, Berlin 2000; 2000-2001, Berlin 2002; 2003-2006, Berlin 2007; 2007-2008, Berlin 2009.
Krummacher, Sybille, Frauen in Naturwissenschaft und Technik - immer noch Exotinnen?, in: Physikalische Blätter 48 (1992), Nr. 2, S. 292.
Krummacher, Sybille, Bei uns ist die Physik (immer noch) männlich!, in: Physikalische Blätter 50 (1994), N. 7/8, S. 619.

Kuhn, Annette/Appenzeller, Detlef (Hrsg.), Mehrheit ohne Macht, Düsseldorf 1985.
Kuhn, Annette/Rothe, Valentine/Mühlenbruch, Brigitte (Hrsg.), 100 Jahre Frauenstudium. Frauen der Rheinischen Friedrich-Wilhelm-Universität Bonn, Bonn 1996.

Laafia, Ibrahim/Larsson, Anna, Frauen in der öffentlich geförderten Forschung, den außeruniversitären Forschungseinrichtungen und an Hochschulen in Europa, in: EUROSTAT: Statistik kurz gefasst 7/2001.
Lahmer, Werner, Wissenschaftler-Integrationsprogramm: „Kampf um die innere Verfassung", in: Physikalische Blätter 48 (1992), Nr. 11, S. 943 f.
Langfeldt, Bettina/Mischau, Anina, Die akademische Laufbahn in der Mathematik und Physik. Eine Analyse fach- und geschlechterbezogener Unterschiede bei der Umsetzung von Karrierewissen, in: Beiträge zur Hochschulforschung, (37. Jg.) 3/2015, S. 80–99.
Leicht-Scholten, Carmen (Hrsg.), „Gender and Science". Perspektiven in den Natur- und Ingenieurwissenschaften, Bielefeld 2007.
Leszczensky, Michael/Schröder, Manuela, Bildungswege von Frauen in den neuen Bundesländern. Vom Abitur bis zum Beruf, Hannover 1994.
LHSK: Stellungnahmen und Empfehlungen zu Struktur und Entwicklung der Berliner Hochschulen, Berlin 1992.
Lischka, Irene, Hochschulzugang von Frauen in den neuen Bundesländern, in: Beiträge zur Hochschulforschung, (15. Jg.) 3/1993, S. 291–310.

Maier, Friederike, Zwischen Arbeitsmarkt und Familie – Frauenarbeit in den alten Bundesländern, in: Gisela Helwig, Hildegard Maria Nickel (Hrsg.), Frauen in Deutschland 1945–1992, Bonn 1993, S. 257–279.
Malycha, Andreas, Die SED in der Ära Honecker: Machtstrukturen, Entscheidungsmechanismen und Konfliktfelder in der Staatspartei 1971 bis 1989, München 2014.
Marshall, Barbara, Die deutsche Vereinigung in Akademia: West- und Ostdeutsche im Gründungsprozess der Universität Potsdam 1990–1994, Berlin 2016.
Maßnahmen zur beruflichen Integration und Förderung von Frauen an Berliner Hochschulen und wissenschaftlichen Einrichtungen, in: Das Hochschulwesen, (38. Jg.) 10/1990, S. 317–320.
Materialien der BLK zur Bildungsplanung und zur Forschungsförderung (1989), Heft 19, Bonn 1989.
Mauer, Margarete, Die Verdrängung der Frauen aus Naturwissenschaften und Technik, in: Lila Schwarzbuch. Zur Diskriminierung von Frauen in der Wissenschaft, hrsg. von Anne Schlüter, Annette Kuhn, Düsseldorf 1986, S. 234–256.
Maul, Bärbel, Akademikerinnen in der Nachkriegszeit. Ein Vergleich zwischen der Bundesrepublik Deutschland und der DDR, Frankfurt a. M. 2002.
Maushart, Marie-Ann, „Um mich nicht zu vergessen". Hertha Sponer – ein Frauenleben für die Physik im 20. Jahrhundert, Bassum 1997.
Mayer-Kuckuk, Theo, Ein Jahr danach, in: Physikalische Blätter 48 (1992), Nr. 1, S. 5.
Mayntz, Renate (Hrsg.), Aufbruch und Reform von oben. Ostdeutsche Universitäten im Transformationsprozeß, Frankfurt a. M. 1994.
Mayntz, Renate, Deutsche Forschung im Einigungsprozeß. Die Transformation der Akademie der Wissenschaften der DDR 1989 bis 1992, Frankfurt a. M. 1994.
Mayntz, Renate, Die Erneuerung der ostdeutschen Universitäten zwischen Selbstreform und externer Intervention, in: dies. (Hrsg.), Aufbruch und Reform von oben. Ostdeutsche Universitäten im Transformationsprozeß, Frankfurt a. M. 1994, S. 288–296.
Mayntz, Renate, Die Folgen der Politik für die Wissenschaft in der DDR, in: Wissenschaft und Wiedervereinigung. Disziplinen im Umbruch, hrsg. von Jürgen Kocka, Renate Mayntz, Berlin 1998, S. 461–483.
Meffert, Beate, Fünf Jahre Humboldt-Universität im vereinten Deutschland ..., in: Humboldt-Spektrum 2/1995, S. 1–3.
Mertens, Lothar, Die Entwicklung des Frauenstudiums in Deutschland, Berlin (West) 1989.
Mertens, Lothar, Vernachlässigte Töchter der Alma Mater. Ein sozialhistorischer und bildungssoziologischer Beitrag zur strukturellen Entwicklung des Frauenstudiums in Deutschland seit der Jahrhundertwende, Berlin 1991.

Meske, Werner (Hrsg.), Frauen in der Wissenschaft. Wissenschaftspotential-Kolloquium am 26. März 1987 in Berlin, Berlin (Ost) 1987.

Meske, Werner, Struktur und Dynamik des Frauen-Anteils im wissenschaftlichen Kaderpotential: Bestand/Zuwachs/Orientierungsgröße, in: ders. (Hrsg.), Frauen in der Wissenschaft. Wissenschaftspotential-Kolloquium am 26. März 1987 in Berlin, Berlin (Ost) 1987, S. 23–31.

Metz-Göckl, Sigrid/Selent, Petra/Schürman, Ramona, Integration und Selektion. Dem Dropout von Wissenschaftlerinnen auf der Spur, in: Beiträge zur Hochschulforschung, (32. Jg.) 1/2010, S. 8–35.

Metzler, Gabriele, Frauen, die es geschafft haben. Porträts erfolgreicher Karrieren, Düsseldorf 1986.

Metzler, Gabriele, Internationale Wissenschaft und nationale Kultur. Deutsche Physiker in der internationalen Community, 1900–1960, Göttingen 2000.

Meyer, Christine, Mehr Physikerinnen – weiter so!, in: Physik Journal 7 (2008), Nr. 11, S. 41–44.

Meyer, Hansgünter, Wissenschaft als Frauenberuf – Wissenschaft als Männerberuf: in: Werner Meske (Hrsg.), Frauen in der Wissenschaft. Wissenschaftspotential-Kolloquium am 26. März 1987 in Berlin, Berlin (Ost) 1987, S. 3–22.

Middell, Matthias, Die Humboldt-Universität im DDR-Wirtschaftssystem, in: Geschichte der Universität Unter den Linden, Bd. 3: Sozialistisches Experiment und Erneuerung in der Demokratie – die Humboldt-Universität zu Berlin 1945–2010, Berlin 2012, S. 251–434.

Mischau, Anina/Langfeldt, Bettina, MathematikerInnen und PhysikerInnen an Hochschulen: Repairing or Redesigning the Leaky Pipeline?, in: Akademische Wissenskulturen und soziale Praxis. Geschlechterforschung zu natur-, technik- und geisteswissenschaftlichen Fächern im Vergleich, Sektionsreihe Forum Frauen- und Geschlechterforschung, Münster 2015, S. 37–59.

Miteinander oder gegeneinander?, in Wissenschaft und Forschung, (40. Jg.) 4/1990, S. 83–87.

„Mit mir ist zu rechnen! Physikerinnen machen Karriere", in: Physik Journal 4 (2005), Nr. 5, S. 53.

Möllemann, Jürgen W., Studium und Hochschule im Jahr 2000, in: Physikalische Blätter 45 (1989), Nr. 7, S. 241.

Naturwissenschaften und Technik – doch Frauensache? Tagung vom 30. November bis 3. Dezember 1986, München 1987, S. 23–42.

Nelkowski, Horst, Die Physikalische Gesellschaft zu Berlin in den Jahren nach dem Zweiten Weltkrieg, in: Physikalische Blätter 51 (1995), Nr. 1, S. F-143 bis F-156.

Nickel, Hildegard Maria, Vom Privatsalon zum Zentrum für interdisziplinäre Frauenforschung, in: Von der Ausnahme zur Alltäglichkeit. Frauen an der Universität Unter den Linden, Berlin 2003, S. 246–248.

Oetken, Lore/Scholz, Gerhard, Hundert Jahre interstellare Materie, in: Sterne und Weltraum, Heft 11, 2004.

Pasternack, Peer, 20 Jahre HoF. Das Institut für Hochschulforschung Halle-Wittenberg 1996–2016, Berlin 2016.

Pawlak, Alexander, Schuld und Schilf. Kinodebüt, in: Physik Journal 11 (2012), Nr. 3, S. 24 f.

Personal- und Vorlesungsverzeichnis der Ernst-Moritz-Arndt-Universität Greifswald, Winter 1991/92, Sommer 1995, 2000.

Personal- und Vorlesungsverzeichnis der Friedrich-Schiller-Universität Jena, Wintersemester 1991/92, Sommersemester 2000.

Personal- und Vorlesungsverzeichnis der Technischen Hochschule Ilmenau, Herbstsemester 1990/91, Technische Universität Ilmenau Wintersemester 1999/00.

Personen- und Vorlesungsverzeichnis der TU Dresden, Wintersemester 1991/92, Sommersemester 1995, Sommersemester 2000.

Peschel, Ingo, Physiker im Zahlenspiegel, in: Physikalische Blätter 43 (1987), Nr. 1, S. 18 f.

Pfeifer, Caroline, „Frauen und Physik: Warum denn nicht!" Eine Physikerin als interne Unternehmensberaterin, in: Computer, Algorithmen und Quarks für Mädchen!, 1. Brandenburgische Sommeruniversität, Potsdam 2002, S. 82 f.

Pfister, Gertrud/Belitz-Demiriz, Hannelore, Promovierte Frauen in der DDR. Eine empirische Analyse ausgewählter Lebensabschnitte, in: Dieter Voigt (Hrsg.), Qualifikationsprozesse und Arbeitssituation von Frauen in der Bundesrepublik und in der DDR, Berlin (West) 1989, S. 95–128.
Phelps, Edmund S., The Statistical Theory of Racism and Sexism, in: The American Economic Review, Vol. 62, No. 4 (Sep., 1972), S. 659–661.
Physik an der Ernst-Moritz-Arndt-Universität Greifswald, in: Physikalische Blätter 47 (1991), Nr. 1, S. 60 f.
Physik an der Friedrich-Schiller-Universität Jena, in: Physikalische Blätter 47 (1991), Nr. 3, S. 225.
Physik an der Martin-Luther-Universität Halle-Wittenberg, in: Physikalische Blätter 47 (1991), Nr. 6, S. 535 f.
Physik an der Technischen Hochschule Merseburg, in: Physikalische Blätter 47 (1991), Nr. 3, S. 224.
Physik an der TU Chemnitz, in: Physikalische Blätter 47 (1991), Nr. 1, S. 59 f.
Physik an der TU Chemnitz, in: Physikalische Blätter 49 (1993), Nr. 1, S. 54.
Physik an der TU Dresden, in: Physikalische Blätter 47 (1991), Nr. 6, S. 537.
Physik an der TU Dresden, in: Physikalische Blätter 49 (1993), Nr. 6, S. 537.
Physik an der TU Magdeburg, in: Physikalische Blätter 47 (1991), Nr. 4, S. 315 f.
Physik an der Universität Leipzig, in: Physikalische Blätter 49 (1993), Nr. 2, S. 130 f.
Physik an der Universität Rostock, in: Physikalische Blätter 46 (1990), Nr. 11, S. 446.
Physik in Deutschland, in: Physik-Handbuch 1998.
Physik in Potsdam, in: Physikalische Blätter 48 (1992), Nr. 5, S. 362.
Physiker – Sorgenkinder des Arbeitsamtes?, in: Physikalische Blätter 48 (1992), Nr. 11, S. 892.
Physikerinnen und Physiker im Beruf. Anschlussstudie für die Jahre 2005 bis 2013, 2016.
Physik-Fachbereiche in den neuen Ländern. Konsolidierung vor Neuaufbau, in: Physikalische Blätter 48 (1992), Nr. 10, S. 815–819.
Physikstudium 1989 – Zahlen und Realitäten, in: Physikalische Blätter 45 (1989), Nr. 6, S. 181 f.
Physikstudium in der ehemaligen DDR. Konferenz der Fachbereiche Physik erstmals gemeinsam mit Physik-Sektionen, in: Physikalische Blätter 46 (1990), Nr. 10, S. 401 f.
Plaumann, Susanne, Ein Schritt vor, zwei zurück? Die Institution Frauenbeauftragt, in: Jubiläumsausgabe. 20 Jahre Frauenförderung an der Technischen Universität Berlin. News. Frauenpolitisches Forum an der TU Berlin, 2011, S. 4–7.
Ploenus, Michael, Ankunft im vereinten Deutschland. Die Universität Jena zwischen 1989 und 1995, in: Traditionen – Brüche – Wandlungen. Die Universität Jena 1850–1995, Köln 2009, S. 842–877.
Pommerin, Reiner, Geschichte der TU Dresden 1828–2003, Köln 2003.
Pommerin, Reiner/Hänseroth, Thomas, 175 Jahre TU Dresden. Die Professoren der TU Dresden 1828–2003, Köln 2003.
Privilegiert und doch diskriminiert. Die Alma Mater entläßt ihre Töchter, in: Bielefelder Universitätszeitung, 1985 (16. Jg.), 27. Februar 1985, S. 10 f.
Professorinnen gesucht, in: Physik Journal 7 (2008), Nr. 2, S. 11.
Protokoll der Verhandlungen des II. Parteitages der Sozialistischen Einheitspartei Deutschlands, 1950, Band 1, Berlin (Ost) 1950.
Protokoll der Verhandlungen des VIII. Parteitages der Sozialistischen Einheitspartei Deutschlands 1971, Band 1, Berlin (Ost) 1971.

Raiser, Thomas, Schicksalsjahre einer Universität. Die strukturelle und personelle Neuordnung der Humboldt-Universität zu Berlin 1989–1994, Berlin 1998.
Reiche, Karin, Wo bleiben die Wissenschaftlerinnen bei der Umstrukturierung der Hochschullandschaft in Sachsen, in: Frauen in der Wissenschaft. Gleichstellung als Herausforderung!, Dokumentation zur 4. Landeskonferenz der Gleichstellungsbeauftragten an den Hochschulen im Freistaat Sachsen, Leipzig 1992, S. 1–13.
Reuth, Ralf Georg/Lachmann, Günther, Das erste Leben der Angela M., München 2013.
Riegraf, Birgit, Mikropolitische Prozesse an Hochschulen, in: Frauen-Info Potsdam 1/1998, S. 26–37.

Rosenberger, Käte, Verliererinnen der Einheit. Frauen an der Universität Jena, in: Alma Mater Jenensis, (3. Jg.) 18/1992, S. 6.
Rudolf, Petra, Mehr Frauen in die Physik, in: Physik Journal 2 (2003), Nr. 11, S. 3
Rudolph, Clarissa, Die Institutionalisierung der Frauenpolitik im Parteienstaat, in: Elke Biester u. a. (Hrsg.), Gleichstellungspolitik – Totem und Tabus, Frankfurt a. M. 1994, S. 62–81.
Ruschhaupt, Ulla, Emanzipation und Anpassung (1946-1989), in: Frauen an der Humboldt-Universität 1908-1998, Berlin 2003, S. 49–66.
Ruschhaupt, Ulla, Frauenförderung in der Zeit von 1959–1989, in: Von der Ausnahme zur Alltäglichkeit. Frauen an der Berliner Universität Unter den Linden, Berlin 2003, S. 215–233.

Sandner, Agnes, Eine Bilanz über die Situation der Physikerinnen im 20. Jahrhundert, in: Kiss the Future!, Physikerinnen stellen sich vor. Tagungsband der Deutschen Physikerinnentagung 1998, Kirchlinteln 1999.
Schade, Gabriele, Zur Situation der Wissenschaftlerinnen in Thüringen, in: Marlies Arndt, Magdalena Deters, Gabriele Hardt (Hrsg.), Ausgegrenzt und mittendrin. Frauen in der Wissenschaft, Berlin 1993, S. 33–37.
Scheiter, Christine, Die Geschichte der Neuen Frauenbewegung und ihre Institutionalisierung, München 2005.
Schinzel, Britta, Informatik und Geschlechtergerechtigkeit in Deutschland – Annäherung, in: Carmen Leicht-Scholten (Hrsg.), „Gender and Science". Perspektiven in den Natur- und Ingenieurwissenschaften, Bielefeld 2007, S. 127–146.
Schipanski, Dagmar, Sind Frauen der Erfolgsfaktor für die Wissenschaftsgesellschaft der Zukunft? Vortrag am 3. November 2006 in Bad Homburg (Rede).
Schipanski, Dagmar, Präsidentin des Thüringer Landtags am 25. Juni 2009: Gelebte Gleichberechtigung in der DDR? Anspruch und Wirklichkeit. 7. Frauenpolitische Fachtagung „Sind Männer und Frauen gleich?" (Rede).
Schipanski, Dagmar, Rede bei der Preisverleihung des Soroptimist International Deutschland Förderpreises in Berlin am 8. März 2010.
Schipanski, Dagmar, Kräftemessen im beruflichen Alltag – wie weiblich wird die Welt, Rede am 14. Mai 2014 in Düsseldorf.
Schlüter, Anne, „Wenn zwei das Gleiche tun, ist es noch lange nicht dasselbe" – Diskriminierung von Frauen in der Wissenschaft, in: Anne Schlüter, Annette Kuhn (Hrsg.), Lila Schwarzbuch. Zur Diskriminierung von Frauen in der Wissenschaft, Düsseldorf 1986, S. 23–30.
Schlüter, Anne, Gegenstrategien – Frauenförderung an den Universitäten – das Beispiel des Arbeitskreises Wissenschaftlerinnen NRW, in: Anne Schlüter, Annette Kuhn (Hrsg.), Lila Schwarzbuch, Düsseldorf 1986, S. 112–117.
Schlüter, Anne/Kuhn, Annette (Hrsg.), Lila Schwarzbuch. Zur Diskriminierung von Frauen in der Wissenschaft, Düsseldorf 1986.
Schmadel, Lutz D., Dictionary of Minor Planet Names, Sixth Edition, Volume 2, Berlin, Heidelberg 2012.
Schmidt, Heike, Frauenpolitik in der DDR. Gestaltungsspielräume und -grenzen in der Diktatur, Berlin 2007.
Schneikart, Monika, Zur Situation von Wissenschaftlerinnen an der Ernst-Moritz-Arndt-Universität Greifswald, in: Marlies Arndt, Magdalena Deters, Gabriele Hardt (Hrsg.), Ausgegrenzt und mittendrin. Frauen in der Wissenschaft, Berlin 1993, S. 39–44.
Scholz, Hannelore, Die DDR-Frau zwischen Mythos und Realität, Schwerin 1997.
Schulze, Bärbel, Frauen in den Naturwissenschaften: gestern und heute, in: 100 Jahre Frauenstudium an der Alma Mater Lipsiensis, hrsg. von Ilse Nagelschmidt, Leipzig 2007, S. 258–277.
Schumacher, Michaela, Lehrende, forschende und studierende Frauen an der Universität Münster – eine empirische Untersuchung, in: Anne Schlüter, Annette Kuhn (Hrsg.), Lila Schwarzbuch. Zur Diskriminierung von Frauen in der Wissenschaft, Düsseldorf 1986, S. 58–90.
Seidenspinner, Gerlinde u. a., Junge Frauen heute – Wie sie leben, was sie anders machen, Opladen 1996.
Sietmann, Richard, Hochschulphysik in Berlin: Es bleibt bei drei Fachbereichen, in: Physikalische Blätter 48 (1992), Nr. 9, S. 724 f.
Sime, Ruth, Lise Meitner. Ein Leben für die Physik, Frankfurt a. M. 2001.

Simon, Dieter, Lehren aus der Zeitgeschichte der Wissenschaft, in: Jürgen Kocka, Renate Mayntz (Hrsg.), Wissenschaft und Wiedervereinigung. Disziplinen im Umbruch, Berlin 1998, S. 509–523.
Sixl, Hans, DPG-Berufsumfrage 1997, in: Physikalische Blätter 54 (1998), Nr. 6, S. 504–511.
Spira, Christine, „Männlicher" oder „weiblicher" Stil in der Technikwissenschaft? Zu einigen Problemen der Entwicklung des weiblichen Kaderpotentials in den Technikwissenschaften, in: Wissenschaftliches Arbeitskollektiv: Schöpferische Persönlichkeit und Stil in der Wissenschaft und Kunst, Suhl 1988, S. 95–98.
Spira, Christine, Zu einigen Problemen der besseren Erschließung der schöpferischen Potent der Technikwissenschaftlerinnen an der TH Ilmenau, in: Wissenschaftliche Zeitschrift der TH Ilmenau 34 (1988), Nr. 4, S. 55–60.
Stahr, Ingeborg, Der Arbeitskreis Wissenschaftlerinnen in NRW - drei Phasen seiner Entwicklung, in: Anne Schlüter (Hrsg.), Was eine Frau umtreibt. Frauenbewegung – Frauenforschung – Frauenpolitik, Pfaffenweiler 1990, S. 27–39.
Stange, Irina, Die „Juristische Hochschule Potsdam des Ministeriums für Staatssicherheit in Golm, in: Manfred Görtemaker (Hrsg.), 25 Jahre Universität Potsdam. Rückblicke und Perspektiven, Berlin 2016, S. 77–92.
Statistik zum Physikstudium in Deutschland, in: Physikalische Blätter 48 (1992), Nr. 9, S. 741–743.
Statistiken zum Physikstudium in der Bundesrepublik, in: Physikalische Blätter 46 (1990), Nr. 9, S. 357–358.
Statistisches Bundesamt. Bildung und Kultur, Fachserie 11, Reihe 4.4, Personal an Hochschulen 1980 bis 2016.
Stein, Ruth Heidi, Absolventen von Hochschulen in der DDR 1970 bis 1990. Statistische Analyse, Berlin 1992 (unv. Material).
Stein, Ruth Heidi/Wetterer, Angelika (Hrsg.), Studierende und studierte Frauen: Ein ost-westdeutscher Vergleich, Kassel 1994.
Stein, Ruth Heidi/Wetterer, Angelika, Nach der Wende - Vorwärts zu alten Ungleichheiten?, in: dies. (Hrsg.), Studierende und studierte Frauen: Ein ost-west-deutscher Vergleich, Kassel 1994, S. 241–263.
Stein, Ruth Heidi, Marginalität im Westen - Gleichberechtigung im Osten? Frauen im Osten Deutschlands in Hochschule und Beruf, in: Studierende und studierte Frauen: Ein ost-westdeutscher Vergleich, Kassel 1994, S. 181–239.
Stein, Ruth Heidi/Fritsch, Rainer, Hochschulabsolventinnen nach der Wende - Chancen und Risiken beim Berufseinstieg, in: Beiträge zur Hochschulforschung, (15. Jg.) 3/1993, S. 323–337.
Stock, Wolfgang, Angela Merkel. Eine politische Biographie, München 2000.
Strate, Ulrike, Ein Erfolgsmodell – 20 Jahre C1/C2-Programm: in: Jubiläumsausgabe. 20 Jahre Frauenförderung an der Technischen Universität Berlin. News. Frauenpolitisches Forum an der TU Berlin, 2011, S. 20 f.

Tagebücher und Briefe. Maxi Wander, hrsg. von Fred Wander, Berlin (Ost) 1979.
Texte zur Deutschlandpolitik. Reihe III/Band 8b - 1990, hrsg. vom Bundesministerium für innerdeutsche Beziehungen, Wolfenbüttel 1991.
Tobies, Renate, Physikerinnen und spektroskopische Forschungen: Hertha Sponer (1895–1968), in: Christoph Meinel u. a. (Hrsg.), Geschlechterverhältnisse in Medizin, Naturwissenschaft und Technik, Bassum 1996, S. 89–97.
Tobies, Renate (Hrsg.), „Aller Männer-Kultur zum Trotz". Frauen in Mathematik, Naturwissenschaften und Technik, Frankfurt a. M. 2008.
Tobies, Renate, Physik: Berufsfeld für Frauen. Trends seit 1900 unter Berücksichtigung der ersten promovierten Physikerinnen in Jena, in: Elke Wendler, Alexander Zwickies (Hrsg.), 100 Jahre Frauenstudium in Jena. Bilanz und Ausblick, Jena 2009, S. 55–81.
Traditionen – Brüche – Wandlungen. Die Universität Jena 1850–1995, Köln 2009.
Trappe, Heike, Im Osten was Neues? Auf den Spuren von 40 Jahren staats-sozialistischer Gleichstellungspolitik, in: Helga Schultz u. a., Die DDR im Rückblick, Berlin 2007, S. 244–262.

Ullrich, Renate, Frauen in DEFA-Dokumentarfilmen, in: Ursula Schröter u. a., Patriarchat in der DDR. Nachträgliche Entdeckungen in DFD-Dokumenten. DEFA-Dokumentarfilmen und soziologischen Befragungen, Berlin 2009, S. 64–119.

Univ.-Prof. Dr. Christof Kellmann, Frauenförderung und Grundgesetz, in: Mitteilungen des Hochschulverbandes 3/1988, S. 165–167.

Univ.-Prof. Dr. Hartmut Schiedmair: Auf ein Wort, in: Mitteilungen des Hochschulverbandes 2 (April) 1988, S. 59 f.

Unkroth, Angela, Zur Beschäftigungssituation von Frauen in den Physik-Fachbereichen deutscher Hochschulen, in: Kiss the Future! Physikerinnen stellen sich vor. Tagungsband der Deutschen Physikerinnentagung 1998, Kirchlinteln 1999, S. 261–265.

Vereinte Physikerinnen. Auf der ersten Weltkonferenz der Physikerinnen, in: Physik Journal 1 (2002), Nr. 5, S. 13 f.

Vogt, Annette, Die Kaiser-Wilhelm-Gesellschaft wagte es: Frauen als Abteilungsleiterinnen, in: Renate Tobies (Hrsg.), „Aller Männer-Kultur zum Trotz". Frauen in Mathematik, Naturwissenschaften und Technik, Frankfurt a. M. 2008, S. 226–240.

Vogt, Annette, Vom Wiederaufbau der Berliner Universität bis zum Universitäts-Jubiläum 1960, in: Geschichte der Universität Unter den Linden. Band 3: Sozialistisches Experiment und Erneuerung in der Demokratie – Humboldt-Universität zu Berlin 1945–2010, hrsg. von Konrad H. Jarausch, Matthias Middell, Annette Vogt, Berlin 2012, S. 125–250.

Vogt, Annette/Pussert, Annette, Ela Neumann – Berlins erstes Fräulein Doktor, Berlin 1999.

Vorlesungs- und Personalverzeichnis der Universität Potsdam, Wintersemester 1991/92, Wintersemester 1999/2000.

Vorlesungsverzeichnis der Humboldt-Universität zu Berlin, Sommersemester 1991, Sommersemester 1995, Sommersemester 2000.

Vorlesungsverzeichnis Universität Leipzig Wintersemester 1991/92, Sommersemester 1999.

Voss, Waltraud, Lieselott Herforth. Die erste Rektorin einer deutschen Universität, Bielefeld 2016.

Walcher, Wilhelm, Fünfzigste Physikertagung. Physikalische Gesellschaften im Spiegel ihrer Jahrestagungen, in: Physikalische Blätter 42 (1986), Nr. 7, S. 214–219.

Wallenberg, Christine, Zum Wirksamwerden von Nachwuchswissenschaftlerinnen, in: Werner Meske (Hrsg.), Frauen in der Wissenschaft. Wissenschaftspotential-Kolloquium am 26. März 1987 in Berlin, Berlin (Ost) 1987, S. 39–48.

Wambsganß, Joachim, Physik ist weiblich?, in: Computer, Algorithmen und Quarks für Mädchen!, 1. Brandenburgische Sommeruniversität, Potsdam 2002, S. 87 f.

Wander, Maxi, Guten Morgen, du Schöne. Protokolle nach Tonband, Berlin (Ost) 1977.

Weber, Max, Wirtschaft und Gesellschaft. Grundriß der verstehenden Soziologie, Tübingen 1922.

Weil, Francesca, Zielgruppe Ärzteschaft. Ärzte als inoffizielle Mitarbeiter des Ministeriums für Staatssicherheit der DDR, Göttingen 2007.

Weiterhin gute Aussichten für Physikerinnen und Physiker auf dem Arbeitsmarkt, Trends 2002, in: Physik Journal 1 (2002), Nr. 11, S. 63 f.

Welke, Peter, Arbeitsmarkt. Physiker zwischen Elbe und Oder – Perspektiven in der Zeit nach dem Umbruch, in: Physikalische Blätter 47 (1991), Nr. 5, S. 403.

„Weltbild á la ‚Gartenlaube'", in: Tribüne, Berlin (Ost) 26. Oktober 1962.

Wender, Ingeborg, Technische Universität Braunschweig, September 1995, in: Frauen an Hochschulen. Dokumentation zur 10. Tagung der Gleichstellungsbeauftragten an Hochschulen im Freistaat Sachsen, 1995.

Wendler, Elke/Zwickies, Alexander (Hrsg.), 100 Jahre Frauenstudium in Jena. Bilanz und Ausblick, Jena 2009.

Wetterer, Angelika, Ausschließende Einschließung – marginalisierende Integration: Geschlechtskonstruktion in Professionalisierungsprozessen, in: Vielfältige Verschiedenheiten. Geschlechterverhältnisse in Studium, Hochschule und Beruf, Frankfurt a. M. 1999, S. 223–253.

Winnewisser, Brenda P., Hedwig Kohn – eine Physikerin des zwanzigsten Jahrhunderts, in: Physik Journal 2 (2003), Nr. 11, S. 51–55.

Winzige Teile, große Karriere. Stephanie Reich. Professorin für Nanophysik, von Achim Damm, Deutschlandradio Kultur vom 23. März 2010.
Wissenschaftlerinnen. Krise und Zukunft der Hochschule. Denkschrift der BdWi, in: Studienhefte 4/1984, S. 59–61.
Wobbe, Theresa, Eine Frage der Tradition: Wissenschaftspolitische Überlegungen in historischer Perspektive, in: Elke Biester u. a. (Hrsg.), Gleichstellungspolitik – Totem und Tabus, Frankfurt a. M. 1994, S. 122–140.
Workshop „Mit mir ist zu rechnen! Physikerinnen machen Karriere, in: Physik Journal 2 (2003), Nr. 5, S. 72.
Wunsch nach mehr Kolleginnen. Naturwissenschaftlerinnen und Technikerinnen im Beruf, in: Forum Wissenschaft 3/1995, S. 18–20.
Wunsch und Wirklichkeit, in: Physik Journal 6 (2007), Nr. 8/9, S. 11.

Zachmann, Karin, Mobilisierung der Frauen. Technik, Geschlecht und Kalter Krieg, Frankfurt a. M. 2004.
Zeitzeugen im Gespräch: Dagmar Schipanski. Deutschlandfunk 30. Mai 2013.
Zetkin, Clara, Für die Befreiung der Frau!, in: Ausgewählte Reden und Schriften, Bd. 1, Berlin (Ost) 1957.
Zimmermann, Karin, Spiele mit der Macht in der Wissenschaft, Berlin 1999.
Zufriedene Doktoranden, in: Physik Journal 4 (2005), Nr. 1, S. 6.
Zur Beschäftigung von Physikern nach der Vereinigung. Ergebnisse einer Analyse im Auftrag der DPG, in: Physikalische Blätter 47 (1991), Nr. 4, S. 318 f.

Personenregister

Aleksander, Karin 7
Anger, Hans 57, 427
Asche, Marion 103, 133

Bebel, August 23
Becker, Sabine 133
Benjamin, Hilde 28
Biedenkopf, Kurt 261, 262
Biedenkopf, Manfred 241
Bierwagen, Franka 426
Böhme, Hans-Joachim 77, 79, 116–117, 143–146, 148, 152–154, 308
Born, Max 36
Braun, Ferdinand 36
Bunke (Königsdorf), Helga 9–12, 20–21, 42, 103, 133, 135, 202, 325, 425
Bunke, Olaf 10–11
Burkhardt, Anke 7, 153, 426

Curie, Marie 36

Degethoff de Campos, Heidi 186
Diepgen, Eberhard 241
Döbbeling, Karin 153
Dörschel, Birgit 71, 266–268, 325

Eifler, Christine 153
Einstein, Albert 36
Enderlein, Hinrich 281
Engels, Friedrich 23
Erzgräber, Gudrun 133–134

Färber, Christine 182

Gauck, Joachim 289
Gaus, Günter 9–10, 12
Geiger, Hans 69
Gießmann, Hans-Joachim 77
Grandke, Anita 25
Grygier, Bärbel 153

Haase, Maria 103, 325
Härtler, Gisela 133
Hauser, Irene 103, 133–138, 140
Hauser, Oskar 134, 136–138
Heisenberg, Werner 36, 69
Herforth, Lieselott 68–72, 94, 325
Herrmann, Karin 94, 96–97, 103, 355
Herrmann, Rudolf 97
Hertz, Gustav 36
Hetzheim, Annemarie 67–68
Hildebrandt, Karin 7, 152–154

Hildebrandt, Regine 281
Honecker, Erich 27
Honecker, Margot 28, 120
Hülsenberg, Dagmar 103, 325

Jarausch, Konrad H. 250
Jessen, Ralf 76
Junge, Winfried 72

Kanter, Rosabeth Moss 169–170
Kauke, Marion 199
Keusch, Claudia 200
Kewenig, Wilhelm 174–175
Klose, Brigitte 103, 325
Kohn, Hedwig 36
Kolley, Edeltraud 103, 110–111, 325
Königsdorf, Siegfried 9
Koreuber, Mechthild 182
Krämer, Ursula 266, 268
Kriszio, Marianne 250–251, 254, 258, 317
Kuczynski, Rita 128
Kuhrig, Herta 25, 199

Lange, Inge 116–117
Laßner, Gisela 111
Laue, Max von 36
Leistner, Helga 114
Lindner, Ursula 103, 110–112, 325
Luft, Christa 114

Maizière, Lothar de 261
Marx, Karl 198
Meitner, Lise 36–37, 142
Merkel, Angela 9, 17–21, 42, 136
Merkel, Ina 204
Metz-Göckel, Sigrid 176
Meyer, Hans Joachim 261
Michel, Dieter 112, 267, 427
Mitzner, Rolf 281
Möglich, Friedrich 70
Münch, Werner 241

Neumann, Elsa 36
Nihsen, Petra 226, 427

Oetken, Lore 133–134
Oppenheimer, Robert 17
Ostermay, Ina 224, 427

Petruschka, Gisela 205, 254
Picht, Georg 172
Poblenz, Evi 250–251, 255–256, 427

Ranft, Gisela 94, 96, 103, 110–112, 325
Rätzsch, Margit 94–95, 103, 114, 159, 325
Rätzsch, Manfred 95
Reetz, Beate 325
Reich, Jens 140, 178
Reich, Stephanie 178
Reiche, Karin 264
Rentsch, Sabine 103, 274, 325
Röder, Beate 325
Röntgen, Wilhelm Conrad 36
Rotter, Ingrid 133–134, 266

Schipanski, Dagmar 9, 12–17, 20–21, 103, 214–215, 278, 324–325, 350, 407–408
Schober, Christa 266, 268
Schulz, Hans-Jürgen 272
Schulze, Julia 185, 427
Schwab, Irina 185
Schwarzer, Alice 212
Seite, Berndt 241
Simon, Dieter 207
Sponer, Herta 36
Stark, Isolde 140
Staudte, Brigitte 111–112
Steinike, Ursula 103, 133–134
Steinmetz, Matthias 226, 324, 410–412

Stock, Wolfgang 19
Stolpe, Manfred 241, 281
Stoph, Willi 148, 154, 308
Strate-Schneider, Ulrike 186
Süssmuth, Rita 174

Thomsen, Christian 294, 324, 410–412
Tränkle, Günther 225, 324, 410, 412–413

Ulbricht, Walter 24, 32

Vogel, Bernhard 241
Voigt, Dieter 7
Vojta, Günter 111–112

Waltenberg, Christine 199
Weber, Max 169
Wittkowski, Margarete 28
Wunsch, Regina 153

Zahn, Lola 142
Zaisser, Else 28
Zellmer, Christa 28
Zetkin, Clara 23
Zwirner, Walter 96